BASELINE

Prevention Standard
of Criminal Misjudged Cases

底线:
刑事错案防范标准

樊崇义 等 - 著

中国政法大学出版社

2015 · 北京

图书在版编目(C I P)数据

底线:刑事错案防范标准/樊崇义等著. —北京:中国政法大学出版社, 2015.5
ISBN 978-7-5620-6003-1

Ⅰ.①底… Ⅱ.①樊… Ⅲ.①刑事诉讼法－案例－中国 Ⅳ.①D925.205

中国版本图书馆CIP数据核字(2015)第077535号

出　版　者　　中国政法大学出版社

地　　　址　　北京市海淀区西土城路25号

邮寄地址　　北京 100088 信箱 8034 分箱　邮编 100088

网　　　址　　http://www.cuplpress.com (网络实名:中国政法大学出版社)

电　　　话　　010-58908524(编辑部) 58908334(邮购部)

承　　　印　　固安华明印业有限公司

开　　　本　　720mm×960mm　　1/16

印　　　张　　28.75

字　　　数　　460千字

版　　　次　　2015年5月第1版

印　　　次　　2016年5月第2次印刷

定　　　价　　69.00元

守住底线，防止错案（代序）

近年来，司法机关结合《刑事诉讼法》的贯彻实施纠正了一批刑事错案，如杜培武案、赵作海案、李怀亮案、念斌案等等。这些案件已成为人们关心、议论、舆论炒作的热点，更是公安、司法机关反思的痛点。在人们议论纷纷和公安司法人员痛苦的反思中，2013 年 8 月 11 日中央政法委出台了《关于切实防止冤假错案的指导意见》，最高人民法院于 2013 年 10 月 9 日印发了《关于建立健全防范刑事冤假错案工作机制的意见》的通知，最高人民检察院于 2013 年 9 月 6 日制定下发了《关于切实履行检察职能防止和纠正冤假错案的若干意见》，公安部于 2013 年 6 月 9 日下达了《关于进一步加强和改进刑事执法办案工作切实防止冤假错案的通知》。以上文件针对司法中存在的突出问题，根据现行有关法律规定，对刑事侦查、起诉、审判、执行各个环节的证据裁判原则、无罪推定和疑罪从无原则、严格证明标准、保障律师的辩护权等方面作了重要规定，就法院、检察院、人民警察对办案质量负责制提出了明确的要求。

广大司法工作者按照中央政法机关发布文件的要求总结经验教训，也对纠正的错案进行深刻的反思。在痛苦的反思中，产生了办理刑事案件的底线标准，人们称之为"不可逾越的红线"。这一底线标准究竟会有哪些内容，如何理解这些内容，以及如何运用等等都值得我们去认真研究。《底线》一书针对这些问题，在广泛实证研究的基础上，进行了总结和概括。作者认为：科学的司法理念是防范刑事错案的先导；证据裁判原则是防范刑事错案的基石；依法调查取证是防范刑事错案的前沿阵地；严格批捕起诉标准是防范刑事错案的屏障；强化审判机制是防范刑事错案的最后防线；刑事辩护是防范刑事错案不可忽视的力量；诉讼监督是防范刑事错案的保障机制；办案责任制是防范刑事错案的组织保障；救济机制是办理和纠正刑事错案的渠道和方法。本书还对上述九大环节在执行中的突出问题，总结归纳了近五十项具体标准，也可称之为防范和纠正刑事错案的底线标准。

《底线》的特点有五：一是对刑事错案的概念进行了仔细和认真的梳理和界定；二是将防范和纠正刑事错案的底线规范化、系统化、体系化，即先导——基石——前沿——屏障——最后防线——保障机制——救济措施等等；三是《底线》的总结归纳来自于司法实践，来自于对刑事错案的反思与启示，读后感到比较实在、踏实，富有理性；四是说理充分，哲理思考，法治思维，思路清晰；五是便于操作适用。

写作过程中，我们研究了近二十起已平反的错案。发现像佘祥林案、赵作海案，属于"亡者归来"证明案件错了的类型；像浙江省"张氏叔侄"冤案用DNA比对找到真凶，属于高科技手段发现"真凶"一类。无论是"亡者归来"，还是"真凶出现"，这类错案的纠正，以及"防错"底线比较顺理成章。而像近日福建省念斌案和广东省的徐辉案，还有去年纠正的李怀亮案（河南省平顶山），被人民称为"疑案从无"宣告无罪得以纠正。笔者认为，这类案件的纠正更具有纯粹的法治标杆意义。

坚持"疑罪从无"是何等的艰难！仅念斌一案历经 8 次审理 10 次开庭，被告人念斌先后 4 次被法院判处死刑立即执行，3 次被撤销判决，最高人民法院 6 次批准案件延期审理，以致该案成为新《刑事诉讼法》实施以来最受关注的悬案之一。河南省平顶山李怀亮一案，2001 年 8 月 7 日李怀亮因涉嫌故意杀人罪被判刑事拘留，同年 9 月 13 日被捕；2004 年 7 月 8 日被起诉，8 月 31 日被判处死刑，剥夺政治权利终身；宣判后双方均提出上诉，2005 年 1 月 22 日河南高院两审终结，裁定撤销原判发回重审；2006 年 4 月 11 日平顶山中级人民法院又以故意杀人罪判处李怀亮死刑，缓期 2 年执行，剥夺政治权利终身。宣判后，李怀亮未上诉，被害方提出上诉，2006 年 9 月 27 日，河南省高院又作出撤销原判发回重审；2013 年 4 月 15 日平顶山人民法院重新审理，依据《刑事诉讼法》第

195 条第 3 项，按照"疑罪从无"，宣告无罪。该案历时 12 年，2 次判处被告人死刑，2 次发回重审，最终宣告无罪释放。以上两案，念斌案历经八年，李怀亮案历经 12 年，均按"疑罪从无"宣告无罪处理。就我国的立法而言，"疑罪从无"是在 1996 年《刑事诉讼法》第一次大修时吸收了无罪推定的原则精神，1996 年《刑事诉讼法》第 12 条规定："未经人民法院依法判决，对任何人都不得确定有罪。"第 162 条第（三）项规定："证据不足，不能认定被告人有罪的，应当作出证据不足、指控的犯罪不能成立的无罪判决。"2012 年《刑事诉讼法》的修改，在第 195 条第（三）项重申了这一规定。法律规定明确，实施起来却难上加难。为什么这么难？笔者认为，难就难在无罪推定原则与"有罪推定"的博弈！难就难在"疑罪从无"的司法理性能否回归！即能否坚守"疑罪从无"的底线标准！

从"无罪推定"到"疑罪从无"，这不仅是近现代的司法理念，更是重要的司法规律和规则。无罪推定的核心内容是任何人在被法院生效判决确定有罪之前，均被认为无罪。无罪推定要求司法机关在入罪时依法、严格、谨慎，证据必须确实充分，达到排除合理怀疑的标准。如果认定被告人有罪的证据不能排除合理怀疑，或者尚未到达确实、充分的标准，被告人应当被判决无罪，这就是疑罪从无。

"疑罪从无"是刑事司法中多种价值平衡的科学抉择。首先，在证据和证明标准的适用上，在客观真实与法律真实之间只能选择法律真实的标准。我们必须承认，案件事实发生后，人们认识能力的局限性，再加上随着时间的流逝及环境的变化，穷尽包括科技手段在内的一切方法也无法完全再现案件的客观真实。公检法机关办案人员只能依据现有的证据把案件事实查证达到法律真实的标准。所谓以事实为根据就是以法律事实为依据。当然，法律真实要尽量接近客观真实，但可能永远无法复制客观真实。由此可以看出，在客观真实与法律事实之间会永远存在一段距离。有人称之为"盲区"。这段"距离"或"盲区"的存在，决定我们对案件事实的判断和定罪量刑，在价值的选择与权衡上，只能遵循"疑罪从无"规则。根据现有的证据，无法排除合理怀疑，或证据与证据之间存有矛盾，我们不能穿越"盲区"或跨越鸿沟主观推断被告人有罪。否则，就必然会形成错案，冤枉无辜。

其次，在诉讼目的的选择上，我们只能既坚持打击犯罪又坚持保障人权，要竭尽全力实现二者的平衡。特别是在打击犯罪与人权保障发生矛盾时，公检法机关在"打击"与"保权"之间的选择，只能首选"保障人权"。诉讼目的的抉择和平衡必然走"疑罪从无"之路。因为案件事实的认定和裁判，尚未达到排除合理怀疑的程度和标准，此时此刻，人权保障大于一切，重于一切，只能按"疑罪从无"处理。生命财产，生杀予夺之权绝不可滥用。

最后，在"宁可错放"与"错判"之间的选择上，按照"次优选择"原理，必须坚持"疑罪从无"，宁可选择"错放"，而不选择"错判"。诚然，刑事诉讼的进行，最佳选择和理想模式应当是"不枉不纵"，即既不冤枉一个好人，也不放过一个坏人。做到这一点实属不易，笔者认为这只是一种"理想"和人为的设计。现实生活告诉我们，公检法机关办案常常遇到放纵坏人和冤枉好人的两难境地，在这时选择"不枉不纵"已不可能，因为案件在证据上存在疑问和矛盾。诉讼规律和现实迫使我们只能按"次优选择"原理，选择"错放"，而不选择"错判"，走"疑罪从无"之路。2013 年年底，最高人民法院发布的《关于建立健全防范刑事冤假错案工作机制的意见》明确规定：定罪证据不足的案件，应当坚持疑罪从无的原则，依法宣告被告人无罪，不得降格作出"留有余地"的判决。

以上论述是试图从理论和诉讼规律上阐述"疑罪从无"这一底线的科学性和正当性。笔者认为做到这一点还是不够的。事实告诉我们，科学的立法与正当的程序要变成现实，贯彻到诉讼之中，还有一个关键的要素就是要有诉讼文化、诉讼理念的形成和指引，只有如此，《刑事诉讼法》才能完整地贯彻和实施。尤其是在我国漫长的封建专制统治中，"有罪推定"、"疑罪从有"、"疑罪从轻"、"疑罪从挂"、"留有余地"等封建专制诉讼文化和传统观念的糟粕影响深远，要想除旧更新、走法治之路的确路漫漫，没有法律人的努力和推进是难以实施的。因此，我们必须在"依法治国"理念的指引下，一要通过立法使底线标准形成制度；二要在制度的后面促进诉讼文化的形成。像"无罪推定"、"疑罪从无"这种现代的司法理念，在我国立法虽然有规定，但还没有形成一种

"无罪推定"的文化和理念。所以，笔者坚信各项制度或法律的实施，必须理念先行，文化根植，只有把先进的文化和理念根植于人民群众之中，才能实现社会的进步、文明。我们期待着"底线"标准的贯彻实施，更期盼"底线"标准所赖以生存的诉讼文化的兴旺和繁荣！

编写说明

2013 年 8 月以来，中央政法委及最高人民法院、最高人民检察院、公安部分别颁布了切实防止冤假错案的指导性意见。这些意见分别对刑事诉讼过程中如何防范刑事错案做了概括和总结。与此同时，在党中央全面深入进行司法改革过程中，全国公、检、法机关纠正了一大批冤假错案，在纠正刑事错案的反思中，人民对如何防范刑事错案进行了深刻的反思，在痛苦的反思中，学习指导性意见，纷纷总结防范刑事错案的底线标准。本书作者按照指导性意见的精神，深入调查研究，运用案例分析和实证研究方法，对防范刑事错案的底线标准进行归纳和理性思考。共十个方面：①科学界定刑事错案；②先进的司法理念是防范刑事错案的先导；③证据裁判原则是防范刑事错案的基石；④依法侦查取证是防范刑事错案的前沿阵地；⑤严格批捕起诉标准是防范刑事错案的屏障；⑥强化审判机制是防范刑事错案的最后防线；⑦刑事辩护是防范刑事错案不可忽视的力量；⑧诉讼监督是防范刑事错案的保障机制；⑨救济机制是发现和纠正刑事错案的渠道和方法；⑩办案责任制是防范刑事错案的保障。《底线》进而结合实际工作的需要，把以上十个方面分解成 47 条标准，统称为：防范刑事错案的"底线"，或曰不可逾越的"红线"。供公安司法人员和读者参考。

参与本书撰写的各位作者分工如下：樊崇义：中国政法大学教授、博士生导师，拟定全书提纲并统改全稿，撰写第二章；杨建文：最高人民法院司改办法官、法学博士后，撰写第六章、第十章第二节；赵培显：中国政法大学诉讼法学专业博士研究生，撰写第三章；王晓红：中国政法大学诉讼法学专业博士研究生，撰写第一章、第五章、第七章；刘文化：中国政法大学诉讼法学专业博士研究生，撰写第四章、第八章、第九章、第十章第一节、第三节。

目　录

第一章

刑事错案

　　近两年媒体披露了广东徐辉案、四川王本余案、安徽于英生案、浙江张氏叔侄案、杭州萧山五青年案等数起错案。我国刑事错案频发，严重降低了司法权威，损伤了司法的公信力。2013 年，习近平总书记在法治建设工作中强调"要努力让人民群众在每一个司法案件中都感受到公平正义"，为了促进人权司法保障，防止冤假错案，保障公正司法，提升司法公信力，十八届三中全会通过的《中共中央关于全面深化改革若干重大问题的决定》中明确指出，健全错案防止、纠正、责任追究机制，严禁刑讯逼供、体罚虐待，严格实行非法证据排除规则。围绕如何健全错案防止机制的问题，十八届四中全会通过的《中共中央关于全面推进依法治国若干重大问题的决定》进一步指出，推进以审判为中心的诉讼制度改革，确保侦查、审查起诉的案件事实证据经得起法律的检验。全面贯彻证据裁判规则，严格依法收集、固定、保存、审查、运用证据，完善证人、鉴定人出庭制度，保证庭审在查明事实、认定证据、保护诉权、公正裁判中发挥决定性作用。明确各类司法人员工作职责、工作流程、工作标准，实行办案质量终身负责制和错案责任倒查问责制，确保案件处理经得起法律和历史检验。同时从中央政法委到最高人民法院、最高人民检察院、公安部纷纷出台相关部门指导意见，① 以通过有效的制度设计有效防范冤假错案。

---

　　① 2013 年 6 月公安部发布《关于进一步加强和改进刑事执法办案工作切实防止发生冤假错案的通知》，2013 年 8 月中央政法委出台《关于切实防止冤假错案的指导意见》，2013 年 9 月最高人民检察院制定《关于切实履行检察职能防止和纠正冤假错案的若干意见》，2013 年 11 月最高人民法院印发《关于建立健全防范刑事冤假错案工作机制的意见》。

追求客观真实即"不枉不纵"一直都是刑事诉讼的理想目标，但刑事诉讼是一种回溯性的认知活动，由于案情的复杂、证据的流失与鱼龙混杂以及公安司法人员认识能力的局限性，以及追诉犯罪活动受法定程序和时限的制约等因素的影响，绝对的"不枉不纵"很难实现，因此刑事司法错误在所难免。正如法国著名律师勒内·弗洛里奥所言："公正的审判是不容易的事情，许多外界因素会欺骗那些最认真、最审慎的法官。不确切的资料，可疑的证据、假证人以及得出错误结论的鉴定等等，都可能导致对无辜者判刑。"① 虽然刑事错案不可避免，古今中外均有发生，但不可否认的是，如果刑事诉讼制度设计科学合理，并且科学合理的刑事诉讼制度得到普遍遵守，则刑事错案发生的概率将会大大降低。

一、错案的概念界定

（一）理论意义上的刑事错案

准确界定错案是研究错案问题的逻辑起点，目前学界关于错案的表述以及对错案内涵和外延的理解不尽一致。我国理论和实务界对错案采取不同的表述，中央政法委、最高人民法院、最高人检察院、公安部的指导意见中均表述为"冤假错案"，学界关于此问题的研究大多采用"错案"、"冤案"、"误判"的表述，② 还有学者将其表述为刑事司法错误。③ 冤案、错案、误判、刑事司法错误之间究竟有何区别，是我们必须厘清的问题。

刑事司法错误被国外的研究者广泛使用。美国学者布莱恩·福斯特教授将司法错误定义为："一般而言，'司法错误'就是指法律的解释、实施程序或执行过程中出现的各种错误。通常情况下，导致无辜者被定罪的违反正当程序的错误就是典型的司法错误。刑事司法错误分为两类：一类是未能将犯罪行为人

---

① ［法］勒内·弗洛里奥：《错案》，赵淑美、张洪竹译，法律出版社 2013 年版，第 2 页。

② 从相关的论文和著作来看，采用"错案"表述的较多，次之为"冤案"，个别采取"误判"的表述。代表性的著作：刘品新：《刑事错案的原因与对策》，中国法制出版社 2009 年版；赵琳琳：《刑事冤案问题研究》，中国法制出版社 2012 年版；胡铭：《错案是如何发生的——转型期中国式错案的程序逻辑》，浙江大学出版社 2013 年版。代表性论文：李建明："刑事错案的深层次原因——以检察环节为中心的分析"，载《中国法学》2007 年第 3 期；陈永生："我国刑事误判问题透视——以 20 起震惊全国的刑事冤案为样本的分析"，载《中国法学》2007 年第 3 期；张保生："刑事错案及其纠错制度的证据分析"，载《中国法学》2013 年第 1 期。

③ 参见李建明：《刑事司法错误——以刑事错案为中心的研究》，人民出版社 2013 年版。林喜芬：《转型语境的刑事司法错误论——基于实证与比较的考察》，上海人民出版社 2011 年版。

绳之以法的错误，即放纵犯罪错误；另一类是对无辜者强加诉讼成本以及对犯罪嫌疑人强加额外诉讼成本的错误，即正当程序错误。"① 可见，以上对刑事司法错误的界定外延十分广泛，即无论是放纵犯罪还是冤枉无辜，或者是对嫌疑人强加额外的诉讼成本均属于刑事司法错误。林喜芬博士认为，从常识意义上讲，所谓"刑事司法错误"就是指具有司法权的主体在司法过程中其权利运作在实体和程序方面存在的错误。② 即刑事司法错误既包括实体性错误，也包括程序性错误。李建明教授认为，刑事司法错误是指刑事司法机关或刑事司法工作人员在刑事司法过程中，违反法定程序或者错误认定事实，或者错误适用法律，从而对有关公民或组织造成司法侵害的行为。这种错误大致包括三类：一是程序违法行为；二是对案件事实错误认定的行为；三是错误适用法律的行为。对于无罪的公民进行立案追究，对于无罪的公民拘留、逮捕，对于无罪的公民错误提起公诉，对于无罪的公民判决有罪，对于罪轻的公民判决重罪罪名，或者不应当处以重罚而处以重罚；一审作出错误的判决后，二审又作出维持或基本维持错误判决的错误裁判，所有这些，我们既可以用冤假错案来表述，也可以用刑事司法错误来指称。③ 以上界定的刑事司法错误呈现以下特点：首先，刑事司法错误在刑事诉讼的任何阶段都可能出现，包括立案、侦查、审查起诉、审判以及执行阶段。其次，刑事司法错误的类型包括程序性错误和实体性错误；实体性错误又包括案件事实的认定错误以及法律适用错误。再次，刑事司法错误既包括过程性错误，又包括结果性错误；结果性错误包括阶段性的结果错误和生效判决的结果错误。最后，以上更加强调的是错判的错误，而对于错放的案件或重罪轻判的则予以忽略。总之，从以上学者对刑事司法错误的界定来看，其外延比与一般意义上的刑事错案更为宽泛，几乎涵盖了刑事诉讼活动中的所有错误。

当前我国学者进行学术研究时经常使用刑事错案的称谓，但对刑事错案的内涵和外延也并无统一的认识。错案，在《汉语大词典》中解释为"错误处理

---

① 参见［美］布莱恩·福斯特：《司法错误论——性质、来源和救济》，刘静坤译，中国人民公安大学出版社 2007 年版，第 4~5 页。

② 林喜芬：《转型语境的刑事司法错误论——基于实证与比较的考察》，上海人民出版社 2011 年版，第 8 页。

③ 李建明："重复性刑事司法错误的三大原因"，载《政治与法律》2002 年第 4 期。

的案件"①，指的是审判机关对案件的实体处理结果出现错误。《布莱克法律辞典》对错案或误判的解释是："在刑事诉讼程序中，尽管缺乏关于犯罪要件的证据，被告人却被定罪这样一种极不公正的结果。"② 在美国，刑事错案是指无辜者被定罪即错判的案件。有罪者被错误开释即错放的案件，不属于错案的范畴。特别是1992年"无辜者运动"发起以来，美国司法界一直不遗余力地予以纠正的错案都是指无辜者被错误定罪的冤案。③ 可见，《布莱克法律辞典》以及美国界定的错案相当于冤案。在我国，由于错案可以从错案纠正、错案国家赔偿、错案责任追究以及民众申诉上访等不同语境进行界定，而不同语境界定的刑事错案的内涵和外延皆有不同，④ 因此增加了错案界定的复杂性。从已有的关于刑事错案内涵的界定来看，目前存在结果错案说、过程错案说、过程结果统一错案说、责任追究错案说、法律认定错案说等不同的观点。

笔者认为从研究对象来看，应区分广义刑事错案和狭义刑事错案。广义刑事错案既包括过程性错误，也包括法院终审判决结果处理的错误。狭义错案指最终的生效判决发生错误。如此区分的意义在于从错案认定和纠正方面来说，国内外刑事司法实践中的认定和纠正对象均是已生效的判决和裁定，结合我国有关的刑事立法，过程意义上的错误比如错拘、错捕等仅具有绩效考评和认定国家赔偿的功能。因此为了研究的需要，笔者主张从狭义上界定刑事错案，即刑事错案是指人民法院经过对案件的审理，由于认定事实错误或适用法律错误，导致最终作出的生效判决发生错误，既包括有利于被告人的错误，也包括不利于被告人的错误。鉴于我国长期以来极低的无罪判决率以及重刑主义的传统，因此从我国司法实践来看，刑事错案大多数属于不利于被告人的错误。

冤案是指无罪的人被法院最终判决有罪的案件。刑事冤案是国内外大多数学者关注的重点，学者进行研究时通常以古今中外发现的刑事冤案为研究对象。从冤案的表现形式来看，典型的有以下三种：其一，认定的犯罪事实没有发生，像佘祥林案、赵作海案以及湖南滕兴善案等，其共同之处在于诉讼中所认定的

---

① 《汉语大辞典》编委会：《汉语大辞典》（第11册下），汉语大辞典出版社2001年版，第1312页。

② See *Black's Law Dictionary* (7th Edition), Thomson West, p. 1013.

③ 张保生："刑事错案及其纠错制度的证据分析"，载《中国法学》2013年第1期。

④ 参见胡铭等：《错案是如何发生的——转型期中国式错案的程序逻辑》，浙江大学出版社2013年版，第4~6页。陈学权："刑事错案的三重标准"，载《法学杂志》2005年第4期。

被害人死亡的事实并未发生，在被告人被判有罪并服刑若干年后，"亡者"归来，冤案得以纠正；其二，虽有犯罪事实发生，但最终确定并非被告人所为，例如杜培武案、浙江张氏叔侄案、河南马廷新案、浙江萧山五青年案、内蒙古呼格吉勒图案等，共同的特征是被告人被判有罪之后，在服刑期间发现真凶；①前两种均属于有确实、充分的证据（铁证）证明原判存在错误，属于事实上无罪的人被法院最终判决有罪，即事实意义上的冤案。其三，并无确实、充分的证据证明犯罪系他人所为，但由于作出生效判决时依据的事实不清、证据不足，人民法院通过再审程序主动予以改判。与前两类相比，此类属于法律意义上的冤案。② 近两年来，由于"疑罪从无"原则的强调以及中央层面防范和纠正冤案的决心，各地法院陆续纠正了几起此类冤案，典型代表有广东徐辉案、安徽于英生案等。广东徐辉案是最新根据"疑罪从无"纠正的刑事冤案。1998 年 8 月25 日"珠海"三灶发生 19 岁女孩严婵娟遭奸杀案件，1998 年 9 月 17 日徐辉作为奸杀 19 岁女孩严婵娟的嫌疑人被带走调查。2001 年 5 月 9 日珠海中院在证据存在诸多漏洞的情况下，作出留有余地的判决，以故意杀人罪判处徐辉死刑，缓期 2 年执行。徐辉不服，提起上诉，2001 年 12 月 3 日广东省高院驳回徐辉上诉，维持原判。服刑期间徐辉继续申诉，2005 年 11 月 11 日广东省高院驳回徐辉申诉。徐辉继续向最高人民检察院申诉，最高人民检察院在收到申诉材料后，将此案移交省检察院办理。省检察院于 2008 年 6 月 16 日作出检察意见书，建议省高院启动再审程序。省高院在同年 7 月 4 日作出再审决定，并于 2011 年 7 月22 日作出刑事裁定，撤销珠海中院刑事附带民事判决及省高院此前的刑事裁定，将案件发回珠海市中院重新审理。徐辉再审期间继续羁押，身份却已变成了犯罪嫌疑人。2012 年 8 月 10 日，珠海市中院组成合议庭，在新疆奎屯监狱开庭重审该案。2014 年 9 月 15 日，珠海中院法官在新疆生产建设兵团农七师中院当庭宣判徐辉无罪。改判的依据为：一是被告人徐辉的口供不稳定。徐辉虽然承认了强奸、杀人的事实，但后翻供，称被公安机关刑讯逼供。且在徐辉的有罪供

---

① 此类冤案的认定依据除真凶落网外，还包括通过 DNA 对关键生物物证进行鉴定，排除被告人犯罪的可能性，从而认定被告人无罪。

② 有论者将上述不同表现形式的冤案称为冤错案件和疑错案件。冤错案件是有证据证明法律定性的事实与案件客观事实相反，事实上没有实施犯罪的无辜者被错判为有罪的案件。疑错案件是公诉方的指控达不到法律设定的有罪标准，但也不能证伪，仅从现有证据无法确认被告人事实上是否实施了特定犯罪行为却被判有罪，后来又被改判为无罪的案件。参见刘品新：《刑事错案的原因与对策》，中国法制出版社 2009 年版，第 23 页。

述中，其对作案工具等重要情节的描述前后不一致。二是公安机关将徐辉列为犯罪嫌疑人主要根据是警犬气味鉴定，但在司法实践中，警犬的气味鉴别只能用作侦查手段，而不能作为定案的证据。三是 DNA 鉴定没有得出确定唯一的结论。四是徐辉的有罪供述与其他证据存在矛盾，这也是该案改判无罪的最主要的原因。另一起典型案件是安徽于英生案，1996 年 12 月，蚌埠市民韩某（女）在家中被杀害，警方侦查认为韩某丈夫于英生有重大嫌疑，当年 12 月 22 于英生被逮捕，后经蚌埠市中级人民法院作出判决，认定被告人于英生犯故意杀人罪，判处无期徒刑并剥夺政治权利终身。安徽省高院裁定维持原判，终审裁定生效后，于英生与其父亲相继申诉。案发 17 年后的 2013 年 5 月 31 日，安徽省高院决定对该案立案复查。8 月 13 日，安徽省高院对该案再审后公开宣判，认定原审认定的事实不清、证据不足，判决宣告于英生无罪。随后，蚌埠市公安局立即启动再侦程序，并通过 DNA 样本检测锁定嫌疑人武某某。11 月 27 日，武某某在蚌埠被抓获。经审讯，武某某供述了 17 年前强奸杀害被害人韩某的犯罪事实。从本案最终结果来看，于英生被无罪释放后，由于真正的犯罪嫌疑人武某某被抓获，于英生的冤屈彻底被洗刷。但必须注意的是安徽省高院作出无罪判决的依据是定罪的事实不清、证据不足，即并非因为真凶出现而改判。因此根据"疑罪从无"原则再审改判无罪的，属于法律意义的冤案。另外，近期作出无罪判决的念斌案、代克民案件、李怀亮案件、福建吴昌龙等涉嫌爆炸案等案件，其共同特征是被告人虽被长期羁押，但由于上级人民法院反复将案件发回重审，因此一直未作出生效判决。以上三起案件分别于 2013 年和 2014 年被人民法院以"事实不清，证据不足"为由终审判决为无罪。此类案件的共同特征为案件长期处于悬而未决的状态，经过反复发回重审后，最终虽被判决无罪，但被告人被长期超期羁押，甚至远远超过非严重犯罪案件的服刑期限。① 此类案件因为虽然被告人被长期羁押，但审判机关并未作出有罪的终审判决，所以不属于严格意义上的冤案，但鉴于被告人被长期羁押，因此应引起公安司法机关的重视和反思。最后，需要特别强调的是被称为"一案两凶"的聂树斌案件，

---

① 最为典型的莫过于李怀亮案。李怀亮被羁押长达 11 年零 8 个月，历经河南省叶县法院、平顶山中院、河南省高院三级法院 7 次审理、3 次有罪判决。直到 2013 年 4 月 25 日下午 5 时 30 分，平顶山市中级人民法院一审公开宣判，认定检察机关指控李怀亮杀人的证据不足、事实不清，指控的犯罪不能成立，李怀亮无罪，不承担民事赔偿责任，当庭释放。

1995年河北青年聂树斌涉嫌强奸杀人，被河北省高级人民法院核准并执行死刑。2005年王书金被警方抓获，他供述曾在河北奸杀多名妇女，聂树斌案认定的犯罪事实是他所为，并供述了作案时的一些细节。虽然王书金一再坚持聂树斌案是他干的，但该案历经6年多二审、3次开庭后，河北省高院认为王书金供述与检方提供的"石家庄西郊玉米地奸杀案"多项证据不符，认定王书金不是聂树斌案真凶，维持一审判处王书金死刑并剥夺政治权利的判决。在多种力量的推动下，2014年12月12日，最高人民法院指令山东省高级人民法院对聂树斌案进行复查。2014年12月22日，山东省高级人民法院向聂树斌母亲送达立案复查决定书。2015年3月17日，聂树斌的律师首次获准查阅该案完整卷宗。聂树斌案的最终复查结果还不明确，但此案中值得深思的问题是：如何把握原判决存在事实认定错误的标准；此案中王书金的供述是否足以构成对判决聂树斌有罪的证据体系的合理怀疑，即使不能确信王书金是真凶，是否可以根据"疑罪从无"而推翻原来的有罪判决？

刑事司法错误、刑事错案以及刑事冤案的相互关系为：刑事司法错误的外延最广，既包括实体性错误，又包括程序性错误；既包括结果性错误，包括过程性错误。刑事错案的外延次之，指案件最终处理结果上的错误，即生效判决出现错误，包括有利于被告人和不利于被告人的错误，表现为事实认定错误或法律适用错误。刑事冤案的外延最小，广义的刑事冤案包括事实意义上的冤案和法律意义上的冤案，而狭义的冤案仅指事实上无罪的人被法院最终判决有罪的案件，即无辜者被错误定罪。刑事司法错误、刑事错案、刑事冤案三者的外延呈依次递减的关系。从错案与冤案的关系分析，错案包括冤案但不限于冤案，冤案仅为错案的一部分。本书为保持研究者的中立立场，采用"错案"的表述，但研究的重点为错判无辜的冤案，至于错放罪犯的情形并非本书的研究范围。而且从严格意义上讲，错放罪犯并非错案，除了公安司法人员故意为之，错放罪犯通常是由于证明被告人有罪的证据不够确实充分，审判机关根据"疑罪从无"的原则而作出有利于被告人的无罪判决，并非错案。

需要特别强调的是，从近年来曝光的错案的罪名分析，大多数属于故意杀人、强奸等社会关注度高的严重暴力犯罪案件，此类案件由于存在被害人认定错误和真凶出现的铁证，因此容易被发现并纠正。其他类型的案件比如检察机关侦查的贪污贿赂等职务犯罪类案件社会关注度不高，并且判处的刑罚一般较轻，一般也不会有真凶出现的铁证，以上因素决定此类案件被发现和纠正非常困难，应引起研究者的警觉。另外，从已经纠正的错案分析，由于我国并无成熟的与美国"无辜者运动"类似的错案发现机构，当事人申诉难，审判监督程序启动难，造成错案被发现和纠正极具偶然性，因此，可以断定已经发现的错案只是事实意义上错案的一部分，这也是研究刑事错案不可忽视的问题之一。

（二）相关法律界定的刑事错案

从《刑事诉讼法》等相关法律规定来看，应区分审判监督程序、国家赔偿以及错案责任追究等不同层面的刑事错案。

我国审判监督程序的启动理由体现了立法者对错案认定的态度。《刑事诉讼法》第242条规定了申诉后人民法院应当重新审判的情形，符合以下条件之一者，我国立法就将其认定为需要重新审判的错案：①有新的证据证明原判决、裁定认定的事实确有错误，可能影响定罪量刑；②据以定罪量刑的证据不确实、不充分、依法应当予以排除，或者证明案件事实的主要证据之间存在矛盾；③原判决、裁定适用法律确有错误；④违反法律规定的诉讼程序，可能影响公正审判；⑤审判人员在审理该案件时，有贪污受贿、徇私舞弊、枉法裁判行为。可见纳入审判监督程序救济的错案包含事实认定错误和法律适用错误，几乎涵盖了所有的刑事司法错误。对错案作如此广泛的定位，不仅分散了错案救济资源，也忽视了对错案予以救济的目的。

厘清对已经生效的错误判决和裁定进行纠正的目的，是定义错案时必须首先回答的问题。美、法、德、日等国将刑事错案界定为无辜者被错误定罪的事实认定错误，而我国的刑事错案包括错判无辜和错放罪犯的事实认定错误以及法律适用错误，只要发现生效判决存在错误，均要通过审判监督程序加以纠正。可见，我国在"实事求是、有错必纠"理念的支配下，并未区分有利于和不利于被告人的错误。从《刑事诉讼法》第242条可以看出，我国的再审程序是为了纠正事实认定的错误、法律适用的错误、程序错误以及审判人员的徇私枉法行为，仅致力于纠错而忽视再审的价值构建。如果将再审定位于纠错的立法背景下，显然也就没有必要明确"再审有利于被告人"的理念。但是，再审程序存在的合理性包含着对被告人利益的保障。具体来说，在错案纠正方面，对有利于被告人的错案纠正，应该采取客观标准，即"有错必纠"；而对不利于被告人的错案纠正，从当今世界刑事再审程序的通行规定和人权保障的世界潮流来看，应该根据一事不再理原则和既判力理论进行严格的限制，即对这样的"错误"裁判认定的事实应当视为"正确"或"真实"，原则上不予纠正。

错判无辜的冤案一旦通过审判监督程序得以纠正，就面临着国家赔偿的问题。冤案应得到国家赔偿，但国家刑事赔偿的范围不限于冤案。根据《国家赔偿法》规定，刑事赔偿包括侵犯人身权和侵犯财产权的赔偿。侵犯人身权的赔偿包括错误拘留、采取逮捕措施后，决定撤销案件、不起诉或者判决宣告无罪终止追究刑事责任的；以及依照审判监督程序再审改判无罪，原判刑罚已经执行的。侵犯财产权的赔偿包括错误扣押财产的案件。据此，依照审判监督程序再审改判无罪，原判刑罚已经执行的情形属于对冤案的国家赔偿内容。

关于责任追究意义上的错案。中央政法委《关于切实防止冤假错案的指导意见》，要求法官、检察官、人民警察在职责范围内对办案质量终身负责，建立健全冤假错案的责任追究机制。最高人民法院《关于建立健全防范刑事冤假错案工作机制的意见》，强调要建立健全审判人员权责一致的办案责任制。审判人员依法履行职责，不受追究。审判人员办理案件违反审判工作纪律或徇私枉法的，应依照有关审判工作纪律和法律的规定追究责任。以上规定仅强调建立健全冤假错案的责任追究机制，并未明确界定何为冤假错案。结合中央政法委《指导意见》出台的背景分析，冤假错案的责任追究机制重点针对的是冤案，对于法律适用错误、重罪轻判、轻罪重判以及有罪判无罪的并非其追究责任的重点。

1998 年《人民检察院错案责任追究条例》第 2 条指出：错案是指检察官在行使职权、办理案件中故意或者重大过失造成事实认定或者适用法律确有错误的案件，或者在办理案件中违反法定诉讼程序而造成处理错误的案件。2007 年 9 月 26 日，最高人民检察院印发《检察人员执法过错责任追究条例》，本条例所称执法过错，是指检察人员在执法办案活动中故意违反法律和有关规定，或者工作严重不负责任，导致案件实体错误、程序违法以及其他严重后果或者恶劣影响的行为。河南省高级人民法院于 2012 年 4 月 5 日出台的《错案责任终身追究办法（试行）》具有代表性，其所称的错案一般是指人民法院工作人员在办案过程中故意违反与审判执行工作有关的法律法规致使裁判、执行结果错误，或者因重大过失违反与审判执行工作有关的法律法规致使裁判、执行结果错误，造成严重后果的案件。以上界定的错案主要指裁判结果出现错误，包括事实认定错误和适用法律错误，还包括错误采取强制措施等诉讼的中间环节出现处理上的错误以及减刑、假释错误等。从以上规范性法律文件对错案的界定来看，责任追究意义上的错案范围较大，不仅仅限于最终判决结果不利于被告人的错误。另外，并非发生错案就需追究办案人员的责任，如果办案人员依法履行职责，则不受追究。对办案人员进行错案追究的条件是办案人员存在故意或重大过失行为。最后需要强调的是，发生无罪之人被错判有罪的情况后，均需对其进行国家赔偿，但这并不意味着必须追究相关办案人员的责任，只有办案人员存在故意或重大违法违规行为时，才能进行责任追究。关于错案的认定标准与追责范围，本书第九章详细论述，这里不再论及。

二、中国式错案的实践样态

中国近年来 10 起典型错案的基本情况 [①]

序号	被错判者职业	涉嫌罪名及被判处的刑罚	案发地	被害人	定罪证据	案发时间 终审时间 纠错时间 蒙冤时间	纠错事由	辩护情况、刑讯逼供情况
1	王本余；农民	故意杀人；死缓	内蒙古	小女孩	主要依靠口供	1994 1997 2013 18 年	真凶落网	不详；有刑讯逼供
2	张氏叔侄；个体户	强奸杀人；无期 15 年	浙江	搭乘其车辆的女孩	主要依靠口供；隐瞒可能证明无罪的关键证据	2003 2004 2013 10 年	真凶落网	有；存在严重的刑讯逼供
3	田伟冬、陈建阳等 5 青年；门卫、厨师等	抢劫杀人；4 人死缓，1 人无期	浙江	出租车司机	主要依靠口供	1995 1997 2013 16 年	真凶落网	有；存在严重的刑讯逼供

---

① 10 起案件中 4 起为 2013 年纠正的错案，其他 6 起为近 15 年来影响重大的错案。

序号	被错判者职业	涉嫌罪名及被判处的刑罚	案发地	被害人	定罪证据	案发时间 终审时间 纠错时间 蒙冤时间	纠错事由	辩护情况、刑讯逼供情况
4	于英生；区长助理	故意杀人；无期徒刑	安徽	韩某（系其妻子）	主要依靠口供	1996 1998 2013 17 年	事实不清、证据不足（判决无罪后发现真凶）	有；存在严重的刑讯逼供
5	赵作海；农民	故意杀人；死缓	河南	赵振裳（同村）	主要依靠口供	1999 2003 2010 11 年	亡者归来	有；存在严重的刑讯逼供
6	滕兴善；农民	故意杀人；死刑立即执行	湖南	石小荣	主要依靠口供	1987 1989 2005 8 年	亡者归来	有；存在严重的刑讯逼供
7	佘祥林；农民	故意杀人；15 年	湖北	张在玉（系其妻子）	主要依靠口供	1994 1998 2005 11 年	亡者归来	有；存在严重的刑讯逼供
8	胥敬祥；农民	抢劫盗窃；16 年	河南	行人	主要依靠口供；供证相互矛盾、无作案凶器、无犯罪同伙，物证不能相互印证	1991 1997 2005 13 年	事实不清、证据不足，不起诉	有；存在严重的刑讯逼供
9	杜培武；警察	故意杀人；死缓	云南	王晓湘（妻子）王俊波	主要依靠口供	1998 1999 2000 2 年	真凶落网	有；存在严重的刑讯逼供
10	孙万刚；学生	强奸杀人；死缓	云南	陈兴会（系其女友）	主要依靠口供	1996 1998 2004 8 年	事实不清、证据不足	不详；存在严重的刑讯逼供

（一）涉及的案件多为故意杀人、强奸等严重暴力犯罪案件

上述 10 起案件，均为抢劫、故意杀人等严重暴力犯罪案件。由于此类案件造成被害人死亡的严重后果，案发后会引起极高的社会关注度，甚至会引起案发地群众的恐慌，被害人的家属更有强烈的将犯罪分子绳之以法的愿望，因此公安机关面临必须尽快侦破案件的压力和任务。为了尽快恢复被犯罪分子破坏的社会秩序，平息案发地群众的民愤，侦查部门一般都被要求命案必破、限期破案。我国侦查机关的侦查技术和侦查水平不高，侦查机关收集犯罪现场遗留的各种痕迹物证的技术还不够成熟，而且犯罪分子实施犯罪后，经常会破坏甚至伪造犯罪现场，给侦查机关侦破案件带来极大的困难，以上各种主客观因素决定"命案必破"是违背侦查规律的非理性要求。发生命案后，侦查人员面临上级领导、被害人以及当地群众等多重压力，一旦侦查机关确定某人有犯罪嫌疑，侦查人员就会千方百计寻找证据来印证自己最初的判断，如果嫌疑人不承认实施了犯罪行为，侦查人员将会通过各种手段获取嫌疑人的"口供"，获取口供后，再补充收集其他证据来印证口供，这种"由供到证"的取证模式极易造成错案。因此，命案必破的压力是造成以上 10 起错案均为故意杀人、强奸等严重暴力犯罪案件的重要原因。

（二）几乎所有错案均有刑讯逼供

以上 10 起错案全部存在刑讯逼供。1979 年《刑事诉讼法》就严禁刑讯逼供，2010 年两高三部发布《关于办理刑事案件排除非法证据若干问题的规定》和《关于办理死刑案件审查判断证据若干问题的规定》（以下简称"两个《证据规定》"），严格规范证据的收集、审查及判断，确立了非法证据的排除程序。2012 年《刑事诉讼法》吸收了两个《证据规定》的内容，在法律层面确立了非法证据排除规则，规定通过刑讯逼供获取的口供在诉讼中要一律排除。但司法实践中由于公安司法人员的办案理念落后以及长期以来视口供为"证据之王"的侦查思维的影响，造成刑讯逼供屡禁不止，成为我国刑事司法的一大顽疾。从目前披露的错案来看，几乎都伴随有严重的刑讯逼供，以去年纠正的浙江萧山冤案为例，萧山冤案当事人之一的田伟冬如今已没有了舌尖，这是他在 1995 年 11 月在萧山城厢派出所遭受刑讯逼供后，咬舌自尽所致。

（三）被错判者多数属于社会底层，并且多与被害人有某种社会关系

以上 10 起案件的被冤者除一起为警察、一起为区长助理外，其他均为农

民、个体户等弱势群体。故意杀人罪的被冤者一般为处于社会底层的弱势群众，其文化水平不高，法律知识更为匮乏，导致在刑事诉讼中自我辩护能力较差，由于经济能力的限制，他们或者不委托辩护律师，即使委托，由于辩护律师的收费标准与其业务能力相挂钩。因此由于委托人财力有限，可能导致其委托的辩护律师业务能力不强，不能进行有效辩护，从而导致错判。

另外，杜培武、佘祥林、余英生案件中的被害人均为其妻子，赵作海、李怀亮、张氏叔侄案件中的被害人均系熟人。

（四）错案的纠正具有极大的偶然性，并且一般需较长时间

从以上错案的纠正原因分析，除于英生、胥敬祥、孙万钢案件属于司法机关主动纠错外，其他7起案件的纠正原因均为"真凶出现"和"亡者归来"，属被动纠错。

从错案纠正的时间来看，除滕兴善已经被执行死刑外，其余9起案件中有8起案件蒙冤者被羁押8年以上。可见，从有罪判决作出后到最终洗清蒙冤者的罪名一般需要很长时间。究其原因，当前我国错案纠正的主要事由为"真凶落网"和"亡者归来"，均属于小概率事件；另外，我国的纠错途径非常有限，纠错机制存在严重弊端，与美国"无辜者计划"① 的纠正错案的民间团体相比，我国援助蒙冤者的民间组织②刚刚起步，发展尚不成熟。因此，目前的纠错途径仅限于审判监督程序规定的主动和被动纠错两种，而司法机关主动纠错面临诸多困境，尤其是面临国家赔偿的压力以及对相关人员的责任追究，致使司法机关主动纠错的动力不足。即使刑事诉讼法规定了当事人及其法定代理人有申诉权，但"申诉难"已经成为司法实践的一大顽疾，已决犯的申诉途径非常有限，申

---

① 无辜者计划：美国无辜者计划最早是由贝瑞·C.谢克和彼得·J.纽弗德于1992年发起，旨在通过DNA检测技术为含冤人狱者平反，同时推动人们对现有司法制度缺陷的认识并引导其进行变革。主要是法学院内部设立的实践教学机构或者法学院的附属机构，致力于为声称自己无辜或者被错判有罪的犯人提供定罪之后申请无罪的法律代理服务。到2008年的16年里，"无辜者计划"组织通过DNA检测技术将218个被错判的无辜者从监狱里"拯救"了出来，这些无辜者平均每人在监狱里待了12年。其中有16人被判处了死刑，已经无法纠错。另有11人是在14~22岁之间入狱的，总共在狱中服刑947年，而服刑最长的就是伍德沃，27年。参见刘品新主编：《刑事错案的原因与对策》，中国法制出版社2009年版，第396~397页。

② 值得欣慰的是，近年来中国出现了类似于美国致力于发现并帮助无辜者洗冤的民间机构。2014年5月，中国政法大学刑事法律援助研究中心与北京市尚权律师事务所联合发起并成立"蒙冤者援助计划"，旨在为蒙冤者提供援助，促使司法机关纠正重大冤错案件。2014年，北京理工大学徐昕教授发起了"拯救无辜者计划"，意在进行法律援助，并通过媒体发声，呈现冤案。

诉引起的再审面临重重障碍。张氏叔侄服刑 10 年中从未停止过向有关部门反映自己的冤屈，可每次都是石沉大海，检察机关的监所检察监督尚未充分发挥监督功能。

（五）辩护律师发挥的作用极为有限

以上 10 起案件几乎均有律师辩护，律师大多作无罪辩护，但未获采纳。

辩护律师具有专门的法律知识以及丰富的司法经验，本可以有效维护犯罪嫌疑人、被告人的合法权益，帮助其进行有效辩护；但从披露的错案来看，律师辩护的效果极不理想，辩护意见很少被审判机关采纳。赵作海、滕兴善等案件中辩护律师指出了控方的证据疑点并作无罪辩护，但未受到审判人员的重视，辩护意见未被采纳。在张氏叔侄冤案中，辩护律师提出以下质疑：两名嫌疑人为什么在行车的 4 个小时内没有行凶，却偏要到了杭州，在杭州城内行凶？犯罪为什么要在借手机给被害人与家人通话后进行？对于作案过程的表述，张辉、张高平也存在明显的矛盾。在他们的供述中，作案前后的行车路径不一，作案现场的车辆行驶停放情况不明。张辉说，到达现场是先将卡车掉头，然后实施强奸行为；张高平却说，是在作案后将车继续朝前开。但是，这些疑问并未引起检察机关和审判人员的重视，在随后的法庭审理中，检察官坚持指控张辉、张高平就是强奸杀人的凶手，并获得裁判者的认可。

从以上错案产生的原因分析，与法治发达国家相比，中国式错案主要基于以下原因：

1. 诉讼观念落后

我国长期以来坚持"惩罚犯罪优先"的诉讼观念，注重案件实体处理结果而忽视对正当法律程序的遵守，被追诉者的合法权益难以保障。公安司法机关"维稳"的功能被过度强调，强调办理刑事案件的法律效果、社会效果与政治效果的统一，在个别案件的办理中，甚至将社会效果和政治效果凌驾于法律效果之上。无罪推定、疑罪从无等现代刑事诉讼的基本理念在我国并未深入人心，由于各种主客观原因，有罪推定、疑罪从轻等错误理念在我国司法实践中仍有其存在空间，审判机关办理重大刑事案件时，如果公诉方的证据不够确实、充分，达不到法定的证明标准时，由于面临重重压力，审判机关一般不会判决无罪，而经常作出留有余地的判决。

在落后的诉讼观念支配下，办案人员为了实现最大限度的惩罚犯罪的效果，不惜采取刑讯逼供等极端取供手段。办案人员缺乏相应的法律素养，违法办案的情况时有发生。

2. 侦查机关滥用权力

我国长期以来奉行"侦查中心主义"的刑事诉讼模式，即强侦查、弱审判。侦查过程中证据的收集情况以及侦查结论几乎决定了诉讼的最终结果，即使侦查结论对案件事实的认定出现错误，也很难被后续的审查起诉和审判活动所推翻。当然如果侦查机关严格依法行使侦查权，依照法定程序收集证据，保障犯罪嫌疑人的基本权利，侦查中心并不会必然带来错案频发的恶果。但我国侦查人员的法治意识普遍不强，法律素养不高，而刑事诉讼法赋予侦查机关强大的侦查权，侦查权的行使缺乏必要的制约，侦查机关可以自行决定除逮捕以外的所有侦查行为和强制措施。检察机关虽为法律监督机关，有权监督侦查机关以及侦查人员的侦查行为是否合法，发现违法行为时，有权监督并要求有关机关及人员予以纠正。但由于刑事诉讼中检察机关承担公诉职能，这一职能与侦查机关的追诉犯罪职能有一定的同质性，因此，检察机关的监督效果并不理想。

3. 刑事诉讼活动伴随严重的程序违法行为

刑事诉讼活动中严重的程序违法行为主要表现为侦查机关为获取有罪供述采取刑讯逼供等非法取证行为，收集实物证据的手段不规范甚至违法。我国并无完善的程序性制裁机制，除了非法证据排除规则的约束外，办案人员实施的程序性违法行为缺乏必要的程序性制裁。

我国刑事诉讼程序中，等待审判的嫌疑人绝大多数处于人身自由被剥夺的羁押状态，审前羁押成为常态，而非羁押成为例外，严重违反羁押的比例性以及必要性原则，而高羁押率的存在成为人民法院判决无罪的直接阻力。对于严重超期羁押的案件，审判人员经过审理，即使认为案件事实不清、证据不足，但由于担心无罪判决会给侦查以及公诉机关带来国家赔偿以及不利的绩效考评等后果，一般不敢轻易判无罪。

三、刑事错案生成原因的机制和体制性分析

刑事错案表现为事实认定错误。依据证据裁判原则，对案件事实的认定应以证据为依据。从已经披露的刑事错案来看，公安司法机关在证据的收集、审查以及判断上以口供为中心，侦查机关以非法的手段收集证据，尤其是通过刑讯逼供获取口供；实物证据的收集、保管、鉴定不规范甚至严重违法；辨认不依法进行，以上种种行为导致各种与案件事实无关联性的证据或非法证据成为法院定案的根据。绝大多数错案中能证明被告人有罪的证据只有被告人口供，其他证据或与案件事实无关联性，或虽有关联性但并不能证明犯罪系被告人所为。此外，不合理的绩效考评机制，司法人员的错误理念，刑事诉讼构造不合理、舆论压力，刑事诉讼以侦查为中心，法庭审判的形式化，检察机关未遵守客观公正义务以及监督职责的失守，司法决策的行政化等也是造成中国式错案的重要原因。

（一）公安司法人员人权保障意识淡薄

公安司法人员"重打击、轻保护"、"重实体、轻程序"的观念一时难以完全转变。刑事诉讼规定得不到有效遵守，程序被虚置，司法实践中潜规则和隐性规则盛行。无罪推定在我国并未真正确立，"疑罪从轻"成为司法潜规则。最高人民法院常务副院长沈德咏指出，在目前有罪推定思想尚未完全根除，无罪推定思想尚未真正树立的情况下，冤假错案发生的概率甚至可以说还比较大，对此，法院人员必须保持清醒的认识，要像防范洪水猛兽一样来防范冤假错案，宁可错放，也不可错判。①

无罪推定是国际社会通行的人权保障原则，被世界各国和联合国的人权保障国际公约所采纳。其经典表述是：任何人在未被审判机关依法确定为有罪之前，应被推定或假定为无罪。此原则在审判阶段有三项要求：被告人不被强迫自证其罪，也没有证明自己无罪的义务；检察官承担证明被告人有罪的责任，并且这一责任不可转移；疑罪从无，控方证明未达法定证明标准时，即被告人有罪无罪存疑时，应作出有利于被告人的无罪判决。新《刑事诉讼法》规定：不得强迫任何人证实自己有罪；公诉案件的举证责任由人民检察院承担；审查起诉时的存疑不起诉和审判阶段证据不足的无罪判决等均体现了疑罪从无的精神。以上内容标志无罪推定在我国大体上已经确立，但《刑事诉讼法》同时保留了"对侦查人员的提问，嫌疑人应如实回答"的规定，说明我国对无罪推定的吸收并不彻底。

从无罪推定的要求分析，人民法院应承担案件的最后把关作用，如果公诉机关提交的证据不能证明被告人有罪，审判机关应作出无罪判决。但事实并非

---

① 沈德咏："我们应当如何防范冤假错案"，载《人民法院报》2013 年 5 月 6 日。

如此，迫于被害人及其亲属的压力、公诉方的压力、部分党政领导的干预以及新闻媒体的干扰，法院不敢轻易作出无罪判决。对于事实不清、证据不足的案件，法院通常会建议检察机关撤回起诉以规避无罪判决；对于社会关注度高的案件，法院有时会放任控方反复"补充侦查"，直至作出从轻的有罪裁判。有学者对 2005 年前后发生的震惊全国的 20 起错案进行统计，发现在这 20 起案件中，有多达 15 起案件证明被告人无罪的证据没有被推翻或得到合理解释，法官就作出了有罪裁判。①

赵作海案件是疑罪从有的典型例证。此案中，证明赵作海有罪的证据显然不足，其中无名尸体的身份是本案最大的疑点。在其身份未得到有效确认的情况下，商丘市中级人民法院竟然判处赵作海死刑缓期执行。对此，商丘中院刑一庭庭长杨松挺在赵作海冤案曝光后坦承："这个案件当时判死缓，就是合议庭在审理这个案件的时候，认为存在疑点，是一个疑难案件，也是一个存疑案件，那么应当留有余地地进行判决，不适宜判处死刑立即执行，所以这个案件最后拿出一个死缓的意见。"

（二）刑事司法体制存在缺陷

法院不中立，审判不独立是造成冤案发生的重要原因。权威和中立是司法公正的基本保障，但我国现阶段法院审判案件不独立，受到党政机关的干预；司法裁判存在严重的行政化倾向；庭审中法官不中立，更倾向于采纳控方的意见和结论，对辩方的辩护意见，尤其是无罪辩护意见持有一种天然的排斥心理。

1. 公、检、法三机关配合有余、制约不足

我国《宪法》和《刑事诉讼法》规定在刑事诉讼活动中，公检法三机关之间应分工负责、互相配合、互相制约。由于过于注重惩罚犯罪的刑事诉讼目的的实现，导致公、检、法三机关在刑事诉讼活动中配合多于制约。审判阶段法官对控诉意见更为认同，控辩地位失衡，辩护权未得到有效保障，最终影响案件的公正裁判。三机关呈现流水作业的诉讼构造，成为前后接替实施刑事诉讼的三道工序，实际地位并无高下之分。三机关注重配合状况造成以下不利后果：其一，检察机关对侦查机关移送审查起诉案件的过滤功能形同虚设，审判机关

---

① 陈永生："我国刑事误判问题透视——以 20 起震惊全国的刑事冤案为样本的分析"，载《中国法学》2007 年第 3 期。

的开庭审判形式化。无论是检察机关还是审判机关，一般不会轻易否定侦查结论。经过法庭审理后，对事实不清、证据不足的公诉案件，法院本该作出证据不足的无罪判决，但基于相互配合的考虑，法院通常会选择从轻的有罪判决。其二，强调检法配合，导致审判丧失中立性和权威性。庭审活动中，承担控诉职能的人民检察院是国家专门机关，同时履行法律监督职能，对审判中立有天然的影响；而对检法配合的强调，更加重了审判的不中立。三机关分工负责、互相配合、互相制约的运作机制扭曲了审判法院与诉讼当事人的诉讼关系，忽视了辩护方的主体地位和能动作用，忽略了审前程序受司法控制的必要性，同时抑制了司法权威，存在根本性的结构弊端。①

2. 政法委的不当干预与协调

对于社会影响重大的疑难案件，当公检法三机关对案件的认识出现分歧，刑事诉讼程序不能顺利进行时，实践中经常存在由政法委出面协调，以形成统一意见的情形。政法委协调案件有着致命的缺陷，有的政法委领导并不具备法律专业知识，也不参与案件的审理，仅依据审判人员的汇报即作出相应的处理决定，很难保障结果的公正性。同时，由于政法委书记经常由当地公安局长担任，面对政法体制的运作惯性和某些党政部门关于案件定性的批示，法官乃至法院都是相当无力的。② 最高人民法院常务副院长沈德咏所言反映出人民法院面对政法委干预的无奈：现在我们看到的一些案件，包括赵作海杀人案、浙江杭州叔侄强奸案，审判法院在当时是立了功的，至少可以说是功大于过的，否则人头早已落地了。面临来自各方面的干预和压力，法院对于此类案件能够坚持作出留有余地的判决，已属不易。③ 另外，政法委干预使三机关互相制约的功能丧失殆尽，惩罚犯罪成为其一致目标。赵作海冤案即政法委错误协调的典型代表，由于证据不足，无法确定无头尸体为失踪的赵振裳，商丘市检察院曾以"证据不足，事实不清"为由两次退卷，并拒绝再次接卷。2002 年初秋，在全国刑事案件清理超期羁押专项检查活动中，柘城县公安局将该案提交商丘市政法委研究，研究后便作出了案件具备起诉条件的决定。之后的 45 天，该案迅速走完了从审查起诉、起诉至一审有罪判决的全部程序。正如学者所言："协调办

① 龙宗智："新刑事诉讼法实施：半年初判"，载《清华法学》2013 年第 5 期。
② 周长军："后赵作海时代的冤案防范——基于法社会学的分析"，载《法学论坛》2010 年第 4 期。
③ 沈德咏："我们应当如何防范冤假错案"，载《人民法院报》2013 年 5 月 6 日。

案模式将所有的案件疑难问题以及公、检、法之间权力的运作冲突以一种非制度化的形式消化于法定的诉讼活动之外，整个刑事诉讼过程俨然一场行政性的治罪活动。"[1]

政法委对案件的协调带有社会治理的政治目的，更多考虑的是维护社会稳定的需要，决定受到社会舆论的影响，作出决定时更多考虑的是案件处理的社会效果，有时甚至将社会效果凌驾于法律效果之上，因此政法委协调案件的质量难以保证。

3. 司法决策行政化

根据诉讼原理，上下级人民法院的关系是监督关系而非领导与被领导的关系，监督表现为上级人民法院通过二审程序和审判监督程序对下级人民法院的未生效和已生效裁判进行监督，维持下级人民法院的正确裁判，纠正其错误裁判。我国现阶段的司法权运作体现出较为严重的行政化倾向，严重影响了审判独立。法院行政化运作体现为地方党委和政府及其领导人干预法官办案，上下级法院之间的"案件请示制度"，法院内部的案件审批制度，最终的判决必须经庭长、主管院长等领导层层审批，以及审判委员会讨论决定疑难、复杂、重大案件等制度。

审委会设立的初衷是为了总结审判经验，研究疑难案件，运用集体智慧解决疑难案件的法律适用问题，审委会集体讨论案件可以弥补法官个人能力、知识和经验的不足，有积极的一面。但审委会讨论案件并给出最终的处理意见违背司法的亲历性和直接言词原则，尤其是审委会通过听取主审法官的汇报和阅读庭审笔录来决定案件的事实认定面临很大的错误风险。主审法官汇报案件时可能掺杂了自己的主观意见，可能对庭审查明的事实和证据汇报时有所取舍，同时辩护意见可能无法被审委会成员所知悉，因此，审委会仅依靠汇报和阅卷的方式来判案，大大增加了发生错案的风险。

（三）公安司法机关不合理的绩效考评机制

科学的绩效考评机制是司法机关管理体系中必不可少的组成部分，合理的考评指标有利于激励办案人员的积极性，提高诉讼效率，节约司法资源。我国目前公、检、法系统都有自身的绩效考评指标，实践中有破案率、批捕率、起

---

[1] 周长军："公诉权监用论"，载《法学家》2011 年第 3 期。

诉率、不起诉率、有罪判决率、上诉率、改判率等考评指标。我国现行的部分绩效考评指标存在以后一阶段的诉讼结论来检验和评判前一阶段工作质量的弊端，违背诉讼规律。为了不给先前的办案机关带来不利的影响，公、检、法三机关的配合会越来越默契，后一诉讼阶段的办案机关极少否定前一诉讼阶段办案机关的诉讼结论，即使发现问题，多半也以协调等非正规方式处理。以检察机关为例，由于检察系统设置撤案数、不捕率、不诉率、无罪数等过于绝对化的考核指标，为达到相应的考核要求，对于侦查机关申请批捕的案件，检察机关都尽量作出批捕决定；侦查机关移送起诉的案件，除少数情形外，检察机关一般会提起公诉；对于检察机关起诉的案件，经过法庭审理即使发现案件事实不清、证据不足，审判机关一般也不会直接作出无罪判决，而是以公诉机关撤回起诉等方式结案。以上做法不仅导致案件久拖不决，被告人被无限期羁押，而且会使公、检、法三机关互相制约的机制丧失殆尽。有学者通过对检察机关绩效考核指标的梳理，发现考核内容功利性严重、不符合检察机关办案客观规律，严重背离刑事诉讼规律。这种不正当的办案程序存在侵犯法院的实体审判权之嫌，也使法院的独立审判权形同虚设，与原始的自侦自判无异，严重侵犯人权。[1]

（四）侦查阶段的刑讯逼供和片面取证，裁判者对证据任意取舍

《刑事诉讼法》以及相关的司法解释明确禁止侦查人员采用刑讯逼供等非法手段获取证据。为杜绝侦查人员的刑讯逼供行为，2012年《刑事诉讼法》确立了非法证据排除规则，确立重大案件侦查讯问过程的全程录音录像制度以及嫌疑人被采取拘留后应立即送看守所羁押等措施。但实践中，由于侦查人员人权保障观念淡薄，又面临"命案必破"压力，刑讯逼供时有发生。从我国司法实践来看，侦查人员实施刑讯逼供行为，一般也不会有严重的法律后果。即使构成刑法中的刑讯逼供罪，所判处的刑罚一般也仅为缓刑。[2] 在破案的压力之下，刑讯逼供甚至会获得领导的默认和许可，由于存在破案率等考核指标，侦查人

[1] 万毅：《实践中的刑事诉讼法：隐形刑事诉讼法研究》，中国检察出版社2010年版，第139页。
[2] 重庆3名警察刑讯逼供致人重伤案一审宣判，均获轻刑。重庆市大渡口区人民法院于2014年5月13日开庭审理长寿区3名公安民警涉刑讯逼供案，法院当庭宣判。被告人苟洪波、但波犯故意伤害罪，判处有期徒刑，缓刑；被告人郑小林犯刑讯逼供罪，免予刑事处罚。参见"重庆3名警察刑讯逼供致人重伤案宣判 均获轻判"，载http://news.qq.com/a/20140513/039963.htm，最后访问时间：2014年8月7日。

员通过刑讯等快捷方式获取口供，从而成功破案，其受益者除了侦查人员自身外，其所在的部门，包括主管领导均会得到不同程度的好处和利益。

就故意杀人、强奸等案件而言，我国的侦查模式依然为"以口供为中心"的模式，对口供的强烈依赖导致刑讯逼供屡禁不止。以张高平、张辉冤案为例，据张高平所述："在杭州西湖刑警大队我苦头吃尽：他们让我站了 7 天 7 夜，让我蹲马步，不让我吃饭，我实在受不了赖在地上，他们就抓我的头发，我还是起不来，他们就提着我的手铐不停抖，我被抖到骨头都酥了才勉强站起；用拖把棍按我的脚，按到我骨头受不了不停地叫，我一叫，他们就笑，像看猴子一样；又把我按到地上，脚朝天，把我嘴巴封住，矿泉水灌到鼻子里去；打巴掌，跪皮鞋底那些都是小事……现在手臂上还有被他们用烟头烫的疤。更可恶的是牢头狱霸。在浙江省公安厅看守所，我一进去牢头就打我，嫌我破坏了他吃饭的心情，还给我立规矩，说'老大'上厕所，我要面壁跪下，每天早上还让我朝东南方向拜菩萨。牢头还说，'你态度好点，我写好你抄'。他写好之后，我拒绝抄，他就打我到半死，还说晚上打完 50 只蚊子才能睡觉，哪里去找 50 只蚊子?! 每次提审回来，都得向牢头汇报，否则就打我。认罪书就是这么写出来的。"新《刑事诉讼法》实施后，传统的刑讯逼供的确有所减少，但司法实践中变相的刑讯逼供依然存在，威胁、引诱、欺骗获取口供等方法依然被侦查人员使用。

《刑事诉讼法》第 50 条规定：审判人员、检察人员、侦查人员必须依照法定程序，收集能够证实犯罪嫌疑人、被告人有罪或者无罪、犯罪情节轻重的各种证据。可见，侦查人员全面收集以及保全证据是其法定职责，但实践中存在侦查人员先入为主，收集证据具有片面性的现象。一旦怀疑某人有罪，侦查人员就千方百计收集能证明其有罪的证据，对于犯罪现场遗留的无罪证据或与有罪证据相矛盾的证据视而不见，即使侦查人员收集到了有利于犯罪嫌疑人的证据，通常也加以隐藏而不主动移交给检察机关和人民法院。由于无罪证据事先被人为过滤，辩方取证受到种种限制，最终案件到了审判阶段，法庭上呈现出几乎清一色的有罪证据，因此出现错案就不足为怪了。更加令人不解的是，被视为社会正义最后一道防线的审判机关，审理案件时居然对能证明被告人无罪的证据视而不见。仍以张氏叔侄冤案为例，侦查人员对犯罪现场进行勘察时在死者的 8 个手指甲里分离出一个陌生男性的 DNA，这一证据能够证明被害人的死亡可能与陌生男子有直接的关系。但杭州市中院认为，"因手指为相对开放部位，不排除被害人因生前与他人接触而在手指甲内留下 DNA 的可能性"。浙江省高院则干脆在终审判决中写道："本案中的 DNA 鉴定结论与本案犯罪事实并无关联"。事后，经过鉴定比对，被害人王冬指甲缝里的 DNA，与 6 年前已被执行死刑的勾海峰的 DNA 吻合。公安部物证鉴定中心也出具相同结论。而勾海峰 2005 年因为奸杀浙大学生吴晶晶被判处死刑，审判机关同样是杭州市中级人民法院。由此可见，张氏叔侄冤案中的审判人员在作出有罪判决时，已经完全背离了刑事诉讼法对审判人员全面审查判断证据的要求，对证据随意取舍，定罪时根本未达到法定的证明标准。

《刑事诉讼法》规定，对一切案件的判处都要重证据，重调查研究，不轻信口供。只有被告人口供，没有其他证据的，不能认定被告人有罪。但公安司法机关有严重的"口供情结"，从案件的侦查开始到判决的作出，没有口供几乎不敢定案。诚然，对于真正实施了犯罪的嫌疑人，如果口供系其如实陈述所得，由于口供包含丰富的案件信息，其内容通常包含完整的证明犯罪构成要件的信息，能成为证明犯罪的直接证据。但基于趋利避害的普遍心理，真正的犯罪人在诉讼过程中往往设法掩盖真相，或者编造谎言以逃避处罚。同时，司法实践中还存在替人顶罪的现象。因此，侦查人员应理性对待口供，除了必须以合法的方式获取口供之外，侦查过程中应注重实物证据的收集和运用。

（五）逮捕标准的人为降低以及审查起诉把关不严

我国的强制措施以羁押为常态，不羁押为例外。实践证明几乎所有刑事错案的被告人在整个刑事诉讼阶段均处于羁押状态，反映出的问题是《刑事诉讼法》规定的逮捕条件被人为降低，实践中存在着"够罪即捕"、"一捕到底"的现象。逮捕的条件有三：证据条件、刑罚条件和社会危险性条件。三者同时具备才能逮捕，已经发现的错案中的大部分嫌疑人根本不具备"有证据证明有犯罪事实"这一基本的逮捕条件。即在没有确实的证据证明侦查机关认定的犯罪事实已经发生或者没有确实的证据证明犯罪事实为犯罪嫌疑人所为的情况下，检察机关就同意公安机关的批捕要求，从而导致无辜的嫌疑人被长期羁押并大多数最终被错判有罪。被告人被长期超期羁押后，如果法院作出无罪判决，批捕的公诉机关将面临错案的国家赔偿。因此，为了维护公诉机关的利益，对于公诉案件法院作无罪判决时非常慎重，除非迫不得已，一般不会判决被告人无罪。据调研，在谈到错案原因时，有人说办案中最怕碰上"骑虎难下"的情况，人已经关了很长时间，但是没有拿到充分的证据，判不了也放不了，进退两难，而且是关的时间越长越难放。最后没办法，只好少判几年。① 以上做法突出反映了逮捕对法院定罪的预决作用，值得我们深刻反思。

审查起诉作为连接侦查与审判的中间环节，对于侦查环节的错误本应起到有效的把关和过滤作用。但由于我国检察机关有强烈的追诉犯罪倾向，实践中注重与公安机关的配合，导致审查起诉时把关不严。从披露的错案可以发现，侦查机关侦查终结的案件移送给检察机关后，在审查起诉过程中存在着讯问犯罪嫌疑人走过场，对辩护人的意见不够重视，轻信侦查机关的证据以及侦查结论，对于不具备起诉条件的案件坚持起诉等现象。以上种种行为使检察机关本应具有的监督和过滤无罪案件的功能丧失殆尽。有人戏称我国的审查起诉程序应改为起诉程序，因为移送给公诉机关的案件基本上最终都诉出去了，不起诉的寥寥无几。

（六）侦查监督不力

侦查的秘密性和侦查权的天然扩张性导致嫌疑人的权利极易受到侵犯，在我国尤其如此。我国侦查机关的侦查权极少受到限制。除逮捕外，侦查机关可以自行采取任何强制措施和实施任何侦查行为。无监督和制约的权力必然会走向滥用的深渊。因此为确保侦查权依法行使，《刑事诉讼法》规定检察机关应履行侦查监督职责，对于侦查机关的违法行为及时提出监督意见并督促其纠正，对侦查机关通过刑讯逼供等非法方式获取的证据应该及时排除。如果检察机关能够有效履行法律监督职责，侦查过程中的违法行为必会大大减少。但司法实践中，检察机关侦查监督发挥的作用极为有限，除贪污贿赂等职务犯罪案件由检察机关自行侦查外，绝大多数犯罪公安机关拥有独立的侦查权，检察机关一般不参与侦查活动，更不引导侦查机关调查取证。侦查监督的主要手段为检察机关通过审查逮捕和审查起诉，受理诉讼参与人对于侦查机关和侦查人员侵犯其诉讼权利和人身侮辱的行为向人民检察院提出的控告，通过审查发现违法行为等。从以上检察监督的手段分析，审查批准逮捕时间较短，一般不易发现侦查违法行为。通过审查起诉对侦查行为的监督属于事后监督，不利于侦查机关

---

① 参见何家弘："当今我国刑事司法的十大误区"，载《清华法学》2014 年第 2 期。

及时纠正违法行为。另外，除了排除非法证据这一有效的监督手段外，对侦查违法行为的处理方式为情节较轻的口头通知纠正，情节较重的检察机关发出纠正违法通知书，检察机关的监督存在刚性不足，监督效果不佳的弊端。非法证据排除规则确立后，实证研究表明检察机关在审前有排除非法证据的动力，非法证据排除后，会责令侦查人员进行补正，其排除目的是为了更有效地追诉犯罪而非出于保障犯罪嫌疑人、被告人权益的考虑。

（七）辩护律师难以发挥作用

控辩平等是刑事诉讼的基本理念，是保障法庭作出正确裁判的前提。辩护律师是刑事诉讼活动的主要参与者，是预防刑事错案的重要力量。但我国司法实践中控辩力量悬殊，控辩失衡表现突出。时至今日，尚有 50% ~ 60% 的刑事案件辩护律师缺位。究其原因：首先，《宪法》和《刑事诉讼法》规定公、检、法三机关分工负责、互相配合、互相制约的基本司法原则，本身就忽视了辩护律师的作用。其次，检察院兼具公诉与法律监督双重职能，其诉讼地位明显高于辩护律师，客观上造就了控辩地位的不平等。2012 年《刑事诉讼法》进一步加强了对辩护律师权利的保障，律师执业中阅卷难、会见难的问题从制度上得到了有效解决，理论上阻碍律师参与刑事辩护的因素大大减少。但必须正视的是：辩护律师的调查取证权依然受到很大程度的限制，侦查阶段辩护律师是否可以调查取证法律规定并不明确。在庭审活动中，律师的作用极其有限，与控方相比，律师发言受到一定程度的限制，个别法官甚至利用其庭审指挥权，随意打断律师发言。正如学者所言：现行立法仅规定辩护方在审判长的许可下可以实施辩论行为，而没有使其辩论结果形成对法院裁判的制约，也没有对法庭剥夺被告人辩护权的后果进行规定，[1]致使法官打断辩护律师发言不会承担任何不利后果，辩护律师的意见不能真正成为法庭判决的依据。另外，2012 年《刑事诉讼法》对死刑复核程序进行重大修改，明确规定最高人民法院复核死刑案件，应当讯问被告人，辩护律师提出要求的，应当听取辩护律师的意见。但并未明确在死刑复核程序中听取辩护律师意见的具体程序、辩护人的权利义务、不听取意见的法律后果以及此阶段是否适用法律援助制度，导致律师很难实质

---

① 参见李建明："刑事错案的深层次原因——以检察环节为中心的分析"，载《中国法学》2007 年第 3 期。

参与死刑复核程序，发挥的作用极为有限。①

以赵作海案为例，律师作无罪辩护，指出控方证据的诸多疑点和矛盾，但遗憾的是辩护意见均未得到采纳。辩护人从案卷中发现以下问题并在法庭上提出：①公安机关确认无头、无四肢尸体为赵振裳的证据是"物证检验报告"。但是当时尸体已经高度腐烂，无法辨识。虽然公安机关先后共进行了四次 DNA 鉴定，但是都不能确定死者身份，当然也不能作为认定尸体就是赵振裳的证据。②将赵作海作为重大嫌疑人后，公安机关没有追查凶器，同时也没有确定凶器所能造成的伤痕是否与尸体的伤痕相符。③公安机关根据残尸，对死者身高进行了确定，为 1.70 米。但实际上，失踪的赵振裳身高只有 1.65 米左右。事实证明，当时的辩护意见有针对性地指出了指控证据的重大缺陷，但遗憾的是以上意见均未受到法院的重视。

辩护律师充分知悉证据是其进行有效辩护的保障。但由于《刑事诉讼法》第 42 条以及《刑法》第 306 条的存在，调查取证成为律师进行刑事辩护时不敢轻易触碰的红线。刑事辩护律师由于调查取证被追诉的案件屡见报端，以李庄案和北海律师案为其代表，在刑事诉讼中辩护律师权利受到侵犯和剥夺后缺乏有效的救济途径。针对辩护律师防范错案作用的虚化，最高人民法院沈德咏副院长指出：要高度重视、充分发挥辩护律师在防范冤假错案上的重要作用，充分认识到律师是法律职业共同体的重要一员，充分尊重和保护律师依法履职的权利，充分相信绝大多数律师是具备良好的职业素养的，是理性、客观、公正、中肯的，是人民法院可以依靠而且应当依靠的重要力量。②

（八）证据制度不完善，审判人员运用证据的能力与水平不高

1. 质证规则缺失，直接言词原则虚置

最高人民法院《关于适用〈中华人民共和国刑事诉讼法〉的解释》（以下简称"最高法《解释》"）第 63 条规定：证据未经当庭出示、辨认、质证等法庭调查程序查证属实，不得作为定案的根据，但法律和本解释另有规定的除外。对于控辩双方质证的方式法律并未明确规定，是每一个证据单独质证抑或相关的一组证据同时质证不得而知，实践中质证流于形式。直接言词原则与质证规

---

① 罗海敏："论死刑复核程序中辩护权的保障"，载《青海社会科学》2013 年第 6 期。

② 沈德咏："我们应当如何防范冤假错案"，载《人民法院报》2013 年 5 月 6 日。

则有内在的联系，二者均要求言词证据的提供者出席法庭，接受质证和法官的当庭审查。司法的亲历性决定了直接言词原则的重要性，此原则要求法官对个案的处理必须亲临其境，直接审查证据，诉讼各方应亲自到庭出席审判，法官裁决应建立在实质性法庭调查和控辩双方充分言词辩论的基础上。除特殊情形外，提供言词证据的人应该出庭，接受控辩双方的质证和法官的当面审查。我国的刑事审判实践中证人、鉴定人、被害人出庭率极低，法庭上各种笔录充斥其中，证人证言笔录、被害人陈述笔录以及鉴定意见被公诉人当庭宣读后，经过辩方简单质证，即成为定案的重要根据。"我国审判方式改革的最大教训，就在于没有建立一种通过对当庭出示证据进行质证和辩论来形成裁判结论的法庭文化。"[1] 以上问题导致被告人的质证权很难实现，也直接影响法官当庭判断的准确性。被告人及辩护律师对控诉方的指控进行质疑反驳的重要方式，即对控诉方提出的证据进行质证，尤其是需与关键证人当面对质，但在相关证人不出庭的情形下，辩方只能对各种笔录提出异议。由于相关人员不出庭，质证失去了应有的作用，导致不真实或不具备相关性的证人证言、鉴定意见、被害人陈述被错误采信，酿成错案。

为提高证人、鉴定人的出庭率，新《刑事诉讼法》187 条明确规定了证人以及鉴定人出庭作证的条件，但法律的美好愿景并未实现，实践中证人出庭率低的问题几乎未得到任何缓解，法庭基本未动用《刑事诉讼法》规定的强制证人出庭的手段。[2] 究其原因在于：首先，此次《刑事诉讼法》的修订恢复了开庭前的全部案卷移送制度，法官在开庭前即可全面掌握公诉方提交的所有证据材料，在此情形下，传唤证人、鉴定人出庭可能会给庭审带来不可预期的变数和不必要的麻烦；其次，《刑事诉讼法》并未否定应当出庭而未出庭的证人证言笔录的效力；最后，法院对证人以及鉴定人是否出庭拥有最终的决定权，法院出于诉讼效率等的考虑一般不会积极传唤证人出庭。

2. 证明标准的把握和运用不当

我国 1996 年《刑事诉讼法》将证明标准表述为"犯罪事实清楚，证据确实、充分"。犯罪事实清楚，是指裁判者对与定罪量刑有关的事实已经查清楚。

---

① 陈瑞华：《问题与主义之间——刑事诉讼基本问题研究》，中国人民大学出版社 2003 年版，第 421 页。

② 龙宗智："新刑事诉讼法实施：半年初判"，载《清华法学》2013 年第 5 期。

证据确实是对证据质的要求，指据以定案的每一证据都必须真实，并具备相应的证明力；证据充分是对证据量的要求，指一切定罪量刑的事实都有证据加以证明，并且证据的数量足以确定性地认定案件事实。以上证明标准旨在强调裁判者的主观认识符合客观发生的案件事实，其客观化的特征较为明显，并且具有理想化的特征，对裁判者认定案件事实时需要达到何种程度的内心确信，未明确规定。裁判者借助证据对案件事实的认定是一种主观性认识活动，因此证明标准需要裁判者主观把握。我国刑事证明标准的客观化的规定导致这一标准缺乏可操作性，难以具体指导司法实践。司法实践中裁判者对证明标准的把握不严，尤其存在证据之间的矛盾并未合理排除的情况下即作出有罪认定的情形。

刑事诉讼的证明标准需要经过法官的主观判断，委诸法官的自由心证。自由心证的证据制度尊重法官在证据证明力判断上的自由裁量权，符合司法证明规律；但完全不受约束的自由心证容易导致法官擅断，因此实行此制度的国家通过证据规则以及判决书说理对法官心证的自由进行限制。我国证据规则匮乏、法官专业素养良莠不齐以及判决书说理不充分的状况，导致法官在证明标准判断上的随意和无所适从。

3. 刑事证据规则不完善，已有证据规则的实施不尽人意

证据规则能有效约束法官运用证据认定案件事实的自由裁量权。我国长期以来无专门的刑事证据法，两个《证据规定》确立了证据裁判原则，完善非法证据排除规则、口供补强规则等证据规则。由于《刑事诉讼法》以及相关司法解释对证据规则的规定极为简略，造成法官采纳证据时自由裁量权几乎不受约束。非法证据排除规则、传闻证据规则和口供补强规则被誉为防范冤错案件的基本证据规则。我国《刑事诉讼法》未规定传闻证据规则，直接言词原则也贯彻不力，实践中证人、鉴定人、被害人出庭率极低。其他两项规则虽有规定，但司法实践中贯彻并不理想。就非法证据排除规则而言，《刑事诉讼法》及两高司法解释就非法证据的排除阶段、排除主体、证明责任的分配、证明标准等都作出了规定；但实践证明，新《刑事诉讼法》实施以来，非法证据排除规则的实施面临诸多障碍。

我国确立了口供补强规则，《刑事诉讼法》第53条规定：对一切案件的判处都要重证据，重调查研究，不轻信口供。只有被告人供述，没有其他证据的，不能认定被告人有罪和处以刑罚。即"孤证不能定案"。最高法《解释》第106

条对此进一步细化规定：根据被告人的供述、指认提取到了隐蔽性很强的物证、书证，且被告人的供述与其他证明犯罪事实发生的证据相互印证，并排除串供、逼供、诱供等可能性的，可以认定被告人有罪。但上述规定并未明确补强证据应具备何种要件，对证据应补强到何种程度以及共同犯罪被告人的供述之间可否相互补强。正是由于缺乏相关证据规则的指引，导致法官对证据的采纳出现问题，造成错案。

4. 忽视对证据关联性的审查

证据的关联性又称为相关性，指证据对案件事实的认定具有证明力，有助于事实认定者判断或评价要件事实存在可能性的属性。关联性是证据的本质属性，但司法实践中审判人员对证据关联性的审查和判断不够慎重，直接导致与案件事实无关联性的证据成为定案的根据，而与案件事实有关联性的证据被排除在证据体系之外。目前曝光的许多错案表现为：除被告人有罪供述外，其他证据如遗留在犯罪现场的被害人的尸体、血迹等，都只能证明犯罪确已发生，但并无确实、充分的证据证明犯罪系被告人所为，审判人员为了对被告人作出有罪认定，对证据任意取舍，将与被告人无关联性的证据作为认定其有罪的证据。

5. 生物证据未被提取或忽略，未重视 DNA 鉴定的作用

随着法庭科学技术的发展，DNA 鉴定在故意杀人、强奸等恶性犯罪案件的侦查中发挥的作用日趋重要。以上案件的案发现场，一般会遗留大量的痕迹物证，比如犯罪嫌疑人的毛发、精液等生物证据，对此类证据进行 DNA 鉴定和比对，通常能够准确锁定嫌疑人。但从我国司法实践来看，大量的错案是由于侦查人员现场勘查的简单粗放，导致遗留在犯罪现场生物证据被忽略，或者提取到的生物证据由于种种原因未进行 DNA 鉴定和比对；或者由于侦查行为不规范，造成检材被污染甚至鉴定人运用错误的检材进行鉴定，造成错案。张氏叔侄案件中被害人指甲缝里的微量生物物证被忽略，导致可以证明张氏叔侄无罪的关键证据在判决生效后若干年才引起重视。赵作海案件与佘祥林案件中对尸体进行简单辨认，未进行科学鉴定，在未准确确定被害人身份的情况下就开展所谓的犯罪追究活动，结果不但冤枉了无辜，而且使真正的犯罪分子逍遥法外。

6. 辨认频繁出错，指认现场受到侦查人员的暗示

辨认是侦查机关常用的侦查手段之一，尤其是在故意杀人、强奸等案件中

被经常采用。但由于我国《刑事诉讼法》对辨认未作任何规定,《公安机关办理刑事案件程序规定》仅以 5 个条文对辨认予以规范。由于法律规定过于简单粗放,导致司法实践中辨认过程存在诸多问题,尤其是在辨认犯罪嫌疑人时,一般实施的都是照片辨认而非真人辨认。由于被害人记忆和认知的缺陷,导致辨认环节经常出错。在故意杀人案件中对尸体的辨认也存在重大缺陷,已披露的错案中通常由被害人家属辨认受害人身份,在尸体高度腐败或被肢解的状况下,被害人家属的辨认经常出错。佘祥林、滕兴善、赵作海案件即为错误辨认的例证。

在涉嫌故意杀人的错案中,由于犯罪嫌疑人并未实施所谓的犯罪行为,因此并不知晓犯罪现场,此类案件犯罪现场的指认往往是经过侦查人员的暗示或指引。张氏叔侄案中,为保障指认现场过程的客观真实性,侦查机关声称安排人大代表见证现场指认,张辉、张高平告诉记者,由于他们根本不知道自己的"犯罪"地点和过程,因此"指认现场"不得不进行了 3 次,最后才和口供、公安勘查报告吻合,而"指认"期间,被安排见证的人大代表根本就没下车。

(九)民意等外部环境的影响

民意对刑事诉讼过程的影响既包括通过个人或群体行为直接影响,又包括通过媒体进行间接影响;既有对侦查机关的影响,也有对检察机关和审判机关的影响。被害人近亲属不断上访给公安司法机关处理案件造成很大的压力。李怀亮案件中,在叶县人民法院一审判处李怀亮有期徒刑 15 年、剥夺政治权利 5 年后,被害人母亲杜玉花频频上访,给当地各级政府造成巨大压力。为维护社会稳定,最后由平顶山中院副院长赵明章出面协调,杜玉花夫妇签了一份保证书。①

司法成熟的标志是司法不受舆论和民意的影响,司法机关严格依法办事。但近年来发生的诸多案件证明司法经常被舆论影响,甚至被舆论所绑架。以河南张金柱案为例,1997 年 8 月 24 日晚 9 时 40 分,河南省郑州市发生一起恶性交通事故:原郑州市公安局二七分局局长张金柱酒后驾车时将苏东海、苏磊父

---

① 这份保证书写于 2004 年 5 月,写在一张"河南省平顶山市中级人民法院"信笺纸上,保证书落款处还有一名村干部作为见证人的签名。内容为:"如果平顶山中院判处李怀亮死刑,不管河南省高院的处理结果如何,都绝不上访。"杜玉花夫妇还承诺:如果违反此保证,无论案件处理到什么程度,她绝不再跑,听从平顶山中级人民法院处理。

子撞翻，并把苏东海和两辆自行车拖挂在车下狂奔 1500 米，造成年仅 11 岁的苏磊当场死亡，苏东海身受重伤。由于肇事者具有特殊身份，案件发生后，以河南《大河报》立即报道此案，并获得全国媒体的广泛关注，最终张金柱被判处死刑，并于 1998 年 2 月 26 日被执行死刑。事后证明，媒体的报道与案件事实有出入，法院最终的判决系"媒体审判"的结果。另外，药家鑫案、李天一案等，媒体对案件的最终处理均有重大影响。药家鑫案中，由于媒体的推波助澜，不断炒作药家鑫的身份，称其为"军二代"、"官二代"，与被害人的弱势形成鲜明的对比，引起极大的民愤，网络上一片喊杀声，最终药家鑫被判处死刑并被执行死刑。但此案尘埃落定后，有不少学者和知名律师均发表意见，认为舆论对药家鑫的判决施加过大的影响。媒体对案件事实的客观报道有利于实现大众对司法的监督，避免司法擅断，但媒体报道的案情可能与事实有出入，并带有极强的个人倾向性意见，可能会误导公众的判断和认知。正如陈瑞华教授所言："在法院审判完全依附于外部压力的情况下，几乎所有为保证司法公正而设计的原则、制度都会名存实亡。"[1]

（十）紧缺的司法资源

中国正处于社会转型时期，由于社会财富分配不均衡，贫富差距不断扩大，各种利益冲突导致恶性刑事犯罪呈增长态势，但相应的司法资源并无明显的增加，我国公诉机关、人民法院近一半的人员并不办理案件，犯罪的不断增长导致公安司法人员疲于应对。目前司法人员工作量相当大，长期的超负荷工作导致其在对证据的审查判断和把握上出现差错在所难免，更遑论有的公安司法人员玩忽职守、徇私舞弊，更是无法保证案件质量。

四、刑事错案的防范

刑事错案的防范是一项系统工程，需要确立尊重和保障人权、无罪推定、疑罪从无等一系列科学的刑事司法理念；需要刑事司法体制以及诉讼机制的不断完善；需要培育洁净的司法环境；需要确立完善的证据制度，尤其是完备的证据规则；需要公检法三机关共同努力，公安机关依法侦查，全面收集证据；检察机关应践行客观义务，审查批捕、审查起诉时严格把关，加强侦查监督，担负审前排除非法证据的重任；审判机关依法独立行使职权，确立"以审判为

---

[1]　参见陈瑞华：《看得见的正义》，中国法制出版社 2000 年版，第 58~59 页。

中心"的诉讼制度，实现庭审的实质化，使裁判真正形成于法庭，坚持疑罪从无，对未达到证明标准的案件，裁判者敢于作出无罪判决。

（一）科学的司法理念：防范刑事错案的先导

理念是行动的先导。科学的司法理念可以指导办案人员严格遵守法律程序，依法行使职权。刑事错案发生的根本原因是公安司法人员长期存在着"重打击，轻保护"、"重实体，轻程序"以及根深蒂固的"有罪推定"的刑事诉讼理念。因此有效防范错案首先要求办案人员践行"尊重与保障人权"、"实体与程序并重"的刑事诉讼基本理念。2012年《刑事诉讼法》将"尊重和保障人权"确立为刑事诉讼的基本任务，并通过一系列制度设计来保障此任务的实现。十八届三中全会通过的《中共中央关于全面深化改革若干重大问题的决定》明确指出了人权司法保障制度要进行改革的新内容。包括七个方面：一是强调国家要尊重和保障人权，把人权保障作为整个国家的一项基本任务确立下来；二是保障公民的财产权，明确规定规范查封、扣押、冻结，以及处理涉案财物的司法程序问题；三是逐步地减少适用死刑的罪名，以示国家对公民生命权的保障；四是逐步完善和建构司法救助和司法援助制度；五是完善律师执业保障制度；六是废除劳教制度；七是健全错案防止、纠正和责任追究制度。十八届四中全会通过的《中共中央关于全面推进依法治国若干重大问题的决定》进一步指出，加强人权司法保障。强化诉讼过程中当事人和其他诉讼参与人的知情权、陈述权、辩护辩论权、申请权、申诉权的制度保障。健全落实罪刑法定、疑罪从无、非法证据排除等法律原则的法律制度。

遵守法律的正当程序和确立无罪推定原则。办案机关代表国家公权力，对犯罪的追究应在正当法律程序框架内行使，追究犯罪不能以破坏法治为代价。无罪推定是刑事诉讼基本原则的基石，也是被追诉人拥有的基本程序保障性权利。负责刑事案件侦查、审查起诉以及审判的人员均应确立无罪推定的观念，尤其是对于审判机关而言，如果公诉机关举证未达到刑事诉讼的证明标准，即事实不清、证据不足时，应坚持作出无罪判决。

确保司法独立。司法独立包括两个层面：一是观念层面，即司法机关应当形成自己的职业化的观念和理念，以保障法官在类似的案件中有可能作出类似的客观而非纯个人的判断；二是制度层面，要求司法人员能按自己的观念和规则办事。两者缺一不可，相互促进。实现司法独立要求：①司法权由司法机关统一行使，不受行政机关和立法机关的干预，公民个人或非国家机关的社会团体更不能干预；②司法系统内部互相独立；③法官独立审判，只服从法律；④法官保障制度，即从法官的社会地位、经济收入方面保障法官无所顾忌地捍卫法律。十八届四中全会通过的《中共中央关于全面推进依法治国若干重大问题的决定》指出，确保依法独立公正行使审判权和检察权的制度。各级党政机关和领导干部要支持法院、检察院依法独立公正行使职权。建立领导干部干预司法活动、插手具体案件处理的记录、通报和责任追究制度。任何党政机关和领导干部都不得让司法机关做违反法定职责、有碍司法公正的事情，任何司法机关都不得执行党政机关和领导干部违法干预司法活动的要求。对干预司法机关办案的，给予党纪政纪处分；造成冤假错案或者其他严重后果的，依法追究刑事责任。同时，明确司法机关内部人员不得违反规定干预其他人员正在办理的案件，建立司法机关内部人员过问案件的记录制度和责任追究制度。

制定法的特征决定其一旦颁布实施，即会落后于司法实践。《刑事诉讼法》的有关规定内容概括，需要司法机关进行解释。司法解释有不同的解释路径和解释方法，有权解释的机关应遵循立法本意，进行合理解释，不得通过司法解释变相扩充权力，异化刑事诉讼的人权保障功能。刑事诉讼存在办案人员自由裁量的空间，强制措施的选择、审查起诉时酌定不起诉决定的作出以及法庭审判时刑期的选择均涉及自由裁量权的行使，办案人员进行裁量时应本着人权保障精神，实现国家权力行使的谦抑性。

国家专门机关办理刑事案件时，在确保不违法的基础上，应遵守比例原则。实施《刑事诉讼法》时应本着保障人权的神圣使命，在法律规定的范围内，最大程度实现人权保障功能。我们应警惕司法实践中的下列现象：将特殊拘留期限常态化；普遍延长侦查羁押期限；个别案件侦查机关要等到48小时的临界点才安排会见；对于不需要补充侦查的案件也选择退回补充侦查。以上做法的共同特点为办案机关倾向于用足用尽法律规定的最长办案期限，而很少考虑案件的具体情况以及是否属于办案的真正需要，与人权保障以及刑事诉讼比例性原则的要求背道而驰，应坚决予以抵制和杜绝。

（二）证据裁判原则：防范刑事错案的基石

有效防范错案，证据是关键。侦查人员、检察人员与审判人员，均应认识到证据在防范错案中的根本作用。

1. 确立证据裁判原则

证据裁判原则包括以下四方面：其一，案件事实的认定必须以证据为依据；其二，裁判必须依据具有证据能力和证明力的证据作出；其三，证据必须在中立的法庭上经过合法的质证程序查证属实，才可作为裁判的依据。证据未经当庭出示、辨认、质证等法庭调查程序查证属实，不得作为定案根据。对于定罪证据不足的案件，应当坚持疑罪从无原则，依法宣告被告人无罪，不能降格作出"留有余地"的判决。其四，认定被告人有罪，应当适用确实、充分的证明标准。证据裁判原则要求认定案件事实只能以证据为依据，应排斥党政机关和领导干部干预司法活动的行为。

2. 杜绝口供中心主义

口供中心主义是指侦查、审查起诉和法庭审判主要围绕犯罪嫌疑人、被告人的口供进行，并且将口供作为认定案件事实主要依据的诉讼理念和办案模式。实践证明侦查、审查起诉以及审判时均以口供为中心是造成错案的主要原因。因此，为有效防范错案，应破除口供中心主义，切实改变"口供至上"的观念和做法，加强口供之外的其他证据的收集，尤其应重点收集物证等客观性证据，坚持客观性证据审查模式。司法机关以客观性证据为中心进行审查，凭借具有稳定性、可靠性的客观性证据确认案件事实，并以此为基础审查和检验全案证据，进而准确认定犯罪事实。

3. 严格践行非法证据排除规则

2012 年《刑事诉讼法》吸收《关于办理刑事案件排除非法证据若干问题的规定》的主要内容，确立了具有中国特色的非法证据排除规则。《刑事诉讼法》及相关司法解释明确了非法证据的排除范围和对象、排除的诉讼阶段、排除的义务机关、排除的程序以及证明责任的分配、证明标准的确定等内容。侦查机关应严格依照《刑事诉讼法》的规定收集证据，公诉机关、审判机关应严格审查判断证据，重点审查证据的合法性，如果确定或不能排除证据系违法取得的，应坚决予以排除，不得作为起诉意见、起诉决定和判决的依据。

4. 理性对待鉴定意见

鉴定意见的科学性受检材是否受到污染、鉴定人的知识水平和从业经验等的限制，而且鉴定人有时只能给出倾向性意见而非准确的结论。对鉴定意见应构建科学的审查规则。为了慎重采纳鉴定意见，应做到以下两点：首先，严格执行《刑事诉讼法》的规定，对符合应该出庭条件的鉴定人，应要求其出庭接受控辩双方的交叉询问，接受专家辅助人的质证。应当出庭的鉴定人拒不出庭的，其鉴定意见不得作为定案的根据。其次，对于同一问题的多份鉴定意见，不能简单以鉴定人的身份及其所属单位级别的高低来决定鉴定意见的采纳与否。正确的方法是综合考虑鉴定意见依据的检材、鉴定人员的业务能力与知识水平、鉴定设备、鉴定方法以及鉴定依据。

5. 坚持刑事诉讼证明标准

证明标准是人民法院认定被告人有罪必须达到的法律要求。《刑事诉讼法》规定的证明标准为犯罪事实清楚、证据确实充分。2012 年《刑事诉讼法》对证据确实、充分进行了细化规定并且增加"排除合理怀疑"的内容，确立了主客观相结合的证明标准。审判人员应从证据的客观性、关联性以及合法性方面逐一进行审查，并且要善于发现证据与证据之间以及证据与案件事实之间的矛盾以及不能做出合理解释之处，在对证据的审查判断过程中，需要法官充分运用积累的办案经验进行逻辑分析。只有确实达到法定证明标准的，才能判决有罪。

（三）依法侦查取证：防范刑事错案的前沿阵地

侦查是收集和保全证据的关键阶段，如果侦查机关收集证据出现遗漏甚至错误，将会埋下错案的种子。因此，侦查机关应依法实施侦查行为，全面收集证据，尤其应收集和保全有利于嫌疑人的证据；遵守不得强迫任何人证实自己有罪的原则；不得采取暴力、威胁、刑讯逼供等方法获取嫌疑人口供、证人证言等言词证据；不得采取非法方法收集其他实物证据。

1. 完善全程录音录像制度

其一，统一法律和司法解释的相关规定。当前，检察机关有关全程录音录像制度的司法解释初具雏形，但公安机关的相关规定则有所缺失，应该制定出一套适合公安机关和检察机关通用的全程录音录像操作细则。其二，明确录音录像资料的性质。司法解释应该明确录音录像资料属于法定的证据种类。其三，规范同步录音录像的制作、保管、使用、管理和救济程序。最高法、最高检、公安部、司法部等国家机关应该吸收 2005 年最高检《讯问职务犯罪嫌疑人实行全程同步录音录像的规定（试行）》的合理成分，统一制定一个专门针对录音录像资料的制作、使用、存档管理、法律责任和监督救济等内容的操作程序细则。

2. 探索建立侦羁分离的机制

要充分发挥全程录音录像制度对侦查讯问过程的监督效果，必须严格将侦查讯问的空间限制在侦查机关无实际控制权的羁押场所内。为此，必须将侦查机关和羁押场所相分离，打破羁押场所对侦查机关的依附关系，摆脱侦查机关对羁押场所的干预，实现对侦查讯问全程（录音录像）的监督。同时限制侦查机关在将犯罪嫌疑人送交羁押场所之前对犯罪嫌疑人的控制时间，原则上还应禁止侦查机关将已被羁押的犯罪嫌疑人带到侦查机关自己内设的审讯室内进行讯问，以保证侦查讯问全程必须在录音录像的环境下进行。

3. 确立"以客观性证据为中心"的侦查模式

"以客观性证据为中心"的侦查模式要求我们在侦查过程中必须改变过去盛行的"口供之王"的证据地位，牢固树立和坚持"客观性证据"为主导的思维模式，牢固树立物证为本、实物证据为本的新思维。办案人员应通过"物证"、"书证"、"鉴定意见"、"勘验、检查、辨认、侦查实验等笔录"、"视听资料、电子数据"等"客观性证据"来巩固、强化和印证犯罪嫌疑人、被告人供述和辩解这一"主观性证据"。

4. 合理控制侦查权

侦查权作为一种国家公权力，天生具有扩张性和侵犯性，失去适当的控制和约束必然导致对公民权利的侵犯。刑讯逼供就是侦查权失去规制下出现的司法痼疾。因此，要减少刑讯逼供行为的发生，还必须在控制侦查权上做文章，必须在体制机制上有所作为。

5. 创新侦查讯问方法

新形势下，侦查讯问人员必须顺应刑事司法"保障人权"、"司法文明"的最新理念，尽早克服和抛弃原有的野蛮、武断等强制性侦查讯问方法，努力学习社会学、犯罪学、心理学、证据学等相关学科知识，注重科学方法、注重知识引导、注重情感输入、注重柔性讯问方法的运用。只有创新侦查讯问方法，才能更加旗帜鲜明地张扬"以人为本"的程序理念，才能增强侦查讯问的实质效果，保证犯罪嫌疑人口供的稳定性、自愿性和合法性。

（四）严格批捕起诉标准：防范刑事错案的屏障

检察机关是我国的法律监督机关，全程参与刑事诉讼。在刑事诉讼中承担公诉职能、对公安机关侦查案件的审查批准逮捕、自侦案件决定逮捕、公诉案件的审查起诉并出庭支持公诉、抗诉等职能。就审查起诉职能而言，检察机关连接侦查和审判，是防范刑事错案的中坚力量。检察机关在审查批捕以及审查起诉时如果能够严格把关，完全有机会阻止错案的发生。

1. 检察官应践行客观义务

刑事诉讼中检察官应超越当事人，秉持客观立场；追诉犯罪时应兼顾实体真实和程序公正；客观全面收集并审查判断证据；法庭上如果发现指控犯罪的证据不足时，应主张无罪判决。如果认为一审判决过重，检察官应为被告人的利益而提起抗诉。检察机关负有保障人权的义务，应摒弃"重打击、轻保护"、"重实体、轻程序"的错误理念，践行客观义务和法律监督职责，牢固树立"尊重和保障人权"的理念。

检察机关应加强对辩护权的保障和救济。对于自侦案件，符合法定条件的，检察机关应允许辩护律师会见嫌疑人。保障律师全面阅卷，不得隐瞒有利于嫌疑人的证据，对于辩护律师提出的调查取证申请，只要与案件事实有关联，能够起到证明作用的，应当积极予以调查。为了保障辩护权的实现，检察机关在刑事诉讼中有告知诉讼进程、听取辩护律师意见以及对辩护意见的采纳与否的理由说明义务。2012年《刑事诉讼法》第47条和第115条全面规定了对辩护权以及被追诉者的救济，检察机关作为救济主体，应依法履行职责。

2. 严格把握新的逮捕条件

正确理解"有证据证明有犯罪事实"的逮捕的基础性条件。有证据证明有犯罪事实指有证据证明犯罪事实已经发生，证明犯罪事实为犯罪嫌疑人所为，证据已经查证属实，三者缺一不可。鉴于逮捕所带来的剥夺嫌疑人人身自由的严重后果，为避免错案，逮捕时对证据应从严把握，即除了嫌疑人口供之外，还应有其他客观性证据，例如犯罪工具、赃款赃物等实物证据，或被害人陈述、证人证言、鉴定意见等言词证据证明犯罪事实。

检察机关应摒弃"够罪即捕"的思想，审查批捕时应综合逮捕的三项条件。以证据条件为基础，合理把握社会危险性条件，根据案件性质，嫌疑人在共同犯罪中的地位、作用，是否属于初犯、偶犯、从犯、未成年人以及老年人犯罪、有无悔罪表现，并结合分析嫌疑人自身的生活背景、生活环境等因素，综合审查判断是否符合5种社会危险性情形，确有逮捕必要的才能批捕，以减少不必要的羁押。

3. 严把证据关

我国侦查机关调查取证缺乏制约的现状要求检察机关审查批捕、起诉时更应严把证据关，不但要审查单个证据的证据能力的有无和证明力的大小，依法排除非法证据，而且要注重对证据的综合审查与运用。尤其是对命案更应起到严格的把关作用。最高人民法院《关于建立健全防范刑事冤假错案工作机制的意见》特别指出：犯罪现场遗留的可能与犯罪有关的指纹、血迹、精斑、毛发等证据，未通过指纹鉴定、DNA 鉴定等方式与被告人、被害人的相应样本作同一认定的，不得作为定案的根据。涉案物品、作案工具等未通过辨认、鉴定等方式确定来源的，不得作为定案的根据。对于命案，应当审查是否通过被害人近亲属辨认、指纹鉴定、DNA 鉴定等方式确定被害人身份。以上规定对检察机关审查批捕和审查起诉同样具有指导意义，检察机关在办案过程中发现以上情形的，不得将其作为批捕和起诉的依据。对命案等重大案件，检察机关应强化实物证据和刑事科学技术鉴定意见的审查运用，对于可能判处死刑的案件，必须坚持最严格的证据标准。

检察机关审查逮捕以及审查起诉时的重要任务是审查证据是否系合法取得。对证据取得的合法性有疑问时，应要求侦查人员予以说明，必要时进行相应的调查。确认属于非法证据的，应予以排除，不得作为批捕和起诉的依据。审查批捕和审查起诉发现瑕疵证据的，应要求侦查人员进行补正或作出合理解释。

合理把握公诉的证据标准。我国《刑事诉讼法》对提起公诉的证据标准规定为："犯罪事实清楚，证据确实充分"，《人民检察院刑事诉讼规则（试行）》第 390 条进一步规定，人民检察院对案件进行审查后，认为犯罪嫌疑人的犯罪事实已经查清，证据确实、充分，依法应当追究刑事责任的，应当作出起诉决定。检察机关应严格把握公诉证据标准，即要防止人为提高标准，影响打击力度，也不得人为降低标准。

4. 正确把握起诉、不起诉的标准

准确理解酌定不起诉的适用条件，其适用必须同时具备两个条件，一是犯罪嫌疑人的行为已经构成犯罪，应当负刑事责任；二是犯罪情节轻微，依照刑法规定不需要判处刑罚或免除刑罚。合理运用附条件不起诉，对于同时符合附条件不起诉与酌定不起诉条件的未成年人，应优先适用酌定不起诉。建立附条件不起诉的保障措施，政府和社会应当为附条件不起诉的实施提供条件，社会公益机构可以发挥支撑作用，尤其是对外来未成年人和无监护人以及监护人不能履行监护职责的更是如此，具体可考虑发挥社会公益力量来实现对未成年人的帮教。杜绝报复性起诉，检察机关应保持客观立场，不得对辩护律师随意追诉。取消对不起诉率的限制，应取消公安机关对捕后不起诉的考核以及检察机关对不起诉率的限制，尤其是对职务犯罪不起诉率的控制。

5. 积极进行羁押必要性审查

厘清羁押必要性审查的立法目的和价值。羁押必要性审查的立法目的为加强检察机关的法律监督，宗旨为保障人权，避免"一押到底'，以解决长期存在的羁押率高、羁押期限依附于办案期限、捕后很少变更强制措施的问题。

加强检察机关依职权启动羁押必要性审查，由于审前律师参与率低，导致主动提出羁押必要性审查申请的情形较少，因此检察机关应主动依职权进行审查，尤其是应加强对人民法院作出逮捕决定的审查。明确羁押必要性审查的对象，审查对象应包括所有被羁押的嫌疑人、被告人，不应考虑可能判处的刑罚轻重等其他因素。但结合逮捕的条件，司法实践中检察机关主要的审查范围如下：①可能判处轻刑的案件，比如故意伤害案、交通肇事案、盗窃案等；②可能达成和解协议的案件；③嫌疑人为初犯、偶犯、过失犯罪的案件；④未成年人、老年人犯罪案件；⑤嫌疑人、被告人患有严重疾病或生活不能自理的；⑥嫌疑人、被告人具有自首、立功、犯罪预备、犯罪中止等从轻、减轻处罚情节的。对"严重暴力犯罪、危害国家安全犯罪、重大经济、毒品犯罪和涉黑涉恶犯罪的主犯，或是其他可能判处十年以上有期徒刑的犯罪嫌疑人、被告人"，除发现嫌疑人、被告人患有严重疾病或生活不能自理等法定不适宜羁押的情形外，一般不对其进行羁押必要性审查。除此之外，应合理确定羁押必要性审查的时间，定行随机审查与定期审查相结合。检察机关侦监部门、公诉部门以及监所检察部门之间实现合理分工，加强检察机关内部侦监、公诉以及监所部门的交流，实现信息共享。

（五）强化审判机制：防范刑事错案的最后防线

1. 完善"以审判为中心"的诉讼制度改革

十八届四中全会通过的《中共中央关于全面推进依法治国若干重大问题的决定》，要求推进"以审判为中心"的诉讼制度改革，确保侦查、审查起诉的案件事实证据经得起法律的检验。全面贯彻证据裁判原则。严格依法收集、固定、保存、审查、运用证据，完善证人、鉴定人出庭制度，保证庭审在查明事实、认定证据、保护诉权、公正裁判中发挥决定性作用。

　　"以审判为中心"的核心是"以庭审为中心"。最高人民法院《关于建立健全防范刑事冤假错案工作机制的意见》要求，审判案件应当以庭审为中心。事实证据调查在法庭，定罪量刑辩论在法庭，裁判结果形成于法庭。"以庭审为中心"要求实现庭审的实质化，全面贯彻落实直接言词原则，严格执行非法证据排除制度，使庭审真正成为查明犯罪事实、辨法析理的场所。审前形成的案卷笔录不应对案件裁判结果产生预决作用，证据未经当庭出示、辨认、质证等法庭调查程序查证属实，不得作为定案的根据。

　　"以审判为中心"要求确保人民法院独立行使审判权，十八届三中全会和四中全会两份《决定》为人民法院依法独立公正行使审判权绘就了具体的路线图。十八届三中全会《中共中央关于全面深化改革若干重大问题的决定》指出：改革司法管理体制，推动省以下地方法院人财物统一管理，探索建立与行政区划适当分离的司法管辖制度，保证国家法律统一正确实施。十八届四中全会《决定》指出：各级党政机关和领导干部要支持法院、检察院依法独立公正行使职权。建立领导干部干预司法活动、插手具体案件处理的记录、通报和责任追究制度。在确保法官独立办案方面，十八届三中全会《决定》提出：改革审判委员会制度，完善主审法官、合议庭办案责任制，让审理者裁判，由裁判者负责。

　　确立"以审判为中心"的诉讼制度，要求加强审判权对侦查权、公诉权的制约。侦查和公诉工作应围绕审判需要而展开，证据的提取、固定、保管、移送应严格依法进行，对于侦查机关侦查不力、非法取证以及其他程序违法行为进行责任追究。对于公诉案件，审判人员在法庭上充分听取控辩双方的举证、质证和辩论后，认为控诉证据体系未达到"证据确实充分"的证明标准，审判人员对认定被告人有罪仍然存有合理怀疑的，应作出有利于被告人的无罪判决。

　　"以审判为中心"要求完善辩护制度，充分保障辩护律师行使辩护权。中央政法委《关于切实防止冤假错案的指导意见》强调：切实保障辩护律师会见、阅卷、调查取证和庭审中发问、质证、辩论等辩护权利。对于被告人及其辩护人提出的辩解辩护意见和提交的证据材料，人民法院应当认真审查，并在裁判文书中说明采纳与否的理由。刑事诉讼过程中应充分保障辩护律师的参与和各项辩护权利的行使，审查批捕、侦查终结前、审查起诉、庭前会议、庭审过程中以及死刑复核程序均应听取辩护律师的意见。保障辩护人申请调查取证和申请调取证据权利的实现，对于辩护人申请调取可能证明被告人无罪、罪轻的证据，人民检察院和人民法院应予以准许。

2. 确立直接言词原则

直接言词原则是直接原则和言词原则的统称。要求诉讼各方亲自到庭出席审判，法官的裁决需建立在法庭调查和辩论的基础上，不得以控诉方提交的书面卷宗材料作为法庭裁判的根据。[①] 在刑事审判中确立直接言词原则，有助于发现实体真实、查明事实真相。直接言词原则要求法庭审判必须在控辩双方在场的情况下进行，法官应与证据直接接触，通过当庭直接讯问被告人，询问证人、被害人、鉴定人等，通过听取控辩双方的质证和口头辩论，形成内心确信。

2012 年《刑事诉讼法》第 59 条规定："证人证言必须在法庭上经过公诉人、被害人和被告人、辩护人双方质证并且查实以后，才能作为定案的根据。"以上规定并未要求证人必须出庭并在法庭上接受质证。同时《刑事诉讼法》第 190 条规定："公诉人、辩护人应当向法庭出示物证，让当事人辨认，对未到庭的证言笔录、鉴定人的鉴定意见、勘验笔录和其他作为证据的文书，应当当庭宣读。审判人员应当听取公诉人、当事人和辩护人、诉讼代理人的意见。"《刑事诉讼法》第 187 条对证人应当出庭的条件设定为："公诉人、当事人或者辩护人、诉讼代理人对证人证言有异议，且该证人证言对案件定罪量刑有重大影响，人民法院认为证人有必要出庭作证的，证人应当出庭作证。"从以上规定分析，我国并未真正确立直接言词原则，从《刑事诉讼法》实施两年来的情况看，刑事诉讼中的证人出庭率并无明显提高。为了保障被告人对提供与其不利证言的证人当庭质证，实现法官与证据直接接触，应采取以下措施：

第一，进一步完善强制证人出庭制度。证人应该出庭的条件应确定为"控辩双方有异议，并且该证据对定罪有重大影响"，取消"人民法院认为有必要出庭"的条件。此外，2012 年《刑事诉讼法》规定了强制证人出庭的例外，即被告人的配偶、父母、子女享有拒绝出庭作证的权利，如此规定主要是考虑到配偶、父母、子女当庭指证被告人，不利于家庭关系的维系。《刑事诉讼法》规定：凡是知道案件情况的人，都有作证的义务，被告人的近亲属也不例外，即使不出庭作证，其庭前证言也可以成为裁判者定案的根据。从被告人的角度讲，这一规定剥夺了被告人与提出对其不利证言的近亲属的对质权，严重损伤审判

---

① 陈瑞华：《刑事证据法学》，北京大学出版社 2012 年版，第 46 页。

程序的公正性。因此笔者认为，为了实现被告人的权利保障，我国应确立真正的近亲属拒绝作证特权，即嫌疑人、被告人的近亲属在整个刑事诉讼过程中享有拒绝作证的权利。

第二，加大对证人的保护力度。建立一套适合我国国情的、科学完备的证人保护机制和机构，实现事前、事中和事后全方位的证人保护，明确证人保护机构、人员及各部门职责。事前对证人身份实行保密；事中为证人设置单独的等候区、及时告知证人的安全信息；事后要对不法侵害证人行为加大打击力度，加重不法者的法律责任。刑事证人保护对象应包括证人及其近亲属、鉴定人、被害人；保护的客体应包括：人身、合法的财产权益。明确公、检、法三机关对证人保护的具体分工，在侦查、审查起诉、审判阶段的证人保护分别由公安机关、检察机关、人民法院进行。

第三，完善、落实证人补偿制度。2012年《刑事诉讼法》第63条规定：证人因履行作证义务而支出的交通、住宿、就餐等费用，应当给予补助。鉴于各区域、各地方的经济发展水平不同，证人从事的职业、证人的实际收入和实际支出也不相同，补偿标准也应有所区别。此外，应明确规定经济补偿的范围。证人作证补偿范围不宜过宽，补偿应包括：交通费、住宿费、伙食费、误工费。同时，也应对积极作证的证人给予一定的荣誉和物质奖励，这样，既可以增加公民作证的积极性和主动性，也有利于司法机关及时获取证据，提高办案的准确性和诉讼效率，尽快结案。

3. 处理好合议庭与院庭长以及审委会的关系

完善主审法官和合议庭的职责。加强和完善合议庭的职责，进一步明晰职能分工和责任承担，完善合议庭交叉阅卷、裁判文书交叉阅看等制度，调动主审法官及合议庭全体成员的工作积极性。

规范院、庭长对案件的权限。要对副庭长、庭长、主管副院长、院长、审判委员会每个环节进行制度规范，充分发挥合议庭、庭长、院长、审委会的作用，把好案件审核关。同时，要加大对院长、庭长审判管理中失职行为的责任追究力度，确保刑事案件审判质效。

改革、完善审判委员会制度。完善审判委员会的人员构成，提高审判委员会委员的业务素质，改革审判委员会委员的决策方式，建立健全审判委员会讨论决策的程序、机制，尽量将"审"与"判"相结合，使得裁判权合理归位。

4. 落实疑罪从无原则

疑罪从无是无罪推定原则的核心要素之一，指承担证明责任的控方无法将被告人有罪这一事实证明到法定的证明标准，法庭对被告人是否有罪仍存有合理怀疑时，对此怀疑应作有利于被告人的解释，只能作出无罪判决。疑罪从无的确立对践行人权保障的刑事司法理念、防范错案、实现刑事司法公正均具有积极的作用。

落实疑罪从无原则要求：其一，公安司法机关应改变"有罪推定"的错误观念。在案件的侦查、审查起诉以及审判等各个环节，均应贯彻疑罪从无的理念。其二，确立"以审判为中心"的诉讼制度。审判是刑事诉讼的中心环节，刑事诉讼中的侦查、审查起诉等各个环节都要围绕审判中的事实认定、对证据的采纳要求以及法律适用标准进行，确保侦查、审查起诉的案件事实证据经得起法律的检验。在此基础上，审判环节确立"以庭审为中心"，实现庭审的实质化，确保事实证据调查在法庭，定罪量刑辩论在法庭，裁判结果形成于法庭。充分发挥庭审在认定案件事实、采纳证据过程中的核心作用。其三，摒弃有罪推定的错误理念，坚守证据裁判思维，做到以下几个方面：①要慎重对待口供的价值。对口供的审查要全面严格，不能满足于形式上的相互印证，在确保口供系依法取得的基础上，要保证口供的真实性；②要及时排除非法证据。刑事审判人员要善于发现非法证据，并敢于将其排除在认定案件事实的证据之外。审判既是刑事诉讼的中心环节，也是最后的阶段，对于强化证据裁判观念、落实证据裁判原则和疑罪从无原则，刑事法官责无旁贷；③坚持疑罪从无原则，还要正确处理法律真实和客观真实的关系，必须做到存疑的证据不能采信，非法取得的证据坚决予以排除。

（六）刑事辩护：防范刑事错案不可忽视的力量

合理的刑事诉讼结构是控、辩、审三足鼎立的等边三角形结构，即在控审分离的基础上，控辩平等对抗，法官中立居中裁判。由于各种主、客观原因，我国刑事辩护制度长期以来发展缓慢，辩护律师参与刑事诉讼率较低。由于辩护律师的水平参差不齐，缺乏对律师辩护质量的监控，有效辩护难以实现，刑事辩护长期以来难以发挥理想的效果。十八届三中全会《决定》指出：完善律师执业权利保障机制和违法违规执业惩戒制度，加强职业道德建设，发挥律师在依法维护公民和法人合法权益方面的重要作用。同时要求完善法律援助制度。

中央政法委出台的《关于切实防止冤假错案的指导意见》强调，切实保障辩护律师会见、阅卷、调查取证和庭审中发问、质证、辩论等辩护权利。对于被告人及其辩护人提出的辩解辩护意见和提交的证据材料，人民法院应当认真审查，并在裁判文书中说明采纳与否的理由。

1. 保障侦查阶段辩护律师的介入

新《刑事诉讼法》确立了律师在侦查阶段的辩护人身份，律师在侦查阶段的会见权有了进一步的保障。规定人民检察院在审查批准逮捕时，可以听取辩护律师的意见，辩护律师提出要求的，应当听取辩护律师的意见；侦查终结前，律师提出要求的，侦查机关应当听取律师意见，并且将律师的书面意见附卷。调查取证是辩护律师有效履行辩护职能应该具备的基本权利，但由于《刑事诉讼法》规定不够明确，导致侦查机关对辩护律师的调查取证持否定态度，司法实践中律师依旧很少调查取证。

为了使辩护律师在侦查阶段发挥实质性作用，除了明确律师的辩护人身份外，首先，应该明确辩护律师在侦查阶段具有调查取证权。从整体来审视《刑事诉讼法》关于辩护律师权利的规定，依据体系解释的方法，完全可以得出辩护律师侦查阶段的调查取证权。其次，应确立侦查讯问时律师在场权。侦查讯问时律师在场，可以监督侦查机关讯问行为的合法性，避免刑讯逼供等非法取证行为。为了有效监督侦查机关讯问行为，遏制刑讯逼供或者变相的刑讯逼供行为，应考虑先确定狭义的律师在场，即侦查阶段讯问嫌疑人时，应通知辩护律师到场。考虑侦查阶段的保密需要，我国的侦查技术和侦查手段还较为落后，律师的介入可能会给案件的侦破带来困难。因此，当侦查人员讯问嫌疑人时，可以考虑律师在听不见但看得见的情况下在场，主要目的在于对侦查人员讯问过程实施监督。

2. 保障辩护律师自行调查取证以及申请调取证据的权利

吸收《律师法》关于自行调查取证的规定，即律师自行调查取证的，凭律师执业证书和律师事务所证明，可以向有关单位或者个人调查与承办法律事务有关的情况。不需要特别强调律师调查取证时，需要经过对方的同意和许可，以减少律师调查取证的阻力。对于检察机关、人民法院随意拒绝辩护律师申请调查取证或申请调取证据的，应给予相应的程序性制裁。律师申请调取证据或申请调查取证后，由于检察机关和人民法院急于履行职责，致使证据毁损、灭失的，应作出有利于被告人的推断。赋予辩护方申请证据保全的权利，侦查阶段是收集证据的关键阶段。随着时间的推移，犯罪遗留的证据可能面临着毁损、灭失的危险，证据的性质和状态也会发生改变，因此我国刑事诉讼中增设证据保全制度具有紧迫性。可以考虑以下制度设计：犯罪嫌疑人、被害人及其近亲属、可以在侦查阶段或者审查起诉阶段，申请检察院保全于己有利的证据，辩护律师或者代理律师也可以代为提出保全证据的申请，对此，除确无必要或者明显是为了故意拖延诉讼以外，检察院不得拒绝。检察院应当及时把根据犯罪嫌疑人、被害人等的申请收集调取的证据告知申请人，必要时可以通知申请人或者其律师到场。[①] 最后，保障律师阅卷的全面性，追诉机关不得隐瞒有利于被追诉人的证据，对于经过补充侦查的，补充侦查所形成的案卷律师同样有权查阅。

3. 确保辩护律师意见的听取和采纳

听取和采纳正确的辩护律师意见可以实现保障程序公正和避免错案的双重功效。首先，公安司法机关应转变"轻辩护"的观念，正确认识律师在刑事诉讼中的作用，重视刑事诉讼中的人权保障，保障辩护权的行使，认真听取律师意见，采纳合理的辩护意见。其次，检察机关审查批捕和审查起诉时应积极听取和采纳辩护律师意见，辩护律师要求口头提供意见的，应安排听取辩护意见的时间和场所。审判阶段保障律师充分发表辩护意见，审判人员不得随意打断律师发言。同时应保障律师有效质证，辩方有异议的关键证人证言，审判人员应通知证人到庭当面接受辩方的质证。增强判决书的说理性，对辩护意见无论采纳与否，裁判者均应说明具体理由，尤其是不予采纳的，更应说明不采纳的原因。死刑复核阶段应保障辩护律师享有完整的辩护权，明确辩护律师参与死刑复核时有阅卷、会见等基本权利，最高人民法院应给辩护律师发表辩护意见提供必要的条件，包括时间、场所等条件。对于律师提出的排除非法证据申请，检察机关和审判机关应进行积极调查并作出相应的处理，确系或不能排除证据系非法取得的，应排除非法证据，不得将其作为定案的根据。最后，辩护职能的有效发挥以辩护律师职业道德的遵守以及职业素养的提高为前提，因此，辩护律师应遵守行业纪律，自觉接受职业道德规范的约束。

4. 加强刑事法律援助

国家为由于经济困难等原因的被追诉者提供免费的法律帮助是世界各国的

---

① 吴建雄："检察官客观义务的错案预防价值"，载《法学评论》2011 年第 1 期。

共同做法，也是联合国《律师行为准则》的基本要求。新《刑事诉讼法》扩大了法律援助的适用案件范围，将法律援助律师介入诉讼的时间提前到侦查阶段。但由于我国法律援助的经费保障不足，以及从事法律援助的律师的业务能力参差不齐，导致刑事法律援助的质量堪忧。指望通过法律援助律师的帮助切实维护被追诉者的程序性权利以及实体性权利，目前在我国的刑事司法实践中还无法实现。

为加强刑事法律援助，应提高法律援助的质量和效果。首先，应明确刑事法律援助的主体，法律援助是国家责任而非律师的责任，政府不得把法律援助的责任转嫁给辩护律师。其次，进一步扩大法律援助的对象范围，将强制辩护的最低刑期确定为有期徒刑，将老年人纳入法律援助的范围，同时明确二审程序、死刑复核程序以及审判监督程序中符合条件的被告人均有获得法律援助的权利。需要强调的是，《刑事诉讼法》再次修改时应将被害人明确规定在法律援助的范围之内。再次，降低申请法律援助辩护的标准。改变目前将法律援助经济困难的标准等同于当地最低生活保障标准。笔者建议判断申请法律援助的主体是否存在经济困难的情况，应参照当地居民的平均工资水平，申请者的收入低于平均工资水平的，即可进行法律援助。复次，加强对法律援助案件的质量监控，确立有效辩护的标准，对法律援助案件的质量监控可通过两种主要途径展开：一种途径是建立一套既包括办案结果指标，也包括办案过程指标的案件质量评估体系，通过主、客观审查的方式来评估其工作成效；另一途径是建立非定型化的工作关系模式，即根据援助人员已有的工作表现来确定未来是否提供指定援助的机会及援助机会的多少，并与个人津贴收入予以挂钩。实际监控中，两种方式应有机结合。① 最后，不断壮大法律援助队伍，可以考虑吸收社会力量参与法律援助，允许基层法律工作者、法律专业教师和取得法律资格证书的学生以及退休司法人员参与法律援助工作。

（七）诉讼监督：防范刑事错案的保障机制

十八届四中全会通过的《中共中央关于全面推进依法治国若干重大问题的决定》指出，加强对司法活动的监督。完善检察机关行使监督权的法律制度，

---

① 左卫民、马静华："刑事法律援助改革试点之实证研究——基于 D 县试点的思考"，载《法制与社会发展》2013 年第 1 期。

加强对刑事诉讼、民事诉讼、行政诉讼的法律监督。检察机关对刑事诉讼的立案、侦查、审判以及执行活动进行监督，尽早发现刑事追诉过程中的实体性和程序性错误，起到对错案的及时纠正作用。

1. 加强侦查监督

公安机关进行侦查活动时应兼顾尊重和保障人权，追求侦查效率时应兼顾与程序正义有机统一。为防止侦查活动成为行政性的治罪活动，应对侦查程序进行适度的诉讼化改造。完善"分工、配合、制约"原则，克服公安、检察机关的亲缘性，突出"相互制约"在侦查程序中的作用，加强对侦查权的制约和监督。

完善侦查监督体制，有必要增加一个重要的监督主体，即在侦查监督制度横向结构上引入法院作为中立的裁判者，赋予犯罪嫌疑人向法院请求司法审查的权利，赋予法院对强制侦查行为和限制财产及人身自由的侦查行为进行司法审查的权力。

对犯罪嫌疑人而言，加强对侦查程序的监督最重要的途径莫过于赋予犯罪嫌疑人充分的异议权和申请救济权，通过异议权和救济权来纠正非法侦查行为，加强对侦查行为合法性的有效监督。根据2012年《刑事诉讼法》的规定，当事人和辩护人等对于司法机关及其工作人员采取某些强制措施和侦查手段不满的，有权向该机关申诉或者控告。受理申诉或者控告的机关应当及时处理。对处理不服的，可以向人民检察院申诉，该规定对加强侦查监督具有重要的现实意义。

加大对违法侦查人员的惩戒力度。目前，检察机关在侦查监督过程中即使发现侦查人员有非法侦查行为也缺乏有效的制裁措施，导致监督的刚性不足。为此，有必要严格和强化对违法侦查行为的程序性制裁措施，强化对违法侦查人员的惩戒力度。

2. 完善刑事审判监督

人民检察院在审判活动中，如果发现人民法院或者审判人员审理案件违反法律规定的诉讼程序，应当向人民法院提出纠正意见。人民检察院发现审判人员的违法行为，对于情节较轻的，可以由检察人员以口头方式向审判人员或者审判机关负责人提出纠正意见，并及时向本部门负责人汇报；必要的时候，由部门负责人提出。对于情节较重的违法情形，应当报请检察长批准后，向审判机关发出纠正违法通知书。构成犯罪的，移送有关部门依法追究刑事责任。人民检察院发出纠正违法通知书的，应当根据审判机关的回复，监督落实情况；没有回复的，应当督促审判机关回复。

3. 严格刑事执行监督

为加强检察监督的力度和效果，除了规定开展刑罚执行监督的内容、程序和要求外，需要强调被监督机关接受检察监督的义务，更有必要明确违反和不配合监督所引发的制裁性后果，以形成震慑力和增强监督效应。在具体沟通方法上，人民检察院可以通过与刑罚执行机关召开联席会议、听取执行机关意见等途径及时解决刑罚执行监督中的问题，减少执行监督的阻力，及时化解执行监督过程中存在的矛盾。

当前，最重要的就是规范"减假保"程序的监督。检察机关在"减假保"程序监督中的重要使命是贯彻好检察机关全程同步监督。2014 年 1 月 21 日《中共中央政法委关于严格规范减刑、假释、暂予监外执行切实防止司法腐败的意见》第 8 条指出：健全检察机关对减刑、假释、暂予监外执行的同步监督制度。刑罚执行机关在决定提请减刑、假释、暂予监外执行前，审判机关在作出暂予监外执行决定前，应当征求检察机关意见。审判机关开庭审理减刑、假释案件，检察机关应当派员出庭并发表意见。刑罚执行机关、审判机关对检察机关提出的意见未予采纳的，应当予以回复或者在裁定书、决定书中说明理由。检察机关可以向有关单位和人员调查核实情况、调阅复制案卷材料、重新组织对病残罪犯的诊断鉴别，并依法作出处理。

第二章

科学的司法理念：防范刑事错案的先导

五、尊重和保障人权

中国共产党第十八届中央委员会第三次全体会议公报明确指出："建设法治中国，必须深化司法体制改革……健全司法权力运行机制，完善人权司法保护制度。"十八届四中全会《中共中央关于全面推进依法治国若干重大问题的决定》，又进一步作出"加强人权司法保障"的决定。2012 年 3 月 14 日全国人大十一届五次会议通过的《关于修改〈中华人民共和国刑事诉讼法〉的决定》第一项，把"尊重和保障人权"写进《刑事诉讼法》第 2 条。从"尊重和保障人权"写进刑诉法典到党的十八届三中、四中全会提出"完善人权司法保障制度"，这一历史性的变化，彰显了中华民族人权事业的跨越式变化与发展。它促使国家的立法和人们的思想、观念和认识必须作出相应的调整。诸如，"人权保障"为什么要进法典？如何理解"人权"？"人权"在中国、在世界范围内的发展与变化是怎样？如何建构和完善人权司法保障制度等等。尤其是我国在特定的历史时期，对人权保障的定位与正确实施还会遇到种种问题与阻力，因此必须要有一个清醒的认识，才能找出有针对性的解决方法，在这方面我们必须付出代价和努力。

（一）人权是历史的产物

西方资本主义的人权理论，迄今为止，主导的、具有代表性的观点是"天赋人权论"或者"自然权利论"，它们都主张人权是上帝、造物主或大自然给予人类的，是人类产生之日就存在了，是永恒不变的。马克思则在历史唯物主义的基础上吸取了黑格尔的合理思想，认为人权是一种社会现象，是历史的产物，是不断发展的。① 人类的原始社会没有现代意义的人权。正如恩格斯所说："氏族制度的伟大，但同时也是它的局限性，就在于这里没有统治和奴役存在的余地。在氏族制度内部，还没有权利和义务的分别；参与公共事务，实行血族复仇或为此接受赎罪，究竟是权利还是义务这种问题，对印第安人来说是不存在的；在印第安人看来，这种问题正如吃饭、睡觉、打猎究竟是权利还是义务的问题一样荒谬。"② 这是因为原始社会习俗的基础是氏族内部所有成员利害一致和一律平等的社会关系，同现代社会人权的基础是根本不同的。随着人类社会由野蛮时代向文明时代的过渡，由于生产力的发展，社会财富的积累和增长，生产资料私有制和阶级的产生，人群之间开始发生利益上的矛盾和对立。古代奴隶制社会，人民在反抗奴役和暴政的过程中，逐渐产生了追求平等、自由的观念，这是朴素的处于萌芽状态的人权思想。之后漫长的封建社会，是君权、神权、贵族及各种封建特权的统治社会，人民群众在黑暗中挣扎，从怀疑、不满到反抗，产生过很多强烈的要求推翻统治、摆脱压迫、享受人的尊严、过上自由平等的思想和行动，其中就包含有人权因素。这些人权因素为近代人权理论的产生奠定了基础，作好了准备。人类进入近代，从欧洲文艺复兴开始，经过几个世纪的斗争与实践，逐步形成了以反封建特权、主张资本主义自由、平等为核心的"人权"理论。"人权"一词最早是文艺复兴运动的先驱但丁提出来的。他在《论世界帝国》中指出："帝国的基础是人权。""到18世纪后期，随着社会矛盾的激化和革命形势的出现，人权理论也进一步发育成熟和系统化，并被提升为欧美各国资产阶级民主革命的政治纲领。直到欧美各国资产阶级民主革命先后取得胜利，通过宪法和法律废除一切封建等级特权，规定和保障所有公民享有人的基本权利和自由，并依靠政权的力量付诸实施，人权才逐步从思想转变为现实，从理论转变为社会合法的实践。"③

　　近代两百多年来，"人权"观念和实践经历了三次重大变化和发展。第一次是资本主义的人权理论和实践，主要代表和标志是1776年美国《独立宣言》和1779年法国《人权和公民权宣言》；第二次是社会主义的人权理论和实践，其中重点内容是主张社会主义的人权，1917年俄国十月革命的胜利，消灭了剥削，

---

① 陈志尚：《人学原理》，北京出版社2005年版，第435页。

② 《马克思恩格斯选集》第4卷，人民出版社1995年版，第158～159页。

③ 陈志尚：《人学原理》，北京出版社2005年版，第437页。

消灭了封建专制，建立的社会主义成果，其思想基础是马列主义的人权观，其中包括我国社会主义的革命、建设与实践；第三次是国际人权的理论与实践，其标志是 1948 年发表的《世界人权宣言》，它标志着人权开始超越民族国家的范围，成为国际政治的重大问题。

马克思说："权利决不能超越社会的经济结构以及由经济结构制约的社会的文化发展。"① 对照二百多年来世界各国的人权状况，可以说实践证明了马克思这一论断的客观真理性。"新中国建立 50 多年来，由于实行社会主义制度，经济和文化建设取得了举世瞩目的伟大成就，广大人民群众享受人权的水平不断提高，新中国的人权状况与旧中国相比可以说是发生了翻天覆地的变化。特别是近 20 多年来，由于建设中国特色的社会主义，中国的人权状况进一步得到了较大的改善，日益显示出社会主义人权的优越性。但是，中国是 13 亿多人口的大国，人均资源太多不足，经济文化状况比较落后，各地区发展又极不平衡，因而将长期处于社会主义的初级阶段，这一基本国情决定了人们之间不可避免地会存在着许多事实上的不平等。在人权的规定、实施和保障方面，它的进步速度也不可能超越社会经济文化发展总的水平，只能是一个随着社会主义事业的前进，从不完善到逐步完善、不断提高和发展的过程。"②

（二）人权入宪

1997 年 9 月，党的十五大首次将"人权"概念写入党的全国代表大会主题报告。2002 年 11 月，党的十六大再次在主题报告中将"尊重和保障人权"确立为新世纪新阶段党和国家发展的重要目标。

根据我国社会发展进步的需要，适应国家社会、经济、文化的进展状况，我国从宪法到司法制度的改革，适时地确立了尊重和保障人权宪法原则，并逐步完善人权司法保障制度，把人权保障原则落到实处。2004 年 3 月 14 日，宪法修正案在十届全国人大二次会议上高票通过。"国家尊重和保障人权"成为重要的宪法原则，开创了我国人权法制保障的新时代。2012 年 3 月，十一届全国人大五次会议通过了《关于修改〈刑事诉讼法〉的决定》修改后的《刑事诉讼法》将"尊重和保障人权"写入总则。2013 年 11 月，党的十八届三中公会明

---

① 《马克思恩格斯选集》第 3 卷，人民出版社 1995 年版，第 305 页。
② 陈志尚：《人学原理》，北京出版社 2005 年版，第 441 页。

确提出要维护宪法法律权威，深化行政执法体制改革，确保依法独立公正行使审判权、检察权，健全司法权力运行机制，完善人权司法保障制度。

（三）人权的涵义

人权的本质是对人的社会活动和社会关系规范的总称。"人权既不像西方一些人权论者所主张的是什么'上帝'、'理性'、'自由意志'的产物，也不是什么抽象的人所固有的、永恒不变的'自然本性'。首先必须认定的事实是：人权所讲的人，不是脱离现实社会之外而孤立存在的抽象的个人，也不只是生物学意义上的自然存在物，而是生活在现实社会之中、在历史中行动着的、所有的个人。这样的人，要想获得生存和发展，就必须满足各种物质和文化的需要，为此就必须和他人、群体、社会发生各种社会关系，从事生产等各项社会实践活动，这是人之所以为人、之所以不同于其他生物的本质所在。"[1] 人权是一个多层次、多方面的复杂系统，包括一系列具体的范畴和规定。因为人权的主体是人，而人的社会活动和社会实践是各种各样的，人的社会关系也是多层次、多方面的。其人权体系之结构也是由多种人权所构成的。人权的客体由国内人权和国际人权两部分组成。

国内人权包括人的基本权利、公民权和人所具有的一切权利。人的基本权利是指生存权、发展权和基本自由权；公民权是人作为一个国家的公民才具有的权利。除了基本权利外，主要是指政治自由民主权利；人所应该具有的一切权利，即除了基本权利和公民权利，还包括其他各种政治、经济、文化和社会福利权利。如知识产权、就业和失业保护、休息权、娱乐权以及各种特殊个人和群体的权利等等。

国际人权，主要是指国家主权、民族自由权、和平权、发展权、环境权等等。

纵览以上各种权利，其中生存权和发展权是人权体系中的基本人权。因为"既然人权的本质是对现实社会实践和社会关系的规定，而在人的全部社会实践和社会关系中，满足人的生存和发展需要的物质生产实践和经济关系是基础，因此，在整个人权系统中，生存权和发展权是首要的基本人权，居于基础

---

[1] 陈志尚：《人学原理》，北京出版社 2005 年版，第 442 页。

地位。"①

在学习和把握人权理论的过程中，在刑事诉讼领域里必须回答和解决的一个基本问题，就是在诉讼过程中对犯罪嫌疑人、被告人、被判刑人要不要讲人权保障，这些人能不能享有基本人权。在特权盛行的封建体制下，虽然把这些人也视作诉讼主体，但他们更是诉讼的客体，即被追究刑事责任的对象，可以依法对其刑讯，剥夺了他们的基本人权；在"极左"思想横行之时，这些人的人权同样得不到保障，在"左"的思想指导下，人们不敢讲人权，其诉讼权利更无法提起，尤其是辩解辩护的权利被剥夺了。所以，冤假错案丛生。按照人权的科学涵义，我们认为，进入刑事诉讼的各种利害关系人，包括犯罪嫌疑人、被告人乃至被判刑的罪犯，他们都是"人"，出了问题犯了罪，其"人"的主体资格依然存在。尤其在诉讼中还要贯彻"无罪推定"的原则，他们作为权利主体资格并未剥夺，其基本权利和公民权利，甚至应当享有的其他一切权利都应该享有，不能随意剥夺。特别是在刑事诉讼中的辩解和辩护的权利和不受虐待的权利。因此，我国新修改的《刑事诉讼法》，建构了严禁刑讯逼供的机制，包括：不得强迫自证其罪的权利，非法证据排除规则，侦查讯问全程录音录像等等，就是要把尊重和保障他们的基本人权落实到诉讼过程中。

"刑事责任要追究，人格不可辱"应该成为刑事诉讼中的一项保权规则。在刑事诉讼中，依法追责的原则不可动摇，对犯罪嫌疑人以非人的待遇，尤其是侮辱其人格尊严的行为，应予以严格禁止，生活上虐待，冻、饿、烤、晒等刑讯逼供的行为均属非法。我国《刑事诉讼法》所确立的非法证据排除规则，就是对这些非法行为的制裁，就是贯彻尊重和保障人权原则的具体举措。严格依法保障诉讼利害关系人的诉讼权利，严禁污辱人格和非法取证的行为发生，保证案件的证据质量，就是尊重和保障人权原则的具体实施。

（四）人权司法保障制度的建构和内容

2013 年 11 月，十八届三中全会通过的《中共中央关于全面深化改革若干重大问题的决定》（以下简称《决定》）明确提出了"推进法治中国建设"的目标总要求，为我国人权司法保障制度建设阐明了基调，也树立了信心。《决定》强调"国家尊重和保障人权"，要"完善人权司法保障制度。进一步规范查封、扣

---

① 陈志尚：《人学原理》，北京出版社 2005 年版，第 445 页。

押、冻结、处理涉案财物的司法程序。健全错案防止、纠正、责任追究机制，严禁刑讯逼供、体罚虐待，严格实行非法证据排除规则。逐步减少适用死刑罪名"。《决定》为把尊重和保障人权这一宪法原则落到实处，第一次提出了"人权司法保障制度"的新概念。

"人权司法保障制度"是指国家，尤其是司法机关执行的，有关支持或确保直接关系到人的生存、发展以及从事社会活动所不可缺少的最基本权利得以实现的、共同遵守的规程或行为准则。

"人权司法保障制度"具有以下特点：

第一，完善人权司法保障制度的主体是指"国家"。《决定》明确指出："国家要尊重和保障人权。"尊重和保障人权不仅仅是国家司法机关的事，其行为的主体是指整个国家机关。按照我国《宪法》的规定，国家的含义是指：所有管理国家事务的机关。包括国家的权力机关、国家行政机关、审判机关、检察机关和军队等。[①]《决定》把尊重和保障人权作为依法治国的重要内容，作为整个国家机关的一项重要任务，这是我国在人权事业进程中的一个重大的突破与发展。

第二，完善人权司法保障制度是司法机关最直接、最核心的一项任务。"司法"的人权保障主要包括：一是作为前设人权的"司法请求权"，即参与司法过程的个体享有对主持司法的法院、法官或其他司法主体的请求权；二是作为基本人权的"公正审判权"，即公民获得法院公正审判的权利；三是作为新兴人权的"获得司法帮助权"，主要是指对贫困者的法律援助和公益诉讼等制度。作为法律运行四个环节"立法、执法、司法、守法"的一部分，"人权司法保障制度"的最大特点就在于其鲜明的"司法"性。这一特点要求"人权司法保障制度"务必遵循司法活动的基本规律、遵守现代正当"司法"理念，严格区分和远离"行政化"的雾霾，顺应现代法学思维回应型司法的基本特点。

第三，设计"人权司法保障制度"的目的就是切实维护和保障人权。为实现此目的，人权司法保障的制度设计会遵循一系列最基本的公正法则，诸如权力谦抑原则、权利救济原则、人道主义原则、司法最终裁判原则等基本要求；同时也会建立诸如非法证据排除等一系列程序性制裁措施，通过对一些侵犯人

---

① 参见《现代汉语词典》，商务印书馆 1973 年版，第 380 页。

权的违法行为进行程序性制裁来否定其正当性，从而在反面维护和保障人权。

第四，人权司法保障制度是一个综合的、立体的网状格局。鉴于"人权"涵义的复杂性，我们无法通过一个或数个简单的国际公约、刑事司法准则等其他国际性法律文件或国内法律、法规就企图予以完整的概括和引用。人权司法保障制度的完善，涉及宪法、行政法、刑事诉讼法、行政诉讼法、民事诉讼法、民法等诸多部门法，而且随着国际人权事业的不断进步与发展，随着人类社会文明的积累、财富的不断集聚，人权的种类与形式也自然会不断更新和补充。因此，在这个体系和内容极为丰富的知识结构中，人权司法保障制度也会不断处于稳定与发展的动态平衡之中。

人权司法保障制度的完善是一个发展的过程，绝非一日之功。因此，就当前或现阶段而言，我国人权司法保障制度的建构和完善，根据《决定》的精神，主要包括两大类：第一类是在刑事诉讼领域内有五个方面的内容。一是把"尊重和保障人权"作为刑事诉讼的一项独立的任务。我国2012年《刑事诉讼法》的修改，已经把这项重要任务写进《刑事诉讼法》的第2条之中了。这就表明，我国刑事诉讼的任务已经从一元化转向了二元化，即从单纯的打击和惩罚犯罪转向既要惩罚犯罪又要保障人权。"保权"是刑事诉讼的一项独立的任务。二是在刑事诉讼中对证据的收集要遵守"不得强迫自证其罪"的原则。2012年《刑事诉讼法》第50条明确规定："审判人员、检察人员、侦查人员必须依照法定程序，收集能够证实犯罪嫌疑人、被告人有罪或者无罪、犯罪情节轻重的各种证据。严禁刑讯逼供和以威胁、引诱、欺骗以及其他非法方法收集证据。不得强迫任何人证实自己有罪。"《刑事诉讼法》第49条还明确规定："公诉案件中被告人有罪的举证责任由人民检察院承担。"这些规定明确了案件的举证责任，不得把举证责任转移到被告一方，更不得强迫任何人证实自己有罪。应当说，这些法律规定的内容，是把人权保障实实在在地落实到司法的过程之中。因此，它应该是人权司法保障制度的一项核心内容。三是在刑事诉讼中要严禁刑讯逼供。2012年《刑事诉讼法》建构了一个严密的严禁刑讯逼供的机制，它包括赋予犯罪嫌疑人、被告人"不得强迫其自证其罪"的权利，立法还确立了非法证据排除规则，以及侦查讯问要全程录音录像，即一项权利、一个规则和一项重大的举措，此三项内容是一个完整的严禁刑讯逼供的程序机制，这一机制落实得好，刑讯逼供问题就可以得以遏制，有利于保障犯罪嫌疑人、被告人在诉讼过程中的基本人权。四是非法证据排除规则的确立和实施，从司法程序上为人权司法保障提供了一项具有历史意义的司法救济程序，亦即凡是刑讯所取得的证据不得作为定案的根据，而排除在定案证据之外。五是改革辩护制度。2012年《刑事诉讼法》为了把人权保障制度落到实处，对刑事辩护制度进行了重大改革，提前了律师介入诉讼的时间。把原《刑事诉讼法》规定的在侦查阶段的帮助权，明确为提前介入诉讼的实实在在的辩护权。而且还把律师辩护参与诉讼的权利落实到审查批捕、侦查终结、审查起诉、一审、二审等各个诉讼程序中。应该说这是人权司法保障制度完善和改革的重大举措。尤其是通过立法还解决了律师在刑事诉讼中的会见难、阅卷难和调查难等问题。

　　第二类是《决定》明确指出了人权司法保障制度要进行改革的新内容。包括七个方面：一是强调国家要尊重和保障人权，把人权保障作为整个国家的一项基本任务确立下来；二是保障公民的财产权，明确规定规范查封、扣押、冻结，以及处理涉案财物的司法程序问题；三是逐步地减少适用死刑的罪名，以示国家对公民生命权的保障；四是逐步完善和建构司法救助和司法援助制度；五是完善律师执业保障制度；六是废除劳教制度；七是健全错案防止、纠正和责任追究制。党的十八届四中全会关于依法治国的决定，对人权司法保障制度上升到保证公正司法，提高司法公信力的高度，要加强人权司法保障。进而明确提出一系列措施，丰富和完善了人权司法保障制度。包括：①强化诉讼过程中当事人和其他诉讼参与人的知情权、陈述权、辩护辩论权、申请权、申诉权的制度保障；②健全落实罪刑法定、疑罪从无、非法证据排除等法律原则的法律制度；③完善对限制人身自由司法措施和侦查手段的司法监督，加强对刑讯逼供和非法取证的源头预防，健全冤假错案有效防范、及时纠正机制；④切实解决执行难，制定强制执行法，规范查封、扣押、冻结、处理涉案财物的司法程序；⑤加快建立失信被执行人信用监督、威慑和惩戒法律制度；⑥落实终审和诉讼终结制度，实行诉访分离，保障当事人依法行使申诉权利；⑦对不服司法机关生效裁判、决定的申诉，逐步实行由律师代理制度，对聘不起律师的申诉人，纳入法律援助范围。

　　仅从以上现阶段我国人权司法保障制度所确立的目标、任务来看，人权司法保障制度的建构和完善是一项系统的综合工程。由于"人权"涵义的复杂性，人权保障概念是一个发展的系统。据此，笔者认为人权是一个涉及多学科的综合性哲学社会科学范畴。"从狭义方面讲, 是指那些直接关系到人在现代社会中得以维持生存、过正常生活、能独立自主地掌握自己命运所不可缺少的最基本的权利; 从广义方面讲, 则可以说是权利的一般表现形式, 即人在社会生活中享有的各项政治、经济、文化和社会福利权利的总称。作为理想人权是人们对未来社会关系的追求。作为现实, 则是社会对现存社会关系的规定。不同的人权观念则是人们在意识中根据各自的立场和世界观、价值观对现实社会关系的正确的或者片面的甚至歪曲的反映。"[1] 由此可见, 人权司法保障制度的建构和内容, 要有一个认识的过程、理解的过程和发展的过程, 只有以历史唯物主义的方法论和认识论, 才能正确地认识人权, 才能更好地不断完善人权司法保障制度。

六、正当程序

科学的司法理念是防范刑事错案的先导。那么, 何谓科学的司法理念呢? 科学的司法理念之内涵与外延, 当然是宽广而又丰富的, 学理上可以作种种解读。笔者从我们已经发现和纠正的冤假错案中, 经过个案分析与解剖, 认为最基本的司法理念有三: 一是尊重和保障人权的司法理念; 二是法律正当程序的理念; 三是司法独立的理念。关于"尊重与保障人权"的理念, 已在本章前面部分论述了, 下文专门论述正当程序和司法独立。

(一) 刑事错案的反思与启示

近年来已经纠正的 20 起刑事错案一览表

序号	嫌疑人被告人	是否存在刑讯	辩护律师作用	无罪证据被忽视	有罪证据不充分	口供情况	鉴定方面的问题	其他原因
1	佘祥林	10 天 11 夜刑讯	尽责但未被采信	四人的无罪证言, 指认尸体的有两家	主要依靠口供	作案经过、动机、工具的交代前后矛盾	未作 DNA 鉴定, 以辨认结论定案	民愤, "三长会", 警察造假、阻止证人作证

---

[1] 陈志尚: 《人学原理》, 北京出版社 2005 年版, 第 443 页。

续表

序号	嫌疑人被告人	是否存在刑讯	辩护律师作用	无罪证据被忽视	有罪证据不充分	口供情况	鉴定方面的问题	其他原因
2	吴鹤声	71次刑讯，一次供认	尽责但未被采信	被害人死前与一神秘男子在一起	主要依靠侦查阶段一次口供	作案地点、方法的交代前后矛盾	未作DNA鉴定，以血型相同定案	
3	杜培武	31昼夜刑讯	尽责但未被采信	没有作案动机、时间	关键性证据凶器（枪支）没有找到	前后反复	警犬辨认、测谎被错误使用	民愤，"三长会"，警察造假、违法取证，官官相护
4	陈金昌温绍国	7天7夜刑讯	尽责但未被采信	不在犯罪现场				暴力取证
5	覃俊虎兰永奎	刑讯	未查出律师所起作用	没有作案时间	主要依靠口供	前后矛盾、与其他证据不符	未进行本应进行的物证（匕首）鉴定	隐瞒物证，强迫、贿赂证人作伪证
6	李杰何军黄刚黄德海	刑讯	尽责但未被采信	没有作案时间	没有一件物证，全部依靠言词证据	前后矛盾		"严打"期间，政法委协调
7	黄亚全黄圣育	刑讯	尽责但未被采信	没有作案时间，还有其他无罪证据		前后反复、与现场勘验不符		政法委协调，暴力取证
8	滕兴善	刑讯	尽责但未被采信	不可能到达犯罪地点	指控不合情理、证据之间相互矛盾	口供与其他证据相互矛盾	未作DNA鉴定，以石膏像辨认结论定案	
9	李久明	7天8夜刑讯	尽责但未被采信	没有作案动机、时间	主要依靠侦查阶段一次口供		检材（头发）来源不明，警犬辨认错误	市、区"三长会"

续表

序号	嫌疑人被告人	是否存在刑讯	辩护律师作用	无罪证据被忽视	有罪证据不充分	口供情况	鉴定方面的问题	其他原因
10	丁志权	刑讯	尽责但未被采信	没有作案动机、时间	主要依靠口供		未作指纹、脚印鉴定	政法委协调，公检法联合办案，警察阻止证人作证、造假
11	隋洪建任树岩隋洪波隋洪儒	刑讯、诱供	尽责但未被采信	有证人出庭证明被告人无罪，但法庭置之不理	主要依靠侦查阶段口供			市委、市政府批示尽快破案，政法委协调，公检法联合办案，暴力取证
12	杨云忠	刑讯、诱供	未查出是否有律师	没有作案时间，血迹非被害人遗留		前后反复	未作DNA鉴定，以血型相同定案	暴力取证
13	王海军	刑讯（利用同监犯）	未查出是否有律师			前后矛盾，与尸体鉴定、现场情况不符	未作足迹鉴定，血液来源不明	
14	李化伟	3天3夜刑讯、诱供	尽责但未被采信	没有作案时间，现场有他人指纹、足迹	主要依靠侦查阶段口供		检材与案件没有关系	被害人施压，"三长会"，阻止证人作证，篡改勘验结论
15	张庆伟	刑讯	尽责但未被采信	没有证据证明物证与被告人或案件有关	主要依靠庭前口供	前后矛盾	未作DNA鉴定，以血型相同定案，检材（血液）来源不明	

续表

序号	嫌疑人被告人	是否存在刑讯	辩护律师作用	无罪证据被忽视	有罪证据不充分	口供情况	鉴定方面的问题	其他原因
16	王俊超	刑讯、诱供	尽责但未被采信		主要依靠口供	前后反复，与被害人陈述矛盾	未作DNA鉴定	
17	张海生		尽责但未被采信	没有作案时间			DNA鉴定结论不能证明被告犯罪	在辨认时对被害人进行诱导
18	秦艳红	刑讯	尽责但未被采信		主要依靠庭前口供			
19	岳兔元	刑讯	尽责但未被采信				错误解释DNA结论	
20	杨黎明 杨文礼 张文静	刑讯、指供、诱供	尽责但未被采信		主要依靠侦查阶段口供	前后矛盾	未作DNA鉴定，以血型相同定案	"严打"期间，市委、市政府、市人大协调，警察造假

从上述已经纠正的20起错案导致误判的主要因素来看，综合分析有四个方面：其一，形形色色的刑讯逼供；其二，辩护职能的缺失；其三，对口供以及各种证据的运用缺少程序控制；其四，公、检、法各家未能独立行使职权，协调办案、"三长"会议决定、民意干扰等违背诉讼规律的错误做法。

透过现象看本质，直面行为看理念，刑讯也好，无视律师的正确意见也好，对各种证据的运用也好，对司法职权的干预也好，无不是由于法律正当程序这一司法理念之缺位，或曰对法律正当程序的践踏而导致错案频频发生。这样，笼统地宏观分析也可能不能令人信服，下面再以赵作海案件为样本，通过个案看理念。

1997年10月30日（农历9月29日）晚，因为债务纠纷及情感纠葛，河南省商丘市柘城县老王集乡赵楼村村民赵振裳①向同村村民赵作海头上猛砍一刀。由于害怕赵作海如果被砍死自己要承担法律责任，如果没有被砍死不会放过自己，赵振裳次日凌晨骑三轮车，带着 400 元钱以及被子、身份证等，逃到离柘城县 40 多公里的太康县等地，这一去就是 13 年。

在赵振裳离家 4 个月后，其侄子赵作亮于 1998 年 2 月 15 日到公安机关报案，称其叔父赵振裳失踪 4 个多月，怀疑被同村赵作海杀害。警方将赵作海确定为犯罪嫌疑人，但在关押审讯 20 多天后，由于证据不足将其释放。

1999 年 5 月 8 日，赵楼村村民在淘井时发现一具无头、前臂及膝关节以下缺失的无名尸。赵振裳的侄子赵作亮再次向公安机关报案，称死者系赵振裳，公安机关次日再次将赵作海刑事拘留。在残酷的刑讯下，赵作海被迫承认有罪。6 月 18 日，柘城县检察院对赵作海作出逮捕决定。

8 月，柘城县公安局以故意杀人罪将该案移交柘城县检察院审查起诉。由于该案可能判处无期徒刑甚至死刑，9 月 28 日，柘城县检察院将该案报送商丘市检察院审查起诉。商丘市检察院经审查，认为无名男尸的身份没有确定，证据存在重大缺陷，遂以事实不清、证据不足为由退回公安机关补充侦查。

在案件被再次移送商丘市检察院时，无名尸身份问题依然没有解决，商丘市检察院于 1999 年 12 月 9 日再一次退回补充侦查。此后，检察机关再未受理该案，赵作海一直被羁押。

2002 年 8、9 月份，公安机关在清理超期羁押专项检查活动中，将该案提交商丘市政法委研究。政法委经讨论，认为该案具备了起诉条件，要求检察机关提起公诉，法院迅速审判。

于是，商丘市检察院于 2002 年 10 月 22 日受理该案，并于 11 月 11 日以被告人赵作海犯故意杀人罪向商丘市中级人民法院提起公诉。同年 12 月 5 日，商丘中院经审理，判处被告人赵作海死刑，缓期 2 年执行，剥夺政治权利终身。2003 年 2 月 13 日，河南省高级人民法院裁定核准商丘中院的判决。

赵作海被交付执行后几乎家破人亡：妻子改嫁，房屋倒塌，4 个孩子中 3 个被送人；并且 4 个孩子要么没上学，要么中途辍学，最多只读到小学二年级。

---

① 许多媒体写作赵振响。根据睢县检察院对赵作海案件公安人员刑讯逼供案制作的起诉意见书的表述，"赵振响"实为"赵振裳"。参见牛亚皓："冤枉赵作海的公安局副局长被起诉了"，载《成都商报》2010 年 7 月 14 日。

赵振裳逃到外地后生活也极为艰辛，最初卖过瓜子等杂货，后来一直以捡废品为生。由于经济困难，他终身未娶。2009年又患上偏瘫，左手和左腿不太灵便。2010年4月30日，由于希望获得医保，他回到了阔别13年的赵楼村。

在查明赵振裳的真实身份后，河南省有关部门迅速启动了对赵作海的救济和赔偿程序：2010年5月8日，河南高院召开审判委员会会议，决定撤销商丘中院的一审判决和河南高院的复核裁定，宣告赵作海无罪，并启动国家赔偿程序。5月9日，赵作海被无罪释放。5月12日，商丘市检察院正式对赵作海案件的办案人员启动立案调查程序，并以涉嫌刑讯逼供罪对3名公安人员采取拘留措施。5月13日，商丘中院向赵作海支付"国家赔偿金和生活补助费"65万元。5月14日，商丘中院当年负责审理赵作海案的3名审判人员被调离审判岗位，停职检查。5月19日，河南高院负责复核赵作海案的主审法官也被调离审判工作岗位，停职检查。5月26日，河南省检察院工作组进驻商丘市，深入调查有关人员的法律责任。6月12日，受商丘市检察院指定，睢县检察院经侦查，以刑讯逼供罪、玩忽职守罪对罗明珠、王松林、司崇兴、周明晗、郭守海、丁中秋6人提出了《起诉意见书》（睢检反渎移诉［2010］3号）。①

赵作海案件曝光纠正过程中，河南省有关部门经过反思和总结，错判的主要原因如下：

1. 刑讯逼供和暴力取证

赵作海第二次被拘留的第二天（1999年5月9日），柘城县当时主管刑侦的副局长丁中秋将审讯赵作海的人员分为3个组，分别由原刑警大队3名副大队长李德领、王松林、司崇兴担任审讯组组长。原刑警大队大队长罗明珠明确要求，3个审讯组应不间断轮番审讯赵作海。每组在负责审讯的时段结束前将包括赵作海的承认情况和思想动态等审讯情况及时汇报并告知下一组，由下一组接着进行审讯。从5月8日至6月10日，赵作海先后被控制在柘城县老王集乡派出所和柘城县公安局刑警队，分别被铐在连椅上、床腿上或摩托车后轮上，侦查人员分班轮流审讯和看守，这种体罚控制情况持续长达33天。为获取赵作海实施故意杀人的供述，罗明珠持枪威吓赵作海，并指使、纵容李德领、王松林、周明晗、郭守海、司崇兴等人采取用木棍打、手枪敲头、长时间不让休息和吃饭

① 牛亚皓："冤枉赵作海的公安局副局长被起诉了"，载《成都商报》2010年7月14日。

等方法轮番审讯赵作海。① 办案人员的这些做法与赵作海事后回忆是一致的。据赵作海向媒体介绍，侦查人员对其刑讯逼供的方法千奇百怪，有相对比较轻微的不让睡觉："想睡觉的时候，他们就拳打脚踢，不让睡觉。我现在脑袋经常嗡嗡叫，没精神，睡觉也不行，都是他们打的。"有残酷的用手枪敲头："从抓走我那一天，就开始打，"赵作海说，办案民警用枪管击他的头部，他后脑勺左侧头骨留有一处至少 2 厘米长的凹痕。有暴力与精神恐吓：一个 30 岁左右的办案民警曾这样威胁他，"要是不招，我拉你出去，叫你站在车门上，一脚把你踩下去，给你一枪，我就说你逃跑了"。还有离奇的"木棒敲头 + 催眠 + 头顶放炮"：办案民警用一尺长的小木棒，在他头上"梆梆梆"地敲。到半夜，办案民警给他喝水，水里面放了特制的催眠药剂，喝完一小会儿，赵作海就睡过去了，浑身不能动，但头脑还有一点意识，然后办案民警把鞭炮放到赵作海头顶点燃，"当时头昏脑涨，能听见炮仗在头上爆炸。他们一个一个地点"。据赵作海回忆，挨打最厉害的一次，是在柘城县公安局的刑警队，他被铐在凳子上，站也站不起来，蹲也蹲不下去，办案人员对他拳打脚踢。"当时生不如死。"②

不仅赵作海受到了残酷的刑讯逼供，赵作海的妻子赵晓起③以及被认为与赵作海存在暧昧关系的杜金慧④也被非法关押，并被暴力取证。根据睢县检察院《起诉意见书》的指控："丁中秋身为主抓刑侦的副局长，在案件侦破时先入为主，对侦破干警依法审讯不严，……同意将杜金慧、赵晓起长时间违法关押，客观上为刑讯逼供提供了可能和方便，直至造成赵作海错案的发生。"⑤

根据赵作海妻子赵晓起的回忆，在无名尸被发现后，她曾被警方关在乡里一个酒厂一个月，受到很多折磨。"用棍子打我，让我跪在砖头上，砖头上还有棍子。"她说，民警一直问她是不是知道赵作海杀人。"我什么都不知道"，说不

---

① 牛亚皓："冤枉赵作海的公安局副局长被起诉了"，载《成都商报》2010 年 7 月 14 日。

② 石玉："赵作海讲述被刑讯逼供细节"，载《南方都市报》2010 年 5 月 12 日。

③ 赵作海前妻的媒体姓名有多种不同的写法，如赵小齐、赵小启、赵晓启、赵晓齐、赵小旗等，根据睢县人民法院《起诉意见书》，正确的写法应为赵晓起。参见牛亚皓："冤枉赵作海的公安局副局长被起诉了"，载《成都商报》2010 年 7 月 14 日。

④ 为了保护当事人的隐私，被认为与赵作海存在暧昧关系的妇女的姓名媒体有各种写法，如甘花、甘小花、甘某、杜金惠、杜金桂、杜金梅、杜金燕等，根据睢县检察院《起诉意见书》，正确的写法应为杜金慧。参见牛亚皓："冤枉赵作海的公安局副局长被起诉了"，载《成都商报》2010 年 7 月 14 日。

⑤ 牛亚皓："冤枉赵作海的公安局副局长被起诉了"，载《成都商报》2010 年 7 月 14 日。

知道就一直被打。她说每天只能吃一个馒头，还经常几天不让睡觉。残酷的暴力取证导致她从酒厂出来后她身体急剧变差，经常精神恍惚，一直头疼，"直到现在看到小车还害怕，怕是来抓自己的"①。

根据杜金慧的回忆，她被警方关了29天。审讯者不仅用棍子打她的臀胯，而且被迫长时间屁股不能挨着脚跟地跪着，导致两个膝盖长时间直不起来。②

侦查人员的刑讯逼供取得了"丰硕成果"：

赵作海被打得求生不能，求死不得，只得承认有罪。"当时求他们也不行，最后我说'你们咋说我咋说，你们说啥就是啥'"，赵作海说，"打得我受不了了，我就认了，这些供词都是假的。他们怎么说，我就重复说一遍，如果说得不对，就开始打。"③ 据睢县检察院调查，赵作海在无法忍受的情况下，于1999年5月10日之后，相继作了9次有罪供述。由于赵作海对无名尸头和四肢如何处理一直交代不清，得不到印证，侦查人员对其进行残酷的刑讯，无奈之下，赵作海曾让妻子赵晓起帮他找别的人头和四肢，冒充赵振裳的尸骨。④

赵作海的有罪供述事后成为证明其有罪的几乎最重要的证据。在审查起诉阶段，赵作海曾向会见他的检察官郑磊辩解称遭到了刑讯逼供，但郑磊要求其拿出证据。由于伤口已经愈合，赵作海无法证明；再加上在柘城县公安局移送检察机关的卷宗里，有一份公安机关对办案过程没有刑讯逼供的情况说明，⑤ 因而检察官对赵作海的辩解没有给予足够重视。在法庭审理过程中，赵作海和他的辩护律师都否认实施了杀人行为。但法院认为，赵作海曾经在侦查阶段作了9次有罪供述，所以当庭否认未杀人不可信。这样，赵作海失去了最重要的一次救济机会。商丘中院刑一庭庭长杨松挺在赵作海冤案曝光后向媒体介绍案件的

---

① 冯志刚："'凶手'入狱11年后，'被害人'突然现身"，载《都市快报》2010年5月9日；张寒："河南警方掘地三尺重查无名尸案"，载《新京报》2010年5月9日；石玉："'杀人犯'赵作海妻子曾被羁押审讯月余"，载《南方都市报》2010年5月9日。

② 朝格图："赵作海：命就像是一根草"，载《南方周末》2010年5月13日；张寒："河南警方掘地三尺重查无名尸案"，载《新京报》2010年5月9日。

③ 石玉："赵作海讲述被刑讯逼供细节"，载《南方都市报》2010年5月12日。

④ 牛亚皓："冤枉赵作海的公安局副局长被起诉了"，载《成都商报》2010年7月14日。

⑤ 赵杰："赵作海洗冤录"，载《第一财经日报》2010年5月19日。

审理情况时指出，赵作海的 9 次有罪供述是商丘中院判决的主要证据。[①] 在二审过程中，赵作海的有罪供述也是法院维持一审裁判的重要证据。

侦查人员的暴力取证同样取得了"丰硕成果"：

公安机关现场勘查时，发现包裹尸体的 6 个编织袋，是装化肥的袋子缝制在一起的，遂对赵作海的妻子赵晓起进行残酷的折磨，强迫她承认包装袋是自己家的。赵晓起被折磨得受不了，在辨认时只好按侦查人员的要求说是自己家的。不仅如此，由于编织袋上面有两个洞，洞是用蓝布补丁补上的，赵晓起还被迫按侦查人员的要求，说因为是她做的针线活，所以她能准确地认出来。而这在审查起诉、一审、二审过程中成为赵作海无法"抵赖"的一个关键证据。

被认为与赵作海存在暧昧关系的杜金慧在受到残酷的折磨后也被迫屈从，按照侦查人员的要求说她与赵作海、赵振裳是"相好的"，并"亲眼看见赵作海杀害了赵振裳"，这成为赵作海此后无法"抵赖"的又一关键证据。正因为如此，判决书有鼻子有眼地写道：1999 年 5 月的一天，赵作海与素有暧昧关系的同村妇女杜金慧发生关系时，被村民赵振裳看到。赵振裳与这名妇女也有私情，因此与赵作海发生争斗。赵振裳持刀追打赵作海，打斗中，赵作海夺过刀将赵振裳杀死，并将尸体肢解、隐藏。

2. 轻视辩护，对辩护律师的意见置之不理

河南省高院针对赵作海一案历经一个多月的大讨论中，认为导致错判的一个重要的原因就是控辩双方严重失衡的审判格局。个别法官由于担心疑罪从无会放纵罪犯、受到质疑和批评，审判常常围绕着证明被告人有罪而单向展开，忽视、轻视、蔑视被告人及辩护人的意见，尤其是无罪辩护意见。2002 年 11 月 25 日，赵作海案件开庭审理，法院也是抱着走形式的态度：首先，给赵作海指定的辩护人胡泓强是一名实习律师，当时尚未拿到律师证，根本没有刑事辩护资格。其次，尽管赵作海再三说明自己没有杀人，侦查阶段的有罪供述是因受到刑讯逼供被迫承认的，并且辩护人也提出了有力的辩护意见：①无名尸体没有确认就是赵振裳；②公安机关对赵作海实施了刑讯逼供；③赵作海态度较好。但法院以赵作海曾在侦查阶段做 9 次有罪供述为由，全部予以驳回。正因为如

---

① 石玉："河南将立案追查赵作海案责任人"，载《南方都市报》2010 年 5 月 11 日；一剑："赵作海冤案的前因后果"，载《检察风云》2010 年第 12 期，第 35 页；李丽静："赵作海错案追踪"，载《政府法制》2010 年第 16 期。

此，庭审大约半个小时就结束了。12 月 5 日，法院就作出了判决。该案自 2002 年 11 月 11 日检察机关提起公诉到法院作出判决，前后仅用了 20 多天。一个死刑案件法院审判仅用了 20 多天，这在中国实践中是极为罕见的。在审判中，这样无视辩护意见，这样对待辩护律师的做法，更是罕见的。

3. 政法委错误地协调办案

赵作海案件于 1999 年 9 月 28 日被移送至商丘市检察院，最初负责本案审查起诉的是公诉处副处长王长江和主诉检察官汪继华。汪继华经审查发现本案存在严重问题：一是无名尸体的身份没有确定，难以认定是赵振裳；二是赵作海供认的杀人的刀子能否形成无名尸身上的伤痕，公安机关没有证据证明。商丘市检察院于是以证据不足为由退回公安机关补充侦查。柘城县公安局对侦查过程作了一些补充说明，再次将案件报送商丘市检察院审查起诉。由于无名尸的身份问题仍然没有解决，1999 年 12 月 9 日，商丘市检察院再次将该案退回补充侦查。在第二次被退回补充侦查后，柘城县公安局向商丘市检察院交涉，要求再次报送，但因为无名尸体身份问题仍没有进展，商丘市检察院就通知柘城县检察院，要求公安机关继续侦查，如果无名尸体身份问题解决不了，检察机关不再受理此案。此后，商丘市检察院再未受理该案，赵作海一直被羁押在看守所。①

在此期间，最高人民法院、最高人民检察院等机关曾多次发文，要求解决实践中严重的超期羁押问题。2000 年 9 月 14 日，最高人民法院发布了《关于严格执行案件审理期限制度的若干规定》，2001 年 1 月 21 日，最高人民检察院发布了《关于进一步清理和纠正案件超期羁押问题的通知》。到 2001 年初，赵作海在侦查阶段已经被羁押近两年，已经严重违反了《刑事诉讼法》的规定，柘城县公安机关受到强大的压力。在此背景下，柘城县政法委向商丘市政法委告状，称案件事实清楚，证据充分，而商丘市检察院却不予起诉，要求商丘市政法委协调解决。② 应柘城县公安局及政法委的要求，商丘市政法委于 2001 年 7 月召开了政法委以及公检法三机关负责人参加的协调会。经讨论，参加会议的人员赞同商丘市检察院的意见，认为该案无名的身份没有确定，仍然不具备审

---

① 对两次退回补充侦查情况的介绍可参见刘刚："检讨赵作海案"，载《中国新闻周刊》2010 年第 20 期，第 39 页；石玉："河南将立案追查赵作海案责任人"，载《南方都市报》2010 年 5 月 11 日。

② 石玉："我只有两种选择，要么起诉，要么辞职"，载《南方都市报》2010 年 5 月 14 日。

查起诉的条件，同意检察机关不予受理。商丘市检察院公诉处负责本案的王长江副处长参加了这次会议，据他回忆："会议在柘城县检察院召开，决议要求公安局去做 DNA 鉴定，确定尸源。"[1] 但 DNA 鉴定最终无法得出结论，赵作海又被超期羁押一年多。

到 2002 年，中央高层要求解决超期羁押问题的决心更加强烈。2002 年 8、9月份，柘城县公安局在清理超期羁押专项检查活动中，又经柘城县政法委，将赵作海案件提交商丘市政法委研究。商丘市政法委专门为本案组织了一个讨论会。奇怪的是，在无名尸身份问题依然没有解决，也没有增加其他证据的情况下，商丘市政法委组织的这次讨论认为赵作海案件具备了起诉的条件，并要求检察机关在 20 日内起诉到法院，法院"快审快判"。[2] 按照这一要求，2002 年10 月 22 日，商丘市检察院受理了赵作海案件。

此时，商丘市检察院前期承办赵作海案件的汪继华检察官已于 2001 年 5 月辞职，该案转由助理检察员郑磊承办。同时，此前负责赵作海案件的王长江副处长也退出本案的办理，转由宋国强副处长负责。郑磊接手该案后，发现案卷中附了一封柘城县委政法委写给商丘市委政法委的信，内容大致是：赵作海的案子之所以成为积案，是商丘市检察院的原因造成的，由于尸体身份确定不了，检察院不受理。现在的问题是尸体 DNA 鉴定不具备技术条件，但这个案子也不能一直这样压着不起诉。[3] 尽管有政法委协调意见，但郑磊审查完案件材料后还是向主管领导汇报了自己的看法，认为该案存在很多疑点：一是尸源问题没有解决；二是压在无名尸上的 3 个五六百斤重的石磙，赵作海不可能一个人推到井里；三是难以排除逼供、诱供的可能；四是赵作海供认的杀人凶器能否形成无名尸身上的伤口未能确定。[4] 但主管领导回复郑磊说：案件符合两个基本的原则（基本事实清楚、基本证据充分），够起诉条件。为了解决超期羁押问题，按

① 刘刚："检讨赵作海案"，载《中国新闻周刊》2010 年第 20 期。

② 刘刚："检讨赵作海案"，载《中国新闻周刊》2010 年第 20 期；石玉："河南将立案追查赵作海案责任人"，载《南方都市报》2010 年 5 月 11 日。

③ 石玉："'杀人犯'赵作海妻子曾被羁押审讯月余"，载《南方都市报》2010 年 5 月 9 日；石玉："河南将案追查赵作海案责任人"，载《南方都市报》2010 年 5 月 11 日；张寒："前妻称曾遭民警逼供"，载《新京报》2010 年 5 月 9 日；张寒："赵作海确遭逼供"，载《新京报》2010 年 5 月 11 日。

④ 朝格图："赵作海：命就像是一根草"，载《南方周末》2010 年 5 月 13 日。

照市委政法委的要求，尽快起诉。① 见自己无力回天，郑磊于是在规定时限内，于 2002 年 11 月 11 日向商丘市中级人民法院提起公诉。为明确责任，负责本案的宋国强副处长在签发起诉书时特别标明："政法委要求 20 天之内起诉"。②

4. 公、检、法三机关只讲配合，不讲监督制约

如前所述，赵作海案被移送商丘市检察院后，该院公诉处长王长江和主诉检察官汪继华，坚持原则，对侦查移送的材料，经审查明确指出其存在的严重问题而不予受理，多次退回补充侦查，明确指出要采用 DNA 鉴定确定尸源及其身份。但在清理超期羁押的专项活动中，市政法委讨论决定认为"符合起诉条件"，要"快审快判"！2002 年 10 月 22 日商丘市检察院放弃了原则，受理了此案。2002 年 11 月 25 日，赵作海案件开庭审理。由于知道开庭只是走过场，公诉人郑磊出庭公诉抱着"应付差事"（郑磊自己语）的态度：起诉书写得非常简单，开庭时大约 5 分钟就宣读完了；公诉词则根本没写，郑磊在法庭辩论前又将起诉书念了一下；在控方答辩时，郑磊回答更简单："我的答辩意见就是起诉书中的意见。"③ 由此可以看出，检察机关的法律监督在诉讼中的夭折和缺位，不能不说是酿成赵作海这一刑事冤案的一个重要因素。

5. 该案对证据的收集及运用违背了程序正义的原则

赵作海一案在证据的收集和运用上，深受"有罪推定"的影响。公、检、法各家的办案人员，其有罪推定的倾向非常严重。在这一偏离"程序正义"司法理念的支配下，暴力取证、刑讯逼供令人发指。把刑讯所取得的 9 份认罪口供作为定案的主要根据，把刑讯逼供取证证人证言作为定罪的依据，重言词轻实物、重主观证据轻客观证据的倾向十分严重。案中无名死尸是赵振裳，其身份不确定，没有进行 DNA 鉴定，在死者身份不明的情况下，而移送、起诉、审判，这是多么冒险的行为啊！最终死者"复活"归来，真相大白，对办案人员在证据的运用和审查判断是一记有力的耳光。

综上，20 例刑事错案和赵作海一案的深入解剖，无一不是由于违背正当法

---

① 陈海峰、周斌、曹杰："你不是死了吗，咋又复活了？"，载《大河报》2010 年 5 月 6 日；张寒："赵作海秘密返回妹夫家"，载《新京报》2010 年 5 月 11 日。

② 陈海峰、周斌、曹杰："你不是死了吗，咋又复活了？"，载《大河报》2010 年 5 月 6 日；朝格图："赵作海：命就像是一根草"，载《南方周末》2010 年 5 月 13 日；石玉："'湖北佘祥林'河南再现"，载《南方周末报》2010 年 5 月 8 日。

③ 文远竹："当年审案三法官停职"，载《广州日报》2010 年 5 月 15 日。

律程序，背离了程序正义的司法理念而形成了悲剧。尤其是赵作海案，刑讯取证、无视辩护、政法委协调、监督制约落空、证据运用失控等等，无一不是背离法律正当程序的司法观念。

（二）法律正当程序

刑事正当程序原则追溯历史，可以认为正当程序理念发源于英国。享受正当程序是英国人的一项重要权利。"英国人的权利首次在 1215 年的《大宪章》中作了令人难以忘怀的表述。除了其他许多事情以外，臭名昭著的约翰国王受其反叛的贵族们所迫作出承诺：'任何自由人非经贵族院依法判决或者遵照王国的法律之规定外，不得加以拘留、监禁、没收财产、剥夺其公权，或对其放逐，或受到任何伤害、搜查或者逮捕。'"① 但这里并没有明确提出正当法律程序的概念，是美国宪法首先明确提出了"正当法律程序"的概念，并将其确立为一项基本原则。但"正当法律程序不是由美国宪法制定者发明的短语，而是他们从形成这一短语的丰富的英国宪政传统中发掘出来的。"② "在美国宪法史上最常问到的问题之一就是'正当法律程序'所要求的宪法保障是什么？'正当法律程序'这个短语两次出现在联邦宪法中——《权利法案》中的第五修正案，禁止联邦政府未经正当法律程序剥夺任何人的'生命、自由或者财产'。以及第十四修正案，它是差不多在一百年之后作为内战的结果而通过的，它将同样的禁止性规定扩大适用于各个州：'未经正当法律程序，任何州……不得剥夺任何人的生命、自由或者财产。'"③ 可见，正当法律程序在美国宪法上有着相当重要的地位。在大陆法系国家，法国也较早地将正当法律程序原则规定在法律之中。法国 1789 年《人权宣言》第 7 条就明确规定："除非在法律规定的情况下，并按照法律所规定的程序，不得控告、逮捕和拘留任何人。"该规定在 1791 年颁布的法国宪法中得到了确认，从而成为法国的一项宪法原则。此后欧洲大陆其他国家陆续吸收、借鉴了该规定，在自己的宪法中确立这一原则。④ 德国基本法第 1至 20 条的规定可以直接推导出法治国家程序原则，即程序法定原则。在亚洲，日本《日本国宪法》第 31 条明确规定："任何人，未经法律规定的程序，不得

---

① ［美］约翰·V. 奥尔特：《正当法律程序简史》，杨明成等译，商务印书馆 2006 年版，第 5 页。
② ［美］约翰·V. 奥尔特：《正当法律程序简史》，杨明成等译，商务印书馆 2006 年版，第 5 页。
③ ［美］约翰·V. 奥尔特：《正当法律程序简史》，杨明成等译，商务印书馆 2006 年版，第 4~5 页。
④ ［德］约阿希姆·赫尔曼：《德国刑事诉讼法》，李昌珂译，中国政法大学出版社 1995 年版，第 12 页。

剥夺其生命、自由或者科处其他刑罚。"这些规定都充分反映出，无论是在英美法系国家还是在大陆法系国家，正当法律程序都受到了高度重视，基本上都将其规定为宪法原则，然后在刑事诉讼法中具体落实，并用来指导刑事诉讼实践。

随着时代的发展，正当法律程序不仅仅是各国的一项宪法原则和刑事诉讼原则，它同时成为一项国际刑事诉讼准则，许多国际公约中都有包含正当法律程序相关内容的规定。联合国《世界人权宣言》第 3 条规定："任何人不得加以任意逮捕、拘禁或放逐。"《公民权利和政治权利国际公约》第 9 条第 1 款规定："每个人都享有人身自由与安全的权利，任何人不得被任意逮捕或羁押，除非依据法律规定的理由并遵守法定的程序，任何人不得被剥夺自由。"这些规定都在一定程度上体现了正当法律程序的主要内容。现代刑事诉讼强调正当程序，而程序法定原则正是正当程序的重要内容之一。刑事诉讼如果不坚持程序法定原则，则无正当程序可言。程序法定原则要求所有的刑事诉讼程序都必须由立法机关通过立法的形式明确加以规定和设置，所有的刑事司法活动都必须严格按照法律规定的刑事诉讼程序进行，而不得违反刑事诉讼法规定的程序进行刑事诉讼活动。也就是说刑事程序法定原则"包括两层含义：一是立法方面的要求，即刑事诉讼程序应当由法律事先明确规定；二是司法方面的要求，即刑事诉讼活动应当依据国家法律规定的刑事程序来进行。"[1]

为了防止和纠正刑事错案，我们认为一方面要了解法律正当程序的产生、发展和内容，尤其是法律正当程序的底线标准；另一方面，公、检、法机关和律师要提高正当法律程序素养，培养自己的程序正义的法律观，有了这些知识和法律观（亦即法律文化），才能按照正当法律程序的侦查、起诉和审判的标准（亦即法律程序要求），严格依法办案，少出或不出刑事错案。为此，结合我国当前民主与法治的进程和司法现状，解决法律正当程序这一科学的司法理念问题，笔者认为要做到以下四点：

第一，就立法而言，"正当法律程序"的概念和标准要入宪，当然也要进刑诉法典。不能认为"正当法律程序"只有西方国家才有，它是资本主义国家的产物。我们认为"正当法律程序"是全人类的司法文明的产物，属于全人类的司法文明的宝贵财产，具有实在的普世价值。而且联合国《世界人权宣言》，以

---

① 宋英辉、罗海敏："程序法定原则与我国刑诉法的修改"，载《燕山大学学报》2005 年第 1 期。

及我国已签署参加的联合国《公民权利和政治权利国际公约》第 9 条第 1 款已经规定了法律正当程序的具体内容，因此，在我国的《宪法》和《刑事诉讼法》的修改中，应当无条件增加这一内容，为落实法律正当程序提供法律依据。

第二，刑事诉讼法律观要转型，在转变中培养和树立科学的法律正当程序司法理念，或曰程序观念。总结和反思已经纠正的一系列刑事错案，从上到下，从领导机关到具体的办案人员，无一例外，都是在以阶级斗争为纲和计划经济体制下所形成的传统的诉讼观指导下而办错了案。因此，笔者认为，刑事诉讼法律观的转型，是解决科学的法律正当程序司法理念之关键。至于如何转变？几年前笔者曾提出了转型期诉讼法观的十大转变：①在办案的指导思想上，要从"以阶级斗争为纲"转向以和谐哲学为指导，建构"理性、平等、文明、规范"的法律观；②办案的立足点和出发点，要从"国家本位"转向"国家、社会、个人"三位并重的法律观；③对待办案程序的价值定位，要从工具主义一元化的价值观转向多元化的价值观，要充分认识程序的价值，它不仅是服务实体真实的工具价值，坚持正当程序，还有其独立的价值，即公平正义和效益价值；④从权力治人的专政思想转向权利保障、司法为民的法律观；⑤从有罪推定转向无罪推定；⑥从以口供为本转向实物证据为本，消除口供主义之影响；⑦案件事实的证明标准要从客观真实转向法律真实；⑧从实体真实转向实体与程序并重，乃至程序优先的法律观；⑨对待普通刑事犯罪，要从高压从重转向宽严相济；⑩办理涉外刑事案件，国内法和国际法的适用上，要从国内法优位转向国际法优位。结合我国的司法现状，以及对已经纠正的刑事错案的反思，从执法的法律观的转变中，不断培养法律正当程序的科学理念，以逐步形成具有中国特色的诉讼文化。

第三，参考法律正当程序国际标准，结合我国对已纠正的刑事错案的反思与启示，形成和制定具有中国特色的预防与防止、纠正刑事错案的程序底线标准。"有关程序正义的国际标准包括了《世界人权宣言》第 9 条到第 11 条、《公民权利和政治权利国际公约》第 14 条第 3 项、《欧洲人权宣言》第 6 条和《美洲人权宣言》第 8 条，这些内容在国际性文件中均被称为'最低限度程序保障'或最低限度程序权利，体现着最低限度程序正义标准。总结上述规定，体现在国际准则之中的最低限度程序保证包括以下几个方面的内容：（1）平等权；（2）司法中立和公开；（3）审判及时；（4）无罪推定和反对强迫自证有罪；⑤辩护权和获得法律援助的权利；（6）对质权。等等。"①

2012 年《刑事诉讼法》修改生效以来，全国范围内纠正了一大批刑事错案，各级公安司法机关都进行了认真的反思和总结。2013 年 8 月中央政法委出台了关于切实防止冤假错案指导意见，最高人民法院于 2013 年 10 月印发了《关于建立健全防范刑事冤假错案工作机制的意见》，最高人民检察院于 2013 年 9 月印发了《关于切实履行检察职能防止和纠正冤假错案的若干意见》，公安部于 2013 年 6 月 5 日印发了《关于进一步加强和改进刑事执法办案工作切实防止发生冤假错案的通知》。这些指导性文件，都是在对刑事错案认真进行反思、检讨以后，结合新《刑事诉讼法》的贯彻实施，提出的一系列防范冤假错案的底线标准。综合以上 4 个指导性文件，其基本内容：①坚持刑事诉讼基本原则，树立科学司法理念，特别强调人权保障原则、依法独立行使职权原则、正当法律程序原则、证据裁判原则等等；②犯罪嫌疑人必须送交看守所羁押，讯问必须在看守所进行，并全程录音录像；③案卷证据的移送，必须做到全面、客观、全部，非法证据要排除；④坚持证据裁判原则，必须做到法庭上对证据的出示、辨认和质证，以庭审为中心；⑤坚持"无罪推定原则"和"疑罪从无"的处理方法，不能降格作出"留有余地"的判决；对于定罪量刑证据存在疑点的，亦应作有利于被告的处理，不能由于舆论炒作、当事人闹访、限期破案等压力作出违法裁判；⑥切实保障律师的辩护权；⑦正确处理申诉、控告、检举材料；⑧建立公、检、法责权一致的办案机制，法官、检察官、警官在职责范围内对办案质量终身负责；⑨建立科学合理符合司法规律的绩效考评机制。

不言而喻，以上九项，项项都属于法律正当程序的内容，都与程序是否正义有关。作为法律正当程序，或曰程序正义观念最早起源的"自然正义"原则有两项要求：任何人不得在与自己有关的诉讼案件中担任法官；法官在制作裁判文书时应听取双方当事人的陈述，并须给予所有与案件有利害关系的人以充分陈述意见的机会。② 后世的学者基本上都遵循了自然正义的这两项原则，并在此基础上阐发自己有关程序正义的标准。美国学者萨默斯提出了程序价值的十项基本内容：程序参与性、程序正统性、程序和平性、人道性及尊重个人的尊

---

① 史立梅：《程序正义与刑事证据法》，中国人民公安大学出版社 2003 年版，第 103 页。

② 陈瑞华："程序正义论"，载《中外法学》1997 年第 2 期。

严、保护个人隐私、协议性、程序公平性、程序法治、程序理性、及时性和终结性。① 美国学者杰拉尔德·利文撒尔（Gerald Leventhal）提出了评价程序正义的六项标准：①是否与案件有利害关系的人的意见都能够得到表达；②对于不同的当事人或者在不同的案件中是否使用了一致的行为或者规则；③裁决者的独立无偏倚；④使用信息的准确性；⑤裁决的正确性（人们是否知道对于不公正的待遇他们可以找到一个机构去申诉）；⑥裁决者的道德水准（裁决者是否有礼貌，他们是否对当事人的权利体现出关心），等等。② 学者林德和泰勒认为，权力机关必须遵守程序正义的四个要求：①人们要求亲自经历程序（以感受他们是受到尊重的群体成员）；②他们希望在权力机关的"善行"中获得一种信任感；③他们希望体验权力机关的公正；④他们希望自己的声音能影响裁决结果。的确，关于法律正当程序，或曰程序正义的底线标准，从"自然正义"到近现代刑事诉讼的理论与实践，我们发现，它是一个发展的过程，认识的过程，更是一个实践的过程。但是其核心是法律正当程序的科学性与正当性，科学、正当关键在于程序的参与性、亲历性、公开性，检验的价值标准是公正、公平、正义，亦即群众的感受。正如习近平总书记所说："要使每一个案件让人民群众都感受到公平、正义！"结合我国当前情况，以上 4 个文件所制定的九项标准，如果得到切实的贯彻实施，就会使人民群众感受到公平正义，就会防止刑事错案发生。

第四，坚持"无罪推定"原则和"疑罪从无"的处理方法。中央政法委和全国最高公安司法机关颁发的防止冤假错案的指导意见中，均反复明确"对于定罪证据不足的案件，应当坚持疑罪从无原则，依法宣告被告人无罪，不能降格作出留有余地的判决。对于定罪确实充分，但影响量刑的证据存在疑点的案件，应当在量刑时作出有利于被告的处理。"关于"疑罪从无"、"有利被告"的处理案件的方法，究其根源，应当是"无罪推定"原则的派生原则。当前我国在刑事诉讼中之所以刑事错案时有发生，一个重要的原因就是"有罪推定"盛行，"无罪推定"的理念，或曰诉讼文化尚未形成。从本书开始列举的 20 起错案来看，案案都是有罪证据不充分、无罪证据被忽视形成的疑案，按"疑罪

---

① 陈瑞华："通过法律实现程序正义——萨默斯'程序价值'理论评析"，参见《北大法律评论》（1998）第 1 卷第 1 辑，第 187～191 页。

② E. Allan Lind, Tome R. Tyler, *The Social Psychology of Procedural Justice*, p. 107.

从有"、"疑罪从定"、"疑罪从轻"、"留有余地"进行处理，判决生效执行后，真凶出现，死者复活，而形成了错案。其根源就是"有罪推定"理念根深蒂固，漫长的封建专制时代是这样；解放后的新中国，历次政治运动的做法也是如此；改革开放三十多年来，在不当的"维稳"思想指导下，有罪推定的办案理念并未得到遏止。因此，在纠正冤假错案的专项斗争中，多地公、检、法机关的反思中，纷纷表示，导致刑事错案的主要原因，就是办案人员先入为主的传统思维，在作出判决前，审判人员主观上就把被告人当成阶级敌人，当成犯罪分子，担心疑罪从无、放纵罪犯。更有甚者，"左"的思潮在作祟，"宁可错判，也绝不错放"的宁"左"勿"右"思想在毒害和支配着一些办案人员的行为。[①] 因此，当务之急，如何从"有罪推定"转向"无罪推定"，在我国培植"无罪推定"、"疑罪从无"的诉讼观念和诉讼文化，营造"宁可错放一人，也不能冤枉真正的无辜"的办案理念，彻底根除"有罪推定"的病源。对此，最高人民法院副院长沈德咏2013年10月16日撰文指出："司法实践证明，在刑事诉讼中落实人权保障的要求，落实宪法关于公民自由权利的规定，应当坚定不移地贯彻疑罪从无规则，任何形式的疑罪从挂、疑罪从轻都是疑罪从有的思想在作祟，必须坚决予以摒弃，否则等待我们的必将是一桩又一桩让法律人感到耻辱的冤假错案。"[②] 该文还指出："疑罪从无是秩序和价值选择。疑罪从无的最大风险就是可能放纵犯罪，而疑罪从有最大的恶果可能出现冤假错案。应当说两种结果都是我们不愿看到的，但在必须作出抉择的时候，就要权衡哪种结果对社会秩序破坏更大。在法治发展进步的今天，'宁枉勿纵'肯定是不合时宜的，'不枉不纵'也只是一种理想状态，为此，我们应转换一种思路，这就是'宁可错放，也不可错判'"。[③]"客观地说，'错放'抑或'错判'都背离了我们追求的目标，但'两害相权取其轻'，我们宁可放掉可能的坏人，也不能冤枉真正的无辜。"[④]

贯彻实施"疑罪从无"规则，最根本的是要树立"无罪推定"的科学理念。因为"疑罪从无"为无罪推定所派生。无罪推定在《牛津法律大辞典》中定义为："普通法国家刑法的一项基本原则，被指控的人必须被推定为无罪，除非他

① 南方都市报报社："反思赵作海案应超越赵作海案"（社论），载《南方都市报》2010年7月2日。
② 沈德咏："坚持疑罪从无，确保司法公正"，载《人民法院报》2013年10月16日。
③ 沈德咏："坚持疑罪从无，确保司法公正"，载《人民法院报》2013年10月16日。
④ 沈德咏："坚持疑罪从无，确保司法公正"，载《人民法院报》2013年10月16日。

本人承认或有无可怀疑的充足证据证明相反时为止。"即任何人在未经证实和判决有罪之前，应视其为无罪。它强调的是对犯罪嫌疑人、被告人所指控的罪行，必须要有充分、确凿、有效的证据，如果审判中不能证明其有罪，就应推定其无罪。无罪推定的历史要追溯到公元 2 世纪，古罗马安东尼皇帝首先提出"凡是疑案的判决都须有利于被告，嫌疑犯在罪证未确定之前不能视之为罪犯"。此后，贝卡利亚将其发展为一种法律思想，在欧洲大陆推广开来。他在《论犯罪与刑罚》中提出："如果犯罪不是肯定的，就不应折磨一个无辜者，因为，在法律看来，他的罪行并没有得到证实。"从无罪推定的历史发展来看，它是作为封建社会有罪推定和刑讯逼供的对立产物，是资产阶级革命胜利以后在否定中世纪纠问式诉讼制度的基础上形成并发展起来的一项法律原则。现已成为世界各国普遍承认的刑法和刑事诉讼原则。无罪推定的提出至今已经发展了 200 多年，根据贝卡里亚的思想和表述，结合现今的法律发展实情，无罪推定包含以下三方面的基本内容：

（1）只有法院有权依法判定犯罪嫌疑人、被告人是否有罪。其他任何机关个人，包括侦查机关、控诉机关等都无权对犯罪嫌疑人、被告人的行为作是否有罪的评判，他们所做的一切诉讼行为，诸如侦查羁押等，都只是为了更好地查清案件事实，为了最大限度地还原案件的事实状态，但无权对案件事实或者说是法律事实给予定论，只有法院在经过合法、公正、有效的审判程序后，才能依法判定犯罪嫌疑人、被告人是否有罪。

（2）在法院判定犯罪嫌疑人、被告人有罪前，其不应被认定有罪。犯罪嫌疑人、被告人在被法院宣判为犯罪人前，都只是作为一个与其他诉讼主体地位无异的普通诉讼主体参与到侦查、诉讼中，和其他诉讼主体一样享有相应的诉讼权利，承担相应的诉讼义务。侦查机关、检察机关和法院在诉讼程序进行过程中，应当先入为主地认定犯罪嫌疑人、被告人是无罪的。

（3）举证责任由控诉方承担。控诉被告人犯罪的机关或个人应当承担证明被告人被指控犯罪的事实之责任。举证达不到证明标准，没有完成证明任务，而形成的疑案，应按"疑罪从无"处理。

我国《刑事诉讼法》对无罪推定原则的遵守主要通过以下法条表现出来：《中华人民共和国刑事诉讼法》第 12 条规定："未经人民法院依法判决，对任何人都不得确定有罪。"该法第 33 条规定："犯罪嫌疑人自被侦查机关第一次讯问或者采取强制措施之日起，有权委托辩护人。"该法第 49 条规定："公诉案件中被告人有罪的举证责任由人民检察院承担，自诉案件中被告人有罪的举证责任由自诉人承担。"该法第 50 条规定："严禁刑讯逼供和以威胁、引诱、欺骗以及其他非法方法收集证据，不得强迫任何人证实自己有罪。"该法第 195 条规定："证据不足，不能认定被告人有罪的，应当作出证据不足、指控的犯罪不能成立的无罪判决。"

实践中，司法工作人员在受理案件时，有罪推定的观念先入为主，办案时心理倾向于犯罪嫌疑人有罪。具体体现在以下四个方面：

（1）在侦查实践中，侦查人员往往担心"无罪推定"会放纵犯罪，习惯"有罪推定"的原则，普遍认为被抓起来的犯罪嫌疑人肯定有问题，从一开始就视犯罪嫌疑人有罪，并认为证明无罪的责任应由犯罪嫌疑人承担，犯罪嫌疑人不能提出充分的证据证明为自己开脱，就视为当然有罪。既然有罪，其就应当在侦查的任何阶段，对有关犯罪事实如实向公安机关陈述，无权保持沉默。否则，被视为抵抗侦查，认罪态度不好。侦查人员在讯问经常质问嫌疑人"你说不是你干的，那是谁干的"、"你要不是犯了罪，怎么会抓你来？"

（2）刑讯逼供屡禁不止。由于侦查人员受"有罪推定"的司法理念影响很大，办案指导思想存在"重打击犯罪，轻保护无辜"的倾向。"有罪推定"的司法理念认为，有罪口供是证据之王，并重视无罪辩解的不合理性，轻视其合理性。因而在"有罪推定"的大前提下，犯罪嫌疑人或被告人如不能提供"充分证据"证明自己无罪，又坚决不认为自己有罪，侦查人员动用刑讯逼供手段强迫其提供有罪的口供是很正常的事情，如同前述 20 起冤错命案无一例外的存在刑讯逼供现象。

（3）审前羁押强制措施滥用。审前羁押在性质上，一贯被认为是侦破犯罪、预防犯罪和打击犯罪的有效手段。在此定性的影响下，一方面，在实践中，拘留、逮捕为最常用的强制措施。这一问题也与有罪推定有关，既然认定嫌疑人有罪，那么为了防止"放虎归山"，就要限制他们的人身自由。

（4）一些法官、检察官由于担心疑罪从无会放纵罪犯，会影响"维稳"，会受到舆论、民意的质疑和批评，起诉、审判常常是围绕着证明被告人有罪单向展开，而忽视被告人及辩护人的辩解意见，尤其是无罪的辩解意见。

针对这些问题，在纠正已经发生的刑事错案的反思中，多数办案人员已经形成共识，摒弃"有罪推定"，扬起"无罪推定"的科学理念势在必行，按照刑诉法的规定和中央政法机关的指导性意见，坚持做到：既要树立科学的人权保障和正当法律程序的司法理念，又要严格执行法定证明标准，强化证据审查机制，切实遵守法定程序，强化案件审理机制，把无罪推定原则和疑罪从无规则落到实处。其具体措施可归纳为：

（1）定罪证据不足的案件，应当坚持疑罪从无原则，依法宣告被告人无罪，不得降格作出"留有余地"的判决。

定罪证据确实、充分，但影响量刑的证据存疑的案件，应当在量刑时作出有利于被告人的处理。

死刑案件，认定对被告人适用死刑的事实证据不足的，不得判处死刑。

（2）重证据，重调查研究，切实改变"口供至上"的观念和做法，注重实物证据的审查和运用。只有被告人供述，没有其他证据的，不能认定被告人有罪。

（3）采用刑讯逼供或者冻、饿、晒、烤、疲劳审讯等非法方法收集的被告人供述，应当排除。

除情况紧急必须现场讯问以外，在规定的办案场所外讯问取得的供述，未依法对讯问进行全程录音录像取得的供述，以及不能排除以非法方法取得的供述，应当排除。

（4）现场遗留的可能与犯罪有关的指纹、血迹、精斑、毛发等证据，未通过指纹鉴定、DNA 鉴定等方式与被告人、被害人的相应样本作同一认定的，不得作为定案的根据。涉案物品、作案工具等未通过辨认、鉴定等方式确定来源的，不得作为定案的根据。

对于命案，应当审查是否通过被害人近亲属辨认、指纹鉴定、DNA 鉴定等方式确定被害人身份。

（5）庭前会议应当归纳事实、证据争点。控辩双方有异议的证据，庭审时重点调查；没有异议的，庭审时举证、质证适当简化。

（6）审判案件应当以庭审为中心。事实证据调查在法庭，定罪量刑辩论在法庭，裁判结果形成于法庭。

（7）证据未经当庭出示、辨认、质证等法庭调查程序查证属实，不得作为定案的根据。

采取技术侦查措施收集的证据，除可能危及有关人员的人身安全，或者可能产生其他严重后果，由人民法院依职权庭外调查核实的外，未经法庭调查程序查证属实，不得作为定案的根据。

（8）依法应当出庭作证的证人没有正当理由拒绝出庭或者出庭后拒绝作证，其庭前证言真实性无法确认的，不得作为定案的根据。

（9）保障被告人及其辩护人在庭审中的发问、质证、辩论等诉讼权利。对于被告人及其辩护人提出的辩解理由、辩护意见和提交的证据材料，应当当庭或者在裁判文书中说明采纳与否及理由。

（10）定罪证据存疑的，应当书面建议人民检察院补充调查。人民检察院在2个月内未提交书面材料的，应当根据在案证据依法作出裁判。①

七、司法独立

（一）刑事错案与司法独立

说起司法独立，人们普遍认为这是一个常说常新的话题。因为在中国的现行体制下，解决这一问题，人们要有一个认识的过程、理解的过程和实践的过程。它既是一个重大的理论问题，又是一个极为丰富的实践问题。在纠正刑事错案的过程中，通过多起刑事错案的反思，可以使我们看到，当前我国要真正实现司法独立，办案人员要真正树立起科学的司法独立观念还有相当差距。2013年以来已纠正的多起刑事错案，无不存在司法不独立的问题，可谓"形形色色"。但比较突出的表现是因地方政法委案件协调制度而导致错案的发生。

---

① 以上十项措施引自最高人民法院2013年10月9日颁发的《关于建立健全防范刑事冤假错案工作机制的意见》的通知。

地方政法委协调的 12 起典型冤案

序号	嫌疑人被告人	案发时间与起因	案发地点	涉嫌罪名	协调原因	协调过程/决定	案件裁判	救济与处理	改判原因
1	佘祥林	1994 年 1 月 20 日，佘祥林的妻子张在玉失踪	湖北省京山县	故意杀人罪	湖北高院发回重审	荆门市、京山县两级政法委召集两级检、法协调，决定"降格"处理，由县检察院向县法院起诉，判有期徒刑，避开湖北高院的审查	死刑改为 15 年有期徒刑	因不断申诉、上访，母亲被关 9 个半月，释放后 3 个多月去世；哥哥被关 41 天；治保主任、预备党员被撤	被害人张在玉"复活"
2	赵作海	1997 年 10 月 30 日，赵振裳与赵作海打架，后失踪	河南省柘城县	故意杀人罪	检察院曾两次退回补充侦查，坚决拒绝提起公诉	第一次协调也认为不符合起诉条件，不应起诉；第二次协调认为达到了起诉标准，要求检察院 20 日内起诉，法院"快审快判"。	死缓	曾提起上诉，但考虑到二审很难改变裁判结果，因而撤回上诉。未申诉、上访	被害人赵振裳"复活"
3	胥敬祥	1991 年春，鹿邑县接连发生十几起抢劫案	河南省鹿邑县	抢劫罪、盗窃罪	经过 7 次退回补充侦查，仍然证据不足	由周口检察院"降格"为由鹿邑县检察院起诉，由鹿邑县法院审判	16 年有期徒刑	到处申诉，见人就问，但有领导不让申诉，说申诉就是不认罪，还因此受到威胁	事实不清，证据不足

续表

序号	嫌疑人被告人	案发时间与起因	案发地点	涉嫌罪名	协调原因	协调过程/决定	案件裁判	救济与处理	改判原因
4	马全保陈松龙建坤梁文锦等12人	1999年6月14日，北海机场附近甘蔗地发现一具尸体	广西壮族自治区北海市	故意杀人罪	2次退回补充侦查，高院第1次发回重审，第2次判无罪	北海市公安局请政法委协调，政法委负责人强硬"拍板"，迫使北海法院再次判决有罪	3人死缓，其他无期徒刑或有期徒刑	上诉被改判无罪。没有申诉	事实不清，证据不足
5	储怀刚	2003年9月12日，因上访被立案侦查	安徽省阜阳市	偷税罪	第1次发回重审，第2次原判无罪，后发回	应颍泉区政法委要求，阜阳市政法委发文，以判无罪影响社会稳定为由，要求阜阳中院发回重审，从轻判刑	有期徒刑2年，缓刑3年	不断申诉，几乎天天到法院，甚至"偷"出了第2次上诉阜阳中院最初作出的无罪判决，但毫无效果	未改判
6	李化伟	1986年10月29日，其妻邢伟在家中遇害	辽宁省营口市	故意杀人罪	经过了4次退回补充侦查、5次合议庭讨论、3次审委会讨论、3次向辽宁高院请示	应营口市检察院要求，营口市政法委主持召开市公安局局长、检察院检察长、中院院长"三长会"，经讨论，要求检察院提起公诉，法院作出有罪判决，但"留有余地"，判死缓	死缓	父、子10多年不断申诉，李化伟寄出300多封申诉信，最高人民法院曾发函要求核查，但原审法院认为事实清楚，适用法律正确	真凶江海出现

序号	嫌疑人被告人	案发时间与起因	案发地点	涉嫌罪名	协调原因	协调过程/决定	案件裁判	救济与处理	改判原因
7	张虎 张峰 焦华 王浩	2005年9月2日，刘之华被打成重伤，后死亡	安徽省巢湖市	故意伤害（致死）罪	检察院最初作出不批准逮捕的决定	市、区公安机关分别向两级政法委汇报，请求协调批捕。在市政法委的协调下，检察院4天后批准逮捕	批准逮捕	4名学生（犯罪嫌疑人）的父母不断申诉，到合肥后，连大门也不让进，后找到有关部门反映情况	真凶出现
8	李杰 何军 黄刚 黄德海	1993年11月28日，宜宾机场北侧发现两具尸体	四川省宜宾市	故意杀人罪	中院有分歧，有人认为证据存在问题	宜宾市政法委要求法院必须判有罪；并找律师谈话，给予严肃批评，要求不得作无罪辩护	1人无期徒刑，其他有期徒刑	不断申诉，但无人理会	事实不清证据不足
9	隋洪建 任树君 隋洪波 隋洪儒	1994年8月18日，农行肇东支行行长钱某在家属区门口被刺	黑龙江省肇东市	故意杀人罪	基层法院和中院（被请示）最初都认为事实不清，证据不足	肇东市政法委组织公检法三家开会，要求认定有罪	由5年有期徒刑、4年6个月有期徒刑改为3年有期徒刑	不断申诉，绥化中院曾指令肇东法院再审，黑龙江高院也曾发文要求重审，但一直没有处理结果	事实不清，证据不足

序号	嫌疑人被告人	案发时间与起因	案发地点	涉嫌罪名	协调原因	协调过程/决定	案件裁判	救济与处理	改判原因
10	张金波	1995年5月12日，郭某、李某控告其强奸	黑龙江省哈尔滨市	强奸罪	审查批捕被2次退回，审查起诉7次退回，后被无罪释放	政法委召开公检法三机关协调会，要求认定张金波有罪	10年有期徒刑	曾被不起诉，后因申诉、上访，要求国家赔偿被重新起诉、定罪。在狱中又不断申诉，其父母到哈尔滨、北京申诉、上访，在政府门前长跪	事实不清，证据不足
11	刘志连	2006年3月22日，村主任陈红卫的儿子中毒身亡	河北省涉县	故意杀人罪	河北高院发回重审	政法委召集公检法协调，决定降格处理，由县检察院向县法院起诉，判有期徒刑，避开河北高院的审查	死缓	三百多位村民联名喊冤，嫌疑人的丈夫每月去中院三四次，在检察院大厅淋汽油，两次到全国两会会场上访	事实不清，证据不足
12	孙刚	1997年3月，孙刚因拆迁写信控告村支书	辽宁省沈阳市	诽谤罪	自诉案件按公诉案件处理，违反法律	政法委召开"三长会"，并正式发文，要求按公诉案件处理	2年有期徒刑	不断申诉、上访，诉诸媒体报道	一审法院拒绝改判

分析以上案件，可以发现地方政法委协调具体案件呈现以下规律和特点：

1. 地方政法委协调的通常都是重罪案件

从涉嫌的罪名来看，上述12起案件中，涉嫌故意杀人罪、故意伤害（致死）罪、强奸罪等典型重罪的有10起，占全部案件的83%：其中，仅涉嫌故意杀人罪的就有7起，占全部案件的一半以上。从判处的刑罚来看，除张虎、张峰等故意伤害（致死）案在侦查阶段就出现真凶，因而没有被判刑外，另外11

起案件中，被判处 10 年有期徒刑以上刑罚的有 6 起，占全部案件的 50%。其中，被判处死刑（包括死缓）的有 4 起，占全部案件的 33%。之所以政法委协调的案件中重罪案件占多数，主要是因为在办理重罪案件时，公安机关面临着比办理其他案件更大的惩罚犯罪的压力，在案件事实不清、证据不足时，为了获得有罪的裁判结果，往往就抛弃独立办案而商请政法委进行协调，以克服来自检察机关、法院的制约。

2. 在"维稳"观念和"命案必破"的压力下，公安机关只好求助政法委协调

2004 年 11 月 4 日，公安部在南京召开的全国侦破命案工作会议上更将"命案必破"上升为全国公安机关的一项长期任务，要求全国公安机关认真贯彻执行。[1] 为落实公安部的要求，各地纷纷制定命案必破的实施规则，如河南省公安厅实行命案侦破情况通报制度，一月一通报，两月一排名。同时，将命案侦破情况作为省公安厅对省辖市公安机关目标考核的重要内容，与干部任用挂钩。此外，还建立了命案侦破责任倒查追究制，对工作不负责任导致贻误战机或造成犯罪嫌疑人脱逃的人员，无论哪个地方、哪个环节出了问题，都要严格追究责任。[2] 在这种情况下，各级公安机关从公安（分）局长到普通警察，在侦办命案时都面临巨大的压力。

3. 被害人施压

在财产遭受损害或身体受到轻伤害时，如果公安机关因为某种原因未能破案，被害人即使非常不满，往往也选择忍气吞声。因为过度申诉、上访成本很高，与犯罪行为给其造成的损害相比，可能得不偿失。但是在命案中，犯罪嫌疑人由于造成被害人死亡，被害人家属、亲友因此基于强烈的愤怒和哀伤，往往要求公安司法机关必须破案，将犯罪人绳之以法，以告慰逝去的亲人；如果公安司法机关因为某种原因未能破案，被害人家属、亲友往往会怀疑是因为办案人员渎职甚至收受了犯罪嫌疑人、被告人的贿赂，因而不断申诉、上访，给办案机关造成巨大的压力。在办案机关遭受的压力达到一定程度时，办案人员

① 参见王建良："全国侦破命案工作会议要求确保实现'两降一升'目标"，载《人民公安报》2004 年 11 月 5 日。

② 参见张光卿："全力提高命案侦破率"，载《人民公安报》2004 年 2 月 23 日。值得注意的是，本文的副标题就非常有意思：河北省厅侦破命案协调指导小组 24 小时备勤，甘肃省厅组织刑侦专家"会诊"久侦未破命案，河南省厅要求实现"力争命案必破，挂牌全破"目标。

就可能寻求政法委出面协调，迫使检察机关、法院在证据不足的情况下也对犯罪嫌疑人、被告人作出有罪认定。本书研究的多起案件都存在这一问题。如在佘祥林案中，被害人亲属不断上访，并组织 220 多名群众签名上书，要求对"杀人犯"佘祥林从速处决。① 在刘志连案件中，被害人的父母陈红为夫妇自 2006 年案件起诉到邯郸中院后，因法院一直没有作出生效裁判，就一直不断到有关部门上访，频率高达每月 4 次；其间还曾征集到数十份签名，要求严惩凶手，并到北京中央有关国家机关门口下跪喊冤。② 在李化伟案件中，被害人邢伟的父亲也不断到营口、沈阳、北京上访，要求对李化伟判处死刑立即执行，直至债台高筑。③ 这些无疑给办案机关造成了巨大的压力。

在刑事诉讼中，要求对命案的侦破投入更多的人力、财力和物力，要求对命案被害人家属、亲友的请求给予更多关注，这些都是应当的；但是要求"命案必破"，要求 100% 满足被害人家属、亲友惩罚犯罪的愿望则是错误的。道理很简单，在刑事诉讼中，尤其是在命案中，一旦犯罪嫌疑人、被告人的罪行得到证实，就会受到严厉的法律制裁，因而为了逃避制裁，犯罪嫌疑人往往会尽量采用秘密手段实施犯罪，尽量少留下犯罪证据，甚至千方百计毁灭、伪造证据，威胁、引诱证人改变证言，因此刑事诉讼中能够收集到的证据往往非常有限，甚至是零碎的，残缺不全的。正因为如此，从当今世界主要国家和地区来看，刑事案件的破案率一般不超过 50%，④ 在我国，刑事案件的破案率甚至不超过 30%。⑤ 在这种情况下，如果要求"命案必破"，要求完全满足被害人家属、

---

① 参见唐卫彬、黎昌政："就这样，佘祥林把妻子杀了 11 年"，载《新华每日电讯》2005 年 4 月 8 日。

② 参见杨万国："一起'杀童案'改变的两个家庭"，载《新京报》2011 年 8 月 22 日。

③ 参见中央电视台《社会经纬》栏目："惊情 15 年"（2002 年 9 月 26 日），转引自中央电视台官方网站 http://www.cctv.com/hn/240/22/54397.html，最后访问时间：2013 年 12 月 17 日。

④ 其他国家和地区刑事案件破案率通常在 40% ~50% 左右。如香港特别行政区破案率 2003 年为 39.2%，2002 年为 42.7%，2001 年为 44.0%，2000 年为 43.6%，1999 年为 42.5%，1998 年为 46.1%，1997 年为 51.4%，1996 年为 51.5%，1995 年为 52.0%，1994 年为 50.3%，1993 年为 48.7%，1992 年为 45.2%，1991 年为 45.2%，1990 年为 45.2%。香港特别行政区统计数据引自香港立法会官方网站 http://www.legco.gov.hk/yr03 - 04/chinese/panels/se/papers/ se0119cb2 - 1024 - 1c.pdf，最后访问时间：2013 年 12 月 23 日。

⑤ 根据公安部公布的统计数据，近年，我国公安机关破案率一直不到 30%。2005 年、2004 年、2003 年，全国公安机关立案侦查的刑事案件总数分别为 374.8 万起、381.0 万起、350.2 万起，破案数分别为 104.2 万起、103.5 万起、98.9 万起，破案率分别为 27.8%、27.2%、28.2%。公安部公布的有关数据引自公安部官方网站 http://www.mps.gov.cn/n16/n1282/n3553/index2.html，最后访问时间：2011 年 12 月 17 日。

亲友惩罚犯罪的愿望，必然导致在有些事实不清、证据不足的案件中，办案机关被迫请求政法委进行协调，以作出有罪裁判，结果导致发生冤错案件。

4. 有罪推定和"维稳"相结合

政法委讨论协调的重罪案件，往往是在"维稳"的重压下，采用"有罪推定"的思维方式，通常都被要求作出不利于犯罪嫌疑人、被告人的处理。就本书研究的 12 起案件而言，经地方政法委讨论，最终都被要求作不利于犯罪嫌疑人、被告人的处理。具体包括以下五种：①要求检察机关批准逮捕，也即对公安机关提请批准逮捕的案件，检察机关经审查作出不批准逮捕的决定，公安机关商请政法委协调，政法委经协调，要求检察机关批准逮捕。就本书研究的 12 起案件而言，张虎、张峰等故意伤害致死案属这种情况。在该案中，安徽省巢湖市居巢区公安分局于 2005 年 10 月 8 日提请检察机关对张虎等 4 人批准逮捕，居巢区检察院经审查，认为不符合逮捕的条件，作出了不批准逮捕的决定。居巢区公安分局和巢湖市公安局遂分别向区、市两级政法委汇报，请求协调批捕。在巢湖市政法委的协调之下，居巢区检察院撤销了原不批准逮捕的决定，改为批准逮捕。① ②要求检察机关提起公诉，法院作出有罪判决。也即对公安机关移送审查起诉的案件，检察机关经审查，认为不符合提起公诉的条件，甚至在多次退回补充侦查后，仍然拒绝提起公诉，公安机关商请政法委进行协调，政法委经协调，要求检察机关提起公诉，法院作出有罪判决。就本书研究的 12 起案件而言，赵作海案、胥敬祥案、李化伟案、张金波案都属这种情况。在赵作海案件中，柘城县公安局于 1999 年 9 月 28 日通过柘城县检察院将该案报送商丘市检察院审查起诉，商丘市检察院经审查，认为事实不清、证据不足，遂退回公安机关补充侦查。在案件被再次移送商丘市检察院时，商丘市检察院依然认为没有达到提起公诉的标准，再一次退回补充侦查。2002 年 8 月至 9 月，公安机关在清理超期羁押专项检查活动中，将该案提交商丘市政法委研究。政法委经讨论，认为该案具备了起诉条件，要求检察机关在 20 日内起诉到法院，法院"快审快判"。于是，商丘市检察院于 2002 年 10 月 22 日受理该案，并于同年 11 月 11 日以被告人赵作海犯故意杀人罪向商丘市中级人民法院提起公诉。同年 12 月 5 日，商丘中院经审理，判处被告人赵作海死刑，缓期 2 年执行，剥夺政治权

---

① 参见黄勇："安徽巢湖四名学生蒙冤事件调查"，载《中国青年报》2006 年 9 月 11 日。

利终身。2003 年 2 月 13 日，河南省高级人民法院裁定核准商丘中院的判决。①
③要求法院作出有罪裁判，也即对检察机关提起公诉的案件，法院经审理认为
事实不清、证据不足，不符合作出有罪判决的条件，检察机关或公安机关商请
政法委进行协调，政法委经协调，要求法院必须作出有罪判决。就本书研究的
12 起案件而言，马全保、陈松等故意杀人案，李杰、何军等故意杀人案，隋洪
建、任树君等故意杀人案都属这种情况。在马全保、陈松等故意杀人案中，北
海中院于 2003 年 7 月 26 日判决马全保、陈松等故意杀人罪成立，并判处死缓、
无期徒刑等刑罚。被告人不服，提起上诉。广西高院认为事实不清、证据不足，
遂撤销原判，发回重审。在再次审理时，北海中院合议庭成员也认为该案证据
极不充分，不应作出有罪判决。北海市公安局遂商请政法委进行协调，政法委
负责人强硬"拍板"，要求法院必须作出有罪判决。北海中院只得按照政法委的
要求，再次作出有罪判决。被告人再次提起上诉，广西高院于 2009 年 11 月 16
日作出终审判决，认定该案事实不清、证据不足，判决被告人无罪。② ④更有甚
者是违法改变管辖，要求将高院发回重审的案件"降级"为由基层法院审理，
避开省高院二审程序。即中院作出的裁判上诉后被高院发回重审，由于高院指
出的原审裁判存在的问题无法解决，为规避高院对该案的再次审查，经政法委
协调，要求对该案降格处理，由县（县级市、区）检察院向基层法院起诉，判
处被告人有期徒刑，被告人提起上诉后中院裁定维持原判。中国法学界多数学
者可能最早是在佘祥林案件中惊奇地发现，地方政法委协调案件有这样一种
"巧妙"的处理方式，但实际上，这种处理方式在中国实践中非常普遍。就本书
研究的 12 起案件而言，除佘祥林案件外，刘志连案当地政法委也采用了这种处
理方式。但由于佘祥林案影响更广，更具有典型性，因而这里重点介绍该案。
在佘祥林案件中，荆州中院于 1994 年 10 月 13 日判处佘祥林死刑。佘祥林不服，
向湖北高院提起上诉。湖北高院经审查，认为事实不清、证据不足，于 1995 年
1 月 6 日作出撤销原判、发回重审的裁定。1996 年 12 月 29 日，由于行政区划调
整，案发地京山县划归荆门，荆州检察院将卷宗邮寄到京山县政法委。约半年
后，京山县政法委报请荆门市政法委进行协调。1997 年 10 月 8 日下午，荆门市

---

① 参见刘刚："检讨赵作海案"，载《中国新闻周刊》2010 年第 20 期；石玉："河南将立案追查赵作海案
责任人"，载《南方都市报》2010 年 5 月 11 日。

② 参见曹勇："大胆设想，武力求证"，载《南方周末》2011 年 8 月 4 日。

政法委和京山县政法委在京山县人民检察院五楼会议室联合召开协调会，参加会议的除两级政法委负责人外，还有两级检察院和法院负责人。经协调，决定对佘祥林故意杀人案降格处理，由京山县检察院向京山县法院提起公诉，对佘祥林判处有期徒刑。会后约半年，1998 年 3 月，京山县检察院向京山县法院提起公诉。同年 6 月 15 日，佘祥林被判处有期徒刑 15 年，附加剥夺政治权利 5 年。佘祥林不服，向荆门市中院提起上诉。同年 9 月 22 日，荆门市中级人民法院驳回佘祥林的上诉，维持原判。① ⑤在"有罪推定"的思维中，要求上级法院在二审时发回重审，不要判被告人无罪。即二审法院原准备判被告人无罪，甚至已经判被告人无罪，但政法委经协调，要求二审法院不要判被告人无罪，而将案件发回重审，由下级法院对被告人适当从宽判刑。本书研究的 12 起案件中，储怀刚案存在这一做法。在该案中，阜阳市颍泉区法院最初于 2003 年 12 月以"偷税罪"判处储怀刚有期徒刑 5 年，罚金 30 万元。储怀刚不服，提起上诉。阜阳中院认为原判决事实不清、证据不足，遂裁定发回重审。2004 年 6 月 2 日，颍泉区法院再次审理该案，仍以偷税罪判处储怀刚有期徒刑 3 年零 6 个月，罚金 20 万元。储怀刚仍然不服，再次提起上诉。8 月 27 日，阜阳中院开庭审理此案。9 月 10 日，阜阳中院再次认定颍泉区法院的一审判决事实不清，证据不足，以"（2004）阜刑终字第 203 号"判决书判决储怀刚无罪。颍泉区法院对这一判决强烈抵制，拒绝到阜阳中院领取判决书。后应颍泉区政法委的请求，阜阳市政法委对该案进行协调，并于 2004 年 10 月 26 日专门发文：《储怀刚偷税案的反馈意见》，要求阜阳中院将该案发回颍泉区法院重审，并在原量刑 3 年零 6 个月的基础上，再从轻处罚或适用缓刑。阜阳中院遵照执行，置前面的无罪裁判不顾，在 3 天后以同一文号"（2004）阜刑终字第 203 号"，裁定将该案发回重审。颍泉区法院"依葫芦画瓢"，第三次作出判决，以偷税罪判处储怀刚有期徒刑 2 年，缓刑 3 年，并处罚金 10 万元。储怀刚仍然不服，第三次提出上诉。2005 年 1 月 13 日，阜阳中院作出终审裁定，驳回上诉，维持原判。②

令人费解的是，政法委在协调的过程中还干扰律师的辩护工作，要求律师不要作无罪辩护。也即辩护律师原准备为被告人作无罪辩护，但政法委要求律

① 参见刘炳路、吴学军："佘祥林案有罪推定全记录"，载《新京报》2005 年 4 月 14 日。
② 参见柴会群："无法生效的无罪裁判"，载《南方周末》2005 年 2 月 24 日。

师不要作无罪辩护。在李杰、何军等故意杀人案中，4 名被告人的辩护律师原准备作无罪辩护，但被当地政法委叫去，受到严厉批评，要求不得作无罪辩护。①

通过对已经纠正的刑事错案的反思，我们认为现阶段司法独立在我国存在的突出问题是在于错误的理念，即在有罪推定的引导下，奉行"命案必破"，加上为了"维稳"而"维稳"，对被害人施压等等，导致一些涉及生命财产的大案要案，只好求助政法委协调，在协调中，摒弃辩护律师的正当要求，甚至取消辩护职能。这一反常态的办案机制，背离了公检法机关的职权原则，公检法机关和政法委的职责异化，司法独立无存，必然形成错案。

（二）司法独立的概念辨析与内涵

"司法独立"源于资产阶级的分权学说，从历史上看，它的提出具有进步意义。它是新兴资产阶级为对抗封建帝王的专制统治，特别是反对专制君主制度的司法机关随意逮捕、审讯甚至处死臣民而进行的一种抗争，是资产阶级反对王权专横暴戾统治的一面大旗。②

说起司法独立，人们往往认为它意味着法院依法审判，不受行政机关、社会团体和个人的干涉。这固然不错，但是司法的独立性还应当包括更多的内涵。把事物认定为独立，至少应从两个方面来考察，一是该事物与其他事物之间存在明显的界限；二是该事物具有与众不同的运作方式和规律。对司法而言，前者主要是指机构与权限的独立；后者则意味着推理模式与程序的独特。机构与权限上的分立构成了司法独立的物质基础，而司法推理模式与诉讼程序显示的则是司法活动的独立个性，这对于司法独立的真正实现同样具有实质性的意义。司法独立包括两个层面：一是观念层面，即司法机关应当形成自己的职业化的观念和理念，以保障法官在类似的案件中有可能作出类似的客观而非纯个人的判断；二是制度层面，要求司法人员能按自己的观念和规则办事。两者缺一不可，相互促进。③ 司法独立还存在着深刻的哲理：一是司法与其他事物之间存在的法治思维相结合；二是以严格的程序性来保障当事人的各项诉讼权利；三是以价值的中立性抵御各种非法因素的干预和侵扰。其中立性重点体现在公平正

---

① 参见刘志明："疑罪与死罪——四川宜宾'11·28'杀人冤案调查"，载《凤凰周刊》2005 年第 19 期。

② 参见百度网关于司法独立的词条。

③ 参见百度网关于司法独立的词条。

义上，实现公平正义，不可避免地要与各种非法律因素发生冲突，在冲突和博弈中坚持中立和公平正义。司法独立的特质，在哲理上表现为严谨的逻辑性，体现出形式正义的要求。这种形式正义必须做到：①司法权由司法机关统一行使，不受行政机关和立法机关的干预，公民个人或非国家机关的社会团体更不能干预；②司法系统内部互相独立；③法官独立审判，只服从法律；④法官保障制度，即从法官的社会地位、经济收入方面保障法官无所顾忌地捍卫法律。

（三）司法独立的普适价值与具有中国特色的司法独立

司法独立源自西方资本主义但并非姓"资"。司法独立既适应于资本主义，也适应于社会主义，不能认为它倾向资本主义就不适用于社会主义。理解司法独立时，不能只从三权分立的结构体制去解释，司法独立揭示的是现代法治的共同规律，更是人类政治文明的共同成果。因为司法独立的根本价值在于用司法权制约和制衡强大且易被滥用的行政权，其本质是国家权力的相互制衡原理。权力制衡制约的理论同样适用我国人民代表大会制度。在我国实行的人民代表大会制度，宪法规定一切权力属于人民，在最高权力机关之下，中国政体中的行政权和司法权也是彼此独立的，亦即"一府两院"制。行政权与司法权、检察权同样是相互独立的。可见，在我国实行司法独立也是建设法治国家的必然要求。

但是，中国的司法独立是有自身特色的。其一，司法要接受中国共产党的领导。党对国家事务的领导是中国的一项政治原则，也是一项宪法原则，因此，司法机关不能借口司法独立摆脱党的领导。需要注意的是，党的领导主要是政治、思想和组织领导，不是党组织和党员可以在法律程序之外干预司法机关独立行使职权。其二，司法权从根本上讲不能独立于人民代表大会，只能独立于行政权，从这个意义上讲，我国的司法独立是有限的独立，它不同于西方国家的三权分立。中国实行人民代表大会制度，人大是国家权力机关而并非单纯的立法机关，它与行政机关、司法机关是上位和下位、监督与被监督的关系。但是，这种体制并不等于说人大可以随意介入司法程序，干涉司法权的行使。监督并不等于代替，监督并不适用于个案，监督不能理解为干涉。其三，中国的司法独立不仅仅限于审判独立，还包括检察独立。因为，全国人民代表大会制度下的人民检察院是国家专门的法律监督机关，履行法律监督职能，而且其公诉职能均兼具司法性。由此可见，具有中国特色社会主义的司法独立集中到一点就在于它体现了党的领导、人民当家做主和依法治国三者之有机统一。

（四）司法独立理念的实现和建构

在我国真正实现司法独立，还有一段艰苦的路程。无论是对司法独立的理解，还是制度的建构，乃至人们传统的习惯、势力和文化，都要有一个转变、转型和发展。结合刑事错案的预防和纠正，眼下需要解决的突出问题如下：

1. 坚持法治思维，改善和完善党对司法工作的领导

司法工作必须坚持党的领导，接受党的领导，如前所述要坚定不移。结合对刑事错案的反思，关键是党如何领导，怎样领导。笔者认为，必须坚持党对司法工作领导的特殊性，即领导主要体现在政治、思想和组织领导，而不介入和干涉司法程序，不干预司法机关独立行使职权。中共中央十八届四次会议关于依法治国的决定明确提出："政法委员会是党委领导政法工作的组织形式，必须长期坚持。各级党委政法委员会要把工作着力点放在把握政治方向、协调各方职能、统筹政法工作、建设政法队伍、督促依法履职、创造公正司法环境上，带头依法办事，保障宪法法律正确统一实施。"为确保司法独立，必须完善依法独立公正行使审判权和检察权的法律制度，党的十八届四中全会关于依法治国的决定中，在论述到这一要求时明确指出："各级党政机关和领导干部要支持法院、检察院依法独立公正行使职权。建立领导干部干预司法活动、插手具体案件处理的记录、通报和责任追究制度。任何党政机关和领导干部都不得让司法机关做违反法定职责、有碍司法公正的事情，任何司法机关都不得执行党政机关和领导干部违法干预司法活动的要求。对干预司法机关办案的，给予党纪政纪处分；造成冤假错案或者其他严重后果的，依法追究刑事责任。"当前，我国司法独立有两大问题，即司法的地方化以及司法的行政化，这成为影响我国司法机关独立行使职权的两大"顽疾"。首先，司法的地方化使得法院对地方党政产生依附性；其次，司法行政化使得法官对法院整体产生依附性。[1] 以上两个依附性导致大案要案，乃至凡是认识不一致的案件，往往都要报地方政法委协调拍板定案。政法委介入司法程序不是正确的领导，这一做法必将形成"审者不判，判者不审"的现象，无视司法程序的公正。上述多起刑事错案均是政法委协调而形成的，这一深刻教训告诉我们，各级政法委不再介入个案应是我们当

---

① 陈卫东："司法机关独立行使职权研究"，载《中国法学》2014 年第 2 期。

前实现司法独立首先要解决的一大难题。

2. 解决司法机关办案行政化的问题

这个问题的解决，应寄希望于当前司法改革的落实。举国上下的司法改革已经启动，这次改革的主题和重点就是解决"审者不判，判者不审"，落实法官、检察官的办案责任制。在司法机关内部解决去行政化的问题，笔者认为要从四个方面着手：一是要明确认识司法运行的规律，即司法的亲历性、判断性、独立性等基本属性，按规律和属性进行去行政化改革；二是实行司法责任制，包括员额制、主任制（或主办制）、分类管理等，它是司法专业主义和程序的正当性所决定的，只有这样改革才能解决审和判的脱节，才能解决行政干预；三是解决上下级司法机关惯用的"请示"、"汇报"、"领导批示"等恶习，那种"行政领导拍板，政法委协调、上级法院说了算"的行政化作法必须摒弃；四是对办案程序中尚不完善，违背诉讼规律的法定机制和程序，继续进行改革，变行政手段为诉讼手段。例如，我国审判程序中，多处尚属于行政性质而非诉讼手段，甚至违背诉讼规律。尤其是一些强制措施的实施与变更，非法证据排除，庭前会议等，还有法院内部院长、庭长与办案法官、合议庭、独任制的关系，各级法院上下的关系等等，都属于行政手段的运作机制，亟待深入研究，特别是人民检察院的批捕权、不起诉权、司法救济权的司法属性等均显得薄弱，基本上还是行政方法，需要继续改革。

3. 正确理解"分工、配合、制约"原则，推进以审判为中心的诉讼制度改革，实现司法独立和权威

所谓庭审中心主义，根据全国第六次刑事审判工作会议的文件所称：审判案件以庭审为中心，事实证据调查在法庭，定罪量刑辩论在法庭，判决结果形成于法庭，全面落实直接言词原则，严格执行非法证据排除规则。有群众言，我国刑事诉讼公安机关是做饭的，检察院是端饭的，人民法院是吃饭的；更有司法人员言传，当前我国的公检法三个机关的地位，可称作：强势的公安、优势的检察、弱势的法院。不管群众或司法人员如何传言和评价，我国宪法所确立的公检法三机关"分工负责，互相配合，互相制约"的诉讼原则在新的历史时期下一定要进行调整，坚持与时俱进，体现民主与法制的精神。过去那种"铁路的警察各管一段"、"三个车间，二道工序，产出一种产品"的旧观念旧做法，已经不适应发展了的形势。我们要按司法规律办案，要全力维护公正、高

效、权威的司法裁判，尤其是要清醒地认识到，人民法院的审判工作不只是走程序或办手续，人民法院的庭审是刑事诉讼的最后一道工序，是刑事诉讼的结果，庭审过程和结果的价值目标是公平和正义。审判的亲历性、中立性、程序终局性决定了我们必须坚持以审判为中心，充分发挥庭审的功能和作用。公检法三机关在诉讼中的职责和职能，绝非平分秋色，不是"做什么饭就吃什么饭，端什么饭就吃什么饭"，更不能形成所谓"弱势的法院"。司法规律和诉讼规则的要求必须坚持以审判为中心，以实现真正的司法独立。只有这样，才能把审判定位为最后一道防线，形成的裁判才具有权威性，只有这样，人民群众通过庭审才能感到审判的公平和正义。

当前的问题是为实现司法独立落实以审判为中心，公检法如何应对这一历史性的变化，值得我们深入探讨和研究。笔者认为要从四个方面着手：

第一，培养现代司法理念，准确为审判权定位，真正实现司法独立。应该说审判是刑事诉讼的最后一道工序，是实现公平正义、防止错案的最后一道防线，最后的决定，生效裁判必须具备既判力与权威性，人民法院的庭审裁判必须排除一切干扰，独立审判，只服从法律。长期以来，个别人主张以侦查为中心，以监督为借口，无视审判，而形成弱势的审判，都是与现代司法理念不符，也是违背司法规律的。

第二，坚持对抗式诉讼模式。即法官居中，控辩平等。审判长是一庭之长，要领导法庭、指挥法庭、控辩双方听从法庭指挥，要准确为自己定位，尤其是在诉讼法律关系上，作为执行控诉职能的控方与辩护一方是平等甚至是对等，刑诉庭审程序的安排上，也是把最后陈述这一程序交给了被告方。

第三，要正确处理庭审的公诉职能与法律监督职能。人民检察院审判监督的属性只具有建议性和事后性，在庭审过程中，尤其在法庭上，不能借口法律监督而影响庭审进行。因此，我国《刑事诉讼法》第203条明确规定："人民检察院发现人民法院审理案件违反法律规定诉讼程序，有权向人民法院提出纠正意见。"何时提出呢？《人民检察院刑事诉讼规则》第580条第3款规定："人民检察院对违反程序的庭审活动提出纠正意见，应当由人民检察院在庭审后提出。"特别强调要以检察机关的名义提出，还要向检察长报告后才能提出。

第四，以审判为中心对庭审中控辩双方参与公诉以及证据的适用都提出了更高的要求：

（1）提高出证、质证能力。证据出示、辨认、认证各个环节的直接性、言词性，严格限制书面审理的传统做法。证人、鉴定人出庭作证从根本上改变了对书面证言和鉴定人的意见的质证方法与做法。

（2）律师刑事辩护的实质化应当引起公诉机关的高度重视。

（3）证明标准中"均经法定程序查证属实"一切以庭审为标准。

（4）正确处理在卷证据与在案证据的关系。要从在卷证据转向在案证据，以审判为中心，倒逼检察机关对证据的审查与运用，要从三个方面着手改革：一是审查范围从"案卷证据"扩大到"在案证据"，只审查书面证据已经不符合实际需要；二是审查方式从"书面审查"转向"亲历性审查"；三是倒逼公诉机关必须紧紧抓住证据的合法性深入审查排除非法证据。

（五）实行独立和单列的国家财政制度，保障司法独立

司法财政是国家财政体系中的重要组成部分。按照司法独立的要求，司法财政应该是独立的、单列的。也就是公检法，特别是检察机关、人民法院的后勤保障经费、办案经费、广大司法干警的工资酬薪等，均应独立发放，不能与一般的财务开支混同。就这一问题的解决，在上一轮司法改革中，已经列出专题，有所改进。但直到今天仍未彻底解决，十八届三中全会和四中全会关于司法改革的项目，已经把这一问题提上日程，司法机关的人、财、物统一由省级管理。应当说这一决策，是一大进步。但是司法行政权省级统管，并不等于审判权的省级统管，改革中必须把握好这两个体系的问题，不能因此而影响下级法院的裁判和两审终审制，一定要保持上下级法院之间仍然是独立的，上下级法院是审级关系，监督与被监督关系，不是行政领导关系。这一改革正在进行中，可以预料，改革成功当然会使司法独立大大地往前迈了一步。从理论上说，审判权、检察权是国家的权力，要真正实现司法独立，司法财政、司法人财物应该由中央统管，司法财物在中央财政中是独立的、单列的。在目前的条件下，只能先探索建立省级统管的财政制度。

结合近年来刑事错案的纠正，我们已经看到，司法财政地方化导致司法干预，从而出现了冤假错案。特别是司法财政的亏空，办案经费不足，司法人员工资酬薪过低，不少省市所实行的"以案养案"、"办案经费反馈"、"多罚多收"、"少办少收"、"创收"式的司法财政制度，把司法利益与办案多少联系在

一起，办案中的利益驱动心态与措施，不言而喻已经成为刑事错案的直接动因。因此，目前的改革中，首当其冲的是必须斩断这一利益链，建立独立的单列的司法财政，才能为司法独立提供物质条件方面的保障。

第三章

证据裁判原则：防范刑事错案的基石

刑事错案往往具有严重的社会危害性。错案的发生不仅会使当事人蒙冤，而且会使公共利益受损，损害司法公正、破坏社会秩序，甚至损害司法公信力和司法权威。刑事错案的发生总是伴随着证据问题，证据问题可以说是导致刑事错案的主要原因。[①] 尽管导致刑事错案的原因众多，其中有些似乎影响甚大，如司法机关内部的不当干预、行政机关的干涉以及不合理的案件考评制度的压力等。但是这些致错因素往往需要通过证据问题加以表现，或者转化为证据的不当使用问题。另外，办案人员的素质以及司法体制问题也是导致刑事错案的原因，这些也同样表现为案件中的证据运用问题。所以，证据问题直接导致了刑事错案，其他因素的作用往往是间接的。中国共产党第十八届中央委员会第四次全体会议通过的《中共中央关于全面推进依法治国若干重大问题的决定》指出"全面贯彻证据裁判规则，严格依法收集、固定、保存、审查、运用证据，完善证人、鉴定人出庭制度"，对于保证庭审"查明事实、认定证据、保护诉权、公正裁判"发挥着决定性作用。因而，准确认定案件事实，预防和减少刑事错案的发生，必须坚持证据裁判原则，加强对证据取证、举证、质证、认证等活动的监管。

八、坚持证据裁判原则

证据裁判原则是现代证据制度的基础性原则。"刑事裁判，应凭证据，即采

[①] 参见何家弘、何然："刑事错案中的证据问题——实证研究与经济分析"，载《政法论坛》2008 年第 2 期。

所谓证据裁判主义，已成为近代刑事诉讼之一定则。"① 证据裁判原则，又称证据裁判主义，其基本含义是指对于刑事诉讼中事实的认定，应依据有关的证据作出，没有证据，不得认定事实。它的基本含义包括三个方面：其一，案件事实的认定必须依据证据，不能依据证据之外之物认定案件事实；其二，裁判必须依据具有证据能力和证明力的证据作出，这是对证据的基本要求；其三，证据必须在中立的法庭上经过合法的质证程序查证属实，才可作为裁判的依据。在刑事司法实践中，坚持证据裁判原则，构筑防范刑事错案的屏障，就必须坚持《刑事诉讼法》关于证据的法律规定，依法办案。

（一）认定案件事实只能以证据为依据

诉讼认识的特殊性使得准确认定案件事实，必须依据证据。一方面，作为诉讼认识对象的案件事实是过去发生的事实，属于历史事实，认识案件事实的过程是一个对历史事实的回溯性证明过程；另一方面，诉讼认识的主体通常为非知情人，与案件事实在时空上处于分离状态。② 由于时间的不可逆性，作为不知情人的事实裁判者无法亲历案件的发生过程，只能依靠能够证明案件情况的材料——证据——来重建现场、推断案件事实。证据成为法官与案件事实之间的唯一桥梁，也是认识案件事实的唯一依据。历史也证明，借助神明裁判等非理性证明方式是不能准确认定案件事实的，只有坚持证据裁判原则才能准确认识案件事实，避免因认识错误而导致刑事错案。

认定案件事实必须依据证据强调了证据对于裁判的必要性。对案件事实的认定必须建立在证据对案件事实的证明达到法定的证明标准，不能仅凭一些证据对全部案件事实作出推测。没有证据或者有证据但是没有达到法定证明标准的，不能对案件事实进行认定。这也就意味着在刑事诉讼各个阶段，司法机关裁判的作出都必须有证据予以支持，从立案直至最后的审判，每个诉讼阶段法律结论的制作，都应当以《刑事诉讼法》规定的证据要求为标准，特别是当证据不足时，应当根据无罪推定的原则，作出有利于被告人的裁决。我国《刑事诉讼法》第 195 条第 3 款规定："证据不足，不能认定被告人有罪的，应当作出证据不足、指控犯罪不能成立的无罪判决。"这充分说明，在刑事诉讼中，证据

---

① 陈朴生：《刑事证据法》，三民书局 1979 年版，第 13 页。
② 参见樊崇义：《刑事诉讼法哲理思维》，中国人民公安大学出版社 2010 年版，第 40～43 页。

不充分与没有证据的效果相同，都不能认定案件事实，都必须作出无罪判决。

（二）裁判所依据的证据必须具备证据资格

证据并非都是裁判的依据，只有符合法律规定、具备证据资格的证据才有可能成为定案的根据。证据资格包括证明力和证据能力两个方面。证明力是指证据对案件事实的证明价值和功能，即证据的可靠性、可信性等。表征的是证据与案件待证事实之间的逻辑关联性，只要该证据的存在，能够使得要证事实更有可能或者更无可能，则该证据就与待证事实具有关联性，该证据也就具有了证明力。证明力有大有小，证明力大的证据其可信性较强，而证明力偏小的证据其可信性较弱，通常需要与其他证据结合来证明案件事实。证据能力是指证据在法律上可作为定案根据的资格和条件。从发现事实的必要性上来讲，为了更好地认定案件事实，只要是有证明力的证据都应该加以采纳，采纳证据越多越好。但是，发现真实并不是刑事诉讼的唯一目的，现代刑事诉讼制度在发现真实的过程中，有可能基于可靠性、程序或者政策方面的原因而排除具有证明力的证据：

1. 因证据的可靠性弱而排除证据

英美证据规则在设立之初，主要是为了避免法律外行的陪审团受到误导，而将证明力明显薄弱、可靠性差的证据排除出法庭。如最佳证据规则，就是通过强调证据的最佳来源，从而防止因为传播渠道或者传播方式受到不当干扰而引起的证据失真或被伪造。

2. 因采纳证据会造成不公正损害而排除证据

尽管证据的证明力不存在质疑，但是如果采纳该证据将会对另一方当事人造成不公正损害的，那么应当排除此证据。排除该证据，不仅是为了防止因事实裁判者的成见或者偏见而产生的对被告人的不利影响，而且也可以保护被害人的利益。如，性犯罪案件中关于被害人不良性癖好的证据，尽管可能有助于案件事实的查明，但是有可能损害当事人的人格尊严或者对其心理造成伤害，如果法官确信采纳该证据会影响案件的公正判决的，则可以行使自由裁量权排除该证据。

3. 因违反程序正义而排除证据

证据如果系以侵犯公民宪法和法律规定的权利的方式取得的，即便该证据具有证明力，也应当加以排除。通常来讲，为了兼顾打击犯罪与保障人权的诉讼目的，对于取证手段不合法的证据，并非不加区别一概排除，而应视其对当事人人权的侵犯程度、对程序正义的破坏程度而定。法官应当权衡非法的程度、对当事人权益侵害的程度，而后作出是否排除的决定。但是严重违法或者侵犯公民宪法性基本权利的非法证据，应当直接排除。

4. 因采纳证据会造成不适当的浪费而排除证据

刑事诉讼在追求公正的同时，应兼顾效率。某些证据虽然具有证明力，但如果与已有证据明显重复，则因采纳证据而进行的法庭举证、质证、认证程序将变为对司法资源的浪费与对审判时间的不当拖延。在此种情况下，该证据可以被预先排除。理由是诉讼是具有时限的，如果没有合理的限定性证据原则给可以采用的证据划定边界，那么刑事案件的审判期限将长得让人无法忍受。① 迟来的正义减损正义的价值，所以，证据不必要浪费司法资源的危险性在实质上超过其证明价值时，该证据应当予以排除。

（三）裁判所依据之证据必须经过法定程序查证属实

《刑事诉讼法》第 48 条规定，"可以用于证明案件事实的材料，都是证据。"该条第 3 款紧接着对能够作为定案根据的证据加以规定，"证据必须经过查证属实，才能作为定案的根据"。也就是说，证据成为定案根据的前提条件是必须经过查证属实，通过查证，属实的证据材料成为了定案根据的证据，而不属实的证据材料则被排除了作为定案根据的证据资格。裁判所依据的证据也就是那些经过查证程序、符合法律要求的属实的证据材料。对证据的查证也就是对证据进行审查判断，是指公安、司法人员对于收集的证据进行分析、研究和鉴别，找出它们与案件事实之间的客观联系，分析证据材料的证据能力和证明力，从而对案件事实作出正确的认定。特别是在审判阶段，法庭应当对经过庭审质证的证据和无需质证的证据进行逐一审查和对全部证据综合判断，遵循法官职业道德，运用逻辑推理和生活经验，进行全面、客观和公正的分析判断，确定证据材料与案件事实之间的证明关系，排除不具有相关性的证据材料，准确认定案件事实。② 对证据的查证需要查明以下内容：

① 参见［美］乔恩·R. 华尔兹：《刑事证据大全》，何家弘等译，中国人民公安大学出版社 1993 年版，第 10 页。

② 樊崇义主编：《证据法学》（第 5 版），法律出版社 2012 年版，第 360 页。

1. 定案证据必须客观真实，具有客观性

从判决需要来看，作为定案根据的证据必须经得起反驳，所以必须符合客观的真实。客观真实是符合案件实际情况的真实，不以当事人和审判人员的意志和认识为转移，当事人和审判人员只能通过借助证据的证明活动来认识它。定案证据的客观真实性需要执法人员发挥主观能动性来加以认识，事实材料只有经过当事人的举证和取证人员的收集活动，才能够进入司法程序。对于取证人员已经收集的证据，哪些符合客观案情、能够作为定案根据使用以及如何使用，需要事实认定者发挥主观能动性，进行甄别、筛选和判断。所以，定案证据的客观真实和司法人员的主观认识是相互统一的。

2. 定案证据必须与案件事实有关，具有关联性

证据关联性是指证据对特定案件事实的证明作用和价值，对查明案件事实有意义的事实材料就具有关联性；反之，则与本案无关，不具有关联性。在审查判断证据的关联性时，司法人员应当将关联性与真实性加以区分，逐一审查，在认定某一证据是否具有关联性之前，应当分清该证据的证明对象是什么，关联性表征的是证据与特定证明对象的关系。如果该证据所证明之事实不是本案的实体法或者程序法规定的事实，则此证据不具有关联性。

3. 定案证据必须具备合法性

定案证据的合法性表现在两个方面：一是定案证据必须是通过合法的取证手段收集而来的事实材料，通过刑讯逼供等非法手段调查收集的证据是非法证据；二是定案证据必须符合法律规定的表现形式，不符合法定形式的事实材料只能是一般的证据材料，即便具备真实性与关联性，也不是定案根据。只有依据合法证据定案，才能保证诉讼的程序正义，准确认定案件事实，树立司法权威。

九、杜绝"口供中心主义"

（一）口供中心主义及其表现

口供是指犯罪嫌疑人、被告人向公安司法机关提供的有关案件情况的供述或者自白，根据其载体可以将其分为言词口供、书面口供以及视听资料。口供中心主义是对我国长期以来运用口供的实践的概括，是指侦查、审查起诉和法庭审判主要围绕犯罪嫌疑人、被告人的口供进行，并且将口供作为认定案件事实主要依据的诉讼理念和办案模式。口供中心主义在不同的诉讼阶段表现为：

1. 侦查阶段的表现

侦查人员的侦查活动基本围绕口供进行，以口供的获取为中心，以口供的印证为补充。侦查人员遵循着"由供到证"的侦查模式，将获取口供作为案件突破的标志。因而，讯问犯罪嫌疑人成为整个侦查工作的基础和中心，认罪案件占刑事案件总数的比例极高。刑讯及变相刑讯成为获取高认罪率的重要保障。

2. 审查起诉阶段的表现

审查起诉工作中口供主义的表现为以核查讯问笔录和提审犯罪嫌疑人为中心，以其他证据印证口供，将口供作为决定起诉与否的主要依据，缺乏口供一般不会作出起诉决定。审查起诉的基本方式是审阅以讯问笔录为核心的侦查案卷，讯问成为审查起诉的必经程序。一般而言，对于公安机关移动审查起诉的案件，检察机关决定受理后，将着重审查犯罪嫌疑人的讯问笔录是否存在内在矛盾，是否能够得到被害人陈述、证人证言、物证、书证等其他证据的印证，并通过提审、听取被害人和犯罪嫌疑人的意见以及退回补充侦查，确保口供与其他证据之间不存在根本性的、不能合理解释的矛盾。

3. 审判阶段的表现

法庭调查以公诉人强制讯问被告人为开端和基础，并以印证被告人供述或驳斥被告人的辩解为重点。法庭调查以口供为中心：法庭调查首先由公诉人对被告人进行强制讯问，之后的证据调查行为之进行，则根据被告人的认罪情况来决定。如果被告人认罪，则质证转为对被告人有罪供述的印证；如果被告人提出辩解或者翻供，质证活动主要是对其辩解的驳斥。对于被告人的辩解和翻供，公诉人一般会通过宣读庭前供述的方式予以反驳，并针对庭前供述笔录中的有关内容对被告人进行讯问，要求被告人对庭前供述与庭上供述之不一致作出解释。对待翻供，法官通常的做法是根据被告人翻供的理由，或者简单否定，或者要求被告人提供一定的材料或者证据予以证明，并且法官总是将庭前供述置于优先考虑和采信的地位，当庭前供述与庭上供述存在矛盾时，一般法官会优先考虑采纳庭前的供述作为定案的根据。口供对判决发挥着主导性的作用，定案必取认罪口供成为刑事审判的常态，形成了"据供定罪"[①] 的常态化判决形态。

---

① 闫召华："口供中心主义评析"，载《证据科学》2013 年第 4 期。

（二）口供中心主义是导致刑事错案的重要原因

刑事错案的发生既有一定的偶然因素，也蕴含着一定的必然性，在其背后有着复杂的影响因素，其中对口供的过度依赖是促成刑事错案的重要因素。尽管司法实践中的刑事错案的发生与发展过程不尽相同，但是口供中心主义在各个诉讼阶段对刑事错案的发生都起着直接的推动作用。以河南"赵作海案"①的发生与发展过程为例，可以分析口供中心主义在形成刑事错案的作用。

1. 侦查阶段：以获取口供为中心，"由供到证"

在近年来所曝光的刑事错案中，制造错案的侦查机关通常遵循了"由供到证"的侦查工作模式：根据侦查工作得到的第一手信息对重点犯罪嫌疑人进行有罪推定，进而通过审讯逼取口供，由供到证，形成以口供为中心的侦查证据体系。如在河南"赵作海案"中，侦查人员基于以下信息先入为主地认定赵作海是重点犯罪嫌疑人：①"被害人"赵振裳的一位堂兄曾经杀害了赵作海的弟弟，两个家族有仇；②赵作海和赵振裳因为经济纠纷反目成仇；③赵作海和赵振裳同时喜欢同村的一个杜姓女人，两人曾经因杜某发生过激烈争执和厮打；④赵振裳失踪后，其家人曾向警方报案，当时就将赵作海作为嫌疑对象羁押20天，后因证据不足才释放。基于以上原因对赵作海形成有罪预断之后，侦查机关为了获得赵作海的认罪口供，对其加大了审讯力度，刑讯逼供，最终因为忍受不住折磨，赵作海作了9次有罪供述。而后公安机关根据赵作海的有罪供述，从其家里提取到两把匕首，赵作海"确认"其中一把是作案凶器，该物证被用来佐证口供的真实性。另一佐证口供的关键证据是包裹无名尸体的编织袋。警方为了获得赵作海妻子承认编织袋是赵作海家所有的辨认后果，对其妻进行了身体和心理上的折磨。在接受媒体的采访时，赵作海前妻表示，尸体从井里被发现后，她曾经被警方关在乡里的一个酒厂一个月，受到很多折磨。被警方用棍子打，让其跪在砖头上，砖头上还有棍子。民警一直问她是不是知道赵作海杀人，只要她回答说"不知道"就会一直被打。并且每天只能吃一个馒头，经常几天不让睡觉。根据赵作海前妻的反映，有理由怀疑赵作海前妻的编织袋辨认笔录的真实性，侦查机关花费如此大的功夫制作辨认笔录，只是为了证明赵

---

① 关于赵作海案的详细案情，参见张军主编：《刑事证据规则理解与适用》，法律出版社2010年版，第365～368页。

作海供述的真实性，从而拼凑以口供为中心的有罪证据体系。

2. 起诉和审判阶段：轻信口供，坚持以口供为中心审查判断证据

侦查机关构筑的赵作海案的有罪证据体系与案件事实存在明显的不足和矛盾：①从井里发现的尸体已经高度腐烂，多次 DNA 鉴定都无法确定死者的身份；②警方根据残尸所确定的死者身高约在 170cm，而"被害人"赵振裳身高只有 165cm；③赵作海虽然供认了犯罪，但无法按照其供述找到"被害人"的尸体的头和四肢；④从赵作海家里提取的"作案凶器"上没有任何血迹，侦查机关也没有考察该凶器的伤痕特征。检察机关最初也以"事实不清、证据不足"为由退回补充侦查 2 次，甚至拒绝接受案卷材料。但是在政法委的协调下，接受了侦查机关构筑的以口供为中心的证明体系，并主要以被告人赵作海的供述来审查案件事实，忽视了口供证据与案件事实之间的矛盾。在法庭审判阶段，赵作海否认杀人事实，并声称受到刑讯逼供，辩护律师也作了无罪辩护，但法庭依然采信了侦查阶段形成的有罪供述笔录，并在缺乏诸多必要证据的情形下，主要依据口供作出了有罪判决。尽管该案的发生与政法委的不当干预有关，但是以口供为中心、忽视物证、书证等客观性证据的案件审查模式对错案的铸就发挥着重要的作用。人民检察院、人民法院没有树立正确的证据意识，没有对口供证据进行彻底的审查，没有依靠口供之外的证据，没有重视被告人的辩解与翻供以及辩护律师的合理辩护意见等等，共同促成了这起冤案的发生。

（三）破除口供中心主义的措施

破除口供中心主义，就必须重视物证等客观性证据①的收集和运用。一方面，应当加强对口供证据之外的客观性证据的收集；另一方面，应当确立客观性证据审查机制。

1. 加强口供之外的证据的收集

尽管口供具有重要的证明价值，往往能够直接证明案件主要事实，提高侦查效率，但是口供也存在着易于失真、稳定性差、不易查证等缺点。所以，正确对待口供的态度应是将口供作为法定证据种类之一，而非视口供为证据之王。在当前我国司法人员素质较低、合法取得口供手段贫乏、供述心理激励机制欠

---

① 客观性证据是指以人以外之物为证据内容载体的证据，这些证据内容的载体通常是客观之物，所以客观性证据的证据内容相对稳定。我国《刑事诉讼法》所规定的物证、书证、鉴定意见、视听资料、电子数据等证据属于客观性证据。参见樊崇义、赵培显："论客观性证据审查模式"，载《中国刑事法杂志》2014 年第 1 期。

缺的司法环境下，为了防范刑事错案，应该重视口供之外的证据的收集，破除以口供为中心的传统的侦查取证模式。2012年《刑事诉讼法》修改，增加了刑事证据获取的渠道，有利于改变司法实践对口供的依赖。

（1）利用行政执法证据向刑事证据转化的规定，增加物证、书证等客观性证据的收集。《刑事诉讼法》第52条第2款规定："行政机关在行政执法和查办案件过程中收集的物证、书证、视听资料、电子数据等证据材料，在刑事诉讼中可以作为证据使用。"该规定扩宽了刑事证据的来源，目的在于明确行政机关在执法过程中所收集的物证、书证等证据材料的刑事证据能力。这些行政机关执法过程中收集的物证、书证、视听资料、电子数据等，是客观性证据，其内容较口供更加真实、可靠。因此，通过必要的审查程序将这些证据转化为刑事诉讼中的证据，可以扩大刑事诉讼中客观性证据的来源，从而削弱公安司法机关对口供证据的依赖。

（2）利用技术侦查、秘密侦查措施，提高侦查机关的取证能力。2012年《刑事诉讼法》从148条到152条，规定了技术侦查的适用条件、批准决定程序、技术侦查措施以及技术侦查、秘密侦查所收集资料的运用与核实，初步构建了技术侦查、秘密侦查的措施体系。技术侦查扩充了侦查机关在危害国家安全犯罪、恐怖活动犯罪、黑社会性质的组织犯罪、重大毒品或者其他严重危害社会的犯罪中的证据收集能力；秘密侦查使得有关人员可以隐匿身份实施侦查，对于涉及给付毒品等违禁品或者财物的犯罪活动，还可以控制下交付，增强了侦查机关对有组织犯罪的取证能力。这些措施都扩大了侦查机关的取证手段，有利于侦查机关更全面地收集证据，更客观地认识案情，防止因偏信口供而造成的案件事实认识上的错误。

2. 坚持客观性证据审查模式

客观性证据审查模式区别于口供中心主义的审查方式，是以客观性证据为主的证据印证模式，是指在刑事诉讼中，司法机关以客观性证据为审查中心，凭借具有稳定性、可靠性的客观性证据确认案件事实，并以此为基础审查和检验全案证据，进而准确认定犯罪事实的审查工作模式。坚持客观性证据审查模式，就需要做到：

（1）必须坚持优先运用客观性证据的规则。客观性证据审查模式要求必须排除口供中心主义，认定案件事实应优先使用客观性证据。在运用客观性证据之前，要对客观性证据的真实性、合法性进行审查。客观性证据通常是间接证据，必须通过收集、固定、解读等行为来证明案件的某一事实或者情节，因此，要审查客观性证据的提取、保管、鉴定、辨认等活动是否合法进行，是否有导致客观性证据失真的不当行为，防止虚假的材料进入证明体系。查证属实的客观性证据应作为最佳证据在定案中优先使用，要以客观性证据所证明的事实情节为案件事实的中心，结合其他证据来认定相关事实；证据出现矛盾时，应将客观性证据作为认定案件事实情节的关键性证据予以审查使用；坚持客观性证据的证明力优先原则，以客观性证据检验言词证据的真实性。

（2）坚持以客观性证据检验言词证据的真实性。坚持以客观性证据为核心进行证据审查，源于客观性证据是诉讼基石的价值判断。这并不否认言词证据应有的证明价值及其在诉讼中的证据地位，只是认为在案件审查中应当凸显客观性证据对于案件事实证明的重要作用，以防止因言词证据的不真实、不稳定而造成定罪体系不够严密，产生错案隐患。言词证据运用的前提是必须经过其他证据的印证补强。办理刑事案件中运用客观性证据检验的具体方法包括：一是依托客观性证据准确建立犯罪行为与犯罪嫌疑人、被告人的关联。在无目击证人、无有罪供述或有罪供述反复、口供获取存在程序瑕疵等言词证据不确实、不充分的情况下，必须凭借客观性证据建立案件事实与犯罪嫌疑人的关联，并以此为基点挖掘和收集相关证据指证犯罪、锁定犯罪嫌疑人。二是运用客观性证据来检验言词证据的真实性。客观性证据是验证言词证据真实性或者可靠性的重要依据，言词证据得到客观性证据的印证，不仅可以巩固言词证据自身的证明力，而且可以进一步拓展言词证据所包含的被客观性证据证实之外的证明内容和信息，扩大证言的证明范围。三是通过强化客观性证据的局部证明，拓展全案证明体系。实务中，多数案件客观性证据并不充分，只能证明案件的局部事实或细节，但可以通过运用言词证据来链接客观性证据组成的各个片断事实，构筑完整的间接证据体系，以实现对案件事实的完整证明。

（3）强化依托犯罪现场重建的方法挖掘和运用客观性证据。犯罪现场重建就是通过现场形态以及物证、书证、痕迹、轨迹等的位置和状态，通过科学检验、鉴定分析，结合其他证据来确定犯罪现场是否发生特定的事件和行为的过程。犯罪现场重建的意义表现在：一是通过犯罪现场重建检验案件事实认定的准确性。依托客观性证据通过科学的方法和过程，进行犯罪现场重建，以此获得更接近客观真实的案件事实，从而得出一个较为可靠的论证结论，作为审查认定的基础事实。二是通过犯罪现场重建，发现案件证据的薄弱环节并加以补强。通过犯罪现场重建合理推演案件发生的过程要素，从中发现应当留下而尚未收集到的证据情况，并寻求补强相关证据措施。

（4）强化全面挖掘并科学解释客观性证据。客观性证据审查和运用，特别强调四个要求：一是审查证据来源的合法性。必须审查客观性证据的提取过程和方法，排除非法证据，补正瑕疵证据。二是充分挖掘和拓展客观性证据。要在审查过程中注意发现和挖掘可能存在的客观性证据，通过引导侦查和补充侦查活动，积极获取新的客观性证据，夯实客观性证据的证明体系。三是全面揭示每个客观性证据所蕴含的信息。客观性证据形式上属于"哑巴证据"，是"沉默的证人"，既要通过技术鉴定作同一认定，也要注重运用经验法则作综合分析，从控、辩两个视角挖掘客观性证据的不同证明作用。在认识客观性证据本体意义上对案件事实的证明作用的同时，还要研读其潜在的、能够证明案件事实的其他方面的作用。如在现场较为隐秘部位的保险箱上提取到被告人血指纹（检出被害人 DNA），不仅仅证明了被告人到过现场，而且可以证明被告人是在被害人被侵害后接触保险箱，此外，通过指纹遗留部位还可以证明被告人有获取财物的目的和行为。只有准确、全面地揭示血指纹的证明价值和信息，本案的行为才能得到准确认定。四是必须科学解释和运用客观性证据，防止解释过度和解释不足。实践证明，物证是确凿的证据，它既不会存在错误，也不会作伪证，更不会完全缺失，只有对物证的解释可能发生错误。[①] 我们强调对物证科学技术检验和解释的过程进行审查的同时，还要借助专业技术力量对检验和解释的过程进行验证，防止客观性证据的解释错误。同时，要结合经验法则、逻辑法则对客观性证据能够证明的案件事实构成要素进行分析判断，避免解释不足或解释过度，以致错误认定案件事实。

十、非法证据排除

（一）刑事错案与非法证据

从云南的杜培武案到河南的赵作海案，以及湖北的佘祥林案，近十年来被

---

① ［美］W. 杰瑞·奇泽姆、布伦特·E. 特维：《犯罪现场重建》，刘静坤译，中国人民公安大学出版社 2010 年版，第 27 页。

曝光的刑事错案，一个重要原因就是侦查讯问时存在刑讯逼供。以至于有学者认为"每一起刑事错案的背后，基本上都有刑讯逼供的黑影"[①]。以发生在河北的"李久明案"[②]为例，可以发现刑讯逼供等非法取证手段，是造成刑事错案的重要推手。在这起震惊全国的刑事错案中，李久明不仅遭受了一般意义上的体罚和精神折磨，如拳打脚踢、不让睡觉，更经历了如电击、被灌矿泉水、辣椒水、芥末油、辣椒面，被打火机烧等惨无人道的刑讯手段，历时长达十余日，警方最终获得了李久明的认罪口供。李久明的家属为其委托的律师在 2002 年 8 月 27 日要求会见，却因被告知需领导签字等种种理由被推迟到 9 月 5 日会见。在会见时，公安机关 2 名办案人员全程监督会见，同时还不断警告李久明不得乱说。同时，为了掩饰刑讯逼供，证明李久明供述的自愿性，在一审提起公诉之前，唐山市公安局南堡分局专门作出"我分局在侦破、审理李久明故意杀人、私藏枪支一案的过程中，严格按法律程序讯问犯罪嫌疑人和询问证人，无违法行为。特此说明"的书面声明。由此，侦查机关自行完成了"刑讯逼供获取口供——隐瞒刑讯逼供——自我书面声明证明不存在刑讯逼供"的一系列操作手段，成功地使唐山市中级人民法院一审认定指控的犯罪成立，判处李久明死刑缓期 2 年执行。从李久明案可以看出，刑讯逼供一旦发生，审查起诉和审判环节如果没有查明刑讯逼供，并排除刑讯逼供得来的非法口供，则刑事错案在所难免。同时，已经发生的刑事错案中，大多数存在刑讯逼供，并且非法证据也被法院采纳为定案的根据。有学者对 137 起典型刑事错案中的刑讯逼供情况进行统计分析后发现，只有 6% 的刑事错案中的刑讯逼供被法院或者人民检察院认定为存在刑讯逼供行为并加以处理，或在法院改判被告人无罪时明确指出了侦查机关的刑讯逼供行为；高达 66% 的刑事错案没有被司法机关认定存在刑讯逼供，但从案情资料分析，发现具有刑讯逼供的可能性。[③] 刑讯逼供对于刑事错案的大部分受害人是真实地存在着；对于侦查机关和公诉机关而言，言词否定和一纸书面说明就可以证明它的不存在；对于法官而言，由于非法证据排除规则的不完善，导致法官无法发现并纠正刑讯逼供行为，刑讯逼供得来的证据成为

[①]　陈兴良："错案何以形成"，载《公安学刊》2005 年第 5 期。

[②]　关于李久明案的案情，参见王健、马竞："冤案是怎样铸就的——河北唐山七民警涉嫌刑讯逼供实录"，载《法制日报》2005 年 1 月 25 日。

[③]　参见郭欣阳：《刑事错案评析》，中国人民公安大学出版社 2011 年版，第 410 页。

了法官裁判的依据，错案在所难免。所以，预防刑事错案，就必须防范并遏制刑讯逼供。排除刑讯逼供等非法手段取得的证据的证据能力，从程序上进行制裁，以此来保障非法证据不会干扰法官对案件事实的认定，是禁止刑讯逼供等非法取证行为的有力措施。

（二）我国《刑事诉讼法》所确立的非法证据排除规则

防范刑事错案的重要措施是建立和完善以遏制刑讯逼供为主要目标的非法证据排除规则。[①] 非法证据排除规则在我国实行严禁刑讯逼供的机制中作用重大，它不仅限制办案人员的证据收集行为，还是对非法取证行为的一种法律救济与程序制裁。2012年《刑事诉讼法》在总结我国公安司法机关长期以来严禁刑讯逼供，排除非法证据的经验基础上，吸收了"两高三部"于2010年6月13日颁行的《关于办理刑事案件排除非法证据若干问题的规定》的主要内容，共用"五条八款"比较完整地确立了中国式的非法证据排除规则，该规则的主要内容与特色是：

1. 科学界定了非法言词证据排除的内涵与范围

非法证据包括非法言词证据与非法实物证据，我国关于非法言词证据的界定主要是针对取证的手段而言，2012年《刑事诉讼法》第54条对非法言词证据的排除进行了规定，"采用刑讯逼供等非法方法收集的犯罪嫌疑人、被告人供述和采用暴力、威胁等非法方法收集的证人证言、被害人陈述，应当予以排除"。非法言词证据排除的关键是如何界定"非法"问题，"非法"有轻重之分，有一般违法与严重违法，所收集的证据也有瑕疵证据与非法证据之分。区分非法证据与瑕疵证据的重要裁判尺度是是否侵犯了被讯问人的宪法性基本权利，需要排除的证据也仅限于通过侵犯被讯问人宪法性基本权利而获得的言词证据，不能把一般的程序违法的证据一概统称为非法证据加以排除。另外，关于"非法方法"的内涵和表述问题，也是界定非法证据概念的一个关键问题。在司法实践中，公安司法机关对"非法方法"的内涵通常会有一定的规定与体会。例如检察机关要对侦查人员的刑讯逼供行为提起公诉，通常需要以情节严重、造成严重后果为前提，在这种情况下获得的被告人供述应当予以排除。但是，非法言词证据排除规则的主要功能在于维护司法公正，保障基本人权，因此即使刑

---

① 何家弘、何然："刑事错案中的证据问题——实证研究与经济分析"，载《政法论坛》2008年第2期。

讯逼供行为没有达到情节严重的程度，没有构成犯罪，但侵害了公民的宪法性权利，影响了被告人供述的自愿性和真实性的，也应当予以排除。

2. 明确规定了排除非法证据的诉讼阶段

2012 年《刑事诉讼法》第 54 条第 2 款规定："在侦查、审查起诉、审判时发现有应当排除的证据的，应当依法予以排除，不得作为起诉意见、起诉决定和判决的依据。"这是我国非法证据排除的一个重要特征，即在整个刑事诉讼过程中，侦查、起诉、审判的各个阶段均可以排除非法证据。

3. 系统确立排除非法证据的范围

2012 年《刑事诉讼法》第 54 条，针对言词证据与实物证据，规定了不同的排除方式。对于非法言词证据，包括犯罪嫌疑人、被告人的供述与辩解、证人证言、被害人的陈述，适用绝对排除规则，只要发现有法律禁止的取证行为，就应当排除这些证据。对于非法实物证据，适用相对排除，即附条件排除的原则，即物证、书证的取得方法违反法律规定，致使严重影响司法公正的，必须补正或者作出合理解释。否则，对该实物证据应当予以排除。对言词证据与实物证据规定不同的排除规则，是由于我国当前取得实物证据的手段、条件尚不完备，刑事侦查的技术手段和秘密侦查措施，无论从立法还是科学技术的发展程度来说，还落后于惩罚犯罪的实际需要，落后于犯罪智能化水平。为了兼顾打击犯罪与保障人权，目前还不能对非法证据一概实施绝对排除，对非法实物证据只能实行附条件的、有限的排除规则。

4. 明确了排除非法证据的程序

2012 年《刑事诉讼法》明确规定了具体的排除非法证据的操作规程：①程序的启动。在开庭审理前或庭审过程中，被告人及其辩护人有权提出其审前供述是非法取得的意见，并提供相关线索和证据。《刑事诉讼法》第 56 条第 2 款规定："当事人及其辩护人、诉讼代理人有权申请人民法院对以非法方法收集的证据依法予以排除。申请排除以非法方法收集的证据的，应当提供相关线索或者材料。"该规定表明，非法证据排除程序的启动主体包括当事人及其辩护人、诉讼代理人；启动的形式可以是书面申请，也可以是口头申请；启动的内容是"应当提供相关线索或者证据"，即涉嫌非法取证的人员、时间、地点、方式、内容等相关线索或者证据；启动的时间，可以在开庭前也可以在开庭中。②法庭审查并进行法庭调查。非法证据排除程序启动后，法庭应当进行审查，合议庭对被告人审判前供述取得的合法性没有疑问的，则对起诉指控的犯罪事实进行调查；对供述取得的合法性有疑问的，则由公诉人对取证的合法性进行证明。《刑事诉讼法》第56条对此有规定："法庭审理过程中，审判人员认为可能存在本法第54条规定的以非法方法收集证据情形的，应当对证据收集的合法性进行法庭调查。"③控方举证和证明的方法。公诉人应当提供必要的证据对被告人供述取得的合法性予以证明，包括向法庭提供讯问笔录、原始的讯问过程录音录像或者其他证据。提请法庭通知讯问时在场的其他人员或者其他证人出庭作证，仍不能排除刑讯逼供嫌疑的，提请法庭通知讯问人员出庭作证。公诉人举证后，控辩双方可以就被告人审判前供述取得的合法性进行质证、辩论。《刑事诉讼法》第57条明确了证据是否合法的证明责任由控方承担，规定："在对证据收集的合法性进行法庭调查的过程中，人民检察院应当对证据收集的合法性加以证明。"该条第2款还规定了证明的方法，即"现有证据材料不能证明证据收集的合法性的，人民检察院可以提请人民法院通知有关侦查人员或者其他人员出庭说明情况；人民法院可以通知有关侦查人员或者其他人员出庭说明情况。有关侦查人员或者其他人员也可以要求出庭说明情况。经人民法院通知，有关人员应当出庭"。④法庭审理后的处理程序。2012年《刑事诉讼法》第58条规定："对于经过法庭审理，确认或者不能排除存在本法第54条规定的以非法方法收集证据情形的，对有关证据应当予以排除。"根据这一规定，对于经过庭审，即当事人等的申请、法庭调查、控方举证、质证、辩论，如果法庭能够确认非法证据的，应当予以排除；不能排除存在以非法方法收集证据情形的，即该证据的合法性控方无法提供证据加以证明，或者提供的证据没有达到确实、充分的程度的，该证据也应当被认定为非法证据，依法加以排除。所以，在刑事诉讼中，公诉机关承担提供证据指控被告人犯罪的同时，也承担着证明被告人庭前供述系合法取得的证明责任。在公诉机关不能举证，或者不能对取证行为的合法性证明到排除合理怀疑的程度的，就应当承担不能以该证据证明指控的犯罪事实的法律后果。

（三）非法证据排除的具体举措

根据2012年《刑事诉讼法》第54条的规定，我国的非法证据排除规则不仅适用于审判阶段，同时也要求审前程序中，如果发现有应当排除的非法证据的，侦查机关和公诉机关也应排除非法证据。所以，在侦查、审查起诉以及审判阶段都应当落实非法证据排除的规定。

1. 侦查阶段排除非法证据的措施

侦查阶段的主要任务是查明案件事实，收集与定罪量刑相关的各种证据，侦查工作应注重效率，所以侦查阶段非法证据的排除程序应当尽量简洁。

（1）审查批捕过程中非法证据的排除。根据《刑事诉讼法》第54条第2款以及《人民检察院刑事诉讼规则（试行）》第61条的规定，人民检察院在审查逮捕阶段也负有排除非法证据的责任。人民检察院可以通过主动发现与申诉发现两个途径发现非法证据。一方面，检察机关可以通过审阅公安机关移送的报捕材料和证据，发现非法证据的线索；另一方面，人民检察院可以通过讯问犯罪嫌疑人、询问证人等诉讼参与人、听取辩护律师的意见的方式主动发现非法证据的线索。再者，如果在审查批捕过程中接到当事人及其辩护人或者诉讼代理人的控告、申诉的，应当进行审查，在审查过程中发现侦查机关的非法取证行为。检察机关发现侦查机关可能存在非法取证行为的，应当由检察机关分别听取侦查人员和诉讼参与人及其法定代理人、辩护人、诉讼代理人的意见后，综合判断后作出是否将证据作为批准逮捕决定的依据的决定。

（2）公安机关在侦查过程中的非法证据排除。《刑事诉讼法》虽然授予了公安机关侦查阶段排除非法证据的权力，但是对具体程序却没有进行规定。笔者认为，在侦查过程中如果发现了非法证据，由侦查机关进行自我审查、自我排除非法证据。首先，公安机关可以通过两个途径发现侦查中的非法取证行为：一是当事人、辩护人、诉讼代理人向公安机关法制部门申诉、控告存在的非法取证行为；二是侦查机关自行发现非法取证行为。公安机关法制部门对接到的非法取证的申诉、控告应当进行审查，如果确认存在非法取证行为的，则作出非法所得证据不能作为向人民检察院移送审查起诉的依据的决定。

2. 审查起诉阶段排除非法证据的措施

人民检察院是我国法定的法律监督机关，对侦查机关的侦查行为负有监督职责，因此，在审查起诉阶段应当审查侦查过程是否存在非法取证行为，并排除非法证据。

（1）发现非法证据的途径。当事人、辩护人或者诉讼代理人向检察机关提出侦查机关非法取证的控告的，检察机关可以依控告或者申诉发现存在的非法证据。另外，根据《刑事诉讼法》第170条、第171条的规定，检察机关可以通过讯问犯罪嫌疑人、听取被害人、辩护人、诉讼代理人的意见、审阅侦查机关转交的案卷材料等途径主动发现非法证据。

（2）审查非法证据的程序。检察机关审查非法证据，可以采用听证的形式，让案件侦查人员、犯罪嫌疑人及其辩护人共同参与进来，由检察机关公诉人员主持。具体程序包括：①讯问犯罪嫌疑人或者询问被害人，使其陈述被非法取证的具体细节；②听取辩护人或者诉讼代理人对非法取证行为的意见；③如果犯罪嫌疑人被羁押的，审查讯问过程的录音录像以及讯问笔录；④审查看守所的体检记录并询问相关人员；⑤听取涉嫌非法取证的侦查人员的意见；⑥审查其他能够证明非法取证行为存在与否的证据。

（3）审查之后的处理方式。检察机关对于确认存在非法取证行为的证据，应当予以排除，不得作为审查起诉的依据。非法证据排除后，如果剩余证据符合法定起诉条件的，可以作出提起公诉的决定；如果剩余证据没有达到起诉标准的，可以作出证据不足的不起诉决定。

司法实践中，侦查人员通常会对犯罪嫌疑人进行多次讯问，每次讯问都会制作相应的讯问笔录。对于犯罪嫌疑人在其他时间、地点所作的与非法方法取得的供述内容一致的供述，应该区别对待：①犯罪嫌疑人在遭受刑讯逼供等非法取证方法之前的供述，如果确属自愿作出，可以作为指控证据使用；②犯罪嫌疑人在遭受刑讯逼供等非法取证行为之后的多次有罪供述，通常应当加以排除。原因是刑讯逼供等非法取证行为会给被讯问人造成心理恐惧，这种心理恐惧会一直存在于非法刑讯之后的每一次讯问中，即便之后的讯问没有进行刑讯，但是之前刑讯等非法取供的效果仍然发挥着威慑作用，很难保证犯罪嫌疑人的供述是自愿真实的。因此，除非能够证明犯罪嫌疑人是自愿供述，否则犯罪嫌疑人自被刑讯逼供之后的有罪供述都不应当作为指控犯罪的证据。

3. 审判阶段排除非法证据的措施

刑事诉讼应以庭审为中心，因而审判阶段的非法证据排除是最正式、最重要的非法证据排除的举措。根据庭审的进程，庭审阶段的非法证据排除程序可以分为启动程序、调查程序和裁决程序。

（1）非法证据的启动程序。审判阶段启动非法证据排除程序的主体包括两类：一是审判人员，只要其认为可能存在《刑事诉讼法》第 54 条规定的以非法方法收集证据情形的，就应当启动对证据收集合法性的法庭调查程序；二是当事人及其辩护人、诉讼代理人，也有权在庭审中申请人民法院对以非法方法收集的证据予以排除，但是需要具备一定的条件，这些人员在申请排除非法证据时，应当提供相关线索或者材料。尽管立法这样规定，但是并不是指被告方应当承担证明证据非法的举证责任。立法如此规定，只是为申请启动非法证据排除程序的当事人及其辩护人、诉讼代理人提出了一定的条件。因为如果不提供非法取证的相关线索或者材料，法庭就无法开启相应的调查活动，证明证据取证手段合法的责任始终是由控诉方承担。

（2）非法证据的调查程序。在非法证据排除程序启动之后，法庭应当对是否存在非法证据进行调查。需要审查的证据材料包括：讯问笔录、讯问录音录像、其他在场人员或者其他证人出庭作证、讯问人员出庭说明情况、侦查人员提供的加盖公章的说明材料等。除了上述的证据材料之外，法官还可以审查被羁押的被告人的看守所出具的体检报告和犯罪嫌疑人被抓获后至送交看守所之间的时间间隔。看守所的体检报告可以有效表明被告人在看守所期间的身体状况，犯罪嫌疑人被抓获后至送交看守所的时间超过法定期限的，非法取证的嫌疑增大。

（3）非法证据排除的裁决。从诉讼效率以及保障诉讼顺利进行的角度，我国庭审不宜针对非法证据排除问题作出单独的裁决。如果对非法证据单独作出决定，无论是采用"裁定"还是"决定"，都涉及对该裁决的救济问题。这势必增加司法资源的耗费，增加二审法院的负担，同时延长一审庭审的期限，并且可能招致当事人的不满，形成不断申请排除非法证据、不断进行非法证据排除程序的恶性循环。所以，对通过法庭调查确属非法取得并需要排除的证据，法官不需要作出单独的排除裁决，而应当在判决书中排除其作为定案根据的资格，并充分论证排除该证据的理由即可。

十一、证人出庭

（一）虚假证人证言是导致刑事错案的原因之一

证人证言作为我国法定的8种证据之一，对案件事实的查明有着不可替代的重要作用。特别是对于犯罪嫌疑人、被告人拒不认罪或者当庭翻供的，证人证言可以很好地证明犯罪嫌疑人、被告人辩解的真伪。然而证人证言具有主观性和易变性，很有可能被伪造而出现虚假的情况。证人证言出现虚假的情况可以分为两种：一是证人主动或者迫于外界压力而作出的虚假陈述；二是证人因主观或客观条件的限制而错误地感知案件、形成证言。虚假的证人证言导致刑事错案的情形时有发生。例如发生于广西的"邓立强案"①，就是由于虚假的证人证言而引发的刑事错案。2001 年 11 月 9 日，广西某村农妇潘荣×及其 3 岁孙子邓×在卧室被人打死。警方经调查推断是仇杀案件，并认为曾经与死者潘荣×有宅基地归属纠纷的邓立强有作案动机，并于同年 11 月 9 日下午传唤尚不知情的邓立强到派出所协助调查，之后警方限制了他的人身自由，并于同年 11 月 12 日以涉嫌盗窃罪为由将邓立强押送拘留所。警方在之后的侦查活动过程中得到了一位 14 岁的少女邓××的证言，说案发当时她在被害人厨房外围的围墙外，通过墙上的裂隙看到了邓立强在打被害人潘荣×，之后她又站在邻居罗××家的苦楝树下看见邓立强站在被害人家的葡萄架旁边。警方随后根据这份证人证言，加大了对邓立强的审讯力度，最终逼迫邓立强承认了杀人事实，但警方根据邓立强的供述没有找到其所供述的凶器木棒。一审采纳了公诉机关提交的证据材料，认定邓立强构成故意杀人罪，并判处死刑。2003 年，邓立强上诉至广西高级人民法院，高院二审认为本案事实不清，证据不足，发回重审。原审法院另行组成合议庭审理后，以事实不清，证据不足，指控的犯罪不能成立，判决邓立强无罪，并当庭释放。该案中，目击证人邓××陈述自己目击邓立强行凶杀人的过程是警方、公诉机关和人民法院认定邓立强故意杀人的最重要的直接证据。本案出错也恰恰是办案人员过于迷信目击证人的证言，没有正确审查判断其证据能力，依靠虚假的证人证言认定案件事实，从而铸成了冤案。本案中，证人邓××作证时年仅 14 岁，并且发育迟缓。她关于邓立强作案的描述包括：一是她站在被害人厨房外面的围墙，从围墙缝隙里看见被告人打被害人；二是她站在罗××家的苦楝树下看见被告人邓立强站在被害人家的葡萄架旁边。后经勘验，从这两个地方都无法看见目击证人所描述的场景。因为被害人厨房外围的围墙上没有大到可以看见里面场景的裂隙；从苦楝树下观望被害人的房子，由于视野被水泥砖墙和被告人家的平房阻挡，根本不能看见葡萄树。这也就意味着，证人邓××从其所陈述的视角，根本无法看到她所陈述的案情，其证言的虚假性很大。而公诉机关所提交法庭的指控证据除了证人证言、辨认笔录和被告人口供以外，没有其他可以证明案件事实的证据，凶器也没有找到，

①　该案案情参见郭欣阳：《刑事错案评析》，中国人民公安大学出版社 2011 年版，第 71～73 页。

原审法院依据没有进行充分审查判断的证人证言，就作出了被告人邓立强有罪的判决，偏信证人证言导致了这起错案的发生。

为了防止刑事错案，就要加强对证人证言的质证。对证人证言最好的质证方式莫过于对证人进行交叉询问，观察证人在法庭上的表现，来判断其证言之真伪。对证人进行交叉询问的前提是证人必须出庭作证。证人出庭作证对于法官公正裁判意义重大。法庭审判是刑事诉讼的中心环节，法官作为案件的裁判者，必须在法庭审判中对证据进行直接的审查判断，才能准确判断证据的真实性与证明价值，并对证据形成合理的内心确信，在此基础上准确认定案件事实，进而公正裁判。如果证人不出庭，法官只能对证人证言进行书面的间接审查，无法作出科学的判断。同时，证人出庭作证，可以使对方当事人直接质证证人的证言，这样既可以保障诉讼当事人的对质权，也可以防止司法官员在审查判断证据时形成预断与偏见，使审判更加透明公正。因此，如何保障证人出庭作证成为防范刑事错案必须解决的问题。

（二）依法保障证人出庭的措施

在我国的刑事诉讼司法实践中，证人通常不出庭作证，法庭往往以书面证人证言作为质证的对象。这不仅与直接言词的审理原则相违背，也无法有效查明证人证言的真实性与合法性。为了保证证人出庭作证，2012 年《刑事诉讼法》修改，规定了多项促使证人出庭的措施。公安司法机关应当按照《刑事诉讼法》的这些规定，使证人依法出庭。2012 年《刑事诉讼法》不仅明确了证人应当出庭的案件情形，而且增加规定了证人出庭经济补偿、证人人身保护、证人强制出庭、证人拒绝作证的处罚等制度，从积极鼓励与消极制裁两个方面来促使证人出庭作证。

1. 严格执行证人出庭作证的案件范围

2012 年《刑事诉讼法》在第 187 条增加规定了证人应当出庭作证的案件范围。根据该条规定，证人证言在同时符合以下三个条件的情况下，证人应当以出庭的方式作证：一是公诉人、当事人或者辩护人、诉讼代理人对证人证言有异议，包括公诉人、当事人认为证人证言不符合实际情况，与其掌握的其他证据之间存在矛盾等等；二是该证人证言对案件的定罪量刑有重大影响，即对是否够罪、此罪与彼罪、量刑轻重有重大影响；三是人民法院认为证人有必要出庭作证。在司法实践中，证人并非都要出庭作证。证人出庭作证会延长庭审时间，因此，在追求效率的简易审判程序中，证人一般不需要出庭作证。而对于普通程序审判的案件，为了兼顾公正与诉讼效率，证人也并非全部需要出庭作证。证人出庭作证的目的之一就是实现当事人的对质权，以出庭方式接受控辩双方的交叉询问，从而释明争点。因此只有控辩双方有异议的证人证言，才有必要通知证人出庭作证。法官作为法庭审判的主持者，有义务保证审判的顺利进行，由人民法院综合全案情况对证人出庭作证的必要性进行判断，具有一定的合理性，只有人民法院认为证人有出庭的必要，证人才需出庭作证。

2. 落实证人人身保护制度

2012 年《刑事诉讼法》在第 62 条增加规定，对于证人因在危害国家安全犯罪、恐怖活动犯罪、黑社会性质组织犯罪、毒品犯罪等案件中作证，本人或者近亲属的人身案件面临危险的，人民法院、人民检察院和公安机关应当采取以下的一项或多项保护措施：一是不公开真实姓名、住址和工作单位等个人信息，包括在起诉书、判决书等法律文书上使用化名等以代替证人真实的个人信息；二是采取不暴露外貌、真实声音等出庭措施，即人民法院在证人参与庭审时，应当采取不使证人外貌、声音等暴露给被告人、旁听人员的技术措施；三是禁止特定的人员接触证人及其近亲属，即指办案机关采取措施、发布禁令，禁止可能实施打击报复的特定人员在一定时期内接触证人及其近亲属；四是对人身和住所采取专门性保护措施，可以派驻警力保护证人的人身和住宅安全，在极个别情况下，可以根据办案的需要为其更换住宅、姓名等；五是其他必要的保护措施，意指上述四项之外的，办案机关认为有必要采取的其他特殊保护措施。同时，证人在其本人或者近亲属的人身因作证而面临危险时，有权利主动请求人民法院、人民检察院、公安机关予以保护，以便更加有效地保障相关人员的人身安全。

3. 贯彻证人出庭作证的经济补偿制度

2012 年《刑事诉讼法》在第 63 条增加规定，对证人因履行作证义务而支出的交通、住宿、就餐等费用，办理案件的人民法院应当给予补助。补助的范围应当涵盖证人居住地到人民法院所在地的交通费用，异地作证期间住宿旅馆的费用等等，补助的标准应当根据实际的支出情况予以补偿。同时该条还明确了补助的经费列入司法机关业务经费，由同级政府财政予以保障，确保补助的规定落到实处。另外，该条为了防止有工作单位的证人因作证而受到经济损失，明确禁止证人所在单位以证人作证耽误工作为由，克扣或者以其他理由、方式变相克扣证人工资、奖金及其他福利待遇。证人作证期间的待遇不受影响，支出的费用可以得到补助，从而解决了证人出庭作证经济方面的后顾之忧。

4. 践行证人强制出庭作证制度

2012 年《刑事诉讼法》第 188 条第 1 款规定，经人民法院通知，证人没有正当理由不出庭作证的，人民法院可以强制其到庭，但是被告人的配偶、父母、子女除外。人民法院可以派法警采取必要的强制手段，将证人带至法庭，除非证人具备以下两种情形之一：一是有正当理由，如重病在身，因不可抗力等等原因无法到庭；二是证人是被告人的配偶、父母、子女。此种情况下不强制证人出庭，主要是考虑到强制配偶、父母、子女在法庭上对被告人进行当面指证，不利于家庭关系的维系和社会和谐的构建。需要注意的是，根据该条规定，不能得出被告人的配偶、父母、子女有拒证权。该条规定只是免除了被告人的近亲属庭审阶段的强制出庭义务，并没有免除其作证的义务。只要是知道案件事实，被告人的近亲属仍然需要履行作证义务。

5. 依法制裁拒绝作证行为

2012 年《刑事诉讼法》第 188 条第 2 款对应当出庭作证的证人的消极作证行为，规定了处罚的措施。证人消极作证的行为可以分为两种：一是经法院通知，没有正当理由拒不到庭；二是出庭后拒绝就其所知道的案件事实作证。对于这两种情形，该法条规定，首先应当对证人进行训诫，如果证人仍然抵触作证，达到情节严重的程度，经院长批准，可以对证人处以拘留。处罚证人不是目的，只是为了确保其出庭作证，因此，对证人的处罚应当作为最后的手段予以实施。

十二、理性对待鉴定意见

鉴定意见是鉴定人受公安、司法机关的指派或者聘请，运用专门知识和技能对案件中的专门性问题进行鉴定后所作出的一种判断。[1] 本质上来讲，鉴定意见是一种"意见"，是鉴定人就某一专门性问题的一种主观判断，是鉴定人以自己的知识、经验以及相关技术运用而得出的分析结果。因而，鉴定意见会受到鉴定人本身知识水平、经验程度等限制；受获得检材的时间、检材状况，以及

---

[1] 樊崇义主编：《证据法学》（第 5 版），法律出版社 2012 年版，第 218 页。

外界其他因素的影响，形成的鉴定结论有存在误差的可能性。必须理性对待鉴定意见，不迷信，不盲从，应按照法定的程序审查鉴定意见，正确解读鉴定意见所包含的内容。

（一）鉴定意见与刑事错案

司法实践中，鉴定意见问题是导致刑事错案频发的一大诱因，如鉴定意见错误、鉴定意见造假以及盲目迷信鉴定意见等。以河北"徐辰东案"① 为例，可以发现盲目迷信 DNA 鉴定结论是该起冤案的重要诱因。1998 年 6 月 10 日下午，河北省邢台市某村一村民在村南自家麦田里发现一具女尸，经村民辨认，死者为霍庄村已婚妇女沙×，法医鉴定结论为他杀。由于死者的阴道残留着擦拭用的卫生纸，由此判断死者生前与人发生过性关系，警方随后锁定了 4 个和被害人有密切关系的人：死者丈夫、徐辰东以及村里另外 2 名男子。并对 4 人进行抽血化验，发现只有徐辰东的血型与死者阴道卫生纸精斑血型一致。进一步对徐辰东的血样与死者阴道提取的卫生纸精斑进行 DNA 检验，得出的结论是：不排除被害人沙×阴道擦拭用的卫生纸上的精斑是犯罪嫌疑人徐辰东所留。根据该鉴定结论，警方认定徐辰东是这起强奸杀人案的犯罪嫌疑人。1998 年 9 月 16 日夜，公安机关从徐辰东家里将其带走，并进行审讯。经过 5 天 6 夜的刑讯逼供，徐辰东被迫承认了"杀人"事实。然而徐辰东具有不在犯罪现场的证据。早在初期排查犯罪嫌疑人时，徐辰东就有不在犯罪现场的证据，包括其父徐××的案发时徐辰东和他在一起的证言，以及收割机车主张×和施×、高×、蒋×等几十个村民都证实案发当晚徐辰东和他们在一起的证言。但是这些不在场的证言并没有引起侦查人员的重视。尽管案件存在诸多疑点，邢台市中级人民法院仍然作出徐辰东犯故意杀人罪，处以死刑的判决，其中重要的依据就是那份 DNA 鉴定意见。被告人徐辰东不服，向河北省高院提起上诉。之后，此案历经 5 次发回重审，6 次判决，法院依旧维持原有的死刑判决。之后，徐辰东家人一直为其申冤，2005 年 7 月 11 日，河北省高级人民法院开庭审理了该案，作出终审判决，判决徐辰东无罪。至此，这起冤案得以纠正。

尽管该案的致错原因很多，但是侦查人员将徐辰东的血样与死者阴道提取

---

① 关于该案的详细案情，参见杜萌："辩护律师提出六大问题，昭雪八年八审杀人冤案"，载《法制日报》2006 年 12 月 13 日。

的卫生纸精斑进行 DNA 鉴定后所得出的鉴定结论，是最终导致案件裁判错误的重要因素。在侦查人员的刑讯逼供下，徐辰东被迫编造了一份让侦查人员满意的"有罪供述"。科学的 DNA 鉴定意见和被告人的有罪供述，使得徐辰东的故意杀人罪名得以确立。该案中 DNA 鉴定意见起了重要作用，侦查人员根据该鉴定结论认为徐辰东就是犯罪嫌疑人，通过刑讯逼供得到了有罪供述。控诉方和审判方也是依据该科学证据得出了徐辰东有罪的结论。所以，笔者认为对 DNA 鉴定意见的盲目迷信以及不当解读是导致该案错误的重要原因。即便本案中"不排除沙×阴道擦拭用的卫生纸上的精斑是嫌疑人徐辰东所留"的鉴定意见真实，也只是说明如下事实，即徐辰东可能在某一时段内（该时段可能不在案发时段）和被害人发生过性关系，无法直接证明或间接推断徐辰东是杀害被害人沙×的凶手。本案司法人员将 DNA 鉴定意见认定的事实与徐辰东系杀人凶手着两个事实混淆了，认为徐辰东既然与被害人发生了性关系，就一定杀害了被害人。造成这种错误认识是因为办案人员对 DNA 鉴定技术认识欠缺，认为只要 DNA 鉴定认定了犯罪嫌疑人，就可以结案了，盲目迷信 DNA 鉴定，夸大了鉴定意见的证明力，没有将发生性行为与实施杀人行为之间的事实逻辑空白加以填补，更没有结合其他证据进行审查。本案中，被告人徐辰东的父亲以及收割机主等20多位证人都证实徐辰东案发时不在犯罪现场，没有作案时间，同时，现场勘验报告也没有发现任何与徐辰东有关的痕迹。这些无罪证据当时都没有引起办案人员的重视，也没有被法官所采纳。否则，有理由相信该起错案可以避免。对于刑事诉讼来说，DNA 鉴定意见只是一种间接的证据，只能证明案件的部分事实，无法直接证明案件的主要事实。在实践中，防止盲目迷信 DNA 证据必须培养一种意识，即 DNA 鉴定意见必须和其他相关证据建立没有矛盾的闭合证据链，才能作为确认案件事实的依据。

（二）构建科学的鉴定意见审查规则

《最高人民法院关于适用〈中华人民共和国刑事诉讼法〉的解释》第84条规定了对鉴定意见应当着重审查的内容，包括：①鉴定机构和鉴定人的资质；②鉴定人是否存在应当回避的情形；③检材的来源、取得、保管、送检是否符合法律、有关规定，与相关提取笔录、扣押物品清单等记载的内容是否相符，检材是否充足、可靠；④鉴定意见的形式要件是否完备，是否注明提起鉴定的事由、鉴定委托人、鉴定机构、鉴定要求、鉴定过程、鉴定方法、鉴定日期等相关内容，是否由鉴定机构加盖司法鉴定专用章并由鉴定人签名、盖章；⑤鉴定程序是否符合法律规定、有关规定；⑥鉴定的过程和方法是否符合相关专业的规范要求；⑦鉴定意见是否明确；⑧鉴定意见与案件待证事实有无关联；⑨鉴定意见与勘验、检查笔录及相关照片等证据是否矛盾；⑩鉴定意见是否依法及时告知相关人员，当事人对鉴定意见有无异议。其中前五项是对鉴定意见的形式性审查要求，后五项是对鉴定意见的实质性审查要求。在刑事司法实践中，在对鉴定意见进行形式性审查之后，要对鉴定意见进行实质性审查，结合2012年《刑事诉讼法》以及司法解释对鉴定意见的规定，可以采取以下措施：

首先，通过规定鉴定人出庭作证，对鉴定人进行交叉询问，改变鉴定意见的书面审理模式。鉴定意见在英美法系国家属于专家证言，其可信度需要通过法庭上的交叉询问来进行质证，法律并不预先对专家证言的证据能力和证明力作出预断。我国《刑事诉讼法》也要求证据必须经过查证属实，才能作为定案的根据。对鉴定意见进行质证的最好途径就是让鉴定人出庭，接受交叉询问。2012年《刑事诉讼法》第187条对鉴定人出庭作了相应规定，明确案件在满足以下两个条件时，鉴定人应当出庭作证：一是公诉人、当事人或者辩护人、诉讼代理人对鉴定意见有异议；二是人民法院认为鉴定人有出庭的必要。同时满足以上两个条件的，鉴定人应当出庭，如果鉴定人在人民法院通知，拒不出庭的，人民法院不得将其所作的鉴定意见作为定案的根据。通过对出庭的鉴定人进行交叉询问，可以更加容易地发现鉴定意见中存在的错误。例如鉴定意见是否存在伪造，检材受到的污染是否会导致鉴定结论出错，鉴定是否及时等等。而且，对鉴定人鉴定方法是否得当、技术手段是否达标、是否失职以及是否造假等，只有通过其出庭接受具有相关知识的人的质证，才能使得法官进行准确判断。因此，鉴定人的出庭，在很大程度上可以遏制刑事错案的发生。为了保证鉴定人出庭作证的人身安全，公安司法机关还必须严格贯彻2012年《刑事诉讼法》第62条所确立的鉴定人人身保护制度，依法采取必要的措施，消除鉴定人出庭的安全顾虑。

其次，通过专家辅助人出庭质证鉴定意见，增强鉴定意见审查程序的对抗性。2012年《刑事诉讼法》第192条规定了专家辅助人制度，"公诉人、当事人和辩护人、诉讼代理人可以申请法庭通知有专门知识的人出庭，就鉴定人作出的鉴定意见提出意见"。有专门知识的人出庭的目的是帮助申请一方，就对方鉴定人的鉴定意见提出有利于本方的质证，是为了帮助申请一方更好地质证对方出具的鉴定意见。专家辅助人制度的建立从一定程度上能够保证利害关系人参与诉讼和提出诉讼主张。从司法实践中的鉴定启动权来讲，刑事案件的鉴定启动权掌握在公、检、法手中。而公、检、法启动的刑事司法鉴定，往往针对的是有罪证据，在通常情况下是不利于被告人的。专家辅助人具有专门的知识，同时又没有鉴定人那么严苛的资质条件限制。因此，相对于鉴定人而言，被告人更容易获得专家辅助人的帮助，从而加强对控方提供的鉴定意见的质证。专家辅助人的引入，为实质审查鉴定意见提供了可能，有利于排除错误的鉴定意见，保障被告人的诉讼权利，从而防止刑事错案。

最后，当同一案件中针对同一问题存在多份矛盾的鉴定意见时，应结合多种因素进行审查。司法刑事司法实践中，针对同一案件事实的不同鉴定意见，法院通常根据鉴定人的身份以及鉴定机构的级别来进行判断，往往采纳级别高的鉴定机构、权威性大的鉴定人的鉴定意见。以级别与权威性大小为主要依据的审查判断方式受到青睐的原因是可以有效提高法官判断鉴定意见的效率，但是考虑到案件鉴定的复杂性，级别高的鉴定机构、权威性大的鉴定人也会作出错误的鉴定结论，从而导致刑事错案的发生。具体来说，当存在多个不同的鉴定意见时，正确的做法是应综合考虑多种因素，慎重判断鉴定意见的证明力。通常应当考虑以下六个因素：①鉴定意见作出的时间。通常而言，在其他因素相同的情况下，案件发生后最早进行的鉴定意见所具有的证据力较高。②鉴定意见所依据的送检材料。送检材料是鉴定的前提和对象。也是鉴定意见形成的基础。送检材料充分性和真实性高的鉴定意见，其可靠性也越高。③鉴定人员的素质。鉴定人的知识构成与需要鉴定的事项的关联性越大，则其出具的鉴定意见的证明力越大。当鉴定人的学历、职称与知识的专业性发生冲突时，通常应赋予知识专业性更高的鉴定人的鉴定意见更大的证明力。④鉴定机构的设备与鉴定的方法。鉴定意见的作出往往需要借助一定的技术设备，采用一定的鉴定方法。因而，鉴定机构的设备越先进，鉴定的方法越可靠的，其所出具的鉴定意见的证明力越大。⑤鉴定意见的依据。鉴定意见是以一定的科学成果为依据的，这就要求审查鉴定意见时，应当审查当前的科技领域是否创造了鉴定意见所依据的科技成果，以及这种科技成果的稳定性和实用性。鉴定意见所依据的科学成果越成熟可靠，其证明力也越大。⑥案件的其他证据。对鉴定意见的审查，除了鉴定意见本身之外，还应该考虑鉴定意见与同案其他证据之间是否矛盾，是否能够构成闭合的证据链条。鉴定意见要当庭接受对方当事人以及专家辅助人的审查，与犯罪嫌疑人供述和辩解、被害人陈述、电子数据等其他证据进行印证。印证程度较高的鉴定意见，其可信性也较高。

十三、严守证明标准

近年来，刑事错案一再发生。错案的发生尽管各有原因，迷信鉴定结论、依赖口供、刑讯逼供、证人证言错误、忽视无罪证据等等因素，都一定程度上导致了刑事错案的发生。但归根结底大多与认定案件事实的标准有关。证明标准是控诉方运用证据证明案件事实应该达到的程度，是法官依法认定案件事实的底线标准，为法官的自由裁量设置了法律约束。为了保障人权，防止将无辜的公民错定为有罪，《刑事诉讼法》对有罪裁判规定了很高的证明标准，即"案件事实清楚，证据确实充分"。1981 年 5 月彭真曾经在五大城市治安座谈会上指出："现在有的案件因为证据不很完全，就判不下去。其实，一个案件，只要有确实的基本的证据，基本的情节清楚，就可以判，一个案件几桩罪行，只要主要罪行证据确凿就可以判，要求把每个犯人犯罪的全部细节都搞清楚，每个证据都拿到手，这是极难做到的，一些细微末节对判刑也没有用处。"[1] 对彭真此番讲话精神的概括形成了"基本事实清楚、基本证据确实充分"的证明标准，简称"两个基本"。"基本事实"是指根据《刑法》的规定足以影响定罪量刑的事实，即决定被告人的行为是否构成犯罪、罪行轻重之事实。"基本证据"是指对证明案件的基本事实起决定性作用的证据，即基本的、确凿的、能够证明犯罪基本事实的证据，根据这些证据能够排除其他可能性地得出关于案件基本事实的结论。该标准是针对当时司法实践中过分追求查清全面犯罪事实和全部证据，纠缠细枝末节，从而影响打击犯罪的力度和效果的司法现实而提出的。该证明标准偏重于对犯罪的打击，曾经对打击犯罪、维护社会治安发挥过积极作用。但是该证明标准并非《刑事诉讼法》明确规定的证明标准，在司法实践中也被理解为"事实基本清楚、证据基本确实、充分"，在具体的案件认定中，"事实基本清楚"主要是指有罪事实基本清楚，"证据基本确实充分"主要是指能够证明有罪的证据基本确实、充分，忽视无罪事实与无罪证据的收集与查证，

---

[1]　转引自陈国庆、王佳："'两个基本'与我国刑事诉讼的证明标准"，载《法制日报》2014 年 4 月 9 日。

实行有罪推定与疑罪从轻，从而为刑事错案的发生埋下了隐患。"事实基本清楚、证据基本确实、充分"的证明标准降格了有罪判决的标准，并且使得审判人员的经验和习惯来主导着对"基本"程度认定。同一案件，在事实和证据相同的情况下，事实和证据是否基本清楚，侦查人员、检察人员以及审判人员因为自身认识的不同，会得出不同的结论。例如河北发生的陈国清等人抢劫杀人案就是这种认识的体现：河北省承德市中级人民法院先后 4 次认为案件事实清楚、证据确实、充分，判处三被告人死刑。河北省高级人民法院先后 3 次以"事实不清"为由，裁定撤销原判发回重审，第四次审理后在原来认定的事实和证据的基础上改判 3 人死缓。尽管两级法院都是以"案件事实清楚，证据确实、充分"为有罪判决的证明标准，但是不同的判决结果说明两级法院在具体认定案件时更可能采用了主观性较强的"事实基本清楚，证据基本确实、充分"的司法实践中的有罪标准，从而导致对同一案件作出了截然不同的判决。

　　发生于温州的"董文列贩毒案"① 也是一起典型的司法人员降格证明标准而导致的刑事冤案。1994 年 12 月 14 日，正在驾校学车的浙江苍南县人董文列被老熟人苍南县公安局缉毒科民警林某骗至公安局，以涉嫌参与贩毒为由予以拘捕。1995 年 3 月，在董文列被收审之后的 3 个月后，民警才第一次提审他，董文列坚决否认参与贩毒，并说一定是公安机关搞错了。之后董文列一直被羁押于看守所，直至 1996 年 7 月 30 日，林某以及其他几位民警才第二次提审他，并将其带到苍南县公安局，在审讯室对其进行刑讯，迫使董文列承认和叶某、苏某一起贩毒，但是董文列一直没有承认。最后民警林某等人将他们写好的讯问笔录拿给他签字，董文列看后，签了"以上笔录有错"等字样。林某等人再次毒打董文列，并强行要他将"有错"改为"无错"，并签字。1996 年 10 月 4 日，在被关押近两年之后，董文列被检察院批捕，理由是涉嫌参与走私贩卖毒品18 900 克。1997 年 4 月 1 日，温州市中级人民法院在苍南县人民法院对本案进行了开庭审理。法庭上被告人董文列一再喊冤，并说口供和签名都是被刑讯逼供的。董文列的辩护律师唐某也为董文列作了无罪辩护，并指出本案中被告人口供内容彼此矛盾，不能相互印证。但是，1997 年 5 月 7 日，温州市中级人民法

---

① 本书关于"董文列贩毒案"的案情概述，参见董碧水："温州——'死刑犯'屈坐八年大狱提出国家赔偿"，载《中国青年报》2003 年 4 月 14 日。

院认定被告人及其辩护人的辩护理由不足，认定被告人董文列构成走私、贩卖毒品罪，对董文列判处死刑，剥夺政治权利终身。

一审判决后，董文列提出上诉，其辩护人唐律师针对一审中矛盾重重的指控证据开始进一步调查核实。二审期间，董文列辩护人唐律师结合自己的调查求证结果再次为董文列作无罪辩护，并指出关键的控诉证据不可信：一是苍南县公安局提供的叶某供认与董文列一起贩毒的笔录有伪造嫌疑。理由包括，其一，苍南县公安局声称该笔录来源于该局缉毒队 1994 年 6 月在协助云南省永德县公安局调查叶某案时获取，但是 1994 年 6 月，叶某案已经结案并被判处死刑，没有再邀请苍南县公安局协助调查的必要，永德县公安局缉毒民警的书面证词也否定了"协助调查"的说法；其二，叶某供认同董文列一起贩毒的供词只有民警林某一人自审自记，没有陪同民警段某的签名，并且被讯问人叶某的签名经鉴定是伪造的；其三，叶某在云南一案的所有讯问笔录以及判决书中都没有关于董文列贩毒的任何供述和线索，只有浙江苍南县提供的这份既没有讯问人自我身份信息以及讯问性质介绍，又无叶某在云南犯罪情况的讯问笔录，突然出现了董文列贩毒这一重大案情。因此，董文列辩护人唐律师认为苍南县公安局提供的叶某的供认笔录不能作为定案的根据。二是本案认定的贩毒经过中所提及的广东陆丰市"站前街"，"新新旅行社"，以及涉案人员"张某"，经调查都是不存在的。

浙江省高级人民法院认为原判认定的董文列贩卖毒品罪事实不清，证据不足，裁定撤销原判，发回重审。但是 2000 年 4 月 30 日，温州市中级人民法院经过重审，在没有新证据的情况下，仍然认定董文列构成走私、贩卖毒品罪，数量仍然是一审认定的18 900克，只是将量刑从死刑改为了无期徒刑。董文列等人再次上诉，2001 年 2 月 9 日，浙江省高级人民法院再次作出"撤销原判，发回重审"的裁定，案件又回到了温州市中级人民法院，之后杳无音讯。董文列的亲属以及唐律师奔走呼喊，该案引起了当地群众的强烈反响，《瞭望》、《青年时报》、《杭州日报》先后披露了这一罕见的冤案，社会舆论聚焦温州市中级人民法院。在此压力下，2003 年 1 月 25 日，温州市中级人民终于作出了宣告董文列无罪的判决，被无辜羁押 10 个年头的董文列终于重获自由。

董文列一案经历 2 次发回重审，3 次不同判决：浙江省高院 2 次将董文列贩毒案发回重审，温州市中级人民法院第一次判处死刑，第二次审判改判无期，第三次宣告无罪。在温州市中院的 3 次判决过程中，控诉方的证据并没有发生变化，走私、贩卖毒品罪的定罪标准也没有发生变化，是司法人员认定犯罪的证明尺度发生了变化。我国《刑事诉讼法》规定人民法院作出有罪判决必须达到"犯罪事实清楚，证据确实、充分"的证明标准。而温州市中级人民法院根据控诉方提供的证据所作的死刑与无期徒刑的判决远没有达到上述标准：

第一，董文列案中的诸多证据没有经过查证属实。如警方抓捕董文列的依据是叶某的一份口供，称与下堡村董文列等一起贩毒，但董文列并非下堡村人，并且该口供只有民警林某一人自审自记，无陪同民警签名。同时，董文列供述的将毒品卖给陆丰市站前街 118 号的张某，对该供述也未核实，因为陆丰市既没有站前街也没有涉案的张某。由此可以见，董文列案证据存在疑点，没有达到"证据确实"的要求。

第二，该案中的证据没有达到"证据充分"的要求，指控证据严重不足：没有证人证言，也没有物证、书证、鉴定意见等客观性较强的证据。定案的根据仅仅是董文列及其"同案犯"的两次供述。并且，这些供述间存在着明显的、严重的矛盾，无法相互印证。在证据严重不足的情况下，温州市中级人民法院降格了有罪的证明标准，疑罪从有、疑罪从轻，仅凭存疑的口供，就认定了董文列走私、贩毒的大案，错案由此铸成。

"案件事实清楚，证据确实、充分"的证明标准看似明确，却存在模糊之处。证据达到怎样的状态才算得上"确实、充分"？2012 年之前的《刑事诉讼法》对此都没有进行明确，这也给司法人员依据自己的知识和经验来进行误读留下了空间。为了进一步规范证据的运用，提高证明标准的可操作性，2012 年《刑事诉讼法》在第 53 条第 2 款对"证据确实、充分"进行了明确，"证据确实、充分，应当符合以下条件：（一）定罪量刑的事实都有证据证明；（二）据以定案的证据均经法定程序查证属实；（三）综合全案证据，对所认定事实已排除合理怀疑。"从而细化了刑事案件的证明标准。"定罪量刑的事实都有证据证明"是对证据量上的要求，是证据达到"确实、充分"的前提条件，据此规定，对刑事实体法规定的犯罪构成要件事实和影响量刑的各种情节，都需有相应的证据加以证明。"据以定案的证据均经法定程序查证属实"是对证据材料转化为定案根据的要求，强调对证据真实性与合法性的审查。"经法定程序查证属实"不仅对证据的真实性提出了要求，也对证据的合法性进行了规制。法定的查证程序包括 2012 年《刑事诉讼法》所增加的审查证据合法性的非法证据排除程序，证据是否合法，通过非法证据排除程序可以得到查证。"查证属实"要求证据必须具有客观性，是对证据的质的要求，虚假的证据不得作为定案的依据。"综合全案证据，对所认定的事实已排除合理怀疑"是对全案证据总的要求，在经过对证据的真实性和合法性进行审查之后，全案证据之间必须没有矛盾，共同指向唯一的案件结论，也就形成了排除合理怀疑的判决。"排除合理怀疑"在《布莱克法律词典》中的解释为"全面的证实、完全的确信或者一种道德上的确定性"，"排除合理怀疑的证明，并不排除轻微可能的或者想象的怀疑，而是排除每一个合理的假设，除非这种假设已经有了根据"。① 据此，"排除合理怀疑"可以说是一种道德上的确定性，"合理的怀疑"是基于一定的证据基础对案件事实产生的一种符合常理的否定性认识，并非空穴来风的怀疑与猜测。怀疑是否合理应该根据通常的逻辑理性与经验规则进行判断，排除了合理的怀疑，也就形成了内心的确信，从而可以对案件事实作出判决。

司法实践中存在的种种证据运用的乱象，其本质是偏离了刑事诉讼法所确立的证明标准，以实际办案的需要来降低有罪的证明标准，践行着有罪推定的理念，造成了"疑罪从轻"、"留有余地的判决"等等司法怪象，也造成刑事错案频发。为了防止刑事错案，保障人权，让全社会都感受到公平正义，就必须严格依《刑事诉讼法》所规定的证明标准办案。严格遵守《刑事诉讼法》所确立的"案件事实清楚，证据确实、充分"的证明标准，是对司法机关办案的基本要求。司法机关应当以刑事诉讼法所确立的证明标准，审查判断证据，准确认定案件事实。

严守法定的证明标准，就要求以证明标准审查证据，将证据确实性、合法性、充分性作为证据审查判断的实质与核心。不仅要审查单个证据的可靠性、合法性与关联性，更要对全案证据之间的关系进行审查，力争形成证据纽带和完整的证据链。这两种审查在案件事实认定的过程中相互交叉，紧密联系，不可分割，其共同之处都是要重点审查证据是否确实、充分、合法。

（一）审查证据的确实性

《刑事诉讼法》规定，证据必须"确实"，才能定案处理。即每一个证据都

---

① 转引自樊崇义主编：《证据法学》（第 5 版），法律出版社 2012 年版，第 347 页。

要满足确实性，确实性是证据的真实性与关联性的结合，是证据的客观实在性与证明性的统一。在审查证据的确实性时，要从两个方面进行。

1. 审查证据的来源

审查的内容一般包括证据的形成过程、证据的收集主体、收集方法是否恰当、取证的方式是否合法以及证据的形成过程是否受到了主客观因素的影响等等。根据证据的来源审查判断证据所反映的证据内容是否真实可信，通常需要从以下五个方面进行：①是否因证据收集人员的主客观因素影响证据的确实性；②取证人员收集证据的方法是否正确、合法，固定、保管证据的方式是否得当；③有关人员是否因不良动机而提供虚假证据；④有关人员是否因自身认知与表达因素，提供了失真的陈述或证言；⑤证据收集人是否针对不同证据的不同特征进行收集，每个证据的不同特性决定了在审查判断单一证据时，应具体问题具体分析，有针对性地进行审查。

2. 审查证据的内容

对证据的内容进行审查，就是审查判断证据所反映的事实与待证事实之间是否存在客观的内在的联系，有怎样的联系，能够证明案件的什么问题等等。证据的内容包括了能够证明案件事实的信息，其存在与否能够影响事实裁判者对案件事实的判断，因而具有了关联性，从而具有证明案件的能力。审查证据的内容，必须从案件的具体情况出发，要排除证据与案件事实之间的疑似的、偶合的联系，发现证据与案件事实之间的客观的、必然的联系。证据的内容必须满足两个条件，才能表明证据具有确实性：一是证据所反映的是原原本本的客观存在的事实，无论是言词证据抑或实物证据，都要求是其本来面目，没有加工；二是证据所反映的内容必须能够证明案情，即证据内容要与案件存在关联性，这种关联性是一种客观存在的、而非人为杜撰的关联。只要是符合这个标准的证据，不管其为何种表现形式，都是确实的。

（二）审查证据的充分性

确实性是单个证据能够作为定案证据的前提，但对于全案证据来讲，认定案件的证据在满足确实性的同时，还需具有充分性。即在数量上满足一定的要求。数量上的要求是指案件定罪、量刑的事实都有相应的证据加以证明，证据之间的矛盾都得到合理排除，根据全案证据得出的结论唯一。要达到证据充分，至少应满足以下两点：

1. 证据齐全，具有相当的数量

所谓齐全是指特定案件与定罪量刑有关的事实都有相应的证据证明，每个证据所证明的事实又有其他证据印证；证据满足一定的数量，消除了孤证定案的嫌疑，做到了案件的证明对象都有证据予以证明。准确地、全面地确定证明的范围，是衡量证据充分性的前提。因此，必须准确地把握不同案件的构成要素，全面确定案件的证明对象。不仅要将与实体法有关的定罪量刑事实作为需要证明的对象，还应该将非法证据排除等程序法事实也纳入证明的对象。

2. 证据之间没有矛盾，相互协调一致，得出的结论具有唯一性

案件的证据是否充分，必须对全案证据进行综合分析。审查证据之间是否有矛盾，以及根据证据是否可以排除合理怀疑地得出唯一的结论。如果结论是唯一的，也就意味着证据与证据之间，证据与案件事实之间的矛盾都已被合理排除，案件主要事实没有任何其他的可能性存在，而只有唯一的结论。要通过分析、印证的方法，对案件结论的多种多样的可能性加以约束和限制，排除结论的种种不确定性，找到某种确定性，从而作出科学的判断。

（三）审查证据的合法性

审查证据的合法性主要针对的是收集证据的公安、司法人员，是指审查公安、司法人员在收集证据时是否依照法律的要求和法律规定的形式进行收集和固定，是否具备法律手续与符合法律程序。证据合法性的含义包括取证人员依法收集证据和按照法律规定的特定形式和程序进行收集两个方面。2012 年《刑事诉讼法》规定的"证据确实、充分"的条件的第 2 条"据以定案的证据均经法定程序查证属实"表明，证据需要经受《刑事诉讼法》所规定的各种证据查证程序与方法，其中包括《刑事诉讼法》所增加的非法证据排除程序的查证。因而，审查证据的合法性成为判断证据是否达到法定的证明标准的必要举措。在司法实践中，对证据合法性的审查应着重审查以下两个方面：

1. 证据的法律形式是否完备，收集的手续是否齐全

《刑事诉讼法》对证据的形式与收集手续有严格的规定，法定的形式和法定的手续是保证证据质量的条件，对于固定证据和保证证据的真实性具有重要意义。当证据的形式和手续与法律不符合法律规定的，应要求收集证据的人员进行补正或者进行合理解释，不能补正或者进行合理解释的，事实裁判者应当通过自由裁量权作出是否采纳的裁决。

2. 收集证据是否符合法律所规定的程序

《刑事诉讼法》对证据规定的程序与法律手续是一致的，手续可以反映程序是否合法，但证据收集手续齐全不一定表明证据的收集一定符合程序。因为即便证据的收集手续不齐全，也可以通过事后的补正和加工。对证据收集程序的合法性的审查可以通过多种途径。一般先从法律文书入手，法律文书可以反映案件执法的全貌。通过审查法律文书，可以发现收集证据中的违法情形，同时也可以从法律文书的内容中发现其他的收集证据的瑕疵行为，为进一步审查其合法性提供书面保证。其次，应该积极听取犯罪嫌疑人、被告人以及辩护律师的意见，认真审查犯罪嫌疑人、被告人关于刑讯逼供等非法取证行为的申诉、控告，必要时可以启动非法证据排除程序进行调查。最后，要落实群众路线，广泛地深入群众，了解群众和其他诉讼参与人关于取证行为是否合法意见，积极寻找其他证据来证明取证行为的合法性。

第四章

依法侦查取证：防范刑事错案的前沿阵地

十四、全程录音录像

（一）全程录音录像制度的产生与发展

早在 2002 年 7 月，中国政法大学诉讼法研究中心的樊崇义教授就开始着手进行侦查讯问程序改革实证研究，在广东珠海建立了试验基地。后为进一步深化研究成果，于 2005 年选定全国的三个城市：北京、河南焦作、甘肃白银——的公安局作为试点开展"侦查讯问犯罪嫌疑人建立录音、录像、律师在场制度试验"。该项目取得了丰富的经验，为在中国刑事司法实践中采用讯问时录音录像制度提供了依据。

随着侦查讯问方式改革的逐渐深入，最高人民检察院在 2003 年 10 月 10 日出台了《人民检察院讯问室的设置和使用管理办法》。该《办法》第 8 条规定："有条件的人民检察院还应当在讯问过程中同步制作两套录音录像资料。"但是，在侦查实践中，对于讯问犯罪嫌疑人时如何具体实施录音、录像、录制以及音像资料如何使用等问题，没有统一规范，讯问犯罪嫌疑人进行同步录音录像不能全面落实。2005 年 11 月 1 日，最高人民检察院第十届检察委员会第四十三次会议决定，检察机关对讯问职务犯罪嫌疑人实行全程不间断同步录音录像。同年 12 月 16 日，最高人民检察院印发了《人民检察院讯问职务犯罪嫌疑人实行全程同步录音录像的规定（试行）》（以下简称"《规定》"），要求自 2006 年 3 月 1 日起在全国检察机关逐步推行讯问职务犯罪嫌疑人全程同步录音录像。

考虑到全国各地经济发展不平衡、地域差异等因素，最高人民检察院于 2006 年 1 月 18 日在宁波召开全国检察机关推行讯问职务犯罪嫌疑人全程同步录音录像工作现场会。按照"分步实施、逐步推进"的原则，将检察机关推行讯问职务犯罪嫌疑人全程同步录音录像工作分三步实施：第一步，从2006年3月1日起，普遍实行讯问职务犯罪嫌疑人全程同步录音，最高人民检察院、省级院、省会首府市院和东部地区分州市院办理贿赂案件和职务犯罪要案实行全程同步录像；第二步，从2006年底开始，中西部地区分州市级院和东部地区县区级院办理贿赂案件和其他职务犯罪要案，必须实行讯问犯罪嫌疑人全程同步录像；第三步，从2007年10月1日开始，全国检察机关办理职务犯罪案件讯问犯罪嫌疑人实行全程同步录像。

最高人民检察院办公厅于2006年12月印发了《人民检察院讯问全程同步录音录像技术工作流程（试行）》和《人民检察院讯问全程同步录音录像系统建设技术规范（试行）》。前者从检察技术工作环节对讯问同步录音录像的受理、录制、封签、保存和录制资料的调用、结案后归档等作出了规定，确定了同步录音录像工作的程序规范；后者明确了同步录音录像的设备标准技术指标和功能要求，为各级检察机关同步录音录像系统建设提供了依据。各地也结合全程同步录音录像实践，配套制定了工作要求，细化工作程序，完善操作规范，使这项工作有章可循。例如，安徽省检察院制定了《讯问职务犯罪嫌疑人全程同步录音录像实施细则》，对事前告知、事后确认和讯问的用语规范、行为规范等作出了详细规定；南京市人民检察院制定了《南京市人民检察院办理职务犯罪案件讯问犯罪嫌疑人实行同步录音录像的规定》、《关于贯彻省院同步录音录像意见办法》和《南京市人民检察院侦查指挥中心办案基地全程同步录音录像技术工作流程》等管理制度，对全程同步录音录像工作作出了严格的规定，实现了审录分离。①

2011年12月，最高人民检察院在检察机关规范职务犯罪侦查活动加强办案安全防范工作座谈会上又明确要求各地做到"三个毫不例外"：不论东部、中部、西部，不论哪一级检察院，不论大案、小案或者哪一种性质的职务犯罪案件，侦查、审查逮捕、审查起诉的讯问，都要毫不例外地按照要求实行讯问录音录像制度。2010年10月25日，以公安部印发《公安机关执法办案场所设置规范》为标志，我国公安机关也开展了全程录音录像制度改革。自2010年以

---

① 张红梅："检察机关讯问同步录音录像改革的回顾与展望"，载《国家检察官学院学报》2012年第5期。

来，各地公安机关按照公安部要求对执法办案场所开展规范化改造，办案区与其他功能区实行物理隔离并安装电子监控设备，犯罪嫌疑人被带至公安机关后必须直接进入办案区；看守所、讯问室实行物理隔离，确保讯问人不直接接触在押人员，并实行全程录音录像。截至2013年6月，全国已有90%以上的派出所完成了功能区改造，市、县级公安机关建成供各办案警种共同使用的办案中心共计3481个。①

2012年3月14日，第十一届全国人民代表大会第五次会议对《刑事诉讼法》进行了修正。修正后的《刑事诉讼法》自2013年1月1日起施行，其中第121条规定："侦查人员在讯问犯罪嫌疑人的时候，可以对讯问过程进行录音或者录像；对于可能判处无期徒刑、死刑的案件或者其他重大犯罪案件，应当对讯问过程进行录音或者录像。录音或者录像应当全程进行，保持完整性。"由此，随着《刑事诉讼法》修正案的实施，同步录音录像的案件适用范围获得了更大范围的扩展。

根据以上法律规定，全程录音录像制度包括以下基本内容：

第一，录音录像必须"全程"进行。2012年公安部《公安机关办理刑事案件程序规定》第203条规定："对讯问过程录音或者录像的，应当对每一次讯问全程不间断进行，保持完整性。不得选择性地录制，不得剪接、删改。"法律及司法解释之所以对录音录像作出必须"全程"进行的规定，其根据就是为了保证录音录像资料的真实性和完整性，当控辩双方在诉讼过程中对讯问过程提出异议的时候，可以通过录音录像资料完整在线讯问过程，达到澄清事实的目的；相反，如果录音录像资料选择性进行，侦查机关则完全可能规避刑讯逼供等非法讯问行为，录音录像资料大量失真，失去了对侦查讯问过程合法性进行监督的功能，从而也丧失了录音录像制度建立的初衷和本来意义。

第二，录音录像区分了"应当"与"可以"的两种情形，并不是对所有的刑事案件都需要录音录像。新《刑事诉讼法》规定：对于可能判处无期徒刑、死刑的案件或者其他重大犯罪案件，"应当"对讯问过程进行录音或者录像。其他案件则没有明确"应当"录音录像。对于上述法律规定之"其他重大犯罪案件"，2012年公安部《公安机关办理刑事案件程序规定》第203条明确指出：

---

① 参见王超："全程录音录像制度的功能异化"，载《华中科技大学学报》2014年第1期。

"其他重大犯罪案件"，是指致人重伤、死亡的严重危害公共安全犯罪、严重侵犯公民人身权利犯罪，以及黑社会性质组织犯罪、严重毒品犯罪等重大故意犯罪案件。上述法律及司法解释的规定均具合理性。一方面，这是我国现有的司法环境所决定的，由于录音录像制度是经过司法实证检验可行的新生事物，需要继续在司法实践中慢慢发展并变得成熟，如果短期内在刑事司法活动中全面推行则有一定难度，也容易遭到侦查机关更大程度的抵触；另一方面，这还是由我国现有的司法资源等现实条件决定的，在偏远少数民族地区、西部落后地区，录音录像设备的大范围配置尚需要足够的财政支持，这些都需要一个循序渐进的过程，因此，也不具备对所有刑事案件都录音录像的物质条件。法律区分案件类型作出"无期徒刑、死刑的案件或者其他重大犯罪案件""应当"全程录音录像这样的规定，还是合理调配司法资源的表现，法律规定将最紧迫、最亟需以及主要的司法资源配置给重罪案件，这样能确保更大程度、更大范围发现案件真实，以免发生刑事错案。

探视域外，也并不是对所有刑事案件的讯问过程都需要采取录音录像制度的。根据英国《1989年反恐怖主义法》和《1911年官方保密法》对于恐怖犯罪案件和涉及国家秘密的案件不录音。在美国，大部分警察局将讯问录音录像限制在重罪案件范围内，如杀人、性骚扰、暴力抢劫以及其他一些暴力或侵犯人身安全的犯罪；少数一些警察局会在交通肇事（酒后或服用毒品后驾车）、虐待儿童及家庭暴力犯罪的讯问中采用录音录像制度。[1] 我国台湾地区规定"急迫情况"下也不需要录像，对"急迫情况"的规定为："无录音设备或录影设备可用，且如不即时侦讯，恐不能阻止新犯罪发生或犯罪结果发生或犯罪结果加重或扩大，或共犯逃脱等情形而言，始妥当。"[2]

（二）全程录音录像制度对防范刑事错案的意义

1. 全程录音录像制度是遏制刑讯逼供的重要法宝

从一定意义上说，侦查讯问全程录音录像制度设立的初衷，就是要遏制长期以来侦查讯问犯罪嫌疑人过程中的刑讯逼供现象。通过全程录音录像制度来形成打击刑讯逼供的震慑力，形成对侦查询问人员强大的监督效应。最初开始

---

[1] 顾永忠、张婧："美国侦查讯问制度考察报告"，载樊崇义、顾永忠主编：《侦查讯问程序改革实证研究：侦查讯问中律师在场、录音、录像制度试验》，中国人民公安大学出版社2007年版，第480页。

[2] 黄东熊：《刑事诉讼法论》，三民书局1999年版，第220页。

的侦查讯问犯罪嫌疑人建立录音、录像、律师在场制度实证项目也充分证明，侦查讯问全程录音录像制度是防止刑讯逼供、切实保护犯罪嫌疑人权利的有力法宝。

从大多数意义上说，刑讯逼供还是导致一切刑事错案发生的罪魁祸首。研究发现，几乎每一件刑事错案，无不与刑讯逼供如影随形、相伴而生。刑讯逼供已经成为酿成错案的第一祸害，令犯罪嫌疑人闻风丧胆、深受折磨、屈打成招、全面崩溃，最终不得不屈服于侦查人员的严刑拷打。一桩桩血淋淋的刑事错案，已经深深印证了刑讯逼供与刑事错案的缕缕因果关系，这一点已经成为大多数国人的共识，也成为国外设立录音录像制度的理由之一。根据相关统计数据显示，美国执法人员逼供、诱供以及犯罪嫌疑人讯问时神志不清导致了一系列冤假错案的产生，这促使了美国 FBI 首度允许讯问时同步录音录像，也是 106 年来首度允许制作讯问同步录音录像。正如美国司法部部长埃里克·霍尔德在宣布这一规定的视频里指出："同步录音录像将为重要调查以及与在押犯罪嫌疑人的互动提供客观的记录，切实保障在押犯罪嫌疑人的宪法权利。"他还指出，同步录音录像对于执法机关和执法人员来说也是很有力的支持，可以保护他们免受不实投诉之苦。[①]

全面录音录像制度正是希望通过对刑讯逼供的遏制，来铲除刑事错案发生的直接动因，切断刑讯逼供与刑事错案的罪恶链条，在刑事错案的发生原因上消除刑讯逼供这重要一极，避免刑事错案的萌芽与发生。

2. 全程录音录像制度是印证讯问笔录的重要载体

大量的司法实践证明，犯罪嫌疑人、被告人在庭审过程中经常翻供，指出讯问笔录是在遭受刑讯逼供等非法侦查行为的情况下取得的。对于这一庭审突袭情况，在过去多年的司法实践中，如果没有侦查讯问阶段的录音录像作为印证材料，法庭控辩审三方将很难达成一致意见。自从侦查讯问录音录像制度产生后，这一过去法庭的棘手问题就能得到很轻松的解决。最简单的办法即通过播放侦查讯问全程录音录像资料，便会对侦查程序是否存在刑讯逼供等非法行为有一个非常清楚的判断，控辩双方对事实的认定，对裁判的结果会有更大的认同。据南京市检察机关的一项统计，实行同步录音录像后，职务犯罪案件翻

---

① 孔繁勇："FBI 首度允许讯问同步录音录像"，载《法制日报·环球法治》2014 年 6 月 3 日。

供率从原来的 15% 下降到了不到 5%。①

从刑事错案的发生机制来看，侦查讯问全程录音录像制度的应用，恰恰能在控辩双方对侦查行为合法性产生疑问、对侦查讯问笔录证据能力产生异议的关键时候发挥澄清事实真相的作用，是对侦查讯问过程的真实回放、全程在线，是对侦查讯问笔录真实性、合法性的有效印证，也是对庭审控辩双方围绕侦查程序是否合法、侦查讯问笔录是否可以作为证据使用进行质证的重要载体，这对于案件真相的发现、刑事错案的预防无疑具有重要意义。

3. 全程录音录像制度是记录"案中案"是否发生的重要工具

从另一层意义上说，侦查讯问全程录音录像制度还是保护侦查人员免受诬陷的重要工具。在司法实践中，也不乏被告人在庭审上反咬一口、诬蔑侦查人员非法取证等案例的发生。如果法官采纳被告人的这一主张，将有可能在庭审进行中又引发一个"案中案"的连环迷局，即法官需要在审判原案件被告人是否有罪之前先行对侦查人员侦查行为的合法性展开调查、质证和辩论环节，这不但转移了庭审重点，更是对庭审效率的极大挑战。更有甚者，在没有侦查讯问全程录音录像的前提下，如果庭审法官轻易采信了被告人的一面之词，将很可能导致对侦查人员的错误裁判，这是对侦查人员的不公正待遇，更有可能在放纵真正罪犯的同时，又引发了一个针对侦查人员的刑事错案。通过侦查讯问全程录音录像制度，能够最快最好地还原侦查讯问全貌，及时澄清侦查讯问全程的真相，避免针对侦查人员的刑事错案的发生和蔓延，帮助控辩审三方重新回归原本诉讼角色定位，尤其是确保审判人员能明确庭审目标和审理重点，更快、更好地完成庭审任务。

事实上，正由于录音录像在固定庭前口供方面具有这些优势，各国警察机关尽管在这一制度试行伊始往往本能地表示反对，但在试行一段时间后都转而表示欢迎。在英国，"自从实行这一制度后，人们很少对录音和录像的真实性产生疑问，使警察的讯问笔录被法庭采纳的概率大大提高"。在美国，据西北大学刑事误判研究中心 2004 年对全美 238 家执法机构所作的一项调查，几乎所有对讯问录音录像制度进行过试点的执法官员最终都喜爱上了这一制度，警察和检察官表示，这一制度解决了嫌疑人翻供的问题，同时使陪审团相信自白是合法

---

① 毛立新："侦查讯问录音录像制度缘何异化"，载《财经》2014 年第 14 期。

取得的。①

（三）全程录音录像制度实施的现状与问题

司法实务中全程录音录像制度还存在很多问题，在笔者正式论述之前先请读者阅读两个案例：

第一，是广西陈朝忠等大米走私案，② 案情如下：

2010 年 9 月 7 日，广西壮族自治区高级人民法院在凭祥审理一起大米走私案。二审法庭上，8 名被告一致声称在侦查中受到诱供、逼供，侦查阶段所作供述不实。法庭上，数名曾经参与审讯的海关侦查人员出庭作证，称侦办此案是"依法办案，文明取证"。但被告人及辩护律师提出了多项质疑，多名被告人表示侦查讯问过程中有被威胁，被体罚，受到"只要签字就可以很快出去"之类的话引诱。

一名被告人说，她当时供认有罪的那份"自述书"不是事实，是侦查员写好后叫她抄的。她问侦查员："我的那份'自述书'是我写的还是你写的？"侦查员反问道："'自述书'当然是你自己写的，怎么会是我写的呢？"被告人陈朝忠对"核对笔录"的说法提出了质疑，他称自己根本不识字，想找人帮忙核对也未得到允许。侦查员称，每一次笔录内容他们都念给陈听，陈并没有提出异议。

被告人刘家红称，他在海关首次接受讯问时，侦查人员曾以"不给饭吃"相逼，使他饿了肚子。他的辩护律师就此向侦查员发问。侦查员何某称，案发当天他们一共抓了 20 多个人，由于忙着办案，他们自己也一直饿着肚子，后来他们买来盒饭，和嫌疑人一起吃了饭。侦查员毛某也表示，当时的盒饭是单位点人头买的，"有我们吃的就有他们吃的"。

在黄春回的 10 次讯问笔录中，有 6 次都有侦查员韦某的签名。然而在法庭上，黄春回和其他被告人都称"没见过"韦某，没有问题要问她。韦某见状笑问黄春回："我剪了短发你就认不出我了？"在黄春回的辩护律师发问时，韦某称审讯黄春回时她既没有问话也没有做笔录。律师由此质疑，所谓的"双人作业"难以令人信服。而有多名被告人也称，审讯时只有一人。在此后的法庭辩

---

① 陈永生："论侦查讯问录音录像制度的保障机制"，载《当代法学》2009 年第 4 期。

② 孙小娟："侦查员出庭力陈证据合法 辩方提出多项质疑，庭审暂无结论"，载《南国早报》2010 年 9 月 13 日。

论阶段，检察员解释说，法律规定侦查机关在办案时"双人作业"，目的是为了相互监督，避免非法取证行为，但规定并没有要求两人都要进行问话和记录，一般由主办人问话、记录，另一人进行协助。

为了证实当时侦查讯问的全程，在 9 月 7 日下午的庭审中，检察员将已刻制成光盘的侦查讯问录像提交给法庭，当庭播放了 8 名被告人的审讯录像。这些录像均在看守所的审讯室录制，在播出的画面中，确实看不到逼供、诱供、引供等非法取证行为，而且被告人在录像中确实说，他们知道自己所买卖的大米是某国米。

然而，这些摄像机忠实记录的画面，也受到了被告人的质疑。每段录像播放完后，相关的被告人均称，录像反映的不是事实，里面的回答不过是"依葫芦画瓢"。

被告人赵田秀的录像显示，录制时间是上午的 11 时 28 分至中午 12 时 12 分。赵田秀说，事实上，当天上午 8 时多，她就被提了出来，侦查人员准备好问答内容叫她背诵，直到她背好后才开始录像。其他被告人也反映说，拍录像时曾提前"演练"，回答合格后方能进镜头。

被告人陈广源看完录像后提醒法官："你注意到我在录像里老是低头吗？我为什么低头？因为我的腿上放有提前写好的材料，我背不出来，便低头照着念。"被告人陈朝忠说，当时侦查人员给了他 100 元钱，并告诉他，只要配合拍摄录像，很快就可以回家，于是他便配合了。

有辩护律师指出，侦查机关对每个被告人的讯问都有 10 次以上，录像记录的只是其中一次，而且均是在讯问了五六次后才开始录像。这一次的情况不能代表之前没有非法取证，也不能代表以后没有。另有辩护律师认为，这些经过编辑处理后刻成的光盘并非原始录像，其内容不能代表真实的审讯状况，希望法庭能调取原始录像带。

但是检察员表示，侦查机关进行录像的目的，就是为了方便被告人一方查阅是否有非法取证现象。法律并没有规定每一次审讯都要录像，就目前的办案条件来说，也做不到次次都录。只要录像中的审讯内容与其他笔录相吻合，就说明录像是真实可信的。被告人的说法只是一种辩解说辞，不足信。

在长达一天半的法庭调查中，双方围绕侦查取证是否合法的问题进行了大量的举证、质证，到了法庭辩论阶段，这个问题也是辩论的焦点。

8 名被告人一致说，他们在侦查阶段所作供述是逼供、诱供的结果，一审将他们的供述作为定案依据，他们不服。

几名辩护律师则纷纷辩称，根据《关于办理刑事案件排除非法证据若干问题的规定》，被告人在审判前的供述是否合法，举证责任在检察机关。如果检察员不提供证据证明被告人的供述是合法取得的，或者已提供的证据不够确实、充分，该供述不能作为定案的根据。就本案而言，被告人全部声称受到了逼供、诱供，而检察机关提供的证人、证言、录像等证据不足以证明侦查取证的合法性，因此，本案中被告人的供述应作为非法证据予以排除。

第二，是湖北省鄂州市原民政局长廖来生涉嫌受贿案，[①] 案情如下：

2012 年 7 月 30 日，鄂州市民政局原局长廖来生受贿和贪污案在鄂州市中级人民法院重审。检方指控，廖来生犯贪污罪和受贿罪收受人民币 22.2 万元、美金 4000 元。庭审时，廖来生对此前在自白材料中供述的受贿和贪污事实全部翻供。

法庭上，控辩双方争论的焦点，是廖来生在关押期间所写的 13 份自白材料的真实性。

廖来生除了承认与检方指控的行贿人在逢年过节礼尚往来外，对自白材料的真实性全部否认。他称，自己所写的自白材料，是刑讯逼供的产物，还称受到检方的诱供，曾经五天五夜没有睡觉。为了能得到缓刑判决早点出去，违心捏造犯罪事实，把自己越描越黑。

当检方提出有 3 盘同步录像时，廖则称，对他的审问自始至终没有同步录像。他先违心招供提供文字材料，然后再补拍录像。

廖来生的两名辩护人，在法庭上猛攻"同步录像"问题，从而否认自白材料的合法性。辩护人称，录像掐头去尾、先供后录，是刑讯逼供的产物，应作为非法证据排除，因为法律规定对在押人员审问时要有同步录像。

公诉人员承认在同步录像问题上有瑕疵，但称同步录像只是最高人民检察院的内部规定。我国《刑事诉讼法》并没有规定必须有同步录像。检方以前起诉的鄂州一批职务犯罪案，尽管没有同步录像，但只要有相关证据链，法院仍作出了判决。不能认定没有同步录像，推断有刑讯逼供的行为。另外，有行贿

---

① 王德华、孟卫军、张继果："福利中心大楼建起　民政局长倒下"，载《楚天时报》2012 年 7 月 31 日。

人的证言证词可以印证。

2012 年《刑事诉讼法》正式建立侦查讯问录音录像制度，对于规范侦查讯问程序无疑具有重要意义。但是，我国的讯问录音录像制度仍然处于起步阶段，目前还存在以下三个主要问题。

1. 法律和司法解释规定粗疏

在英国、美国部分州、韩国、澳大利亚以及我国台湾地区，都制定有详细的法律来规范侦查讯问录音录像制度的实行。其中，英国是最早试图建立讯问同步录音录像制度的国家。1988 年英国《警察与刑事证据法（操作守则 E）》，对讯问录音的做法进行明确规定，要求录音警察每次制作两盘录音带，一盘用于保存母带，另一盘用于复制更多的工作录音带。2001 年在《刑事司法与警察法》中又规定了讯问全程录像的要求，即警察在警察局讯问室对犯罪嫌疑人开始讯问时，除了制作上述两盒录音带以外，还必须制作两盒录像带。这两盒录像带，必须为同一录像机录制，而不是拷贝的。①

我国现行《刑事诉讼法》关于侦查讯问录音录像制度的法条只有第 121 条。该条规定了讯问录音录像制度的适用范围，区分了"可以"和"应当"对讯问过程进行录音录像的两种情形；同时，还特地强调了录音录像的"全程性"与"完整性"，但对于其他细节未作规定。

就笔者搜集的资料来看，目前与录音录像相关的司法解释主要有：①规定了当控辩双方对侦查讯问过程合法性产生异议时，当庭播放侦查讯问录音录像的质证程序。2012 年《最高人民法院关于适用〈中华人民共和国刑事诉讼法〉的解释》（下文简称 2012 年最高法《解释》）第 101 条规定：法庭决定对证据收集的合法性进行调查的，可以由公诉人有针对性地播放讯问过程的录音录像，提请法庭通知有关侦查人员或者其他人员出庭说明情况等方式，证明证据收集的合法性。2012 年最高人民检察院《人民检察院刑事诉讼规则（试行）》（下文简称 2012 年最高检《规则》）第 75 条作出了类似规定，并补充强调：需要播放的讯问录音、录像中涉及国家秘密、商业秘密、个人隐私或者含有其他不宜公开的内容的，公诉人应当建议在法庭组成人员、公诉人、侦查人员、被告人及其辩护人范围内播放。②规定了对录音录像资料与讯问笔录不一致时的处理程

---

① 张军：《新刑事诉讼法案例解读》，人民法院出版社 2012 年版，第 181 页。

序。2012年最高检《规则》第311条规定：经审查发现侦查机关讯问录音、录像内容与讯问笔录不一致等情形的，应当逐一列明并向侦查机关书面提出，要求侦查机关予以纠正、补正或者书面作出合理解释。发现讯问笔录与讯问犯罪嫌疑人录音、录像内容有重大实质性差异的，或者侦查机关不能补正或者作出合理解释的，该讯问笔录不能作为批准逮捕或者决定逮捕的依据。③2005年11月1日，最高人民检察院第十届检察委员会第四十三次会议通过《讯问职务犯罪嫌疑人实行全程同步录音录像的规定（试行）》，该规定主要是人民检察院讯问职务犯罪嫌疑人适用的录音录像程序规定，也是全程录音录像制度写入刑诉法典之前的成功实践。

法律和司法解释的粗疏至少体现在以下四个方面：

第一，法律和司法解释的不一致问题如何适用和解决。比如，2005年最高人民检察院通过的《讯问职务犯罪嫌疑人实行全程同步录音录像的规定（试行）》第12条明确规定："讯问结束后，录制人员应当立即将录音、录像资料复制件交给讯问人员，并经讯问人员和犯罪嫌疑人签字确认后当场对录音、录像资料原件进行封存，交由检察技术部门保存。"这就意味着讯问录音录像应该制作两份。但2012年《刑事诉讼法》和其他司法解释中并未对同步录音录像资料制作数量和程序等作出明确和细致的规定。

第二，对现行《刑事诉讼法》第121条的理解存在差异。如果侦查讯问阶段认为该案件不属于"可能判处无期徒刑、死刑的案件或者其他重大犯罪案件"而没有录音录像，但到了审查起诉阶段，检察机关提起公诉的罪名却是可能判处无期徒刑和死刑的案件，原先没有录音录像的侦查讯问过程是否构成重大程序违法？如果犯罪嫌疑人对侦查讯问过程合法性提出异议，在失去录音录像资料的前提下，如何证明侦查讯问全程是否合法？如何对侦查讯问全程进行补救？法律和司法解释未作明确规定。

第三，对于侦查机关讯问被告人的录像，辩护人是否有权复制问题。2013年9月4日，广东省高级人民法院以"辩护律师能否复制侦查机关讯问录像问题"向最高人民法院请示。最高人民法院针对广东省高级人民法院的请示，以"（2013）刑他字第239号文"作出了答复："对于侦查机关的讯问录音录像，如公诉机关已经作为证据材料向人民法院移送，又不属于依法不能公开的材料的，在辩护律师提出要求复制的情况下，应当准许。"[1]该规定意味着辩护律师复制讯问录音录像的两个条件：一是讯问录音录像必须是作为证据材料移送；二是依法能够公开。由此产生的隐忧是：如果侦查讯问录音录像显示有刑讯逼供行为，但侦查机关没有将其移送审查起诉和审判机关，这份录音录像资料是否就不能被律师复制？如果不能复制，辩护方如何申请启动非法证据排除程序？如何有效发挥录音录像制度遏制刑讯逼供的重要作用？这些司法实践中的难点确实值得我们思考。

第四，录音录像资料的性质不明确。是属于证据种类还是属于案卷材料？如果属于证据，是固定属于何种证据，还是根据录音录像的实际内容不固定地属于某证据？也正因为录音录像资料的性质不明，司法实践中对同步录音录像资料是否应该随案移送也认识不一。2005年最高人民检察院通过的《讯问职务犯罪嫌疑人实行全程同步录音录像的规定（试行）》第14条明确指出："案件移送审查起诉时，应当将全程同步录音、录像资料复制件随案移送。"但在2012年的三大司法解释中，仅有2012年最高检《规则》作出规定，新《刑事诉讼法》、最高人民法院和公安部的司法解释中均并未对同步录音录像资料是否随案移送作出明确规定。

2. 选择性录音录像问题突出

虽然新《刑事诉讼法》规定"录音或者录像应当全程进行，保持完整性"，但是在具体的操作层面仍困难重重。有学者指出："侦查人员进行非法讯问时，完全可以在摄像头所及范围之外，或者根本不开机，等到取得犯罪嫌疑人口供后，再打开摄像机，让犯罪嫌疑人重复一遍之前的供述即可。此时的监控不但完全失去意义，而且成为掩饰非法讯问行为的幌子。"[2]亦有学者以检察机关贯彻全程同步录音录像的情况为例，对录音录像的实施状况进行了调研。调查显示：在侦查期间对所有讯问的全过程都录音录像的仅占30%，对第一次讯问的全过程同步录音录像的占16%，对最后一次讯问的全过程进行同步录音录像的占到8%。[3]还有学者调查发现：实践中经常出现讯问笔录所记载的内容与同步录

①　参见北大法宝数据库："最高人民法院刑事审判第二庭关于辩护律师能否复制侦查机关讯问录像问题的批复"。

②　李建东："试论侦查讯问程序中的问题与出路"，载《河南警察学院学报》2008年第6期。

③　孙振："同步录音录像制度的功能、问题与期待"，载《连云港师范高等专科学校学报》2013年第1期。

音录像资料上所反映的内容、时间不一致的现象。这样带来的风险是极大的：一旦开庭时被告人要求当庭播放同步录音录像以否认笔录内容，如证明自己曾有辩解或不曾认罪，无疑会使检察机关陷入尴尬、被动的境地，直接影响诉讼的进程甚至结果。①

根据重庆市有关学者的实证调查研究，基本上没有对侦查期间所有讯问全过程都同步录音录像的案例，侦查讯问人员在犯罪嫌疑人承认犯罪后再进行录音录像的占了很大比重。大多数情况下只是对第一次和最后一次讯问的全过程进行录音录像，只有46%的侦查人员对侦查阶段每次讯问全过程进行了录音录像。实践中，绝大多数案件都是在犯罪嫌疑人作出有罪供述之后才开始录音录像，至于在此之前的讯问情况，都是按照旧的方式操作。如该市某镇党委书记涉嫌滥用职权和受贿一案，每次讯问笔录上都注明"根据《人民检察院讯问职务犯罪嫌疑人实行全程同步录音录像的规定》，我们对本次讯问进行全程同步录音录像，技术人员是×××"，似乎确实是"全程"同步录音录像。但据该犯罪嫌疑人反映，实际上该案只是最后侦查终结时进行了一次录音录像。这种"先审后录"的做法，是导致实践中不少被告人到法庭上以在录音录像之前遭到刑讯逼供为由推翻同步录音录像的供述的最主要原因。由于不能切实保证讯问录音录像的"全程"性，极大地削弱了同步录音录像形成证据的证明力。② 司法实践中普遍存在录哪些、送哪些、播哪些，决定权都在侦查机关手中，录音录像成为其手中的"私家武器"。如此被精挑细选后，最后呈现给法庭的，自然是能够证明"取证合法"、"翻供无理"的录音录像。刑讯逼供的痕迹被擦拭得无影无踪。③ 这样的录音录像，能否起到遏制刑讯逼供的积极作用实在是令人怀疑，也令当初的立法者始料未及。

之所以出现选择性录音录像的问题，不外乎以下三个原因：一是对正当程序的漠视。无论是2005年最高人民检察院通过的《讯问职务犯罪嫌疑人实行全程同步录音录像的规定（试行）》，还是最新修订的《刑事诉讼法》，都明确规定侦查讯问过程要"全程"进行。部分侦查人员仍然我行我素，是缺乏对正当程序和法治理念的最起码敬畏。二是传统侦查讯问方式的阴霾消散不去。一直

---

① 闫春雷："东北三省检察机关新刑诉法实施调研报告"，载《国家检察官学院学报》2014年第3期。

② 徐静村：《刑事诉讼前沿研究》（第七卷），中国检察出版社2008年版，第168页。

③ 毛立新："侦查讯问录音录像制度缘何异化"，载《财经》2014年第14期。

以来，侦查讯问人员通过威胁、引诱、欺骗甚至刑讯逼供来侦破案件的传统在侦查取证方式方法上还大有市场。录音录像制度的设立给他们多年来习惯的侦查讯问模式带来了不便甚至挑战，让他们产生抵触和排斥心理，甚至有厌烦情绪。根据调研统计，高达 89% 的侦查人员认为传统讯问方式更利于突破犯罪嫌疑人的口供；高达 91% 的侦查人员认为同步录音录像限制了侦讯技巧的发挥。[①]三是监督制约制度缺失。侦查讯问过程的封闭性、侦查羁押管理体制的趋同性让侦查讯问过程很难有第三方进入，对于录音录像过程何时开始、何时停止失去监督，侦查讯问人员即使违反录音录像制度规定，也很难承担什么实质性的法律后果。由此种种，造成选择性录音录像制度大行其道，全程录音录像制度被大打折扣。

3. 监督机制缺失

尽管全程录音录像制度的设计初衷非常良好，希望能对规范侦查讯问行为形成有效的监督和制约。但是，不可否认的事实是，如果将录音录像的权力完全赋予侦查机关一方而失去其他方面的监督，侦查机关则很可能因为自身侦查权的过于庞大而变相执行录音录像制度。这样就失去了侦查讯问全程录音录像制度的初衷，在根本上损害犯罪嫌疑人的基本权益。

在我国，同步录音录像制度从设计之初就存在制度性缺陷。在公安机关内部，尚未建立全国通行的专门的《公安机关讯问犯罪嫌疑人实行同步录音录像规定》。执法实践中对犯罪嫌疑人的讯问和录音录像全部是由同一个机关和同一批侦查人员操作完成的，缺乏对录音录像制作过程监督的第三方。对于检察机关的侦办案件而言，尽管最高人民检察院 2006 年制定的《人民检察院讯问职务犯罪嫌疑人实行全程同步录音录像的规定》明确"实行讯问人员与录制人员相分离的原则"，即设置了审录分离制度来加强对侦查人员讯问录音录像全程的监督。但不可否认的事实是，承办案件的人员是自侦部门的工作人员，录音录像人员是检察机关内部技术部门的工作人员，实质上都是检察院的内部机关，第三方完全中立和超脱的角色难以保证，这种监督的效果不得不让人怀疑。

外部监督方面，在对犯罪嫌疑人进行同步录音录像时，掌握录音录像设备开关的是检察技术部门工作人员。录像机开不开、什么时候开、开多久等都取决

[①]　徐静村：《刑事诉讼前沿研究》（第七卷），中国检察出版社 2008 年版，第 173 页。

于检察技术部门工作人员。谁来监督侦查讯问人员，以及检察技术部门工作人员是否存在有设备不用或不全程用的情况，如果单凭制度约束而没有客观中立的第三方的介入或者监督，其作用则是有限的。导致的结果是公民对录音录像资料的公正性往往会产生怀疑，致使录音录像资料的可信度严重降低。[①]

（四）完善全程录音录像制度、切实防范刑事错案

1. 完善相关法律制度规定

现行《刑事诉讼法》首次规定了全程录音录像制度，具有重要意义，但是相关法律和司法解释仍有完善空间。主要包括以下四个方面：

第一，统一法律和司法解释的相关规定。在目前司法实践尚不成熟的情况下，可以先通过一些司法解释来予以规范和完善录音录像制度的适用问题，待时机成熟以后再补充吸收到刑事诉讼法典当中。当前，检察机关有关全程录音录像制度的司法解释略具雏形，但公安机关的相关规定则有所缺失，应该制定出一套适合公安机关和检察机关通用的全程录音录像操作细则。比如在全程录音录像的具体范围上，2012年公安部《规定》已经对"应当"进行录音或者录像的两种情形作出了司法解释，但是2012年最高人民检察院的司法解释对"应当"录音录像的案件范围没有细化阐述。又如在随案移送问题上，三大机关应该制定相互衔接的司法解释，就侦查讯问录音录像从制作到庭审出示等规范程序制定出完整细则。

第二，明确录音录像资料的性质。司法解释应该明确录音录像资料属于证据的一种。一般情况下，录音录像资料本质上还是属于犯罪嫌疑人、被告人供述和辩解，因此应该与讯问笔录、书面供词等传统纸质证据载体具有同等地位。在特殊情况下，录音录像资料因为承载内容的不同而具有不同的证据形式面孔，突出表现就是当录音录像资料记载有刑讯逼供行为的时候，录音录像资料应该成为证明侦查人员是否构成刑讯逼供、暴力取证或威胁、引诱、欺骗等其他非法取证的视听资料。司法解释首先必须明确录音录像资料的证据属性地位这一基本前提，才能充分发挥录音录像资料在诉讼环节中的重要作用，充实辩护方的防御力量，实现立法者的预期目的，解决当前司法实践中录音录像资料无法

[①] 参见蒋进儿、张娟："同步录音录像的监督机制研究"，载《河北公安警察职业学院学报》2010年第3期，第44页。

随案移送的难题。

第三，规范同步录音录像的制作、保管、使用、管理和救济程序。一个完整的程序规定既能方便公安司法机关办案，也能方便辩护律师和诉讼当事人维权。2005 年最高人民检察院通过的《讯问职务犯罪嫌疑人实行全程同步录音录像的规定（试行）》对讯问职务犯罪嫌疑人全程同步录音录像的制作、确认、移送、保存、适用等整个程序作出了大致的规定，具有重要的开创性意义。遗憾的是，最新颁布的《刑事诉讼法》和司法解释没有对其作过多吸收和利用。在当前录音录像制度已经进入刑事诉讼法典的情况下，最高人民法院、最高人民检察院、公安部、司法部等国家机关应当吸收 2005 年最高检《讯问职务犯罪嫌疑人实行全程同步录音录像的规定（试行）》的合理成分，统一制定一个专门针对录音录像资料的制作、使用、存档管理、法律责任和监督救济等内容的操作程序细则。比如要明确违反相关规定的法律责任，对于因未严格执行全程录音录像制度规定，或者执行中弄虚作假，选择性录音录像的违法行为，一经查证属实，应当依照有关规定严格追究单位负责人、主要责任者和其他责任人员的责任。

第四，司法解释还应当针对司法实践中出现的新问题及时作出回应和调整。如对于录音录像"全程进行"的理解，应当明确规定"全程"既包括对侦查阶段任何一次讯问这一数量上的要求，也包括每一次讯问从进入讯问室开始到讯问结束这一时间上的要求。再如对现行《刑事诉讼法》第 121 条"可能判处无期徒刑、死刑的案件或者其他重大犯罪案件"的理解问题，应该明确包括起诉书中的指控罪名，并结合最新颁布的非法证据排除规则，为犯罪嫌疑人和被告人设立相应详尽的救济程序，包括辩方对录音录像资料提出异议后如何启动复查程序、如何质证、具体时限、对案件的实体结果会产生哪些影响等都应该进一步细化。

2. 探索建立侦羁分离机制

在我国现行的侦查机关和看守所一体的机制下，即使实施讯问过程全程同步录音录像，其公正性难免依旧遭到质疑。这种管理体制上的同一性、组织机构上的亲近性、侦查讯问程序的封闭性，很难让外部监督因素进入侦查讯问程序，从而让侦查讯问过程失去一定的制约，侦查权也难以得到有效控制，侦查讯问过程的合法性包括录音录像资料的真实性和全程性等也容易遭到怀疑。如在杜培武案中，虽然控方在提交给法庭的"审讯录像"中一切程序合法，没有发现刑讯逼供行为、11名刑侦技术人员出庭作证表示没有刑讯逼供行为，但该案最终仍因杜培武遭遇事实上的刑讯逼供行为而蒙羞。

西方大多数国家都区分了对犯罪嫌疑人讯问与羁押的场所。一般情况下，在司法官员就羁押问题进行司法审查之前，嫌疑人被羁押在警察控制下的拘留所里；而在法官经过审查作出羁押决定之后，被告人则通常被羁押在监狱或其他不由警察、检察官控制的监禁场所里。① 在英国、日本和我国香港特别行政区早已不同程度存在类似于看守所中立的制度，对侦查活动的合法性进行有效的监督，减少侦查讯问机关对犯罪嫌疑人的控制时间，切实防范非法讯问行为的发生。英国1984年《警察与刑事证据法》建立了羁押警察（看守官）制度。羁押警察不受当地警察的制约，直接由内政部管辖，在警衔上高于侦查警察。责任是维护犯罪嫌疑人的权利，为其行使权利提供便利，并有权对侦查警察送押的犯罪嫌疑人进行必要的人身检查，有权要求侦查警察说明逮捕嫌疑人的原因和对是否需要关押作出决定并制定书面记录等。②

而根据我国的相关规定，羁押犯罪嫌疑人的看守所隶属于公安机关管辖。在看守所隶属于公安机关以及检察机关对看守所享有法律监督权的情况下，我们很难指望看守所会在是否全程同步录音录像这个问题上与侦查机关进行一些实质性的对抗。

显然，如果将侦查机关和羁押场所相互分离，这种体制势必打破羁押场所对侦查机关的依附关系，在实质上摆脱侦查机关对羁押场所的干预和影响，彻底保持自身的中立性，实现对侦查讯问全程（录音录像）的监督，从很大程度上确保了侦查讯问全程录音录像制度实施的效果和质量。要充分发挥全程录音录像制度对侦查讯问过程的监督效果，必须严格将侦查讯问的空间范围限制在侦查机关无实际控制权的羁押场所内。为此，既要限制侦查机关在将犯罪嫌疑人送交羁押场所之前对犯罪嫌疑人的控制时间，原则上还应禁止侦查机关将已经被羁押的犯罪嫌疑人带到侦查机关自己内设的审讯室内进行讯问，以保证侦查讯问全程必须在全程录音录像的环境下进行。

---

① 陈瑞华：《比较刑事诉讼法》，中国人民大学出版社2012年版，第307页。
② 国家森：《法律监督的理论与实务》，中国检察出版社2007年版，第91页。

3. 加强内外监督

英国侦查讯问录音录像制度的监督制约程序已经比较成熟。在英国，以下制度在一定程度上实现了对侦查讯问录音录像全程的有效监督。其一，羁押犯罪嫌疑人、被告人由独立于侦查机关的机构或人员负责。在英国，在提出起诉以前和提出起诉以后，羁押犯罪嫌疑人、被告人的机构是不同的。在提出起诉以前，犯罪嫌疑人被羁押在各警察局内设的拘留室中。但为了防止警察利用羁押犯罪嫌疑人的机会非法获取口供，立法规定羁押场所由独立于侦查人员的两种特殊警察，即羁押官（custody officer）和审查官（review officer）负责，这两种警察的警衔高于负责侦查的警察，并且不受警察机构直接控制。其二，警察逮捕犯罪嫌疑人之后的讯问活动受到羁押官的严密控制。如根据《守则E》第3条第3款和《守则F》第3条第3款的规定，因出现某种特殊情况不能或不便录音录像时，应当由羁押官审查决定。又如根据《守则E》第4条指导注释4H和《守则F》第4条指导注释4B的规定，在嫌疑人提出抗议或申诉时，羁押官应当被叫来迅速对争议作出处理，并且只要有可能，录音录像设备应当一直打开，直到羁押官进入会见室并与被会见人谈话时为止。其三，保障辩护方对录音录像有充分的程序参与权。首先，被追诉人对是否启动录音录像程序享有一定的决定权。根据《守则F》第3条第1款F项的规定，在被追诉方要求对讯问活动进行录像时，警方应当对讯问活动进行录像。其次，被追诉方有权对录音录像带的保管和使用进行监督。根据《守则F》第6条第2款和第4项的规定，被追诉方有权在母带拆封、录制以及重新封存时到场。最后，被追诉方有权分享录音录像材料。根据《守则E》第4条第16款和《守则F》第4条第19款的规定，会见结束时，讯问人员应当给嫌疑人一份书面通知，说明录音录像材料的用途以及查看录音录像材料的方法，并告知嫌疑人如果其被起诉或者被通知将被起诉，警方将尽可能及时给他提供一份录音录像材料的复制品。也就是说，如果被追诉人被起诉，辩护方将有权与控方平等分享录音录像材料。[①] 这些经验都很值得我们借鉴和学习。

要确保侦查讯问全程录音录像的真正落实，必须充分发挥监督在侦查讯问过程中的重要作用。要区分公安机关和检察机关不同的侦查讯问特点，分别设

---

① 参见瓮怡洁："英国的讯问同步录音录像制度及对我国的启示"，载《现代法学》2010年第3期。

置不同的监督方式。总体而言，侦查人员与录制人员要实行"回避"原则。一是个人的"回避"，即侦查人员不能直接录制、参与后期制作及封存录音录像等任何程序；二是组织的"回避"，即侦查人员与录制人员必须分别归属于不同的国家机关。同时，侦查讯问全程录音录像过程中必须引入第三方监督主体，确保监督地位的中立性，切实避免选择性录音录像现象的发生，以完整记录侦查讯问全程。比如江苏省海安县检察院在对王某、顾某、樊某职务犯罪进行讯问的过程中，邀请3名人民监督员到监控指挥中心，通过观看同步录像以此实施监督活动。讯问完毕后，在人民监督员的见证下，检察技术人员当场制作录音录像资料，并当场进行封存，由人民监督员在录音录像工作笔录上签署意见。①经过人民监督员这一第三方监督主体监督并制作的录音录像资料的可信度得到了提高，公诉案件的起诉质量得到更大程度保障，犯罪嫌疑人的翻供率也明显下降。

在监督的组织架构上，对于公安机关侦查讯问全程，由于公安与检察分属不同系列，很难存在行政上的利益一体关系。因此可以充分发挥检察监督的重要作用，由检察机关的技术人员进行录制和监督，并参与后期必要时的编辑，以及最后的封存和启封工作等。而对于检察机关的侦查讯问全程录音录像实施而言，出于组织"回避"原则，不能由检察机关内部的检察技术人员来进行录制及监督，可以引入有录制技术的人民监督员作为现场第三方监督主体，并参与后期必要时的编辑，以及最后的封存和启封工作等。

在监督的具体内容上，应该包括以下几个方面：每次讯问结束后，应由记录员以外的第三人对同步录音录像资料及笔录制作情况进行审核，如发现问题，应采取重新讯问、补充讯问等方式进行弥补。同时，应建立全程在场、定期检查、临时巡查、与被侦查讯问的犯罪嫌疑人单独访谈等方法实施监督，选择适当的时间对同步录音录像的录制、密存、保管、调阅、归档等工作进行执法规范化检查。另外，还可将同步录音录像制度的实施情况纳入目前检察机关的考核体系中，制定出台科学、合理且具有良好导向作用的考评指标。②在最后的录音录像资料原件封存交付前，必须得到监督人员的签名方能有效。

---

① 杨柏森、刘伟峦："江苏海安：侦查讯问请人民监督员来监督"，载 http://review.jcrb.com/200803/ca688002.htm，最后访问时间：2014年6月16日。

② 参见闵春雷："东北三省检察机关新刑诉法实施调研报告"，载《国家检察官学院学报》2014年第3期。

十五、严禁刑讯逼供

（一）刑讯逼供的含义界定

2012 年《刑事诉讼法》第 50 条明确规定："严禁刑讯逼供和以威胁、引诱、欺骗以及其他非法方法收集证据，不得强迫任何人证实自己有罪。"该法仅仅在原则上规定了不得刑讯逼供，但是对于刑讯逼供的具体含义没有作出进一步解释。对于"刑讯逼供"的具体界定，2012 年《刑事诉讼法》相关解释作出了一些说明。2012 年《人民检察院刑事诉讼规则（试行）》第 65 条规定："刑讯逼供是指使用肉刑或者变相使用肉刑，使犯罪嫌疑人在肉体或者精神上遭受剧烈疼痛或者痛苦以逼取供述的行为。其他非法方法是指违法程度和对犯罪嫌疑人的强迫程度与刑讯逼供或者暴力、威胁相当而迫使其违背意愿供述的方法。"2012 年最高人民法院《关于适用〈中华人民共和国刑事诉讼法〉的解释》第 95 条规定："使用肉刑或者变相肉刑，或者采用其他使被告人在肉体上或者精神上遭受剧烈疼痛或者痛苦的方法，迫使被告人违背意愿供述的，应当认定为《刑事诉讼法》第 54 条规定的"刑讯逼供等非法方法"。2012 年公安部《公安机关办理刑事案件程序规定》对"刑讯逼供"的具体含义没有作出明确界定。

探寻域外司法，我们发现"刑讯逼供"一词纯系我国立法上之用语，国际上更为通用的是"酷刑"表述。目前，对"酷刑"最权威的定义，来自联合国《禁止酷刑和其他残忍、不人道或有辱人格的待遇或处罚公约》（以下简称《反酷刑公约》）。《反酷刑公约》第 1 条第 1 款明确规定："'酷刑'是指为了向某人或第三者取得情报或供状，为了他或第三者所作或涉嫌的行为对他加以处罚，或为了恐吓或威胁他或第三者，或为了基于任何一种歧视的任何理由，蓄意使某人在肉体或精神上遭受剧烈疼痛或痛苦的任何行为，而这种疼痛或痛苦是由公职人员或以官方身份行使职权的其他人所造成或在其唆使、同意或默许下造成的。纯因法律制度制裁而引起或法律制裁所固有或附带的疼痛或痛苦不包括在内。"可见，《反酷刑公约》对"酷刑"一语的核心定位为"蓄意使某人在肉体或精神上遭受剧烈疼痛或痛苦的任何行为"。现行《刑事诉讼法》几大司法解释基本上明确了"使犯罪嫌疑人或被告人在肉体上或者精神上遭受剧烈疼痛或者痛苦的方法"这一关键事实，与《反酷刑公约》具有一致性。2013 年 10 月 9 日，最高人民法院印发《关于建立健全防范刑事冤假错案工作机制的意见》的通知第 8 条规定："采用刑讯逼供或者冻、饿、晒、烤、疲劳审讯等非法方法收集的被告人供述，应当排除。"该条根据司法实践中的实际情况，进一步细化了刑讯逼供的各种其他方法，是对刑讯逼供不同方式的新限制。

（二）刑讯逼供是导致一切刑事错案的主要祸根

刑讯逼供更容易导致错案已经成为大多数人的共识。"每一起刑事错案背后，基本上都有刑讯逼供的黑影。可以说，尽管刑讯逼供并非百分之百地导致错判，但几乎百分之百的错案，都是刑讯逼供所致。因此，杜绝刑讯逼供是避免刑事错案的首要措施。"① 无数的冤假错案用生动和血腥的事实告诉我们，"棰楚之下，何求不得？"刑讯逼供已经成为酿铸一切错案的根源，成为对被追诉人的巨大伤害。在刑讯逼供的阴霾下，无数无辜和善良的公民被屈打成招，不得不扭曲事实、违心供述，作出不利于自己的陈述，最终面临被送上死刑断头台的危险。

反过来，当每一件冤假错案平反昭雪的时候，我们无不发现刑讯逼供正是造成刑事错案的罪魁祸首。从 2000 年云南杜培武被判死缓服刑 12 年后被再审改判无罪，2005 年湖北佘祥林被判有期徒刑 15 年服刑 9 年后被再审宣告无罪，2010 年河南赵作海被判死缓已服刑 11 年后被宣告无罪，2013 年浙江张高平叔侄在被蒙冤羁押 10 年后被再审宣判无罪，到杭州萧山因 17 年前一起抢劫杀人案真凶服法，而已服刑 17 年的陈建阳等五人被改判抢劫杀人罪不成立等，桩桩冤案无不都是因为刑讯逼供所致。尽管刑讯逼供不是导致这些错案发生的唯一原因，但是刑讯逼供在误导这些案件的根本走向、误认犯罪嫌疑人、被告人有犯罪行为等关键性问题上造成了重大影响，甚至导致了致命的方向性错误，直接酿成了冤假错案的发生。

近年来，因刑讯逼供而导致的刑事错案有很多，以下仅为代表性案件：

第一，云南杜培武遭遇刑讯逼供案，案情如下：

1998 年 4 月，昆明市公安局通讯处女警员王晓湘和该市路南县公安局副局长王俊波双双被枪杀，惨死在一辆"昌河"微型车上。1999 年 2 月 5 日，根据警方的侦查结果和检察院的指控，杜培武被昆明市中级人民法院以故意杀人罪一审判处死刑。1999 年 10 月 20 日，云南省高级人民法院鉴于"杜案"扑朔迷离，案情中疑点难释，遂改判杜培武死刑、缓期 2 年执行。当年 11 月 12 日，杜

---

① 参见陈兴良："错案何以形成"，载《浙江公安高等专科学校学报》2005 年第 5 期。

培武被送进云南省第一监狱服刑。

2000 年 6 月，昆明警方破获一起特大杀人盗车团伙。其中一名案犯供述，1998 年的王晓湘、王俊波被害案是他们干的。枪杀王晓湘、王俊波的真凶，"杀人魔王"杨天勇等人就此落入法网，顿时证明杜培武显属无辜。云南省高级人民法院公开宣告杜培武无罪。

此前，杜培武在向高级人民法院上诉时提出，他是被刑讯逼供才违心承认杀人的。2001 年 6 月 21 日和 27 日，昆明市五华区法院开庭审理两名警官涉嫌对杜培武进行刑讯逼供一案。在法庭审理中，检察官指控两名被告——昆明市公安局刑侦支队副支队长宁兴华、政委秦伯联在审讯杜培武案件时使用了刑讯逼供手段。

检察官在起诉书中说，昆明市公安局戒毒所警员杜培武被拘留后，在刑侦第三大队办公室，被告人秦伯联、宁兴华采用不准睡觉连续审讯、拳打脚踢或者指使、纵容办案人员对杜滥施拳脚，用手铐把杜吊挂在防盗门上，反复抽垫凳子或拉拽拴在杜培武脚上的绳子，致使杜双脚悬空、全身重量落在被铐的双手上。杜培武难以忍受，喊叫时被用毛巾堵住嘴巴，还被罚跪、遭电警棍击打，直至屈打成招，承认了"杀人"的犯罪"事实"，指认了"作案现场"。

经昆明医学院法医技术鉴定中心鉴定，刑讯逼供导致杜培武双手腕外伤、双额叶轻度脑萎缩，已构成轻伤。检察官认为，宁、秦二人身为国家司法工作人员，对嫌疑人杜培武使用肉刑或变相肉刑逼取口供，造成错案，其行为已触犯了《中华人民共和国刑法》第 247 条的规定，构成刑讯逼供罪，请求法院依法惩处。①

第二，河北省李久明遭遇刑讯逼供案，案情如下：

2002 年 7 月 12 日凌晨 2 时许，唐山市南堡开发区友爱楼住户郭某夫妇在家中被人重伤。唐山市公安局南堡开发区分局在侦查过程中，将时任冀东监狱二支队政治部主任的李久明确定为犯罪嫌疑人。2002 年 7 月 16 日，南堡开发区公安分局以涉嫌私藏枪支罪将李久明刑事拘留。

2003 年 11 月 26 日，唐山市中院以故意杀人罪和非法持有枪支罪判处李久明死刑，缓期 2 年执行。李提出上诉。2004 年 8 月 11 日，省高院以证据不足为

---

① 参见殷红："警察对警察的刑讯逼供"，载《中国青年报》2001 年 7 月 20 日。

由，撤销一审判决，发回重审。在此期间，唐山警方接到浙江省温州警方协查通报，温州市瓯海公安分局看守所在押人员蔡明新供出"惊天秘密"。蔡称自己曾在 2002 年 7 月 12 日凌晨闯入冀东监狱家属区郭某家中抢劫伤人。2004 年 11 月 26 日，李久明被无罪释放。与此同时，唐山市 7 名民警因涉嫌刑讯逼供罪被提起公诉。

2005 年 5 月 26 日，唐山七民警刑讯逼供案在河间市人民法院一审开庭。法院审理查明，2002 年 7 月 21 日上午，南堡公安分局办案人员经唐山市刑警支队一大队的大队长聂晓东同意，将李久明提至该大队三楼办公室讯问。因李久明坚称自己与案件无关，聂晓东示意使用本队的磁性手摇电话机对李久明进行电击。南堡公安分局局长王建军、副局长杨策组织卢卫东、黄国鹏、张连海、宋金全等人，轮流摇动电话机对李久明进行电击逼取口供。7 月 21 日夜间，李久明无法忍受酷刑，承认郭某夫妇重伤案系其所为。2002 年 8 月 26 日晚，王建军、杨策等人将李久明提到玉田县刑警大队一楼审讯室，继续讯问。其间，王建军、杨策强行给李久明灌辣椒水、抹芥末油，并一次连续灌李久明十多瓶矿泉水，打其耳光。直至 9 月 3 日，将李久明送回玉田县看守所。

曾与李久明共同被关押在河北省玉田县看守所 5 号监所的代守宝等人看到李久明在 5 号监所中的情形是：李的脸、大腿和脚面浮肿，手指上有糊痂，有的手指还往外渗着鲜血，脚趾缝流着脓，有的脚趾缝甚至露出了白骨，看后让人不寒而栗。

河间市人民法院一审公开宣判：原唐山市公安局南堡开发区分局局长王建军、副局长杨策犯刑讯逼供罪，分别判处有期徒刑 2 年；原唐山市刑警支队一大队大队长聂晓东、副大队长张连海、侦查员宋金全、原南堡开发区公安分局刑警大队大队长卢卫东、教导员黄国鹏犯刑讯逼供罪，因 5 人认罪态度较好，免予刑事处罚。[①]

第三，安徽省代克民遭遇刑讯逼供案，案情如下：

代克民，1961 年生，安徽亳州蒙城乐土镇前代庄村民，2006 年 9 月被警方抓捕，与另两名被抓的李保春、李超被控 2002 年共同制造前代庄一起灭门案。3 人被判处死刑后上诉，安徽省高院发回重审后改判死缓，再上诉后又改判无

---

① 参见冬子："唐山七民警涉嫌刑讯逼供被判有罪"，载《燕赵晚报》2005 年 5 月 31 日。

期，直至 2014 年 1 月 10 日 3 人被无罪释放。

代克民在接受《京华时报》记者采访时说，曾被连审 20 个昼夜，产生幻觉听到同事念悼词。以下为记者采访摘录：

京华时报：你在庄周派出所经历了什么？

代克民：几个便装男子拿着铁棍给我戴脚镣，我被吓得不敢吭声。之后他们反复问我有没有杀人，我都说没有。熬了好几天，不让睡觉。当时我感觉地面像一个碗，往下陷，墙壁也都烂了，像虫子在爬。再之后，他们把我拉到另一个陌生地方审讯我，后来又拉到蒙城县看守所。

京华时报：在看守所待了多久？

代克民：他们继续审我，不知道审了多久。我听见房后有我家人在说话，隔壁有同事在给我开追悼会，有老师在给我念悼词，后来我才知道这都是幻觉。

只要我说没杀人，他们就打我。后来他们把我拉到亳州市看守所，连续审了我 20 个昼夜，这是我后来听看守人员说的。

前 10 个昼夜是蒙城警方审的，审讯人员把我的手铐提到小手臂处，把手臂放在老虎凳上。他们用脚踩手铐，当时手臂就流血，手背也发紫，剧痛难忍。还有拉背铐，把我的一只手从肩膀绕到后背，另一只手从腰部绕到后背，再给双手铐上手铐，还把手铐提起来，在手铐下塞上装着水的矿泉水瓶，当时胳膊就不能动，像断了一样。

后 10 个昼夜是亳州警方审的，他们经常不给我吃喝、不让睡觉。大冷天让我坐在泼了凉水的老虎凳上，扒光我的衣服，还从头上浇凉水，开风扇对着我吹，逼我吃装了芥末的辣椒，逼我承认杀人了。

后来他们还逼我写悔过书，我被折磨得受不了了，非常绝望，想以死解脱，就承认杀人了。但他们问我怎么杀的，我还是不知道，他们就继续用刑。没办法，只能自己胡编。编得不合他们的意思，他们就让我再想，直到他们满意为止。①

第四，重庆两名警察刑讯逼供犯故意伤害罪一审被判缓刑，案情如下：

重庆市大渡口区人民法院 13 日开庭审理长寿区 3 名公安民警涉刑讯逼供案，法院当庭宣判。被告人苟洪波、但波犯故意伤害罪，判处；被告人郑小林犯刑

---

① 参见怀若谷："男子获死刑申诉 8 年无罪释放 曾被连审 20 个昼夜"，载《京华时报》2014 年 5 月 5 日。

讯逼供罪，免予刑事处罚。

据检察机关指控，3 名被告人原系重庆市长寿区公安局民警。2011 年 7 月，长寿区公安局以吕某涉嫌犯罪对其立案侦查。苟洪波负责审讯工作，其授意、指使但波、郑小林等民警采取刑讯手段逼取吕某口供。经鉴定，吕某损伤程度为重伤。案发后，但波主动到检察机关投案。法院审理后认为，检察机关指控的事实和罪名成立。3 名被告人当庭均如实供述了自己的犯罪事实，取得被害人谅解；但波系自首；郑小林犯罪情节轻微。对 3 名被告人可分别依法予以从轻、减轻和免予处罚。据此，法院当庭宣判，苟洪波犯故意伤害罪，判处有期徒刑 3 年，缓刑 3 年；但波犯故意伤害罪，判处有期徒刑 2 年 6 个月，缓刑 2 年 6 个月；郑小林犯刑讯逼供罪，免予刑事处罚。①

（三）遏制刑讯逼供、切实防范刑事错案

2012 年《刑事诉讼法》在遏制刑讯逼供上实现了重大改革与突破，集中体现为"一个原则（不得强迫自证其罪原则）、一个规则（非法证据排除规则）、一套制度（全程录音录像制度）"。具体体现在：

1. 初步确立了"不得强迫自证其罪"原则

2012 年《刑事诉讼法》第 50 条规定："审判人员、检察人员、侦查人员必须依照法定程序，收集能够证实犯罪嫌疑人、被告人有罪或者无罪、犯罪情节轻重的各种证据。严禁刑讯逼供和以威胁、引诱、欺骗以及其他非法方法收集证据，不得强迫任何人证实自己有罪。"

2. 初步确立了"非法证据排除"规则

2012 年《刑事诉讼法》第 54 条明确了非法证据排除的范围和阶段："采用刑讯逼供等非法方法收集的犯罪嫌疑人、被告人供述和采用暴力、威胁等非法方法收集的证人证言、被害人陈述，应当予以排除。收集物证、书证不符合法定程序，可能严重影响司法公正的，应当予以补正或者作出合理解释；不能补正或者作出合理解释的，对该证据应当予以排除。在侦查、审查起诉、审判时发现有应当排除的证据的，应当依法予以排除，不得作为起诉意见、起诉决定和判决的依据。"2012 年《刑事诉讼法》第 55 条还对人民检察院在非法证据排

① 新华网："重庆三名警察涉刑讯逼供案一审宣判"，载 http：//news.xinhuanet.com/legal/2014-05/13/c_1110671540.htm，最后访问时间：2014 年 5 月 14 日。另可参见"刑讯逼供案一审宣判 重庆两名警察被判缓刑"，载《京华时报》2014 年 5 月 14 日。

除中的职责作出了明确规定，"人民检察院接到报案、控告、举报或者发现侦查人员以非法方法收集证据的，应当进行调查核实。"第 56 条明确了人民法院在非法证据排除程序中的职责，"法庭审理过程中，审判人员认为可能存在本法第 54 条规定的以非法方法收集证据情形的，应当对证据收集的合法性进行法庭调查。"在非法证据排除的证明责任上，《刑事诉讼法》明确了人民检察院的证明责任，"在对证据收集的合法性进行法庭调查的过程中，人民检察院应当对证据收集的合法性加以证明。"在对非法证据的启动与法庭调查程序上，"当事人及其辩护人、诉讼代理人有权申请人民法院对以非法方法收集的证据依法予以排除。""现有证据材料不能证明证据收集的合法性的，人民检察院可以提请人民法院通知有关侦查人员或者其他人员出庭说明情况；人民法院可以通知有关侦查人员或者其他人员出庭说明情况。"2012 年《刑事诉讼法》第 58 条明确规定："对于经过法庭审理，确认或者不能排除存在本法第 54 条规定的以非法方法收集证据情形的，对有关证据应当予以排除。"

3. 建立了全程录音录像制度

2012 年《刑事诉讼法》第 121 条明确规定："侦查人员在讯问犯罪嫌疑人的时候，可以对讯问过程进行录音或者录像；对于可能判处无期徒刑、死刑的案件或者其他重大犯罪案件，应当对讯问过程进行录音或者录像。录音或者录像应当全程进行，保持完整性。"

为进一步防止侦查机关刑讯逼供行为的发生，2012 年《刑事诉讼法》还确立了拘留、逮捕犯罪嫌疑人后立即移送看守所的规则。第 83 条和第 91 条分别规定："拘留后，应当立即将被拘留人送看守所羁押，至迟不得超过 24 小时。""逮捕后，应当立即将被逮捕人送看守所羁押。"《刑事诉讼法》还确立了侦查讯问地点应该限于看守所内的规则。第 116 条规定："犯罪嫌疑人被送交看守所羁押以后，侦查人员对其进行讯问，应当在看守所内进行。"

总体而言，2012 年《刑事诉讼法》在遏制刑讯逼供方面实现了很多创新，很多方面与西方法治国家基本一致，在保障犯罪嫌疑人基本权利方面有重大进步。在新的形势下，要更彻底地杜绝刑讯逼供行为的发生，主要是要合理控制侦查权。侦查权作为国家公权机关的一种公权力，天生具有扩张性和侵犯性，失去适当的控制和约束必然导致对公民权利的侵犯和伤害。刑讯逼供就是在侦查权过于庞大失去规制前提下出现的司法痼疾。因此，要减少刑讯逼供行为的发生，还必须在控制侦查权上做文章，必须在体制机制上有所作为。要合理控制侦查权，需要在两方面进行制度创新：一是引入司法审查机制。当前侦查程序中强制措施的采取和适用，基本上都是一种缺乏第三方审查和监督的类似行政追罪方式，超然的、中立的、消极的司法机关缺失，由此自然导致侦查权的膨胀与扩张，极易形成对犯罪嫌疑人、被告人基本人权的侵犯。在司法实践中，则集中表现为对被追诉人的刑讯逼供，缺乏有效的监督和司法救济渠道。尽管2012年《刑事诉讼法》第115条对被追诉人赋予了一些司法救济的范围和渠道，但仅仅是对人民检察院的申诉，尚不是真正意义上的司法审查机制。二是切实实现看守所与公安机关的分离管理体制。关于侦查与羁押的分离机制，学界提倡了很多年，但是相关部门鲜有动静。这种侦查与羁押体制上的分离，意义是非常明显的：侦查机关只负责侦查，提讯犯罪嫌疑人必须到不属于自己直接管辖的看守所内进行讯问，这种权限的分割与空间的分离无疑能对刑讯逼供起到有效的制约作用，某些侦查机关、侦查人员过去一直以来的野蛮、肆无忌惮、挑战文明底线的讯问方式势必有所收敛，随着实践的推移和法治的进步，自然会慢慢销声匿迹，犯罪嫌疑人的人权保障水平自然会在这种分离体制中得到发扬与提升。通过以上两项制度，将在体制机制上扼杀刑讯逼供产生的土壤环境，在结构功能上动摇和消灭刑讯逼供产生的环境，因此需要引起相关部门的切实重视。

十六、侦查讯问程序正当化

（一）侦查讯问程序正当化的含义及最低标准

侦查讯问程序是指侦查人员按照一定的顺序、程式和步骤运用侦查权力讯问犯罪嫌疑人的过程，它是一系列有关讯问的讯问原则、讯问规则和手续的综合。[①] 侦查讯问程序正当化则是指侦查程序按照正当程序的基本理念塑造的，着重体现人权保障、权利维护、诉讼结构明显等基本程序正义内核为特征的侦查程序运作过程。

要探求侦查讯问程序正当化的特点，有必要回归到法律正当程序的本源含义。1791年美国宪法第五修正案和1868年美国宪法第十四修正案均规定："不经正当法律程序，不得剥夺任何人的生命、自由和财产"，此即享誉中外的"正

---

① 徐美君：《侦查讯问程序正当性研究》，中国人民公安大学出版社2003年版，第33页。

当法律程序条款"。根据美国学者和联邦最高法院的解释，法律的正当程序分为实体性正当程序和程序性正当程序。前者是对联邦和各州立法权的一项宪法限制，它要求任何一项涉及剥夺公民生命、自由或财产的法律不能是不合理的、任意的或反复无常的，而应符合公平、正义、理性等基本理念。后者则涉及法律实施的方法和过程，它要求用以解决利益争端的程序必须是公正的、合理的。《布莱克法律辞典》将程序性正当程序解释为："联邦宪法第 14 条修正案规定的对自由和财产的保护，包括为贫困被告人指定律师的权利、复印案卷的权利、对质的权利；第 6 条修正案具体规定并通过第 14 条修正案适用于各州的所有权利。程序性正当程序的中心含义是指：任何权益受到结果影响的当事人都有权获得法庭审判的机会，并且应被告知控诉的性质和理由，……合理的告知、获得庭审的机会以及提出主张和辩护等都体现在'程序性正当程序'之中。"① 美国法哲学家戈尔丁以"自然正义"两项最基本的原则出发，将正当程序的标准扩展为九项：①与自身有关的人不应该是法官；②结果中不应包含纠纷解决者个人的利益；③纠纷解决者不应有支持或者反对某一方的偏见；④对各方当事人的意见应给予平等的关注；⑤纠纷解决者应听取双方的论据和证据；⑥纠纷解决者应只在另一方在场的情况下听取另一方意见；⑦各方当事人都应得到公平的机会来对另一方提出的论据和证据作出反应；⑧解决的诸项条件应以理性推演为依据；⑨推理应论及所提出的论据和证据。②

上述标准是从普适性意义上对法律正当程序的特征进行描述，具有重要的法理价值和参考意义，是检验所有法律程序是否正当化的重要指标。侦查程序作为刑事程序中公权与私权冲突最激烈的阶段，更应该将程序正当化作为侦查讯问活动的基本指南和核心理念，应该将侦查讯问程序正当化作为始终贯穿侦查讯问活动的一条主线和价值追求。从法律正当程序的普适性要求出发，结合侦查程序和侦查讯问活动的自身特点，笔者认为，侦查讯问程序正当化的最低标准应该包括以下方面：

1. 控辩平等武装

从诉讼学理上说，刑事程序的整个阶段都应该构建一种"控辩平等、裁判

---

① 参见夏勇：《法理讲义 II——关于法律的道理与学问》，北京大学出版社 2010 年版，第 602 页。

② ［美］戈尔丁：《法律哲学》，生活·读书·新知三联书店 1987 年版，第 240～241 页。

中立"的诉讼格局，侦查程序自然也不例外。侦查阶段是打击犯罪与保障人权两种价值目标冲突最激烈的阶段，因而也是犯罪嫌疑人权利遭受侵害最危险的阶段，更应该始终贯彻和遵循"控辩平等、裁判中立"的诉讼理念，加大辩护方抗衡控诉方的力量，防止控辩平等对抗结构的整体倾斜，从而最大程度地确保司法公正目标的实现。由于侦查秘密性的原则性要求，侦查讯问阶段一般不公开进行，在仅有控辩双方而没有第三方在场监督的情况下，单独的犯罪嫌疑人显然无法有效对抗以国家公权力为强大后盾的侦查机关，因此，在侦查讯问环节加强对辩方的保护、增强辩方的防御力量、尽最大可能实现控辩平等武装更为重要。

侦查讯问环节要实现控辩平等武装，一是要充分保障犯罪嫌疑人的知情权，二是要充分发挥律师等第三方群体在侦查程序中的有效作用。知情权是指自然人、法人及其他社会组织依法享有的知悉、获取与法律赋予该主体的权利相关的各种信息的自由和权利。[①] 知情权是犯罪嫌疑人有效对抗侦查机关的前置性、前提性权利，如果缺乏知情权的保障，犯罪嫌疑人则很可能因为不知情而白白丧失申请权利的机会、丧失争取救济的机会、丧失有效对抗侦查机关的机会。律师帮助则是有效辩护理论的应有之义，是侦查程序阶段增强辩方对抗性的重要力量，是实现控辩平等武装的重要诉讼参与人。知情权的保障和律师作用的充分发挥，是增强辩方防御力量的有力武器，是实现控辩双方平等武装的重要装置，必须重视和加强落实。

2. 充分的司法救济

"有权利必有救济"、"无救济则无权利"，这是一条法律人再耳熟能详不过的法律公理。从权利诞生的那一刻起，权利就与救济密不可分，共同构成权利实体的两个不可分割的部分。一方面，权利的实现必须依靠救济。如果权利受到侵害时却缺乏一种有效的弥补、矫正、纠正办法和机制的话，那些规定得再多，设计得再完美、再细致、再科学、再完善的各项权利也无非就是空中楼阁、一纸空文，失去了权利设计者、制定者预想的成效和意义，其实践操作性自然也大打折扣。另一方面，救济在本质上也是一种权利，是权利的另一种表达方式和形式。具体体现在：当实体权利受到损害时，法律会自然派生出一种自行

---

① 汪习根、陈焱光："论知情权"，载《法制与社会发展》2003年第2期。

解决或请求司法机关及其他机关给予解决的权利，这种权利就是救济权。可见，救济权的产生必须以原有实体权利受到侵害为基础，如果原权利没有纠纷或冲突就不会产生救济权，救济权是相对于主权利的助权。[①] 正是因为权利和救济如此粘连与相互伴生的关系，在英国 1703 年的"阿什比诉怀特案"中，首席大法官宣称："一个人得到救济，也就得到了权利；失去救济，也就失去了权利。"[②]

司法救济是文明社会所有救济渠道中最有效、最可行、最合法、最公正的救济方法。司法救济与司法审查、司法最终裁决、令状主义等专业术语其实都有异曲同工之妙，基本精神都在于对所有涉及个人自由、财产、隐私甚至生命的重要事项在进行处分之前，或者是自己的上述权利在受到侵害时能够引入司法的力量，通过司法官和诉讼程序就其合理性和正当性进行裁决。司法救济原则在侦查程序的确立，是将侦查讯问活动纳入"诉讼"轨道进行规制的指导性原则，是保证侦查讯问活动真正成为一种诉讼活动，而不至于成为行政性治罪活动的一条底线；是对侦查讯问活动合法性、有效性进行监督的重要方法；也是对犯罪嫌疑人基本诉讼权利不被侵犯以及得到弥补的重要保证。

3. 不得强迫自证其罪

不得强迫自证其罪原则是尊重和保证犯罪嫌疑人主体地位得到尊重的重要表现，是确保犯罪嫌疑人供述合法性、真实性的重要前提。不得强迫自证其罪原则与犯罪嫌疑人"口供"证据的可采性紧密相连，与"由证到供"、"物证本位"、"客观性证据为中心"等侦查模式和理念思维密切相关。2012 年《刑事诉讼法》第 50 条明确规定："严禁刑讯逼供和以威胁、引诱、欺骗以及其他非法方法收集证据，不得强迫任何人证实自己有罪。"在西方许多法治国家，不得强迫自证其罪原则直接表现为沉默权的实施，表现为著名的"米兰达规则"的告诫。

以上特征，是侦查讯问程序正当化的最低限度标准，从一定意义上说，评价一个侦查讯问程序是否正当，这 3 条是最基本的考核指标；换言之，如果一个侦查讯问程序缺乏上述任何一个评价要素，其程序就难言是正当的。

---

① 参见程燎原、王人博：《权利及其救济》，山东人民出版社 1998 年版，第 358 页。

② 赵运恒：《罪犯权利保障论》，法律出版社 2008 年版，第 155 页。

（二）我国侦查讯问程序面临的新形势

1. 进步之处

1996 年《刑事诉讼法》明确了侦查讯问阶段犯罪嫌疑人的基本诉讼权利，其中主要包括自我辩护的权利（1996 年《刑事诉讼法》第 26 条）、聘请律师提供法律帮助的权利（1996 年《刑事诉讼法》第 96 条）、拒绝回答与本案无关问题的权利（1996 年《刑事诉讼法》第 93 条）、控告的权利（1996 年《刑事诉讼法》第 14 条）、要求回避的权利（1996 年《刑事诉讼法》第 28 条）、核对讯问笔录权的权利（1996 年《刑事诉讼法》第 95 条）以及不满 18 岁的未成年人在接受讯问时，法定代理人可以在场的权利等（1996 年《刑事诉讼法》第 14 条）。

2012 年《刑事诉讼法》在继续保留侦查讯问阶段犯罪嫌疑人以上诉讼权利的同时，在其他方面也作出了一些新的规定。主要体现在提升了对犯罪嫌疑人、被告人的人文关怀的水平，具体包括：

（1）辩护律师介入案件时间提前。新《刑事诉讼法》第 33 条规定："犯罪嫌疑人自被侦查机关第一次讯问或者采取强制措施之日起，有权委托辩护人。""侦查机关在第一次讯问犯罪嫌疑人或者对犯罪嫌疑人采取强制措施的时候，应当告知犯罪嫌疑人有权委托辩护人。"

（2）侦查讯问的时间地点进一步规范。新《刑事诉讼法》第 116 条规定："犯罪嫌疑人被送交看守所羁押以后，侦查人员对其进行讯问，应当在看守所内进行。"第 117 条规定："案情特别重大、复杂，需要采取拘留、逮捕措施的，传唤、拘传持续的时间不得超过 24 小时。""传唤、拘传犯罪嫌疑人，应当保证犯罪嫌疑人的饮食和必要的休息时间。"这些规定都体现了对犯罪嫌疑人、被告人的人性关怀。

（3）规定了全程录音录像制度。2005 年 11 月，最高人民检察院印发了《人民检察院讯问犯罪嫌疑人实行全程同步录音录像的规定（试行）》。2011 年 12 月，最高人民检察院再次下发通知，明确要求应毫不例外按照"三全"（全部、全程、全面）要求实行讯问录音录像制度。新《刑事诉讼法》第 121 条再次明确：侦查人员在讯问犯罪嫌疑人的时候，可以对讯问过程进行录音或者录像；对于可能判处无期徒刑、死刑的案件或者其他重大犯罪案件，应当对讯问过程进行录音或者录像。录音或者录像应当全程进行，保持完整性。全程录音录像制度的推行，能最大限度地减少刑讯逼供等非法取证行为的发生，维护犯罪嫌疑人的正当权益。

（4）证据规则和证据制度新变化。受"由供到证"侦查模式的影响，长期以来，犯罪嫌疑人、被告人的"口供"往往成为案件破获的突破口，为了获取"口供"而采取的刑讯逼供等非法侦查行为屡见不鲜。为根治这一司法顽疾，新《刑事诉讼法》第50条明确规定"不得强迫任何人证实自己有罪"。第54条规定，采用刑讯逼供等非法方法收集的犯罪嫌疑人、被告人供述应当予以排除。2013年10月9日最高人民法院印发《关于建立健全防范刑事冤假错案工作机制的意见》的通知第8条规定："采用刑讯逼供或者冻、饿、晒、烤、疲劳审讯等非法方法收集的被告人供述，应当排除。"

（5）知情权得到更多保障。2012年《刑事诉讼法》第33条规定："侦查机关在第一次讯问犯罪嫌疑人或者对犯罪嫌疑人采取强制措施的时候，应当告知犯罪嫌疑人有权委托辩护人。"第118条规定："侦查人员在讯问犯罪嫌疑人的时候，应当告知犯罪嫌疑人如实供述自己罪行可以从宽处理的法律规定。"2012年最高人民法院《关于适用〈中华人民共和国刑事诉讼法〉的解释》第82条规定："首次讯问笔录没有记录告知被讯问人相关权利和法律规定的，经补正或者作出合理解释的，可以采用；不能补正或者作出合理解释的，不得作为定案的根据。"2012年最高人民检察院《人民检察院刑事诉讼规则（试行）》第197条规定："讯问犯罪嫌疑人时，应当告知犯罪嫌疑人将对讯问进行全程同步录音、录像，告知情况应当在录音、录像中予以反映，并记明笔录。"第307条规定："讯问时，应当依法告知犯罪嫌疑人的诉讼权利和义务，听取其供述和辩解。"第565条规定："应当依法告知犯罪嫌疑人诉讼权利而不告知，影响犯罪嫌疑人行使诉讼权利的，人民检察院应当进行监督和纠正。"2012年公安部《公安机关办理刑事案件程序规定》作出了与2012年《刑事诉讼法》类似的规定。

2. 存在的不足

（1）侦查讯问人员"有罪推定"思想根深蒂固。尽管1996年的《刑事诉讼法》就明确宣告"未经人民法院依法判决，对任何人不得确定有罪"，但在实际的司法实践中，侦查机关在讯问犯罪嫌疑人过程中往往在潜意识里先入为主地将犯罪嫌疑人视为确定意义上的犯罪分子，对其所反映的正当诉求、辩解事实和理由不予以重视，导致侦查程序中刑讯逼供、由供到证的行为频频发生。

刑讯逼供的盛行，侦查讯问过程中侦查人员对犯罪嫌疑人主体地位的忽视、对其基本人权的漠视，都在一定程度上加剧了侦查讯问程序的残酷性，也在更大程度上酿成了冤假错案的发生，造成一桩桩令人发指的悲剧冤魂。如前所述，几乎每一件刑事冤假错案的发生，无不与刑讯逼供如影随形、相伴而生。

（2）不强迫自证其罪原则与如实供述义务的矛盾。新《刑事诉讼法》第118条规定："犯罪嫌疑人对侦查人员的提问，应当如实回答"，这本是1996年《刑事诉讼法》的规定。2012年《刑事诉讼法》修正案草案公布后，曾有人提出此规定与"不得强迫任何人自证其罪"这一国际刑事司法准则相互矛盾，建议废除。但2012年《刑事诉讼法》最终还是保留了该规定。对此，全国人大常委会法工委郎胜副主任对该条文的解释是："不得强迫任何人证实自己有罪"对司法机关是一个刚性的、严格的要求；"犯罪嫌疑人应当如实回答"则是要求犯罪嫌疑人如果回答问题的话，就应当如实回答；如果如实回答，就会得到从宽处理。这两个表述是从两个角度来规定的，并不矛盾。①

在大多数学者看来，这两个条款其实是一种互为矛盾的表述，尤其是"如实回答"的规定与国际刑事司法准则格格不入。笔者以为，如果视这两个条款为不矛盾条款，是脱离了118条"如实回答"条款在整个《刑事诉讼法》条款中上下文的语境含义，因此歪曲了汉语词语的本来意义，这种解释难免有牵强附会之嫌，也难以让大多数人接受和信服。

（3）司法救济渠道不充分。通览2012年《刑事诉讼法》，笔者无法发现特地针对侦查讯问环节的救济程序规定。新《刑事诉讼法》115条针对强制措施和侦查程序适用罗列了相对详尽的申诉控告理由，但未见有特别针对非法侦查讯问方式提起的救济程序。2012年最高人民检察院《人民检察院刑事诉讼规则（试行）》第565条虽然规定了检察机关侦查活动监督的具体内容，但对于选择性录音录像却没有纳入监督范围。与此同时，由于律师在场权制度在我国的阙如，律师无法在现场就侦查讯问全程为犯罪嫌疑人提供法律帮助和司法救济，犯罪嫌疑人对侦查讯问程序有异议时只能在侦查讯问结束后方可提起。但是，犯罪嫌疑人有权向哪些国家机关提起，如果向检察机关提起，应该向哪一级检察机关提起，检察机关如何处理，犯罪嫌疑人对处理结果不服如何再次救济等，

---

① 参见吴渤："法工委：不得自证其罪和如实回答不矛盾"，载《南方都市报》2012年3月9日。

法律及司法解释未作任何规定。还有，侦查阶段辩护人是否有权就当事人非法讯问行为提出申诉或控告，以及向哪个国家机关提起，提起救济的具体程序如何，法律和司法解释同样未作出规定。

（4）《刑事诉讼法》选择性录音录像问题突出。由于我国侦查程序未设置律师在场制度，全程录音录像制度可以说是对律师在场制度的一大弥补，因为两者都有监督侦查讯问全程合法性的功能，但全程录音录像制度在实践中的实施情况却超出了立法者的预期，主要体现在选择性录音录像问题突出。有学者指出："侦查人员进行非法讯问时，完全可以在摄像头所及范围之外，或者根本不开机，等到取得犯罪嫌疑人口供后，再打开摄像机，让犯罪嫌疑人重复一遍之前的供述即可。此时的监控不但完全失去意义，而且成为掩饰非法讯问行为的幌子。"[①] 亦有学者以检察机关贯彻全程同步录音录像的情况为例，对录音录像的实施状况进行了调研。调查显示：在侦查期间对所有讯问的全过程都录音录像的仅占30%，对第一次讯问的全过程同步录音录像的占16%，对最后一次讯问的全过程进行同步录音录像的占到8%。[②]还有学者调查发现：实践中经常出现讯问笔录所记载的内容与同步录音录像资料上所反映的内容、时间不一致的现象。这样带来的风险是极大的：一旦开庭时被告人要求当庭播放同步录音录像以否认笔录内容，如证明自己曾有辩解或不曾认罪，无疑会使检察机关陷入尴尬、被动的境地，直接影响诉讼的进程甚至结果。[③]

（三）侦查讯问程序正当化构建的基本原则

1. 程序法定原则

程序法定原则是一切程序法所要求的最基本原则，它包括两层含义：一是立法方面的要求，即所有司法程序应当由法律事先明确规定；二是司法方面的要求，即一切法律程序均应当依据国家法律规定进行。[④] 程序法定原则对侦查讯问程序的最基本要求就是侦查讯问活动必须严格依照法定程序进行，不得违背程序逼取犯罪嫌疑人口供，不得违背程序非法讯问，不得违背程序"由供到证"，不得违背程序剥夺犯罪嫌疑人在侦查讯问期间也应该享有的生命权、生存

---

① 李建东："试论侦查讯问程序中的问题与出路"，载《河南警察学院学报》2008年第6期。

② 孙振："同步录音录像制度的功能、问题与期待"，载《连云港师范高等专科学校学报》2013年第1期。

③ 闵春雷："东北三省检察机关新刑诉法实施调研报告"，载《国家检察官学院学报》2014年第3期。

④ 宋英辉：《刑事诉讼原理》，法律出版社2003年版，第71页。

权、休息权等基本人权。

2. 人本主义原则

人本主义是指"人"是法律之本，如果没有人，任何法律都无存在的必要，也无存在的可能。在西方，"人本"源于拉丁文"humanus"，意大利 14、15 世纪的世俗异端文人用它来表示与正统经院神学研究对立的世俗人文研究。而在英文中，"人本"又称"人文"。人文为"humanity"，有三个基本的含义：人道或仁慈；人性；人类。当"humanity"以复数形式出现时，它便指人文学科，即研究人类价值判断和精神追求的学科，以探求人生的价值、寻求人生的意义为研究目的，从而帮助人们树立正确的人生观、世界观、价值观，使社会人生更趋完美与和谐。① 侦查讯问程序中的人本主义，含有这样的一种基本理念，就是在整个侦查讯问程序中尊重个人的自由、权利和人格尊严，在制度设计上将被侦查讯问的犯罪嫌疑人以"人"相待，承认并尊重其主体地位和诉讼权利，给予其作为人应有的礼遇，反对将其物化、客体化、工具化。② 由此理解出发，侦查讯问程序应该在保留原有侦查讯问方法合理成分的同时，对犯罪嫌疑人渗透更多柔性侦查讯问方法，在细节上倾注更多人文关爱，将人文思维和人本主义理念贯穿到侦查讯问全程，往往能起到意想不到的讯问效果。

3. 权力谦抑原则

谦抑原则本是刑法学上的一个基本术语，借用在此，基本含义是指对于公权力的克减和限制。权力谦抑原则是针对司法实践中一直注重公权力的扩张，却漠视人权保护的弊端而提出的思想观点。它的宗旨是改变司法实践中刑罚化、有罪推定、滥用强制措施、刑讯逼供等状况，使司法制度和程序朝着更加文明、人道、和缓、克制、妥协、宽容的方向发展。③ 侦查讯问程序中的权力谦抑原则主要是着眼于对侦查权的合理限制，防止侦查权的过于庞大对犯罪嫌疑人基本权利的侵害，严格确保控辩双方对抗力量的基本平衡，确保侦查权的行使尽可能处于一种谦和、低调、保守的行使状态，防止强大侦查权过分倾斜和压抑辩方的诉讼权利。

---

① 樊崇义：《刑事诉讼法哲理思维》，中国人民公安大学出版社 2010 年版，第 161～162 页。

② 参见樊崇义：《迈向理性刑事诉讼法学》，中国人民公安大学出版社 2006 年版，第 72～77 页。

③ 参见郭云忠：《刑事诉讼谦抑论》，中国政法大学 2005 年博士学位论文，第 4 页。

（四）侦查讯问程序正当化的构建

1. 严格贯彻"无罪推定"思维

实践证明，"有罪推定"思想是酿成侦查讯问程序异化的罪魁祸首，是酿成一系列冤假错案的直接推手。正是因为"有罪推定"，侦查人员才千方百计突破犯罪嫌疑人的口供，想方设法通过口供来指控犯罪嫌疑人。物证本位思想缺失，口供主义盛行。也正是因为"有罪推定"思维，侦查讯问人员先入为主、不去用心研究物证、研究案情、研究其他侦查手段，却把案件的突破口和希望寄托在犯罪嫌疑人的口供上，由此导致刑讯逼供等非法讯问方式的发生。

为消除以上弊端，侦查讯问人员务必牢固树立"无罪推定"意识，对于被讯问的犯罪嫌疑人、被告人，要在思想上将其当作一个无罪的人来对待，最多也只是一个可能犯罪的"嫌疑人"来对待。只有严格贯彻"无罪推定"思维，才会在真正意义上尊重和保障犯罪嫌疑人的人权，才有可能切实保障侦查讯问程序的正当化，不给冤假错案留有任何余地。

2. 确立"以客观性证据为中心"的侦查取证模式

近期，有学术观点将证据在学理上分为"主观性证据"和"客观性证据"。前者是指以人为证据内容载体的证据，需要通过对人的调查来获取其所掌握的证据信息，由于人的认知会随着外部环境和内在动机的变化而发生改变，因此主观性证据的特点表现为变动有余而稳定不足。与之相对应的则是"客观性证据"，是指以人以外之物为证据内容载体的证据，这些证据内容的载体通常是客观之物，虽然也会受到自然之影响，但是在有限的诉讼时限内、在没有人为因素介入的情况下，其外部特征、形状及内容等基本稳定，所包含的证据内容受人的主观意志的影响较小，因而客观性较强。[1] 较之主观性证据而言，客观性证据的稳定性和可靠性更高，对于准确认定案件事实的证明价值更高。

长期以来，侦查机关的讯问过程主要是依赖职务犯罪嫌疑人的"口供"定案，具体取证方式为典型的"由供到证"侦查取证模式：根据犯罪嫌疑人的口供来寻找其他证据，通过其他证据来印证口供。实践证明，这种侦查取证模式具有极大的风险性，证据形式不稳定、证据基础不扎实，很容易存在"翻供"和"翻案"的可能性，容易造成冤假错案，也给案件侦破和结案工作带来隐患。

---

[1] 樊崇义、赵培显："论客观性证据审查模式"，载《中国刑事法杂志》2014 年第 1 期。

"以客观性证据为中心"的思维模式要求我们在侦查过程中必须改变过去盛行的"口供之王"的证据地位，改变过去"白天攻、晚上攻"的纠问式侦查模式。牢固树立和坚持"客观性证据"为主导的思维模式，牢固树立物证为本、实物证据为本的新思维。通过"物证"、"书证"、"鉴定意见"、"勘验、检查、辨认、侦查实验等笔录"、"视听资料、电子数据"等"客观性证据"来巩固、强化和印证职务犯罪嫌疑人、被告人供述和辩解这一"主观性证据"。牢固树立"以客观性证据为中心"的侦查模式观，能有效消减侦查人员对口供的过度依赖心理，在心理动机上遏制利益驱动，彻底实现侦查模式的转型，减少刑讯逼供行为的发生。

"以客观性证据为中心"的侦查取证模式还与不强迫自证其罪原则有着紧密的联系。一方面，不强迫自证其罪原则要求侦查人员不得使用暴力、威胁等强制手段收集犯罪嫌疑人口供，不得将非出于自愿而是迫于外部强制手段所作的陈述或证据作为起诉的根据，这样就迫使了侦查讯问机关在侦查取证过程中必须将更多的目光和精力投入到客观性证据的收集上，充分发挥客观性证据在认定案件事实、审查和检验全案证据是否真实可靠的重要依据。另一方面，确立"以客观性证据为中心"的侦查取证模式又是对不强迫自证其罪原则的积极贯彻、实施和落实。通过客观性证据的收集和运用，能有效淡化和减少侦查人员对犯罪嫌疑人口供的依赖程度，减少侦查人员强迫犯罪嫌疑人供述等非法讯问行为的发生，更大程度贯彻程序法定原则，遵循人本主义理念，体现司法文明。

3. 创新侦查讯问方法

长期以来，侦查讯问人员往往采取"重口供"、"重刑讯"、"威胁"、"引诱"等传统的强制侦查讯问方法逼取犯罪嫌疑人口供。由此容易造成控辩双方紧张对立关系，讯问关系双方对抗有余，合作不足，讯问效果和质量都难以得到保障。

在新的形势下，侦查讯问人员必须顺应刑事司法"保障人权"、"司法文明"的理念，尽早克服和抛弃原有的野蛮、武断等强制性侦查讯问方法，努力学习社会学、犯罪学、心理学、证据学等相关学科知识，注重科学方法、注重知识引导、注重情感输入、注重柔性讯问方法的运用。只有创新侦查讯问方法，才能更加旗帜鲜明地张扬"以人为本"的程序理念，才能更加生动地增强侦查讯问的实质效果，保证犯罪嫌疑人口供的稳定性、自愿性和合法性。

4. 探索建立侦羁分离机制

西方大多数国家都区分了对犯罪嫌疑人讯问与羁押的场所。一般情况下，在司法官员就羁押问题举行司法审查之前，嫌疑人被羁押在警察控制下的拘留所里；而在法官经过审查作出羁押决定之后，被告人则通常被羁押在监狱或其他不由警察、检察官控制的监禁场所里。[①] 这样的好处显然能减少侦查讯问机关对犯罪嫌疑人的控制时间，减少因为侦查讯问机关与羁押场所的直接行政一体关系而失去的监督制约，尽一切可能保障犯罪嫌疑人的正当权益，切实防范非法讯问行为的发生。

根据我国的相关规定，羁押犯罪嫌疑人的看守所隶属于公安机关管辖。这种侦羁行政体制一体化的格局，很难在根本上保障犯罪嫌疑人在侦查讯问阶段的各项权利。如果将侦查机关和羁押场所相互分离，这种体制势必打破羁押场所对侦查机关的依附关系，切断侦羁一体化的亲缘关系，在实质上摆脱侦查机关对羁押场所的干预和影响，彻底保持自身的中立性，实现对侦查讯问全程的监督，在体制源头上保证侦查讯问过程的规范化、透明化、法制化。

5. 加强对侦查讯问程序的监督与救济

在当前律师在场权未被纳入法律规定的情况下，要加强对侦查讯问活动合法性、有效性进行监督，最主要的是要完善全程录音录像制度的监督制约，以及增强犯罪嫌疑人在侦查讯问后的申请司法救济的权利。

就选择性录音录像制度的监督制约而言，每次讯问结束后，应由记录以外的第三人对同步录音录像资料及笔录制作情况进行审核，如发现问题，应采取重新讯问、补充讯问等方式进行弥补。同时，应建立全程在场、定期检查、临时巡查、与被侦查讯问的犯罪嫌疑人单独访谈等方法实施监督，选择适当的时间对同步录音录像的录制、密存、保管、调阅、归档等工作进行执法规范化检查。另外，还可将同步录音录像制度的实施情况纳入目前检察机关的考核体系中，制定出台科学、合理且具有良好导向作用的考评指标。[②] 在最后的录音录像资料原件封存交付前，必须得到监督人员的签名方能有效。就犯罪嫌疑人的司法救济而言，法律和司法解释应该明确犯罪嫌疑人及其辩护人就非法侦查讯问

---

① 陈瑞华：《比较刑事诉讼法》，中国人民大学出版社 2012 年版，第 307 页。

② 参见闫春雷："东北三省检察机关新刑诉法实施调研报告"，载《国家检察官学院学报》2014 年第 3 期。

方法、选择性录音录像向检察机关提起救济的权利，而且应该明确救济的详细途径、程序和方法等内容。

十七、严格刑事涉案财物的搜查、查封、扣押和冻结程序

（一）刑事涉案财物的界定

"涉案财物"这一概念不是规范的法律术语，尚不具有明确的法律地位和法律意义，在立法与司法中往往与"涉案物品"、"涉案财产"、"涉案款物"、"在案财物"、"罚没财物"、"扣押、冻结之物"、"赃款赃物"、"纠纷财物"等混同使用。2010年《人民检察院扣押冻结涉案款物工作规定》对何谓"涉案款物"作了说明："本规定所称扣押、冻结的涉案款物，是指人民检察院在依法行使检察职权过程中扣押、冻结的违法所得、与犯罪有关的款物、作案工具和非法持有的违禁品等。"2012年《人民检察院刑事诉讼规则（试行）》中多个条款都提及"涉案款物"，但同时也未加区分地使用了"涉案财产"与"涉案财物"。如第679条规定："人民检察院司法协助的范围主要包括刑事方面的调查取证，送达刑事诉讼文书，通报刑事诉讼结果，移交物证、书证和视听资料，扣押、移交赃款、赃物以及法律和国际条约规定的其他司法协助事宜。"第十五章"案件管理"第672条至675条对"涉案财物"的处理作出了一些规定。2012年《最高人民法院关于适用〈中华人民共和国刑事诉讼法〉的解释》第十六章"查封、扣押、冻结财物及其处理"专章对涉案财物的"查封、扣押、冻结"程序进行了细化规定。2012年公安部《公安机关办理刑事案件程序规定》第270条提及"涉案财物"的表述仅为："为发现重大犯罪线索，追缴涉案财物、证据，查获犯罪嫌疑人，必要时，经县级以上公安机关负责人批准，可以发布悬赏通告。"2010年公安部制定的《公安机关涉案财物管理若干规定》第2条指出："本规定所称涉案财物，是指公安机关在办理行政案件和刑事案件过程中，依法以扣押、查封、冻结、扣留、调取、先行登记保存、抽样取证、追缴、收缴等方式提取或者固定的与案件有关、需要作为证据使用的物品和文件，包括：（一）违法犯罪所得及其孳息；（二）用于实施违法犯罪行为的工具；（三）其他可以证明违法犯罪行为发生、违法犯罪行为情节轻重的物品和文件。"

为研究的方便，笔者单独提出"刑事涉案财物"的概念。刑事涉案财物是指由司法机关依据其职权确认的与刑事案件有关需要作为证据，应当依法予以搜查、扣押、查封、冻结、扣留、调取、先行登记保存、抽样取证或者应当依法予以追缴、收缴及退赔的财物。① 限于主题和篇幅的关系，笔者在此仅仅研究刑事涉案财物的搜查、查封、扣押和冻结程序。

（二）2012 年《刑事诉讼法》的新规定

1. 扩大了对涉案财物的界定范围

2012 年《刑事诉讼法》第 139 条和第 140 条将"勘验、搜查"扩大至"侦查活动"，将"物品"扩大至"财物"，增加了"查封"这一新的侦查方式。② 第 142 条和第 143 条则将查封、扣押、冻结的财物范围扩大到"债券、股票、基金份额等财产"。③

2. 增加了对涉案财物查封、扣押、冻结的救济性的权利

2012 年《公安机关办理刑事案件程序规定》第 191 条规定："当事人和辩护人、诉讼代理人、利害关系人对于公安机关及其侦查人员有下列行为之一的，有权向该机关提出申诉或者控告：（一）采取强制措施法定期限届满，不予以释放、解除或者变更的；（二）应当退还取保候审保证金不予退还的；（三）对与案件无关的财物采取查封、扣押、冻结措施的；（四）应当解除查封、扣押、冻结不予解除的；（五）贪污、挪用、私分、调换、违反规定使用查封、扣押、冻结财物的受理申诉或者控告的公安机关应当及时进行调查核实，并在收到申诉、控告之日起三十日内作出处理决定，书面回复申诉人、控告人。发现公安机关及其侦查人员有上述行为之一的，应当立即纠正。"第 192 条规定："上级公安机关发现下级公安机关有第 191 条规定的违法行为，或者对申诉、控告事项不按规定处理的，应当责令下级公安机关限期纠正，下级公安机关应当立即执行，必要时，上级公安机关可直接对申诉、控告作出相关处理。此两款法条的规定赋予了相关人员在财产权受到侵害后可采取救济性措施的权利，更好地维护包括犯罪嫌疑人在内等相关人员的合法财产权。"

3. 规范了被查封、扣押财物处理的相关规定

新修订《刑事诉讼法》第 234 条增加了对"查封、扣押、冻结的犯罪嫌

① 吴珊：《我国刑事涉案财物强制措施制度完善研究》，西南财经大学 2012 年硕士学位论文，第 6 页。

② 第 139 条："在侦查活动中发现的可用以证明犯罪嫌疑人有罪或者无罪的各种财物、文件，应当查封、扣押；与案件无关的财物、文件，不得查封、扣押。"

③ 第 143 条："对查封、扣押的财物、文件、邮件、电报或者冻结的存款、汇款、债券、股票、基金份额等财产，经查明确实与案件无关的，应当在 3 日以内解除查封、扣押、冻结，予以退还。"

人、被告人的财物及其孳息"制作清单、随案移送的规定，加强了对查封、扣押、冻结物品的监督和管理。本条还规定了人民法院应当在判决中表明对查封、扣押、冻结的财物及其孳息的处理意见和方式，同被告人的刑事责任问题一同得到妥善处理。具体表述为："人民法院作出的判决，应当对查封、扣押、冻结的财物以及孳息作出处理。人民法院作出的判决生效后，有关机关应当依据生效判决对被查封、扣押、冻结的财物及其孳息进行处理。"《人民检察院刑事诉讼规则（试行）》第 229 条、230 条、295 条、296 条也做出类似的相关规定。这对于积极处理被查封、扣押、冻结的财物，维护公民和国家的财产权具有积极意义。

（三）刑事涉案财物搜查、查封、扣押、冻结程序中存在的问题

在正式论述之前引用三个案例说明。

第一，山西省阳泉市检察院私用扣押物品案，案情如下：北京的孟晓磊是一所民办大学的董事长。两年前突然卷入了一场发生在山西省阳泉市的刑事诉讼案，其大量股票被抛售，所得 99 万余元的现金和一辆丰田佳美轿车被当作"涉案赃款赃物"扣押。但是在他终审被判无罪后，当地检察机关却以种种理由拒绝交还被扣财产，直到现在这些财产还未物归原主。原来以涉案赃款赃物名义扣押的钱和车，根本就没有移送到法院，汽车已经被检察院用得破旧了。①

第二，山东省招远市非法搜查案，案情如下：2003 年，山东省招远市公安局经济警察大队三中队原副中队长兼东庄派出所所长王书生因涉嫌受贿罪、挪用公款罪、非法搜查罪依法判处其有期徒刑 6 年零 6 个月。1999 年 7 月至 2000 年 10 月，王书生违反办案程序，在缺少"搜查证"和见证人的情况下，分别对当地非法经营黄金的张某、纪某的住宅进行了搜查；在另一次搜查中虽然出示了"搜查证"，但在无任何见证人在场的情况下，单独对非法经营黄金的王某、杨某等 4 人的住宅进行搜查，且均未当场制作"搜查笔录"和出具"扣押物品清单"，致使其中两人分别丢失人民币 1 万元和 5000 元，一人丢失黄金 830 余克，一人丢失金项链、金耳环各一副。事发后，在当地社会产生了十分恶劣的影响。②

---

① 参见梁发芾："公检法无权私分私用扣押物品"，载《新闻周刊》2003 年第 43 期。
② 参见向燕：《刑事经济性处分研究——以被追诉人财产权保障为视角》，经济管理出版社 2012 年版，第 211 页。

　　第三，山东省文登市非法扣押案，案情如下：2011 年 3 月 15 日，山东省文登市检察院公诉科受理一起 5 人盗窃案件。办案检察官经过认真审查发现，公安机关发还物品清单显示，被害人收到了 3.5 万余元退赃款，但是案卷中却找不到相应的扣押物品清单或其他证明发还款来源的材料。办案检察官立即讯问涉案犯罪嫌疑人，除徐彬交代曾要求家人代为退赔外，其他 4 人均表示不知情。办案检察官又向徐彬的亲属了解情况，得知是他们向公安机关交纳了 4.5 万元的赔偿款，以争取司法机关对徐彬从宽处理。但徐彬的父亲同时表示，公安机关当时并没有出具相关法律文书。而且，本案中，徐彬涉嫌盗窃物品价值 3.5 万余元，徐彬父亲当初多交的 9670 元公安机关也没有及时退还。办案检察官及时与公安机关沟通，公安干警调查核实后，确认是由于新老办案人员工作交接疏忽导致的失误。该院及时向公安机关发出纠正违法通知书，要求其提供相应的扣押文书，将多收的钱款依法定程序处理。[①]

　　整体看来，刑事涉案财物搜查、查封、扣押、冻结程序存在以下问题：

　　1. 立法价值上的缺陷

　　现行刑事涉案财物处理制度是建立在打击犯罪为指向的观念基础上，对待涉案财物往往强调的是其证据作用，而忽视了其本身所具有的财产性质，因此在某些规则的制定上就呈现出只要有利于破案，只要不给国家造成损失，那么私人的权益就可以忽略的倾向性。这是我国长期以来盛行的"重集体、轻个体"、"重秩序、轻财产"的价值观在立法上的演绎。[②]

　　2. 缺乏第三方司法审查程序

　　现行刑事涉案财物的搜查、查封、扣押、冻结程序整体上缺乏第三方的司法审查程序，缺乏只有法官令状才能执行的"令状主义"原则的控制，对涉案财物的搜查、查封、扣押、冻结往往由该机关的负责人直接决定即可，因而在财产权保护方面存在体制上的缺陷。

　　3. 查封、扣押范围宽泛模糊

　　2012 年《人民检察院刑事诉讼规则（试行）》第 234 条规定："在侦查程序中发现的可以证明犯罪嫌疑人有罪、无罪或者犯罪情节轻重的各种财物和文件，

―――――――――

　　① 参见向燕：《刑事经济性处分研究——以被追诉人财产权保障为视角》，经济管理出版社 2012 年版，第 212 页。

　　② 参见胡宝珍："刑事涉案财物处理的立法缺陷与完善"，载《福建警察学院学报》2013 年第 4 期。

应当查封或者扣押，与案件无关的，不得查封或者扣押。不能立即查明是否与案件有关的财物和文件，也可以进行扣押，但应当及时审查，经查明确实与案件无关的，应当在三日内解除查封扣押或者返还。"2012 年公安部《公安机关办理刑事案件程序规定》第 222 条规定："在侦查活动中发现的可用以证明犯罪嫌疑人有罪或者无罪的各种财物、文件，应当查封、扣押；但与案件无关的财物、文件，不得查封、扣押。"从以上规定可以看出，查封或者扣押的物品是只要能够证明犯罪嫌疑人"有罪"、"无罪"、"罪重"、"罪轻"的，都可以进行查封或者扣押，"不能立即查明的，也可以进行扣押"这近乎对查封或者扣押的范围没有任何限制，很容易形成对犯罪嫌疑人财产的侵犯。

4. 扣押、冻结范围和程序的法律法规不够具体严密

当前在办理刑事案件中，扣押冻结什么？怎样执行扣押冻结？这个问题涉及扣押冻结刑事涉案财物的范围和程序。根据《公安机关刑事涉案财物管理若干规定》第 2 条的规定（前述），扣押冻结的依据是"与案件有关和侦查犯罪需要"，扣押冻结的范围是"与案件有关，需要作为证据使用的可以证明违法犯罪行为发生，违法犯罪行为情节轻重的物品和文件"。

但是，侦查实践中对刑事涉案财物的扣押冻结过程是复杂的，其中出现的一系列问题，有个案因素、个人因素，更有其背后的法律及制度性的因素。如：扣押冻结赃物不力和超范围扣押冻结处置刑事涉案财物的现象，除了少数案件是因案件经办人员执法水平不高、执法不公所致之外，大部分的案件出现这种现象均与法律和制度性的规定有关。比如在侦查实践中，经济案件当中的大部分刑事涉案财物，有时已被犯罪嫌疑人转移到第三人名下。侦查部门在扣押冻结刑事涉案财物过程中，往往面临如何平衡被害人与第三人利益的难题。刑事涉案财物一旦转移给第三人，能否用善意取得制度，公安机关的办案部门是否有权认定为善意取得，认定后如何冻结扣押等问题，都是公安机关的办案部门在侦查办案过程中必须面对而又难以解决的问题。特别是对于那些已经进入流通领域并几经转手的刑事涉案财物，由于正常经济活动的流转、变动，如何认定冻结扣押，也同样面临法律认识的不明确，侦查实践操作过程中没有明确的法律法规及办案指引的问题。①

---

① 参见刘国旌："转型时期刑事涉案财物扣押冻结问题研究"，载《政法学刊》2012 年第 4 期。

2012 年《公安机关办理刑事案件程序规定》第 223 条规定："在侦查过程中需要扣押财物、文件的，应当经办案部门负责人批准，制作扣押决定书；在现场勘查或者搜查中需要扣押财物、文件的，由现场指挥人员决定；但扣押财物、文件价值较高或者可能严重影响正常生产经营的，应当经县级以上公安机关负责人批准，制作扣押决定书。"但是，侦查实践中还存在除此之外的其他情形，如：犯罪嫌疑人主动交出的涉案物品文件，或者包括被害人在内的其他人员提交的涉案物品文件，现行法律法规没有相关规定。是否由执行本案侦查任务的办案人员根据警察的自由裁量权来决定是否扣押涉案物品文件，尚未看到相关法律法规的指引。[①]

5. 缺少对查封、扣押、冻结的异议制度

虽然 2012 年《最高人民法院关于适用〈中华人民共和国刑事诉讼法〉的解释》第 364 条第 2 款中规定了"案外人对查封、扣押、冻结的财物及其孳息提出权属异议的，人民法院应当审查并依法处理"，但并不意味着查封、扣押、冻结的异议制度已经建立。在侦查和审查起诉阶段，犯罪嫌疑人、被害人或案外人是否可以对涉案财物的强制性措施提出异议，向谁提出异议，异议的提出和处理程序等这些问题都缺少依据。刑事案件从侦查到审结，往往耗时长，若当事人或案外人无法及时提出异议，那么有可能导致其合法财产的损失。[②]

（四）刑事涉案财物搜查、查封、扣押、冻结程序的完善

1. 重塑立法价值理念

财产权是公民的一项基本权利，其与人身权、自由权并称公民的三大基本权利。第十届全国人民代表大会第二次会议通过的宪法第四次修正案中，第一次以宪法的形式确定了私有财产不可侵犯的基本原则，进一步提升了私有财产的法律地位，也为司法实践中加强对公民个人财产的保护提供了宪法依据。要改变目前司法重视人身权轻视财产权的观念与做法，重视对涉案财物采取强制措施的规范化，在立法价值理念和思想观念上重视对涉案财物的搜查、查询、扣押和冻结程序的正当化，依法保护公民个人包括犯罪嫌疑人、被告人的合法财产，实现法律对人身权与财产权这两个基本权利的同等保护。

---

① 刘国旌："转型时期刑事涉案财物扣押冻结问题研究"，载《政法学刊》2012 年第 4 期。

② 胡宝珍："刑事涉案财物处理的立法缺陷与完善"，载《福建警察学院学报》2013 年第 4 期。

2. 完善和规范刑事涉案财物强制措施的法律程序

如前所述，当前刑事涉案财物强制措施的矛盾与问题主要集中在缺乏第三方司法审查程序、查封、扣押范围宽泛模糊、扣押冻结范围和程序的法律法规不够具体严密、缺少对查封、扣押、冻结的异议制度等方面。在整体制度设计上，应该将搜查、查封、扣押、冻结纳入刑事诉讼法的强制措施体系，不仅赋予搜查、查封、扣押、冻结更加明确的法律地位，也能使得刑事强制措施体系更加完整。同时还要建立健全涉案财物处理的异议制度，实现对涉案财物强制措施适应不当时的救济。

3. 实行令状主义原则

德国法律中规定，人身权及财产权是宪法规定的基本权利。日本宪法第33条和第35条中规定，对物和财产的搜查、扣押，与对人身自由的限制一样，均同等地实行令状主义原则。在美国，经过第四次修订后，联邦宪法规定："人民的人身、住宅、文件和财产不受无理搜查和扣押的权利，不得侵犯。"第五次修订后该法案规定："无论何人，不经正当法律程序，不得被剥夺生命、自由或财产。"可见，西方法治国家对涉案财物采取强制措施也普遍遵循"令状主义"原则，即必须由法官或者被授权行使司法权的官员来决定是否可以对财产的搜查、查封、扣押和冻结程序，以及在多大的程度和范围上对涉案财物采取搜查、查封、扣押和冻结程序，除此之外，侦查人员无权采取以上强制措施。

4. 加强检察监督

一是强化内部监督，用制度来管权、管事、管人，全面提高队伍整体素质和执法水平，以确保公安机关侦查权的正确实施，并可根据扣押冻结刑事涉案财物的程序特点建立完善的管理监督制度，在侦查实践中不断强化监督管理，最大限度地减少侦查人员违法违纪现象；二是适时进行专项检查，定期对扣押冻结的刑事涉案财物进行检查、核对，由纪检监察部门牵头，各办案部门内勤参与，每年对各办案部门扣押冻结、处理赃款赃物的范围，程序是否合法、手续是否完备等逐一核对清查；三是把好赃款赃物管理人员的选任监督关，选择工作责任心强的干警；四是纪检监察部门要对扣押冻结涉案刑事涉案财物处理进行全程监督，发现问题要及时指出和监督纠正。①

---

① 参见刘国旌："转型时期刑事涉案财物扣押冻结问题研究"，载《政法学刊》2012年第4期。

十八、听取辩护律师意见

(一) 侦查阶段充分听取律师辩护意见之必要性

1. 完善诉讼结构的需要

刑事诉讼的理想架构应该是："将国家惩治犯罪的活动纳入'诉讼'的轨道，使得诉讼的每一阶段都存在控诉、防御和司法裁判等三方的相互制衡，由此才能保证刑事诉讼真正成为一种诉讼活动，而不至于成为行政性治罪活动。"① 由此可见，侦查程序作为诉讼程序的重要一部分，同样应该存在着"侦查程序构造"之说。长期以来，我国侦查程序往往只是强大的控诉机关针对犯罪嫌疑人的一种单方面的行政性治罪活动。其主要表征为：一方面，缺乏一个中立的裁判机构对侦查机关的侦查行为进行必要的审查；而另一方面，辩护力量过于弱小，控辩平等对抗的条件和机制基本难以形成。为了实现一种"控辩双方力量基本平衡，裁判者居中裁断"的诉讼构造理想图景，有必要加大辩护方抗衡控诉方的力量，防止控辩结构的整体倾斜，从而最大程度确保司法公正目标的实现。

2. 侦查中心主义决定了辩护律师在侦查阶段介入具有更为重要的意义

"侦查中心主义"思维在一定程度上更决定了侦查程序对犯罪嫌疑人和被告人的决定性意义，侦查结果更直接影响诉讼程序的走向和进行。正如有学者所言："就司法实践而言，起诉和审判都在很大程度上依赖侦查的结果，99%以上的有罪判决率，事实上是靠强有力的侦查来维系的。在一定意义也可以说，真正决定中国犯罪嫌疑人和被告人命运的程序不是审判，而是侦查。"② 就司法现状来看，侦查权的过于庞大，更容易构成对犯罪嫌疑人各项权利的严重威胁；辩护力量的弱小，更容易遭受公权力的随意性侵害，犯罪嫌疑人的各项权利很难得到有效保障，诉讼主体地位岌岌可危。面对强大侦查机关的控诉，一般的犯罪嫌疑人由于不懂得法律知识、人身自由受到限制等原因都无法有效地实现自我辩护的权利。只有辩护律师在侦查阶段的介入，才可能为犯罪嫌疑人提供必要和及时的援助，才能更好地依靠法律武器寻求犯罪嫌疑人权益的最大化。

---

① 陈瑞华：《刑事诉讼的前沿问题》，中国人民大学出版社 2000 年版，第 244 页。

② 孙长永：《侦查程序与人权——比较法考察》，中国方正出版社 2000 年版，序言第 1 页。

（二）侦查程序律师辩护制度面临的新形势

1. 取得的进步

（1）律师的辩护权得到充分保障。2012 年《刑事诉讼法》在辩护制度方面作出了重大修改。最主要的变化在于辩护律师以辩护人身份介入案件时间提前，犯罪嫌疑人自被侦查机关第一次讯问或者采取强制措施之日起，有权委托辩护人。为了保证这一权利的真正落实，侦查机关在第一次讯问犯罪嫌疑人或者对犯罪嫌疑人采取强制措施的时候，就应当告知犯罪嫌疑人有权委托辩护人。辩护律师在侦查期间可以为犯罪嫌疑人提供法律帮助；代理申诉、控告；申请变更强制措施；向侦查机关了解犯罪嫌疑人涉嫌的罪名和案件有关情况，提出意见。最高人民法院、最高人民检察院和公安部 2012 年的司法解释也对此作出了相似规定。

（2）律师会见权呈现"便利"与"限制"的两面性。一方面，律师会见犯罪嫌疑人更为容易，辩护律师持律师执业证书、律师事务所证明和委托书或者法律援助公函即可要求会见，看守所至迟要在 48 小时内安排会见。另一方面，侦查期间辩护律师如果会见危害国家安全犯罪、恐怖活动犯罪、特别重大贿赂犯罪案件的犯罪嫌疑人，应当经侦查机关许可。

（3）证据收集的有利被告原则。辩护人认为在侦查期间公安机关、人民检察院收集的证明犯罪嫌疑人、被告人无罪或者罪轻的证据材料未提交的，有权申请人民检察院、人民法院调取。

（4）辩护律师意见得到更多重视。根据 2012 年《刑事诉讼法》第 86 条和第 159 条的规定，人民检察院审查批准逮捕，可以听取辩护律师的意见；辩护律师提出要求的，应当听取辩护律师的意见。在案件侦查终结前，辩护律师提出要求的，侦查机关应当听取辩护律师的意见，并记录在案。辩护律师提出书面意见的，应当附卷。

（5）加强了申请司法救济的权利。司法救济作为获得权利保障的最后一道防线，具有非常重要的理论意义和实践意义。通过司法救济，能够对不当的司法行为进行程序性制裁，保障他们的基本人权不受侵犯。根据 2012 年《刑事诉讼法》第 47 条、第 95 条、第 97 条和第 115 条的规定，当事人和辩护人等对于司法机关及其工作人员采取某些强制措施和侦查手段不满的，有权向该机关申诉或者控告。受理申诉或者控告的机关应当及时处理。对处理不服的，可以向人民检察院申诉，人民检察院的法律监督职能得到进一步强化和体现。

2. 存在的不足与问题

（1）侦查模式控辩双方不平等的结构性矛盾依然存在。理论上说，刑事诉讼构造有"横向构造"和"纵向构造"之分。前者是指控诉、辩护和裁判三方在各主要诉讼阶段中的法律关系的格局，也就是说，在刑事诉讼的任何一个点上，都应该存在控诉、辩护和裁判三方的关系。[①] 侦查程序作为刑事诉讼的一个重要阶段，自然也应该具有"控辩裁"三方的三角形诉讼结构。

2012 年《刑事诉讼法》实施前，侦查阶段律师无法获得正式的"辩护人"身份，因此在侦查阶段无法以正常的"辩护人"身份开展各项诉讼活动。正是由于律师角色的严重缺位，加上缺乏中立裁判者的参与，此时几乎不存在"控辩裁"三方的三角形诉讼结构，侦查只不过是检察机关对职务犯罪嫌疑人进行的单方面追诉与调查活动，侦查阶段几乎沦为对职务犯罪嫌疑人单纯的行政治罪活动。2012 年《刑事诉讼法》实施后，犯罪嫌疑人自被侦查机关第一次讯问或者采取强制措施之日起有权委托辩护人，辩护律师开始在侦查阶段获得"辩护人"的角色，正式成为"控辩裁"三角诉讼结构中的有力的一方，辩方的力量至少在形式上得到了前所未有的加强，这是一个重要的进步。

但是，我们不得不反思和忧虑的是，现行的侦查程序包括职务犯罪侦查模式仍然缺失中立的司法机关即裁判一方，正当程序意义上的"控辩裁"三角诉讼结构自然无法成立，职务犯罪侦查模式自然依旧无法摆脱"行政论罪程序"的风险。

从司法现实上看，检察机关作为法律监督机关也确实对职务犯罪嫌疑人采取的"拘留"、"逮捕"等强制措施进行了审查、监督和制约义务，但鉴于检察机关集职务犯罪侦查、追诉和监督职能于一身，这种监督制约也基本上是基于检察系统内部进行的，很难保持中立、超然的态度，其公正性屡遭怀疑，也违背"任何人不得充当自己案件的法官"这一自然正义原则。

由此，我们得出的推断是，尽管我们已经颁布许多新的法律和司法解释，侦查程序中也因为辩方力量的加强，使得控辩平等的理想图景有重大改观，但由于目前司法审查制度的缺失、中立司法机关的缺位，侦查程序中职务犯罪侦

---

① 宋英辉：《刑事诉讼原理》，法律出版社 2003 年版，第 237 页。

查模式的"控辩裁"三角诉讼结构仍然无法有效建立，以国家公权力为强大后盾的检察侦查机关（控诉方）仍然可能构成对职务犯罪嫌疑人（辩护方）的强大威胁，完全意义上的控辩平等对抗依然难以实现。也正是因为这一结构性缺陷，决定了我们在短期内仍然更应该强调对职务犯罪嫌疑人人权保障的力度，强调人文司法、文明司法在职务犯罪侦查模式过程中的贯彻、渗透和运用。

（2）律师调查取证权没有进步。2012年《刑事诉讼法》对于律师调查取证权的规定与1996年《刑事诉讼法》相比在文字上没有任何变化。唯一欣慰的是，由于2012年《刑事诉讼法》规定侦查阶段律师开始以辩护人身份介入，导致2013年1月1日起辩护律师在侦查阶段开始拥有了理论上的调查取证权。

2012年《刑事诉讼法》和1996年《刑事诉讼法》都规定，辩护律师调查取证有以下四种情形：一是征得证人或者其他有关单位和个人的同意；二是经人民检察院或者人民法院许可，并且经被害人或者其近亲属、被害人提供的证人同意；三是申请人民检察院、人民法院收集、调取证据；四是申请人民法院通知证人出庭作证。对于以上法律规定的弊病，最饱受诟病的无非调查取证应该"征得证人或者其他有关单位和个人的同意"。而根据2012年《刑事诉讼法》和1996年《刑事诉讼法》的相关规定，公检法三机关向有关单位和个人收集调取证据的时候，有关单位和个人应当如实提供证据，却没有"征得他人同意"的规定。这种取证资格和能力先天就不平衡的设置，更加恶化了因取证不利而导致的辩护力量萎缩，此规定的设置，几乎彻底关闭了辩护律师调查取证的权利。2012年修订通过的《律师法》第35条规定："律师自行调查取证的，凭律师执业证书和律师事务所证明，可以向有关单位或者个人调查与承办法律事务有关的情况。"此规定虽然强化了辩护律师调查取证的权利，似乎让很多辩护律师看到了调查取证的新希望，遗憾的是刑事诉讼法典没有此类规定，按照法律的效力等级，《刑事诉讼法》优先于《律师法》适用，因此《律师法》的此条规定几乎很少适用。2012年最高人民检察院、最高人民法院两大司法解释没有《律师法》的类似表达，只是在强调检察机关和人民法院对律师向其申请调查取证时的审批权和决定权。

正是因为律师调查取证权的刑诉法律设置问题，加上《刑法》第306条"辩护人毁灭、伪造证据罪"对刑事辩护权的限制和对律师职业的歧视，更加阻挡了律师调查取证权的步伐，让很多律师不敢轻易调查取证，担心随时被这一悬挂在辩护律师头上的"达摩克利斯之剑"所伤。2014 年 3 月 2 日，北京市尚权律师事务所在京召开"新刑诉法实施一周年研讨会暨尚权刑辩律师培训项目启动仪式"。研讨会上有律师代表明确提出："实践中调查取证是律师的红线，一不小心就会落入刑网。调查取证权从目前来讲，一点进步都没有，就是不能去触碰的高压线。"①

辩护律师调查取证难问题已经成为 2012 年《刑事诉讼法》实施的困难之一，成为众多学者和实务工作者关注的焦点。中国政法大学樊崇义教授认为，2012 年《刑事诉讼法》实施后律师辩护出现了"新三难"问题，其中就包括"调查取证难"。新《刑事诉讼法》第 39 条规定，辩护人认为在侦查、审查起诉期间公安机关、检察院收集的证明犯罪嫌疑人、被告人无罪或者罪轻的证据材料未提交的，有权申请检察院、法院调取。但调研发现，司法实践中对辩护律师申请调取证据设卡较多，存在着证据目录列明的证据不提供给律师的情况。②

（3）律师会见权尚未得到彻底保障。相比较于 1996 年《刑事诉讼法》中侦查阶段会见需要批准并有侦查人员在场的程序限制，2012 年《刑事诉讼法》最大的亮点就在于律师会见权得到更充分的保障。调查显示，律师会见犯罪嫌疑人的程序更为方便，公安机关也积极提供场地和程序上的方便。但是，这并不是说律师会见权现在就得到了畅通无阻的贯彻和落实，如果说 1996 年《刑事诉讼法》侦查人员对律师会见权的抵触反映在拒绝批准会见或极力拖延上，那么对 2012 年新《刑事诉讼法》律师会见权的不便更多地表现在看守所环节。北京市尚权律师事务所新《刑事诉讼法》实施状况 2013 年度调研报告显示，在有关侦查期间会见阻力的 318 份问卷调查中，80 人认为办案机关阻拦，给看守所打招呼设置障碍，占 25.2%；89 人认为阻力来源于"办案机关将普通刑事案件界定为需要审批方能会见的三类案件"，占 27.9%；156 人认为阻力来源于"看守所单方面附加其他会见条件，如出示委托人与犯罪嫌疑人关系证明"，占 49.1%；27 人认为"看守所曲解法律，对参与律师会见的人数、性别做出限制"，占 8.5%；208 人认为"看守所硬件设施不足，律师会见需要排长队，会见效率低"，占 65.4%；18 人认为"看守所对外地律师无理刁难"，占 5.7%；

① 北京市尚权律师事务所："刑事辩护'老三难'的变化"，载 http://www.sqxb.cn/content/details16_1649.html，最后访问时间：2014 年 6 月 18 日。

② 纪欣："律师辩护现'新三难'"，载《法制晚报》2014 年 5 月 14 日。

21 人经历"看守所无正当理由就是不让会见"，占 6.6%；而另有 34 人（10.7%）认为"尚存在其他阻力"。① 对于职务犯罪，更有律师坦言，2012 年《刑事诉讼法》实施后，律师几乎很难有机会见到犯罪嫌疑人。按照最高人民法院的规则，涉案金额 50 万元以上才能算为特别重大贿赂案件，律师会见才要经过侦查机关许可。但是在实践当中，涉案金额几万的职务犯罪案件都不让见。司法部门给律师的解释是说，当时他们查办的金额是 50 万，后来经查没这么多。所以说职务犯罪的律师会见权问题现在全国都是一个问题了。②

（三）切实保障侦查阶段律师辩护权的实现

1. 尊重辩护律师的主体地位

理想的诉讼结构是"裁判中立、控辩平等对抗"。要实现诉讼中双方的平等对抗，必须加强辩护方的防御力量，在实质上增强辩方对抗国家公权机关即控诉一方的能力。在这一平等武装之中，辩护律师的作用不可小视。诚然，在职务犯罪侦查过程中，充分赋予辩护律师介入侦查的权利对案件的侦查可能会带来或多或少的障碍，也给侦查工作的顺利开展带来一些不便。但是，从法治思维的角度，从国际社会保障人权的时代潮流出发，充分保障和发挥辩护律师在职务犯罪侦查过程中的重要作用，是切实保障犯罪嫌疑人和被告人人权、保证案件办理质量、杜绝冤假错案可能发生的重要力量。从长远意义上来说，从诉讼生态平衡理论而言，辩护律师的强大、律师有效辩护作用的充分发挥，是促成诉讼对抗另一极控诉方，即我国优秀公诉人侦查人员团队培养和生成的土壤条件。理论和实践告诉我们，只有在这种控辩双方的良性互动、竞争、成长与对抗之中，我国的刑事诉讼结构、卓越的法律职业共同体、司法文明的未来图景和美好愿望才更有可能实现。因此，我们必须端正对辩护律师作用的认识，在思想高度上认可辩护律师介入职务犯罪侦查程序的正当性和必要性。正如最高人民法院常务副院长沈德咏所言：要充分认识到，律师是法律职业共同体的重要一员，是实现公正审判、有效防范冤假错案的无可替代的重要力量。③

---

① 北京市尚权律师事务所："新刑诉法实施状况调研报告（2013 年度）"，载 http：//www. sqxb. cn/content/details16_ 1644. html，最后访问时间：2014 年 6 月 18 日。

② 参见北京市尚权律师事务所："刑事辩护'老三难'的变化"，载 http：//www. sqxb. cn/content/details16_ 1649. html，最后访问时间：2014 年 6 月 18 日。

③ 参见沈德咏："我们应当如何防范冤假错案"，载《人民法院报》2013 年 5 月 6 日。

2. 完善辩护律师的调查取证权

辩护律师的调查取证是增强辩方防御力量、实现控辩双方有效对抗、有效发现诉讼争点、明晰事实真相的重要途径。在英美国家，根据证据开示制度的规定，控诉方必须向辩护方展示一些对己有利或不利的证据。在美国，法律规定，检察机关必须与辩护律师一起享用警察侦查获得的为被告人开脱罪责的信息材料。另外，大多数州辩护人可以获得任何将被传唤作证反对被告人的证人供述。[①]

在我国司法实践中，侦查起诉机关出于追诉目的的考量，往往只收集和移送对犯罪嫌疑人、被告人不利的证据，忽略对犯罪嫌疑人和被告人有利的证据。这显然有悖司法公平，也不利于对犯罪嫌疑人、被告人各项权利的保护。2012年《刑事诉讼法》明确规定：辩护人认为在侦查、审查起诉期间公安机关、人民检察院收集的证明犯罪嫌疑人、被告人无罪或者罪轻的证据材料未提交的，有权申请人民检察院、人民法院调取。这个规定是对律师调查取证权的再次强化，是有利被告原则的具体体现，是实现控辩平等武装的基本手段。

建议修改现行《刑事诉讼法》第41条的规定："辩护律师向证人或者其他单位和个人收集与本案有关的材料，相关单位和个人应该积极支持。除涉及国家秘密、商业秘密和个人隐私的证据外，人民检察院、人民法院对于辩护律师收集调取证据的申请应该积极支持。"

3. 充分保障辩护律师的会见权

2012年《刑事诉讼法》在简化律师会见程序和手续、保障律师会见权的实现方面具有诸多突破和意义。但是，在成绩的背后仍有许多痼疾未予根除。如前所述，律师会见权在现实司法实践中还遭遇诸如"看守所会见场地不足"、"看守所单方面解释法律"、"侦查机关任意扩大'三类案件'（危害国家安全犯罪、恐怖活动犯罪、特别重大贿赂犯罪）解释"，"侦查机关、看守所没有正当理由拒绝会见或变相限制会见"以及"看守所对外地律师实行歧视政策"等众多障碍因素。

要彻底解决律师会见中的上述困难，在根本上还是要求侦查机关和侦查人

---

① ［美］爱伦·豪切斯特勒：《美国刑事法院诉讼程序》，陈卫东译，中国人民大学出版社2002年版，第245页。

员端正对律师辩护作用的认识，在内心深处尊重犯罪嫌疑人的诉讼主体地位，认识到辩护律师侦查阶段介入案件对于保障犯罪嫌疑人权利、防范冤假错案、发现案件真相的重要意义。只有在思想认识上到位，才有可能杜绝种种或明或暗的阻扰律师会见的各种手段，才能为律师会见创造各种有利条件，才有可能想方设法解决律师会见过程中诸如"会见室不足"这些明显的、实实在在的困难和问题。

除此之外，公检机关应该制定进一步的司法解释细则，严禁侦查机关制定各种与最高人民检察院、公安部相抵触的所谓的本地区司法解释细则，严禁使用各种不正当手段、各种非正当理由阻扰律师会见。对于阻扰律师会见的侦查机关和侦查人员，应该制定一定的惩戒措施，切实维护最高人民检察院、公安部司法解释的权威性和最高效力。与此同时，相应的政府财政应该支持侦查机关进一步改善会见硬件条件，尤其是会见室过少的问题，切实听取和解决律师会见过程中遇到的实际困难，要树立一种重大的责任意识和正当程序理念，认识到辩护律师正在做的事情就是犯罪嫌疑人的事情，犯罪嫌疑人的事情就是2012年《刑事诉讼法》第2条规定的"尊重和保障人权"的事情，就是宪法规定的"国家尊重和保障人权"的事情。侦查机关和侦查人员有什么理由去阻扰律师会见，又有什么背景能去阻扰宪法在《刑事诉讼法》中的生动实践呢？

十九、特殊侦查措施的使用

（一）特殊侦查措施的含义

据文献检索，1989年10月出版的权威工具书《中国公安百科全书》较早对特殊侦查措施作了初步的解释。该书指出：侦查实践中将侦查措施区分为一般侦查措施（公开调查）和特殊侦查措施（秘密调查）。又常把前者称为侦查措施，把后者称为侦查手段，以此区分侦查措施的机密程度、适用范围和法律要求。[①]

1989年，为严厉打击职务犯罪，最高人民检察院、公安部颁布实施《关于公安机关协助人民检察院对重大经济案件使用技侦手段有关问题的通知》，首次提出"用技术手段侦查案件"的思路。1993年，我国《国家安全法》正式推出

---

① 宋占生主编：《中国公安百科全书》，吉林人民出版社1989年版，第677~678页，转引自邓立军："突破与局限：特殊侦查措施所获证据材料适用研究"，载《证据科学》2011年第6期，第687页。

"技术侦察"的概念。其中，第 10 条规定："国家安全机关因侦察危害国家安全行为的需要，根据国家有关规定，经过严格的批准手续，可以采取技术侦察措施。"1995 年的《人民警察法》第 16 条也规定："公安机关因侦查犯罪的需要，根据国家有关规定，经过严格的批准手续，可以采取技术侦察措施。"此后，我国政府又先后加入《联合国打击跨国有组织犯罪公约》和《联合国反腐败公约》。这两项公约，都允许缔约国主管机关在其领域内酌情使用控制下交付和在其认为适当时使用特殊侦查手段，并允许法庭采信由这些手段获取的证据。①

第 55 届联大于 2000 年 11 月 15 日通过了《联合国打击跨国有组织犯罪公约》，该《公约》第 20 条规定："各缔约国均应在其本国法律基本原则许可的情况下，视可能并根据本国法律所规定的条件采取必要措施，允许其主管当局在其境内适当使用控制下交付并在其认为适当的情况下使用其他特殊侦查手段，如电子或其他形式的监视和特工行动，以有效地打击有组织犯罪。"为实现对腐败现象的有力打击，2003 年第 58 届联合国大会全体会议审议通过了《联合国反腐败公约》。《联合国反腐败公约》第 50 条规定了一系列特殊侦查手段，其中第 1 款规定："为有效地打击腐败，各缔约国均应当在其本国法律制度基本原则许可的范围内并根据本国法律规定的条件在其力所能及的情况下采取必要措施，允许其主管机关在其领域内酌情使用控制下交付和在其认为适当时使用诸如电子或者其他监视形式和特工行动等其他特殊侦查手段，并允许法庭采信由这些手段产生的证据。"这一规定表达了三个方面的内容：其一，允许缔约国特殊侦查手段的使用；其二，以列举方式罗列了三种特殊侦查手段，即控制下交付、电子或其他形式的监视、特工行动，同时该款表述也未排斥其他特殊侦查手段的使用；其三，要求缔约国允许法庭采信由特殊侦查手段产生的证据。2005 年 10 月 27 日，第十届全国人民代表大会常务委员会第十八次会议决定：批准于 2003 年 10 月 31 日在第 58 届联合国大会上通过的《联合国反腐败公约》。

公安部有许多有关特殊侦查措施的内部文件。比如《麦克风侦听、电子监视工作细则》、《刑事特情侦查工作细则》、《技侦外线工作细则》、《关于技侦工作的规定》、《关于公安机关协助人民检察院对重大经济案件使用技侦手段有关问题的通知》等。其中《关于公安机关协助人民检察院对重大经济案件使用技

---

① 张洋："聚焦刑事诉讼法修改：技术侦查从幕后走向台前"，载《人民日报》2011 年 10 月 12 日。

侦手段有关问题的通知》规定："对于极少数重大经济犯罪案件主要是贪污贿赂案件和重大的经济犯罪嫌疑分子必须使用技术侦查手段，要十分慎重的经过严格审批手续后，由公安机关协助使用。"公安部的这些文件都是绝密的，不能对外公开。①

特殊侦查措施这一专业术语第一次公开出现于法律或者司法解释条文中还是 2010 年《办理死刑案件证据规定》第 35 条。该条表述为："侦查机关依照有关规定采用特殊侦查措施所收集的物证、书证及其他证据材料，经法庭查证属实，可以作为定案的根据。法庭依法不公开特殊侦查措施的过程及方法。"2012年《刑事诉讼法》没有出现"特殊侦查措施"这一表述，仅仅使用的是"技术侦查措施"这一概念。2012 年《刑事诉讼法》第二编第二章第八节用 5 条专节规定了"技术侦查措施"，将秘密侦查、控制下交付等侦查手段统统纳入该节。

那么，什么是"特殊侦查"？"特殊侦查"与"技术侦查"、"秘密侦查"甚至"控制下交付"到底是一种什么样的关系？根据笔者所阅读的文献来看，简直是观点林立，众说纷纭。在我国，有学者将"特殊侦查"的概念等同于"秘密侦查"，认为"为了与普通侦查方法相区别，秘密侦查有时亦称为'特殊侦查'"，②还有学者认为，"秘密侦查"是其他概念的上位概念，"技术侦查"、"控制下交付"等均为"秘密侦查"的具体措施之一；③ 还有人认为：特殊侦查手段在司法实践中的种类包括：监听、诱惑侦查、卧底侦查、控制下交付、测谎、跟踪盯梢和守候监视等；④ 还有学者认为："特殊侦查的重心在于手段的非常规化、特殊化，参照联合国相关公约，其原型概念包括控制下交付、诱惑侦查、通讯监听、卧底侦查等范畴。这些概念的共性特征集中于侦查行为的隐蔽性、欺骗性，其实都可归于'秘密侦查'的范畴。""特殊侦查与秘密侦查的范畴交错覆盖，相互关联。二者所包含的下位概念基本相同，都指向控制下交付、诱惑侦查、通讯监听、卧底侦查等范畴，只是分类的角度不同，前者重在侦查手段的非大众化，后者强调侦查方法的隐蔽与欺骗。""技术侦查包括电子监听、

---

① 廖觅：《我国特殊侦查措施的规制与完善思考》，华东政法大学 2011 年硕士学位论文，第 11 页。

② 何家弘："秘密侦查之我见"，载《法学杂志》2004 年第 6 期，第 26 页。

③ 贾志强、闫春雷："评新刑事诉讼法中的技术侦查措施——以秘密侦查理论为基础的反思"，载《山东警察学院学报》2013 年第 5 期，第 76 页。

④ 参见张联巍：《论特殊侦查手段》，山东大学 2007 年硕士学位论文，第 5~8 页。

秘密录像、秘密拍照等手段。技术侦查并不等同于'特殊侦查'，后者至少包含了国际公约上确认的'控制下交付'。"① 还有学者认为："当前的技术侦查主要指采取监听、秘密摄录（包括录音和录像）等手段进行的侦查活动""在实践中，技术侦查、隐匿身份秘密侦查和控制下交付三种特殊侦查措施，既可以互不依赖独立行使，也可以交叉行使。""特殊侦查措施又称广义上的秘密侦查，主要包括技术侦查和狭义上的秘密侦查，其中后者又分为隐匿身份侦查和控制下交付，隐匿身份侦查又包括诱惑侦查和卧底侦查。"②

2012 年《公安机关办理刑事案件程序规定》第 255 条规定："技术侦查措施是指由设区的市一级以上公安机关负责技术侦查的部门实施的记录监控、行踪监控、通信监控、场所监控等措施。"该规定主要将技术侦查限制为各种监控措施，具有不完整性。我们认为，特殊侦查措施主要包括技术侦查和秘密侦查这两种措施。所谓技术侦查，是指利用现代科学知识、方法和技术的各种侦查手段的总称。③ 所谓秘密侦查，是指侦查机关针对严重性犯罪而且采取传统的侦查手段难以破获的特殊案件，依照法定程序采取法定的某些隐蔽性措施以查明案情，收集证据和查获犯罪嫌疑人的一种专门侦查措施。技术侦查与秘密侦查是存在交叉关系的两个概念。简单地说，只要使用科学技术进行侦查的就是技术侦查，这种侦查行为可以是公开进行的，也可以是秘密进行的。公开进行的归属于一般性侦查行为，秘密进行的则可以归入秘密侦查。④ 具体来说，特殊侦查措施主要包括监听监视、测谎等技术侦查措施以及诱惑侦查、卧底侦查、控

---

① 参见周菊兰："国际公约中的特殊侦查手段研究"，载《公安研究》2011 年第 12 期。

② 参见张建伟："特殊侦查权的授予与限制——新刑事诉讼法相关规定的得失分析"，载《华东政法大学学报》2012 年第 5 期。

③ 宋英辉："刑事程序中的技术侦查研究"，载《法学研究》2000 年第 3 期。

④ 胡志风："特殊侦查措施及其获取证据的法律适用问题"，载《中国公证》2010 年第 12 期。

制下交付、跟踪盯梢和守候监视等秘密侦查行为。[①]

（二）特殊侦查措施与刑事错案的关系

1. 特殊侦查措施能够有效打击犯罪，提高办案的效率和质量

如前所述，特殊侦查措施包括利用现代科学知识、方法和技术的各种侦查手段，也包括依照法定程序采取法定的某些隐蔽性措施的秘密侦查手段。以上两种侦查措施都明显区别于传统的侦查措施，因此在打击犯罪上无疑具有更明显的优势，在提高办案质量和办案效率上也具有更大程度的保障。

2. 特殊侦查措施更容易侵犯犯罪嫌疑人权利，构成对程序正义的伤害

由于特殊侦查措施具有技术性和秘密性的特点，往往能更大程序和更大范围地在当事人不知情的情况下获得其隐私，很容易在使用特殊侦查措施的同时不自觉地获得与犯罪嫌疑人、被告人无关人士的一些动作行为、个人信息，获得与犯罪嫌疑人、被告人犯罪事实无关、与侦查目的无关的事实或材料、信息等内容。这种特殊侦查行为更容易在无意识中构成对追诉人诸多权利的侵犯，在程序上造成一些瑕疵或错误，形成对程序正义的伤害。

（三）特殊侦查措施运行中存在的主要问题

2012 年《刑事诉讼法》结束了我国刑诉法长期以来特殊侦查方法无法可依的尴尬局面，首次将技术侦查等特殊侦查方法纳入法律规范进行调整；是对过去刑事司法实践中技术侦查手段合法性存在模糊地带的正式回应，无疑具有重大的理论意义和现实意义。

2012 年《刑事诉讼法》第二编第二章"侦查"第八节标题为"技术侦查措

---

① 关于特殊侦查措施的具体分类，有三种代表性观点：一种观点将特殊侦查措施分为四类："第一类是监控类侦查，既包括凭借技术手段的监控如电子监控、红外线监控、卫星定位监控、秘密拍照、秘密录音等等，也包括无需使用技术手段的监控，如跟踪、肉眼监视等等；第二类是卧底类侦查，包括使用卧底者、线人进行侦查；第三类是诱惑类侦查，包括警察圈套、控制下交付、幕前商店等侦查方法；第四类是传统侦查行为加密类侦查，包括秘密搜查、秘密提取、秘密辨认、邮件检查等。"此观点来自陈卫东、程雷："论秘密侦查及其对刑事司法制度的挑战"，载孙长永主编：《现代侦查取证程序》，中国检察出版社 2005 年版，第 25～26 页。第二种观点认为，特殊侦查措施主要包括三类：技术类侦查措施（电子侦听、电话监听、电子监控、秘密拍照或录像、邮件检查等），诱惑类侦查措施（如机会提供型引诱、虚示购买、控制交付等），派遣秘密调查人员类侦查措施（包括线人、特情、卧底侦查员等）。此观点来自唐磊、赵爱华："论刑事司法中的秘密侦查措施"，载《社会科学研究》2004 年第 1 期。还有一种观点将特殊侦查措施分为技术性和非技术性两类。此观点来自徐静村主编：《中国刑事诉讼法（第二修正案）学者拟制稿及立法理由》，法律出版社 2005 年版，第 372 页。以上观点综合参见和转引自张智辉主编：《检察理论课题成果荟萃》第 1 辑，中国法制出版社 2011 年版，第 5 页。

施"，用 5 个条款对特殊侦查措施作出了规定。第 148～150 条规定了技术侦查的适应范围和较为具体的技术侦查程序，第 151 条规定了隐匿身份实施的侦查和控制下交付，第 152 条规定了采取特殊侦查措施收集的材料的证据能力以及证据的核实程序。

尽管立法具有重大的进步意义，但不可否认的是，我国的技术侦查等特殊侦查措施尚存在以下问题。

1.《刑事诉讼法》并未明确规定技术侦查措施的具体种类

我国现行《刑事诉讼法》关于"技术侦查"一节的规定，都没有具体详细的规定技术侦查措施的种类，只是在第 151 条规定了"隐匿身份侦查"和"控制下交付"两种特殊侦查措施。法律对技术侦查措施的不明细，容易造成侦查机关对侦查权的滥用，也容易使监督权失去监督和有效制约。

在德国，技术侦查措施包括四大类：一是传统的种类，如邮件检查，以《刑事诉讼法》第 22 条为授权依据；二是技术比对措施，如棚网追缉、数据比对、设置缉捕网络追缉，以《刑事诉讼法》第 98 条 a、c 和第 163 条 d 为授权依据；三是通讯监察，此类通讯监察既包括对通讯内容的截取，也包括对不涉及通讯内容的通信记录进行调取和分析以及使用移动电话号码撷取器，以《刑事诉讼法》第 100 条 a、第 100 条 g、第 100 条为授权依据；四是利用科技工具进行的特别监视，以《刑事诉讼法》第 100 条 c 为授权依据。[①] 法国相关法律中规定的对于职务犯罪等严重犯罪的技术侦查措施主要指的是通讯截留，也就是对侦查对象的通信线路实行电话监听，也称为截听。《法国刑事诉讼法典》虽然规定有卧底侦查，但多限于毒品犯罪，并不用于职务犯罪的侦查。美国相关法律中规定的特殊侦查手段主要有强制侦查权、截取通讯、搜查和扣押电子文件和通讯记录、跟踪监控、卧底侦查、线人侦查以及诱惑侦查等。美国对技术侦查措施的立法也体现了法明确性原则。美国的电子通讯隐私法对有线通讯、电子通讯、口头通讯、截取、追踪器等核心概念作了明确规定，对可以调取的数据信息也作了分门别类的细致规定。英国规定的特殊侦查措施，主要是强制取证权、截取通讯、秘密监视、秘密情报信息员和诱惑侦查。[②]

---

① 艾明："我国技术侦查措施法律规制的缺陷与完善"，载《甘肃政法学院学报》2013 年第 5 期。

② 周洪波："联合国反腐败公约及域外视野下的特殊侦查手段"，载《国家检察官学院学报》2010 年第 4 期。

2. 未明确技术侦查措施的具体适用程序

新《刑事诉讼法》第148条规定："根据侦查犯罪的需要，经过严格的批准手续，可以采取技术侦查措施。"但何为"侦查犯罪的需要"，何为"严格的批准手续"，法律没有作出明确的解释。2012年《公安机关办理刑事案件程序规定》第256条规定："需要采取技术侦查措施的，应当制作呈请采取技术侦查措施报告书，报设区的市一级以上公安机关负责人批准，制作采取技术侦查措施决定书。人民检察院等部门决定采取技术侦查措施，交公安机关执行的，由设区的市一级以上公安机关按照规定办理相关手续后，交负责技术侦查的部门执行，并将执行情况通知人民检察院等部门。"2012年《人民检察院刑事诉讼规则（试行）》第263条规定："人民检察院在立案后，对于涉案数额在10万元以上、采取其他方法难以收集证据的重大贪污、贿赂犯罪案件以及利用职权实施的严重侵犯公民人身权利的重大犯罪案件，经过严格的批准手续，可以采取技术侦查措施，交有关机关执行。"该司法解释继续援引"过严格的批准手续"，仍然属于语焉不详。而且，根据现行的法律规定，我国技术侦查措施的批准程序全部是内部审批程序，无论是技术性侦查措施还是其他"隐匿身份侦查"和"控制下交付"等特殊侦查措施，都没有规定外部审批程序，对强制措施普遍适用的司法审查原则没有确立。

3. 缺乏明确的监督救济程序

这次新《刑事诉讼法》规定了技术侦查措施，完全没有涉及对其使用的监督问题，对技术侦查措施的监督也只能按照对常规侦查手段的监督方式进行监督，监督效果难以保证。现行《刑事诉讼法》第93、94、95、97、115条及2012年公安部《公安机关办理刑事案件程序规定》第191条①均是对普通强制措施和一般侦查手段的救济程序规定，均未对特殊侦查措施作出任何特殊规定。在英国，使用直接监视和侵入监视都需要符合一定的条件并需要审批。由于侵入监视存在侵犯人们隐私权的严重隐患，对侵入监视的审批设置有监督程序，

---

① 公安部《公安机关办理刑事案件程序规定》第191条规定："受理申诉或者控告的公安机关应当及时进行调查核实，并在收到申诉、控告之日起30日以内作出处理决定，书面回复申诉人、控告人。发现公安机关及其侦查人员有上述行为之一的，应当立即纠正。"

即审批主体提出审批意见后还要报监视委员会进行审查。[1]

（四）规范特殊侦查措施、防范刑事错案

特殊侦查措施一般具有技术性、秘密性、特殊性的特点，在一定程度上能极大限度地发现犯罪事实，准确认定案件争端，对于防范刑事错案具有重大意义。当前，问题的关键是如何正确、科学地规范特殊侦查措施，实现实体公正与程序公正的有机统一，切实防范刑事错案的发生。

1. 明确特殊侦查措施适用的几个原则

由于特殊侦查措施的适用对象主要是"危害国家安全犯罪、恐怖活动犯罪、黑社会性质的组织犯罪、重大毒品犯罪或者其他严重危害社会的犯罪案件"和"重大的贪污、贿赂犯罪案件以及利用职权实施的严重侵犯公民人身权利的重大犯罪案件"，因此，特殊侦查措施的适用过程必须贯彻好以下四个原则：一是人权保障原则。特殊侦查措施的适用必须在保障犯罪嫌疑人基本人权的前提下适用。这既是对人权入宪条款的积极呼应，也是对2012年《刑事诉讼法》"尊重和保障人权"这一总要求的具体实践。二是程序法定原则。特殊侦查措施的适用必须坚持正当程序理念，贯彻程序法定原则，对于违背法律程序、背离立法理念、违反法律观念的特殊侦查措施坚决禁止。与此同时，要进一步细化特殊侦查措施的具体适用程序，增强特殊侦查措施的可操作性和针对性。比如在隐匿身份侦查、实施控制下交付、庭外证据核实等具体制度上，相关的法律规定或司法解释都应该进一步明晰。三是相关性原则。又具体包括人的相关性原则和物的相关性原则，前者指一般情况下，特殊侦查手段只能针对被指控人及其相关人员，后者指侦查的范围应尽量限制在与侦查目的有关的内容上。前者如《德国刑事诉讼法典》规定，"命令监视、录制电讯往来时，只允许针对被指控人，或者针对基于一定事实可以推断他们在为被指控人代收或者转送他所发出信息的人员，或者针对被指控人在使用他们的电话线的人员作出命令"。后者如美国1968年《综合犯罪控制和街道安全条例》明确规定，在实行监控时要尽量减少对与侦察无关的通讯的监听。[2] 2012年《公安机关办理刑事案件程序规定》

---

[1]　周洪波："联合国反腐败公约及域外视野下的特殊侦查手段"，载《国家检察官学院学报》2010年第4期。

[2]　周洪波："联合国反腐败公约及域外视野下的特殊侦查手段"，载《国家检察官学院学报》2010年第4期。

第 255 条规定："技术侦查措施的适用对象是犯罪嫌疑人、被告人以及与犯罪活动直接关联的人员。"这是我国适用技术侦查等特殊侦查措施的司法解释规定。四是比例性原则，又称相当性原则。该原则要求使用特殊侦查手段应与案件的严重程度、案件侦查的难易程度、对相对方权利侵害的程度、犯罪嫌疑人妨碍侦查的可能性、人身危险性和案件情况的紧急程度等综合因素相适应。

2. 特殊侦查措施的采取应该实行司法审查或令状主义

现代法治国家出于抑制国家公权、保护个人尤其是犯罪嫌疑人、被告人私权利的需要，往往在特殊侦查措施和人身强制措施采取前实行司法审查或令状制度，以便寻求对被侵害人的司法救济。这一做法已经成为法治国家普遍遵循的正义规则，成为国际社会普遍流行的司法准则。资料表明，多数国家根据分权制衡的原则对技术侦查手段采用的是外部控制程序，即由侦查机关以外的部门对特殊侦查手段的使用进行审批，这一审批的主体一般由法官执行。如对于监听，英国、美国、日本、德国等国家，都是由法官决定，只有在紧急情况下才可由检察官审批。[1] 在德国，根据《德国刑事诉讼法典》第 100 条 a5 项的规定：命令监视、录制电讯往来时，只允许针对被指控人，或者针对基于一定事实可以判断他们为被指控人代收或者转送他所发出信息的人员，或者针对被指控人在使用他们的电话线的人员作出命令。在对监听的审查上，《德国刑事诉讼法典》规定，监听只允许由法官决定，在延误就有危险时也可以由检察院决定。检察院决定后，应当不迟延地提请法官确认。在 3 日内未得到法官确认的，决定失去效力。监听令状必须采取书面形式，写明所针对的当事人姓名与地址；命令中要对措施的种类、范围和持续时间作出规定：期限不得超过 3 个月，但如果法定的前提条件继续存在，准许延期，每次延长不得超过 3 个月。[2] 而在英国，监听手段的使用是由国务大臣发放许可证，在紧急情况下，经国务大臣授权，一名高级官员也可发放截收通讯许可证。[3] 在美国，截取通讯适用于侦查"任何可能被判处监禁超过 1 年的或者死刑以下所列举的犯罪"，其中包括贪污、贿赂和其他腐败有组织犯罪。截取通讯的申请主体是检察官，必须满足最后手

---

① 李明："进步与不足：新刑事诉讼法技术侦查措施规定之反思"，载《时代法学》2013 年第 1 期。

② 周洪波："联合国反腐败公约及域外视野下的特殊侦查手段"，载《国家检察官学院学报》2010 年第 4 期。

③ 李明："进步与不足：新刑事诉讼法技术侦查措施规定之反思"，载《时代法学》2013 年第 1 期。

段原则、减至最少原则和司法审查原则。审批的主体是法官，即实行司法令状制度，必须由美国地方法院或上诉法院的法官签发。通讯截取令的使用有一定期限，必要时可以延期，但均需法官批准。不过，在紧急情况下，侦查人员或执法人员，尤其是那些受总检察长、副总检察长、助理检察长（包括立法允许截取通讯的各州主诉检察官）委托的侦查人员或执法人员，有权决定无令截取通讯。当然，无令截取实施后的48小时内，必须向法院提出书面申请。被截取的通讯必须以录音带或其他类似的工具予以记录，并保证不被剪辑或修改。在截取通讯的期限届满时，这些记录必须立即送交批准截取令的法官，并在其指示下密封保存。在美国，对截取通讯有着监督，主要是司法监督、立法监督和公众监督。①

　　3. 加强监督与救济程序

　　除了上述司法审查或令状制度这一有效的监督与救济渠道外，我国的特殊侦查措施还要完善现行法律的规定，在对原有一般侦查措施监督与救济的基础上，特别针对特殊侦查措设置更为细致的监督与救济程序。一方面，侦查机关应当设置严格的内部监督程序，主要包括不定期检查、工作汇报、经验交流、两人以上办案等各种手段进行监督。另一方面，还要针对特殊侦查措施的适用设置特别的救济程序。如对公安机关特殊侦查措施适用不当的，可以向同级检察机关申诉，对检察机关特殊侦查措施有异议的可以向上一级检察机关申诉，人民检察院对申诉应当及时审查，情况属实的，应该通知有关机关纠正；对于特殊侦查措施适用违反法律规定获得的非法证据应该予以排除；对于违法适用特殊侦查措施造成合法权益受到损害的公民及其近亲属应当有权申请国家赔偿，对于违法适用特殊侦查措施造成被侵权人重大伤害的应该进行行政处分或追究刑事责任等。

---

①　周洪波：“联合国反腐败公约及域外视野下的特殊侦查手段”，载《国家检察官学院学报》2010年第4期。

第五章

严格把握批捕起诉标准：防范刑事错案的屏障

从错案产生原因研究的现状分析，学者普遍将其归咎于侦查机关的错误侦查行为，即侦查人员在有罪推定观念的支配下，不惜通过刑讯逼供等法律禁止的方式非法获取有罪的虚假口供；侦查人员收集证据具有片面性，重视有罪证据而忽视无罪证据的收集，即使收集到无罪证据，为了惩罚犯罪目标的实现，甚至刻意隐瞒无罪证据；忽视嫌疑人的无罪辩解等。不可否认在我国现行司法体制下，错案发生的根源在于侦查环节的错误，但同时值得反思的是，负责公诉的检察机关全程参与刑事诉讼，除了侦查职务犯罪案件外，还负有立案监督、侦查监督、审判监督、执行监督以及监所监督等各项诉讼监督职能。对侦查机关侦查终结的案件，检察机关负有审查职责，通过审查，对于不具备起诉条件的案件，尤其是经过补充侦查后仍然认为事实不清、证据不足，达不到起诉标准的疑案，应当依法作出不起诉决定。毫无疑问，审查起诉是检察机关有效防范错案的重要环节。检察机关不起诉的合理运用，不但可以发挥刑事程序的分流功能，即将不具备起诉条件及不需要起诉的案件及时分流出刑事诉讼程序，更重要的是可以及时将无辜者从刑事诉讼中解脱出来，对刑事审判的入口起到把关作用。即"检察官乃刑事程序进展中决定性的过滤器。检察官扮演把关者角色，在诉讼法上之目的，乃透过诉讼分权机制，保障终局裁判之正确性和客观性。"① 因此，从理论上分析，检察机关的职权贯穿于刑事诉讼整个过程，如果检察机关能够有效发挥法律监督职能，审查起诉时保持客观立场，在终审判

---

① 林钰雄：《检察官论》，法律出版社 2008 年版，第 12 页。

决作出之前的任何环节均有防范错案发生的机会。检察机关不管是通过立案监督、侦查过程中的审查批捕、侦查终结后的审查起诉、自侦案件全面收集和审查判断证据，排除非法证据，以及法庭审理过程中发现错误起诉时，撤回起诉或主张无罪判决，一审判决后为错判被告人的利益而抗诉等，均可有效阻止错案的发生。检察官承担的法律监督职责及其客观义务决定其在审查起诉时对于纠正侦查环节的错误以及防范错案起着中流砥柱的作用。

令人失望的是，从已经披露的错案来看，检察机关不但未能阻止错案的发生，甚至对有证据证明有可能是错案的已决案件，检察机关通常不会主动提出再审抗诉。对于当事人的申诉，检察机关通常消极处理，一般不会主动调查，实践中的"申诉难"即为例证。司法实践中检察机关的法律监督职能行使不力，尤其是侦查监督存在诸多深层问题，侦查阶段存在监督滞后、监督信息来源有限、监督效力无保障等一系列问题。由于部门利益的影响，自侦案件监督更是流于形式，导致自侦案件侦查中依然存在非法取证行为，辩护律师的会见以及阅卷等权利受到各种限制。司法实践中依然存在检察机关审查批捕不严，滥用起诉权的现象。检察机关审查批捕时存在人为降低逮捕条件的"够罪即捕"现象，审查起诉时对侦查机关的意见先入为主，对辩护律师的意见不够关注，对事实不清、证据不足的案件出于各种考虑，依然选择提起公诉。正如学者所言："批捕、审查起诉环节把关不严使侦查监督的目的落空，成为所有错案在检察环节上的共同特点。"① 庭审中即使辩方提出了确实的证据证明被告人无罪，或者指出控方证据体系的致命弱点，检察机关一般也不会主张法庭作出无罪判决。有罪判决作出后，检察机关一般不会为了被告人的利益而提出抗诉，实践中无论是二审还是再审抗诉，均存在"抗轻不抗重"的现象。需要强调的是，笔者认为检察机关错案的防范作用集中在审前环节，在检察机关提起公诉之前，其公诉职能与客观义务不会发生直接的冲突，因此容易纠正追诉过程中的错误。一旦进入审判程序，公诉人的诉讼地位使其有强烈的胜诉愿望，在审判阶段要求公诉人主张无罪判决以及为了被告人的利益提起抗诉一般很难实现。

面对错案的频繁出现以及检察机关的无所作为，最高人民检察院于2013年发布《关于切实履行检察职能防止和纠正冤假错案的指导意见》，强调要严格把

---

① 刘品新主编：《刑事错案的原因与对策》，中国法制出版社2009年版，第298页。

握法律规定的逮捕、起诉标准，既要防止人为提高标准，影响打击力度，又要坚持法定标准；对于犯罪嫌疑人拒不认罪或者供述反复等十类案件要重点审查；注重证据的综合审查和运用，对于只有犯罪嫌疑人供述，没有其他证据的，不得认定犯罪嫌疑人有罪；对于命案等重大案件，应当强化对实物证据和刑事科学技术鉴定意见的审查运用，对于可能判处死刑的案件，必须坚持最严格的证据标准；认真调查核实犯罪嫌疑人无罪和罪轻的辩解，对前后供述出现反复的原因必须审查；辩护律师提出不构成犯罪、无社会危险性、不适宜羁押、侦查活动有违法犯罪情形的书面意见的，办案人员必须进行审查；依法排除非法证据，及时调查核实非法取证的材料或线索，做好讯问原始录音、录像的审查。以上内容是从检察机关严格把握逮捕、起诉标准；审查批捕和审查起诉时对证据的把握和运用；重视辩护意见，尤其是无罪辩护意见；依法排除非法证据等方面对检察机关参与刑事诉讼提出的基本要求，是检察机关对已发现的刑事错案进行反省的基础上所作的深刻总结，也是在新《刑事诉讼法》实施环境下对检察机关办案提出的基本要求。

二十、检察官应践行客观义务

检察机关追诉犯罪时践行客观义务是世界各国刑事诉讼法的共同要求，我国《刑事诉讼法》虽未将检察官遵守客观义务确立为基本原则，但不论是要求检察机关全面收集以及审查判断证据，还是要求检察机关对辩护权实施救济以及为了被告人的利益而抗诉，本身就是客观义务的体现。

（一）检察官客观义务的内涵界定与外延分析

现代检察官制度始于法国，但检察官客观义务则创设于19世纪中后期的德国。当时围绕检察官在刑事诉讼中的义务存在两派截然对立的学说，即"主观说"和"客观说"。"主观说"认为检察官与民事诉讼的原告相同，仅是承担控诉职能的一方当事人；与此相对，"客观说"认为检察官虽承担控诉职能，但同时应是承担客观义务的"法律守护人"。两派经过激烈斗争，最终以萨维尼为代表的"客观说"获胜。萨维尼指出："检察官应担当法律守护人的光荣使命，追诉犯法者，保护受压迫者，并援助一切受国家照料的人民。"[1] 此后"客观说"迅速被大陆法系诸国所采纳并上升为法律规定。自20世纪中期以来，英美法系

---

[1] 参见林喜芬：《中国刑事程序的法治化转型》，上海交通大学出版社2011年版，第136页。

国家认识到片面强调检察官当事人化所造成的控辩双方力量不平等并进而造成案件处理结果不公正的弊端，也开始强调检察官应承担一定的客观义务，要求检察官在控诉犯罪的同时应兼顾实体真实的实现。在两大法系国家广泛采纳的背景下，检察官的客观义务也被联合国通过的《关于检察官作用的准则》等国际法律文件予以肯定。

检察官的客观义务虽获得国际社会的普遍认同，但如何界定客观义务学界并无统一的认识。我国台湾地区学者林钰雄教授将检察官定位为法律守护人，认为检察官在刑事诉讼法上"非一造当事人"，所有利于不利被告之情事要一律注意，执行职务有偏颇之虞时要回避。检察官在刑事诉讼法上，与法官同为客观法律准则与实体真实正义的忠实公仆，"毋纵"之外还要"毋冤"，"除暴"之外还要"安良"，并非也不该是片面追求攻击被告的狂热分子。[1] 龙宗智教授认为，检察官不是作为当事人而是国家"护法者"的地位和立场，他的责任是实现公正，而不是单纯地追求定罪。为此，他应当收集对被告人有利的证据，还应统合考虑对被告人有利与不利的因素，必要时应积极争取被告人的合法权利，包括为被告人利益而上诉。[2] 程雷博士认为，检察官客观义务包括以下三方面，检察官应当尽力追求实质真实；在追诉犯罪的同时要兼顾维护被追诉人的诉讼权利；通过客观公正的评价案件事实追求法律公正地实施。客观义务的本质是要求检察官只对法律的公正负责。[3] 韩旭教授认为，检察官客观义务是指检察官在刑事诉讼中应超越当事人立场，担当"法律守护人"的使命，对有利和不利被追诉人的情况一并注意，并在必要时为被追诉人的利益而主动采取行动；在协助法院查明案件事实的同时，维护被追诉人的正当程序权利和实体权利，以保障法律的正确实施和公平正义的实现，并在违反客观义务时受到否定性评价或者承担一定的不利后果。[4] 以上各种观点虽表述不同，但其出发点和基本精神均强调刑事诉讼中检察官应超越当事人的立场，秉持客观公正地位；应在兼顾实体真实和程序公正的基础上追诉犯罪，客观全面收集并审查判断证据，并为了被告人的利益而提起抗诉。其目的是为了追求实体真实，确保法律的公正

① 林钰雄：《检察官论》，法律出版社 2008 年版，第 20~21 页。
② 龙宗智："刑事证明责任制度若干问题新探"，载《现代法学》2008 年第 4 期。
③ 程雷："检察官的客观义务比较研究"，载《国家检察官学院学报》2005 年第 4 期。
④ 韩旭：《检察官客观义务论》，法律出版社 2013 年版，第 114 页。

实施。最后一种观点补充强调了检察官不履行客观义务时需遭到否定性评价，对客观义务的界定也更加全面。

（二）客观义务在我国《刑事诉讼法》中的体现

在我国现行宪政体制下，检察机关在刑事诉讼中履行职务犯罪案件的侦查职能、公诉职能，还负有监督法律统一实施的使命。不管是公诉职能还是法律监督职能的有效发挥均要求检察官在刑事诉讼中秉持客观立场。从我国《刑事诉讼法》来看，检察官的客观义务已经贯穿刑事诉讼的各个环节。1996 年《刑事诉讼法》规定了检察官的回避义务，客观全面收集以及审查判断证据的义务，非法证据排除义务，审查起诉时应全面审查，客观地作出起诉或不起诉决定，起诉书要忠于事实真相，以及为被告人利益提起抗诉的客观义务等。2012 年《刑事诉讼法》在加强检察机关法律监督职能的同时，也强化了其客观义务，尤其是在审前强化了检察机关"准司法官"的角色，加强检察机关审前对侦查权的监督以及对嫌疑人的救济。增加规定检察机关有调查核实违法取证行为并排除非法证据的义务，对证据的合法性承担证明责任；审查批捕和审查起诉时应听取辩护律师意见；批捕后应继续进行羁押必要性审查；对侵犯辩护人、诉讼代理人的诉权权利进行救济；对指定居所监视居住进行监督；应辩护人要求有权向侦查机关调取有利于嫌疑人的证据等。

从法律规定来看，我国关于检察机关客观义务有较为完备的规定。遗憾的是，由于观念、体制、机制以及制度等原因，导致司法实践中检察官客观义务并未完全落实，甚至在某些方面存在对客观义务的背离。表现为自侦案件收集证据具有片面性；审查起诉时忽视无罪证据；辩护律师申请检察机关收集和调取证据，一般很难获得许可；检察机关基本不会为了被告人的利益而提起抗诉等。司法实践中还存在检察机关纵容甚至包庇侦查机关的刑讯逼供行为。杜培武案件中，杜培武曾写下 3 份控告书，控告公安侦查人员对其实施刑讯逼供，并将控告书通过驻所检察官转交给检察院公诉处和批捕处，驻所检察官还对其因刑讯留下的伤痕拍了照片。然而，这一对杜培武非常有利的证据材料，检察官却故意隐匿，拒绝向法庭提供，对其所作的"有罪"供述同样作为指控杜培武故意杀人的证据使用。[1]

---

① 王达人、曾粤兴：《正义的诉求》，法律出版社 2003 年版，第 58 页。

　　在此需要澄清的是，检察官的客观义务与法律监督职责有所区别。其一，客观义务强调的是检察机关追诉时应客观公正，重点关注的是其与嫌疑人、被告人的关系，不管是收集证据还是审查起诉以及对证据的审查判断、抗诉均应兼顾被告人的利益。除此之外，同时还要兼顾对被告人程序性权利的保护和救济。而法律监督的着眼点在于对公权力的监督，在刑事诉讼中体现为对侦查机关、审判机关以及监所机关执行《刑事诉讼法》的监督。其二，二者的实施方式也存在区别，客观义务体现为自侦案件收集证据要全面，不利于嫌疑人和有利于嫌疑人的证据均要收集，审查判断证据要对所有的证据综合分析，而非仅关注不利于嫌疑人的证据。审查后要客观作出处理决定，尤其对于不符合起诉条件的应果断作出不起诉决定。在法庭上，如果辩方推翻了指控，或者辩方提出了证明被告人无罪的证据，公诉机关则要放弃有罪主张而接受法院的无罪判决。无论是未生效还是已经生效的判决，检察机关只要认为对被告不利，均应提出抗诉。检察机关的法律监督职能通过以下方式实现，即通过对侦查机关进行立案监督，包括对应当立案而不立案和不应当立案而立案的监督；通过审查批捕、羁押必要性审查、参与侦查机关重大案件的侦查、审查起诉等途径实现对侦查行为进行监督；对审判机关的审判行为进行审判监督；对看守所、监狱、社区矫正机关等刑罚执行机关执行刑罚的具体情况进行监督。其三，二者的目的不同，客观公正义务的目的是为了最大限度地确保实体真实的实现，实现实体公正，避免检察机关追诉犯罪时片面重视有罪证据而造成错案；而检察机关履行法律监督职能则是为了确保法律的统一实施，避免国家专门机关实施《刑事诉讼法》时出现违法行为。

　　（三）我国检察官客观义务失守的原因分析

　　在我国当前的司法环境下，检察官客观义务失守既有受理念、司法体制的制约，又有刑事诉讼构造以及检察机关运行机制等因素的影响，主要原因在于：

　　1. 检察执法理念落后

　　受传统刑事诉讼观念的影响，检察机关参与刑事诉讼活动时存在"重打击、轻保护"、"重实体、轻程序"的落后观念，不管是过度适用逮捕措施还是对于事实不清、证据不足的案件勉强起诉，抑或对辩方权利的保护不利，均体现了检察机关将打击犯罪视为首要目标。在追诉犯罪的目标上，检察机关与侦查机关存在同质性，即目标的一致性，因此为实现追诉犯罪的成功，对于侦查机关以非法手段收集的证据，不管是实物证据还是言词证据，检察机关一般不会加以排除，而将其作为指控犯罪的依据。有学者认为，"检察机关作为国家的追诉机关，较之作为审判机关的人民法院来说，具有更为强烈的揭露和惩罚犯罪的使命感和责任感。有些检察人员在采用违反法定程序、侵害被追诉者合法权益的方法完成揭露犯罪的任务时理直气壮，似乎由于目的正当手段变得无关紧要；当其发现指控犯罪的证据有疑问或证据不充分而有可能导致错案时，对于放纵坏人的担忧往往超过了对于可能冤枉一个无辜者的担忧。"① 检察机关自行侦查案件时还存在某些程序性违法行为，进行职务犯罪侦查时存在以引诱、欺骗甚至威胁等手段获取口供；将采取羁押措施作为获取有罪供述的手段；由于担心律师会见造成嫌疑人翻供，实践中存在侦查人员给律师会见制造障碍的情形。值得反思的是，检察执法理念落后的原因除了长期以来过于强调打击犯罪的任务之外，检察系统绩效考评设置不合理对检察理念的更新也起了消极作用。对检察机关利益有实际影响的绩效考评制度，是以实体结果为衡量指标。到目前为止，刑事诉讼程序是否得到完全遵守并非评价时关注的重点，评价指标的指引必然使检察机关在刑事诉讼中更为重视结果的公正。错案的责任追究也存在唯结果论的倾向，"对于遵守法律程序必要性的认识不足以及存在程序工具主义的观念，在造成公检法官员违反法律程序方面固然起到重要的作用，但是，真正促使警察、检察官、法官不遵守法律程序的，则更主要的是那些实实在在的利益因素。……一旦被认定在错案的形成上负有责任，检察官、法官就有可能因此受到各种行政纪律处分，至少会造成各方面利益和机会的损失。错案追究制度的实施，在很大程度上促使检察官、法官在刑事诉讼中更关心案件的裁判结果，而不重视遵守法律程序问题。"②

2. 检察机关的追诉职能与其应承担的客观义务发生直接的角色冲突

检察机关的追诉职能与客观义务发生直接的角色冲突，尤其是在检察机关审查批捕后，这种冲突变得更为直接和明显。客观义务的践行极有可能给追诉犯罪带来一定的障碍和阻力。尤其是对于辩方权利实施救济，比如应辩方要求收集证据，对于国家专门机关及其人员阻碍辩护人行使权利时进行救济均会造

① 李建明："刑事错案的深层次原因：以检察环节为中心的分析"，载《中国法学》2007年第3期。
② 陈瑞华：《程序性制裁理论》，中国法制出版社2010年版，第40页。

成这样的后果。有学者称："检察机关应辩护人、诉讼代理人申请纠正违法的对象在某些情况下就是自身或者下级检察机关，公诉与救济职能之间发生冲突的可能性无法完全避免，毕竟救济职能通过保障辩护人、诉讼代理人依法行使诉讼权利，强化了辩护力量，在一定程度上会影响到诉讼后果。而过度追求胜诉的目标反过来也可能导致检察机关忽视对救济职能的履行，一门心思为胜诉而努力，使公诉角色对救济角色形成挤压。"①

3. 长期以来公、检、法三机关配合多于制约的传统限制了检察官客观义务的行使

客观义务要求检察机关审查起诉时不能盲目相信侦查机关移交的证据以及侦查结论。检察机关应通过讯问嫌疑人、询问被害人、听取辩护律师以及诉讼代理人的意见对侦查机关移交的案件进行实质审查，作出正确的起诉与否的决定。但根据《宪法》和《刑事诉讼法》的规定，公、检、法三机关在刑事诉讼中的关系为分工负责、互相配合、互相制约。我国刑事诉讼的运行以侦查为中心，侦查阶段形成的案卷笔录不但对检察机关的起诉活动，甚至对法院最终的判决都有决定性的影响。这样的刑事诉讼运行模式决定了侦查机关的强势地位。长期以来，侦查机关实施的侦查行为很少受到制约，除了逮捕需经检察机关批准外，其他强制措施的采取以及强制性侦查行为的实施，甚至是可能对公民权益造成严重影响的特殊侦查措施的采用，均不需要经过其他机关的批准。因此就检察机关与公安机关的关系而言，公安的强势地位造成检察机关对其难以实施制约；相反为了实现打击犯罪的共同目标，检察机关在刑事诉讼中更加注重与侦查机关的配合，而无原则的配合显然不利于监督侦查环节的程序错误以及纠正侦查机关对案件事实的错误认定。

4. 检察机关绩效考评机制设置不合理

我国长期以来追求"有罪必罚"以及"不冤枉一个好人，也不放过一个坏人"的司法理想。为了防止检察人员人为放纵犯罪，造成打击不力，检察系统以批捕率。对不起诉率、无罪判决率、上诉率等量化指标对检察人员进行绩效考核。检察系统设置考核指标的出发点在很大程度上是为了防止漏罚。对不起诉率以及无罪判决率均规定了最低标准，无罪判决甚至成为对检察机关进行年

---

① 甄真："新刑诉法实施中检察工作面临的问题与对策"，载《诉讼法学司法制度》2014 年第 3 期。

终考评时一票否决的关键。由于考核指标的压力，近年来检察机关不起诉率和法院无罪判决率均处于低位运行状态，有个别法院甚至数年无一例无罪判决。检察机关以一定的数量指标对检察人员进行考核，可以督促其依法行使权力，避免权力寻租，有一定的合理性；但违背刑事诉讼运行规律对批捕率、不起诉率以及无罪判决率进行人为限制，则会使检察机关为达到有利的考核结果而规避法律。

（四）检察官践行客观义务的路径与保障机制

1. 树立"尊重与保障人权"的刑事诉讼理念

惩罚犯罪并非刑事诉讼的唯一目标，惩罚犯罪与保障人权应并重。国家专门机关追诉犯罪应遵守法定程序，应关注人权保障尤其是嫌疑人、被告人的人权保障。对检察机关而言，由于长期存在偏重打击犯罪的思想，造成追诉犯罪时忽视人权保障，对于侦查机关侵犯人权的行为缺乏有效的监督制约。针对近年来披露的冤错案件中广泛存在的刑讯逼供现象，2010年两高三部出台了《关于办理刑事案件排除非法证据若干问题的规定》和《关于办理死刑案件审查判断证据的若干规定》，其中的诸多新规定均旨在加强刑事诉讼的人权保障。2012年《刑事诉讼法》将"尊重和保障人权"确立为刑事诉讼法的基本任务，并将人权保障贯穿于各项具体的制度中。中共十八届三中全会通过了《中共中央关于全面深化改革若干重大问题的决定》，明确提出"完善人权司法保障制度"。这就要求刑事诉讼活动要兼顾惩罚犯罪与保障人权，尤其在我国长期以来视打击犯罪为刑事诉讼首要任务的背景下，树立人权保障的理念具有更重要的意义。检察机关在刑事诉讼中承担法律监督职能，有保障国家法律统一正确实施的使命，同时也肩负保障人权的义务，因此检察机关应摒弃"重打击、轻保护"，"重实体，轻程序"的错误理念，践行客观义务和法律监督职责，牢固树立"尊重和保障人权"的理念。

2. 确立重大案件检察引导侦查的机制

为了保证侦查取证依法进行，促使侦查机关收集、保管、移送证据材料时做到全面、客观，确立检察引导侦查制度成为必然选择。检察机关提前介入侦查，不但可以指导侦查机关依法取证，还可以实现对侦查行为的同步监督。与事后监督相比，同步监督有利于增强监督实效，一定程度可以避免事后监督带来的违法行为已经发生而无法纠正的弊端。我国长期以来的检、警关系体现为检警分离。负责审查起诉的检察机关对侦查机关的侦查活动一般不参与，侦查机关自主进行侦查，无论是采取侦查行为还是强制措施的选择，侦查机关都有极大的自主权。公安机关主要肩负维护社会治安的功能，长期侦查犯罪使其形成固定的思维模式，即学者所称的管状视野，很难关注对嫌疑人有利的证据和事实。因此，为了保障侦查机关侦查犯罪时尽量客观，收集证据尽量全面，应实现检察机关对其侦查行为的引导和监督。"欧陆法系创设检察官制度的根本目的之一，便是以一个严格受法律训练及拘束的客观公正官署，控制警察活动的合法性，避免法治国沦为警察国。因此以检察官主控侦查程序，司法警察的追诉活动受其指挥监督。"[①] 大陆法系国家的检、警关系为检警一体，即检察机关是犯罪侦查权力机关，警察只不过是在检察机关的指导下从事侦查活动，并无自主侦查权，受检察机关的引导和指挥，不管是侦查措施的选择还是证据收集的方式，以致侦查终结决定均由检察机关作出。与其相反，英美法系国家传统上实行检、警分离，即侦查由警察进行，检察机关并不参与，但近年来的司法改革呈现检、警加强合作的趋势。英国《皇家检察官守则》明确要求皇家检察署和警察机关要密切配合，以便作出正确决定。在英国最近的司法改革中，检察机关开始向警察机关派出律师，为警察在侦查中提出法律咨询和建议，以加强双方之间的配合，强化检察官在刑事侦查中的作用。[②]

　　鉴于我国侦查机关的强势地位以及侦查权过于强大，缺乏制约的现实，确立检察引导侦查的体制更具备紧迫性和必要性。2012 年《人民检察院刑事诉讼规则（试行）》第 361 条规定，对于重大、疑难、复杂的案件，人民检察院认为确有必要时，可以派员适时介入侦查活动，对收集证据、适用法律提出意见，监督侦查活动是否合法。这一规定为检察引导侦查确立了基本的依据。最高人民检察院《关于切实履行检察职能防止和纠正冤假错案的若干意见》要求：对命案等重大复杂案件、突发性恶性案件、争议较大的疑难案件、有重大社会影响的案件，应当与侦查机关协商，通过介入现场勘查、参加案件讨论等方式，引导侦查机关依法全面收集、固定和完善证据。由于《人民检察院刑事诉讼规则（试行）》属部门解释，存在着法律位阶不高以及无法被侦查机关充分认可的

---

① 林钰雄：《刑事诉讼法》（上册），中国人民大学出版社 2005 年版，第 120 页。

② 许永俊：《多维视角下的检察权》，法律出版社 2007 年版，第 120 页。

弊端，因此将来努力的方向是在刑事诉讼法典中确立检察引导侦查的体制。通过完善的制度设计，以实现检察机关对侦查机关的指引和监督，确保侦查行为的合法化以及证据收集的全面性和客观性。

3. 加强对辩护权的保障和救济

针对1996年《刑事诉讼法》实施后辩护律师参与不足导致辩护职能萎缩的问题，2012年《刑事诉讼法》强化了对辩护权的保障，通过具体制度的构建以保障辩护律师有效参与刑事诉讼，维护嫌疑人、被告人的合法权益。与此同时，控方需承担更多的义务，《刑事诉讼法》明确规定公诉案件中被告人有罪的举证责任由人民检察院承担，此外，当辩方提出排除非法证据的申请时，检察机关应对证据的合法性承担证明责任。以上规定意味着检察机关指控难度的加大，但这是刑事诉讼走向科学化、民主化的必然要求。因此，检察机关必须正确处理与辩护律师的关系，不应将其视为敌对力量。辩护律师与检察机关均是法律职业共同体的一员，辩护人的作用除了专门维护嫌疑人、被告人的合法权益外，还可起到协助检、法机关发现案件事实真相，避免发生错案的作用。

我国尚未构建审前侦查行为的司法审查机制，审前程序中各种强制侦查措施的实施均不需由中立的法官进行司法审查。此种制度设计决定了审前辩护权的行使面临障碍，无论是嫌疑人自行辩护，还是委托辩护或指定辩护，由于缺乏中立的裁判者，导致辩护权行使的弱化甚至虚化。为解决这一问题，加强对辩护权的保障和救济，2012年《刑事诉讼法》在检察机关对辩护权的保障方面，要求检察机关对于自侦案件，符合法定条件的，应允许辩护律师会见嫌疑人，属于涉案数额在50万元以上的特别重大贿赂犯罪案件，在有碍侦查的情形消失后，应当通知看守所或者执行监视居住的公安机关和辩护律师，并且此类案件人民检察院在侦查终结前应当许可辩护律师会见嫌疑人。检察机关有保障律师全面阅卷的义务，不得隐瞒有利于嫌疑人的证据，对于辩护律师提出的调查取证申请，只要与案件事实有关联，能够起到证明作用的，应当予以调查。为了保障辩护权的实现，检察机关在刑事诉讼中有告知诉讼进程的义务、听取辩护律师意见的义务以及对辩护意见采纳与否的理由说明义务。2012年《刑事诉讼法》第47条和《人民检察院刑事诉讼规则（试行）》第57条全面规定了对辩护权的救济，检察机关作为救济主体，应认真履行职责。

从长远看，辩护权的救济主体应最终归于中立的人民法院。检察机关承担公诉职能，与案件有直接的利害关系，与辩方存在直接的利益冲突，尤其是当检察机关为违法主体时，依靠内部监督更加难以保证监督效果。根据笔者调研，检察机关普遍反映内部监督不好进行，尤其是自侦案件的机构高配一级后，更是难以监督，实践中存在不敢监督、不愿监督的现象。"控辩双方发生争议后，辩护方必须有机会向中立的裁判者寻求有效的司法救济，否则，对辩护权的保障就会由作为辩护方对立面的侦查人员、检察人员所掌控。这经常是导致辩护权无法实施、律师难以获得救济的重要原因。"[1] 法院在刑事诉讼中行使裁判权，具有中立地位，由其对辩护权进行救济，符合诉讼的基本原理，能够实现有效的救济。

4. 确立违反客观义务的制裁机制

现行《刑事诉讼法》及司法解释最大的弊端是对于检察机关违反客观义务未规定不利后果，而法律的强制性是通过法律的制裁来保障的。针对司法实践中检察机关对于嫌疑人委托辩护人的要求不积极转达，检察机关阻止辩护律师会见嫌疑人，无正当理由拒绝辩护律师的调查取证申请，辩护律师阅卷时检察机关隐瞒重要证据的，检察机关审查批准以及审查起诉时拒绝听取辩护律师意见的，均应确立一定的程序性制裁。

二十一、严格把握新的逮捕条件

逮捕是我国刑事诉讼中最为严厉的强制措施。由于我国逮捕和羁押不分，一旦适用逮捕即意味着长时间的羁押，被逮捕的嫌疑人完全丧失人身自由，正常的学习、工作生活权利被完全剥夺，因此如果逮捕适用不当，会严重侵犯公民的基本权利。适用逮捕的目的是为了保障刑事诉讼的顺利进行，避免犯罪嫌疑人逃跑造成无法审判，以及防止嫌疑人毁灭、伪造证据，但在我国刑事诉讼中逮捕功能被严重异化，已经背离了适用强制措施的初衷，逮捕被一些实务部门视为获取嫌疑人、被告人口供的必要手段。从我国的司法实践来看，不论是承担主要侦查工作的公安机关，还是承担职务犯罪侦查的检察人员均未将逮捕作为适用强制措施的最后手段。而逮捕一旦成为侦查机关收集、固定以及保全证据的手段，其高适用率就势在必然了。在我国逮捕意味着较长时间的羁押，嫌疑人中途一般很难从刑事诉讼中解脱出来，而且逮捕与定罪之间存在明显的

---

[1]　陈瑞华：《刑事诉讼的中国模式》，法律出版社 2008 年版，第 260 页。

线性关系，逮捕在一定程度上决定了具体的量刑结果以及刑罚的具体执行方式。① 鉴于逮捕和最终定罪之间的紧密联系，意味着检察机关审查批捕的质量直接决定了最终的办案质量。因此，检察机关应树立正确的诉讼观念，审查批捕时应严格把关，对符合逮捕的证据和可能判处的刑罚条件的嫌疑人，确有逮捕必要的才能予以批捕。

（一）2012 年《刑事诉讼法》关于逮捕条件的规定

为了解决长期存在的超期羁押以及羁押率过高②的问题，新《刑事诉讼法》细化了逮捕的条件。在保留逮捕的证据条件，即有证据证明有犯罪事实，以及罪行条件可能判处徒刑以上刑罚不变的情况下，明确了逮捕"社会危险性"的五种具体情形，即可能实施新的犯罪的；有危害国家安全、公共安全或者社会秩序的现实危险的；可能毁灭、伪造证据，干扰证人作证或者串供的；可能对被害人、举报人、控告人实施打击报复的；企图自杀或逃跑的五种情形。另外规定了三种案件不需要进行社会危险性审查即可直接予以逮捕，以及取保候审、监视居住案件转化为逮捕的情形。对社会危险性的细化要求侦查机关提请批捕时应提供嫌疑人具备社会危险性并有逮捕必要的证据，此规定在一定程度上可以达到防止滥用逮捕措施的作用。

（二）逮捕条件的把握与实施情况

2012 年《刑事诉讼法》虽细化了逮捕条件，但关于社会危险性的表述中，出现了"可能"、"有现实危险"以及"企图"等模糊用语。2012 年《人民检察院刑事诉讼规则（试行）》也使用了"有一定证据证明"、"有迹象表明"等用语，导致检察机关对社会危险性条件不好把握，给实务操作带来困惑。另外，从司法实践来看，公安机关提请批捕时，一般套用《刑事诉讼法》关于社会危险性的表述，很少提供具体的证明或说明材料。面对此状况，办案人员只能根据案情来分析推测是否有逮捕必要，实践中凭经验把握，造成执法标准不一。另外，司法实践中还存在人为突破逮捕条件的情况，在办理一些轻微、过失犯罪、涉及外地人犯罪案件、团伙犯罪案件中的胁从犯等批捕工作中，在虽不具备五种社会危险性的情况下，因担心打击不力引起被害人上访等后果而作出批

---

① 王彪："刑事诉讼中的逮捕中心主义现象评析"，载《中国刑事法杂志》2014 年第 2 期。

② 据最高人民检察院侦查监督部门负责人介绍，我国逮捕人数居高不下，每年逮捕的人数均在 90 万人以上，总量很大，是世界上逮捕人数最多的国家。

捕决定。总之，检察机关在办案中依然存在"重打击、轻保护"、"重配合、轻制约"的传统错误思想，并未依照尊重和保障人权的精神把握逮捕条件。

从目前的司法实践来看，2012 年《刑事诉讼法》实施后逮捕率并无明显的下降。根据调研，2013 年东北某省普通刑事案件逮捕率为 70%，[①] 捕后判处轻缓刑率仍比较高。根据笔者对 S 省 D 市检察机关的调研，《刑事诉讼法》实施后2013 年捕后判处缓刑、拘役、管制、免予刑事处罚、单处罚金等轻刑 245 人，占捕后判决生效人数 982 人的 24.95%。实践中对"可能判处徒刑以上刑罚"的逮捕条件运用较为随意，捕后判轻刑的依然较多，就学者的调查显示，2002 ~2009 年，公诉案件被逮捕人中被判处徒刑（实刑）以上刑罚的比例低于 63.59%。[②]

（三）严格把握逮捕条件，降低逮捕率的举措

司法实践证明，检察机关审查批捕的质量直接决定着案件最终的质量。因此检察机关在审查批捕时要树立"少捕慎捕"的理念，遵循比例性原则，严格把握新的逮捕条件，对于可捕可不捕的，坚决不予批捕。

1. 正确理解"有证据证明有犯罪事实"的逮捕条件

有证据证明有犯罪事实，指有证据证明犯罪事实已经发生，证明犯罪事实为犯罪嫌疑人所为，证据已经查证属实，三者缺一不可。此处的证据是指一种证据还是多种证据存在认识上的分歧，如果只有嫌疑人口供，是否可以认定为具备逮捕的证据条件，实践中存在以嫌疑人的多次口供为证据而提请批捕的情况。笔者认为，鉴于逮捕所带来的剥夺嫌疑人人身自由的严重后果，为避免错案，逮捕时对证据应从严把握，即除了犯罪嫌疑人口供之外，还应有其他客观性证据，例如犯罪工具、赃款赃物等实物证据，或被害人陈述、证人证言、鉴定意见等言词证据。

2. 审查批捕时严把证据关

审查批捕的证据条件为有证据证明有犯罪事实。根据最高人民检察院《人民检察院刑事诉讼规则（试行）》第 139 条第 2 款和《公安机关办理刑事案件程序规定》第 130 条第 1 款的规定，要求同时具备下列情形：有证据证明发生了

---

① 闵春雷等："东北三省检察机关新刑诉法实施调研报告"，载《国家检察官学院学报》2014 年第 3 期。
② 刘计划："逮捕审查制度的中国模式及其改革"，载《法学研究》2012 年第 2 期。

犯罪事实；有证据证明犯罪事实是犯罪嫌疑人实施的；证明犯罪嫌疑人实施犯罪行为的证据已经查证属实。此外，如果嫌疑人犯有数罪，只要有一个犯罪事实有证据证明，就可以逮捕。检察机关在适用逮捕条件时对证据应从严掌握，必须达到能够证明被逮捕人有重大犯罪嫌疑的程度，不仅应审查嫌疑人供述、证人证言等言词证据；同时应注重审查涉案赃款赃物的来源、去向以及作案工具等实物证据；审查批捕时，应该查看侦查机关移交的全程录音录像，重视对讯问原始录音录像的审查，坚决排除通过刑讯逼供、暴力取证等获得的言词证据。对不符合逮捕或起诉条件的"五种情形"，检察机关不得批准逮捕或者提起公诉，即案件的关键性证据缺失的；犯罪嫌疑人拒不认罪或者翻供，而物证、书证、勘验、检查笔录、鉴定意见等其他证据无法证明犯罪的；只有犯罪嫌疑人供述没有其他证据印证的；犯罪嫌疑人供述与被害人陈述、证人证言、物证、书证等证据存在关键性矛盾，不能排除的；不能排除存在的刑讯逼供、暴力取证等违法情形可能的。

3. 审查批捕时重点对逮捕的必要性要件进行审查

检察机关应摈弃"够罪即捕"的思想，审查批捕时应综合逮捕的三项条件，以证据条件为基础，合理把握社会危险性条件，根据案件性质，嫌疑人在共同犯罪中的地位、作用，是否属于初犯、偶犯、从犯、未成年人以及老年人犯罪、有无悔罪表现，并结合分析其自身的生活背景、生活环境等因素，综合审查判断是否符合五种社会危险性情形，确有逮捕必要的才能批捕，以减少不必要的羁押。

4. 确立逮捕社会危险性的证明和说理机制

对逮捕的社会危险性进行充分的证明及说理是侦监部门作出正确逮捕决定的必要条件。根据笔者参加的课题组对某市检察机关的调研，该市检察机关审查逮捕时建章立制强化审查，保证办案质量。制定提捕和审捕双向说理制度。2013年，该市检察院、市公安局联合出台实施了《关于提请批准逮捕案件双向说理机制的若干规定（试行）》。公安机关在提请批准逮捕犯罪嫌疑人及检察机关作出不批准逮捕决定时，应分别书面说明理由。并对书面说明的范围、方式、方法及对《刑事诉讼法》中关于逮捕条件如"社会危害性"等理解作出了具体细致规定，以上做法对公安、检察院两家在法律适用、证据运用及逮捕必要性等易出现的执法分歧起到了积极的化解作用，既加强了与侦查机关的沟通联系，又强化了监督力度。

侦查部门提请批捕时，既要移送证明犯罪嫌疑人涉嫌犯罪的证据，也要提供证明犯罪嫌疑人具有法定社会危险性情形的证据，并在《提请批准逮捕书》中论证说明犯罪嫌疑人存在妨碍诉讼活动、再犯危害社会等现实情况或可能性。检察人员根据案件事实和证据对嫌疑人是否符合逮捕条件全面审查，综合判断犯罪嫌疑人是否具有社会危险性，如认为所提供的证据材料不足以证明具有社会危险性，采取取保候审能够保障刑事诉讼顺利进行的，不能作出逮捕决定，同时向侦查部门阐明不捕理由及依据。

5. 实行疑难案件会审制度

根据笔者调研，2014年，某市院侦监处出台《关于审查逮捕疑难案件试行会审制度的暂行办法》，探索疑难案件由两级院的业务骨干以会诊的形式共同研究、探讨。通过采取看、听、问、析相结合的方法集思广益，在实体上、程序上对案件进行全面审查，为案件办理提出参考意见，以上措施在实践中取得了很好的效果，值得提倡。

6. 构建审查批捕时的听证制度

此次《刑事诉讼法》的修改对审查批捕程序进行了诉讼化改造，人民检察院审查批准逮捕，可以讯问犯罪嫌疑人；有下列情形之一的，应当讯问犯罪嫌疑人：①对是否符合逮捕条件有疑问的；②犯罪嫌疑人要求向检察人员当面陈述的；③侦查活动可能有重大违法行为的。人民检察院审查批准逮捕，可以询问证人等诉讼参与人，听取辩护律师的意见；辩护律师提出要求的，应当听取辩护律师的意见。鉴于我国目前侦查阶段委托辩护率低，以及辩护律师介入有限，听取辩护律师意见可能达不到预期的效果。应当讯问犯罪嫌疑人的条件之一为嫌疑人要求向检察机关当面陈述的，这一权利可能由于侦查机关不予转告而落空。基于以上问题，应逐步构建审查逮捕的听证制度，侦查监督部门经审查后对于是否符合逮捕条件有疑问以及辩方对逮捕存在异议的案件，应组织申请机关与嫌疑人进行听证，通过双方当面论证、发表意见以决定是否应予逮捕。

7. 确立对被批捕嫌疑人的救济机制

《刑事诉讼法》第90条规定："公安机关对于人民检察院不批准逮捕的决定，认为有错误时，可以要求复议，但是必须将被拘留的人立即释放，如果意见不被接受，可以向上一级人民检察院提请复核。"但未确立被批准或决定逮捕的嫌疑人的救济机制，导致嫌疑人对人民检察院作出的逮捕决定不服时无法申请救济。《公民权利与政治权利国际公约》第 9 条第 4 款规定了被逮捕人有获得法院司法审查的权利，即"任何因逮捕或拘禁被剥夺自由的人，有资格向法庭提起诉讼，以便法庭能不拖延地决定拘禁他是否合法以及如果拘禁不合法时命令予以释放。"① 逮捕意味着对嫌疑人人身自由的长期剥夺，而实践证明检察机关批准逮捕的案件最终有为数不少的均被法院判处轻刑，甚至事后证明是错案。因此应赋予嫌疑人对于检察机关作出的逮捕决定如果不服时的救济权，应赋予其与公安机关相同的复议以及复核渠道。

8. 严格把关自侦案件的逮捕条件

检察机关的领导体制为上下一体。为了避免自侦案件由本院侦监部门审查决定逮捕造成流于形式的问题。根据最高人民检察院《人民检察院刑事诉讼规则（试行）》，省级以下（不含省级）人民检察院直接受理立案侦查的案件，需要逮捕犯罪嫌疑人的，应当报请上一级人民检察院审查决定。虽然此种设计不能从根本上解决问题，但在一定程度上可以起到对下级检察机关的监督作用。鉴于自侦案件证据多为言词证据的特点，侦监部门在办案中要按照逮捕条件的要求严格审查，准确把握逮捕的证据标准，不仅应审查犯罪嫌疑人供述、证人证言等言词证据，而且应注重审查涉案赃款的来源、去向、用途的证据和受贿案件谋取利益方面的证据等。对相关证据缺口太大、确实不能证明有犯罪事实的，依法作出不捕决定，以防止错案发生。

二十二、严把证据关

证据是人民法院定罪量刑的依据，也是检察机关作出审查批捕、审查起诉、不起诉等各种处理决定的依据。检察机关在刑事诉讼中的职能以及诉讼地位决定其对证据把关作用尤为重要。司法实践表明，刑事错案的发生与检察机关审查批捕和审查起诉时对证据审查不严有直接关系。长期以来侦查人员收集证据时偏重口供，为了破案有时甚至会不惜一切代价获取嫌疑人的有罪供述，非法取证行为在我国还一定程度地存在。侦查人员法治意识不强造成组织辨认等侦查措施时不能严格遵守法律程序，侦查期间收集的瑕疵证据与非法证据并存。尤其是发生命案等社会影响重大的刑事案件时，领导一般会下达限期破案的任

---

① 陈光中主编：《〈公民权利和政治权利国际公约〉与我国刑事诉讼》，商务印书馆 2005 年版，第 398 页。

务，而当犯罪现场遭到严重破坏、犯罪后遗留证据有限的情况下，为了完成领导下达的任务，侦查机关如果将某人确定为嫌疑人后，会按照自己的思路要求其"交代"罪行，一旦获取嫌疑人的口供，侦查人员甚至会制造证据，拼凑证明嫌疑人有罪的证据体系。

我国侦查机关调查取证缺乏制约的现状要求检察机关审查批捕、起诉时更应严把证据关，不但要审查单个证据的证据能力的有无和证明力的大小，依法排除非法证据，而且要注重对证据的综合审查与运用。尤其是对命案更应起到严格的把关作用。最高人民法院《关于建立健全防范刑事冤假错案工作机制的意见》特别指出：犯罪现场遗留的可能与犯罪有关的指纹、血迹、精斑、毛发等证据，未通过指纹鉴定、DNA 鉴定等方式与被告人、被害人的相应样本作同一认定的，不得作为定案的根据。涉案物品、作案工具等未通过辨认、鉴定等方式确定来源的，不得作为定案的根据。对于命案，应当审查是否通过被害人近亲属辨认、指纹鉴定、DNA 鉴定等方式确定被害人身份。以上规定对检察机关审查批捕和审查起诉同样具有指导意义，检察机关在办案过程中发现以上情形的，不得将其作为批捕和起诉的依据。对命案等重大案件，检察机关应强化实物证据和刑事科学技术鉴定意见的审查运用，对于可能判处死刑的案件，必须坚持最严格的证据标准。

（一）证据的合法性是重要的审查内容

检察机关在审查逮捕以及审查起诉时的重要任务是审查证据是否系合法取得。检察人员对证据取得的合法性有疑问时，应要求侦查人员予以说明，必要时进行相应的调查，确认属于非法证据的，应予以排除，不得作为起诉的依据。审查批捕和审查起诉发现瑕疵证据的，应要求侦查人员进行补正和合理解释。

审查的关键内容之一为证据是否确实、充分，是否依法收集，有无应当排除非法证据的情形。证据的审查应从以下方面进行：首先，应审查证据与案件事实有无关联性，关联性是证据材料转化为定案根据的基本条件，证据的关联性依靠检察人员的逻辑和经验判断。需要特别强调的是我们应使尽可能多的证据进入审判视野，因此对证据相关性的判断应慎重，避免将具有相关性的证据排除于诉讼程序之外。其次，应审查证据的证据能力，审查证据的取得方式是否合法，有无刑讯逼供等非法取证现象。最后，应审查证据的真实性，证据的真实性依赖于证据的来源是否可靠，证据的收集程序是否符合法律规定，证据的保管链条是否完整。

（二）确立客观性证据审查模式

证据审查判断是指司法人员对于收集的证据进行分析、研究和鉴别，找出它们与案件事实之间的客观联系，找出证据材料的证据能力和证明力，从而对案件事实作出正确认定的一种活动。[①] 证据审查的主体包括负责审查起诉的人民检察院和负责案件审理的人民法院。人民检察院对于公安机关侦查终结移送审查起诉以及检察机关自侦的案件均应从事实与证据两方面严格审查，从单个证据来源的可靠性、真实性、与案件事实的关联性以及证据取得方式的合法性等方面进行综合审查，同时应审查证据之间是否能够相互印证，证据之间有无矛盾，是否有无法排除的疑点等。最高法《解释》第104条规定，证据之间"必须具有内在联系，共同指向同一待证事实，不存在无法排除的矛盾和无法解释的疑问。"对案件事实的认定是否符合逻辑和经验法则，是否违背常理。以上证据审查模式被称为证据相互印证的证明模式，我国传统的证据印证模式突出口供的中心地位，关注的是其他证据能否与口供相互印证，由于犯罪嫌疑人、被告人供述、证人证言、被害人等主观性证据虚假的可能性较大，错案的发生均伴随通过刑讯逼供获取虚假口供。因此，以口供为中心的印证注定存在致命的缺陷，容易发生错案，尤其是在侦查人员先获取客观证据的情形下，这种印证方式的弊端更加明显。与口供等主观性证据相比，物证、书证等客观性证据稳定性强，不会因人的主观愿望而改变，因此愈来愈受到办案人员的重视。对于我国的证据审查模式而言，应逐步确立客观性证据审查模式，客观性证据审查模式是以客观性证据为主的证据印证模式，是指在刑事诉讼中，司法机关以客观性证据为审查中心，凭借具有稳定性、可靠性的客观性证据确认案件事实，并以此为基础审查和检验全案证据，进而准确认定犯罪事实的审查工作模式。[②]

（三）合理把握公诉的证据标准

我国《刑事诉讼法》对提起公诉的证据标准规定为："犯罪事实清楚，证据确实充分"，《人民检察院刑事诉讼规则（试行）》第390条规定，人民检察院对案件进行审查后，认为犯罪嫌疑人的犯罪事实已经查清，证据确实、充分，依

---

① 樊崇义主编：《刑事诉讼法学》，中国政法大学出版社2013年版，第360页。

② 樊崇义、赵培显："论客观性证据审查模式"，载《中国刑事法杂志》2014年第1期。

法应当追究刑事责任的，应当作出起诉决定。具有下列情形之一的，可以确认犯罪事实已经查清：①属于单一罪行的案件，查清的事实足以定罪量刑或者与定罪量刑有关的事实已经查清，不影响定罪量刑的事实无法查清的；②属于数个罪行的案件，部分罪行已经查清并符合起诉条件，其他罪行无法查清的；③证人证言、犯罪嫌疑人供述和辩解、被害人陈述的内容中主要情节一致，只有个别情节不一致且不影响定罪的。第404条规定，具有下列情形之一的，不能确定犯罪嫌疑人构成犯罪和需要追究刑事责任的，属于证据不足，不符合起诉条件：①犯罪构成要件事实缺乏必要的证据予以证明的；②据以定罪的证据存在疑问，无法查证属实的；③据以定罪的证据之间、证据与案件事实之间的矛盾不能合理排除的；④根据证据得出的结论具有其他可能性，不能排除合理怀疑的；⑤根据证据认定案件事实不符合逻辑和经验法则，得出的结论明显不符合常理的。可见，《刑事诉讼法》对公诉证据标准的规定等同于人民法院作出有罪判决的证明标准。对此有不少学者提出异议，其理由为，根据刑事诉讼运行规律和办案人员的认识规律，证据标准（证明标准）应该根据诉讼阶段的不同而有层次性，判决时应达到最高的证明标准，依次往前，提起公诉、侦查终结移送起诉、逮捕、立案的证据标准相应降低，因此公诉证据标准应低于有罪判决的证明标准。① 但也有不少学者赞同现行公诉证据标准的规定，认为"决定起诉和有罪判决的证明标准是一致的，因为承担证明责任的都是检察机关，只不过判断是否达到证明标准的主体不同而已"②。笔者认可后一种观点，理由为：其一，中国"流水作业式"③的刑事诉讼构造决定不能降低公诉的证据标准。孙长永教授认为这种诉讼构造的精神是："每一个专门机关在其所负责的诉讼阶段必须从事实和法律上保证对案件做出自己认为是正确的结论，特别是在事实和证据上，要求三机关反复审查、验证，最终确保有罪的人受到应有的处罚、无

---

① 参见龙宗智："试论我国刑事诉讼的证明标准"，载《法学研究》1999年第6期。

② 樊崇义主编：《刑事证据法原理与适用》，中国人民公安大学出版社2001年版，第293页。

③ "流水作业"指侦查、起诉和审判这三个完全独立而互不隶属的诉讼阶段，如同工厂生产车间的三道工序。公安、检察和裁判机构在这三个环节上分别进行流水作业式的操作，它们可以被看作刑事诉讼这一流水线上的三个主要"操作员"，通过前后接力、互相配合和互相补充的活动，共同致力于实现《刑事诉讼法》的任务。参见陈瑞华："从'流水作业'走向'以裁判为中心'——对中国刑事司法改革的一种思考"，载《法学》2000年第3期。

罪的人不受追究。"① 检察机关审查起诉的案件是经过公安机关充分侦查的案件，这就决定检察机关有坚持较高的公诉标准的可能性。其二，庭审的形式化以及法庭审判以"案卷笔录中心"决定不能降低起诉的证据标准。1996 年《刑事诉讼法》对刑事审判方式进行改革，试图构建"以审判为中心"的刑事诉讼制度，增强控辩双方在法庭审理过程中的对抗性。公诉机关在庭前不再移送全部案卷，而只移送"证据目录、证人名单、主要证据复印件或照片"，整个庭审过程法官不再起主导作用，赋予控辩双方更多的对抗职能。但从司法实践观察，此种制度设计显然未达到预期的效果。审判过程中证人、鉴定人、侦查人员不出庭作证的事实，导致大量被告人供述笔录、证人证言笔录、勘验、检查笔录等笔录类证据充斥法庭，以致辩方无法对与其不利的证人和鉴定人等进行有效的质证，法庭审判沦为对侦查卷宗所记载证据的进一步确认。2012 年《刑事诉讼法》恢复了庭前移送全部案卷的制度，旨在保障律师的全面阅卷权，但同时可能带来的最大问题是由于法官在审前已经了解了公诉机关的全部案卷，将会导致法官先入为主，对案件形成预断，从而加剧庭审的形式化。"案卷笔录中心"带来的必然结果是法院定案时依据的证据绝大多数来源于案卷笔录包含的证据内容，而非经过控辩双方充分质证的当庭证据。一般来讲，侦查案卷对法官定罪有决定性的影响，那么面对同样的证据，同为司法机关的人民检察院审查判断时没有理由不达到"犯罪事实清楚，证据确实充分"的程度。其三，对公诉实质性审查的缺失要求提起公诉的高标准。与域外大陆以及英美法系国家对公诉案件的实质性审查不同，我国的人民法院对于检察机关提起公诉的案件，仅进行形式审查。即人民法院对提起公诉的案件进行审查后，对于起诉书中有明确的指控犯罪事实的，应当决定开庭审判。这种"有公诉必有审判"的制度设计要求公诉机关审查起诉时必须对案件从事实和证据方面进行严格审查，并遵循较高的证据标准。唯此，才能避免公诉人员随意提起公诉，保证案件的起诉质量。其四，长期以来的极低的无罪判决率也决定公诉机关应坚持较高的证据标准。我国刑事案件的无罪判决率长期处于极低的水平，是不容否认的基本事实。笔者在此对于其中原因不进行讨论，但这一现象反映的问题是，负责审理案件的法官倾向于认可公诉方的诉讼主张，即倾向于作有罪判决。这就决定了提起公

---

① 孙长永：《探索正当程序——比较刑事诉讼法专论》，中国法制出版社 2005 年版，第 299 页。

诉的证据标准不能低于有罪判决的证明标准，否则对于错误的起诉，审判法官一般不主动以无罪判决加以纠正的现状可能会造成更多的错判。因此，检察机关应坚持公诉的高标准，经过对案件的审查后，必须认为已经达到"犯罪事实清楚，证据确实、充分"的标准，才能向人民法院提起公诉。

对于《刑事诉讼法》规定的公诉证据标准，如果实践中审查起诉部门严格遵守，将会使进入法庭审判的案件具有被最终定罪的最大可能性，可以有效避免错案。但司法实践中由于各种因素的影响，检察机关存在人为降低起诉标准的情形，对未达到起诉标准的嫌疑人提起公诉，个别案件在证据不足的情况下仍可以畅通无阻地进入审判程序。调查表明，检察机关对事实不清、证据不足的案件提起公诉似乎并不罕见。① 检察机关对于不符合起诉条件的案件大胆起诉的主要原因为：一旦起诉不成功，检察机关即可撤回起诉，而撤回起诉并不会给检察机关带来太大的不利后果。2012 年最高人民检察院《人民检察院刑事诉讼规则（试行）》第 459 条规定：人民法院宣告判决前，有以下七种情形的，人民检察院可以撤回起诉，即不存在犯罪事实；犯罪事实并非被告人所为；情节显著轻微，危害不大，不认为是犯罪的；证据不足或证据发生变化，不符合起诉条件的；被告人因未达到刑事责任年龄，不负刑事责任的；法律、司法解释发生变化导致不应当追究被告人刑事责任的；其他不应当追究刑事责任的情形。对于撤回起诉的案件，人民检察院应当在撤回起诉后 30 日以内作出不起诉决定。司法实践中对于检察机关的撤回起诉申请，人民法院均会同意，而证据不足的撤回起诉，使撤回起诉异化为检察机关规避无罪判决的武器。因此，为了严格贯彻公诉的证据标准，避免检察机关滥用起诉权，应对于公诉机关撤回公诉的权利进行有效的规范。对于法庭审理程序已经进行完毕、能够认定被告人无罪的，不应允许公诉机关撤回起诉。

二十三、正确运用起诉与不起诉

审查起诉是人民检察院对侦查终结的案件受理后予以审查，进而决定是否起诉的诉讼活动。检察机关通过审阅案卷材料，讯问嫌疑人，听取被害人的意见，听取辩护人、诉讼代理人的意见，鉴定或补充鉴定和重新鉴定，复验和复查，核实有疑问的证据等审查方法，主要从侦查机关认定的事实、证据以及侦

---

① 谢小剑：《公诉权制约制度研究》，法律出版社 2009 年版，第 120 页。

查活动是否合法等方面进行审查，根据审查的最终结果决定是否提起公诉。依照《刑事诉讼法》对于起诉条件的规定，人民检察院认为犯罪嫌疑人的犯罪事实已经查清，证据确实、充分，应当依法追究刑事责任的，应当作出起诉决定；认为不符合起诉条件或者不需要起诉的，依法作出不起诉的决定。我国以起诉法定主义为原则，以起诉便宜主义为补充。2012 年《刑事诉讼法》确立了四种不起诉类型，分别为法定不起诉、酌定不起诉、存疑不起诉以及附条件不起诉。法定不起诉和存疑不起诉本就不符合起诉标准，检察机关必须作出不起诉决定，仅酌定不起诉与附条件不起诉有检察机关裁量权的发挥空间，但两种不起诉的案件范围较小，检察机关通过审查起诉发挥程序分流以及终止诉讼作用的效果并不明显。

检察机关的审查起诉本应承担对侦查终结案件的把关作用，即通过不起诉的合理运用，避免将无辜的以及无起诉必要的嫌疑人送入审判程序，从而造成错误以及无必要的追诉，侵犯人权，浪费司法资源。但实践证明，检察机关审查起诉的把关作用一定程度上处于失灵状态。已经发现的佘祥林、杜培武、赵作海、张氏叔侄等错案无一例外均通过了检察机关的审查把关而顺利进入法庭审判。错案的实证研究表明，"批捕、审查起诉环节把关不严已经使侦查监督的目的落空，成为所有错案在检察环节上的共同点"。[①] 为了发挥审查起诉环节对错案的防范，检察机关应严格把握起诉条件，正确运用起诉和不起诉决定，尤其是要正确运用证据不足的不起诉，不能人为降低起诉条件，给错案的发生埋下隐患。

（一）2012 年《刑事诉讼法》关于不起诉的规定

1996 年《刑事诉讼法》在废除原 1979 年《刑事诉讼法》免于起诉的基础上，增加酌定不起诉，与法定不起诉、存疑不起诉共同构成我国的不起诉体系。2012 年《刑事诉讼法》对不起诉制度进行了完善。其一，增加附条件不起诉，对于未成年人涉嫌刑法分则第四章、第五章、第六章规定的犯罪，可能判处 1 年有期徒刑以下刑罚，符合起诉条件，但有悔罪表现的，人民检察院可以作出附条件不起诉的决定，附条件不起诉有一定的考验期，考验期内被附条件不起诉人应遵守法律规定，考验期内没有违反法定义务的，期满后检察院应作出不

---

① 刘品新主编：《刑事错案的原因与对策》，中国法制出版社 2009 年版，第 298 页。

起诉的决定。未成年犯罪嫌疑人及其法定代理人对人民检察院附条件不起诉的决定有异议的，人民检察院应当作出起诉的决定。其二，在当事人和解的公诉案件诉讼程序中，对于双方达成和解协议，并且符合犯罪情节轻微、不需要判处刑罚的，人民检察院可以做出不起诉决定。其三，增加一种法定不起诉的情形，即犯罪嫌疑人没有犯罪事实的，应当作出不起诉决定。其四，明确规定对于 2 次退回补充侦查的案件，人民检察院仍然认为证据不足，不符合起诉条件的，应当作出不起诉决定。为了防止检察机关对明显无退回补充侦查必要的案件反复退补，规定人民检察院对于经过一次退回补充侦查的案件，认为证据不足，不符合起诉条件，且没有退回补充侦查必要的，可以作出不起诉决定。与 1996 年《刑事诉讼法》关于不起诉的种类相比，此次修改仅增加一种附条件不起诉，而且由于其仅适用于未成年人，且判处 1 年以下有期徒刑的案件，适用范围有限。新《刑事诉讼法》实施后，我国刑事诉讼的不起诉率并无明显提高。

（二）对不起诉的程序制约

对于作出不起诉的诉讼程序，2005 年最高人民检察院出台了《关于省级以下人民检察院对直接受理侦查案件作撤销案件、不起诉决定报上一级人民检察院批准的规定（试行）》，要求省级以下人民检察院办理直接受理立案侦查的案件，拟作不起诉决定的，应当报请上一级人民检察院批准。《人民检察院刑事诉讼规则（试行）》规定经检察长或检察委员会决定，即可做出相应的不起诉决定，简化了作出不起诉决定的审批程序。但司法实践中出于对检察人员滥用自由裁量权的担忧，不起诉决定的作出需经过层层把关以及承受定期专项检查。以某检察院的工作流程为例，作出酌定不起诉决定，先由承办人评估，经主诉检察官、公诉负责人、主管公诉副检察长层层审批，最后由检察委员会决定后，还需交上一级检察机关备案，之后上级检察机关要进行专项检查，作出不起诉的检察机关必需写报告、说明理由来迎接检查。[①] 可见，在我国作出酌定不起诉决定面临极为复杂的程序。对于承办人而言，不起诉决定的作出要经过层层审批，选择不起诉可能意味着要付出更多的劳动，面临更严峻的考验。

---

① 参见张少波："公诉环节程序分流机制的反思与完善——以 2009～2012 年 D 检察院不起诉制度运行状况为分析视角"，载《中国刑事法杂志》2013 年第 8 期。

（三）检察机关起诉与不起诉运作的实践样态

1. 不起诉率偏低

由于我国不起诉的适用范围较小、适用标准不够清晰，以及对不起诉率的限制，导致我国的不起诉率长期以来维持较低水平。根据对某地检察机关的统计数据，2007 年以来某地检察机关的平均不起诉率长期维持在 3%～4% 之间，新《刑事诉讼法》实施后，不起诉率有所上升，但也不到 5%。从不起诉的类型上看，酌定不起诉占不起诉案件的比例达到 70%，法定不起诉和疑罪不起诉的案件较少，不起诉的案件类型以普通刑事案件居多，职务犯罪案件不起诉率被严格控制在 10% 以下。公安机关撤案和撤回移送审查起诉的案件较多，这些案件大多符合不起诉条件。[①]

2. 起诉后判轻刑率高

据统计，2003～2010 年，全国法院适用缓刑的人数占总判决数的比率分别为 19.1%、21.3%、22.4%、27.2%、15.1%、24.3%、22.7% 和 21.6%，若加上三年以下有期徒刑与拘役实刑、单处附加刑以及免除处罚的数字，轻刑比率平均每年在 50% 左右。[②] 由此可见，人民法院的缓刑适用率远远高于检察机关酌定不起诉的适用率，这种极大的反差反映了我国"有罪必罚"的传统一时还难以改变，而这种状况与宽严相济的刑事政策相背离，更是无法避免短期自由刑给被告人带来的伤害。

3. 滥用起诉权

司法实践中存在着检察机关审查起诉时滥用起诉权的现象，体现为以下几种情况：一是犯罪嫌疑明显不充分时起诉；二是违背起诉便宜主义的精神，对明显适宜于不起诉处理的案件提起公诉；三是违背法律平等适用精神的差别性起诉或者歧视性起诉，在共同犯罪案件的处理中表现尤其明显；四是基于应当排除而没有排除的非法证据提起公诉；五是将本应作法定不起诉的案件提起公诉；六是违背管辖的有关法律规定，将案件提交不具有管辖权的法院审理，以达到对被告人定罪量刑的目的。[③] 在起诉裁量权的运用上，由于刑事诉讼法对不

---

① 成懿萍："刑事不起诉率偏低之实证分析——以某地 2003～2010 年刑事不起诉案件为分析对象"，载《中国刑事法杂志》2011 年第 8 期。

② 相关数据来源于《中国法律年鉴》，参见《中国法律年鉴》2003～2010 年卷。

③ 参见周长军："公诉权滥用论"，载《法学家》2011 年第 3 期。

起诉从适用范围和批准程序上进行严格控制，检察人员滥用不起诉裁量权的机会较小。由于各种原因，检察机关更多的是运用其起诉权恣意追诉。

司法实践中，公诉机关对律师的报复性起诉问题值得警惕。控辩双方在刑事诉讼中处于天然的对立地位，如果辩护律师给公诉机关追诉犯罪带来障碍，尤其是辩护律师掌握了关键证据后，进行无罪辩护时会给控方带来败诉风险，此时控方可能会运用手中的公权力报复律师。陈瑞华教授认为："检察官将获得胜诉作为获得较好职业前途的必经之路；而辩护律师的存在及其刑事辩护活动本身，事实上成为检察官获得胜诉的最大障碍。司法实践中出现了大量的侵犯律师诉讼权利甚至对律师采取刑事追诉的现象。[①]"很明显，律师一旦在证据问题上与检察院发生争议，带来的问题往往是律师成了检察院打击犯罪的绊脚石。这种司法的情绪化和赤裸裸的职业报复在我们的实践中屡见不鲜，问题极多。"[②]据全国律师协会的调查显示，从 1997 年到 2007 年，全国有 108 名律师涉嫌触犯《刑法》第 306 条被追诉，对其中 23 个案件抽样分析发现，有高达 11 个案件中的律师被无罪释放或撤案。[③]

除了对律师报复性起诉外，对事实不清、证据不足的案件坚持起诉是检察机关滥用起诉权的又一体现。已经被披露的数起错案说明了这一问题。佘祥林、赵作海、滕兴善等案件移送审查起诉时犯罪事实都未查清，甚至对被害人的认定都存在错误；张氏叔侄案、李怀亮案、于英生案、王本余案等近期纠正的错案均表明，当初公诉方的指控证据存在致命缺陷：口供系通过刑讯逼供的方式获得；侦查机关伪造物证；隐藏有利于被追诉者的证据；逼迫证人作伪证等。正是这样证据漏洞百出的案件，居然顺利通过检察机关的审查。

（四）检察机关不起诉低位运行的原因分析

1. 偏重打击犯罪司法理念的支配

检察机关长期以来形成的偏重打击犯罪的诉讼理念短期内难以改变。在这种理念的支配下，检察机关审查起诉时更加关注和倾向于认可侦查机关移送的有罪证据以及侦查机关的侦查结论；而对于可能证明嫌疑人无罪的证据，以及

---

① 参见陈瑞华：《程序性制裁理论》，中国法制出版社 2005 年版，第 56 页。

② 陈兴良：《法治的界面》，法律出版社 2003 年版，第 92 页。

③ "广西北海四律师案'三人谈'——陈光中、卞建林、顾永忠"，载 http://www.procedurallaw.cn/xwzx/201107/t20110708_ 569518.html，访问时间：2014 年 9 月 8 日。

嫌疑人的无罪辩解或辩护律师提出的侦查证据存在的疑点，嫌疑人或辩护人提出的侦查人员非法取证行为以及要求排除非法证据的申请，可能会有意无意加以忽视。如果检察机关不遵守客观公正义务，不站在客观立场审查判断证据，不以发现案件事实真相而以追诉犯罪的成功为目标，那么检察机关的错误起诉将不可能根除。

2. "流水作业"的刑事诉讼构造

我国刑事诉讼的纵向诉讼构造为"流水作业"式的诉讼结构。负责侦查、起诉、审判的公、检、法三机关相当于流水线上的操作员，共同致力于完成追诉犯罪的刑事诉讼任务。这种诉讼构造决定公、检、法三机关重配合而轻制约，在打击犯罪以及维护社会稳定的压力之下，公安司法机关均被赋予一定的社会治理功能。表现在公、检关系上，对于公安机关侦查终结移送审查起诉的案件，由于大多数嫌疑人被侦查机关羁押，此类案件检察机关如果选择不起诉会给侦查机关带来直接的不利后果，会引起国家赔偿，影响侦查机关的考评业绩，因此侦查机关通常会给检察机关施加压力，迫使其作出起诉决定。另外，检察机关也担心不起诉带来的放纵犯罪的恶名，尤其是对于命案等社会关注度很高的案件，检察官作出不起诉的决定时更是面临巨大的压力。

3. 外部因素的影响和制约

检察机关行使职权时受到其他部门的干涉，最典型的莫过于政法委对于疑难案件的协调。赵作海案件是政法委协调案件弊端的集中体现。该案中，检察院审查起诉时发现了证据存在疑点，对无头尸体的确认缺乏足够的证据曾经两次退卷。在全国刑事案件清理超期羁押专项检查活动中，柘城县公安局将该案提交商丘市政法委研究。后来在政法委协调下，"研究作出"具备起诉条件的"决定"。于是，检察院的证据判断服从于政法委对于民情、民意等社会效果的判断。当年赵作海案的公诉人在接受媒体采访时称：政法委要求 20 天内起诉，快审快判，他们顶不住才起诉的，此案庭审不到半小时即告结束。政法委干预案件违背证据裁判原则，将社会效果凌驾于法律效果之上，即稳定压倒一切，遂难以保证案件质量。最后，来自被害人及近亲属申诉、上访的压力，在一定程度上促使检察机关在证据不够确实、充分的情况下选择起诉。

4. 对不起诉数量的人为控制

2005 年制定的《检察机关办理公诉案件考评办法（试行）》对不起诉率作

出了统一规定，规定对普通刑事案件、破坏社会主义市场经济秩序案件、自侦案件设置的不起诉预警比例分别为 2% 、6% 和 12% 。超过规定的根据具体情况在考评中相应扣分。2007 年高检院发布了修订的《人民检察院办理不起诉案件质量标准（试行）》后，高检院取消了对普通刑事案件不起诉率的考核指标，但自侦案件的不起诉率至今仍被严格控制，仍是衡量公诉工作质量的一项重要指标。

个别地方的检察机关将不起诉的比例作为考评的重要指标，不起诉比例越低，考评所获的分值越高，被评为优秀的可能性越大。由于考评结果直接关涉到被考评检察机关和检察人员的工作业绩、福利待遇等切身利益，故积极地追求较低的不起诉率就成为这些检察机关和检察人员的诉讼努力方向。[①]

（五）正确运用起诉和不起诉

检察机关审查起诉时，应对证据综合审查判断，善于发现案件存在的疑点及证据之间的矛盾，对疑点和矛盾之处应要求侦查机关作必要的说明，必要时要退回侦查机关补充侦查。

为贯彻宽严相济的刑事政策，2007 年最高人民检察院相继出台了《关于在检察工作中贯彻宽严相济刑事司法政策的若干意见》和《人民检察院办理不起诉案件质量标准（试行）》，对不起诉制度的适用标准、适用对象等进一步细化。

1. 准确理解酌定不起诉的适用条件

我国酌定不起诉的适用条件为"犯罪情节轻微，依照刑法规定不需要判处刑罚或免除刑罚"。酌定不起诉的适用必须同时具备两个条件：一是犯罪嫌疑人的行为已经构成犯罪，应当负刑事责任；二是犯罪情节轻微，依照刑罚规定不需要判处刑罚或免除刑罚。司法实践中对何为"犯罪情节轻微"存在认识上的分歧：一种观点认为，"犯罪情节轻微"是指罪名轻、犯罪情节也轻的情况；另一种观点则认为，不论罪名轻重，只要属于"犯罪情节轻微"即可。[②] 笔者认为，对于犯罪情节轻微的理解不应限于轻罪，因为对于犯罪性质严重的罪名，也可能存在个案中有"犯罪情节轻微"的情形。对犯罪情节是否轻微应结合量刑情节予以考虑。《关于在检察工作中贯彻宽严相济刑事司法政策的若干意见》

[①]　参见胡常龙："论检察机关视角下的冤假错案防范"，载《法学论坛》2014 年第 3 期。

[②]　参见赵鹏："酌定不起诉之现状考察与完善思考"，载《法学》2011 年第 9 期。

规定：在审查起诉工作中，严格依法掌握起诉条件，充分考虑起诉的必要性，可诉可不诉的不诉；对于初犯、从犯、预备犯、中止犯、防卫过当、避险过当、未成年人犯罪、老年人犯罪以及亲友、邻里、同学、同事等纠纷引发的案件，符合不起诉条件的，可以依法适用不起诉。因此笔者认为，检察人员适用酌定不起诉时，除了考虑犯罪情节是否轻微外，同时应考虑嫌疑人的个体情况，以及起诉是否符合社会公共利益和是否有利于犯罪分子回归社会，应综合考虑嫌疑人犯罪目的和动机、犯罪手段、危害后果、认罪态度，是否系偶犯、初犯，是否系未成年人、老年人，是否积极赔偿被害人的损失，是否与被害人及亲属达成刑事和解等因素。

2. 合理运用附条件不起诉

新《刑事诉讼法》规定的附条件不起诉的适用对象限于未成年人。从实施情况来看，附条件不起诉的运用并未达到预期的效果。据统计，从 2013 年 5 月份北京市确立附条件不起诉试点院以来，截止到 2014 年 6 月，北京市检察机关共 16 个区县院、2 个分院对 24 件 36 名未成年犯罪嫌疑人作出附条件不起诉决定，10 名未成年犯罪嫌疑人已被做出不起诉决定。其中 2013 年上半年共 18 件 26 人，占上半年北京市未成年犯罪嫌疑人审查起诉总人数的 4% 左右，而 26 名未成年犯罪嫌疑人中，外地籍未成年人仅占 20%。[①] 可见，检察机关适用附条件不起诉的整体人数偏少，并且对于外地的未成年人很难适用。根据笔者调研发现，由于附条件不起诉与酌定不起诉的适用范围存在交叉，司法实践中对于既符合附条件不起诉又符合酌定不起诉的未成年人犯罪案件，存在不起诉方式选择的困惑。关于附条件不起诉与酌定不起诉的区别，朱孝清副检察长在 2012 年全国第一次未检工作会议上的讲话指出："附条件不起诉与相对不起诉都是对已构成犯罪的案件作不起诉处理，但前者的不起诉是附条件的，它在犯罪事实和情节、主观恶性等方面一般要重于后者，在悔罪表现或被害人谅解程度、不起诉的放心程度方面一般不如后者。"二者的本质区别在于，是否适用酌定不起诉的考察重点为犯罪本身的情况，即犯罪情节是否轻微以及是否为依照刑罚规定不需要判处刑罚或免除刑罚的；而附条件不起诉的考察内容除了涉嫌的罪名以及可能判处的刑罚外，最为关键的考察因素是嫌疑人是否有悔罪表现等嫌疑人

---

① 参见程晓璐："附条件不起诉制度的适用"，载《国家检察官学院学报》2013 年第 6 期。

的个人情况。合理运用附条件不起诉要求做到以下几点：

首先，应准确把握附条件不起诉的条件。《刑事诉讼法》规定的附条件不起诉条件为未成年人涉嫌刑法分则第四章、第五章、第六章规定的犯罪，可能判处一年有期徒刑以下刑罚，符合起诉条件，但有悔罪表现的。对悔罪表现的把握应考虑犯罪后是否有自首、坦白、积极赔偿被害人的损失、赔礼道歉等行为。

其次，对于同时符合附条件不起诉与酌定不起诉条件的，应优先适用酌定不起诉。附条件不起诉制度就是希望能够适度扩大便宜起诉原则的范围，在现有酌定不起诉的基础上增加一个等级，要求其情节比酌定不起诉情节稍重些但还属于轻罪范围内，并严格附设若干条件，使之与不需要附加条件的酌定不起诉一起，形成相对不起诉的两个等级。[1]

最后，建立附条件不起诉的保障措施。影响附条件不起诉适用的原因之一在于，缺乏相应的对被附条件不起诉人的管教措施。由于担心被附条件不起诉人在考验期间发生严重的违法犯罪行为，检察机关对于外地未成年嫌疑人适用附条件不起诉时非常谨慎。为了提高附条件不起诉的适用率，政府和社会应当为附条件不起诉的实施提供条件。对外来未成年人和无监护人以及监护人不能履行监护职责的，具体可考虑借助社会公益力量来实现对未成年人的帮教。如上海市检察机关借助"政府购买服务"的方式，通过覆盖各区县的社工力量，建立起对涉罪未成年人实行帮教的社会观护制度；江苏省一些检察院探索通过热心社会公益事业的企业建立社会观护基地。

3. 听取并采纳合理的辩护律师意见

检察机关审查起诉时应免受侦查机关《起诉意见书》的影响，应积极听取辩护律师的意见。检察机关负有告知义务，侦查机关将案件移送审查起诉后，审查起诉部门应尽快告知律师。辩护律师提出案件不符合起诉条件，审查起诉部门应结合证据进行综合审查，避免追诉无辜。听取意见时，检察人员应秉持客观立场，避免先入为主，不应对听取律师意见持排斥心理。检察机关应本着全面审查的原则，尊重辩护律师的意见，对律师提出的有证据支撑的意见更应重视，不采纳辩护意见的，应说明理由。

---

[1] 参见陈光中："关于附条件不起诉问题的思考"，载孙力、王振峰主编：《不起诉实务研究》，中国检察出版社 2009 年版，第 4 页。

4. 杜绝报复性起诉

报复性起诉在司法实践中主要表现为检察机关对辩护律师的起诉。律师会见嫌疑人后或向证人调查取证后，如果嫌疑人翻供或证人作出对公诉方不利的证言，辩护律师则可能面临公诉机关的报复性起诉。检察机关应秉持客观公正立场，理性面对诉讼过程中出现的翻供和翻证现象。司法实践中有的翻供和翻证是由于侦查阶段嫌疑人受到刑讯逼供而被迫作有罪供述，证人受到威胁等原因而作伪证。因此，对于证人改变证言以及被告人翻供的，要综合全案证据进行审查，判断翻供以及翻证原因，不能不分青红皂白将证人翻证以及被告人翻供的原因全部归结为律师的教唆，从而对律师进行报复性起诉。

5. 取消对不起诉率的限制

不起诉率的控制可以起到防止审查起诉人员滥用不起诉权，随意出入人罪，保障国家刑罚权的顺利实现等作用。但如果为了达到某种效果，对不起诉率进行人为限制，则会直接导致检察机关对不符合起诉条件的案件，尤其是对事实不清、证据不足的案件硬着头皮起诉，同时也会影响酌定不起诉的适用。根据笔者的调研，目前检察机关对不起诉的考核已经严重影响到宽严相济刑事政策在审查起诉环节的贯彻，也导致大量的轻罪案件被起诉到法院，不但浪费司法资源，也可能造成错判。因此，应改变现行的检察机关绩效考核指标，取消公安机关对捕后不起诉的考核，以及检察机关对不起诉率的限制尤其是对职务犯罪不起诉率的控制。从不起诉的批准程序上看，公诉部门拟作不起诉决定时，一般的案件报检察长批准即可，重大复杂的案件才需报检察委员会讨论。

二十四、羁押必要性审查的合理运用

羁押必要性审查是指检察机关根据被羁押的犯罪嫌疑人、被告人涉嫌犯罪的性质、情节以及证据的收集固定情况，犯罪嫌疑人、被告人悔罪态度等，审查是否具有再次犯罪或者妨碍诉讼的危险性，对其取保候审、监视居住是否足以防止发生危险性，在此基础上决定是否继续羁押该犯罪嫌疑人、被告人。[①] 在我国，羁押不是一种法定的强制措施，而是由刑事拘留和逮捕所带来的持续限制犯罪嫌疑人、被告人人身自由的当然状态和必然结果。羁押的时间依附于侦查、起诉和审判的期限。长期以来，刑事诉讼的高羁押率以及超期羁押现象的

---

① 参见童建明：《新刑事诉讼法的理解与适用》，中国检察出版社 2012 年版，第 116 页。

存在，严重影响了司法公正，尤其是对于被错误羁押的嫌疑人、被告人而言，弊端尤为明显。近期作出无罪判决的河南李怀亮案件即严重超期羁押的典型。

李怀亮因涉嫌故意杀人，于 2001 年 8 月 7 日被刑事拘留，9 月 13 日被批准逮捕。2003 年 8 月，该案在叶县人民法院一审开庭，李怀亮当庭翻供，翻供理由为遭到刑讯逼供，因此案件被搁置，叶县法院未作出判决。此后，由于对法院的做法不满，被害人家属不断上访，为了"息访"，平顶山中院与被害人家属签订协议，内容为李怀亮一案由平顶山中院提审，尽量判死刑，如果省高院发回，杜玉花（系被害人母亲）不再上访。2004 年 8 月 3 日，平顶山中院作出一审判决，判处李怀亮死刑，剥夺政治权利终身，李不服提起上诉。2005 年 1 月 22 日，河南省高院以一审事实不清、证据不足为由发回重审。平顶山中院重审后，改判李为死缓，由于附带民事诉讼原告人不服提起上诉，省高院再一次发回重审，平顶山中院于 2013 年 4 月 25 日不公开开庭审理，最终认定公诉机关提供的证据达不到认定李怀亮有罪的证明标准，于当天作出"事实不清、证据不足"的无罪判决。从被逮捕到无罪释放，李怀亮被羁押 12 年。

无独有偶，安徽代克民案可谓李怀亮案的翻版。代克民、李保春、李超三人因涉嫌前代庄 2002 年发生的一起灭门案于 2006 年 9 月被警方抓捕。在此之后的 8 年间，代克民等三人三次被亳州中院判处死刑、无期徒刑等重刑，但均被安徽省高级人民法院以"事实不清，证据不足"为由发回重审。直至 2014 年 1 月 10 日，亳州中院才作出无罪判决，代克民等三人被无罪释放。在此期间，代克民等三人被羁押达 8 年之久。试想，如果检察机关在审判期间对被告人进行羁押必要性审查，以上悲剧或许可以避免。由于《刑事诉讼法》未规定审查起诉和审判阶段的羁押期限，因此审查起诉、审判期限即为羁押期限。长期以来，人民法院在审判阶段的羁押处于监管空白状态，对于人民法院久拖不决的案件，被告人长期被关押，这种剥夺人身自由的状态一般会持续到生效判决的作出。因此，检察机关对羁押必要性进行审查，对于保护羁押期限已经超过可能判处刑罚的嫌疑人、被告人以及被错误追诉的被告人有更为现实的意义。

刑事诉讼的运行规律决定羁押必要性审查有存在必要。逮捕的三项条件即证据条件、罪行条件以及社会危险性条件均会随着诉讼进程的推进而不断变化。如原有证明犯罪事实的证据被新发现的证据所否定，经济类犯罪以及贪污贿赂犯罪案件中，犯罪数额认定的减少导致可能判处的刑罚达不到有期徒刑条件，以及被逮捕者社会危险性降低。强制措施的比例性以及变更性原则要求：以上条件变化时应解除羁押，或者变更为取保候审、监视居住等非羁押措施。

（一）羁押必要性审查的法律规定

为了贯彻"少捕慎捕"的政策，杜绝"一押到底"的现象，保护嫌疑人、被告人的合法权益，加强检察机关的法律监督职能，2012年《刑事诉讼法》新增羁押必要性审查制度。《刑事诉讼法》第93条规定："犯罪嫌疑人、被告人被逮捕后，人民检察院仍应当对羁押的必要性进行审查。对不需要继续羁押的，应当建议予以释放或变更强制措施。有关机关应在十日以内将处理情况通知人民检察院。"上述规定确立检察机关为羁押必要性审查的专门机关，是增强检察机关法律监督职能的体现，既是对专门机关的监督方法，又是对被羁押者的救济手段。需要强调的是，《刑事诉讼法》第94条和第95条的规定也属于羁押必要性审查的内容，人民法院、人民检察院和公安机关如果发现对犯罪嫌疑人、被告人采取强制措施不当的，应当及时撤销或者变更；犯罪嫌疑人、被告人及其法定代理人、近亲属或者辩护人有权申请变更强制措施。两种羁押必要性审查的区别在于前者属于监督型审查，审查机关认为应解除羁押的，只能向办案机关提出建议，是否变更最终由办案机关决定，审查机关并无处分权。后者属于诉讼职责型审查，此种羁押必要性审查由办案机关直接决定。依职责审查时，侦查阶段的公安机关、人民检察院自侦案件的侦查部门，审查起诉阶段的检察机关，审判阶段的人民法院均有自行变更或解除强制措施的权利。另外，对检察机关而言，在侦查阶段侦查部门申请延长侦查羁押期限的，检察机关在作出是否批准的决定时亦需进行羁押必要性审查，由此来看，广义的羁押必要性审查在我国刑事诉讼中一直存在。笔者在此重点讨论2012年《刑事诉讼法》新增的狭义羁押必要性审查。

1. 羁押必要性审查的启动方式

羁押必要性审查的启动方式包括两种，即人民检察院依职权启动和依犯罪嫌疑人、被告人及其法定代理人、近亲属或者辩护人的申请而启动。依申请启动的，相关申请人应当说明不需要继续羁押的理由，有相关证据或其他材料的，应当提供。根据法律规定，两种启动方式并无主次之分。嫌疑人、被告人及其法定代理人、近亲属以及辩护人申请启动羁押必要性审查与申请解除羁押或变更强制措施会发生竞合。为避免有权申请人同时向办案机关以及检察机关提出申请，造成重复审查，浪费司法资源，应确立向办案机关申请的前置程序，即相关人员认为被羁押人不符合羁押条件，应予以解除或变更时，应先向办案机关提出，办案机关不同意其请求的，再向检察机关相应部门申请启动羁押必要性审查。

2. 羁押必要性的审查主体

《高检规则（试行）》第617条规定，侦查阶段的羁押必要性审查由侦查监督部门负责，审判阶段的羁押必要性审查由公诉部门负责。监所检察部门在监所检察工作中发现不需要继续羁押的，应当建议有关机关予以释放或变更强制措施。以上规定了羁押必要性的分段审查模式。此外，司法实践中还存在监所机关主导的审查模式，即由监所检察部门承担羁押必要性审查职能，侦监部门和公诉部门予以协助和配合。此种审查方法的优点是监所检察部门处于较中立的地位，与案件的处理结果无直接的利害关系，进行羁押必要性审查时能秉持客观中立的立场。但缺陷在于：监所检察部门对案件的事实以及证据收集情况一般不能全面即时掌握，而且监所检察部门的人员配备较弱，难以有效开展羁押必要性审查。

3. 羁押必要性审查的具体方式

羁押必要性审查的方式包括：对嫌疑人、被告人进行羁押的必要性评估；向侦查机关了解侦查取证的进展情况；听取犯罪嫌疑人、被告人及其法定代理人、近亲属、辩护人、被害人及其诉讼代理人或者其他相关人员的意见；调查核实犯罪嫌疑人、被告人的身体健康状况；查阅有关案卷材料，审查有关人员提供的证明不需要继续羁押犯罪嫌疑人、被告人的有关证明材料；其他方式。

4. 羁押必要性审查的审查内容

《人民检察院刑事诉讼规则（试行）》第619条列举了八种情形：案件证据发生重大变化，不足以证明有犯罪事实或者犯罪行为系犯罪嫌疑人、被告人所为的；案件事实或者情节发生变化，犯罪嫌疑人、被告人可能被判处管制、拘役、独立适用附加刑、免于刑事处罚或判决无罪的；犯罪嫌疑人、被告人实施新的犯罪，毁灭、伪造证据，干扰证人作证，串供，对被害人、举报人、控告人实施打击报复，自杀或者逃跑等的可能性已被排除的；案件事实基本查清，证据已经收集固定，符合取保候审或者监视居住条件的；继续羁押犯罪嫌疑人、被告人，羁押期限将超过依法可能判处的刑期的；羁押期限届满的；因为案件的特殊情况或者办理案件的需要，变更强制措施更为适宜的；其他不需要继续羁押犯罪嫌疑人、被告人的情形。以上关于羁押必要性审查内容的规定不仅包括不再具备逮捕条件，也包括羁押期限届满以及羁押期限可能超过可能判处的刑期等情形。

5. 羁押必要性审查的效力

对不需要继续羁押的，应当建议予以释放或变更强制措施。有关机关应在十日以内将处理情况通知人民检察院。检察机关的羁押必要性审查属于建议权，最终是否解除羁押的决定权属于被建议的侦查机关或人民法院。出于担心监督缺乏强制力导致监督效率低下的考虑，有人建议，如果相关机关不同意检察机关提出的解除羁押建议，应赋予检察机关强制解除权。笔者认为此种做法违背了监督权的本质特征，不具有可取性。正如学者所言，我国的羁押必要性审查是人民检察院法律监督职能的体现。基于此，检察机关不能直接改变羁押的状态，而只能提出建议。因为法律监督的属性决定了检察机关不能直接做出决定，而只能提出问题和建议，由具体负责的部门自己去纠正。[①] 检察机关对诉讼活动的法律监督基本上是一种建议和启动程序。对诉讼中的违法情况提出监督意见，只是启动相应的法律程序，建议有关机关纠正违法，不具有终局或实体处理的效力。诉讼中的违法情况是否得以纠正，最终还是要由其他机关决定。[②]

（二）羁押必要性审查运作的实践样态

从 2012 年《刑事诉讼法》实施后的运行状况看，各地检察机关进行羁押必要性审查的案件数量整体偏少，建议之后有关机关决定解除羁押的更少。2013年 1~6 月，S 检察院侦监部门开展审查逮捕 137 件 167 人。其中，批准逮捕 105件 119 人，批捕率分别为 76.6% 和 71.3%；开展延长羁押期限审查 5 件 14 人，全部审查认定为有继续羁押的必要；开展捕后羁押必要性审查 4 件 5 人，分别占审查逮捕案件的 3.8% 和 4.2%，其中当事人申请 1 件 1 人，主动审查 3 件 4 人。案件类型有盗窃罪、交通肇事罪、故意伤害罪，经审查后变更强制措施的 0 件 0人。[③] 更有甚者，个别检察机关自新《刑事诉讼法》实施以来，未启动一例羁押必要性审查。部分基层检察人员认为，建议变更强制措施是对侦监部门作出逮

---

① 参见陈卫东："羁押必要性审查的理论认识与实践应用"，载《国家检察官学院学报》2012 年第 6 期。

② 参见张智辉：《检察权研究》，中国检察出版社 2007 年版，第 75 页。

③ 参见关振海："捕后羁押必要性审查的基层实践"，载《国家检察官学院学报》2013 年第 6 期。

捕决定的否定，加上启动这一制度与侦查部门考评挂钩，所以为了避免部门冲突，多数人不愿启动羁押必要性审查。从广义的羁押必要性审查来看，司法实践中存在外来人口变更强制措施难的问题。由于外来人口一般无法提供符合条件的保证人，也无力缴纳法定的保证金；且由于其流动性较大，一旦解除羁押，将会面临无从联系的风险。羁押必要性审查适用率不高的原因是：其一，公安司法人员的办案理念并未完全转变，对羁押的依赖心理一时难以扭转。其二，嫌疑人、被告人及其法定代理人、近亲属对羁押必要性审查的立法宗旨缺乏了解，一般不会主动提出羁押必要性审查。其三，羁押必要性审查并非检察机关对各部门考评的内容，进行羁押必要性审查费时费力，并不能给审查者带来利益。因此，由于缺乏激励机制，导致相关部门缺乏审查的积极性。其四，检察机关对符合条件的嫌疑人、被告人进行羁押必要性审查并变更或解除逮捕后，可能面临着社会公众和被害人"打击不力"的质疑，甚至由于被害人不满造成信访概率的增加。出于以上顾虑，检察机关一般不愿积极启动羁押必要性审查。

刑事诉讼理论和实务界对审查起诉环节是否需要进行羁押必要性审查存在认识上的分歧；且《刑事诉讼法》未明确审查起诉阶段的羁押必要性审查主体，导致这一阶段的羁押必要性审查工作难以开展。

（三）羁押必要性审查制度的完善

1. 厘清羁押必要性审查的立法目的和价值

羁押必要性审查的立法目的是为了加强检察机关的法律监督职能，宗旨为保障人权，避免"一押到底"，以解决长期存在的羁押率高、羁押期限依附于办案期限、捕后很少变更强制措的问题。这一措施的实施有利于贯彻无罪推定原则，以及强制措施的比例性和变更性原则。羁押必要性审查的立法目的决定其审查内容主要为，羁押后是否由于案情以及证据发生变化、被羁押者自身状况发生变化而不再有羁押的必要。

2. 加强检察机关依职权启动羁押必要性审查

根据最高人民检察院《人民检察院刑事诉讼规则（试行）》的规定，羁押必要性审查的启动有两种方式，分别为依职权和依申请。司法实践中，由于嫌疑人、被告人的法律意识不强，律师参与率低，导致主动提出申请的情况较少。因此，检察机关应主动依职权进行审查，尤其应加强对人民法院作出逮捕决定的审查。实践中存在着人民法院为了促成当事人达成刑事和解、被告人尽快缴纳罚金等目的随意决定逮捕的做法，因此，对法院作出的逮捕决定进行审查具有现实必要性。为了调动检察机关相关部门开展羁押必要性审查的积极性，应将羁押必要性审查的开展情况纳入检察机关绩效考核的内容。

3. 明确羁押必要性审查的审查对象和案件范围

2012 年《刑事诉讼法》和《高检规则（试行）》并未限定羁押必要性审查的案件范围。因此，羁押必要性审查的对象应包括所有被逮捕的嫌疑人、被告人，审查机关不应考虑可能判处的刑罚轻重等因素。但由于侦监部门、公诉部门以及监所检察部门面临案多人少的矛盾，在办案期限有限的情况下，要求其对所有被羁押者均进行羁押必要性审查不太现实。根据笔者调研，司法实践中检察机关主要的审查范围如下：①可能判处轻刑的案件，比如故意伤害案、交通肇事案、盗窃案等；②可能达成和解协议的案件；③嫌疑人为初犯、偶犯、过失犯罪的案件；④未成年人、老年人犯罪案件；⑤嫌疑人、被告人患有严重疾病或生活不能自理的；⑥嫌疑人、被告人具有自首、立功、犯罪预备、犯罪中止等从轻、减轻处罚情节的。对"严重暴力犯罪、危害国家安全犯罪、重大经济、毒品犯罪和涉黑涉恶犯罪的主犯，或是其他可能判处十年以上有期徒刑的犯罪嫌疑人、被告人"，除发现嫌疑人、被告人患有严重疾病或生活不能自理等法定不适宜羁押的情形外，一般不对其进行羁押必要性审查。上述做法适合我国目前司法实践的需要，但由于缺乏统一的规定，各地检察机关自行确定审查范围，造成审查范围不统一的现象。笔者认为，在总结司法实践经验的基础上，《高检规则（试行）》应对羁押必要性重点审查的案件范围进行规范。

4. 确定羁押必要性审查的时间

羁押必要性审查时间点的确定是司法实践中面临的现实问题，即执行逮捕后检察机关应何时启动羁押必要性审查。笔者认为，检察机关的羁押必要性审查应实行随机审查与定期审查相结合。犯罪嫌疑人、被告人及其法定代理人、近亲属或者辩护人申请羁押必要性审查的，只要申请人说明了充分的理由，检察机关应立即开展审查，不得拖延。以职权开展的羁押必要性审查可在从事下列活动时进行：侦查机关申请延长侦查羁押期限、重新计算侦查羁押期限、退回补充侦查、侦查终结移送审查起诉、决定提起公诉时、审判阶段人民法院延长审判期限时。除此之外，监所检察部门发现被羁押者的个人情况发生变化的，应随时进行审查。鉴于一审期限长达 6 个月，并且还存在发回重审以及补充侦查的情形，因此一审期间可每个月进行一次审查。

5. 合理确定检察机关侦监部门、公诉部门以及监所检察部门的分工

《高检规则（试行）》第617条规定，羁押必要性审查在侦查阶段由侦查监督部门负责，审判阶段由公诉部门负责。监所检察部门在监所检察工作中发现不需要继续羁押的，可以提出释放犯罪嫌疑人、被告人或者变更强制措施的建议。监所检察部门实施羁押必要性审查的方式，实践中有两种做法：一种是监所检察部门在工作中发现不需要继续羁押嫌疑人、被告人的，直接进行审查，然后向相应机关提出建议；另一种做法是发现不需要继续羁押的情况后，向侦监或公诉部门反映情况，而不直接进行审查。笔者赞同前一种做法，监所检察部门全程负责对被羁押者的监管，对其的个人情况较为了解，如果发现被羁押者患有严重疾病等不需要继续羁押的情形，应该直接向有关办案机关提出解除或变更强制措施的建议，以免影响监督效率。至于有学者担心如此会造成侦查和审判阶段的重复审查问题，笔者认为可以通过检察机关内部的协调联动机制和统一管理解决。另外，由于《高检规则（试行）》第617条未明确审查起诉阶段的审查主体，导致审查起诉环节是否需要进行羁押必要性审查存在认识上的分歧。笔者认为应将审查起诉阶段排除在监督型羁押必要性审查的程序范围之外，2012年《刑事诉讼法》确立羁押必要性审查的目的是加强检察机关对羁押必要性的监督，监督的对象应为侦查机关和审判机关，而不包括检察机关本身，因为监督者不可能进行自我监督。但这并不意味着审查起诉阶段无需进行羁押必要性审查，相反公诉部门在审查起诉环节应进行诉讼职责型的羁押必要性审查。监所检察部门如果在审查起诉阶段发现在押人员有不需要继续羁押的情形的，应该通报公诉部门，由其进行羁押必要性审查。

6. 增加对羁押必要性审查的救济

对于检察机关审查之后的决定，申请人不服的应如何救济，《刑事诉讼法》及司法解释未予规定。对申请人而言，无救济则无权利。因此笔者建议申请人对检察机关的处理结果不服的，有权向作出建议的机关申请复议；如果意见不被接受，则有权向上一级人民检察院申请复核。

7. 确立合理的引导机制

根据最高人民检察院的相关规定，对有羁押必要的犯罪嫌疑人不批准逮捕，致使犯罪嫌疑人实施新的犯罪或者严重影响刑事诉讼正常进行的，属于"错不

捕"。而对不适宜羁押且无羁押必要的犯罪嫌疑人批准逮捕的，属于办案质量"有缺陷"。这种引导机制存在的缺陷是，引导甚至是鼓励侦监部门对于嫌疑人尽量批准逮捕，慎用取保候审等非羁押性强制措施，这也正是新《刑事诉讼法》实施后羁押率居高不下的原因之一。因此，最高人民检察院应确立正确的引导和考核机制，对侦监部门批捕或不批捕的质量考核，应确立同等的考核标准。

8. 确保羁押替代性措施的适用

此次《刑事诉讼法》修改之前，监视居住适用条件依附取保候审。符合取保候审的嫌疑人、被告人，如果无法提供适格的保证人以及无法缴纳保证金的，则转为监视居住。由于监视居住的适用意味着侦查机关需提供专门的地点，同时还需派专人监视，增加了侦查机关的人力以及物质成本，在侦查机关办案资源有限的情况下，为了节省司法资源，避免麻烦，侦查机关对本该适用该措施的嫌疑人、被告人一般直接采用逮捕措施。由于犯罪侦查能力低下，造成羁押异化为侦查机关固定口供以及获取其他犯罪证据的必要手段。嫌疑人、被告人被羁押后，除非被证明无犯罪行为或不构成犯罪，一般情况下，羁押会持续到有罪判决作出之时。此种做法最大的弊端在于与侦查的比例性原则以及手段节制直接违背，也是对无罪推定这一刑事诉讼基本原则的背离。尤其是对于被错误羁押的无辜嫌疑人而言，无法及时将其从被刑事追诉状态中解脱出来，造成其人身自由被非法无限期剥夺。为了改变这一状况，2012 年《刑事诉讼法》变更了监视居住的适用条件，重新定位监视居住的功能，将其作为逮捕的替代性措施。其目的是为了减少逮捕措施的适用，降低羁押率。可以预见，监视居住的合理运用可以降低羁押率。

取保候审是减少审前羁押的有效措施，但从目前的实施状况来看，取保候审并未发挥应有的作用，现行的社会管控体系无法保证流动人口在取保候审、监视居住期间不逃跑。[1] 从逮捕的适用对象来看，有一部分为外地人犯罪的案件，情节较轻，本可以采取取保候审，但由于缺乏监管条件，检察机关最终被迫选择逮捕。据统计，北京地区有超过 70% 的犯罪案件嫌疑人、被告人是外来人员，这部分群体多来自相对欠发达地区，生活水平较低，缴纳不起保证金；在本地缺乏稳定的社会关系，找不到合适的保证人；加之无稳定职业和固定居

---

[1] 参见宋英辉："羁押必要性审查的理论认识与实践应用"，载《国家检察官学院学报》2012 年第 1 期。

所，流动性较大，若对其取保候审，极易出现逃跑、串供、毁证等情形，影响刑事诉讼的顺利进行。① 因此，应发挥民政部门、社会公益组织的作用，加强社会管控能力，真正发挥取保候审在保障刑事追诉活动顺利进行中的作用。

9. 加强检察机关内部侦监、公诉以及监所部门的交流，实现信息共享

应加强检察机关内部侦监、公诉以及监所部门的信息交流与合作，通过充分的信息交流可以避免重复审查的现象。实现信息共享后，前一诉讼阶段已经启动羁押必要性审查并作出相应的处理，应告知下一阶段的审查主体，无新情况、新理由，下一阶段将不再启动。监所部门进行羁押必要性审查时，需要掌握案件进展以及证据收集情况时，侦监以及公诉部门应提供相关材料，主动予以配合。同理，侦监和公诉部门进行羁押必要性审查时，监所部门应将其掌握的在押人员的身体状况和羁押期间的个人表现等情况提供给相应的部门。

---

① 参见关振海："捕后羁押必要性审查的基层实践"，载《国家检察官学院学报》2013 年第 6 期。

第六章

强化审判机制：防范刑事错案的最后防线

二十五、以审判为中心

（一）"以审判为中心"的内涵

2013年，浙江省司法机关依法纠正"张氏叔侄强奸杀人案"[①]、"萧山五青年劫杀案"[②] 等重大冤假错案，受到社会各界广泛关注。当年的冤假错案为什么会发生？今后如何坚决防止？全国人大代表、浙江省高级人民法院院长、二级大法官齐奇给出的答案是："冤错命案的发生，既有体制机制方面的原因，也有办案理念、方法、能力方面的问题。从体制机制方面分析，还要进一步完善以审判为中心，能够保障法院依法独立办案的刑事司法机制，面对疑案不能勉强下判。"[③]

为了促进人权司法保障，防止冤假错案，保证公正司法，提高司法公信力，十八届三中全会通过的《中共中央关于全面深化改革若干重大问题的决定》（以下简称"三中全会《决定》"）明确指出，健全错案防止、纠正、责任追究机制，严禁刑讯逼供、体罚虐待，严格实行非法证据排除规则。围绕如何健全错案防止机制的问题，十八届四中全会通过的《中共中央关于全面推进依法治国若干重大问题的决定》（以下简称"四中全会《决定》"）进一步指出，推进以审判为中心的诉讼制度改革，确保侦查、审查起诉的案件事实证据经得起法律

---

① 参见"浙江省高级人民法院刑事附带民事判决书，（2013）浙刑再字第2号"。

② 参见"浙江省高级人民法院刑事判决书，（2013）浙刑再字第3号"。

③ 齐奇："对冤假错案就是要零容忍"，载 http://news.xinhuanet.com/politics/2014-03/12/c_ 1197259 29.htm，访问时间：2014年11月2日。

的检验。全面贯彻证据裁判规则，严格依法收集、固定、保存、审查、运用证据，完善证人、鉴定人出庭制度，保证庭审在查明事实、认定证据、保护诉权、公正裁判中发挥决定性作用。对此，中央有关部门负责人的解读是：产生冤假错案的原因是多方面的，因此，防止冤假错案，需要多措并举，但推进以审判为中心的诉讼制度改革，是落实《刑事诉讼法》"未经人民法院依法判决，对任何人不得确定有罪"基本原则的重要举措。[①] 有的学者的解读是：以审判为中心就是要以法院为中心，突出法官的主体地位。推进以审判为中心的诉讼制度改革，就是要改变现行以侦查为中心的现状，构建以法院为中心的这样一种诉讼格局，一切案件的争执都要到法庭，在法官的面前，通过举证、质证、辩论，最终由法官得出这样一个结论。[②] 实务界的专家则直接把"以审判为中心"，解读为"以庭审为中心"。他们认为，以审判为中心就是以庭审作为整个诉讼的中心环节，侦查、起诉等审前程序都是开启审判程序的准备阶段，侦查、起诉活动都是围绕审判中事实认定、法律适用的标准和要求而展开，法官直接听取控辩双方的意见，依据证据裁判规则作出裁判。简而言之，以审判为中心就是要求庭审实质化，提高审判质量。[③]

　　笔者认为，以审判为中心，是在我国宪法规定的分工负责、互相配合、互相制约的前提下，诉讼的各个阶段都要以法院的庭审和裁决关于事实认定和法律适用的要求和标准进行，确保案件质量，防止错案的发生。

　　以审判为中心不是颠覆"分工负责、互相配合、互相制约"，亦即"中心论"与"阶段论"是辩证的统一，二者并不矛盾。有人说以审判为中心是对"分工负责、互相配合、互相制约"的颠覆，我们认为这种认识是错误的。习近平总书记在关于十八届四中全会《决定》的说明中明确指出："我国刑事诉讼法规定公、检、法三机关在刑事诉讼活动中各司其职、互相配合、互相制约，这是符合中国国情的，具有中国特色的诉讼制度，必须坚持。"因此，我们认为，侦查、起诉等审前阶段，是以审判为中心的前提和基础，要实现以审判为中心，

---

　　① 参见姜伟："'以审判为中心'是司法公正的前提"，载《新京报》2014年10月31日。

　　② 陈卫东："四中全会解读——推进以审判为中心的诉讼制度改革"，载 http：//www. 360doc. com/content/14/1026/12/9288681_ 420024408. shtml，访问时间：2014年11月2日。

　　③ 王守安："以审判为中心的诉讼制度改革带来深刻影响"，载 http：//news. hexun. com/2014 - 11 - 10/170217926. html，访问时间：2014年11月2日。

脱离了侦查、起诉等环节，审判就成了空中楼阁。所以，必须在坚持阶段论的基础上加强审判。

以审判为中心的实施主体，不仅仅是人民法院，而是由法院、公安、检察院、辩护律师形成合力，才能贯彻实施以审判为中心。并非像有人说的："检察院失败了，公安完蛋了，律师没事了。"就整个诉讼法律关系而言，尤其是庭审的成功与失败，它是控、辩、审三种职能的总和，缺少任何一方，这一诉讼就是一个不完整的诉讼，就是一个失败的诉讼。从这一意义而言，我们认为，以审判为中心是一个综合指标，是一个综合公、检、法和辩护律师正能量的合成。

以审判为中心的内涵和要求，是控、辩、审三种职能都要围绕审判中事实认定、法律适用的标准和要求而展开，法官直接听取控辩双方意见，依证据裁判原则作出裁判。其内涵有三：一是审前程序的侦、诉两种职能，即公安和检察机关要形成合力，执行控诉职能；二是要充分发挥刑事辩护职能的功能和作用，坚持有效辩护、实质辩护，充分行使诉讼权利；三是审判法官要坚持审判中立原则，做到兼听则明，认真听取控辩双方的意见，严格依法断案，作出公正裁判。以上三种职能的发挥，其中关键是坚持证据裁判原则，坚持做到以事实为依据、以法律为准绳。

"以审判为中心"的核心是"以庭审为中心"。虽然四中全会《决定》提出的是"以审判为中心"，而非直接的"以庭审为中心"，而且在具体诉讼中，庭审也不是审判的全部。但以审判为中心的诉讼制度改革，必须强化庭审的地位和作用，审判如果脱离了庭审，必然会使它在发现事实真相和保障人权的价值上大打折扣。因此庭审是审判的核心，"以审判为中心"的实质就是"以庭审为中心"。[①] 没有庭审的审判，很容易滑入到侦查中心主义。在没有庭审的书面审理中，被告人的辩护权不能充分行使，法院对案件事实的判定更多地取决于对侦查过程中所获取证据材料的形式审查，极大地弱化甚至是直接排除了具体刑事诉讼规则的适用。比如非法证据排除规则、辩论原则、公开审理原则等都是以庭审为基础建立的，而这些制度在查明案件事实、保障被追诉人的合法权益方面具有不可估量的价值。最高人民法院 2013 年召开的第六次全国刑事审判工

---

① 也有学者将"以庭审为中心"称为"庭审中心主义"，参见顾永忠："'庭审中心主义'之我见"，载《人民法院报》2014 年 5 月 16 日。

作会议明确提出，审判案件应当以庭审为中心，事实证据调查在法庭，定罪量刑辩论在法庭，裁判结果形成于法庭，要求全面落实直接言词原则、严格执行非法证据排除制度。之后，最高人民法院发布的《关于建立健全防范刑事冤假错案工作机制的意见》，把审判案件应当以庭审为中心制度化。以庭审为中心的提出，显然是要克服"笔录中心主义"或"卷宗中心主义"的局限，解决审判实践中长期存在的庭审流于形式的问题，通过落实直接言词原则，使庭审活动真正成为一个查明犯罪事实、辨法析理的场所。仅此而言，以庭审为中心的提出，是对刑事诉讼理念的重大调整，也是中国特色社会主义诉讼制度改革的重要内容。准确理解和把握"以庭审为中心"的内涵及其价值意蕴，有必要从历史和现实两个维度来展开。

1. 从历史维度看，"以庭审为中心"的提出，是"侦查中心主义"转向"审判中心主义"后的必然结果

从刑事诉讼构造来看，我国《宪法》第 135 条和《刑事诉讼法》第 7 条均规定，人民法院、人民检察院和公安机关进行刑事诉讼，应当分工负责，互相配合，互相制约，以保证准确有效地执行法律。四中全会《决定》为了优化司法职权配置，进一步提出，健全公安机关、检察机关、审判机关、司法行政机关各司其职，侦查权、检察权、审判权、执行权相互配合、相互制约的体制机制。"分工负责"，是指公、检、法、司四机关依据法律规定的职权，各尽其职，各负其责，严格按照法律规定的职权分工进行刑事诉讼，不允许互相代替和超越职权，更不允许任何一个机关独自包办。"互相配合"，是指公、检、法、司四机关通力合作，互相支持，互通情报，共同完成《刑事诉讼法》规定的任务。"互相制约"，是指公、检、法、司四机关在刑事诉讼中，能互相约束，依据法律规定的职权对有关问题、有关决定，提出自己的主张和意见，防止可能出现的偏差和纠正已经出现的错误。

但长期以来，我国刑事诉讼实践并未充分体现"分工负责、互相配合、互相制约"的刑事诉讼分工，而更多体现为"相互沟通、相互协调"的工作方式。实际操作上类似于三个操作员在一条证明犯罪嫌疑人有罪的流水线上，根据不同的职能共同证明犯罪，公、检、法机关扮演着三位一体一边倒式的控诉角色。侦查是认定案件事实的实质性环节，毫无疑问，冤假错案的生成都根源于侦查环节的错误，但是这些"事实不清、证据不足"的案件又都通过了检察机关和

审判机关把守的关口，顺利通过了"流水线"上的层层加工和磨合，最后成为刑事司法系统制造出来的"伪劣产品"。在这条流水线上，公安机关处于强势地位，检察机关依法应当对公安机关的侦查行为进行监督，但因公安机关的强势而且缺乏有效的保障机制，监督往往力不从心甚至直接缺位。法院处于弱势地位，除了被动地进行配合，根本不存在有效的制约，这种现状实质上折射出整个刑事诉讼构造仍然是以侦查为中心。

近年来，随着河南"赵作海杀人案"①、浙江"张氏叔侄强奸杀人案"等刑事冤假错案陆续纠正，冤假错案形成的原因成为司法机关和社会各界热议的话题。从刑事诉讼模式的视角进行考察，冤假错案的发生与审判的诉讼中心地位未完全确立有着密切关系。由于法院在整个刑事诉讼构造中处于弱势地位，在一些疑难案件中，即使发现疑罪，坚持疑罪从无也面临重重困难，不得已而"疑罪从轻"，为冤假错案埋下隐患。防范冤假错案，有必要认真反思现有的刑事诉讼模式，有针对性地确立并强化审判在整个刑事诉讼中的中心地位。

2012 年《刑事诉讼法》修改后，进一步扩大了辩护人的辩护权，增加了对抗制因素，为实现"以审判为中心"创造了条件。学者指出："审判中心主义，意味着整个诉讼制度和活动围绕审判而建构和展开，审判阶段对案件的调查具有实质化的特征。侦查是为审判进行准备的活动，起诉是开启审判程序的活动，执行是落实审判结果的活动，审判中控诉、辩护、审判三方结构成为诉讼的中心结构。"② 在实现以审判为中心的转向后，"以庭审为中心"的审判理念的提出，是审判机制进一步完善的必然结果。"庭审中心主义"与"审判中心主义"的内在关系表现为：审判相对于侦查、起诉、刑罚执行活动其中心地位是通过庭审中心主义加以实现的，也可以说，庭审中心主义是审判中心主义实现的主要途径。没有以庭审中心为基础的审判活动，审判中心主义的诉讼地位不可能确立，审判的正当性和权威性也无以产生和存在。③ 实现以审判为中心的诉讼结构转向，是实现以庭审为中心的前提，没有以审判为中心的诉讼结构，就没有以庭审为中心审判机制的存在空间。当然，实现以庭审为中心，反过来也是进一步落实以审判为中心的有力保障，刑事审判活动若没有实现以庭审为中心的

---

① 参见"河南省高级人民法院刑事判决书，(2010) 豫法刑再字第 15 号"。
② 张建伟："审判中心主义的实质与表象"，载《人民法院报》2014 年 6 月 20 日。
③ 参见顾永忠："'庭审中心主义'之我见"，载《人民法院报》2014 年 5 月 16 日。

转向，以审判为中心的诉讼结构也因缺乏实质内容而难以具体落实。

2. 从现实维度看，"以庭审为中心"的提出是解决法庭审理活动流于形式、直接言词原则难以落实的现实需要

刑事审判活动一般分为三个环节：庭审准备环节、庭审环节以及庭审后评议裁判环节。在三个环节当中，庭审环节是重中之重，庭前准备环节是为了庭审活动顺利进行，庭审后评议的事实、证据均需要通过庭审加以查明。庭审环节理应成为整个刑事诉讼的核心。也只有在庭审环节控方、辩方、证人等所有刑事诉讼参与人在法官主持下展开激烈交锋，控辩双方充分攻防，被告人、辩护人诉讼权利得到了有效保障，并且经过充分质证、辩论，才有利于促进程序公正的实现，有利于发现案件真相。再者，庭审中心突出了审判对事实、法律和程序性争议的终局裁判地位，人民法院可以此为突破口克服侦、诉、审中流水作业、分段负责的权力配置关系所带来的困扰，对庭审暴露出的控方瑕疵施以程序性制裁，加强对侦查行为、起诉行为的制约和引导，完善刑事诉讼等腰三角形诉讼结构的均衡，[①] 其价值自不待言。

但毋庸讳言，当前我国刑事诉讼中的庭审活动仍达不到上述理想状态，整个庭审基本上流于形式。就法庭上的各自角色而言，首先，被告人由于受自身知识等的局限，难以有效行使辩护权，多数庭审中被告人的辩护意见都十分简单，甚至没有辩护意见；其次，辩护人虽然能够长篇大论地发表辩护理由，但实践中公诉人的答辩通常十分简单，个别情况下以一句"对方理由不能成立"了事，较少就辩护意见进行有针对性、具体的辩论，法庭辩论形同虚设。这实际折射出在整个庭审活动中，控辩双方地位严重不平等，辩护人处于明显的弱势地位。"我们深刻反思冤假错案的病灶病根之一，就在于对律师的辩护意见不够重视。"齐奇大法官在接受记者专访时直言，法官比较大的通病是对刑事辩护律师的意见重视不够。公检法相互配合制约，其实是配合多、制约少，对辩护律师的意见却是不以为然；现在重视律师作用，扩大辩护范围，这是痛定思痛，总结教训。刑事裁判要中立，要充分发挥辩护律师在防范错案上的重要作用。[②]此外，由于法官庭审前已经阅卷，已对案情形成预断，对法官而言庭审活动只

---

① 参见徐玉、李召亮："庭审中心主义刍论"，载《山东审判》2014 年第 2 期。

② 齐奇："对冤假错案就是要零容忍"，载 http：//news. xinhuanet. com/politics/2014 - 03/12/c_ 119725
929. htm，访问时间：2014 年 11 月 2 日。

是进一步核实一些疑难点，或者进一步确认其事先形成的预断，因此，庭审活动对法官而言也显得不那么重要，庭前阅卷才是重中之重。如果庭审只是"走过场"，那么司法公正"关口"自然容易失守。从此意义上讲，四中全会《决定》要求建立以审判为中心的诉讼制度，最高人民法院提出"以庭审为中心"的审判理念，均是抓住了当前制约刑事审判的"牛鼻子"，也是改革完善刑事诉讼制度的内在要求。

（二）当前制约"以审判为中心"的制度因素

从表象上看，当前我国庭审程序，尤其是一审程序似乎已满足了"以庭审为中心"的形式要求。例如，在一审程序中，案件事实调查在法庭、证据质证在法庭、辩论在法庭，并且通过引入量刑程序，使得查明犯罪事实的定罪、量刑活动都展示在法庭。但从"以庭审为中心"的实质侧面角度来看，当前我国庭审活动还远没有实现其价值追求。我国的辩护制度、证据制度、侦查措施、强制措施、审查起诉程序、审判程序等方面存在着诸多制约因素。

1. 侦查权过大，缺乏有效监督制约

当前我国刑事诉讼还是侦查主导型，公诉机关根据侦查结果确定起诉内容并确立审理的范围。我国侦查程序构造主要体现为纠问式侦查模式，这种模式在某种程度上带有强烈的功利色彩。首先，我国侦查机关拥有较大的权力，为了查明案件可以行使拘留、逮捕等强制措施，乃至采取一些秘密侦查手段。其次，侦查机关的权限极少受到限制，侦查机关为了抓捕犯罪嫌疑人、获得犯罪嫌疑人的口供、取得物证等，往往较为随意地行使侦查权。除逮捕外，侦查机关可以自主决定是否采取强制措施，以及采取何种强制措施，而不需要其他机关的审查及批准。最后，犯罪嫌疑人的诉讼权利受到极大限制，而如实交代犯罪经过反而成为其必须履行的义务，等等。这种纠问式侦查方式，虽然有利于实现《刑事诉讼法》所规定的惩罚犯罪的目的，但容易导致侦查机关滥用权力，对犯罪嫌疑人乃至其他公民基本权利的保障都是极为不利的。

对于侦查权的监督，《刑事诉讼法》在立法方面也存在问题。在我国，对于侦查机关的监督往往由检察院行使，对整个侦查程序的监督存在以下两个阶段：其一，立案监督。依据《刑事诉讼法》第 111 条的规定："人民检察院认为公安机关对应当立案侦查的案件而不立案侦查的，或者被害人认为公安机关对应当立案侦查的案件而不立案侦查，向人民检察院提出的，人民检察院应当要求公安机关说明不立案的理由。人民检察院认为公安机关不立案理由不能成立的，应当通知公安机关立案，公安机关接到通知后应当立案。"然而，这种立案决定不能起到命令公安机关有效侦查的效果。实践中，公安机关收到立案通知之后消极怠工、阳奉阴违的现象很多，检察院不仅没有有效的措施予以纠正，也没有自行侦查的权利。其二，审查批捕和审查起诉的监督。对审查批捕和审查起诉的监督，检察机关往往通过书面审查的方式进行，难以真正从中发现侦查机关的违法行为。即使通过其他手段发现了侦查机关有刑讯逼供等违法行为，只要不构成犯罪，检察院一般也只能发出检察建议作为纠正措施了事。可以说，检察院的侦查监督是一项有名无实的监督。侦查机关的权限过大，缺乏有效监督制约，直接导致"以审判为中心"的诉讼机制以及"以庭审为中心"的审判机制难以确立。

2. 检察机关在法庭上居于强势地位，控辩平等难以实现

刑事审判的三角形构造是基于分权制衡理念，遵循审判独立与控辩平等原则建立起来的。如果没有审判权与公诉权的分离，审判就不可能独立，控辩也妄谈平等。以控审分离为核心的分权制衡机制对于审判权公正行使具有重要意义。我国现行的《刑事诉讼法》虽然加强了庭审中控辩双方的对抗性，着重强调控辩双方在诉讼中的平等地位，但司法实践中控辩双方地位并未真正实现平等。我国《宪法》赋予检察机关法律监督权与公诉权于一身，本身就置检察机关于强大的地位。在刑事诉讼中，作为公诉机关的人民检察院身兼二职，既要负责控告犯罪，同时还要进行法律监督，这实际上严重妨碍了控辩平等的实现。从理论上说，赋予检察机关法律监督职能将从两方面破坏控辩平等：

一方面，法律监督职能的设立将导致检察院对法院的纵向制约，破坏法院审判的中立性。检察机关针对具体案件行使公诉权，向法院求刑，一旦求刑权得不到满足，由于检察机关对审判机关的审判活动具有监督权，因此检察机关可以对已经生效的裁判提起抗诉，引发再审。这种安排似乎使法院成为位居检察机关之下的机构，对于检察机关提起的控诉，法院必须按照其意愿进行处理，否则法院的裁判就可能会被推翻。在具体案件中，尤其是自侦案件中表现得更为明显。检察机关拥有侦查权、同时拥有公诉权和法律监督权，既是"运动员"，又是"裁判员"。试想，检察机关自己认定的案件怎能允许他人发表不同意见。基于监督者与被监督者的现实顾虑，法院在审判中可能更趋向于采纳控

诉方的意见，而被告人的意见往往得不到法院的平等关注与重视。

另一方面，检察院的法律监督权同样指向被告人。按照常识，在由监督者与被监督者所构成的对话机制中，是难以实现双方的平等对话的。面对处于上位的控诉方，被告人受到更多的束缚，难以从心理上和能力上展开有效的防御。从实践中看，公诉方完全处于一种优势地位，无论是对案情的事先了解程度还是对庭审证据的收集方面，人民检察院都有绝对的优势。比如，在阅卷方面，公诉机关可以全面查阅侦查卷宗，而被追诉一方却受到诸多限制；同时，我国当前缺少在审判中对被告人对质询问权的保障，尽管根据我国签署加入的《公民权利和政治权利国际公约》的相关规定，被告人有权在审判过程中询问对其不利的证人，即在刑事审判中被告人有要求对自己不利的证人出庭作证，并进行反询问的权利。但由于实践中证人的出庭率极低，大多数情况下，证人的证言都是由侦查机关在侦查阶段取得，并由控方在法庭上宣读，这就使得被告人的对质询问权没有行使的可能，使控辩对抗的庭审模式无法实际落实，也不能体现控辩双方的平等性。再者，从细节上看，法院一般的做法是要求被告人在法庭笔录上签名摁指印，辩护人也要签名，但公诉人却可以不签名；开庭前人民法院会将开庭时间提前通知公诉人，而被告人如果没有聘请律师的话，一般无法事先知悉具体的开庭时间，直到开庭当天法警提押的时候才知道要开庭，等等。此外，对案情的事先了解程度以及庭审证据的收集方面，作为国家公诉机关的人民检察院可以全面查阅侦查卷宗，而被追诉方却受到诸多限制，无法体现控辩双方的平等性。当控辩双方明显不平等时，不仅公检法三机关之间的"相互制约"难以具体落实，"以庭审为中心"更无从谈起。

3. 律师在刑事诉讼中的作用虚化、弱化

"认认真真、积极热心的辩护律师是自由的最后堡垒——是抵抗气势汹汹的政府欺负它的民众的最后一道防线。辩护律师的任务正是对政府的行为进行监督和挑战，要这些权势在握的尊者对无权无势的小民百姓做出行为之前三思而后行，想想可能引起的法律后果，去呼吁、去保护那些孤立无援无权无势的民众的正当权利。"[1] 律师辩护制度的确立，目的是要通过立法，使犯罪嫌疑人或被告人获得具有法律素养的专业人士的帮助，在法庭上和检察官进行抗辩，确

---

[1] ［美］艾伦·德肖维茨：《最好的辩护》，唐交东译，法律出版社1997年版，第482页。

保法官居中裁判。我国《刑事诉讼法》虽然赋予了被告人广泛的诉讼权利，但真正与控方相比，则根本达不到控辩双方平等的度。从实践来看，法庭上，一方面是代表国家提起公诉的检察机关，十分强势，声音响亮；另一方面，被告人及辩护人的声音往往非常微弱，受文化知识、法律素质及心理因素等的制约，被告人在法庭上往往不能充分表达意见。在证据的列举和审查方面，尽管《刑事诉讼法》第50条规定："审判人员、检察人员、侦查人员必须依照法定程序，收集能够证实犯罪嫌疑人、被告人有罪或者无罪、犯罪情节轻重的各种证据。"但检察机关一旦决定提起公诉，其刑事追诉的职责和内部考核制度，决定了检察官在法庭上更加关注支持指控的犯罪证据，此时此刻很难要求检察官向法庭提交与起诉书相矛盾的证据材料。根据《刑事诉讼法》的规定，辩护律师的基本职责是提出犯罪嫌疑人或被告人无罪、罪轻或者减轻、免除刑事责任的证据和意见，以便法官能够居中裁判。但实际的情况却是：在很多案件中，控辩双方根本不可能处于平衡状态，辩方始终处于弱势地位，律师的作用尤为弱化。审判阶段之前，律师会见犯罪嫌疑人难、侦查讯问在场难、阅卷难、了解案情难、权益保障难、调查取证难；审判阶段，律师表达辩护意见难，想要说服法官考虑自己的辩护意见更是难上加难。[1] 庭审中，审判常常围绕证明被告人有罪单向展开，忽视被告人及辩护人的辩解意见，尤其是无罪的辩解意见。特别是在庭审质证时，一些法官只重视对公诉机关提出的有罪证据进行质证，对被告人及辩护人提出的无罪证据和对被告人有利的证据却不管不问，没有认真核实，最终错失了认定被告人无罪的关键时机，使得中立裁判的立场发生偏移，致使控辩失衡，审判成为走过场。

4. 指定辩护制度不够完善，法律援助没有落到实处

指定辩护是刑事诉讼法为充分有效保障被追诉者行使辩护权而设置的一项体现人文关怀的司法制度，是国家充分尊重和保障人权的表现。以死刑案件为例，2012年《刑事诉讼法》不仅沿袭以往的规定：在符合法律规定的情况下，对可能判处死刑的被告人应当指定律师；同时增加了新的条文，即《刑事诉讼法》第34条第3款的规定："犯罪嫌疑人、被告人可能被判处无期徒刑、死刑，没有委托辩护人的，人民法院、人民检察院和公安机关应当通知法律援助机构

---

① 参见刘品新主编：《刑事错案的原因与对策》，中国法制出版社2009年版，第92页。

指派律师为其提供辩护。"从而将指定辩护的范围扩大至可能被判处无期徒刑、死刑缓期二年执行、死刑立即执行的案件。这表明我国在加大对被告人辩护权的保障、尊重和保障人权的道路上又向前迈了一大步。

任何一项制度设计的本意都是好的，但在贯彻落实时往往会大打折扣，指定辩护制度也不例外。根据法律规定，指定辩护人只能是承担法律援助义务的律师，但目前我国律师的收入因其业务能力、案件来源、业务量等原因大有不同。那些业务娴熟或案源丰厚的律师多忙于收费业务，通常根本无暇顾及法律援助，即便有推不开的援助案件，也不是无暇阅卷、敷衍了事，就是派那些业务能力相对较弱的律师或见习律师代为担任指定辩护，辩护质量明显不高。在这种机制下，有的律师俨然是指定辩护"专业户"，无论什么案件，提交的辩护词千篇一律，根本不对具体案件做具体的分析辩护；有的律师甚至在还没有开庭的情况下就提交了辩护词，完全是一种完成任务的心态；更有甚者，对一些明显事实不清、证据不足的案件，指定律师提交的辩护词竟还是"本案事实清楚、证据确实充分，但考虑到被告人认罪态度好、有悔罪表现等，建议法院从轻量刑"。

类似的例子很多，这些问题的出现严重违背了立法设置这一制度的本意，使得这项本来是为了充分保障被告人行使辩护权的制度形同虚设，被告人的辩护权无法真正得到保障。究其原因，除受内在利益因素、外部环境的影响外，归根到底是律师的责任心和管理机制问题：一方面，部分承担法律援助义务的律师业务素质不高，责任心不强，对被告人的辩护权没有足够重视，认为指定辩护就是走过场，没必要太认真，反正指定辩护的行使状况也不会像委托辩护那样受到当事人的监督；另一方面，负责指派律师的司法部门也没有足够重视，认为指定了就算完成任务，对指定辩护律师履行职责的情况缺乏监督。如果连最能切实维护被告人合法权益的法庭辩护都流于形式，那么，确立"以庭审为中心"的审判机制必然困难重重。

5. 法庭审判难以充分体现平等和公正

法官作为案件的裁判者必须能体现出平等性与中立性，这既是实现实体公正的需要，也是程序公正的最直接体现。但这点在我国法庭审判过程中，却往往难以得到有效保证。

（1）庭审中辩方难以有效发挥作用。由于诉讼结构的原因，侦、诉、审、辩等职能设计不合理，在庭审过程中，证据明显有利于控方，法官聆听到的是控方的指控，主动权在控方，而听不到辩方有力的声音，当前推行对抗制庭审方式并不理想，法庭对抗效果不明显。由于控辩双方在诉讼中的权力配置不平衡，司法机关在侦查阶段被赋予广泛的权力；相反，被告人、辩护人的权利如调查取证权、阅卷权等却被加以诸多限制，造成控辩双方不具有平等地获取证据的手段和条件。这种取证的不平等因素使得庭审一开始双方就不是处于同一起跑线上，庭审地位的平等性自然被打破。近年来，在某些法庭上出现了律师和法官极度对立的现象，值得我们认真反思。从法院、法官的角度分析，是多年的工作惯性造成的"重实体，轻程序"的直接后果，法官在思想深处存在着重法、检、公相互配合，轻视律师辩护的问题。在审判方式上，因为在庭前做了充分准备，研判在先，有了边边框框，急于按计划结束庭审，嫌律师找麻烦，耽误时间，频繁制止律师。法院甚至是呵斥、训诫律师，导致律师对法院和法官的不信任。①

（2）证据规则不健全、诉讼证明标准过于抽象。我国现行法律规定的诉讼证明标准是"犯罪事实清楚，证据确实充分"，由于法官仅靠法庭调查难以查实案情，而为了达到证明标准，法官即会采取各种可能的办法获取可靠的证据信息，因而就难以真正保持中立、消极。笔录证据大量使用，书面审理盛行，庭审走过场，加之证人、鉴定人出庭率低，庭审质证流于形式，极大地制约着庭审中心主义的推行。

（3）庭审中非法证据难以有效排除。修改后的《刑事诉讼法》及司法解释虽对非法证据排除规则作了进一步完善，但实践中面临难以落实的困境。特别是一些刑期较长的案件，被告人往往会提出刑讯逼供的问题，还有一些贩毒案件的被告人也会提出刑讯逼供的问题，导致非法证据的排除具体操作困难。非法证据难以排除，据以认定犯罪事实的证据仍可能是带病的非法证据，那么，庭审难以充分发挥其应有的功能。

（4）法院还普遍存在"重实体、轻程序"的做法。程序公正是实体公正的前提，一个公正的刑事判决的作出不但要有对实体权利的保护，同时还必须保

---

① 参见最高人民法院中国特色社会主义法治理论研究中心编：《法治中国——学习习近平总书记关于法治的重要论述》，人民法院出版社 2014 年版，第 208～209 页。

证程序的公正。但现在很多法院的法官认为，只要从实体上给予被告人一个公正的刑事判决就可以了，对其程序上的合法权益不太重视。他们更多地关注实体公正，如事实认定是否清楚，定罪量刑是否正确等，但对程序公正却不太关注。就庭审活动而言，《刑事诉讼法》第 183 条明确规定，除有关国家秘密或者个人隐私的案件，或者因涉及商业秘密当事人申请不公开审理的案件外，人民法院审判第一审案件应当公开进行。第 182 条还要求："公开审判的案件，应当在开庭三日以前先期公布案由、被告人姓名、开庭时间和地点。"《刑事诉讼法》之所以作出上述程序性规定，目的就是要通过公开的庭审活动，不仅给予处于平等诉讼地位的当事人以充分而对等的自由发言的机会，同时全面接受当事人、公众及媒体的监督，避免暗箱操作，促进司法公正。正如贝卡利亚所言："审判应当公开，犯罪的证据应当公开，以便使或许是社会唯一制约手段的舆论能够约束强力和欲望。"① 但在实践中，法院不及时张贴甚至不张贴开庭公告，导致应该公开的庭审活动不公开；还有的庭审活动名为公开，但设置种种障碍限制公众旁听，结果变成不公开等，导致庭审活动变成表演和走过场。

（三）推进"以审判为中心"的诉讼制度改革

刑事诉讼的发展史就是分权制衡机制确立并不断发展的历史。没有权力的分配与制约，就没有现代刑事诉讼。分权制衡理论是现代刑事诉讼的根基，纵观世界各国刑事诉讼改革的新动向，无不是围绕诉讼权力的再分配而展开。分权制衡是刑事诉讼的基本理念，它对于抵御外来干扰、合理配置审判机关与检察机关的权力、确立"以审判为中心"的刑事诉讼模式具有重要意义。构建"以庭审为中心"的审判权运行机制，是当前刑事诉讼制度进一步完善的实质内容。

1. 确保独立行使审判权

独立行使审判权在一定程度上来讲，也可被称为"审判独立"。审判独立是分权制衡的重要内涵，分权的目的就是为了保障裁判者在免受其他权力施压的情况下进行独立判断。为此，许多国家在三权分立的基础上又明确规定了司法独立或审判独立。如法国宪法明定司法权属于法院，规定司法机关是独立的机关，并同时规定共和国总统是司法独立的保障者。日本宪法规定，所有法官依

---

① ［意］贝卡利亚：《论犯罪与刑罚》，中国大百科全书出版社 1993 年版，第 2 页。

良心独立行使职权，只受本宪法及法律的约束。德国宪法规定，设立联邦法院和各邦法院，共同行使审判权。并按照司法独立的原则进一步规定，法官独立，只服从法律。法官绝不能根据个人偏见或来自外界的指示作出裁决。① 审判独立原则的确立，为审判权的公正性和权威性进而为诉讼公正的实现提供了诉讼制度上的保障，并由此而成为世界各国普遍奉行的诉讼原则。为保障审判独立原则的实现，西方国家还确立了诸如法官高薪制、终身制等一系列的保障制度。

关于独立行使审判权，我国《宪法》和《刑事诉讼法》都规定，人民法院依照法律规定独立行使审判权，不受行政机关、社会团体和个人的干涉。十八届四中全会《决定》又进一步提出，完善确保依法独立公正行使审判权和检察权的制度。各级党政机关和领导干部要支持法院、检察院依法独立公正行使职权。建立领导干部干预司法活动、插手具体案件处理的记录、通报和责任追究制度。任何党政机关和领导干部都不得让司法机关做违反法定职责、有碍司法公正的事情，任何司法机关都不得执行党政机关和领导干部违法干预司法活动的要求。对干预司法机关办案的，给予党纪政纪处分；造成冤假错案或者其他严重后果的，依法追究刑事责任。从而将确保人民法院依法独立公正行使审判权的责任主体，扩大至各级党的机关。

十八届三中全会和四中全会的两份《决定》，为人民法院依法独立公正行使审判权绘就了具体的路线图。十八届三中全会《决定》提出，改革司法管理体制，推动省以下地方法院人财物统一管理，探索建立与行政区划适当分离的司法管辖制度，保证国家法律统一正确实施。具体制度建设包括以下三个方面：其一，将法官任免、人员编制、人事管理提高到省一级统管，经费保障纳入省级和国家财政预算，从立法层面和制度上真正解决司法地方化的问题，使司法权的国家属性和宪法地位得以彰显。其二，建立与行政区划相分离的司法管辖区，专门审理行政案件、跨地区商事纠纷案件以及环境保护案件，减少地方干预，确保司法公正。其三，加大最高法院对全国法院、高级法院对下级法院的监督力度，最高人民法院设立巡回法庭，充分运用再审之诉，统一法律的适用标准，维护国家法制的尊严和权威。为确保人民法院依法独立公正行使审判权，十八届四中全会《决定》同时规定，建立领导干部干预司法活动、插手具体案

---

① 参见赵宝云：《西方五国宪法通论》，中国人民公安大学出版社1994年版，第272～362页。

件处理的记录、通报和责任追究制度。这一制度为党政机关和领导干部违法干预司法划出了"红线"，为司法机关依法独立公正行使职权提供了有力的制度保障。

在确保法官独立办案方面，十八届三中全会《决定》提出，改革审判委员会制度，完善主审法官、合议庭办案责任制，让审理者裁判、由裁判者负责。其一，进一步完善合议庭制度。加大合议庭内部成员之间的监督制约力度，明确合议庭成员在事实认定、适用法律、作出裁判、文书制作等各个环节中的共同责任，解决合议庭成员长期固定不变的弊端，将审判长由常任制改为资格制，改变合议庭内部的行政化管理模式。其二，进一步健全审判委员会制度。完善审判委员会的会议规则，压缩审判委员会讨论案件的范围，建立审判委员会讨论案件的过滤和分流机制，加大审判委员会委员担任审判长审理重大疑难复杂案件的比例，进一步健全完善裁判文书、公开审判委员会最终决议及形成理由的制度，建立最高人民法院审判委员会的决议及形成理由定期发布制度。其三，进一步完善审判管理制度。合理界定庭长、院长行使审判管理权的方式，合理构建审判权、管理权、监督权三者之间的关系，形成以审判权为核心的审判权力运行体系。其四，进一步完善法院内部的各种考评制度。人民法院内部的各类考评指标和考评制度必须以确保公正高效审判为目标，任何违背司法基本规律的考评指标和考评数据，只能加剧法院内部的行政化，加重当事人的诉累，影响裁判的质量，降低司法的效率。① 为确保"让审理者裁判、由裁判者负责"，十八届四中全会《决定》又规定：明确司法机关内部各层级权限，健全内部监督制约机制。司法机关内部人员不得违反规定干预其他人员正在办理的案件，建立司法机关内部人员过问案件的记录制度和责任追究制度。完善主审法官、合议庭办案责任制，落实谁办案谁负责。

当然，我国法律规定的人民法院依法独立行使审判权与西方国家的司法独立的性质完全不同。一个国家的司法制度与其政治体制、历史文化密不可分。中国特色社会主义司法制度决定了在我国人民法院依法独立行使审判权必须坚持党的领导，党的领导是社会主义法治的根本保证。坚持党的领导，是我国社会主义司法制度的根本特征和政治优势。我国宪法确定的人民法院依法独立行

---

① 参见贺小荣："掀开司法改革的历史新篇章"，载《人民法院报》2013 年 11 月 16 日。

使审判权是建立在党的领导和人民代表大会统一行使国家权力基础上的，强调的是对案件依法独立审判，与西方国家的司法独立具有本质的不同。① 需要厘清的是，党对审判业务的领导，不是说党来直接裁判案件或影响案件的裁判，而是把党的方针、政策上升为国家的立法和法规，司法机关在个案中适用法律，也就是服从了党委的领导。在具体案件中，就是坚持了党的领导、落实了党的领导。审理具体案件只服从法律而不听从本级党的某个机构或官员的指示，不仅符合党和人民的根本利益，也是落实党和人民最高利益的需要。正确处理党的领导和人民法院依法独立审判的关系，亟需废除政法委"协调政法各部门的关系；组织协调重大业务问题和有争议的重大疑难案件"的职权。反思近年来所发生的一些冤假错案，其背后大都存在当地政法委"认真协调，积极推进"的影子。最高人民法院常务副院长、一级大法官沈德咏之所以会发出"包括河南赵作海杀人案、浙江张氏叔侄强奸案，审判法院在当时是立了功的，至少可以说是功大于过的，否则人头早已落地了。面临来自各方面的干预和压力，法院对这类案件能够坚持作出留有余地的判决，已属不易"这样的感慨，其间深意不言自明。② 因此，理顺坚持党的领导和确保人民法院依法独立公正行使审判权的关系，必须明确包括执政党在内的任何组织不能超越宪法干预具体案件的审理，法院办理案件也不应该听命于任何组织与个人，党对政法工作的领导重心是切实保障司法机关依法独立行使职权，党组织和党的各级领导应该是严格遵守宪法、法律的模范。参加十八届三中全会司法改革任务起草工作的北京大学法学院教授傅郁林接受采访时指出：三中全会司法改革文件出台前，我们提过两套方案。消极方案是政法委不再管案件，不再干预个案，这个板上钉钉，不会再变；积极方案，是在人财物上，保证法院独立。③

2. 理顺公检法三机关的关系，加强审判权对侦查权、公诉权的制约

当前我国刑事诉讼审判实践中，面临着证人出庭难，鉴定人、专家证人出庭难，以及侦查人员出庭遇到阻力，"以庭审为中心"的审判机制难以建立等诸多问题。究其原因，主要还是诉讼体制本身存在弊端，即仍是"以审判为中心"

---

① 参见孟建柱："完善司法管理体制和司法权力运行机制"，载《人民日报》2014 年 11 月 7 日。

② 参见沈德咏："我们应当如何防范冤假错案"，载《人民法院报》2014 年 5 月 6 日。

③ "独立审判，准备好了吗——专访十八届三中全会司法改革任务起草专家傅郁林"，载南方人物周刊 http：//www.nfpeople.com/story_ view.php？id=5032，访问时间：2013 年 12 月 15 日。

的诉讼制度尚未确立。刑事案件包括死刑案件的审理，除了控、辩、审三方参与案件的处理外，能够影响或者决定案件命运的并非上述三方，而是侦查机关。因为案件发生以后，痕迹物证的固定、提取和收集是有时间和条件限制的，如果采集不及时或不规范，很有可能永远都无法恢复或失去证据价值，而往往此类证据都属于决定案件命运的最直接的证据。现实中，由于侦查人员的责任心不强、侦查能力较低或侦查条件受限，导致一些关键证据没有收集；甚至已提取、收集的证据由于保管不善，不能在案为证，给后期的审判定案增添了证据障碍，使原本明确的无罪案件或死刑案件难以决断。新《刑事诉讼法》实施已近两年，侦查人员出庭制度受到了阻力，当地侦查人员一般都不配合，异地侦查人员就更难以落实了。因此，即便对某些证据或情节存在疑问，通常只能以"情况说明"的方式解决。

鉴于此，要通过合理的制度构建，加强审判权对侦查权、公诉权的制约。当前，审判权对侦查权、公诉权制约严重不足。在具体案件中，如果检察机关起诉指控的罪名与审理认定的罪名不一致的，应当按照审理认定的罪名作出有罪判决；检察机关起诉的罪名和实际罪名的量刑结果区别不大时，法院往往作出妥协，勉强按指控罪名作出判决。均不作出检察机关起诉的罪名不成立的裁判意见。对于存疑案件，依法应当宣告无罪，但迫于各方压力，法院通常不能作无罪判决，而不得不联系侦查机关补充证据。这种模式缺乏法律支持，对公安机关形不成制约，补证效果往往不理想。笔者认为，应当通过立法，增加"退回公诉机关补充侦查"程序，对检察机关移送的案件，经审查证据不足的，可以退回补充侦查，以体现法院对公诉机关的制约，提高检察机关移送起诉案件质量。从长远来看，如果将来在刑事诉讼体制上能够做出重大改革，确立"以审判为中心"的司法体制，使侦查工作围绕审判需要展开，证据的提取、固定、收集严格按照审判的要求进行，加大对侦查不力、非法取证、物证集中保管和侦查错误责任追究的力度，将鉴定人、检验人和专家证人出具的意见以及出庭接受质询的义务与经济利益、法律责任挂钩，上述难题才有望彻底解决。

3. 实现公诉权与检察监督权的分离

《刑事诉讼法》规定了"分工负责、互相配合、互相制约"的原则。该原则体现的检察权与审判权之间的关系，对实现"以庭审为中心"的审判机制影响较大。公诉权与检察监督权的分离是建立"以庭审为中心"的必要条件。试想，如果法院在具体案件中面对来自检察机关的施压，检察机关既是"运动员"又是"裁判员"，"不听招呼就盯人"，刑事审判人员在审判中存在后顾之忧，担心自己的安危，"以庭审为中心"能够实现吗？刑事诉讼中的检察权更多体现的是对犯罪追究的程序性权力，而并不主要是法律监督权。即使进行法律监督，也是通过程序权的行使制约审判权。不能让公诉人同时担当公诉和监督两项职权，只有这样，才能保证公诉方与辩护方的地位平等，使辩护权得到应有的地位和保障，为法院对案件的兼听则明创造条件，也才能够实现"以庭审为中心"。根据最高人民检察院 2012 年 11 月 22 日发布的《人民检察院刑事诉讼规则（试行)》第 580 条的规定："出席法庭的检察人员发现法庭审判违反法律规定的诉讼程序，应当在休庭后及时向检察长报告。人民检察院对违反程序的庭审活动提出纠正意见，应当由人民检察院在庭审后提出。"据此，出庭检察人员不能当庭直接实施监督，避免对"以庭审为中心"的机制造成破坏。

对于可能作出无罪判决的疑罪案件，更要坚持"以庭审为中心"，根据庭审查明的事实，坚持疑罪从无。依照《刑事诉讼法》的规定，指控证据不足，不能认定被告人有罪的，人民法院应当依法作出无罪判决。但无罪判决案件的特殊性在于，审判机关作出的最终裁决与公诉机关的主张存在根本上的对立。这就要求审判机关在作出无罪裁判时，必须具有相对独立性而不能受公诉机关意见的左右。如果所有的有罪指控法院都予以支持，那么，作为审判机关的法院也就没有存在的意义了。对人民法院来说，通过审判权的行使制约公诉权，依法作出无罪裁判，正是刑事诉讼的本质要求，也是赢得社会公众信赖和尊重的重要途径。以缓、免刑代替无罪判决，以及法院与检察机关协商撤回起诉回避无罪判决，都是控审不分的具体表现。

4. 完善律师辩护制度，充分保障律师辩护权

完善律师辩护制度，不仅是建立现代民主诉讼制度的需要，也是加强人权保护、建设社会主义法治国家的需要。现代刑事诉讼建立辩护制度，初衷就是为防止公权力的滥用而设立一种制衡。1990 年联合国《关于律师作用的基本原则》对律师参与刑事辩护最低限度标准规定："一切个人都有权请求由其选择的

一名律师协助保证和确立其权利，并在刑事诉讼的各个阶段为其辩护。"① 律师辩护制度是现代刑事诉讼制度的重要组成部分。没有完善的律师辩护制度，就没有现代刑事诉讼制度。律师及时有效介入是对侦查、起诉和审判的制约，对于防止和纠正侦查的封闭性及其所带来的某种片面性和侦查越轨，是有积极意义的。因此，必须抛弃对律师辩护制度的偏见，正确审视这一制度的重大价值。

律师是法律职业共同体的一支重要力量，很多冤假错案，要么是律师没有介入，要么是律师介入后没有充分行使权利和发挥作用，而且我们对律师的权利保障不够。在刑事诉讼活动中，律师承担的职责是根据事实和法律，提出犯罪嫌疑人、被告人无罪、罪轻或者具有从轻、减轻、免除处罚情节的意见。实践中，个别法官过于看重公诉机关提供的有罪、罪重证据，对辩护人提出的无罪证据和对被告人有利的证据不认真核实，最终错失了认定被告人无罪的关键时机，使得中立裁判的立场发生偏移，致使控辩审结构失衡，审判流于形式。例如，在赵作海案一审开庭时，赵作海提出了刑讯逼供的问题，称自己是无罪的，辩护律师也作了无罪辩护，但是却没有引起法官足够的重视，结果造成错案发生。正如齐奇大法官所言，我们深刻反思冤假错案的病灶病根之一，就在于对律师的辩护意见不够重视。痛定思痛，总结教训，刑事裁判要中立，充分发挥辩护律师在防范错案上的重要作用。② 尽管 2012 年《刑事诉讼法》在一定程度上强化了对律师依法履行职责的保障，但在司法实践中如何切实贯彻这一立法精神，尤其是在控辩式庭审中，如何强化辩护、促进庭审对抗、平衡控辩关系，从而使法官全面了解案情，满足刑事实体公正的要求和保证程序公正的实现，路途还将十分遥远和艰辛。

《刑事诉讼法》第 33 条规定："犯罪嫌疑人自被侦查机关第一次讯问或者采取强制措施之日起，有权委托辩护人。"尽管这在我国刑事诉讼的发展史上是一个飞跃，但仍显得信心不足。因为，在侦查阶段只赋予律师为犯罪嫌疑人提供法律帮助，代理申诉、控告，申请变更强制措施，了解罪名和案件有关情况等有限的权利，而这些权利均不属于辩护权的范畴，只能是一种有条件的介入权。

---

① 靳继茁："对当前侦查阶段律师诉讼权利及犯罪嫌疑人人权保障现状的再思考"，载宝剑网 http：//www. baojian. gov. cn/bjxs/bzyj/2005 - 11/73a3cef72e03aa9d. html，访问时间：2014 年 11 月 2 日。

② 齐奇："对冤假错案就是要零容忍"，载 http：//news. xinhuanet. com/politics/2014 - 03/12/c_ 119725 929. htm，访问时间：2014 年 11 月 2 日。

侦查阶段的律师帮助，总体上缺乏实体意义，不能对侦查活动进行有效制约。从遏制非法取证、预防冤假错案的角度来讲，应当进一步赋予律师侦查阶段的参与权和辩护权，切实发挥辩护的作用。比如，探索确立侦查讯问时律师在场制度，赋予律师在侦查阶段的调查取证权等。尽管《刑事诉讼法》第 113 条规定"公安机关对已经立案的刑事案件，应当进行侦查，收集、调取犯罪嫌疑人有罪或者无罪、罪轻或者罪重的证据材料"；《中央政法委关于切实防止冤假错案的规定》第 2 条也明确要求："侦查机关移交案件时，应当移交证明犯罪嫌疑人、被告人有罪或者无罪、犯罪情节轻重的全部证据。严禁隐匿证据、人为制造证据。"但长年来的职业习惯，使得侦查机关对犯罪的追诉成为其关注的首要问题，这也表现在工作实践中对嫌疑人的有罪证据重点收集，对嫌疑人罪轻、无罪的证据有天然的忽视。要求侦查机关全面、完整收集各种证据是苛刻的，因此在诉讼结构中，首先，要大胆引进控方的制衡方——律师的参与，把律师当作刑事诉讼三维结构中与侦查机关同样重要的一环。这样不仅可以在思想上摒弃"辩护人就是替坏人说话的"、"律师只为赚钱"等错误观念，还能在防止刑讯逼供、保障被追诉者人权方面发挥不可替代的作用。其次，在具体实践中，在不突破法律的前提下，尝试让律师尽量参与全部诉讼过程。律师参与讯问阶段，除实现人权保障功能外，还可以让律师充分了解案情，及时发现对被告人有利的证据，增加诉讼的对抗性，也能促进侦查机关提高办案水平。应重视律师的调查取证权，现行法律规定和完善了律师的调查取证权，但同样的问题是对律师的权利仍进行了限制和防范。理想的刑事辩护制度是保证控辩双方的平等，既包括司法人员对律师职业的尊重和理解，也包括制度上对其诉讼权利、诉讼机会、充分发表辩护意见并能充分举证等行为的完善和考量。《最高人民法院关于建立健全防范刑事冤假错案工作机制的意见》第 24 条明确要求，各级人民法院"切实保障辩护人会见、阅卷、调查取证等辩护权利。辩护人申请调取可能证明被告人无罪、罪轻的证据，应当准许。"最后，任何权利的赋予都应有相应的准入机制和门槛。辩护律师有效参与刑事诉讼、维护被追诉者的权益是以律师崇高的职业道德以及业务能力为保障，如果刑事辩护职业准入存在任意性和低要求，必然会带来很多弊病。因此，培养职业化的律师队伍、增加其权利的同时完善其作为刑事诉讼重要参与者所要求的道德素养，建立有效的惩戒机制，也是保障律师更好地参与刑事诉讼的法宝。

5. 完善法律援助制度并建立强制辩护制度

法律援助制度作为一项为经济困难的人或有其他原因需要帮助进行诉讼活动的人提供援助的制度，在世界上已经有百年历史，如今已经成为多数国家在司法保护和保障人权方面的一项重要机制。一些国家的法律规定，所有的刑事案件都必须有律师辩护。我国虽然已经建立了法律援助制度，但是由于经费缺乏等原因，法律援助制度的推行并不顺利。近年来的调研表明，我国律师参与刑事诉讼的比例过低，全国刑事案件律师参与的比例不足30%，有的省甚至仅为12%。全国律师已超过22万人，但2010年人均办理刑事案件不足3件，有些省甚至不到1件，法律援助案件则少之又少，这与我国法治社会建设的进程不相适应。究其原因，一是社会对律师制度的功能作用以及律师的职业性质尚未形成共识，认为有没有律师参与不影响案件的最终处理，有的甚至认为律师参与诉讼会影响办案。二是律师法定权利落实不到位。会见难、阅卷难、调查取证难和辩护意见不被重视的问题依然存在，律师遭侵权后救济渠道不够畅通，伤害了律师参与辩护的积极性，妨碍了辩护职能的发挥。三是法律规定的援助案件的覆盖面不够大。① 针对上述情况，应当通过立法进一步扩展法律援助的案件范围，可以考虑把可能判处10年以上有期徒刑的刑事案件纳入强制指定辩护范围。同时，还要由政府划拨专项资金，逐步提高法律援助案件补偿标准；建立和完善法律援助最低服务质量标准，逐步提高法律援助案件办理质量。要解决经费问题，必须要通过立法将法律援助经费纳入政府财政预算之内，以政府财政拨款为主，再广集社会资金，建立法律援助资金。

承担指定辩护是每一位执业律师应尽的法定义务，应当建立严格的法律援助指派制度，对指定辩护律师设立"准入门槛"。比如，人民法院在案件受理后，对符合指定辩护条件的被告人，可以以书面形式通知当地法律援助中心，由其指派从业五年以上且具有丰富从业经验的律师担任指定辩护人。接受指定辩护的律师必须认真阅卷、会见、撰写辩护词，认真负责地完成指定辩护义务；案件审理完结后，指定辩护律师应当接受主审法官、检察官、律师管理部门的尽责考评，并听取当事人的意见反馈，考评结果和反馈意见将作为律师年检的

① 参见于宁："我国律师参与刑事诉讼比例过低 难保公正"，载中国网 http://www.china.com.cn/policy/txt/2012 - 03/11/content_ 24866445. htm，访问时间：2014 年 11 月 2 日。

主要依据之一。同时，根据各地的实际情况，可以由法律援助中心明确各律所的主任律师或优秀律师每年应承担援助案件的基本数量，律师不得拒绝或转委托。当然，由于目前援助律师的待遇太低，建议逐步提高法律援助律师担任指定辩护人的报酬，以激励律师更好地履行指定辩护职责，在刑事案件审判中形成强有力的诉讼对抗格局，使被告人能够获得真正有效的法律援助，充分保障被告人辩护权的行使。

强制辩护是被告人必须有辩护人为其辩护，则法庭审判活动方为合法有效的制度。《刑事诉讼法》规定，对于没有委托辩护人的被告人，法院可以指定承担法律援助义务的律师为其进行辩护；对于盲、聋、哑人，或者是尚未完全丧失辨认或控制自己行为能力的精神病人，未成年人和可能被判处无期徒刑、死刑而没有委托辩护人的，应当通知法律援助机构指派承担法律援助义务的律师为其提供辩护。以上规定的适用对象依然有限，需要扩大适用范围，完善强制辩护制度，确保被告人依法行使辩护权。

6. 合理行使审判权，充分发挥庭审功能

《刑事诉讼法》修改以及十八届四中全会《决定》的发布，是促进刑事诉讼"以庭审为中心"的新机遇。《刑事诉讼法》众多条文的修改优化了侦查权、公诉权、审判权的配置，完善了分权制衡机制，都体现着立法对审判中心地位的确认。2012 年《刑事诉讼法》实施后，面对疑难复杂案件，法官不能再一味抱怨由于"以侦查为中心"，法院没有权威、法官不敢裁判。因为法律已经赋予人民法院较为完善的审判权，法官一定要改变旧有的理念和方法，要依据《刑事诉讼法》充分而又合理地行使审判权，强化对追诉权的制约。

（1）要充分发挥庭审功能，防止庭审走过场。让被告人及其辩护人充分发言，保障控辩双方地位平等，对失衡的庭审结构给予有效矫正，把弱者的声音放大，确保控辩双方有平等的发声机会。由于刑事追诉本身的特殊性，被告人总是处于不利地位，导致控辩力量的先天失衡。为此，在刑事审判中尤其应强调保护被告人的诉讼权利，给其提供充分的辩解机会，适时引导其举证、质证和发表辩护意见。

（2）要认真贯彻非法证据排除规则。必要时要求侦查人员出庭作证，做到不能认定的事实坚决不认定，不能采信的证据坚决不采信。特别是对那些事实不清、证据不足，发回重审一次后补充不到新证据的案件，再也不能久拖不决，必须在做好被害人及其亲属工作的基础上，依法宣告无罪，以此形成一种倒逼机制，敦促公安、检察机关树立"为审判服务"的意识。

（3）要积极探索"民众参与司法"机制。对于一些重大、疑难、争议较大案件的审判，可以考虑组织人大代表、政协委员、律师代表、媒体代表、基层群众组成陪审团，听取他们对案件的处理意见。这不仅能提高被害人及其近亲属、社会公众对无罪裁判的认同感，也有助于在刑事审判过程中切实树立惩罚犯罪与保障人权并重的价值观。保持惩罚犯罪与保障人权两种价值观的平衡，不但要通过惩罚犯罪保障被害人的人权，而且要保障被告人的人权。为保证公正司法，提高司法公信力，十八届四中全会要求要保障人民群众参与司法。坚持人民司法为人民，依靠人民推进公正司法，通过公正司法维护人民权益。要完善人民陪审员制度，保障公民陪审权利，扩大参审范围，完善随机抽选方式，提高人民陪审制度的公信度。逐步实行人民陪审员不再审理法律适用问题，只参与审理事实认定问题。《最高人民法院关于建立健全防范刑事冤假错案工作机制的意见》第 25 条提出："重大、疑难、复杂案件，可以邀请人大代表、政协委员、基层群众代表等旁听观审。"为落实该意见，河南省高级人民法院大胆创新，探索设立"人民观审团"机制，随机抽选的一定数量的群众代表组成观审团参与案件庭审，就案件事实、法律适用以及处理结果独立地发表意见，并形成人民观审团意见，供法官作为审判时的重要参考依据。笔者考察后认为，目前刑事"控、辩、审"三角诉讼结构从外表上看已经形成，但是"强势侦查、优势公诉、弱势辩护"的格局尚未根本扭转。人民观审团作为"控、辩、审"之外的第四方，观审团成员作为民意代表出现在庭审中，控辩双方都会更加积极地举证、质证、发表意见，法官也会更充分地听取双方观点，引导双方充分辩论，做到兼听则明。人民观审团对于控、辩、审三方关系起到了一定的合理调适作用，在一定程度上强化了审判中心地位，有利于构建以审判为中心的诉讼制度。这些都对防范冤假错案、实现司法公正发挥着重要作用，值得认真总结和推广。

（4）落实证人出庭制度，切实解决鉴定人、专家证人的出庭问题。2012 年《刑事诉讼法》对证人、鉴定人出庭等做了新规定，尽管这些新的制度安排在实践中遇到了一些执行难题，但整体上来说，这些制度安排有助于促进庭审活动实质化，增加庭审活动的对抗性。

二十六、直接言词原则

（一）直接言词原则的内涵及价值

现代刑事诉讼，一般采取直接言词原则，例外情形采取间接审理及书面审理原则。直接言词原则包括直接原则和言词原则两部分。直接原则，又称为直接审理原则，它要求参加审判的法官必须亲自参加证据审查、亲自聆听法庭辩论。该原则强调审理法官与判决法官的一体化。与之相对的是间接审理，即判决法官将其他法官审理所得结果作为判决基础，亦即审理法官与判决法官存在着分立。[①] 言词原则，又称为言词辩论原则，系指审理程序的进行原则上应采言词陈述的方式。一切诉讼程序，包括对犯罪嫌疑人或被告之讯问、证据之采集、检察官或自诉人之攻击、被告及其辩护人之防御、法院判决之宣誓等，必须以口头陈述之方式为之。一切未在法院审理中以言词陈述之方式提出者，视同未曾发生或不存在，不得作为裁判之基础。[②]

在刑事审判中贯彻直接言词原则意义重大。直接言词原则的首要价值，是有助于发现实体真实、查明事实真相。直接言词原则要求法官、当事人和证人等在法庭上直接接触，法官能够借助直接讯问（询问），通过聆听被告人的陈述和辩解，通过当事人的当庭辩论，发现事实真相。此外，法官更可以直接观察当事人及相关证人的态度、身体动作等，形成内心确信，有助于"自由心证"的形成。我国学者还认为，直接言词原则符合现代诉讼结构，有助于保障控辩双方诉讼地位平等，为被告人、辩护人充分行使辩护权提供了可能，创造了条件，有助于审判人员正确审查证据，认定案情。[③] 因此，可以说，直接言词原则是法庭进行质证的基本方法和要求，它对于查明证据的真实性、确保审判程序公正有着重要意义。2012 年《刑事诉讼法》第 59 条规定："证人证言必须在法庭上经过公诉人、被害人和被告人、辩护人双方质证并且查实以后，才能作为

---

① 参见邵明："理解直接言词原则"，载《人民法院报》2004 年 5 月 18 日。我国台湾学者又将直接审理原则称为直接审理主义，并区分形式的直接性和实质的直接性。前者是指法院为获得案件待证事实的直接印象，即必须亲自践行审理程序调查证据，不能委由其他人代行，除法律特别允许之情形外，原则上亦不允许由受命法官或受委托法官讯问证人或鉴定人。实质的直接性认为，审判可谓在法庭中重构犯罪事实的活动，故法官应尽可能实行最接近事实的证据方法。参见陈健民：《刑事诉讼法要论》，中国人民公安大学出版社 2009 年版，第 38 页。

② 参见陈健民：《刑事诉讼法要论》，中国人民公安大学出版社 2009 年版，第 39～40 页。

③ 参见卞建林："直接言词原则与庭审方式改革"，载《中国法学》1995 年第 6 期，第 97 页。

定案的根据。法庭查明证人有意作伪证或者隐匿罪证的时候，应当依法处理。"
这一规定为庭审活动贯彻直接言词原则提供了制度依据。

（二）当前我国庭审活动严格贯彻直接言词原则的困境

我国《刑事诉讼法》并未将直接言词原则规定为刑事诉讼的基本原则，但
对此原则的内容基本上持肯定态度。前文已经指出，《刑事诉讼法》第59条及
一审程序的相关规定等均体现了这一原则要求。但也毋庸讳言，我国刑事诉讼
中还有一些规定与这一原则相违背。例如，《刑事诉讼法》第190条规定："公
诉人、辩护人应当向法庭出示物证，让当事人辨认，对未到庭的证人的证言笔
录、鉴定人的鉴定意见、勘验笔录和其他作为证据的文书，应当当庭宣读。审
判人员应当听取公诉人、当事人和辩护人、诉讼代理人的意见。"这一规定为法
庭书面审理提供了依据。应当明确直接言词原则的例外情形，即对于哪些证人
必须到庭、哪些证人可以不能到庭，加以明确规定。由于规定不明确，审判活
动中贯彻直接言词原则，也面临着各种困难和挑战。主要体现在以下六个方面：

1. 我国庭审活动严重依赖被告人庭审前的供述笔录

刑事审判实务中面对被告人的口供，一方面是《刑事诉讼法》及相关司法
解释中对待口供的理性立场，即对刑讯逼供和"单一口供定案"的鲜明否定；
而另一方面却是实践中刑讯逼供现象的杜而不绝，以及公安、司法机关对口供
的过度依赖和对非法供述的过度依赖。首先，在侦查阶段，口供负载着多重功
能。在印证证明模式和客观真实观之下，侦查人员已经习惯于"由供到证"的
侦查方式，已经习惯于将拿下口供作为案件侦破的标志。因此，讯问成为整个
侦查工作的基础和核心，认罪案件在所有刑事案件中占有极高的比例。即使对
个别"拒不交代罪行"的嫌疑人，侦查人员也不会轻易放弃直接获取口供或者
实现"由证到供"的努力，为此，会尝试各种讯问辅助方法，乃至刑讯、欺骗、
诱导等直接或间接强制手段。其次，在审查起诉阶段，检察人员对侦查阶段获
取的供述普遍抱有信任态度，多数检察官甚至不怀疑刑讯逼取的口供的可靠性。
在审查逮捕或审查起诉中，以核查讯问笔录和提审被追诉者为中心，把口供作
为决定逮捕或起诉与否的主要依据，没有口供决定逮捕或起诉的案件以及有口
供而不捕不诉的案件比例极低。最后，在审判阶段，法官习惯于将侦查阶段获
取的供述笔录直接转化为定罪量刑的依据，没有口供不敢定罪。主要表现在两
个方面：一方面是对口供的真实性疏于审查，一般仅满足于形式上的相互印证；

另一方面是对口供的合法性关注不多，对于一些内心怀疑非法取证的口供仍"相信"其具有合法性。即使是被告人当庭翻供，也很少被法庭采信。受各种主客观因素的制约，尤其是缺乏可操作性的运行机制和配套制度的保障，非法口供的排除也难以实现。

2. 证人出庭作证面临多重困难

2012年《刑事诉讼法》对证人出庭作证制度做了较大的修改和补充，规定了重要证人出庭作证制度、强制证人出庭作证制度、证人出庭作证保护及补偿制度、证人拒不出庭作证的制裁措施等。这些规定，对促进和保障证人、鉴定人出庭作证有相当的积极作用，同时也推动了我国证据制度的完善和发展。但是，《刑事诉讼法》关于证人出庭作证制度的一些规定过于笼统、抽象，在实践中缺乏可操作性，如若不及时加以细化，可能会使《刑事诉讼法》修改的初衷得不到实现，导致证人出庭难问题得不到根本解决。

（1）法律未明确规定出庭作证是证人的义务，导致在是否出庭上证人享有选择权。《刑事诉讼法》第60条第1款规定："凡是知道案件情况的人，都有作证的义务。"但并没有明确规定出庭作证的义务。虽然《刑事诉讼法》第187条、第188条规定了符合特定条件的，人民法院可以强制证人出庭作证，但在通常情况下，证人对是否出庭享有选择权，可以选择出庭或不出庭以言词方式作证，为其拒绝出庭提供了法律依据。

（2）法律对证人保护制度不健全。2012年《刑事诉讼法》对刑事诉讼中的证人保护制度进行了完善，对促进和保障证人出庭作证有相当的积极作用。但实践中，对出庭作证证人的保护存在以下问题：一是保护对象范围过窄，程序法与实体法不一致。《刑事诉讼法》的保护对象包括证人及其近亲属；而《刑法》中的惩罚对象只涉及对证人本人的侵害行为，忽略了证人近亲属的安全，使得证人近亲属的安全缺少了实体法的保护。二是保护主体过于笼统，未明确各机关的保护职责。《刑事诉讼法》规定了公、检、法对证人的保护责任，但并没有对三机关的责任进行具体划分，导致在实际中出现各责任机关相互推诿的现象，不利于对证人及时、有效保护。三是保护措施原则性强，缺乏明确的可操作性。《刑事诉讼法》只对危害国家安全犯罪、恐怖活动组织、黑社会性质组织犯罪、毒品犯罪等严重犯罪案件的证人保护措施进行了原则规定，操作性不强。而且对其他犯罪案件的证人却没有规定具体的保护措施。尤其是当证人是流动人口，或者案件本身属于陈年旧案时，强制证人出庭无疑存在难度，需要进一步完善相关制度。根据调研，重庆市某中院 2012～2013 两年来审理的四百多件刑事二审案件中，有 99% 以上的案件无证人出庭作证，仅有 3 案的证人出庭也是辩护人申请。两年间，公诉机关申请证人出庭的案件无一件，而在每一起案件中均由证人证言作为证据出示，事实上就形成了用证人证言代替证人出庭作证。对一些主要依据言词证据来证明犯罪事实的案件，证人出庭作证尤为重要，在贪污受贿类案件中，庭审被告人翻供率极高，有的证人又向辩护人出具了与其在侦查机关相反的陈述，然后下落不明，导致了法官在证据上难以取舍。有些案件侦查机关在询问证人时，语言表述含糊，有的证人证言与其他证据又有矛盾，证人不出庭难以进一步询问核实，也难以让被告人、辩护人信服，给刑事审判带来很大难度。证人出庭难的根本原因在于证人保护制度的缺失，证人容易遭到犯罪分子及其同伙的打击报复，自身和其家属的安全受到威胁，或由于对司法机关缺乏信心，不愿意出庭作证，这类心理在受贿案中最为普遍。

（3）证人出庭作证得不到及时的经济补偿，导致一些本愿出庭的证人出于对经济损失的顾忌而不愿出庭作证，同时也给一些不愿出庭作证的证人找到了合理的借口。尽管《刑事诉讼法》第 63 条对证人作证费用作出了规定，但由于该规定不够具体，实践中办案法官难以为证人支付该笔费用。在市场经济体制下，证人权利与义务的最大失衡是作证得不到相应的经济补偿。城市中的外来人口流量大，很多案件的证人是外地人，开庭审理时，有些证人已经离开城市，让证人到案发地法院出庭作证，首先要面对交通、住宿等费用的开支。有些证人来自经济不发达地区，确因无力支付这些费用而放弃出庭作证，即使经济条件较好的证人，也不会愿意付出这么一笔无利可图而又数目不小的开支。因此，《刑事诉讼法》在规定证人出庭作证补偿费用基础上，还需出台详细的规定，让法官更便捷地为证人申请该笔费用，而不是让法官为证人出庭作证买单或者把大量时间、精力浪费在申请经费上。

（4）公诉人对证人出庭作证存有顾虑。抗辩式审判方式的引入，对公诉人出庭支持公诉提出了更高的要求。与其他证据相比，言词证据具有容易受到干扰、带有主观性和易变性等特点，对言词证据的认定难度也较大，需要有较高的综合分析判断能力。有些公诉人担心证人出庭作证会改变以前的证言，打乱公诉计划，且难以及时应变，易造成出庭的被动局面，甚至会由此改变案件的性质。而当庭宣读证言笔录则较为稳妥，可以避免出现翻证的复杂局面，防止证人庭前证言和庭审陈述产生矛盾，从而对控诉产生不利影响。因此检察机关对证人出庭作证持消极态度，不提出申请甚至不希望关键证人出庭，也不采取积极措施保证证人到庭。这种情况在经济犯罪案件中表现得尤为明显。

（5）个别法官对证人出庭作证比较消极。由于司法资源的短缺，案多人少，案件审限过短等多方面原因影响，要求证人出庭必然增加工作量，从而使法官们对传唤证人出庭持比较消极的态度。加之提供的证人住址、通讯方式等信息不准确，导致法院无法送达出庭通知；或者法院虽已通知，但证人明确拒绝出庭等情况时有发生。在疑难案件中，尽管法官希望关键证人能够出庭作证，但多方原因造成证人出庭难的问题并非法官所能解决，加之结案指标的压力过大，有关审限的规定以及不分案件大小难易、不分审级"一刀切"的审限管理模式不尽合理，都难以调动法官积极敦促证人出庭作证的积极性，以免因此耗时费力，甚至"超审限"。

（6）反复收集证言给证人造成心理压力。由于取证不规范或不到位，询问证人的针对性不强或各取所需等原因，侦、控、辩各方反复多次找证人调查了解情况，使证人产生思想压力或抵触情绪，不愿出庭作证。

3. 法庭认定案件事实严重依赖"案卷材料"

贯彻直接言词原则，要求摒弃过度依赖案卷材料。有学者指出，我国审判活动中对于案卷有着很强的依赖性，这种情况与日本刑事诉讼中的弊端极为相似。日本公审程序的特色是偏重书面调查，日本法学家平野龙一教授曾经批评说，日本法院的公审往往是走形式而已，法官主要在办公室或者自己的住宅中根据这些调查来进行判断，这种审判也可以叫"调查书审判"。"调查书审判"即审判过程中偏重调查司法警察或检察官做成的各种调查书（侦查活动中形成的各种书面材料）。我国刑事审判也是如此，过分倚重侦查活动中形成的各种笔录、说明材料，不重视证人、鉴定人出庭，抖擞精神只在卷宗上下功夫，使直接言辞原则成为泡沫。[①] 需要进一步指出的是，落实直接言词原则，应该对案卷移送制度的书面审理进行改革。由我国诉讼结构所决定，真正的对抗制诉讼机制尚未建立，整个刑事诉讼活动类似于"流水作业"。在审查起诉阶段，对于检

[①]　参见张建伟："审判中心主义的实质与表象"，载《人民法院报》2014 年 6 月 20 日。

察机关提起公诉或者不起诉的决定，嫌疑人没有权利提出异议。检察机关为了使自己的控诉能够被法官采纳，往往向法院移交全部案卷，使法官在开庭之前就对案件产生一定的倾向性预断。令人遗憾的是，修正后的 2012 年《刑事诉讼法》，恢复了"全卷移送主义"。《刑事诉讼法》第 172 条规定："人民检察院认为犯罪嫌疑人的犯罪事实已经查清，证据确实、充分，依法应当追究刑事责任的，应当作出起诉决定，按照审判管辖的规定，向人民法院提起公诉，并将案卷材料、证据移送人民法院。"立法机关的意见是，这里的案卷材料、证据，应是全案的证据材料。[①] 这种立法回归似乎宣告了 1996 年《刑事诉讼法》侧重于开庭前进行程序性审查、减少预断的改革努力归于失败。由此看来，当前虽然庭审中心主义的观念已经得到了张扬，但是实际上，阅卷仍是当前审判最为关键的阶段，实际上不利于直接言词原则的落实。

4. 庭审中证据得不到充分论证

最高人民法院、最高人民检察院、公安部、国家安全部、司法部《关于办理死刑案件审查判断证据若干问题的规定》第 2 条、第 5 条对死刑案件的证明标准作出规定，即"认定案件事实，必须以证据为根据"、"办理死刑案件，对被告人犯罪事实的认定，必须达到证据确实、充分"。现阶段在刑事审判实践中，存在着"以案卷笔录为中心"的审判方式，即公诉方通过宣读案卷笔录来主导和控制法庭调查过程，法庭审判成为对案卷笔录的审查和确认程序，不仅各项控方证据的可采性是不受审查的，而且其证明力也被作出了优先选择。尽管二审法院合议庭为了查找开庭审理的重点进行庭前审查，审查一审的审判程序是否合法，但不可否认的是，合议庭成员在庭前审查阶段，多少都会在一定程度上受到侦查、检察卷宗的影响，产生先入为主的主观预断。在我国的司法实践中，二审法院合议庭对死刑案件进行开庭审理时，基本上都审查形式，而不审查实质。换言之，合议庭只查清证据的形式效力要件，却未能调查清楚证据内容的真实性、证人证言的可信性等。死刑案件二审想通过完全开庭进行纠错，保证死刑的正确性，而这种案卷笔录中心主义审判方式，会导致以加强庭审功能为宗旨的死刑二审改革将没有存在的空间。一般认为，合议庭承担着死

---

① 参见全国人大常委会法制工作委员会刑法室编著：《〈中华人民共和国刑事诉讼法〉释义及实用指南》，中国民主法制出版社 2012 年版，第 336 页。

刑案件二审开庭全面审查、出示证据、庭审讯问等调查责任，审判人员依法享有讯问权，处于居中裁判的地位。但在我国的司法实践中，法官除拥有审判职能之外，还享有庭审指挥权、庭外调查权、采信确认权。笔者认为，庭外调查权应属于侦查范围，超越了审判权，与法官承担的角色自身存在冲突，违背了居中裁判的本职和庭审改革的立法精神。

5. 法庭大量采取补充查证等方式认定案件事实，有违直接言词原则

司法实践中，法院在发现证据存在瑕疵后往往要求公诉机关补充相关证据材料。这种做法在实践中存在三方面的问题：

（1）补充的证据材料的真实性问题。审判实践中的一些命案，很多是多年前发生的案件，受当时的侦查水平、执法理念等因素的影响，这类案件往往在取证程序上有瑕疵（甚至是重大瑕疵）。然而一些证据因时过境迁，在客观上已经无法补证，于是公安机关就出具情况说明，把当时的办案情况进行客观解释。但是，这样的解释能不能解决证据本身存在的问题？能够消除证据瑕疵吗？更有甚者，公安机关补查证据具有很大随意性，尤其是补充办案说明，有时前后出具的证据完全矛盾，其真实性大打折扣。

（2）法院对检察院或公安机关没有制约机制。一旦检察机关起诉，公安机关就算结案。法院发现证据缺乏，公诉人凭其一人之力，显然无法补充完善；但公诉人通知公安机关补充证据，公安机关非常拖沓。过去往往延期两次，现在普通程序审限变为三个月，往往到了三个月末，证据还未补充到案。给法官办案造成极大困难和障碍，严重影响了诉讼效率。对于这些案件，法官面临两难困境：补查补正的话则影响诉讼效率；不补查补正的话，如果在二审中公诉机关再补充相关证据，一审判决可能会面临改判或发回重审的结果。

（3）补充查证的证据资料难以有效质证。补充查证的证据材料，特别是相关情况说明，为了确保其具有证据资格，法院会再次开庭对补充查证的证据材料再次质证。尽管经过庭审质证获得了证据资格，但实践中再次开庭，一般只提押被告人到庭，听取被告人及辩护人对新证据的质证意见，相关证人再次出庭作证或者接受质证的可能性小，这种做法也没有落实直接言词原则。

6. 庭审中非法证据难以有效排除，使得在侦查阶段非法取得的"口供"成为了定案证据

《刑事诉讼法》第50条规定："严禁刑讯逼供和以威胁、利诱、欺骗以及其

他非法方法收集证据，不得强迫任何人证实自己有罪。"第54条第1款规定："采用刑讯逼供等非法方法收集的犯罪嫌疑人、被告人供述和采用暴力、威胁等非法方法收集的证人证言、被害人陈述，应当予以排除。收集物证、书证不符合法定程序，可能严重影响司法公正的，应当予以补正或者作出合理解释；不能补正或者作出合理解释的，对该证据应当予以排除。"《刑事诉讼法司法解释》第95条规定："使用肉刑或者变相肉刑，或者采用其他使被告人在肉体上或者精神上遭受剧烈疼痛或者痛苦的方法，迫使被告人违背意愿供述的，应当认定为刑事诉讼法第五十四条规定的'刑讯逼供等非法方法'。"《最高人民法院关于建立健全防范刑事冤假错案工作机制的意见》第8条列举的非法方法包括：采用刑讯逼供或者冻、饿、晒、烤、疲劳审讯等。但据调查，在实践中还有在犯罪嫌疑人或被告人身上涂抹致痒药水，以及授意或指使同监舍的其他犯罪嫌疑人或被告人暴力"开导"等方式。认定《刑事诉讼法》第54条规定的"可能严重影响司法公正"的物证、书证，应当综合考虑收集物证、书证违反法定程序以及所造成后果的严重程度等情况。对于通过非法方法取得的言词证据（非法证据）和违反法定程序收集的物证、书证（瑕疵证据），分别确立了强制排除和裁量排除的规则。但非法证据排除规则在审判实务中遇到了执行上的困难。

（1）非法证据的判断存在疑问。现阶段，侦查机关对嫌疑人的口供依然存在较强的依赖性。犯罪嫌疑人归案后的心理状态较为复杂，往往恐慌心理、侥幸心理和抗拒心理交织，侦查人员须采用一定的侦查策略才能突破犯罪嫌疑人的心理防线，使其彻底供述。但实践中，一些侦查策略与非法取证的界限较为模糊，基于职务犯罪证据的一对一属性，在职务犯罪侦查工作中表现尤为突出。例如，长时间讯问获得的口供，是否为非法证据？实践中的长时间讯问涉嫌非法取证的情形主要包括：不间断讯问，即不让嫌疑人睡觉，将嫌疑人固定在一个位置长时间不让活动，或虽有间断但嫌疑人休息权基本得不到保障，存在长时间、多频次在正常休息时间段讯问等情形。以上手段极易导致嫌疑人精神崩溃，取得口供极为容易。此类情形能否解释为司法解释中的"采用其他使被告人在肉体上或者精神上遭受剧烈疼痛或者痛苦的方法"甚为关键。再例如，在讯问中带有大量人格侮辱、辱骂性语言；以近亲属的工作、身体状况为由，承诺对本人改变或解除强制措施等诱使供述的，是否为非法证据也存在不同认识，从而严重影响了这一规则的适用。

（2）非法证据的排除程序不够完善，缺乏操作性。《刑事诉讼法》及相关解释规定了非法证据的排除程序，但在司法实务操作中却面临着多重困境：

第一，当事人及其辩护人、诉讼代理人在庭审前掌握了侦查人员非法取证的线索或者材料，没有提出，而在开庭时提出的，根据《刑事诉讼法司法解释》第100条的规定，人民法院有权决定是否进行证据收集合法性的调查。我们认为这种规定值得商榷。在审判实践中，经常碰到此种情况：审判阶段，被告人提出遭受了刑讯逼供，走访证人时，作为行贿方的证人也称遭到暴力取证。检察院知道上述情况后，再去找证人调查证据，证人却又称没有遭到暴力取证，从而出现证人在法院作出陈述与在检察院作出陈述内容不一致甚至是相反的情形。此种情形下，法院通知证人出庭，证人往往又不愿意出庭。《刑事诉讼法司法解释》第98条规定："开庭审理前，当事人及其辩护人、诉讼代理人申请人民法院排除非法证据的，人民法院应当在开庭前及时将申请书或者申请笔录及相关线索、材料的复制件送交人民检察院。"检察院对此所提出的材料，法院一般也不会再去调查核实了，开庭审理前关于是否排除非法证据的调查实际上意义不大。因此，被告人或辩护人往往会选择在法庭上当庭提出非法取证的辩解，来增强影响。此种情况下，我们倾向于法院不能拒绝进行证据收集合法性的调查。

第二，侦查人员出庭说明收集证据合法性的情况时，对侦查人员的当庭陈述如何认识，如何处理？与出具侦查过程合法的情况说明之间的关系怎么处理？就实务而言，被告人及其辩护人提出被告人在侦查阶段遭受刑讯逼供时，通常情况下是由侦查人员出具情况说明，证实侦查过程的合法性，而侦查人员无一例外均会出具讯问合法的情况说明。但实践中对一些不能排除刑讯嫌疑的案件，法院就没有采信情况说明。《刑事诉讼法司法解释》规定"上述说明材料不能单独作为证明取证过程合法的根据"，显然指的是侦查人员出具的证明其取证过程合法性的情况说明。那么，侦查人员出庭作证证实口供收集程序合法，没有有力反证的情形下，能否单独作为证明取证过程合法的根据呢？司法解释对此没有作出规定。我们初步认为，这同样不能单独作为取证过程合法的根据，需要结合其他材料加以证实。因为在现阶段，基于司法公信力、司法权威等因素，侦查人员出庭作证与出具情况说明的情形基本一致，侦查人员都会证实自己取证过程的合法，同样是"自己作为自己案件的法官"，自己证明自己合法。证明力不应给予过高的评价。

第三，关于被告人供述与同步录音录像资料的关系。存在疑难的主要有以下三种情形：一是侦查笔录记载的内容在同步录音录像资料中没有反映；二是侦查笔录记载清楚完整，检察机关却以部分时段机器故障为由拒绝提供同步录音录像材料，只提供部分时段的同步录音录像资料，被告人辩称在"机器故障时段"遭到刑讯；三是提讯提解证上记录侦查人员有提讯提解，侦查人员称没有做记录也没有录音录像，但被告人辩解在此时间段被刑讯。

（三）落实直接言词原则的制度展望

1. 进一步完善强制证人出庭作证制度

《最高人民法院关于建立健全防范刑事冤假错案工作机制的意见》第 13 条明确规定，依法应当出庭作证的证人没有正当理由拒绝出庭或者出庭后拒绝作证，其庭前证言真实性无法确认的，不得作为定案的根据。2012 年《刑事诉讼法》也专门规定了强制证人出庭作证制度。其中第 187 条第 1 款规定："公诉人、当事人或者辩护人、诉讼代理人对证人证言有异议，且该证人证言对案件定罪量刑有重大影响，人民法院认为证人有必要出庭作证的，证人应当出庭作证。"第 188 条第 1 款规定："经人民法院通知，证人没有正当理由不出庭作证的，人民法院可以强制其到庭，但是被告人的配偶、父母、子女除外。"第 2 款规定："证人没有正当理由拒绝出庭或者出庭后拒绝作证的，予以训诫，情节严重的，经院长批准，处以十日以下的拘留。被处罚人对拘留决定不服的，可以向上一级人民法院申请复议。复议期间不停止执行。"根据上述规定，《刑事诉讼法》确立了证人出庭作证的三层次递进标准，即"当事人异议＋重要性＋必要性"。对于符合《刑事诉讼法》规定的当事人异议和重要性两个标准，但法院认为证人没有出庭作证必要的，可不要求证人出庭作证。也就是说，证人是否有必要出庭作证，法院拥有绝对的控制权，这就赋予了法官较大的自由裁量权，要求司法工作人员自身具有较高的法律素养，把握证人出庭作证的范围。同时，作为法官一定要克服怕麻烦、怕证人翻证等心理，正确适用法律规定的"证人出庭的必要性"。此外，在证人免证权上，仅仅规定了被告的配偶、父母、子女享有拒绝作证的权利。司法实践中，公务员、人大代表基于公职身份得知的国家秘密，医生基于职业性质得知的他人秘密等，这类证人往往由于坚守国家秘密、职业操守等原因不愿出庭作证，而法律并未规定这种情形下的免证权。

2. 加大对证人的保护力度

证人有依法作证的义务，也有要求保障其人身安全、人格名誉和财产权利不受侵犯的权利。证人保护制度是证人权利保障的现实需要，也是保证证人出庭作证的前提。《刑事诉讼法》第 61 条和 62 条明确规定，刑事证人保护由公、检、法三机关负责，此外证人及其近亲属可以向上述三机关请求保护。上述规定没有区分公、检、法三机关的保护时限、证人保护过程中的职责分工和证人保护的具体措施，容易出现公、检、法三机关互相推诿、扯皮的现象。此外，人民法院对证人保护负有一定的职责，但实践中面临的问题是，人民法院能够采取的措施有限，如对人身和住宅采取专门性保护措施，法院可能难以实施。因此，应建立一套适合我国国情的、科学完备的证人保护机制和机构，实现事前、事中和事后全方位的证人保护，明确证人保护机构、人员及各部门的职责。如事前对证人身份实行保密；事中为证人设置单独的等候区、及时告知证人的安全信息；事后要对不法侵害证人的行为加大打击力度，加重不法者的法律责任。笔者认为，刑事证人保护制度的保护对象应包括证人及其近亲属、鉴定人、被害人；保护的客体应包括人身和合法的财产权益。应明确公、检、法三机关对证人保护的具体分工，在侦查、审查起诉、审判阶段的证人保护分别由公安机关、检察机关、人民法院进行。明确规定诉讼结束后，证人人身和合法的财产也应得到保护。最后，要明确对刑事证人保护不力的监督制约机制，对证人保护不利的，要依法追究责任，确保证人的人身和财产权利得到切实有效的保护。

3. 完善、落实证人补偿制度

证人有出庭作证的义务，也拥有获得经济补偿的权利。当法律要求公民尽义务而漠视其权利时，换来的只能是义务人对义务的漠视。在《刑事诉讼法》未修改前，证人只有出庭作证的义务而没有获得经济补偿的权利。证人出庭作证后经济损失得不到补偿，使出庭作证的证人权利得不到保障。证人履行了义务，没有得到相应的权利，又造成了一定的损失，客观上损害了证人出庭作证的积极性。2012 年《刑事诉讼法》第 63 条规定："证人因履行作证义务而支出的交通、住宿、就餐等费用，应当给予补助。证人作证的补助列入司法机关业务经费，由同级政府财政予以保障。"这是刑事诉讼法立法上的进步，但是，我们应该看到，法律并未明确刑事证人经济补偿的标准和具体的实施办法。司法实践中，证人来自不同的地域、不同的行业、从事不同的职业，若不明确补偿标准，这一制度将无法得到很好的落实。笔者认为，鉴于各区域、各地方的经济发展水平不同，证人从事的职业、证人的实际收入和实际支出也不相同，补偿标准也应有所区别。此外，应明确规定经济补偿的范围。证人作证补偿范围不宜过宽，补偿应包括：交通费（以具体的里程来计算）、住宿费、伙食费、误工费。同时，也应对积极作证的证人给予一定的荣誉和物质奖励，这样，既可以增加公民作证的积极性和主动性，也有利于司法机关及时获取证据，提高办案的准确性和效率，尽快结案。

4. 进一步完善非法证据排除规则

非法证据排除规则的落实对于贯彻直接言词原则的意义自不待言。笔者认为，应从以下四个方面进一步完善非法证据排除规则。

（1）进一步明确非法证据的范围。《刑事诉讼法》第54条规定："采用刑讯逼供等非法方法收集的犯罪嫌疑人、被告人供述和采用暴力、威胁等非法方法收集的证人证言、被害人陈述，应当予以排除。"但该规定对排除的范畴不明确，比如采用威胁、引诱等方法收集的证据应否予以排除？实践中存在的这些不同认识，有必要予以明确。尤其是对疲劳审讯的界定，对采用许诺方法的引诱，采用限制人身自由、非法拘禁的方法收集的口供、证言等，必须予以明确，并加以规定。

（2）制定具有可操作性的非法证据排除程序。实践中，启动非法证据排除程序后，被告人一方往往无法提供有力的证据；而公诉人一方提供的证据一般包括被告人的体检报告及通知办案人员出庭作证，办案人员在庭上一般都作证说没有刑讯逼供。在这种情况下，排除非法证据的可能性相当小。究其原因，仍在于缺乏明确的操作程序，导致排除困难。今后在完善非法证据排除规则时，进一步完善排除程序，是实践中的重点。

（3）扩大律师在侦查活动中的参与范围。2012年《刑事诉讼法》已经在一定程度上扩大了律师在侦查活动中的参与权，有助于充分保障犯罪嫌疑人的合法权益。但就防范刑讯逼供而言，仍有必要进一步扩大律师的参与权，切实杜绝刑讯逼供，从源头上杜绝侦查机关非法获取口供。从国外刑事诉讼的经验来看，从源头上杜绝侦查机关非法获取口供的最好办法是建立侦查阶段的律师在场制度。律师在场制度是刑事辩护权的重要组成部分，许多国家的立法及联合国有关公约中都有所体现。律师在场制度要求在刑事诉讼的侦查阶段，自犯罪嫌疑人第一次接受侦查机关的讯问直到侦查终结，侦查机关每次讯问犯罪嫌疑人时，律师均有权在场。近年来，我国理论界、实务界包括社会其他各界对律师在场制度的设立给予了极大的关注。为此，中国政法大学刑诉法学研究中心还专门组织了为期两年的讯问犯罪嫌疑人律师在场试验。试验表明，律师在场制度既能够从制度层面遏制刑讯逼供等违法行为，也可以使在场律师及时获取有效的辩护信息；既可以促进侦查人员思维方式、讯问方式的转变，也可以保障讯问过程的合法性，有效固定犯罪嫌疑人的供述，避免随意翻供。[①]

（4）使用全程录音、录像等现代科技手段强化对侦查过程的记录。前文已经分析，采用全程录音录像，有助于防范刑讯逼供。但实践中存在以下三种情形：一是侦查笔录记载的内容在同步录音录像资料中没有反映；二是侦查笔录记载清楚完整，但检察机关只提供部分时段的同步录音录像资料，其他时段以机器故障为由拒绝提供，而被告人坚持辩称在所谓的"机器故障"时段遭到刑讯；三是提讯提解证上记录侦查人员有提讯提解，侦查人员称没有做记录也没有录音录像，但被告人辩解在此时间段被刑讯。由于同步录音录像资料由侦查机关采集，因此，如果缺乏监督，那么，是否采集、何时采集以及采集哪些环节，全部由侦查机关决定，难以排除侦查机关在录音录像过程之外实施刑讯逼供。因此，在实施同步录音录像的同时，必须配合第三人在场制度，最好的办法是尽快建立侦查阶段律师在场制度，从源头上遏制刑讯逼供行为的发生。在律师在场制度尚未建立之前，对侦查机关所提出的同步录音录像资料应当进行综合分析和判断。针对上述第一种情形，笔者倾向于以录音录像资料为准，因为录音录像资料作为实物证据，真实性超过笔录。《刑事诉讼法》中关于行政机关收集证据可作为刑事诉讼证据使用，其证据类别中包含了视听资料可作为佐证。第二种情形涉及重复供述的问题，笔者初步认为，检察机关不能出示全部录音录像资料的，应排除全部供述。针对第三种情形，笔者认为，检察机关拿不出有力证据的话，可作出对检察机关不利的认定。

5. 严格限定补查补证的适用范围

补查补证面临的主要问题是侦查机关的配合力度不够，对补查补证工作，

---

① 参见晏向华、柴春元："'讯问程序改革试验'取得三重效果"，载《检察日报》2006年4月4日。

公安部门有一定抵触情绪。一些案件侦查阶段工作不细致，有些案件证据收集不充分，有些证据存在瑕疵，审判阶段不得不进行补查补证，个别案件甚至需要补查的事项达 19 项。从职责划分来看，人民法院有调查核实证据的权力，但没有侦查权，不能就案件事实进行调查，补查补证应当是公诉机关的任务。但是实践中，公诉机关并不积极，承办人往往需要直接与公安机关联系。对此，笔者建议与检察机关进行协调，明确职能分工，由公诉机关切实履行补查补证的职责。

二十七、印证规则①

（一）印证规则的内涵和价值

当前，审判实务依然存在重口供的倾向，将被告人口供作为认定案件事实的主要证据。稳定详实、始终供认不讳且与其他证据相互印证的口供，总能使法官定案的"内心确信"进一步增强；相反，缺少口供，或者被告人多次翻供的案件，即使有其他间接证据能够形成完整的、指向被告人的证据链，法官定案也需要极大的决心。这种高度倚重口供的司法惯性显然为刑事错案埋下了伏笔。纵观近年发生的诸如"杜培武杀妻案"②、"赵作海故意杀人案"等冤假错案，背后几乎都有过分倚重口供的倾向和不惜向当事人非法取证的阴影。为避免冤假错案再度发生，最大限度地保障被告人权益，相当一部分学者常常会呼吁在我国确立被告人的沉默权制度。沉默权制度的确立无疑会极大地阻却口供式错案的发生。但一个毋庸置疑的事实是，对正处于社会转型期的当代中国，犯罪仍呈高发、多发态势，侦查机关面临着极大的破案压力，同时侦查水平却仍旧十分有限。在这种现实背景下，口供对于侦破案件、查明犯罪事实显得至关重要。在一些故意杀人且有分尸、埋尸、抛尸情节的案件中，若没有口供，被害人的尸体很难发现。在"命案必破"的压力下，若直接赋予犯罪嫌疑人以沉默权，势必进一步增加破案难度，甚至导致侦查统系陷于瘫痪。随着我国人权保护力度的不断加大，2012 年《刑事诉讼法》修改时，在第 50 条增加了保障被告人权利的新内容，即"不得强迫任何人证实自己有罪"，但为了继续保持严厉打击犯罪的高压态势，同时又保留了"犯罪嫌疑人对侦查人员的提问，应当

---

① 本节主要内容曾发表于《法律适用》2013 年第 6 期，内容有部分修改。
② 参见云南省高级人民法院刑事判决书，"［2000］云高刑再字第 9 号"。

如实回答"的规定。尽管有论者指出这样一种义务性规定，与确立的口供自愿性原则相冲突，建议删除后者的规定；但立法者最终在保障犯罪嫌疑人、被告人合法权利与打击犯罪的双重压力下选择了保留。可以预见，在现有诉讼制度下，在今后相当长时期内，侦查部门仍很难摆脱倚重口供的做法，与之相应，被告人口供也仍将是法院认定犯罪事实时的主要证据之一。在这一现实场域中，为确保案件质量，防止错案发生，注重证据之间的印证，特别是被告人口供与其他证据的印证就显得尤为重要。鉴于此，笔者着重从被告人口供与其他证据关系角度详细分析印证规则在刑事错案预防中的价值，并试图提炼出审判实务中印证规则的具体要点。

1. 自由心证局限之克服

随着我国刑事诉讼制度的发展及法官裁判技能的提高，审判阶段产生错案的主要因素已不再是没有贯彻证据裁判原则，仅凭经验、感觉、臆断办案所致，而在于对证据的认证以及对全案证据证明力的综合判断上出现了偏差。实务中，基于同样的已查明的证据，有的法官认为案件事实足以认定，有的法官认为案件事实尚不清楚。究其缘由，主要是不同法官的"心证"标准、方法不一致。对于具有证据能力的证据价值之判断，根据法官有无依其心证而自由裁量的权力，在证据法上有法定证据制度和自由心证制度之分。在自由心证制度下，承认证据的价值千差万别，由法官根据所掌握的证据，依据经验、理性及良知认定事实并加以裁判。相比于神示证据制度、法定证据制度，自由心证无疑是一个重大进步，它对于预防刑事错案具有重大的意义。但自由心证制度也有其局限：一是能力的局限。自由心证建立在法官具有健全的、正确的判断力基础之上，但任何一个法官均受自身知识、经验、能力的局限。二是制度的局限。在缺乏其他有效规则的辅助下，即使法官遵循外在的诉讼程序要求、心证公开原则以及秉持内在的职业道德，但由于自由裁量权过大，仍可能产生裁量上的恣意和武断。鉴于此，一些实行自由心证制度的国家和地区也为自由心证制度制定了具体配套措施。例如，我国台湾地区"刑事诉讼法"第155条第1项规定："证据之证明力，由法院本于确信自由判断。但不得违背经验法则及论理法则。"①我国《刑事诉讼法》没有明确规定自由心证制度，但有学者指出："虽然我国法律没有规定自由心证制度，但在审判实践中，人民法院在审查判断证据时，都在一定程度上实践着自由心证。因为在对证据的合法性、客观性、关联性及证明力大小进行判断时，法官只能根据自己的专业知识及经验、遵循证据规则，独立作出判断，这是一个认识的过程，也是一个心证的过程。"②审判实务中，由于刑事审判活动尚未完全落实直接言词原则，审判人员认定案件事实的"不二法门"便是详加审查各证据之间是否印证，通过印证来辅助法官自由心证，从而避免刑事错案发生。"因为一旦可以确认根据被告人的供述查获了对定案有较大价值的物证、书证等证据，则口供的真实性或者客观性会显著上升。可以说，审查供证关系是在当前刑事诉讼模式下的一种不得已而又较为有效的审查判断证据的方法。"③审判实务界有代表性的观点更是认为："'孤证不能定案'、定案证据必须相互印证，这是证据相互印证规则对刑事法官认定案件事实的基本要求。这项基本要求，不仅针对普通刑事案件，更应在办理质量要求更高的死刑案件中得到落实；不仅应在关键事实的认定方面落实到位，而且应落实到刑事案件事实的细节认定。只有这样，刑事法官才能真正将刑事案件办成经得起历史检验的、证据确实充分的'铁案'和'精品案'。"④

由于实务部门在认定案件事实时对证据之间的相互印证高度倚重，近年来，在中央政法机关和一些地方政法机关制定的有关适用证据规则的指导性意见中，可以发现大量证据印证规则的影子。例如，2008 年江苏省高级人民法院与江苏省人民检察院、江苏省公安厅、江苏省司法厅共同制定的《关于刑事案件证据若干问题的意见》中对"案件事实清楚，证据确实、充分"的认定，即包括"证据之间、证据与案件事实之间的矛盾已得到合理排除"，"据以定案的证据均能得到其他证据的印证或者补强"等内容。最高人民法院联合最高人民检察院、公安部、国家安全部、司法部制定的《关于办理死刑案件审查判断证据若干问

---

① 我国台湾地区学者认为实行自由心证的配套措施有三：一是以证据资格作为自由心证之适用前提；二是以伦理法则与经验法则作为自由心证之内在拘束；三是以法律明定之评价法则作为自由心证之外在限制。参见陈建民：《刑事诉讼法要论》，中国人民公安大学出版社 2009 年版，第 37 页。

② 闵春雷等：《刑事诉讼证明基本范畴研究》，法律出版社 2011 年版，第 64 页。

③ 方文军："供证关系与事实认定探微"，载最高人民法院刑事审判一至五庭主编：《刑事审判参考》（总第 77 集），法律出版社 2011 年版，第 165 页。

④ 牛克乾："证据相互印证规则与死刑案件事实的细节认定"，载《人民司法·案例》2010 年第 14 期。

题的规定》和《关于办理刑事案件排除非法证据若干问题的规定》中，也有大量的运用证据相互印证规则的内容。例如，《关于办理死刑案件审查判断证据若干问题的规定》第5条规定，证据确实、充分是指"证据与证据之间、证据与案件事实之间不存在矛盾或者矛盾得以合理排除"；第32条第2款规定："证据之间具有内在的联系，共同指向同一待证事实，且能合理排除矛盾的，才能作为定案的根据"；第33条依据间接证据定案时，要求"据以定案的间接证据之间相互印证，不存在无法排除的矛盾和无法解释的疑问"；第34条规定："根据被告人的供述、指认提取到了隐蔽性很强的物证、书证，且与其他证明犯罪事实发生的证据相互印证，并排除串供、逼供、诱供等可能性的，可以认定有罪"，等等。

从上述规定不难发现，政法各机关通过联合制定上述指导意见，将实务中常用的印证规则全面上升为具有指导效力的规范，强调通过审查各证据之间的印证关系进而辅佐法官通过自由心证的方法以查明案件事实，最大限度地避免错案的发生。对于这种做法，学者也提出了相应的担忧，认为如果对"证据相互印证"过分强调，容易带来司法证明的机械化，使得法官对案件事实的判断流于形式和表面化。在这种证明力规则的影响下，法官往往过分重视证据相互之间形式上的印证或佐证，过分注重消灭证据之间形式上的矛盾和不一致，尽力排除合理怀疑，而对于有罪证据与无罪证据之间的矛盾、案件是否存在其他可能性等深层次的问题，则往往予以忽略。[①] 这种批评可谓中肯。纵观近年来出现的冤假错案，均存在被告人的有罪供述，且被告人的有罪供述还与其他证据在一定程度上能够相互印证的表面现象。很显然，如果印证规则流于表面和形式化，过度追求证据表面的相互印证，难免出现各证据之间虽然形式上相互印证，但实质上违背案件事实的现象，错案发生则在所难免。证据印证规则的实质在于，透过证据之间的相互印证发现证据之间的内在机理，从而辅佐法官自由心证；或者通过发现各证据之间的不一致，乃至矛盾，揭示矛盾存在根源，通过补强其他证据合理排除矛盾。因此，从根本意义上，坚持证据相互印证规则，有助于增强法官的内心确信，最大限度地预防错案发生。

2. "先供后证"与"先证后供"

就被告人口供与其他证据的关系（供证关系）而言，根据被告人口供与其

---

① 参见陈瑞华："论证据相互印证规则"，载《法商研究》2012年第1期。

他证据形成的时间上及逻辑上的先后顺序，供证关系大体上呈现"先供后证"与"现证后供"两种形态：

（1）先供后证。即根据犯罪嫌疑人、被告人的供述取得了其他物证、书证、证人证言等其他证据。例如，根据被告人的供述及指认，发现了被害人被抛弃、埋藏的尸体，在其家中发现了被藏匿的被害人的物品或者作案工具，等等。有观点指出，先供后证对于事实认定有两方面的价值。首先，可以增强司法人员对口供真实性的确信，对口供的证明力有补强的效果。因为根据生活常理和司法经验，如果非被告人本人作案，则基本不可能带领侦查人员找到作案后抛弃的作案工具、赃物等证据（听作案者转述获得该信息属于极罕见的情形）。其次，根据犯罪嫌疑人供述取得的物证、书证等证据本身增加了案件的证据总量，完善了证据链。特别是物证、书证属于客观性证据，证明力很强，有利于案件事实认定。可以说，犯罪嫌疑人供述后带领侦查人员找到的证据越隐蔽、越重要，越能够起到增强口供真实性的效果，越有利于事实认定。在没有目击证人也缺乏指向性明确的客观性证据的案件中，先供后证对于事实认定的价值尤为突出。①

（2）先证后供。即侦查人员在破获案件过程中，经过缜密的侦查，逐步锁定作案被告人，被告人被采取强制措施后，在事实、证据面前，供认了犯罪事实。这种印证模式中，侦查机关取得的物证、书证、证人证言等在先，而被告人的供述在后。以被告人唐正勇故意杀人案为例，2011年1月21日11时许，被害人张某的父亲到公安机关报案，称其子于1月20日14时许从家中离开未归，怀疑被害。张某失踪前曾与其女友唐某的哥哥唐正勇联系过。接报案后，公安机关当日立为刑事案件并成立专案组侦查。根据张某失踪之前曾与唐正勇联系的事实，侦查人员认为唐正勇有重大作案嫌疑，并于1月23日对其调查。唐正勇称1月20日下午与张某在某宾馆见面发生争吵，之后张某离开。1月25日18时许，专案组接刑警大队通报情况，2011年1月24日约23时40分，一出租车司机在该市长途汽车站附近搭载一个男青年，该人放在出租车后备箱内两个箱子，男青年携箱子下车后，出租车司机发现后备箱的垫子上有一滩血迹。

---

① 参见方文军："供证关系与事实认定探微"，载最高人民法院刑事审判一至五庭主编：《刑事审判参考》（总第77集），法律出版社2011年版，第165～166页。

侦查人员安排出租车司机对混有唐正勇照片的 12 张照片进行混杂辨认，确定 1 月 24 日晚搭乘其出租车的男青年即为唐正勇。专案组当晚将唐正勇传唤到案，唐正勇供述了伙同他人在某宾馆杀死张某并分尸、抛尸、埋尸的事实。在先证后供的案件中，被告人供述前已有相关证据锁定或者指向被告人作案，相应地，被告人供述的价值便有所减弱。先证后供不能明显增强口供的真实性和客观性，相关供述内容的证明力较弱，对于认定案件事实的价值没有先供后证大。①

在先证后供的案件中，由于侦查人员事先已经锁定作案人，一些犯罪嫌疑人归案后拒不供认犯罪事实，加之侦查机关面临侦破案件的压力以及对被告人口供的过度依赖，此种情况下，个别侦查人员有可能采取刑讯逼供等非法手段获取被告人口供。值得注意的是，纵观近年来的刑事错案，多是在案件发生后，侦查人员通过初步的调查取证，依靠经验进行判断，认为已经充分获得了"指向"嫌疑人作案的证据，将"嫌疑人"抓获后，在其拒不供认时，便采取刑讯逼供的方式获取口供，实现形式上的供证印证。笔者认为，对于此种形式上的"供证印证"，在审查认定证据时要依据我国《刑事诉讼法》及"两高三部"《关于办理刑事案件排除非法证据若干问题的规定》，对于非法取得的被告人的口供应予以排除。在办理死刑案件中，对于被告人的供述与现场勘验、检查吻合，但其他直接证据单薄的案件，如果是"先证后供"，且不能完全排除串供、逼供、诱供等可能性，一般不宜判处被告人死刑立即执行，以避免错案的发生。

当然，先供后证与先证后供并不是截然对立的，两者的区分具有相对性。案件发生后（例如，被害人亲属报案称被害人失踪），侦查机关通过调取证人证言、被害人的通话记录等，获取了相关指向犯罪嫌疑人作案的证据，证明被害人在失踪前曾与嫌疑人有联系；同时，通过排查，发现某宾馆系疑似作案现场，而该宾馆监控录像及登记记载均证明案发的房间系嫌疑人当天租住；锁定并抓获嫌疑人后，嫌疑人如实交代了犯罪事实，并根据其供述及指认，找到了已被掩埋的被害人尸体以及作案工具等。在这种双重印证中，进一步增强了法官对被告人作案的内心确信。

3. 供证关系中的印证与不印证

从被告人供述与其他证据吻合程度看，供证关系大体可分为供证印证、基

---

① 方文军："供证关系与事实认定探微"，载最高人民法院刑事审判一至五庭主编：《刑事审判参考》（总第 77 集），法律出版社 2011 年版，第 165～166 页。

本印证与供证矛盾（不印证）三种类型。

（1）供证印证。供证印证是指被告人的供述与其他证据所证明的内容相吻合。供证印证有助于确认犯罪事实。尤其是细节上的印证，能够增加法官的内心确信，防止冤假错案发生。例如，在被告人刘何羲故意杀人案件中，刘何羲因为涉嫌多起强奸、故意杀人被抓获归案后，自感罪行严重遂产生自杀念头。在被羁押期间，同监室的刘磊对其照顾得比较好，刘何羲为了报答刘磊，将自己另一起没有交代的犯罪事实告诉了刘磊，让其检举立功。刘磊向公安机关检举后，刘何羲亦交代了 2007 年 11 月 2 日的一起犯罪事实：当日 5 时许，其驾驶五菱面包车在河南省淮阳县冯塘乡一乡村公路上，将一名女学生挟持到车上，欲行强奸时，发现有过往行人，因害怕被害人呼救，便用手捂住该女学生的嘴致使其窒息死亡，后抛尸于冯塘乡张沟村西地一机井内。2009 年 1 月 11 日，根据刘何羲的供述及指认，在该井内打捞出部分尸骨。经鉴定，系失踪人刘某某的尸骨。刘何羲还进一步供认，作案时该被害人下身穿牛仔裤，脚穿一双布鞋，后经打捞，从该机井内打捞了牛仔裤和布鞋。这些细节上的印证，增强了法官内心确信，有助于定案。

（2）供证基本印证。供证基本印证是指被告人的供述与其他证据在所证内容上是基本吻合的，但在一些细节上存在出入或者不印证。例如，被告人所供作案时间、抛弃作案工具的地点、持刀捅刺被害人的刀数等，可能因为记忆及其他一些主客观因素等导致在一些细节上不能相互印证。对此不能为了追求表面印证而掩盖存在的问题，相反，应该对存在的不印证之处，通过补强证据使矛盾点得以合理解释或者将其排除。需要指出的是，何谓案件中的"细节"，哪些细节的不印证不影响案件事实的认定，均是相对的，均需要结合具体个案加以判断。例如，在一个案件中，被告人供述喝酒后捅刺被害人几刀，具体几刀记不清了，与被害人尸体鉴定结论所证被害人身上有 8 处创口可以说是基本印证的。而在其他案件中，被告人供述朝被害人后背捅刺一刀后潜逃，与尸体鉴定意见所证被害人前胸、后背共有三处刀上的结论便明显不印证，属于供证矛盾。因此，在审查印证程度上，必须结合具体案件加以判断。

（3）供证矛盾。供证矛盾是指被告人供述与现场勘查笔录、尸检鉴定结论、DNA 鉴定结论、证人证言、查获的赃物、作案工具等其他证据之间存在明显矛盾，以至于不能确定系被告人作案，或者不能排除有共同作案人，或者在杀人案件的共同犯罪中不能确定致被害人死亡的直接责任人，或者有其他事实认定上的重大问题。被告人供述与其他证据在细枝末节上的矛盾，能够得到合理解释的，不属于供证矛盾。供证矛盾应当是足以对定案或者案件处理引起合理怀疑的情形。不论是先供后证还是先证后供，供证矛盾如不能通过补充证据等途径加以解决，均会影响定案。纵观近年来出现的冤假错案，详加审查全案证据，均存在不止一处的供证不印证的情况。因为既然是错案，各种主客观证据便不可能印证得天衣无缝。①

（二）被告人供述与客观性证据之印证

相对于主观性证据，客观性证据主要指物证、书证、鉴定意见、现场勘查笔录，等等。被告人供述与客观性证据之印证，对于认定被告人供述的真实性以及形成法官内心确信，均具有积极意义。

1. "先供后证"有助于查明犯罪事实

刑事案件中，物证与书证等客观性证据具有较强的可靠性和稳定性，在司法实践中通常比证人证言等主观性证据能更客观地证实案件的真实情况，更有说服力，对事实认定有着重大、甚至是决定性作用。当然，我们也不能简单迷信客观证据，不能忽视对客观证据的审查，特别是那些据以认定被告人犯罪行为成立的客观证据，必须做到万无一失。

对于案件的关键事实、情节，均应该有客观性证据予以印证，以免导致冤假错案的发生。以被告人王维涛、赵军健绑架案为例，2000 年底，因与同村村民陈某有过节，被告人王维涛找到被告人赵军健，预谋通过绑架勒索的方式，对陈某实施报复。2001 年 1 月 8 日，二人商议趁陈某之子陈家乐（被害人，10岁）中午放学时将其绑架。当日 11 时许，赵军健乘出租车来到山东省烟台经济技术开发区大季家街道办事处山后陈家村，王维涛将放学回家的陈家乐骗上出租车，绑架至山东省蓬莱市蓬印宿舍楼一阁楼内。后赵军健使用绑架后购买的手机卡多次打电话向陈某索要赎金。因陈某认识王维涛，为防止绑架之事败露，二人将陈家乐掐死，并于次日晚将陈家乐的尸体抛于海中。认定上述事实的证

①　有观点指出，虚假的印证尽管表面上在证据之间得到了相互印证，但毕竟是虚假的而非客观事实。这些印证虽然与一两个证据能做到"相互印证"，但很难做到与全案所有证据都"相互印证"，因此难以做到天衣无缝。办案人员只要耐心细致地审查，不放过任何一个细节，就会发现其中一些"破绽"。参见张少林、卜文："刑事印证之研究"，载《中国刑事法杂志》2010 年第 2 期。

据有：两被告人的供述，被告人王维涛在看守所内书写的准备翻供的纸条，证人陈文利、赵某杰、赵某凌、杨某坤、王某川等的证言，文件检验鉴定结论等。上述证据相互印证，应当说，二被告人实施绑架犯罪的事实足以认定。但核心的问题是，二被告人供述已杀害被害人的这一事实能否认定？一、二审法院依据二被告人的供述及其他证据，认定了二被告人杀害被害人的犯罪事实。最高人民法院经复核认为，一、二审法院认定被害人的尸体被抛于海中的事实，是基于二被告人的供述；在侦查过程中，侦查机关没能发现和打捞出被害人的尸体，该案缺少被害人尸体这一客观物证印证二被告人的杀人供述，不能形成内心确信，最终对该事实未予认定。由此看来，印证规则是比自由心证更为严格的认定事实的一种方法，目的是避免错案的产生。尽管在客观上，这种严格认定事实的方法有可能会造成纵容犯罪的严重后果。

2. "毒树之果"与刑事错案

在肯定先供后证积极价值的同时，也要注意被告人供述与客观性证据之印证存在的风险，即可能存在侦查人员以刑讯逼供等非法手段取得被告人供述，并根据被告人的供述找到了较为隐蔽的物证、书证等客观性证据。此种情况下，对于提取的物证、书证是否需要排除？依照毒树之果的规则，毒树上长出来的果子，必是毒果。据此，证据使用禁止应有放射效力，乃于因不法行为而间接取得之衍生证据。[①] 而事实上，世界上无论是任何一个国家，在排除了采取非法手段获得的口供（毒树）的同时，再排除根据口供获取的相关物证、书证等（果实），其通过刑事诉讼发现案件真实的工作将会严重受挫，可以预见相当一部分案件均无法定案。特别是在杀人案件中，在没有目击证人以及 DNA 鉴定结论等证据的情况下，案子的侦破将只能是止步不前。这种结果，对任何一个国家刑事司法而言，都是一个不可承受之重。完全承认毒树果实理论或者放射效力，不但理论基础薄弱，而且在外国实务上也窒碍难行。美国法创设毒树果实例外的限缩趋势及德国实务关于放射效力的反复认定，正是其写照。关于这个问题，学者主张只能透过更为精致的操作标准来解决，简言之，就是区分理论，通过区别不同的客观违法形态，来具体厘定证据的效力。[②]

---

① 参见林钰雄：《刑事诉讼法》（上册），中国人民大学出版社 2005 年版，第 444 页。

② 参见林钰雄：《刑事诉讼法》（上册），中国人民大学出版社 2005 年版，第 445 页。

《刑事诉讼法》第54条第1款规定："采用刑讯逼供等非法方法收集的犯罪嫌疑人、被告人供述和采取暴力、威胁等非法方法收集的证人证言、被害人陈述，应当予以排除。收集物证、书证不符合法定程序，可能严重影响司法公正的，应当予以补正或者作出合理解释；不能补正或者作出合理解释的，对该证据应当予以排除"。但并未对采用刑讯逼供或者威胁、引诱、欺骗等非法方法取得的被告人供述，后又根据该供述，取得物证、书证等情况予以排除。"两高三部"《关于办理刑事案件排除非法证据若干问题的规定》第2条明确规定，经依法确认的非法言词证据，应当予以排除，不能作为定案的根据。作反向理解，对于实物证据，并不排除。针对实务中的上述做法，理论界一直呼吁我国引入"毒树之果"规则，认为司法改革既要通盘考虑"中国国情"，更要选择"改革中的可能突破点"，并为深层的司法改革创造制度上的累积基础。对于"刑讯逼供"等以暴力侵害刑事嫌疑人、被告人基本人权的取证行为，仅仅将侦查机关获取的"言词证据"进行排除不足以"吓阻"违法侦查行为；唯有将根据非法言词所直接获得的"衍生证据"也予以排除，方能彻底地防范侦查机关进行暴力刑讯。[1] 笔者在此处分析的重心显然不在于是否引进毒树之果规则，而是在被告人的口供有可能系采取刑讯逼供等方法取得，而侦查人员根据该口供又取得了其他物证、书证情况下，案件该如何处理？

笔者认为，其一，对于被告人提供线索或者有证据表明存在刑讯逼供或者其他非法取证可能的，应依据《刑事诉讼法》及有关规定，启动非法证据调查程序。被告人的口供如果经依法确认确系非法言词证据，则应依法排除。其二，对于提取的物证、书证，区别于严重违反法定程序收集的物证、书证。后者并不能增加法官的内心确信，在不能加以补正或者作出合理解释时，应该依法排除；而前者提取的本身，增加了法官对被告人口供真实性的内心确信，但因为被告人口供被依法排除，对于物证、书证，应结合案件中的其他证据，进行综

---

[1]　有学者进一步认为，构建证据禁止放射效力之射程范围应当考量以下因素：一是先行不法取证行为所侵犯权利范围：是宪法基本人权还是其他权利；二是果实与毒树间的相对因果关系是否成立；三是考量排除该衍生证据是否有助于降低检、警违法取证的频率，并产生一定"吓阻"效果；四是强化判例之功能，这不但是因为放射效力因案而异，更重要的是通过判例使得放射效力适用标准更加明晰，以达良币驱逐劣币之效；五是在我国目前犯罪率居高不下的现实中，可考虑对控制犯罪的优先性，法院可在权衡嫌疑人涉案程度以及罪行轻重后，如果认定该证据排除后不易取得则可以承认衍生证据之证据能力。参见刘磊："德美证据排除规则之放射效力研究"，载《环球法律评论》2011年第4期。

合判断。例如，在有证人证明看到被告人于案发当日从被害人家中出来，从被告人身上亦检出了被害人的血迹，根据被告人供述即指认，提取到了被扔弃的作案工具——尖刀，且从该尖刀上检出了被害人的血迹和被告人的指纹，后经调查，被告人的口供系在刑讯下获得。此时，在排除被告人口供后，亦能形成证据链指向被告人作案，那么，依然可以定案。其三，对于排除了被告人口供，而保留和根据被告人口供提取的物证、书证等指向被告人作案的案件中，即使能够定案，但在量刑时，尤其是对被告人判处死刑时亦应特别慎重。

3. 被告人供述与客观性证据印证之完善

被告人供述与客观性证据之印证具有较强的证明价值，是建立在客观性证据真实的基础之上。为严防错案的发生，即使被告人的供述与客观性证据印证，也要高度重视客观性证据的审查。

（1）重点审查重要客观性证据是否已依法提取，以及提取的程序是否合法、规范。对犯罪现场或者物证、书证上遗留的血液、指纹、足迹等痕迹，尤其是能够证实被告人到过现场的血足迹、血指纹等痕迹是否已依法提取；对遗留在现场的作案工具、衣物及被告人生物物证等重要证据是否已依法提取；对被害人身体、尸体有关部位可能留有的被告人皮屑、血液、精液等物证是否已依法提取；收集、提取、固定证据是否符合法定程序。现在很多案件中重要物证的提取没有提取笔录，很难判断物证来源的真实性。因此，在认定证据时，为避免刑事错案的再度发生，要特别注意物证的提取笔录，重要物证没有提取笔录的，应当提请侦查机关补充或者说明原因。

（2）重点审查已提取的应当鉴定的重要物证是否已进行司法鉴定，以及司法鉴定是否符合要求。在案发现场、被告人被抓获地等处发现的证明案件关键事实的血迹、指纹、毛发、体液等客观证据是否已进行鉴定；检材来源是否清楚；鉴定报告标注的送检时间与案情是否存在矛盾；鉴定主体、鉴定过程、鉴定结论是否合法、合理、可靠。

（3）重点审查现场勘验、检查是否详细、规范。勘查笔录记载是否详细，对现场提取的血迹、痕迹等物证是否已作记录，表述是否清楚，证据来源是否存疑；是否有现场照片，现场照片是否能反映出涉案情况全貌；现场照片与现场勘查笔录是否相符；勘验、检查是否及时，等等。如果发现不印证时应特别慎重。

（4）重点审查侦查机关是否已组织辨认以及辨认是否规范。是否已依法组织有关证人特别是现场目击证人对有关物证、书证和涉案人员进行辨认；辨认是否符合有关要求；是否已制作辨认笔录，辨认笔录是否及时、规范。

（5）注意审查被告人辩解，认真对待辩护人的辩护意见。被告人辩解和辩护人的辩护意见，相对于公诉人的意见，为法官审查案件事实提供了一个进行反向思考的路径，有助于达到兼听则明的效果，应当认真对待，逐一审查。采纳还是不采纳，都必须有充分的理由或者合理的解释，排除其中的疑点。

总之，审查客观性证据，既要审查收集、固定证据的程序是否合法，也要审查证据证明内容是否合情合理，与其他证据能否相互印证，有矛盾的能否合理排除。客观性证据特别是关键的客观性证据存在疑问，影响对其的采信，经补充查证仍无法排除合理疑点的，依法不能采信。

（三）被告人供述与其他主观性证据之印证

主观性证据主要指证人证言、被害人陈述及犯罪嫌疑人、被告人供述等。主观性证据的共同特点在于因"人"而异，因人的记忆力的有限性及趋利避害的本性，加之一些客观性因素的影响，主观性证据往往呈现出易变动、易失真的特性，故被告人供述与主观性证据之印证的价值弱于同客观性证据的印证，但这并不意味该印证在认定犯罪事实、预防刑事错案中没有积极意义。刑事案件发生后，侦查机关会通过不同途径、发散性地收集多名证人证言等证据，在排除证人相互串通的情况下，这些证据会从不同角度证明某一部分案件事实，从而也就为审查被告人口供的真实性提供了印证的基础；在共同犯罪中，即使各被告人事先订立"攻守同盟"，相互约定归案后交代的内容，以避重就轻、隐瞒真相，一旦各被告人归案后，在分头审讯中，由于各被告人掌握的信息不对称，其"攻守同盟"亦容易突破，加之还有其他证据，通过审查证据之间是否印证，亦能够发现其中的破绽，从而有助于查明犯罪事实。

1. 被告人供述与证人证言、被害人陈述之印证

（1）被告人供述与证人证言、被害人陈述之印证。"两高三部"《关于办理死刑案件审查判断证据若干问题的规定》明确规定，对证人证言应当着重审查"证人证言之间以及与其他证据之间能否相互印证，有无矛盾。"这一规则同样适用于被害人陈述，由此便确立了主观性证据之间的印证规则。一般说来，与被害人陈述在时间上通常早于被告人供述不同，证人证言既可能出现在被告人

供述前，也可能出现被告人供述后。就被害人陈述而言，由于其与被告人居于诉讼对立地位，因此，被告人的口供若能够与被害人陈述的犯罪事实印证，且排除逼供、诱供可能时，便具有较强的证明意义。就证人证言而言，如果系先供后证，例如，被告人供述在停车场持刀实施抢劫时遭到被害人反抗，其持刀连续捅刺被害人时，发现附近一辆轿车路过。后侦查人员根据被告人的供述，找到了该名证人，该证人证称"案发当晚看到两个人在一辆车附近'厮打'，没再敢细看，便离去"。证人所证时间、方位与被告人供述印证，便有助于法官形成内心确信。当然，证人提供证言在先，被告人供述在后的，如果系主要根据证人确定犯罪嫌疑人，且证人证言又与其他证据印证的，亦有助于法官形成内心确信。那种简单地认为，只要被告人供述与证人证言印证，便足以定案的观点显然是危险的。只有当证人证言、被害人陈述与其他客观性证据印证，足以证明证人证言、被害人陈述真实的情况下，被告人的供述与证人证言、被害人陈述的印证才对定案具有积极意义。许多错案发生，并不是不存在印证，而是被告人供述所印证的证人证言、被害人陈述等本身便是假的，这便需要对证人证言、被害人陈述进行证据补强。

（2）证人证言、被害人陈述之补强。从规范角度看，证人对案件事实负有如实陈述的义务，依照《刑事诉讼法》的规定，有意隐匿罪证、诬告或者作伪证，应当承担相应的法律责任。经验和实证研究表明，证人向司法机关提供的与案件事实、情节不一致的证言是常有发生。有论者指出，证人提供虚假证言的情况不外乎以下两种：一种是故意为之，即证人在作证时故意隐瞒真相，作出与案件事实、情节不相一致的陈述，俗称"伪证"；另一种是无意中提供虚假证言，就是证人在感知、记忆、表述案情的过程中，因生理或其他客观条件限制形成了不真实的陈述，俗称"错证"。[①] 在证人证言所证内容可能失真的情况下，将其与被告人供述加以比较、印证，所得出的判断无论是从逻辑上还是在经验上，均是不可靠的。同样，被害人作为犯罪行为的直接受害人，其陈述通常较为客观、准确，能够直接证明犯罪嫌疑人的具体特征及具体的犯罪事实。但是，不能排除的是被害人往往出于报复动机，有意夸大事实，甚至凭空捏造事实以增加犯罪嫌疑人、被告人罪责。例如，在某起轮奸强奸案中，甲乙丙

---

① 参见郭欣阳："暴力犯罪刑事错案中的证据问题"，载《法学杂志》2010年第4期。

三人为轮奸被告人，三被告人先将被害人灌醉，后又在宾馆开一房间，甲乙丙约定依次进入奸淫被害人。甲乙奸淫被害人后，丙按约定进入房间，脱衣后正要实施奸淫行为时，该女被害人酒醒，呼救并案发。甲乙丙被抓获归案。该女被害人陈述，其被丙强奸，且丢失项链一条，甲乙丙对轮奸犯罪事实供认不讳，但均否认偷窃该女被害人财物。在这种情况下，本案的盗窃事实能否予以认定？这就需要正确适用补强证据规则，以增强证人证言、被害人陈述的真实性，要重视物证、书证、现场勘查笔录等特有的补强作用。

2. 共同犯罪各被告人供述之印证

共同犯罪中各被告人共同参与犯罪预谋与实施犯罪，对于犯罪事实应该最为熟悉，其供述本应具有较大的证据价值。但是，经验和理性表明，被告人的供述主观性、虚假可能性较大，且容易发生变化。鉴于此，对被告人供述的采信要特别慎重，需要有其他证据补强。我国台湾地区"刑事诉讼法"第 156 条第 2 项规定："被告或共犯之自白，不得作为有罪判决之唯一证据，仍应调查其他必要之证据，以察其是否与事实相符。"这即为自白须有补强证据规则。我国《刑事诉讼法》也强调"只有被告人供述，没有其他证据的，不能认定被告人有罪和处以刑罚"，并未明确规定共同犯罪中各被告人供述与定案的关系。笔者认为，共同犯罪案件中，既要审查各被告人供述是否印证，又要审查各被告人的供述与其他证据是否印证，通过印证来发现疑点，并通过作出合理说明或者证据补强，排除疑点、矛盾，才可以认定案件事实。一般说来，其他证据越充分，定案时对供述的依赖就越小，案件事实也就越可靠、越稳固。

（1）在共同犯罪案件中，只有共同犯罪被告人的供述且供述相互印证，没有其他证据的，是否可以定案？有观点认为，此种情况下，只要排除串供、逼供、诱供、相互推卸责任等可能性，可以定案，只是在判处被告人死刑立即执行应当特别慎重。笔者认为，此种情况下，如果没有其他证据，排除被告人串供的基础便不存在，法官不能仅依据各被告人之间供述能够相互印证这一"事实"，便依自由心证"确认"其犯罪事实成立而判处各被告人有罪。例如，在被告人刘何羲强奸、故意杀人案中，刘何羲与同案被告人张欣因其他犯罪事实被抓获归案后，先后均供述还共同实施其他四起强奸犯罪，二人交代内容如下："①2008 年春的一天晚上，二人在河南省淮阳县朱集乡某街拉一女孩至河南省淮阳县冯塘乡某庄西地，将该女子轮奸；②2008 年春的一天中午，二人在淮阳县朱集乡某庄南轮奸一名女学生；③2007年春的一天晚上，二人骑摩托车在朱集乡某加油站挟持两名女学生，后将两名女学生轮奸；④2007年收麦前一天晚上，二人在朱集乡一中东边挟持一女青年到麦地里，张欣将其强奸。"上述四起案件，所供作案时间、地点、方式等均有印证，但河南省淮阳县公安局刑警大队于2009年3月10日出具两份《证明》分别称：根据刘何义、张欣交代，侦查人员于2009年1月13日和同年2月25日两次专访了淮阳县朱集乡第一中学教师、第二中学的校长及部分教师和周围的村民，对二人所供四起案件，经多次走访，均未找到被害人，也无报案记录。在二被告人的供述缺乏其他证据补强的情况下，供述内容不足以形成法官内心确信，二被告人主动交代的该四起轮奸犯罪事实不能认定。

（2）共同犯罪案件中，只有各被告人口供，没有其他客观证据的，一般不宜判处死刑立即执行。这些案件，主要是由于侦查人员没有提取到能直接证明被告人有罪的客观证据，缺乏现场血迹、血指纹等痕迹，或者遗留在现场的作案工具、衣物等重要证据，或者各被告人可能留在现场的皮屑、血液、精液等物证，主要根据各被告人的口供定案。各被告人一旦翻供，原来认罪的口供基本上就成了孤证，致使案件因缺乏能直接证明被告人有罪的客观性证据而不得不留有余地。

（3）注意审查各被告人翻供的理由。案件进入起诉审判阶段后，尤其是一审裁判后，翻供的现象较为普遍。对此，不能认为各被告人曾作过有罪供述并已经一审庭审认定了就不予重视。对于各被告人翻供的，一定要注意查明翻供的原因和理由，是否有事实依据，是否合情合理，是否与现有证据相互印证。如果不能排除合理怀疑的，不能形成内心确信的，认定犯罪事实要特别慎重。

刑事错案发生的原因非常复杂，在强调印证规则对预防刑事错案的积极作用的同时，也应该看到，印证规则只不过是预防刑事错案的环节之一和路径选择，仍需其他诉讼制度的改革、完善并最终形成合力，才能有效避免错案的再度发生。那种将刑事错案的出现归责于审判实务中过于注重印证规则的观点显然是不适当的。以2010年发生的赵作海案为例，赵作海在侦查阶段先后作过9次有罪供述，但所供与其他证据有诸多不印证的地方，一审法院在审理时已发现该案存在诸多疑点和矛盾点：其一，抛尸机井中打捞出水泥石磙、青石磙各1个，水泥石磙如何丢弃在机井中不清楚。其二，被害人赵振裳头颅及四肢下落不明，赵作海供述抛弃于河中或在烟坑内焚烧，均无法查证其真实性。其三，不能认定尸体就是赵振裳。因赵振裳无子女，公安机关提取其已故父母骨骼，与无头男尸一起，先后送沈阳市公安局、中国刑警学院、公安部物证鉴定中心进行 DNA 技术鉴定，因用死者骨骼做鉴定是公安部新的研究课题，无法出具结果。其四，赵作海供述朝被害人赵振裳颈部刺一刀，与机井中捞出的尸体胸部有一锐器创口有矛盾。其五，被害人赵振裳砍伤赵作海的刀子去向不清。其六，赵振裳失踪后，有证人证明赵振裳家室内混乱，自行车丢失，被褥、零钱撒在地上，形成原因不清。

　　上述诸多不印证、矛盾点在一审期间已得以揭示。从印证角度看，上述问题足以动摇法官定案的内心确信，特别是在先证后供的情况下，足以引起高度警觉。换言之，印证规则已经揭示了案件诸多矛盾点且可能存在错案。但令人遗憾的是，在诉讼过程中，复杂制度所带来的内外因素的交互影响、制约，也由于办案法官没有以对法治高度负责的态度坚守内心的确信，该案最终还是认定了，由此导致冤假错案的发生。人们在反思冤假错案何以发生时，应充分正视印证规则的作用和价值。

　　十八届四中全会后，已经申诉了八年之久的内蒙古"呼格吉勒图案"[1] 立案再审。从目前所反映出的材料来看，在诉讼过程中，呼格吉勒图的前后供述并不一致，其中的有罪供述与其他证据也不能相互印证。其一，精斑未曾对比又莫名丢失。在该案的诸多证据中，侦查机关提取了受害者体内的凶手所留精斑，但并没有将其与呼格吉勒图的精液进行鉴定对比。当 2005 年另一嫌疑人赵志红供述了自己是该案的真凶后，原本保留在公安局的凶手精斑样本又莫名丢失。其二，既然死者身体未破损，那疑犯指缝血样何来？在侦查过程中，侦查机关对呼格吉勒图的指缝污垢进行理化检验，检出呼格吉勒图指缝余留血样与被害人咽喉处被掐破处的血样是完全吻合的。而事实上，现场勘验的结果是，现场比较简单，没有打斗痕迹，受害者身上没有伤口或者破损的地方。其三，笔录证实并未"供认不讳"。原审判决认定，呼格吉勒图被抓后对案件"供认不讳"。但是，1996 年 5 月 7 日晚上 9 时 20 分，呼格吉勒图在接受检察机关的讯问时，坚称自己是无辜的。在这份共计 7 页、1500 字的笔录中，呼格吉勒图数次表示：

---

① 参见李季："冤案重审背后：谁在推动 谁在久拖"，载《新文化报》2014 年 11 月 3 日。

"今天我说的全是实话，最开始在公安局讲的也是实话……后来，公安局的人非要让我按照他们的话说，还不让我解手……他们说只要我说了是我杀了人，就可以让我去尿尿……他们还说那个女子其实没有死，说了就可以把我立刻放回家……"[①] 显然，这份笔录并未引起检察机关和人民法院的重视，没有做到证据的相互印证。中国政法大学终身教授陈光中在谈到该案时指出，再审的重点显然是要重新核实证据、事实，来查明案件的事实客观真相，查清当时是怎样的证据认定呼格吉勒图杀人。证据是否合法，是不是逼出来的；证据是否真实，证据之间是否能相互印证，构成锁链。[②] 正是由于原审判决认定呼格吉勒图有罪的证据之间不能相互印证，办案机关存在对血型鉴定结论的错误适用。2014年12月15日，内蒙古自治区高级人民法院作出再审判决，以原审判决认定呼格吉勒图有罪的证据不足为由，宣告呼格吉勒图无罪。

二十八、疑罪从无

（一）"疑罪从无"的内涵及意义

"疑罪从无"是指在刑事诉讼活动中出现既不能排除犯罪嫌疑、又不能证明有罪的两难情况下，从法律上推定被告人为无罪。它是认定刑事案件待证事实的一条重要的证据法则。1996年《刑事诉讼法》第140条、第162条第3款对疑罪从无作出了明确规定；2012年《刑事诉讼法》坚持了该规定，并在公诉环节予以加强。有观点认为，"落实疑罪从无是司法认定环节体现无罪推定原则精神的关键"[③]，坚持"疑罪从无"，有可能放纵一个坏人，但绝不会冤枉一个好人。就此而言，它有助于最大程度地避免冤假错案，是一国刑事司法文明进步和法治化程度的重要标志。

需要指出的是，"疑罪从无"原则与"罪疑惟轻"是两个彼此不同，但又密切联系的原则。"疑罪"这一概念最早出自《唐律》和《疏议》。《唐律》规定："诸疑罪，各依所犯，以赎论"。《疏议》对疑罪的解释则是："疑罪，谓事有疑似，旁无证见，处断难明。"即虽然有犯罪的嫌疑，但缺乏充分的证据，因此难以处断。现代刑事诉讼均坚持证据裁判原则，对被告人定罪量刑的前提是事实清楚，证据确实充分。否则，不能认定被告人有罪和施以刑罚。《刑事诉讼法》

---

① "赵志红案休庭8年未再开庭"，载《新京报》2014年11月4日。
② 新华社："内蒙古呼格吉勒图案进入再审"，载《南方都市报》2014年11月21日。
③ 卢乐云："坚持疑罪从无落实无罪推定精神"，载《检察日报》2014年5月18日。

第 195 条规定："证据不足，不能认定被告人有罪的，应当作出证据不足、指控的犯罪不能成立的无罪判决。"这里的"证据不足，不能认定被告人有罪"与《疏议》中的"事有疑似，旁无证见"如出一辙。实践中，疑罪案件的情况比较复杂，有不同类型，如事实疑罪、法律疑罪、罪轻罪重疑罪、一罪数罪疑罪、罪与非罪疑罪。根据疑罪从无原则，对这些不同类型的疑难案件有不同的处理方式。总的来说，只对案件有疑问的部分根据疑罪从无原则进行处理。也就是说，对于罪轻罪重的疑罪应该坚持"疑罪从轻"，只有在"罪与非罪"问题上存在疑问，才应该疑罪从无。《最高人民法院关于建立健全防范刑事冤假错案工作机制的意见》第 6 条第 1 款规定的"定罪证据不足的案件，应当坚持疑罪从无原则，依法宣告被告人无罪，不得降格作出'留有余地'的判决"是对"疑罪从无"的要求。该条第 2 款"定罪证据确实、充分，但影响量刑的证据存疑的，应当在量刑时作出有利于被告人的处理"的规定，对应的才是"罪疑惟轻"。

（二）刑事审判活动中落实"疑罪从无"理念面临的困境

在刑事审判活动中，落实"疑罪从无"理念面临着重重困难，尤其是对证据不足的存疑案件宣告无罪，会面临方方面面的压力。主要表现如下：

1. 有罪推定、"重口供、轻客观性证据"的司法理念仍占据主导地位

任何一项刑事制度的具体设计，都面临着打击犯罪与保障人权的双重检视。过于注重打击犯罪的刑事诉讼制度设计，势必疏于对被告人合法权益的保护；过于注重对被告人合法权益的保障，以及为此而设立的各项制度安排，也会制约打击犯罪的有效性。例如，在被告人是否享有沉默权问题上，如果偏重于对被告人人权的保障，那么，就应该通过立法确认被告人享有沉默权，但可能因此而影响及时打击犯罪。长期以来，我国刑事审判由于受传统刑事司法观念影响，整个刑事诉讼活动过于注重查明犯罪事实，依法打击犯罪，而对被告人的合法权益缺少足够、有效的保障；办案人员仍存在"有罪推定"的思维惯性，侦诉机关更多从如何确定犯罪嫌疑人、被告人有罪的角度进行考量，缺少搜集无罪、罪轻证据的意识；过于依赖口供，将被告人的供述作为据以认定案件事实的主要证据甚至是唯一根据，忽视对其他形式、其他来源的证据的搜集和固定，忽视对客观证据的提取、审查、鉴别。有的依然将口供置于"证据之王"的地位，将口供作为重点突破对象，在面临疑罪时，宁愿相信被告人有罪供述，也不相信其无罪辩解，从而为冤假错案的发生埋下隐患。在不放过一个坏人和

不冤枉一个好人之间如果要做出选择的话，我们认为应当选择后者，故在刑事审判工作中必须牢固树立"无罪推定、疑罪从无"理念，唯有此，才能打牢不冤枉一个好人的理念基础。

2. 高入罪率的司法传统对落实"疑罪从无"形成一种隐形制约

从传统上讲，我国属于"精密司法"国家，即通过周密的侦查、慎重的起诉、细致入微的审理，达到极高的入罪率，尤其是在中级人民法院层面上无罪判决极为罕见。这就导致在实践中一旦遇到证据不足的案件，个别法官很难真正将"疑罪从无"理念贯彻到具体工作中。加之无罪宣告面临的种种压力和困难未根本缓解，一些法官仍然担心疑罪从无会放纵罪犯，因而容易偏信有罪证据，忽视无罪证据，导致审判单向围绕证明被告人有罪而展开，致使个别证据明显不足或证据重大瑕疵的案件被降格作了有罪从轻处理。

3. 审判实务中落实疑罪从无面临多重压力

根据无罪推定精神，法院在处理疑难案件时应坚持疑罪从无的原则。但在现在的司法环境下，要真正落实却很难。党委机关的意见、检察机关的抗诉、被害人家属的闹访，使法院承担了太多的压力，尤其是对于一些定罪证据不充分，但是排除犯罪的证据同样不充分的案件，法院往往陷入两难的选择，被迫认定被告人有罪，"疑罪从轻"，为冤假错案的发生埋下了隐患。

（1）人民法院面临来自被害方的压力。案件宣告无罪首先会遭到被害人家属的不理解，进而引发被害人上访闹访。被害方经常采用威胁、围攻审判人员和机关，给法院施加压力等方式，使得法院不敢轻易作出疑罪从无的判决。

（2）人民法院面临来自公安、检察机关、纪委方面的压力。如果法院作出证据不足的无罪判决，公安、检察机关往往承担着国家赔偿责任。案件宣告无罪，实际上是对公安、检察机关前期侦查、起诉工作的否定，是一种制约。迫于部门内部考核、责任追究等方面的压力，公安、检察机关往往对法院宣告无罪持反对态度。现行的人民检察院绩效考核机制对起诉成功率要求较高，人民法院宣告无罪后，公诉机关全年绩效考核将会扣减一定的分数，所以公诉机关对无罪判决有抵触情绪。实际上在司法工作中，过分严格的考核机制可能会产生一定的"反作用"，导致办案机关不愿面对工作中的失误，不利于纠正冤、假、错案。尤其是检察院作为国家法律监督机关，如果法院协调检察院，双方未取得共识，则法院一旦宣告无罪，往往遭到检察院的强力反对，有时检察院甚至会不当动用法律监督权对法院审判进行施压。

（3）面临来自部分党政领导的干预。一些影响较大的恶性犯罪案件，如果法院在没有得到党委政府的支持下坚持宣告无罪，可能会受到打击不力、影响社会稳定的责难，办案法官也可能会受到有关部门的责任追究。这都反映出当前我国法院依法独立行使审判权尚未真正有效落实。

（4）面临来自新闻媒体等舆论界的压力。准确客观的媒体报道，对司法公开、公正有明显的促进作用，也可有效遏制司法腐败。但有一些媒体从业人员法律意识不强，出于个人目的等原因，通过报纸、网络甚至主流媒体内参等渠道对个案进行不客观、不全面的报道，误导了公众，给案件的审理带来较大困难。部分报纸甚至电视台在得知案情后往往事先进行报道，这种不适当的宣传和报道往往会在社会上造成一种不好的心理暗示，比较严重地强化了被害人、部分党政领导对法院无罪判决的对立情绪和误解。

在现实的司法实践中，由于无罪判决对公安、检察机关的影响，以及无罪判决可能面临公众的质疑和被害方的信访，法院在面临疑难案件时，很难坚持证据裁判原则，往往不得不作出留有余地的判决，为冤假错案埋下了隐患。

（三）坚持证据裁判和疑罪从无原则

为了使冤案不再发生，我们要推进司法体制改革。当庭审真正成为刑事诉讼的中心环节，我国刑事司法制度复制冤案的能力必将大减。与此同时，司法和执法人员也要转变观念，从侦查中心的程序观转向审判中心的程序观，从查明事实的办案观转向证明事实的办案观，从依赖口供的证明观转向重视科学证据的证明观，严格贯彻证据裁判原则。

1. 改变"有罪推定"的错误观念，凝聚"疑罪从无"的基础性共识

2012 年《刑事诉讼法》在多处体现了"疑罪从无"的精神，如不能强迫犯罪嫌疑人自证其罪的原则及非法证据排除的相关规定。公检法各机关包括政法委应共同提高对刑事案件的认识，在强化证据意识、程序意识、疑罪从无意识等方面形成共识，从根本上避免冤假错案的发生。对于证据有疑点的案件，法院应依照职权调查核实或退回补充侦查，经过调查或补充侦查证据仍不充分的，应依法做无罪处理。在福建"念斌投毒案"① 中，相关证据矛盾和疑点无法合理

---

① 参见福建省高级人民法院撤销福州市中级人民法院（2011）榕刑初字第 104 号刑事附带民事判决书。

解释、排除，全案证据达不到确实、充分的证明标准，不能得出系上诉人念斌作案的唯一结论。该案虽历时 8 年 9 次开庭审判，念斌 4 次被判处死刑立即执行。最终在最高人民法院以"事实不清、证据不足"发出不核准死刑的裁定书后，按照疑罪从无的原则，宣告念斌无罪。念斌案不同于有真凶出现的云南杜培武案，更不同于被害人"复活"的河南赵作海案，宣告念斌无罪并非是彻底排除念斌作案的可能，在客观上，念斌仍存有重大的作案嫌疑，只是认定其有罪的证据不充分。在没有充分证据印证的情况下，宣告被告人无罪是人民法院严格依法独立审判的必然要求，也是疑罪从无理念的直接体现。最高人民法院常务副院长、一级大法官沈德咏指出，我们的观念中常有"不冤枉一个好人，不放过一个坏人"的认识，但要有效防范冤假错案，做到"不冤枉一个好人"，让无辜者获得保护，那就有可能会"放过"一些坏人，这种制度风险是客观存在的，在这个问题上社会各方面都要有心理准备，这也是维护刑事司法公正、防范冤假错案必须要付出的代价。在实践中，受制于认识手段和能力水平等因素，少数案件破不了、抓不到、诉不了、判不了的情形是客观存在的。这个时候正确的做法只能是该撤案的撤案、该不起诉的不起诉、该判无罪的判无罪，绝不可做"拔到筐里都是菜"的事。我们必须保持清醒的认识，同时在思想上要进一步强化防范冤假错案的意识，要像防范洪水猛兽一样来防范冤假错案，宁可错放，也不可错判。错放一个真正的罪犯，天塌不下来，错判一个无辜的公民，特别是错杀了一个人，天就塌下来了。①

从概率上来讲，疑罪从无可能会放纵一些罪犯，但这些放纵也可能是暂时的。基于人权司法保障的要求，对有疑罪的人不可能长期羁押，更不应当判处死罪，以免造成无法挽回的后果。但对于因证据不足未被移送起诉的嫌疑人或被人民法院宣告无罪的被告人，侦查机关仍然可以继续对其侦查，在获取足够证据的情况下，再行追诉，努力做到不枉不纵，切实履行法定职责。

2. 进一步完善审判独立制度，打消审判人员顾虑

在刑事审判活动中落实疑罪从无原则，一方面是法院自身要敢于坚持，树立"依法办案就是对自己最大保护"的意识。在遇到疑难案件时，分别对不同情况严格依法处理，该依法宣告无罪的，要坚持原则。另一方面也要通过完善

---

① 参见沈德咏："我们应当如何防范冤假错案"，载《人民法院报》2014 年 5 月 6 日。

相关制度，为法院公正独立办案提供良好的内部、外部司法环境，其他机关不得干预法院依法办案，为办案法官提供职业保障。例如，审判人员坚持法律政策引发当事人上访的免责制度，进一步完善合议庭、庭务会的议事制度，个案和共案分析评议反思制度等，切实保障审判人员大胆工作、依法审判，防止和杜绝因当事人认为判决不公或审判人员自身工作失误，造成媒体、舆论等方面的炒作。

3. 坚守证据裁判原则，充分运用证据审判思维

证据裁判原则，又称证据裁判主义，其基本含义是指对于诉讼中事实的认定，应依据有关证据作出；没有证据，不得认定事实。证据是刑事诉讼的基石，从立案、侦查、起诉到审判，全部诉讼活动都是围绕着对被告人定罪和量刑证据来展开和推进的。无证据则无公正，确保判决认定事实清楚、证据确实充分，这就是证据裁判原则的本质要求。在刑事诉讼中，认定被告人是否有罪和处以刑罚，必须以证据为根据。现阶段，对于刑事审判工作而言，坚持证据裁判思维，需要做到以下四个方面：

（1）要慎重对待口供的价值，对口供的审查要全面严格，不能满足于形式上的相互印证，在确保口供系依法取得的基础上，要保证口供的真实性。

（2）要及时排除非法证据。刑事审判人员要善于发现非法证据，并敢于将其排除在认定案件事实的证据之外。审判既是刑事诉讼的中心环节，也是最后的阶段，强化证据裁判观念，落实证据裁判原则和疑罪从无原则，刑事法官责无旁贷。

（3）必须正确认识"两个基本"的问题。"两个基本"提出的初衷是为了在办案中不纠缠细枝末节，防止久拖不决。但在执行中往往变成了"事实基本清楚，证据基本充分"。如果继续沿用这一传统的司法观念，被告人的合法权益是得不到有效保护的，甚至会出现错案、冤案。

（4）坚持疑罪从无原则，还要正确处理法律真实和客观真实的关系，必须做到存疑的证据不能采信，非法取得的证据应当排除。

4. 提高审查、运用证据的能力，确保案件质量

加强对刑事证据规则的研究，提高每一位审判人员审查和运用证据的能力，准确认定犯罪事实，依法作出公正裁判，确保案件质量，是刑事审判的根本要求。全部证据必须排除矛盾，对案件事实得出的结论必须具备排他性，认定的

犯罪事实符合法律规定的犯罪构成要件，还要注意排除非法证据，通过对证据进行全面的审查，坚决落实"有罪则判，无罪放人"的要求，做到依法惩罚犯罪，确保无罪的人不受刑事追究，切实贯彻罪责刑相适应原则。

5. 建立被害人救助制度，消除社会不稳定因素

审判实践中，除极少数被害人亲属情绪极端对立外，绝大多数被害人亲属在对其宣讲法律、政策后，均能对人民法院的判决予以理解。但对于故意杀人等重大犯罪案件，如果没有判处被告人死刑，不能给被害人亲属以精神上的慰藉，又不能对其因被害人死亡所造成的经济损失予以赔偿，势必造成被害人亲属心理不平衡，从而导致上访、申诉。因此，建立完善有效的被害人救助制度，是消除不稳定因素的重要手段。

此外，有些案件被害人家属一审时很难做通工作，强硬下判恐造成不良后果，通过上级法院改判、不核准、发回重审等途径，工作就好做多了。因此，应注重法院内部上下级的意见交流，加强工作配合。

二十九、处理好合议庭与院庭长、审判委员会的关系

（一）合议庭、院庭长及审判委员会关系概述

根据《刑事诉讼法》的规定，人民法院审判刑事案件的组织形式，有合议庭和独任庭两种，同时，根据《人民法院组织法》的有关规定，各级人民法院内部设审判委员会。据此，我国审判组织形式包括合议庭、独任庭和审判委员会。此外，由于我国法院内部较为明显的行政化倾向，院庭长对案件的处理也具有一定的实体和程序性权力，院庭长事实上也会对合议庭评议案件产生制约和影响。

1. 合议庭

根据《人民法院组织法》第9条的规定："人民法院审判案件，实行合议制。"实行合议制审判第一审案件，由法官或者由法官和人民陪审员组成合议庭进行；实行合议制审判第二审案件和其他应当组成合议庭审判的案件，由法官组成合议庭进行。依据《最高人民法院关于人民法院合议庭工作的若干规定》（法释〔2002〕25号）（以下简称《合议庭工作若干规定》）第4条的规定："合议庭的审判活动由审判长主持，全体成员平等参与案件的审理、评议、裁判，共同对案件认定事实和适用法律负责。"第10条规定了合议庭评议案件的基本规则："合议庭评议案件时，先由承办法官对认定案件事实、证据是否确实、充

分以及适用法律等发表意见，审判长最后发表意见；审判长作为承办法官的，由审判长最后发表意见。对案件的裁判结果进行评议时，由审判长最后发表意见。审判长应当根据评议情况总结合议庭评议的结论性意见。合议庭成员进行评议的时候，应当认真负责，充分陈述意见，独立行使表决权，不得拒绝陈述意见或者仅作同意与否的简单表态。同意他人意见的，也应当提出事实根据和法律依据，进行分析论证。"此外，第12条规定了合议庭与审判委员会处理案件时的分工和各自的权限，即"合议庭应当依照规定的权限，及时对评议意见一致或者形成多数意见的案件直接作出判决或者裁定。但是对于下列案件，合议庭应当提请院长决定提交审判委员会讨论决定：（一）拟判处死刑的；（二）疑难、复杂、重大或者新类型的案件，合议庭认为有必要提交审判委员会讨论决定的；（三）合议庭在适用法律方面有重大意见分歧的；（四）合议庭认为需要提请审判委员会讨论决定的其他案件，或者本院审判委员会确定的应当由审判委员会讨论决定的案件。"

2. 院、庭长

依据《合议庭工作若干规定》第17条的规定："院长、庭长在审核合议庭的评议意见和裁判文书过程中，对评议结论有异议的，可以建议合议庭复议，同时应当对要求复议的问题及理由提出书面意见。合议庭复议后，庭长仍有异议的，可以将案件提请院长审核，院长可以提交审判委员会讨论决定。"据此，院庭长对合议庭的评议意见，甚至对案件的最终处理，既具有隐性的实体处断权力，又具有显性的程序性权力。前者即院庭长"对评议结论有异议的，可以建议合议庭复议"，后者即"合议庭复议后，庭长仍有异议的，可以将案件提请院长审核，院长可以提交审判委员会讨论决定"。之所以将前者称为"隐性的处断权"，主要是考虑到其在《刑事诉讼法》中缺乏明确的依据，但在司法实务中，却又是显而易见地影响合议庭裁决的一种权力。例如，在一起故意伤害案件中，合议庭经评议，多数意见认为应该判处无期徒刑，少数意见认为应该判处有期徒刑15年。案件报经庭长后，庭长赞同合议庭少数意见，建议合议庭复议。虽说合议庭仍有权力坚持原来的意见，但在行政化管理倾向较为明显的人民法院内部，合议庭往往会改变此前的评议意见，其结果或者是一致赞同判处被告人有期徒刑15年，或者多数意见赞同判处15年。如果案件依法不需要审判委员会讨论的，最终的结果仍是判处被告人有期徒刑15年。由此可以看出，院庭长虽然没有参加合议庭评议，案件虽然也没有经过审判委员会讨论，但院庭长的意见实际上已经对案件的处理结构产生了实质性影响。当然，为了防止院庭长对合议庭意见擅自裁断以及落实责任追究制度，《合议庭工作若干规定》又规定，院庭长"应当对要求复议的问题及理由提出书面意见"。由此看来，处理好合议庭与院庭长的关系，是当前进行司法改革，防范冤假错案的重要内容，也是化解"判而不审、审而不判"矛盾所必须解决的难题之一。

3. 审判委员会

审判委员会制度是具有中国特色的一项审判制度，是历史、政治与国情的产物，最早可以追溯到工农民主革命时期。① 新中国成立后，最高人民法院于1955 年 3 月成立审判委员会，随后，全国各级法院都相继组建了审判委员会，并将之作为一个审判组织和刑事诉讼制度正式确立起来。我国《宪法》、《人民法院组织法》、《刑事诉讼法》、《民事诉讼法》、《行政诉讼法》等均对审判委员会制度进行了规定和确认。《人民法院组织法》第 10 条第 1 款规定："各级人民法院设立审判委员会，实行民主集中制。"《最高人民法院〈关于改革和完善人民法院审判委员会制度的实施意见〉》（法发［2010］3 号）充分肯定了审判委员会制度，认为"是中国特色社会主义司法制度的重要组成部分。几十年来，各级人民法院审判委员会在总结审判经验，指导审判工作，审理疑难、复杂、重大案件等方面发挥了重要作用。"其中，最高人民法院审判委员会和地方各级人民法院审判委员会均"履行审理案件和监督、管理、指导审判工作的职责"② 依据《刑事诉讼法》第 180 条的规定："对于疑难、复杂、重大的案件，合议庭认为难以作出决定的，由合议庭提请院长决定提交审判委员会讨论决定。审判委员会的决定，合议庭应当执行。"

---

① 参见张培田：《近现代中国审判检察制度的演变》，中国政法大学出版社 2004 年版，第 114～135 页。

② 《最高人民法院关于改革和完善人民法院审判委员会制度的实施意见》第 4 条规定："最高人民法院审判委员会履行审理案件和监督、管理、指导审判工作的职责：（一）讨论疑难、复杂、重大案件；（二）总结审判工作经验；（三）制定司法解释和规范性文件；（四）听取审判业务部门的工作汇报；（五）讨论决定对审判工作具有指导性意义的典型案例；（六）讨论其他有关审判工作的重大问题。"第 5 条规定："地方各级人民法院审判委员会履行审理案件和监督、管理、指导审判工作的职责：（一）讨论疑难、复杂、重大案件；（二）结合本地区和本院实际，总结审判工作经验；（三）听取审判业务部门的工作汇报；（四）讨论决定对本院或者本辖区的审判工作具有参考意义的案例；（五）讨论其他有关审判工作的重大问题。"

（二）合议庭、院庭长及审判委员会运作中存在的问题

在充分肯定我国现有审判组织具有历史和现实合理性的基础上，也应该正视当前合议庭、院庭长及审判委员会运作中存在的问题，尤其是近年来频频出现的刑事错案，更是直白暴露出其存在的弊端。总的来说，当前我国《人民法院组织法》规定的合议庭、审判委员会等审判组织的功能未得以充分发挥，法院内部监督制约机制出现故障。具体表现在以下三点：

1. 合议庭"合而不议"、"责任不明"的现象比较严重

（1）合议庭组成比较松散。有的合议庭成员是开庭时由庭长临时指定的，有的人民陪审员是由承办法官拉来凑数的。合议庭其他成员没有看卷、不了解案情，只有承办法官一个人了解案情。在这种情况下，庭审很容易走过场，合议时合议庭其他成员只是附和承办法官的意见，结果导致合议庭"形合实独"、"合而不议"，合议庭集体负责的作用没有发挥，影响案件的公正处理。

（2）合议庭责任不明。按照目前的合议庭运作模式，如果案件出现了错误甚至是出现了错案，即使要追究责任，往往也是追究到承办法官而已，难以对其他法官追究责任。

（3）合议庭把矛盾上交。一方面，由于现有的合议庭制度存在问题，导致一些案件的合议庭成员为了推卸责任，把案件处理的矛盾推给庭长、院长。有的甚至故意拿出两种甚至三种以上意见，把案件提交审判长联席会或者审判委员会进行讨论。这样表面上看是集体负责，但实际上谁也不负责任，导致案件质量和效率都无人负责。另一方面，目前审判权的运作缺乏监督和制约，合议庭合而不议，庭长把关不严，审判委员会研究案件只听口头汇报、只注重书面审理，监督走过场、走形式等情况还很突出，内部监管存在很大的制度漏洞。

2. "审""判"分离现象严重，审判委员会的运作存在弊端

实践中，合议庭（独任审判员）只审不判，庭长、院长、审判委员会只判不审，这种"审""判"分离的状况已暴露出种种弊端：审判质量、效率不理想，审判人员工作积极性不高，错案责任追究制度难以实施，等等。具体而言，主要有以下四点：

（1）法庭审而不判，审判委员会判而不审，违反直接言词原则。审判委员会委员对审判情况的了解不是通过庭审亲历体验得出，而是依赖庭审法官的书面和口头汇报，依赖于间接经验和材料，这就在判决者和法庭之间加进了一个

"主观过滤层"。这种审、判分离的审理模式难以保证裁判结果的正确性。

（2）采取会议的形式裁决案件具有自身局限性。审判委员会讨论决定案件涉及面广、数量多、时间紧、任务重。每次开会前，会有涉及刑事、民事、行政等不同领域的多个重大、疑难、复杂案件等待裁决。审判委员会委员既没有机会，更没有时间和精力去详细了解每一个案件的具体情况，加之审判委员会委员众多，讨论时间有限，有的委员甚至来不及提出问题，即进入表决程序。

（3）采取会议讨论的形式使得审判委员会委员断案不具有诉讼性。控辩双方都不能参加，控、辩意见无法直接传达给判决者，也无法及时了解审判委员会可能产生的疑问并当场释清，因而使审判委员会无法做到"兼听则明"。

（4）审判委员会表决程序的合理性有待改进。首先，审判委员会成员构成复杂。刑事法官、民事法官、行政法官均位列审判委员会委员，彼此术有专攻——精通民商事审判的，不一定精通刑事审判；精通刑事审判的，不一定掌握行政审判的精髓——然而，每个成员都享有平等的表决权。这就难以保证最终的结果是最为公正、适当的判决。其次，审判委员会表决制度不合理。审判委员会讨论案件采取简单多数原则，对于一些重大案件，特别是存在争议的案件，有些不够合理。以死刑案件为例，只要有参加表决人员的半数同意判处死刑即可下判。这就意味着在死刑案件中，裁决机构在有 49% 成员对是否应该适用死刑仍然存在不同意见的情况下，仍然可以判决剥夺一个人的生命。生死对于判决者来说可能只取决于多出或者缺少一票，而对于一个公民来说，则是生死两重天。相反，美国法律规定死刑案件必须由陪审团进行审理，并且必须在陪审团一致认为有罪时才能确定有罪。这种慎重对待生命的态度是值得我们效仿的。

3. 死刑案件审判组织结构及判决表决程序不合理

死刑案件属于重大案件，依法必须由法院审判委员会作出判决。审判庭先开庭查清案件事实，听取控辩双方的主张和理由；然后由审判委员会闭门开会，听取办案人员的汇报；再按照少数服从多数的表决方式，作出是否适用死刑的判决。这种审、判分离的审理模式及表决方式很难保证案件判决正确性。

（三）处理好合议庭与院庭长、审判委员会关系的具体举措

近年来，司法机关为完善司法权力运行机制，进行了许多积极探索，但一些地方仍不同程度存在司法行政化的问题。主要表现在：判审分离，审者不判、判者不审；审判工作内部层层审批，权责不明，错案责任追究难以落实；上下

级法院之间的行政化报批，影响审级独立。为解决司法行政问题，十八届三中全会《决定》明确指出，改革审判委员会制度，完善主审法官、合议庭办案责任制，让审理者裁判、由裁判者负责。

1. 完善主审法官和合议庭的职责

司法权作为一种判断权，其判断主体的素质直接决定和影响着裁判结果的品质。① 因此，应选拔政治素质好、办案能力强、专业水平高、司法经验丰富的法官担任主审法官。政治素质良好的法官，不会为人情、金钱、关系所动，而是时刻牢记"正义"、"公平"、"公正"的使命和责任。办案能力强的法官，能够不断提升办案质效，避免久拖不决给被告人合法权益造成的损害。专业水平高的法官，面对疑难复杂的案件，能够抽丝剥茧、去伪存真，不被假象所蒙蔽。司法经验丰富的法官，能够熟练驾驭庭审，正确平衡控辩双方的冲突，及时正确处理审判过程中所出现的突发性事件，从而赢得控辩双方的认可。

为规范审判权运行机制，最高人民法院发布的《人民法院第四个五年改革纲要（2014—2018）》（以下简称"《人民法院四五改革纲要》"），以法官为主体，明确了主审法官、合议庭办案机制。独任制审判模式以主审法官为中心，配备必要数量的审判辅助人员。合议制审判模式由主审法官担任审判长，配备与合议庭工作量相适应的审判辅助人员。主审法官作为审判长参与合议时，与其他合议庭成员权力平等，但负有主持庭审活动、控制审判流程、组织案件合议、避免程序瑕疵等岗位责任。完善合议庭成员在阅卷、庭审、合议等环节中的共同参与和制约监督机制。科学界定合议庭成员的责任，既要确保其独立发表意见，也要明确其个人意见、履职行为在案件处理结果中的责任。要加强和完善合议庭的职责，进一步明晰职能分工和责任承担，完善合议庭交叉阅卷、裁判文书交叉阅看等制度，调动主审法官及合议庭全体成员的工作积极性。

2. 规范院庭长对案件的权限

完善主审法官和合议庭的职责，让审理者裁判、由裁判者负责，是优化审判权运行机制的核心内容，但并非全部内容。优化审判权运行机制还需要优化配置法院内部各主体的审判职责与管理职责，依法强化各种职能之间的制约监

---

① 参见贺小荣："人民法院四五改革纲要的理论基点、逻辑结构和实现路径"，载《人民法院报》2014 年 7 月 17 日。

督，确保独任法官、合议庭及其成员依法公正、独立行使审判职权。对于院庭长而言，可以直接编入合议庭并担任审判长，行使审判职责。只是其在未参加合议庭时，不得对案件裁判提出意见。除此之外，院长、庭长还应当分别依照《人民法院组织法》和有关《刑事诉讼法》的规定，在其职权范围内履行以下审判管理职责和审判监督职责。

首先，健全院庭长审判管理机制。规范案件审理程序变更、审限变更的审查报批制度，健全裁判文书上网工作的内部督导机制。其次，健全院庭长审判监督机制，完善审判长联席会议（主审法官会议）、专业法官会议工作机制。规范院庭长对重大、疑难、复杂案件的监督机制，建立院庭长在监督活动中形成的全部文书入卷存档制度。建立主审法官、合议庭行使审判权与院庭长行使监督权的全程留痕、相互监督、相互制约机制，确保监督不缺位、监督不越位、监督必留痕、失职必担责。

3. 改革、完善审判委员会制度

针对审判委员会在实际运作中存在的问题，我国刑事诉讼法学界进行了长期的研究，并提出了两种改革方案。一是从反思审判委员会制度与现代司法理念之间的悖论和冲突入手，认为审判委员会制度不符合现代司法审判所强调的直接言词原则，组织行政化，以"会场"代替"法庭"，使庭审虚置，从而主张废除审判委员会制度。著名学者贺卫方认为，由于审判委员会成员的法律业务素质未必比其他法官更高，因此，认为审判委员会的监督有利于强化司法公正是难以成立的。不仅如此，审判委员会的成员们通常不参加庭审，只能依赖庭审法官的汇报。事实上，这种方式本身就存在着加剧司法随意性的可能。有必要在一个合理的时段，自上而下取消审判委员会，将案件的判决权力完全赋予合议庭或独立法官。① 著名诉讼学专家陈卫东教授在主编的《模范刑事诉讼法典》中就直接取消了审判委员会，强调合议庭独立的审判权限。二是从强调中国独特的国情出发来论证审判委员会制度存在的合理性。审判委员会在一定程度上弥补了办案法官法律素养、知识水平、政策把握能力不足的缺陷，且审判委员会集体表决的方式有助于抵御人情案、关系案、金钱案，减少司法腐败，对于司法独立、司法公正具有积极意义。如苏力教授就认为，审判委员会对于目前中国基

---

① 参见贺卫方："适时取消'审判委员会'"，载《中国改革》1999 年第 5 期。

层法院的司法独立和司法公正就总体来说是利大于弊，是一种相对有利、有效且公正的司法制度，是第二等最好的。① 笔者认为，十八届三中全会《决定》为当前改革、完善我国审判委员会制度提供了总思路。《决定》提出："改革审判委员会制度，完善主审法官、合议庭办案责任制，让审理者裁判、由裁判者负责。"现阶段，可以从以下三个方面完善审判委员会制度：

（1）完善审判委员会工作机制。一是合理定位审判委员会职能，强化审判委员会总结审判经验、讨论决定审判工作重大事项的宏观指导职能。二是改革审判委员会决定案件的方式。审判委员会的委员应当聆听重大、疑难、复杂案件的开庭审理过程，或者直接由委员组成合议庭进行开庭审理。委员有权讯问被告人，尽量将"审"与"判"结合起来，使得裁判权合理归位，从而保证死刑的正确、审慎适用。三是健全审判委员会讨论事项的先行过滤机制，规范审判委员会讨论案件的范围。除法律规定的情形外，审判委员会主要讨论案件的法律适用问题。四是落实审判委员会议事规则，建立审判委员会会议材料、会议记录的签名确认制度。五是建立审判委员会决议事项的督办、回复和公示制度。六是建立审判委员会委员履职考评和内部公示机制。

（2）完善审判委员会的人员构成，提高审判委员会委员的业务素质。可以建立专业审判委员会委员考试选拔机制，优化委员结构，改变委员以行政职务为主的配置模式。而以审判业务能力作为选拔委员的主要条件，使委员不再是一个职务待遇，而是一种资质的代表，以各领域达到资格条件的审判人才充实委员会，包括理论素养、实践经验俱佳的刑事审判法官，以期改变审判委员会运作中的行政化作风。对于有可能判处死刑的案件，在立法上，改变《死刑案件质量意见》第34条的规定，尽可能下放权力，让裁判权合理归位，进行一般规定和例外规定。一般情况下，合议庭经过庭审、评议后，应当作出判决，对于疑难、复杂、重大的案件，难以做出决定的，再提交审判委员会讨论决定。

（3）取消检察长列席审判委员会制度。我国的审判委员会制度源于20世纪30年代中央苏区公布的《裁判部暂行组织及裁判条例》，当时在各级裁判部内设裁判委员会，即审判委员会的前身。审判委员会在设立初期具有明显外向性，十分注重吸收裁判组织以外的人员参与讨论并裁判案件。新中国成立后，鉴于

---

① 参见苏力：《送法下乡——中国基层司法制度研究》，北京大学出版社2011年版，第104页。

大量司法人员法律素养不足的状况，继续保留了审判委员会邀请法院外人士参加的做法。随着法院体制的不断完善，审判独立性不断增强，法院外人士逐步被排除于审判委员会之外，但检察院参与审判委员会讨论案件的权力仍然得以保留。1954 年《人民法院组织法》第 15 条规定：本级人民检察院检察长有权列席审判委员会。在 1979 年《人民法院组织法》修改中，这一制度受到了一定的质疑。为不影响法院的独立审判，同时确保检察监督的存在，该法第 11 条第 3 款的规定将"有权"列席修改成了"可以"列席，历经 1983 年和 1986 年两次修改的《人民法院组织法》均对此予以了完全承继。1993 年 9 月 11 日印发的《最高人民法院审判委员会工作规则》重申了最高人民检察院检察长或检察长委托的最高人民检察院检察委员会可以列席。2005 年 9 月，最高人民检察院制定了《关于进一步深化检察改革的三年实施方案》，把"完善检察长列席人民法院审判委员会会议的制度，规范检察长、受检察长委托的副检察长委员会会议的具体程序"作为检察工作改革的一项任务。2005 年 10 月，最高人民法院颁布的《人民法院第二个五年改革纲要》第 45 条确定"落实人民检察院检察长或受检察长委托的副检察长委员会的列席审判委员会制度"。两高均把检察长委员会、加强对审判活动的监督机制、切实维护司法公正，当作一项重大的改革内容。2006 年 4 月 5 日最高人民法院、最高人民检察院联合下发的《关于死刑第二审案件开庭审理工作有关问题的会谈纪要》第 6 项规定："各高级人民法院要严格按照有关规定，落实人民检察院派员列席审判委员会会议制度，并以书面形式及时通知检察机关。"①

检察机关是宪法和法律规定的监督机关，有权对法院的刑事司法活动进行监督，但在审判委员会讨论案件时即介入监督，容易导致角色上的混乱，即其到底是控方，还是监督者？司法实践中，检察长往往在承办人汇报完毕后、审判委员会委员发言之前发表意见。这里的"发表意见"，实际上不是扮演监督者的角色，而是控方角色。加之目前相对于人民法院，检察机关处于强势地位，审判委员会委员在发表意见时难免受其影响。检察机关这种角色上的混乱，有违对抗制诉讼原理，导致抗辩双方力量的不对等，有碍独立审判。

---

① 参见刘维明："浅谈检察长列席审判委员会制度"，载法律图书馆 http：//www. law‐lib. com/lw/lw_view. asp？no＝22797，访问时间：2014 年 11 月 2 日。

第七章

刑事辩护：防范刑事错案不可忽视的力量

"刑事诉讼制度发展的历史，就是被追诉人的辩护权不断扩充的历史。"[1] 辩护制度是刑事诉讼赖以运行的基本制度，辩护权是嫌疑人、被告人享有的最基础的权利。刑事辩护，是指犯罪嫌疑人、被告人及其辩护人为维护犯罪嫌疑人、被告人的合法权益，从事实和法律两方面反驳控诉方的指控，提出有利于被告人的证据和理由，证明被告人无罪、罪轻或者减轻、免除刑事责任，以及从程序上维护犯罪嫌疑人、被告人的诉讼权利的诉讼活动。[2] 犯罪嫌疑人、被告人是辩护权的直接享有者，但犯罪嫌疑人、被告人在诉讼中可能因人身自由受到限制甚至剥夺，而且由于其法律知识欠缺、诉讼经验匮乏，导致其不可能充分、有效地进行自我辩护。因此，由具备法律专业知识和丰富诉讼经验的律师帮助其进行辩护，能够弥补以上不足。辩护律师在刑事诉讼活动中通过实体性辩护、程序性辩护，以及为嫌疑人、被告人提供法律帮助，可以有效维护嫌疑人、被告人的合法权益。2012 年《刑事诉讼法》为律师参与刑事诉讼提供了更大的空间。增加审查批捕、侦查终结前以及死刑复核时听取辩护律师意见的规定，同时辩护人在刑事诉讼过程中有权申请排除非法证据。十八届三中全会《决定》指出：完善律师执业权利保障机制和违法违规执业惩戒制度，加强职业道德建设，发挥律师在依法维护公民和法人合法权益方面的重要作用。同时要求完善

---

[1] ［日］西原春夫主编：《日本刑事法的形成与特色》，李海东等译，中国法律出版社与日本成文堂联合出版 1997 年版，第 49 页。

[2] 参见宋英辉主编：《刑事诉讼原理》，法律出版社 2003 年版，第 117～118 页。

法律援助制度。中央政法委出台的《关于切实防止冤假错案的指导意见》强调：切实保障辩护律师会见、阅卷、调查取证和庭审中发问、质证、辩论等辩护权利。对于被告人及其辩护人提出的辩解辩护意见和提交的证据材料，人民法院应当认真审查，并在裁判文书中说明采纳与否的理由。

辩护律师介入刑事诉讼有利于案件事实的发现，有效防范错案，尤其是审前阶段更是如此。我国侦查程序缺少中立第三方的参与，侦查机关的侦查权较少受到制约。侦查机关往往偏重于关注和收集对嫌疑人不利的证据，因为"侦查工作的研究和安全分析已经表明，一旦警察已经认定一名嫌疑犯，他就会有一种趋势，即只收集证明其犯罪嫌疑的证据而忽视其他可能的假设，并会对这些证实这种假设应采取的调查方法视而不见。结果是，那些可能表明犯罪另有其人的证据，或者辩护人可能作为辩护根据使用的证据，警察就不会按照既定规则进行收集。"① 辩护律师作为犯罪嫌疑人、被告人合法权益的专门维护者，这种诉讼立场决定其有收集一切有利于被追诉方证据的动力，无论是可以证明嫌疑人、被告人无罪的证据，还是对其有利的量刑证据，都是辩护律师收集证据的关注点。控辩双方诉讼立场的不同，决定双方均致力于从不利于和有利于嫌疑人、被告人的方面收集证据。证据的全面收集和运用有利于准确揭示案件的事实真相，最大限度避免错案。审前阶段律师充分参与，审查批捕和审查起诉时律师有效发表意见，可以使检察机关及时发现侦查机关的证据瑕疵和证据之间的矛盾，促使检察机关及时发现并纠正侦查机关违法取证行为。辩护律师在审判阶段集中发表辩护意见，可以促使法官从不同角度审视证据，避免仅听取控方证据造成偏听偏信，从而造成裁判的不公正。

对于辩护律师的上述作用，学者指出："辩护律师是刑事司法制度的'看门人'，刑事冤假错案的防范以及保障被追诉者在刑事诉讼过程中获得人道的对待，均期待辩护律师能够有效地发挥作用。"②

纵观近年来发生的刑事错案，虽然几乎每起案件均有律师辩护，但从最终的判决结果来看，律师的辩护效果有限。在案件审理过程中，辩护律师或者未提出有效的辩护意见，或者正确的辩护意见未被审判机关采纳。导致以上问题

---

① 麦高伟等主编：《英国刑事司法程序》，姚永吉等译，法律出版社 2003 年版，第 198 页。

② 熊秋红："刑事辩护的规范体系及其运行环境"，载《政法论坛》2012 年第 5 期。

的原因除了个别律师自身的能力水平不高以及职业道德素质低下之外，主要原因是长期以来《刑事诉讼法》以及司法解释对辩护律师权利的规定不够完善，以及司法实践中对律师行使权利的不当限制。律师进行刑事辩护面临重重障碍，阅卷难、会见难、调查取证难、申请排除非法证据难、辩护意见采纳难，以及《刑法》第 306 条规定的辩护人伪证罪等，都成为刑辩律师进行有效辩护的障碍。

　　为有效防范错案，充分保障律师辩护权的行使，2012 年《刑事诉讼法》进一步完善了辩护制度。第一，明确辩护律师在侦查阶段的辩护人地位，为律师在侦查阶段实质性参与刑事诉讼提供了法律依据。犯罪嫌疑人自被侦查机关第一次讯问或者采取强制措施之日起，有权委托辩护人；在侦查期间，只能委托律师作为辩护人。第二，确保律师会见权和通信权的实现。辩护律师可以同在押的嫌疑人、被告人会见和通信，辩护律师持律师执业证书、律师事务所证明和委托书或法律援助公函要求会见在押的嫌疑人、被告人的，看守所应当及时安排会见，至迟不得超过 48 小时。第三，保障辩护律师与嫌疑人、被告人会见时的自由交流权。辩护律师自案件移送审查起诉之日起，可以向嫌疑人、被告人核实有关证据。辩护律师会见嫌疑人、被告人时不被监听。第四，保障辩护律师获得充分的阅卷权。辩护律师自人民检察院对案件审查起诉之日起，可以查阅、摘抄、复制本案的案卷材料。第五，确立辩护人申请调取证据权。辩护人认为在侦查、审查起诉期间公安机关、人民检察院收集的证明犯罪嫌疑人、被告人无罪或罪轻的证据材料未提交的，有权申请人民检察院、人民法院调取。第六，赋予律师在整个诉讼过程中发表意见的权利。辩护律师在审查批捕、侦查终结、审查起诉、庭前会议以及死刑复核程序中，均可发表辩护意见，辩护律师的书面意见，办案人员应附卷。第七，刑事法律援助制度得到进一步的完善。扩大了刑事法律援助的范围，对于嫌疑人、被告人因经济困难或其他原因未委托辩护人的，本人及近亲属可以向法律援助机构提出申请；增加了强制辩护的种类，增加规定尚未完全丧失辨认或者控制自己行为能力的精神病人以及可能被判处无期徒刑两种强制辩护的类型；提前刑事法律援助的时间，由原来的审判阶段提前到侦查阶段。第八，赋予辩护律师充分的救济权。辩护人、诉讼代理人认为公安机关、人民检察院、人民法院及其工作人员阻碍其依法行使诉讼权利的，有权向同级或者上一级人民检察院申诉或控告。第九，进一步明确辩护人的责任。辩护人的责任是根据事实和法律，提出嫌疑人、被告人无罪、罪轻或者减轻、免除其刑事责任的材料和意见。第十，加强辩护律师对嫌疑人诉讼权利的维护，强调了程序性辩护，辩护律师的责任是维护嫌疑人、被告人的诉讼权利和其他合法权益。第十一，对于辩护人在刑事辩护过程中涉嫌犯罪的，规定应当由办理辩护人所承办案件的侦查机关以外的侦查机关办理。辩护人是律师的，应当及时通知其所在的律师事务所或者所属的律师协会。以上修改内容获得学界的一致肯定。熊秋红教授认为，经过此次修改，我国的刑事辩护制度体系基本形成。[1]

以上各项措施为律师进行有效辩护提供了有利条件。有效保障会见权、通信权、阅卷权、申请调取证据权以及发表辩护意见等各项权利的行使，使辩护律师不仅可以在开庭审理过程中发挥作用，而且通过审前程序的充分参与可以有效维护被追诉者的合法权益。审前程序中，辩护律师除了主要进行程序性辩护外，还可以进行实体性辩护，尤其是如果辩护律师收集到嫌疑人不在犯罪现场、未达到刑事责任年龄、属于依法不负刑事责任的精神病人的证据，告知侦查机关后可以及时终结刑事诉讼，避免错误追诉一直向后延伸。

从法律的规定以及司法实践来看，辩护律师行使权利依然面临以下问题。首先，从立法层面来看，侦查阶段律师参与仍然极为有限。律师在侦查阶段是否可以调查取证仍处于模糊状态，侦查阶段辩护律师无阅卷权，会见嫌疑人时不能向其核实证据，侦查人员讯问犯罪嫌疑人时律师依旧不能在场；侵犯嫌疑人、被告人辩护权所获得的证据并不需排除，对律师的有效辩护并无合理的界定等。其次，从司法实践来看，辩护律师权利的落实可能面临更多不确定的影响因素。如果刑事辩护制度运行的制度环境和司法环境不发生根本性的变化，公安司法人员如果依旧坚持落后的诉讼理念，"纸面上的法律"可能很难完全转变为"行动中的法律"。我国长期存在"重打击，轻保护"的观念，而普通民众对律师参与刑事诉讼的正当性也缺乏理性的认识，以上多种因素导致辩护律师行使权利面临种种障碍。

从《刑事诉讼法》实施两年的情况来观察，辩护律师依旧很少调查取证，律师申请调取证据一般很难获得检法机关尤其是检察机关的准许，律师提出的

---

[1] 参见熊秋红："刑事辩护的规范体系及其运行环境"，载《政法论坛》2012年第5期。

非法证据排除申请一般很难取得理想的效果，听取辩护律师意见的实施情况也不尽人意。刑事诉讼中地位中立的审判机关应最有利于保障律师权利实现，但公、检、法三机关过于注重配合的司法现状，造成刑事诉讼中还存在"审辩冲突"，即在法庭上审理案件的法官与辩护律师发生冲突。表现为法庭上律师的发言被频繁打断，甚至个别法官以扰乱法庭秩序之名将律师驱逐出法庭甚至对律师进行拘留，司法实践中已出现相关案件。① 同时，控辩双方充满不信任，办案人员对于律师会见嫌疑人以及向其核实证据比较戒备，担心律师会教唆嫌疑人翻供，教唆证人翻证，认为辩方律师的过多介入会给追诉机关制造困难。辩方收集的能够证明嫌疑人无罪的证据一般不会按照法律要求提供给办案机关。《刑事诉讼法》第 40 条规定：辩护人收集的有关犯罪嫌疑人不在犯罪现场、未达到刑事责任年龄、属于依法不负刑事责任的精神病人的证据，应当及时告知公安机关、人民检察院。立法本意为使公安检察机关及时获取以上证据，能够及时终结刑事诉讼活动，避免浪费司法资源，也避免嫌疑人受到无根据的羁押。但律师担心一旦将以上三类证据交给办案机关，侦查机关会单方核实证据笔录，有时会强迫证人改变证言，以达到打击犯罪的目的。

三十、保障侦查阶段辩护律师的介入

在我国当前的司法体制下，由于侦查阶段形成的案卷笔录在刑事诉讼中起关键作用，造成侦查结果几乎决定了最终判决结果，即决定嫌疑人命运的并非审判，而为侦查。侦查是收集、固定、保全证据的关键环节，侦查的封闭性以及秘密性决定犯罪嫌疑人的权益最易受到侵犯。我国审前缺乏司法审查机制，侦查机关可以自行决定采取除逮捕之外所有强制性侦查措施，无论是对人身权的限制还是对财产的剥夺、对公民隐私权的干预，侦查机关只需经过内部的审批程序即可采取；由于检察机关侦查监督的效力有限，导致目前侦查机关还存在变相的刑讯逼供、非法搜查、非法扣押等非法取证行为。侦查阶段嫌疑人的人身自由大多受到限制或剥夺，心理处于高度紧张状态，法律知识以及诉讼经

---

① 审辩冲突即律师与法官死磕。以贵阳小河案为代表，此案中由于律师抗议管辖不当，即管辖权非法下沉导致法院的反感，法院在诉讼过程中完全置法律于不顾，唆使当事人解聘外地律师。在 2011 年 1 月 9 日至 14 日第一次开庭期间，审判长屡屡粗暴制止律师发言，有一天庭审竟然连续四次驱逐律师出庭，甚至对时任全国人大代表、年近六十的迟夙生律师呵斥，命法警架出法庭，最后其在指责法官错误言行的时候当庭心脏病发作晕倒在地。

验的欠缺决定其不可能有效进行自我辩护，而辩护人尤其是专业辩护律师介入，通过为嫌疑人提供法律咨询，代理申诉控告，为其申请取保候审等，可以有效维护嫌疑人的诉讼权利。

辩护律师介入侦查还可以起到监督侦查权力依法行使的作用，规范侦查机关的取证行为。除了保护嫌疑人的合法权益，监督侦查机关依法行使职权之外，侦查阶段辩护律师的有效介入还可以及时纠正侦查机关的错误。辩护律师通过与嫌疑人的会见交流，可以了解有关的案件信息，如果嫌疑人具备无罪的积极抗辩事由，辩护律师可以根据嫌疑人提供的线索，收集证明嫌疑人不在犯罪现场、未达到刑事责任年龄以及属于依法不负刑事责任的精神病人等证据。以上证据一旦查证属实，则侦查机关即应终结侦查，作出撤销案件的决定。

侦查阶段辩护律师介入有利于防止刑讯逼供，防范错案。侦查阶段的刑讯逼供几乎是所有刑事错案的共同特征，刑讯逼供虽然不是导致错案的唯一原因，但一定是主要原因。如果侦查人员实施刑讯逼供，辩护律师通过与嫌疑人的会见一旦了解到相关情况，则可以向检察机关提出申请，申请检察机关对侦查行为实施监督。检察机关通过调查核实，如果确定属于非法证据的，则应予以排除，非法证据排除可以对侦查人员依法取证形成倒逼机制。

辩护律师在侦查阶段可以为嫌疑人申请取保候审，申请变更或者解除强制措施，向检察机关提出排除非法证据的申请，除了进行以上程序性辩护外，还可以进行实体性辩护。由于侦查机关确定的嫌疑人并非真正的罪犯，因此侦查阶段辩护律师首要的任务即为帮助无辜的嫌疑人收集可以证明其无罪的证据；而对于确实实施了犯罪行为的嫌疑人，则可以收集对其有利的量刑证据。

1996 年《刑事诉讼法》未明确赋予律师侦查阶段辩护人的地位，导致律师在侦查阶段不能调查取证，不能阅卷，律师会见嫌疑人时要经过侦查机关的许可，并且侦查人员认为有必要时可以派员在场，导致会见根本不能起到实质性的效果。以上制度设计使刑事辩护律师在侦查阶段参与率低。2012 年《刑事诉讼法》将"尊重和保障人权"写入其中，而保障人权任务的实现以辩护权的有效行使为基础。鉴于 1996 年《刑事诉讼法》实施后辩护律师参与刑事诉讼面临的诸多困境，2012 年《刑事诉讼法》第 33 条明确规定律师侦查阶段的辩护人身份："犯罪嫌疑人自被侦查机关第一次讯问或者采取强制措施之日起，有权委托辩护人；在侦查期间，只能委托律师作为辩护人。"辩护律师在侦查期间除了可以为犯罪嫌疑人提供法律帮助，代理申诉、控告，申请变更强制措施之外，还可以向侦查机关了解犯罪嫌疑人涉嫌的罪名和案件的有关情况，提出意见。侦查阶段辩护律师有会见权，除危害国家安全犯罪、恐怖活动犯罪、特别重大贿赂犯罪案件会见需经侦查机关许可外，其他案件的侦查阶段，律师凭"三证"即可会见，并且会见时不被监听。《人民检察院刑事诉讼规则（试行）》第46条进一步规定，"对于特别重大贿赂犯罪案件"在有碍侦查的情形消失后，应当通知看守机关以及律师，律师可以不经许可直接会见犯罪嫌疑人，人民检察院在这类案件的侦查终结前至少要许可辩护律师会见一次犯罪嫌疑人。律师在侦查阶段有申请调取证据权，《人民检察院刑事诉讼规则（试行）》第50条规定辩护律师在案件移送审查逮捕之后，如果认为公安机关未提交其收集的能够证明犯罪嫌疑人无罪或者罪轻的证据材料的，可以向人民检察院的案件管理部门提出调取申请，案件管理部门需将申请材料移交侦查监督部门审查，如果经过审查，认为辩护人申请调取的证据公安机关已经收集且与案件事实有关联，则人民检察院有权向公安机关调取这些证据材料，同时在公安机关移送证据材料的三日内告知辩护人。

为了加强律师侦查阶段获取案件信息的能力，保障律师各项辩护职能的发挥，《公安机关办理刑事案件程序规定》以专章对律师在侦查阶段如何参与刑事诉讼作了规定。第40条明确指出，公安机关应当保障辩护律师在侦查阶段的依法执业活动。其中包括保障律师向公安机关了解犯罪嫌疑人涉嫌的罪名和案件有关情况，以及与犯罪嫌疑人会见和通信、向犯罪嫌疑人了解案件情况的行为。第52条规定，看守所或者监视居住执行机关应当采取必要的管理措施，保障辩护律师顺利会见被羁押或者监视居住的犯罪嫌疑人。

从新《刑事诉讼法》的实施状况来看，律师在侦查阶段发挥的作用依然非常有限。律师的无障碍会见权并未完全实现，尤其是自侦案件的律师会见依然面临阻力。由于法律规定的模糊，造成实践中辩护律师在侦查阶段无法调查取证，律师在侦查阶段无权申请侦查机关调查取证，无权申请证据保全，讯问嫌疑人时律师依旧不得在场。律师在侦查终结时，一般无法提出有效的辩护意见。律师提出有效辩护意见的前提是必须对案件的证据和事实有较完整的认识，但在侦查阶段辩护人无阅卷权以及实际无法调查取证的情形下，由于律师掌握的案件信息极为有限，很难提出有效的辩护意见。因此，为了保障侦查阶段辩护律师的有效介入，应充实完善辩护律师以下诉讼权利。

（一）明确辩护律师侦查阶段的调查取证权

《刑事诉讼法》应明确规定辩护律师在侦查阶段享有调查取证权。律师在侦查人员进行犯罪调查的同时"平行地展开调查，不仅有利于及时收集证据，避免因时过境迁而丧失取证机会，同时也可以对侦查人员的调查工作起到监督作用，促使其更认真全面收集证据。"[1] 侦查是追诉犯罪的核心环节，也是收集和保全证据的关键阶段，律师在侦查阶段是否可以调查取证甚至成为辩护能否获得最终成功的关键。遗憾的是2012年《刑事诉讼法》对这一问题的规定较为模糊。从法律规定来看，一方面，律师在侦查阶段享有的基本权利不包括调查取证；另一方面却要求辩护人收集的有关犯罪嫌疑人不在犯罪现场、未达到刑事责任年龄、属于依法不负刑事责任的精神病人的证据，应当及时告知公安机关、人民检察院。如果律师不能调查取证，又怎么可能将以上证据告知公安机关。由于法律规定的模糊，造成理论及实务界对此问题的认识不尽一致。学者以及律师界认为侦查阶段律师享有调查取证权。理由如下：其一，律师在侦查阶段的辩护人身份决定调查取证权是作为辩护人享有的当然权利。其二，如果辩护律师侦查阶段无调查取证，何来辩护人将收集的证据及时告知公安机关一说。其三，检察机关审查批捕、侦查终结、刑事和解时均应听取辩护律师的意见，如果其无调查取证权，即失去了提出意见的信息来源。因此，根据体系解释、目的解释以及当然解释的原则，均可得出辩护人在侦查阶段应享有调查取证权。[2]

直接从事立法修改工作的有关人员在对《刑事诉讼法》第41条第2款作出解释时也得出同样的结论："第2款是关于辩护律师向被害人、被害人近亲属、被害人提供的证人收集证据程序的规定。即在侦查、审查起诉阶段应经人民检察院的许可，在审判阶段要经人民法院的许可。"此外，其在对第40条所作的解释中指出："从本条关于'犯罪嫌疑人'和'公安机关、人民检察院'的表述上看，本条主要适用辩护人在侦查阶段和审查起诉阶段收集到上述三类证据

---

① 陈卫东：《刑事诉讼法实施问题对策研究》，中国方正出版社2002年版，第429页。

② 参见汪海燕、胡广平："辩护律师侦查阶段有无调查取证权辨析——以法律解释学为视角"，载《法学杂志》2013年第11期。

的情形。"① 但根据公、检、法实务部门反馈的意见，几乎一致认为辩护律师在侦查阶段不应享有调查取证权，其主要理由在于：此次《刑事诉讼法》修改，虽然明确了律师在侦查阶段的辩护人身份，但《刑事诉讼法》第36条关于辩护律师在侦查阶段从事辩护活动的内容与范围中并无调查取证一项，而法无明文规定则不享有。② 侦查机关担心赋予辩护律师调查取证权会干扰其侦查活动，会使侦查部门的调查取证更加困难，尤其是职务犯罪侦查案件更是如此。

笔者赞同前一种观点，不论是从尊重和保障人权的刑事诉讼任务，还是从体系解释的角度分析，以及从防范刑事错案的角度，均应赋予辩护律师侦查阶段以调查取证权。侦查是收集证据的关键阶段，证据的收集贵在迅速及时，如果错过了收集证据的最佳时机，犯罪现场可能会遭到破坏，实物证据可能会毁损、灭失，证人对案情的记忆可能会淡化。《刑事诉讼法》规定侦查机关应全面收集证据，包括有利于和不利于嫌疑人的证据。但侦查机关注重惩罚犯罪的思维定式以及行动习惯，决定其对有利于嫌疑人的证据可能会自动屏蔽甚至故意隐藏。近年来披露的佘祥林案件、赵作海案件、张氏叔侄案等错案均反映了这一问题。与侦查机关相反，辩护律师是嫌疑人合法权益的专门维护者，专注于有利于嫌疑人的证据，赋予其调查取证权可以保证及时收集对嫌疑人有利的证据甚至是能证明嫌疑人无罪的证据，避免对无辜公民的错误追诉。

从域外相关国家来看，普遍赋予律师侦查阶段的调取证据权。以美国为例，美国实行双轨制侦查，侦查阶段辩护律师与侦查机关从不同的方面同时收集证据，除自行调取证据外，辩护律师还可以委托私人侦探进行调查取证。在传统的大陆法系国家德国，律师在侦查阶段也可以调查取证。在德国，辩护人的调查取证权是一种自然被认可的权利。辩护人为了犯罪嫌疑人的利益，可以进行犯罪现场调查勘验、寻找证人、制作私人鉴定报告，以及以公民的身份进行非强制性的侦查等行为。③ 因此，无论是《刑事诉讼法》的规定还是域外经验的借鉴，均应确认辩护律师在侦查阶段的调查取证权。

但是，我国的侦查模式属于单轨制侦查，即将侦查界定为国家法定机关在

① 参见郎胜主编：《中华人民共和国刑事诉讼法修改与适用》，新华出版社2012年版，第101～102页。
② 参见万毅：《微观刑事诉讼法学——法解释学视野下的〈刑事诉讼法修正案〉》，中国检察出版社2012年版，第85页。
③ 参见顾永忠等：《刑事辩护国际标准与中国实践》，北京大学出版社2012年版，第95页。

办理刑事案件过程中，为收集犯罪证据和查获犯罪人，而依法进行的专门调查工作和采取的有关强制性措施。① 在现行的侦查体制和侦查模式下，我国辩护律师有权调查取证并不意味着其拥有不受任何限制的调查取证权。目前还无法全面确立侦查阶段律师调查取证权，较为可行的方法是赋予辩护律师三项权利：查阅讯问犯罪嫌疑人笔录、诉讼文书和鉴定意见的权力；申请侦查机关组织补充鉴定或者重新鉴定的权利；申请侦查机关保全有利于犯罪嫌疑人的证据的权利。② 随着司法改革的深入进行，期望全面赋予辩护律师之调查权。

（二）保障侦查阶段律师充分有效发表意见

侦查阶段律师发表辩护意见包括审查批捕和侦查终结两个环节。2012 年《刑事诉讼法》对审查批捕程序进行了诉讼化改造：人民检察院在审查批捕时，可以讯问犯罪嫌疑人，有以下法定情形的应当讯问嫌疑人，即对是否符合逮捕条件有疑问的、犯罪嫌疑人要求向检察人员当面陈述的以及侦查活动可能有重大违法行为的。人民检察院审查批准逮捕，可以询问证人等诉讼参与人，听取辩护律师的意见，辩护律师提出要求的，应当听取辩护律师的意见。辩护律师参与批捕程序，使此程序初步具备了诉讼的三方构造，辩护律师提出嫌疑人不构成犯罪，案件事实不清、证据不足以及虽构成犯罪但无羁押必要的意见，批捕部门听取以上意见可以起到避免错误羁押并最终避免错误定罪的效果。

我国刑事诉讼的入罪功能有余而出罪功能不足。由于面临错案追究的压力以及三机关互相配合职能的存在，一旦前一阶段发生司法错误，之后的办案机关经常会将错就错，实践中逮捕几乎成为定罪的前奏、刑罚的预演，即逮捕与定罪之间存在明显的线型关系，逮捕在一定程度上决定了具体的量刑结果以及刑罚的具体执行方式。③ 而律师参与审查批捕程序则可以根据已经掌握的证据论证嫌疑人不构成犯罪，或者提出犯罪嫌疑人无逮捕必要的证据，避免嫌疑人的人身自由受到非法剥夺。负责审查批捕的检察机关和侦查机关应认识到听取辩护律师意见的错案预防价值，应为听取意见创造必要的条件，保障辩护律师对诉讼进程的知悉权；案件移送审查批捕时应及时通知律师，为辩护律师发表口头辩护意见提供时间和场所；听取辩护律师意见后，对于是否采纳及其理由应

---

① 参见樊崇义主编：《刑事诉讼法学》，中国政法大学出版社 2013 年版，第 408 页。
② 参见孙长永："侦查阶段律师辩护制度立法的三大疑难问题管见"，载《法学》2008 年第 7 期。
③ 王彪："刑事诉讼中的'逮捕中心主义'现象评析"，载《中国刑事法杂志》2014 年第 2 期。

给予必要的反馈。

（三）确立侦查讯问时律师在场权

律师在场权有广义和狭义之分。广义的在场权是指在司法机关对犯罪嫌疑人、被告人进行讯问、采取强制措施或者采取搜查、扣押等强制性侦查措施时，犯罪嫌疑人、被告人所享有的辩护律师在场进行监督及向犯罪嫌疑人、被告人提供法律帮助的诉讼权利。狭义的在场权指在侦查机关讯问犯罪嫌疑人时，犯罪嫌疑人享有的辩护律师在场聆听和监督的诉讼权利。侦查讯问时律师在场，可以监督侦查讯问的合法性，避免侦查人员采用刑讯逼供等非法手段获取口供，同时还有利于建构合理的刑事侦查结构。

在英美法系国家，辩护律师在场权被作为维护被追诉人宪法性权利的重要措施和保证被追诉人任意性供述的前提条件而加以确立。随着对刑事诉讼本质认识的加深和人权保障运动的兴起，大陆法系国家的刑事司法改革也纷纷设立律师在场权。意大利、俄罗斯、德国等国家在刑事诉讼法中均明确规定了警察讯问犯罪嫌疑人时的律师在场权。[1]

早在 2005 年，中国政法大学樊崇义教授主持的"侦查讯问全过程律师在场、录音、录像同步进行"三项制度在北京海淀、甘肃白银以及河南焦作进行了试点工作，取得了圆满的成功并获取了丰富的经验。2012 年《刑事诉讼法》修改时，吸收了侦查讯问录音录像制度的内容，要求对于可能判处无期徒刑、死刑案件或者其他重大犯罪案件，应当对讯问过程进行录音录像；同时规范讯问地点，嫌疑人被羁押后应在看守所内讯问；确立非法证据排除以及不得强迫任何人证实自己有罪的制度。以上措施旨在遏制实践中的刑讯逼供行为，防范冤错案件。但从以上制度的实施状况来看，侦查讯问时的录音录像制度存在诸多问题，法律规定应当录音录像的案件范围有限，实践中存在侦查人员选择性录音录像，录音录像不具有连贯性等问题。非法证据排除规则的实施也不尽人意。法律规定的排除非法证据的范围有限，实践中辩方提出排除申请的虽然不少，但人民法院启动的并不多，最终排除并影响定罪量刑的就更少。

笔者认为，为了有效监督侦查机关的讯问行为，遏制刑讯逼供或者变相的刑讯逼供行为，应考虑先确定狭义的律师在场权，即侦查阶段讯问嫌疑人时，

---

[1]　参见屈新："论辩护律师在场权的确立"，载《中国刑事法杂志》2011 年第 1 期。

嫌疑人或辩护律师提出要求的，应通知辩护律师到场。考虑到侦查阶段的保密需要，我国的侦查技术和侦查手段还较为落后，律师的介入可能会给案件的侦破带来困难，因此，当侦查人员讯问嫌疑人时，可以考虑律师在听不见但看得见的情况下在场，主要目的在于对侦查人员讯问过程实施监督。

三十一、保障辩护律师调查取证权的实现

辩护律师的调查取证权是指辩护律师在刑事诉讼中自主开展调查或申请调查，以获取有利于嫌疑人、被告人的无罪、罪轻或者从轻、减轻刑罚的证据的权利。辩护律师的调查取证权可以通过两种方式实现，即自主调查取证以及申请司法机关调查取证。

调查取证权在辩护律师拥有的权利体系中处于核心地位。证据裁判原则是证据法的基本原则，律师实现有效辩护的前提是应拥有收集、调取以及核实有利于嫌疑人、被告人证据的各项权利。长期以来，我国公安司法机关以及普通民众对辩护律师抱有偏见，认为其是帮坏人开脱，辩护律师难以获得道义支持。律师为死刑案件被告人辩护时面临更多压力，包括舆论的压力、被害人亲属的压力。辩护律师行使诉讼权利时经常面临人为设置的阻碍。由于律师调查取证的困难，导致多数法庭上出现的证据几乎清一色为不利于被告人的证据，辩护律师掌握的有利于辩方的证据数量极为有限，因此很难进行实质性辩护，更难以对法院最终的判决产生实质性影响。

（一）辩护律师调查取证的法律规定

辩护律师的调查取证权包括自行调查取证、申请调查取证以及申请调取证据的权利。与以取证强制力作后盾的侦查机关相比，辩护律师自行调查取证仅是一项"权利"，其实现有赖于被调查主体的配合。如果被调查主体拒绝，辩护律师显然无法通过自身的努力取得证据。因此，保障辩护律师申请人民检察院和人民法院调查取证即成为弥补其取证强制力不足的必然选择。

律师调查取证的法律依据为《刑事诉讼法》第39、41条，最高法《解释》第49、50、51、52、53条，最高人民检察院《人民检察院刑事诉讼规则（试行）》第50、52、53条，《六机关规定》第8条。具体内容为：其一，自行调查取证。辩护律师在获得证人或者其他有关单位和个人同意后，可以向其收集证据材料；向被害人或者其近亲属、被害人提供的证人收集证据材料时，需经其同意，同时必须经人民检察院或人民法院的许可。其二，申请调查取证。《刑事诉讼法》规定辩护律师也可以申请人民检察院、人民法院收集、调取证据，或者申请人民法院通知证人作证。辩护律师调查取证时，因对方不同意，申请人民法院收集、调取证据，或者申请通知证人出庭作证，人民法院认为确有必要的，应当同意。辩护律师直接申请人民法院向证人或者有关单位、个人收集、调取证据材料，人民法院认为确有必要，且不宜或不能由辩护律师收集调取的，应当同意。人民法院收集、调取证据材料时，辩护律师可以在场。收集调取证据材料后，应及时通知辩护律师查阅、摘抄、复制，并告知人民检察院。辩护律师的申请应以书面形式提出，并说明理由，写明需要收集、调取证据材料的内容或者需要调查问题的提纲。对辩护律师的申请，人民法院应在 5 日内作出是否准许、同意的决定，并通知申请人；法院不准许、不同意的，应当说明理由。《人民检察院刑事诉讼规则（试行）》作了大致相同的解释，只是在审查时间上规定为 7 天。其三，申请调取证据。申请调取证据是 2012 年《刑事诉讼法》新增加的内容。辩护人认为在侦查、审查起诉期间公安机关、人民检察院收集的证明犯罪嫌疑人、被告人无罪或罪轻的证据材料未提交的，有权申请人民检察院、人民法院调取。最高法《解释》规定，申请应以书面形式提出，并提供线索或材料。人民检察院移送相关证据材料后，人民法院应及时通知辩护人。高检规则规定，案件移送审查逮捕或者审查起诉后，辩护人认为在侦查期间公安机关收集的证明犯罪嫌疑人、被告人无罪或者罪轻的证据材料未提交，申请人民检察院调取的，人民检察院案件管理部门应及时将申请材料送侦监或公诉部门办理。经审查，认为辩护人申请调取的证据已收集并且与案件事实有联系的，应当予以调取；认为申请调取的证据未收集或者与案件事实无联系的，应决定不予调取并向辩护人说明理由。公安机关移送证据材料的，人民检察院应在 3 日以内告知辩护人。

从以上规定可见，《刑事诉讼法》及司法解释对辩护律师调查取证进行了比较详细的规定。但仔细研读会发现上述规定存在以下问题：第一，辩护律师申请调查取证时，人民检察院和人民法院的审查理由均为"确有必要"。这一理由高度概括，极其含糊，无任何具体的标准，可能成为检、法机关任意拒绝律师申请的借口。第二，无论是辩护律师申请调查取证抑或申请调取证据，如果人民检察院、人民法院予以拒绝，辩护律师不服的，如何救济付之阙如。无救济即无权利，在我国现行的刑事诉讼结构下，检察机关在承担法律监督职能的同时又是公诉机关，诉讼地位决定其对于辩方的申请可能会消极应对。我国的审判机关的地位并不完全中立，注重与公安、检察机关的配合，无疑也会影响其作出决定的公正性。第三，刑事诉讼法将申请调查取证以及申请调取证据的权利仅赋予了律师，而辩护权的真正享有者犯罪嫌疑人、辩护人则不享有此项权利。第四，辩护律师申请调查取证，人民检察院或人民法院进行调查时，司法解释均规定辩护律师"可以"在场而非"应该"在场。第五，刑事诉讼法给辩护律师自行调查取证设置了诸多障碍。与国际刑事司法准则以及域外多数国家关于辩护律师调取证据权利的规定相比，我国对于律师调查取证有更加苛刻的要求。辩护律师调查取证时需经过被调查人的同意，辩护律师向控方证人调查取证时，还必须经人民检察院或者人民法院许可，才可收集与本案有关的材料。在我国公民的法律意识和法治观念本来就比较薄弱的司法环境下，法律如此规定似乎有提醒被调查对象可以无条件拒绝律师调查取证之嫌。第六，律师调查取证风险依旧存在。《刑事诉讼法》第42条规定："辩护人或者其他任何人，不得帮助犯罪嫌疑人、被告人隐匿、毁灭、伪造证据或者串供，不得威胁、引诱证人作伪证以及进行其他干扰司法机关诉讼活动的行为"，反映了国家专门机关对律师行使权利极大的不信任。无独有偶，《刑法》第306条规定的辩护人妨害作证罪，更是被大家视为因人设罪的条款，历年来已经有无数律师因为涉嫌妨害作证罪而身陷囹圄。[①]

从实务运作来看，自行调查取证依然是辩护律师不敢轻易触碰的红线，实践中辩护律师很少自行调查取证。同时，律师申请调查取证存在实际申请和最终准许的"双少"状态。虽然法律赋予律师申请检、法调查取证的权利，而律师弃之不用的主要原因在于没有安全感，担心遭报复。[②] 而且从检察机关的立场分析，由于与辩护律师存在直接的利益冲突，因此很难同意律师调取证据的申请；同时，我国人民法院并不完全中立，与控方存在互相配合的关系，因此对于辩方的调查取证申请通常也并不积极。根据北京大学法学院人权研究中心所作的一项调查，律师申请检察院收集调取证据的案件只占同期律师办理案件数的7%，其中申请获准的案件占总申请案件数的64.6%。律师在一审阶段申请法

---

① 重庆李庄案以李庄"眨眼"唆使被告人龚刚模翻供为由追究其刑事责任，广西北海案亦是因为律师会见嫌疑人后被告人翻供而追究辩护律师的刑事责任。

② 参见甄珍、郑瑞萍："论辩护律师申请调查取证权的实现"，载《河南社会科学》2013年第11期。

院收集调取证据的案件占同期律师办理案件数量的 10%，法院同意了其中 66.7%的申请。① 律师申请调取证据面临更多的现实困境：

首先，对于证明犯罪嫌疑人、被告人无罪或罪轻的证据材料，辩护律师缺乏发现的有效途径。在侦查阶段辩护律师无权调查取证的情况下，仅靠查阅控方的案卷很难发现有利于辩方的证据；即使有幸发现，如何证明此类证据已经被公安机关、人民检察院收集，同样面临困难。辩护方发现无罪或罪轻的证据材料有两种途径，即通过阅卷和通过律师调查权获取线索。我国的侦查活动秘密进行，辩护律师参与非常有限，侦查卷宗由侦查机关单独制作。出于趋利避害的本能，对其不利的证据，侦查机关根本不会放在侦查案卷中，所以希望律师通过阅卷来获取有利于辩方证据线索的可能性并不大。以上障碍的存在，可能导致律师虽然有权申请检、法机关调取证据，但苦于无法得知相关信息而无法行使此项权利。

其次，由于检察机关身兼控诉职能，与被告方存在直接的利益冲突，辩护律师向检察机关申请调取有利于嫌疑人的证据通常很难实现。检察机关被定位为我国的法律监督机关，有权监督公安机关的侦查活动、人民法院的审判活动以及各种执行活动。但作为公诉方的检察机关参与刑事诉讼，更多地承担控诉职能，其有将犯罪分子绳之以法的强烈愿望。因此，要求检察机关协助被追诉方收集证明被告人无罪、罪轻的证据，实际上是要求诉讼的一方协助对方获取对抗自己的武器，这是违反心理学的一般规律及人的本性的。② 已经发现的错案也再次证明，检察机关协助收集有利于辩方证据的可能性极小。

再次，辩护律师申请调取证据权属于请求权，其实现需要检察机关以及人民法院的配合。如果辩护律师的申请符合法律规定，但检察机关以及人民法院予以拒绝，辩护律师可以诉诸的救济手段十分有限。《人民检察院刑事诉讼规则（试行）》第 57 条规定，辩护人、诉讼代理人认为公安机关、人民检察院、人民法院及其工作人员具有下列阻碍其依法行使诉讼权利的行为之一的，可以向同级或者上一级人民检察院申诉或控告，控告检察部门应当接受并依法办理，相关办案部门应当予以配合，包括没有正当理由不同意辩护律师提出的收集、调

---

① 参见陈瑞华主编：《刑事辩护制度的实证考察》，北京大学出版社 2005 年版，第 12～16 页。

② 参见陈永生："我国刑事误判问题透视——以 20 起震惊全国的刑事冤案为样本的分析"，载《中国法学》2007 年第 3 期。

取证据或者通知证人出庭作证的申请，或者不答复、不说明理由的；未依法提交证明犯罪嫌疑人、被告人无罪或者罪轻的证据材料的。如前所述，检察机关在刑事诉讼中承担公诉职能，与被告方存在直接利益冲突，由其对无罪和罪轻证据的收集情况进行监督，可能会导致监督落空，尤其对自侦案件更是缺乏监督的动力。因此，检察机关监督义务与公诉角色的冲突可能使此权利沦为一项宣誓性的权利，救济手段设置的不合理必然导致司法实践中被追诉方申请强制取证权的虚置。

最后，对于拒绝律师申请调取证据的，无相应的程序性制裁。检察机关和人民法院如果怠于向公安机关以及人民检察院调取证据，无需承担任何不利后果，法律未规定任何程序性制裁，不会因为检、法机关的无理拒绝而使证据归于无效。辩护律师即使以此为由提出上诉，二审法院也不会视其为程序性违法而撤销原判，发回重审。

（二）辩护律师调查取证的完善路径

1. 吸收《律师法》关于自行调查取证的规定

为了解决律师自行调查取证难的问题，2008 年《律师法》规定，律师自行调查取证的，凭律师执业证书和律师事务所证明，可以向有关单位或个人调查与承办法律事务有关的情况。与《刑事诉讼法》关于律师的自行调查取证相比，《律师法》取消了"需经对方同意或许可"的规定，有利于消除律师调查取证的阻力。笔者建议，《刑事诉讼法》再次修订时应吸收这一规定，使律师的自行调查取证权真正落到实处。

2. 对于检察机关、人民法院随意拒绝辩护律师申请调查取证或申请调取证据的，应给予相应的程序性制裁

《刑事诉讼法》确立了辩护律师权利受到侵犯时的救济制度。救济的内容包括申请调查取证或申请调取证据被人民检察院、人民法院无正当理由拒绝的情形，但未确立程序性制裁，使救济的功能大打折扣。确立程序性制裁有利于检、法机关积极履行职责，帮助辩护律师收集有利于辩方的证据。因此，如果律师申请调取证据或申请调查取证，由于检察机关和人民法院怠于履行职责，致使证据毁损、灭失的，应在证据证明的案件事实方面作出不利于控方的推断。

3. 赋予辩护方申请证据保全的权利

证据保全制度是指证据在后续程序中存在灭失、伪造、变造、藏匿或其他

难以取得的情形时，由当事人及其辩护人、诉讼代理人向专门机关提出申请后所采取的预防性保全措施。① 我国民事诉讼以及行政诉讼中均规定有证据保全制度。刑事诉讼涉及对被追诉人的人身自由、财产甚至生命的剥夺，因此更应赋予嫌疑人、被告人充分的诉讼权利。侦查阶段是收集证据的关键阶段，实践中存在侦查机关消极取证的状况，随着时间的推移，犯罪遗留的证据可能面临着毁损、灭失的危险，证据的性质和状态也会发生改变，因此我国刑事诉讼中增设证据保全制度具有紧迫性。域外大多数国家和地区均规定了证据保全制度。以我国台湾地区为例，台湾地区2003年"刑事诉讼法"修改时专门增设了证据保全制度，第219-1条规定："告诉人、犯罪嫌疑人、被告或辩护人于证据有湮灭、伪造、变造、隐匿或碍难使用之虞时，侦查中得申请检察官为搜索、扣押、鉴定、勘验、讯问证人或其他必要之保全处分。检察官受理前项申请，除认为其不合法或无理由予以驳回者外，应予5日内保全之处分。"② 鉴于检察机关在审前充当准司法官的角色，与审判阶段相比，较易保持中立的诉讼地位，因此可以考虑以下制度设计：犯罪嫌疑人、被害人及其近亲属，可以在侦查阶段或者审查起诉阶段，申请检察院保全有利于自己的证据，辩护律师或者代理律师也可以代为提出保全证据的申请；对此，除确无必要或者明显是为了故意拖延诉讼的以外，检察院不得拒绝；检察院应当及时把根据犯罪嫌疑人、被害人等的申请收集调取的证据告知申请人，必要时可以通知申请人或者其律师到场。③

4. 明确律师申请调查取证时检、法机关应当同意的具体条件

依据《刑事诉讼法》和相关司法解释的规定，目前律师申请调查取证的，能够获得人民法院和人民检察院认可的理由为"认为确有必要"，这一标准过于主观化，等于没有任何标准，因此应对其予以明确。笔者认为，只要辩护律师申请调取的证据与案件事实有关联，就可以用于证明案件事实，律师由于客观原因不能自行调查取证并且律师申请的目的不是为了故意拖延诉讼的，即应获得准许。

5. 确保律师阅卷的全面性

我国《刑事诉讼法》要求审判人员、检察人员、侦查人员必须依照法定程

---

① 参见张泽涛："我国刑诉法应增设证据保全制度"，载《法学研究》2012年第3期。
② 韩旭：《检察官客观义务论》，法律出版社2013年版，第145页。
③ 参见吴建雄："检察官客观义务的错案预防价值"，载《法学评论》2011年第1期。

序，收集能够证实犯罪嫌疑人、被告人有罪或者无罪、犯罪情节轻重的各种证据。同时，此次修订的《刑事诉讼法》扩大了辩护律师的阅卷范围：辩护律师自人民检察院对案件审查起诉之日起，可以查阅、摘抄、复制本案的案卷材料。较原刑诉法而言，新法扩大了辩护人的阅卷范围，查阅、摘抄、复制的范围不再限于"诉讼性文书及技术性鉴定材料"，而是将各种由侦查机关装卷成册的证据材料也纳入其中。因此，根据以上规定，如果律师能够通过阅卷掌握案情以及了解所有的证据，包括有利于嫌疑人、被告人的证据，那"将会减少律师调查取证的需求和冲动，进而也会缓解调查取证难的主观感受和实际困难"[1]。而且从世界范围来看，英美法系国家实施双轨制侦查，律师有调查取证的积极性和便利条件；在大陆法系国家，律师在审前很少调查取证，而是通过对案卷的查阅来达到与调查取证相同的目的。我国的办案机关应确保律师阅卷的全面性，不得隐藏有利于嫌疑人的证据；对于案件经过补充侦查的，补充侦查卷律师应有权查阅。

三十二、解决辩护律师介入刑事诉讼的"新三难"问题

随着《律师法》以及《刑事诉讼法》的修改，以往辩护律师阅卷难、会见难、调查取证难这一"老三难"问题得到一定程度的解决，而申请调取证据难、法庭质证难、律师辩护意见听取和采纳难成为当前反应比较强烈的"新三难"。

（一）辩护律师申请调取证据难

申请调取证据难表现为：司法实践中对辩护律师申请调取证据设卡较多，当辩护律师提出相关线索或相关证据材料，如果检察院和法院认为申请不符合条件，则申请权将会落空；而且公、检、法三机关在刑事诉讼活动中强调互相配合，刑事诉讼活动以侦查为中心，对于侦查机关隐匿的证据，事后一般很难取得。

（二）辩护律师法庭质证难

《公民权利和政治权利国际公约》第 14 条规定，被指控者有权"询问或业已询问对他不利的证人"，这一权利也是辩方应享有的最低限度的手段性权利。我国《刑事诉讼法》规定，证据必须经过当庭质证，才能作为定案的根据。证人证言是刑事诉讼的法定证据种类之一，证人证言在刑事诉讼中占有重要地位。

---

① 顾永忠等：《刑事辩护——国际标准与中国实践》，北京大学出版社 2012 年版，第 290 页。

证人的记忆、感知、表达能力影响证人证言的可靠性；更遑论有个别证人出于各种动机提供伪证更是会迷惑审判人员的视线，可能酿成错案。为了确保对证人证言能够进行有效质证，确保其真实性，两大法系国家均要求证人出庭作证。大陆法系国家确立了直接言词原则；英美法系国家确立传闻证据规则，要求证人出庭并在法庭上接受控辩双方的交叉询问。在审判心理学上，控辩双方对对方证人、被害人的交叉询问向来被视为检验证言可靠性的有效方法。对审判人员而言，证人出庭可以最大程度地保障法官通过当面察言观色，发现证言可能存在的疑点甚至虚假内容。2012 年《刑事诉讼法》围绕"证人出庭"新增了强制证人出庭、警察出庭作证以及鉴定人出庭的规定。第 59 条明确规定，证人证言必须在法庭上经过公诉人、被害人和被告人、辩护人双方质证并且查实以后，才能作为定案的根据。但新诉法实施两年来，证人出庭率并无明显提高。新《刑事诉讼法》实施前，证人出庭率不到 5%，新法实施后，数字基本持平，证人出庭并无明显的增加。证人不出庭的直接后果是辩方无法当面与证人对质，无法揭示证言中可能存在的虚假内容，法庭质证流于形式。

证人不出庭的主要原因除了畏于诉讼的文化因素外，还在于对证人的保护措施缺失。同时，由于担心证人出庭给庭审带来变数，检、法两家对于证人出庭态度并不积极，甚至个别案件存在人为阻挠证人出庭的情况，检察官不支持甚至阻挠证人、鉴定人出庭，表现为：对有利于控方的书面证言、鉴定结论的证人、鉴定人出庭等持消极态度；对可能提供有利于辩方证言的证人进行恐吓、阻止其出庭作证，或对已经提供有利于辩方证言的证人进行打击报复。[①] 以上种种原因，剥夺了辩方的质证权，造成质证难。

（三）律师辩护意见听取和采纳难

听取和采纳正确的辩护意见是避免冤枉无辜的必要制度设计。我国由于在传统上对辩护律师存在偏见，审判机关不够重视律师提出的辩护意见，相反对控方的证据过于信任，以致造成了一些错案。为了保障辩护律师在刑事诉讼过程中充分发表辩护意见，2012 年《刑事诉讼法》规定，人民检察院审查批捕和侦查机关在案件侦查终结前，辩护律师提出要求的，应当听取辩护律师的意见；

①　参见陈永生、李肖霖："辩护律师质证难的实证调查与分析"，载陈瑞华主编：《刑事辩护制度的实证考察》，北京大学出版社 2005 年版，第 69～78 页。

人民检察院审查案件，应当听取辩护人的意见，辩护人提出的书面意见应当附卷。在死刑复核程序中，辩护律师有权就案件提出有关意见，办案机关应该听取辩护律师的意见。对于审查批捕阶段辩护意见的采纳，《人民检察院刑事诉讼规则（试行）》进一步明确规定："辩护律师提出不构成犯罪、无社会危险性、不适应羁押、侦查活动有违法情形等书面意见的，办案人员应当审查，并在审查逮捕意见书中说明是否采纳的情况和理由。"除以上规定外，2012 年《刑事诉讼法》对律师在法庭审判阶段发表辩护意见延续了 1996 年《刑事诉讼法》的规定，即辩护律师在庭审的法庭调查和法庭辩论环节均可发表辩护意见，对于辩护意见审判机关应予以充分考虑。就《刑事诉讼法》新增加的听取辩护律师意见的规定而言，由于法律规定较为原则，缺乏相关的保障措施，司法实践的实施状况并未达到立法者的预期目标。在律师集中发表辩护意见的审判环节，由于律师辩护意见的正确或合理与否并无明确的客观标准，审判人员对采纳与否可以进行自由裁量，出于对律师的偏见以及对案件事实的先入为主的判断，导致到目前为止，律师合理的辩护意见一般难以完全被审判人员所采纳。

辩护律师申请调取证据难的解决方案已经说明，律师辩护意见听取和采纳难将作为专门的问题进行分析。此处重点分析质证难的解决方法。笔者认为，新《刑事诉讼法》实施后，证人出庭人数无明显提高的原因为：首先，法律将证人最终是否出庭的决定权交给审判机关，在案多人少的情况下，审判机关面临巨大的案件审理压力，自然对证人出庭无太大的积极性；其次，证人保护措施并不到位，导致个别证人因担心报复而不敢出庭作证；最后，也是最为关键的问题是，《刑事诉讼法》在要求关键证人应出庭作证的同时，并未否定证人证言笔录的效力，相反，即使证人出庭，其庭前提供的证言笔录并非必然失效。如果证人的庭上证言与庭前证言笔录不一致，庭上证言并无当然的证明效力的优先性，公诉人可以以庭前证言质疑证人当庭证言的真实性，甚至将庭外证言直接采纳为定罪的根据。这一规定使证人出庭丧失了最本质的意义。针对以上问题，首先，应对证人出庭条件进行修改，只要证人证言对定罪量刑有重大影响并且控辩双方有异议的，证人即应出庭作证，不再以"人民法院认为必要"为条件。其次，吸收《关于办理死刑案件审查判断证据若干问题的规定》关于证人不出庭作证的程序性制裁规定，经依法通知不出庭作证证人的书面证言经质证无法确认的，不能作为定案的根据。最后，应完善证人保护制度。刑事诉讼法虽规定了证人保护制度，但证人保护的案件范围过窄，严重暴力犯罪案件的证人不在保护之列，同时缺乏具体的可操作性规定，证人保护阶段以及具体的保护机关如何确定，保护证人的时间等均无进一步的规定。因此，应进一步扩大证人保护的案件范围，对于严重暴力犯罪案件中作证的证人，如果其本人或近亲属的人身安全面临危险的，应予以保护；证人保护的义务应由公安机关承担；证人保护的时间应不限于判决之前的办案期间，对于特殊案件的证人应提供较长时间的保护。

三十三、确保辩护律师意见的听取和采纳

错案的发生经常伴随着律师发表辩护意见渠道受阻以及辩护意见被办案机关忽视。为践行"尊重和保障人权"的理念，实现裁判结果的公正性，有效防范错案，新《刑事诉讼法》确立侦查阶段律师辩护人的地位。为确保律师有效发表辩护意见，规定办案机关在审查批捕、侦查终结、审查起诉、庭前会议、证人出庭、死刑复核等环节均应听取辩护律师的意见，对于书面辩护意见，应当附卷。

（一）2012 年《刑事诉讼法》关于听取辩护律师意见的规定

1. 审查批捕、侦查终结前听取辩护律师意见

2012 年《刑事诉讼法》对审查批捕程序进行了诉讼改造，规定人民检察院在审查批捕时，可以讯问犯罪嫌疑人；有法定情形的应当讯问嫌疑人；人民检察院审查批准逮捕，可以询问证人等诉讼参与人，听取辩护律师的意见，辩护律师提出要求的，应当听取辩护律师的意见。《人民检察院刑事诉讼规则（试行）》第 309 条第 2 款进一步规定："辩护律师提出不构成犯罪、无社会危险性、不适宜羁押、侦查活动有违法犯罪情形等书面意见的，办案人员应当审查，并在审查逮捕意见书中说明是否采纳的情况和理由。"辩护律师参与批捕程序，使此程序初步具备了诉讼的三方构造，听取辩护律师意见可以起到避免错误羁押并最终避免错误定罪的作用。我国刑事诉讼的入罪功能有余而出罪功能不足，由于面临错案追究的压力，一旦前一阶段发生司法错误，以后的办案机关经常会将错就错。实践中，逮捕几乎成为定罪的前奏、刑罚的预演，即逮捕与定罪之间存在明显的线型关系，逮捕在一定程度上决定了具体的量刑结果以及刑罚的具体执行方式。① 律师参与审查批捕程序，则可以根据已经掌握的证据论证嫌

---

① 参见王彪："刑事诉讼中的'逮捕中心主义'现象评析"，载《中国刑事法杂志》2014 年第 2 期。

疑人不构成犯罪，或者提出犯罪嫌疑人无逮捕必要的证据，避免嫌疑人的人身自由受到非法剥夺。

2012 年《刑事诉讼法》第 159 条规定，侦查机关在侦查活动终结前，辩护律师提出要求的，侦查机关应当听取律师的意见，律师提出书面意见的，应当附卷。提出的意见既包括对案件事实和证据提出意见，也包括对侦查活动是否合法提出意见。

2. 审查起诉阶段听取辩护律师意见

《刑事诉讼法》第 170 条规定，人民检察院审查案件，应当讯问犯罪嫌疑人，听取辩护人、被害人、诉讼代理人的意见，并记录在案。辩护人、被害人及其诉讼代理人提出书面意见的，应当附卷。《人民检察院刑事诉讼规则（试行）》补充规定，直接听取辩护人意见有困难的，可以通知辩护人提出书面意见，在指定期限内未提出意见的，应当记录在案。

3. 开庭审判前听取辩护律师意见

《刑事诉讼法》第 182 条第 2 款规定，在开庭前，审判人员可以召集公诉人、当事人和辩护人、诉讼代理人，对回避、出庭证人名单、非法证据排除等与审判相关的问题，了解情况，听取意见。最高法《解释》对庭前会议听取意见的内容细化为：是否对案件管辖有异议；是否申请有关人员回避；是否申请调取侦查、审查起诉期间公安机关、人民检察院收集但未随案移送的证明被告人无罪或罪轻的证据；是否提供新的证据；是否对出庭证人、鉴定人、有专门知识的人的名单有异议；是否申请排除非法证据；是否申请不公开审理以及与审判相关的其他问题。以上听取意见的制度设计被称为庭前会议制度，这一制度一改过去审判人员开庭准备时的行政化、书面化方式，使辩方在开庭前可以就程序性争议提交意见，对辩方而言，通过庭前会议集中发表有关程序性问题的意见，有利于维护被追诉者的权利。

4. 死刑复核程序听取辩护律师意见

死刑复核程序是人民法院对判处死刑的案件进行复审核准所采取的特别审判程序。1996 年《刑事诉讼法》规定的死刑复核程序为行政性的审批程序，人民检察院以及辩护律师均不参与，负责死刑复核的法官通过阅卷的方式即作出是否核准的裁定。此种方式使死刑复核流于形式，实践证明也未能有效阻止错案的发生。滕兴善案件为死刑复核程序防止错杀功能失灵的典型，1987 年，滕兴善涉嫌故意杀人被逮捕，虽然滕兴善一直否认实施犯罪，其辩护律师也提出了控方证据的诸多违背常识的疑点，但在当时"从重从快"打击犯罪刑事政策的大背景下，此案历经两级人民法院审理，并由湖南省高院于1989年1月19日作出最终的死刑裁定。1989年1月28日上午，滕兴善在麻阳被执行枪决。但1993年，滕兴善案件的被害人石小荣突然返回老家，这才证明滕兴善被错杀。试想，如果当时复核死刑时不是采取书面复核而是辩护律师可以有效发表意见的方式，滕兴善的悲剧或许可以避免。

2012年《刑事诉讼法》对死刑复核程序进行诉讼化改造，要求最高人民法院复核死刑案件应当讯问被告人，辩护律师提出要求的，应当听取辩护律师的意见。在复核死刑案件过程中，最高人民检察院可以向最高人民法院提出意见，最高人民法院应当将死刑复核结果通报最高人民检察院。最高人民法院《关于适用〈中华人民共和国刑事诉讼法〉的解释》进一步规定，死刑复核期间，辩护律师要求当面反映意见的，最高人民法院有关合议庭应当在办公场所听取其意见，并制作笔录；辩护律师提出书面意见的，应当附卷。最高人民检察院提出意见的，最高人民法院应当审查，并将采纳情况及理由反馈给最高人民检察院。以上规定通过加强辩护律师参与死刑复核程序，旨在贯彻少杀、慎杀的刑事政策，防止死刑错案的发生。

5. 辩护律师有效发表意见的保障机制

为保障辩护律师顺利发表意见，新《刑事诉讼法》对于办案人员阻碍律师发表辩护意见，或者不听取辩护意见的，给予辩护律师一定的救济渠道。第47条规定，辩护人、诉讼代理人认为公安机关、人民检察院、人民法院及其工作人员阻碍其依法行使诉讼权利的，有权向同级以及上一级人民检察院申诉或控告。人民检察院对申诉或控告应当及时审查，情况属实的，通知有关机关予以纠正。《人民检察院刑事诉讼规则（试行）》第57条进一步规定："辩护人、诉讼代理人认为公安机关、人民检察院、人民法院及其工作人员具有下列阻碍其依法行使诉讼权利的行为之一的，可以向同级或者上一级人民检察院申诉或控告，控告检察部门应当接受并依法办理，相关办案部门应当予以配合"，其中包括未依法听取辩护人、诉讼代理人意见的。第58条规定了对于辩护人、诉讼代理人的申诉和控告人民检察院的处理程序，"人民检察院应当在受理后十日以内进行审查，情况属实的，经检察长决定，通知有关机关或者本院有关部门、下级人民检察院予以纠正，并将处理情况书面答复提出申诉或者控告的辩护人、诉讼代理人"。

（二）听取和采纳辩护律师意见的实践状况

1. 辩护律师在侦查终结前难以发表实质性的辩护意见

律师有效发表辩护意见的前提是必须对案件的证据和事实有较完整的认识。但在侦查阶段，辩护律师无阅卷权，在调查取证权模糊不清的状况下，律师掌握的案件信息及证据极为有限，因此很难发表实质性的辩护意见。

2. 审查批捕时律师辩护意见的听取和采纳难

由于法律规定较为原则，缺乏可操作性，以及审前辩护律师参与率低，导致实践中检察机关审查批捕时听取辩护律师意见的案件数量很少。此规定在司法实践中一定程度上流于形式，律师参与诉讼的程度较低以及律师意见提出的时间较晚。[1] 据统计，K市检察机关侦查监督部门自2010年10月至2011年11月，共计办理各类刑事案件20270件，听取律师意见的案件仅为221件，听取律师意见的案件比率仅1%；从全市范围看，听取工作走在最前列的J区人民检察院，听取比率也不过2.4%。[2] 新《刑事诉讼法》实施后，实践中出现过听取辩护律师意见并采纳其意见的成功案例，但总体而言，这一制度的实施效果并不理想。

3. 排除非法证据的辩护意见很难取得成功

新《刑事诉讼法》规定：侦查机关、检察机关以及审判机关均有排除非法证据的义务，但从实践来看，侦查机关几乎没有排除非法证据的成功案例，目前检察机关对排除非法证据比较重视，审查起诉阶段辩护律师提出非法证据排除申请的，办案人员一般均能进行认真审查。但《人民检察机关刑事诉讼规则（试行）》规定，人民检察院发现非法证据后，应当依法排除并提出纠正意见，同时可以要求侦查机关另行指派侦查人员重新调查取证，必要时人民检察院也可以自行调查取证。以上规定使辩护律师提出排非申请时顾虑重重，因为即使排除了非法证据，一般也并不能从根本上动摇侦查机关的证据体系，反而给控

---

[1] 参见赵芳芳、张冬梅、崔可成："提升侦监工作 保障证据合法性功效"，载《检察日报》2014年5月25日。

[2] 参见闫俊瑛、陈运红："新《刑事诉讼法》背景下强化律师刑事辩护权研究"，载《法学杂志》2013年第5期。

诉机关完善证据提供信息和机会，这一规定挫伤了辩护律师向检察机关提出排除非法证据的积极性。就审判机关而言，庭审过程中，个别法官以各种理由拒绝启动排非程序；启动之后，存在着转嫁证明责任的做法，即要求提出排除非法证据申请的辩方证明证据系非法取得。因此，庭审阶段成功排除非法证据的案例较少，由于排除非法证据而做出无罪判决的更为罕见。

4. 法庭审判中律师的辩护意见很难对法院的最终判决结果产生实质性的影响

由于证人、鉴定人出庭率不高，庭审的对抗性不强，辩方的质证权受到限制。辩护律师在法庭上的发言经常被法官以"与本案无关"或"发言时间过长"为由而随意打断，即使律师有机会完整发表辩护意见，事实证明其正确辩护也很难引起审判人员的重视，法庭上经常出现"你辩你的，我判我的"之现象，律师辩护在一定程度上成为摆设。根据顾永忠教授关于 10 起刑事冤案样本的调查，样本中所有辩护律师都对被告人提出无罪辩护意见，大部分律师都明确而又有针对性地指出公诉方提供的证据中存在的问题以及指控事实存在的疑点，但这些后来证明正确的辩护意见均未获得法院的采纳。其理由为：辩护律师未能向法院提供充分证据证明其观点成立。[①] 以近期纠正的两起错案为例，张辉、张高平的一审辩护人洪昭定、王亦文律师，二审辩护人阮方民、李华律师全部作无罪辩护，认为张氏叔侄的有罪供述相互矛盾，不排除受到非法取证之可能；DNA 鉴定结论已证实两被告人之外的第三名男子有单独实施作案的可能性，指控两被告人强奸杀人事实不清、证据不足，请求法庭判定无罪。萧山五青年案的法庭上，陈建阳的辩护人凌伟建律师逐条反驳了公诉机关罗列的证据，说："希望慎重判决。如果硬是这样判下来，坚信此案以后一定是要翻案的，历史终究会证明这一点。"作为田伟冬、王建平的辩护人，辛本峰、韩美琴律师当年在法庭上就反复指出：一没指纹证据，二没血迹鉴定，34 个证人中没一个是目击证人，没一个到庭作证，本案不是证据不足而是没有证据，绝对是个错案。时隔 18 年，作为再审辩护人，他们再一次坐到辩护人席上。这一次，他们的辩护

---

① 参见顾永忠："刑事冤案的发生与律师辩护的作用——以中国 10 例刑事冤案为分析样本"，载《预防刑事错案国际研讨会会议发言材料》2012 年 8 月，第 124 页。

意见才被再审法官采纳。[1]

法院经过审理后很少当庭作出判决，绝大多数案件为定期宣判，而律师当庭发表的辩护意见对法官心证的影响可能由于定期宣判而淡化。长期以来，我国人民法院的判决书说理性不强，判决书中对于不采纳辩护律师意见的理由通常不进行详细的说明与论证，只是简单地以辩护律师发表的辩护意见无证据支持、辩护意见无事实和法律依据等予以否定。正如学者所言："判决书不说理会带来以下危害后果：首先，是对审判公开原则的违背；其次，使得辩方对审判过程的参与没有实质意义；最后，司法判决的正当性和权威性难以让人心服，司法的公信力降低。"[2]

辩审关系在某些案件中呈紧张态势。实践中个别案件出现律师与法官"死磕"现象，[3] 有学者将造成此种情况的原因归结为：中国法官承担了一定的控诉职能，对疑罪案件拒不作出有罪裁判；法庭上随意限制律师发言；辩方申请证人出庭，法官屡屡驳回；辩方申请排除非法证据法官不予启动；辩方申请法院调查取证，法院很少批准等。[4] 笔者认为辩审冲突的本质是控辩冲突，是现有诉讼结构下检、法相互配合所导致控辩冲突的异化反映，是行使国家公权力的专门机关与代表公民私权利的辩护律师之间的冲突——辩审冲突反映出辩护律师行使权利的路径并不通畅，尤其是本应代表公正的审判机关未能有效保障律师辩护职能的发挥。

5. 死刑复核程序听取辩护律师意见的设计过于原则

2012 年《刑事诉讼法》未明确规定死刑复核阶段辩护律师拥有阅卷、会见以及调查取证等权利，如果辩护律师被剥夺以上进行有效辩护必备的基础性权利，就会造成辩护律师根本无法提出有价值的意见，通过听取辩护律师意见防止错杀的愿望可能会落空。此外，死刑复核庭不听取辩护律师意见是否需承担

---

① 参见"萧山五青年 17 年冤案昭雪 盘点两起冤案前后经过"，载 http：//hebei. sina. com. cn/news/shwx/2013 - 07 - 04/105057264_ 5. html，访问时间：2014 年 5 月 30 日。

② 参见陈瑞华：《法律人的思维方式》，法律出版社 2007 年版，第 203 页。

③ 从重庆李庄案死磕派律师的初步亮相，到北海律师案、贵阳小河案、平度陈宝成案死磕派律师的逐步形成，反映了审辩冲突的严重性。参见李轩："从李庄到平度：先锋派律师崛起及其作为"，载 http：//www. 21ccom. net/articles/zgyj/gqmq/article_ 20140416104524. html，访问时间：2014 年 5 月 17 日。

④ 参见蓟门决策："'辩审冲突'的根源与应对"，陈永生教授发言，载 http：//news. sina. com. cn/pl/2014 - 05 - 19/161230168811. shtml，访问时间：2014 年 9 月 5 日。

不利后果，法律也无明确的规定，缺乏制裁的法律规范注定不能有效实施。

（三）听取和采纳辩护律师意见的保障机制

1. 公安司法机关转变"轻辩护"的观念

长期以来，我国公检法等专门机关存在"重打击、轻保护"，"重控诉、轻辩护"的观念，对律师参与刑事诉讼抱有极强的戒备心理。公诉机关对辩护律师持有偏见，认为律师为了赚钱不择手段，律师参与刑事诉讼会给追诉犯罪带来诸多障碍和风险。不可否认，司法实践中存在个别律师不遵守职业道德，违背职业伦理，教唆嫌疑人、被告人翻供以及教唆证人作伪证的现象，但从整个辩护律师的执业情况来看，大多数律师能够严格按照法律规定，从事实和证据方面提出有利于犯罪嫌疑人、辩护人的辩护意见。作为犯罪嫌疑人、被告人合法权益的专门维护者，律师充分参与刑事诉讼可以有效维护嫌疑人、被告人的诉讼权利，避免其在刑事诉讼中人身自由受到无理的限制或剥夺，以及财产受到非法搜查、扣押和冻结。对于实体结果的处理而言，律师在法庭上充分发表辩护意见，有利于法官听取控辩双方的不同意见，尤其是对辩护律师提出的正确的无罪辩护意见的听取和采纳，有利于防止错案。辩护律师是法律职业共同体的一员而非公安司法机关的对立方，公安司法人员应转变观念，正确认识律师在刑事诉讼中的作用，重视刑事诉讼中的人权保障，保障辩护权的行使，认真听取并采纳合理的辩护意见。

2. 审前听取和采纳辩护律师意见的具体措施

侦查机关提请检察机关审查批捕时，如果嫌疑人委托或有指定的辩护律师，应立即通知辩护律师，以保障律师有较充足的时间提出意见。对于辩护律师提出的无羁押必要性的辩护意见，应结合案件情况以及嫌疑人的个人情况综合判断是否具有社会危险性及是否有逮捕的必要。检察机关拒绝采纳辩护律师意见的，应赋予辩方一定的救济渠道，辩护律师可以申请复议，如果意见不被接受，可以向上一级人民检察院申请复核。

与侦查阶段相比，审查起诉阶段辩护律师可以查阅、摘抄、复制本案的案卷材料，可以调查取证，可以根据阅卷的内容与所调取的证据发表有效的辩护意见。因此检察机关应认真听取辩护律师意见，尤其是新《刑事诉讼法》规定公诉案件嫌疑人与被害人达成和解协议的，检察机关可以做出不起诉决定；未成年人犯罪案件符合法定条件的，检察机关可以做出附条件不起诉决定。辩护律师应针对以上规定发表不起诉的意见，使嫌疑人及时从刑事追诉中解脱出来。

在具体做法上，福建省某市检察院在审查起诉环节为了加强控辩联系，与当地司法局会签《关于在审查起诉环节加强控辩联系的暂行办法》。规定人民检察院对辩护人提出的意见，需要进行必要的核查，或者要求侦查机关补充相关证据，并在案件审查报告中说明是否采纳辩护人意见，如不采纳，要说明理由；对听取辩护律师意见的案件，人民检察院在作出是否起诉决定后，案件承办人应当在三个工作日内将人民检察院的决定以口头或书面形式通知律师。此外，公诉方与辩护方定期召开联席会议，就双方日常工作中遇到的问题进行交流。以上措施取得了很好的效果，值得借鉴。

（四）审判阶段保障律师发表辩护意见、质证等权利，增强判决书的说理性

为促进庭审公正，提高庭审效率，通过庭前归纳事实、证据争点，实现案件的集中审理，新《刑事诉讼法》增加庭前会议制度。法官在开庭前可以召集控辩双方同时到场，主要就程序性争议进行听证。通过召开庭前会议，审判人员可以就管辖、回避、是否提供新证据、是否申请排除非法证据、是否申请不公开审理等问题向控辩双方了解情况，听取意见。参加庭前会议时，辩护律师可以集中发表关于程序性问题的意见；对于辩方发表的意见，审判人员应认真听取。

据学者实证研究，从审判阶段律师的参与来看，过去不为人所看重的研究、撰写、提出、表达辩护意见的方式，却成为非常普遍且可能最重要的、有实质性效果的辩护方式。[1] 因此，在审判过程中，审判人员应平等对待控辩双方，即"裁判者在诉讼中应当尽力抑制自己的偏见，并给予双方平等参与诉讼的机会，对于控辩双方向法庭提供的意见和证据，裁判者应当加以同等的关注和评断，并要在充分考虑控辩双方意见的基础上作出裁断。"[2] 裁判者对控辩双方应平等对待，对于律师提出的辩护意见——包括积极和消极的辩护意见——均应认真听取，杜绝先入为主、片面重视控方的证据与主张。"控辩双方应在参与审判过程和影响裁判结论的制作方面拥有平等的机会、便利和手段；裁判者应对各方的证据和意见予以平等关注，并在制作裁判时将各方提出的有效观点平等地考

---

① 参见左卫民、马静华："效果与悖论：中国刑事辩护作用机制实证研究——以 S 省 D 县为例"，载《政法论坛》2012 年第 2 期。

② 谢佑平、万毅：《刑事诉讼法原则：程序正义的基石》，法律出版社 2002 年版，第 227 页。

虑在内。"①

首先，应保障辩护律师充分的发言权，重视辩护律师提出的无罪辩护意见。庭审是律师发表辩护意见的核心阶段，审判人员应重视辩护律师的作用，不得随意打断律师发言。同时，审判人员应高度重视辩护律师提出的无罪辩护意见，对辩护律师指出的控方证据体系的薄弱环节以及证据链条的不完整性和证据之间的矛盾，或者辩护律师提出的被告人无作案时间、未达到法定责任年龄等无罪辩护理由时，应认真审查。

其次，保障辩方的质证权。为了解决我国刑事诉讼中长期存在的证人出庭率低的问题，新《刑事诉讼法》通过强制证人出庭、证人保护以及证人补偿等多种措施促使证人出庭。但从两年来的实施情况观察，证人出庭率并未明显增加，实践中依然存在着控方证人不出庭、辩方证人出庭受到控方人为阻挠的现象。为了保障辩方能够与证人以及鉴定人当面对质，我国应确立直接言词原则，对于符合法定条件应出庭的证人无法定理由拒不出庭的，应否定其证言效力，即不得将其作为定案的根据。

再次，应逐步实现当庭宣判。由于法官业务水平参差不齐以及法官不独立等多种因素的影响，造成我国目前案件经过审理后，其宣判方式一般均为定期宣判而非当庭宣判。定期宣判的弊端为，最终的判决可能受到其他因素影响，从而使庭审阶段辩护律师所发表的辩护意见对法官心证的影响消失殆尽。因此，随着庭前案卷材料移送的恢复以及合议庭独立性的加强，应逐步实现案件的当庭宣判。

最后，增强判决书的说理性。判决书的正文部分应记载律师的主要辩护意见，对辩护意见的采纳与否应充分说明理由。尤其是不采纳辩护意见的，应该进行充分的论证，公布法官心证的形成以及判断推理过程，这样才能增强判决的透明度，使被告人服讼息判。

（五）死刑复核阶段应保障辩护律师享有完整的辩护权

为了真正落实死刑复核程序中辩护律师意见的发表和采纳，应完善以下配套制度。首先，应确立辩护律师死刑复核阶段的阅卷权、会见权以及调查取证权。司法实践中，被告人经常在死刑复核阶段更换律师，死刑复核的律师有时

---

① 陈瑞华：《刑事诉讼的前沿问题》，中国人民大学出版社 2005 年版，第 243 页。

并非一、二审律师，新介入的律师对案件之前的情况并不了解，如果辩护律师不享有阅卷、会见、调查取证等基本诉讼权利，将会导致律师发表辩护意见徒具形式而不能产生任何实质性效果。其次，死刑复核裁定书对辩护律师的意见应有必要的回应，陈述对律师意见采纳与否的理由，尤其是不采纳辩护律师意见的，要进行充分的说理论证。再次，对死刑复核的法院拒绝听取辩护律师意见的，应确立程序性制裁。"无制裁则无法律规制"，制裁"乃是一项法律规范得以存在和得以有效的根本标准"。① 对于最高人民法院拒绝听取辩护律师意见的，应确立不利的程序性后果，可以考虑引入诉讼行为无效制度，即如果最高人民法院违反了听取辩护律师意见的义务，可以使死刑复核行为归于无效。最后，应明确听取辩护律师意见的具体程序，明确听取意见的具体时间、地点、听取意见的主体以及听取方式，增加规定的可操作性。值得欣慰的是最高人民法院于2015年1月19日发布了《最高人民法院关于办理死刑复核案件听取辩护律师意见的办法》，该办法规范了辩护律师查询立案信息、阅卷、提出意见的时间、方式等内容，尤其是当面听取辩护律师意见的，对听取意见的场所、人员以及录音录像予以明确。

（六）对于律师提出的非法证据排除申请，应进行积极调查并作出相应的处理

2012年《刑事诉讼法》基本吸收了两高三部《关于办理刑事案件排除非法证据若干问题的规定》的相关内容，对非法证据的认定以及排除的程序予以明确化，明确规定在侦查、审查起诉、审判时发现有应当排除的非法证据，应当依法予以排除，不得作为起诉意见、起诉决定和判决的依据，即公、检、法三机关都有排除非法证据的义务。司法实践中，公安机关排除非法证据的动力不足，负有法律监督职责的检察机关应在审前担负排除非法证据的重任。检察机关获取非法证据信息来源的途径除了阅卷以及参与重大案件的侦查活动外，另一重要的途径即为接受相关人员的报案、控告以及举报。由于嫌疑人在审前基本处于羁押状态，如果其遭受刑讯逼供等非法取证行为，最有效的方法为通过辩护律师向检察机关反映。因此对于辩护律师提出的非法证据排除申请，检察机关应认真听取其意见；对于辩护律师提出非法取证的相关线索或材料，应当

---

① 博登海默：《法理学：法律哲学与法律方法》，邓正来译，中国政法大学出版社2004年版，第362页。

进行相应的调查，通过向嫌疑人了解情况，审查侦查机关提供的同步录音录像，调查出入看守所记录以及体检表等，做出是否排除证据的决定。检察机关经过调查后，认为侦查人员未实施非法取证，不排除证据的，应向辩护律师告知并说明不排除的理由。对审判机关而言，应充分重视辩护律师提出的排除非法证据的申请。辩方的申请符合启动排除非法证据的条件，审判人员应积极启动，必要时审判人员可以主动进行调查，以弥补辩方取证能力的不足。

（七）辩护律师应提高执业水平和遵守职业道德

《刑事诉讼法》关于听取律师意见的新规定给辩护律师带来新的机遇，同时也是一种挑战。长期以来，我国刑事辩护的整体质量不高，律师很少进行调查取证，个别律师阅卷、会见甚至法庭上发表辩护意见走形式，辩护效果不够理想。辩护律师有效发表意见的前提是辩护有事实和法律依据，如果辩护律师不主动参与刑事诉讼活动，不主动进行调查取证，不积极主动通过阅卷发现控方证据存在的疑点，辩护效果可想而知。因此，除了消极辩护外，律师应致力于从事积极辩护活动，尤其是注意收集有利于被告人的与定罪量刑有关的证据。

辩护律师应遵守职业道德，在执业过程中约束自己的行为，不得帮助犯罪嫌疑人、被告人隐匿、毁灭、伪造证据或者串供，不得威胁、引诱证人作伪证以及进行其他干扰司法机关诉讼活动的行为。辩护律师应不断提高业务水平，积极参加各种学习和培训，增强自己的办案能力，为犯罪嫌疑人、被告人提供有效的法律帮助。我国应积极创造条件，总结经验，尽快确立无效辩护的标准，以保证刑事辩护的质量，有效维护被追诉者的合法权益。

三十四、加强刑事法律援助

20世纪以来，随着市场经济的高速发展和人权保障潮流在世界范围的兴起，刑事司法领域中加强人权保障的呼声越来越高，刑事法律援助制度应运而生。刑事法律援助最早产生于英国，分别经历了慈善阶段、社会化阶段以及国家福利阶段。目前，各主要国家都普遍建立了刑事法律援助制度，主要由政府出资为那些因为经济原因请不起律师的被告人免费提供律师。①《公民权利和政治权利国际公约》第14条第三款规定："在判定对他提出的任何刑事指控时，人人完全平等地有资格享受以下的最低限度的保证"；"有相当时间和便利准备他的

---

① 参见樊崇义主编：《刑事诉讼法》，中国政法大学出版社2013年版，第179页。

辩护并与他自己选择的律师联络"，"出席受审并亲自替自己辩护或经由他自己所选择的法律援助进行辩护；如果他没有法律援助，要通知他享有这种权利；在司法利益有此需要的案件中，为他指定法律援助，而在他没有足够能力偿付法律援助的案件中，不要他自己付费"。

按照联合国人权委员会的要求，法庭为被告人指定的律师应为其提供有效的辩护。为此应确立以下规则：①在为被告人提供法律援助时，法庭必须指定那些有能力代表其利益并为其辩护的律师担当此任；②法庭为被告人指定的律师应受到过必要的培训并具备必要的经验，以在适应案件的性质和严重程度的情况下进行辩护；③被法庭指定从事法律援助的律师应以一种独立的方式自由地进行职业上的判断，而不受政府或法院的影响；④法庭指定从事法律援助的律师必须作对被告人有利的辩护，并根据自己的职业判断选择辩护策略；⑤由法庭指定的辩护律师应获得相应的经济补偿，以确保其有足够的动力为被告人提供充分的辩护。[①]

刑事法律援助是指为了保障被追诉者的辩护权顺利实现，实现法律的平等保护，国家对因经济困难或者其他原因没有委托辩护人的犯罪嫌疑人、被告人提供免费法律帮助的制度。刑事法律援助制度是刑事诉讼制度的重要组成部分，构建完善的刑事法律援助制度，有利于刑事诉讼人权保障目标的实现，增强被追诉者的防御能力，使受援的嫌疑人、被告人感受到司法的公平正义，增强其对人民法院判决的可接受程度。

（一）我国刑事法律援助的基本状况

我国刑事辩护率长期处于较低水平。1996 年《刑事诉讼法》修订后，由于辩护制度尚不完善，刑事辩护率一直较低。据统计，近十年来我国的刑事辩护率为 20% ~30%，经济不发达的省份辩护率更底。刑事诉讼辩护率低的原因在很大程度上可以归结为犯罪嫌疑人、被告人经济困难，无力支付聘请辩护律师费用。因为从目前刑事辩护律师收费的标准看，一个刑事案件从侦查到审判的律师辩护费用基本相当于一个中等收入水平劳动者的半年收入。[②]

新中国刑事法律援助制度的正式确立以 2003 年国务院《法律援助条例》的

---

① 参见陈瑞华：《比较刑事诉讼法》，中国人民大学出版社 2010 年版，第 256 页。

② 参见刘方权："中国需要什么样的刑事法律援助制度"，载《福建师范大学学报》2014 年第 1 期。

颁布为标志。由于我国刑事法律援助制度起步较晚，发展缓慢，造成法律援助律师介入的比例较低。刑事法律援助的萎缩状态造成嫌疑人、被告人的实体性以及程序性权利无法得到有效保护，尤其是对于大量的因经济困难而无力聘请律师的家庭贫困者而言，更是直接剥夺其获得法律帮助的权利。为了改变这一状况，2012年《刑事诉讼法》对刑事法律援助制度进行了完善：其一，将律师介入法律援助的时间提前到侦查阶段。1996年《刑事诉讼法》规定的指定辩护仅适用于审判阶段，而按照《法律援助条例》，犯罪嫌疑人在被侦查机关第一次讯问或采取强制措施之日起，因经济困难未聘请律师的，可以向法律援助机构提出申请。2012年《刑事诉讼法》吸收了以上规定，将法律援助的时间提前到侦查阶段。其二，扩大了强制辩护的范围。2012年《刑事诉讼法》规定犯罪嫌疑人、被告人是盲、聋、哑人，或者是尚未完全丧失辨认或控制自己行为能力的精神病人；犯罪嫌疑人、被告人是未成年人；犯罪嫌疑人、被告人可能判处无期徒刑、死刑，没有委托辩护人的，人民法院、人民检察院、公安机关应当通知法律援助机构指派律师为其辩护，将强制辩护的案件扩大到可能被判处无期徒刑以上的刑事案件。同时在强制医疗程序中规定，被申请人或被告人没有委托诉讼代理人的，人民法院应当通知法律援助机构指派律师为其提供法律帮助。其三，改变法律援助的产生方式。1996年《刑事诉讼法》规定的法律援助的产生方式为人民法院指定，2012年《刑事诉讼法》将其修改为公、检、法应当通知法律援助机构指派律师提供辩护，将人民法院从负责指派法律援助律师的任务中解脱出来。其四，扩大申请法律援助的人员范围。犯罪嫌疑人、被告人因经济困难或其他原因没有委托辩护人的，本人及其近亲属可以向法律援助机构提出申请，对符合法律援助条件的，法律援助机构应当指派律师为其提供辩护。

不可否认，上述规定可以有力推动我国刑事法律援助制度的发展。但必须正视的是，刑事法律援助依然存在以下问题：其一，法律援助的义务主体不够明确，实践中存在将法律援助义务转嫁给律师的情况。《法律援助条例》第3条明确规定"法律援助是政府的责任"；但该条例同时规定，"律师应当依照律师法和本条例的规定履行法律援助义务，为受援人提供符合标准的法律服务，依法维护受援人的合法权益，接受律师协会和司法行政部门的监督"。《律师法》第42条规定："律师、律师事务所应当按照国家规定履行法律援助义务，为受援人提供符合标准的法律服务，维护受援人的合法权益。"以上规定有将法律援助的国家责任转嫁为律师责任的嫌疑。其二，法律援助的范围依然有限。《刑事诉讼法》将法律援助的刑期条件规定为无期徒刑以上，实践证明被判处无期徒刑以上的被告人占极少数，这将使大量的嫌疑人、被告人被排除在法律援助之外。其三，二审程序、死刑复核程序以及审判监督程序是否需要进行法律援助，法律并无明确规定。其四，刑事诉讼法仅明确了对犯罪嫌疑人、被告人的法律援助或强制辩护制度，而对作为刑事诉讼当事人之一的被害人是否应给予法律援助，刑事诉讼法留下空白。

法律援助在司法实践中的运行亦面临困境。无论是从法律援助的案件数量还是质量来看，均不能达到预期目标。首先，全国法律援助机构的办案数在逐年增加，但法律援助案件的比例依然较低。据统计，2003～2011年，刑事法律援助案件占全年一审审结刑事案件比例平均为14.5%，仅占全年一审审结刑事案件的1/7左右。[①] 其次，由于提供给法律援助律师的经费有限，并缺乏法律援助质量体系的控制标准，导致法律援助的效果不尽人意。除少数专业水平较高和责任心强的律师外，绝大多数法律援助律师不认真行使会见、阅卷、调查取证等权利，导致法庭上的辩护流于形式，很难有效维护受援者的合法权益。

（二）刑事法律援助的完善路径

1. 逐步扩大刑事法律援助的案件范围

将强制辩护的最低刑期确定为有期徒刑，将老年人纳入援助范围，同时明确二审程序、死刑复核程序以及审判监督程序中符合条件的被告人均有获得法律援助的权利。需要强调的是，刑事诉讼法再次修改时，应将被害人明确规定在法律援助的范围之内。司法实践表明，刑事案件的被害人大多属于经济困难群体，被害人在刑事诉讼中有独立的诉讼利益需要维护，尤其是由于犯罪行为遭受物质损失的被害人更需要法律援助的帮助。

2. 降低申请法律援助辩护的标准

犯罪嫌疑人、被告人因经济困难或其他原因没有委托辩护人的，本人及其近亲属可以向法律援助机构提出申请。对符合法律援助条件的，法律援助机构

---

① 参见顾永忠、陈效："中国刑事法律援助制度发展研究报告"，载顾永忠主编：《刑事法律援助的中国实践与国际视野》，北京大学出版社2003年版，第15页。

应当指派律师为其提供辩护。最高人民法院、最高人民检察院、公安部、司法部联合发布的《关于刑事诉讼法律援助工作的规定》第 4 条规定，"公民经济困难的标准，按案件受理地所在的省、自治区、直辖市人民政府的规定执行"，而各省、自治区、直辖市又普遍将"公民经济困难的标准"界定为与当地最低生活保障标准一致，结果导致申请法律援助的范围被限制得极为狭窄。[①] 应改变目前将法律援助的"经济困难"的标准等同于当地最低生活保障标准。笔者建议，判断申请法律援助的主体是否存在经济困难的情况，应参照当地居民的平均工资水平，申请者的收入低于平均工资水平的，即可对其进行法律援助。

3. 对法律援助案件进行质量监控

保障辩护权，首先必须保障辩护人的委托权。但是，更为重要的是可以接受辩护人的有效辩护。[②] 提高法律援助辩护质量是刑事法律援助良性发展的前提和必要条件。法律援助辩护质量的提高需要参与者不断提高专业技能，增强责任心；同时，合理的质量监控也是保障辩护质量的有效途径。对法律援助案件的质量监控可通过两种主要途径展开：一种途径是建立一套既包括办案结果指标，也包括办案过程指标的案件质量评估体系，通过主、客观审查的方式来评估其工作成效；另一种途径是建立非定型化的工作关系模式，即根据援助人员已有的工作表现来确定未来是否提供指定援助的机会及援助机会的多少，并与个人津贴收入挂钩。实际监控中，两种方式应有机结合。[③] 同时，作为法律援助的主管机关，对法律援助工作应建立基本的工作标准，有基本的质量审查体系；最起码要有会见被告人的笔录，有阅卷笔录，要提交辩护思路和辩护意见，树立基本的尽职义务。[④]

确立有效辩护。我国有学者认为，有效辩护应包括以下三层含义：一是犯罪嫌疑人、被告人作为刑事诉讼主体应当享有充分的辩护权；二是在刑事诉讼中，应当准许犯罪嫌疑人、被告人聘请合格辩护人为其全程辩护；三是国家应当保障犯罪嫌疑人、被告人自行辩护权的充分行使，设立法律援助制度，确保

[①]　参见陈永生："我国刑事法律援助的范围与经费问题透视"，载顾永忠主编：《刑事法律援助的中国实践与国际视野》，北京大学出版社 2013 年版，第 227 页。

[②]　参见田口守一：《刑事诉讼法》，法律出版社 2000 年版，第 90 页。

[③]　参见左卫民、马静华："刑事法律援助改革试点之实证研究——基于 D 县试点的思考"，载《法制与社会发展》2013 年第 1 期。

[④]　参见田文昌、陈瑞华对话录：《刑事辩护的中国经验》，北京大学出版社 2013 年版，第 369 页。

犯罪嫌疑人、被告人获得律师帮助。① 也有学者认为，有效辩护是指犯罪嫌疑人、被告人及其辩护律师提出的正确意见和主张被办案机关所采纳，从而使得程序上和实体上有利于犯罪嫌疑人、被告人的诉讼决定得以做出。实现有效辩护必须满足的条件是：一是合格的刑事辩护律师；二是充分的庭前准备；三是与被告人充分的协商沟通；四是对控诉方案件材料的有效审查；五是提出合理的辩护主张。②上述两种观点的主要区别是：前者从广义上界定有效辩护，强调的是嫌疑人、被告人享有充分的辩护权以及有权委托辩护和获得法律援助辩护。而后者从狭义上界定有效辩护，关注的是辩护质量的保证。对法律援助进行质量监控是实现有效辩护的必然要求。笔者认为，有效辩护固然包括被追诉者自身辩护权的充分行使，但更加强调的是律师进行刑事辩护时的有效性。即辩护律师不能仅满足于从形式上履行职责，更重要的是辩护律师应积极充分参与刑事诉讼活动，通过会见，与被追诉者进行充分的沟通和协商，认真查阅、摘抄、复制案卷材料，积极调查核实证据，对有利于被追诉者的定罪和量刑证据充分搜集，庭审阶段对控方证据进行充分的质证和辩论。通过以上活动，为被追诉者提供高质量的辩护。

4. 设立规范的刑事辩护准入制度

为了实现法律援助的有效性，应确定刑事辩护律师专业资格，提高刑辩律师专业素质。彻底改变当前凡是取得律师职业资格的人员无论时间长短、水平高低均可从事刑事辩护的不正常情况，以保证刑事辩护的质量。③ 根据两院两部《关于刑事诉讼法律援助工作的规定》第13条第1款规定，"对于可能被判处无期徒刑、死刑的案件，法律援助机构应当指派具有一定年限刑事辩护执业经历的律师担任辩护人"；该条第2款规定，"对于未成年人案件，应当指派熟悉未成年人身心特点的律师担任辩护人"。根据以上规定，以后应逐步设立规范的刑事辩护准入制度。

5. 扩大刑事法律援助队伍

鉴于我国有限的律师数量，法律援助的对象扩大后，可能与辩护律师数量

---

① 参见宋英辉等：《刑事诉讼原理》，北京大学出版社2014年版，第71页。

② 参见樊崇义、赵培显："有效辩护与刑事法律制度的完善"，载顾永忠主编：《刑事法律援助的中国实践与国际视野》，北京大学出版社2013年版，第133~136页。

③ 参见冀祥德：《控辩平等论》，法律出版社2008年版，第248页。

形成紧张关系。因此，可以考虑吸收社会力量参与刑事法律援助，允许基层法律工作者、法律专业教师和取得法律职业资格证书的学生以及退休司法人员参与法律援助工作。

三十五、保障犯罪嫌疑人、被告人辩护权的实现

辩护权是犯罪嫌疑人、被告人的基本诉讼权利，是一项没有任何例外和但书的权利。从保障嫌疑人、被告人的诉讼权利来看，学者的研究重点是保障辩护人尤其是辩护律师有效参与刑事诉讼，包括辩护律师的广泛参与和进行有效辩护。2012 年《刑事诉讼法》对于辩护制度的修改同样体现了这一宗旨，无论是明确侦查阶段辩护人的地位，还是保障辩护律师会见、阅卷、申请调取证据权的实现，以及听取辩护律师的意见、加强对辩护律师的权利救济等均从辩护人的角度考虑问题，即将嫌疑人、被告人辩护权的保障转化为辩护律师权利的保障，并且想当然地认为只要辩护律师的权利得以保障，则嫌疑人、被告人的辩护权即可完全实现。

诚然，辩护人尤其是辩护律师是刑事诉讼活动的重要参与力量，也是防范错案不可或缺的主体。但我国的司法现状是辩护律师参与刑事诉讼并不具有广泛性。据学者统计，从全国来看，到目前为止辩护律师参与刑事诉讼的比例也只有 30% 左右，有的偏远地区还低于这一比例，这就意味着绝大多数的嫌疑人、被告人是在缺少律师帮助的状况下接受追诉的，其行使辩护权的方式只能是自我辩护。对于委托了辩护律师的嫌疑人、被告人，如果法律只强调辩护律师权利的保障而忽视嫌疑人、被告人自身的权利保障，可能会导致一些本来应由被追诉者享有的权利被忽视甚至被剥夺。根据我国《刑事诉讼法》的规定，无论是阅卷权还是会见权以及调查取证权、申请调取证据权均由辩护律师行使。这可能意味着无辩护律师参与的案件，嫌疑人、被告人了解案卷信息及申请调取证据等权利根本无法实现。近年来，有学者注意到这一问题并进行深入的研究，[①] 认为嫌疑人、被告人才是辩护权的主体，辩护人的权利来源于嫌疑人、被告人权利的让渡。因此，嫌疑人、被告人应享有会见权，即会见权的行使是双向的，辩护律师可以要求会见，嫌疑人、被告人也可以要求会见；同理，嫌疑

---

① 参见陈瑞华："论被告人的自主性辩护权——以'被告人会见权'为切入的分析"，载《法学家》2013 年第 6 期；陈瑞华："论被告人的阅卷权"，载《当代法学》2013 年第 3 期。

人、被告人也应享有阅卷、申请调查取证等权利。笔者赞同以上观点，嫌疑人、被告人在刑事诉讼中拥有主体地位，应享有一系列的诉讼权利，包括条件性权利、手段性权利以及保障性权利。我国刑事诉讼中被追诉者的主体地位并未完全确立，《刑事诉讼法》及司法解释还存在要求被追诉者配合国家专门机关追诉犯罪的规定。在此情况下，更应加强对犯罪嫌疑人、被告人自身辩护权的保障。

《刑事诉讼法》在"证据"一章规定了不得强迫任何人证实自己有罪的原则，确立非法证据排除规则，要求侦查人员在讯问犯罪嫌疑人时，应当告知犯罪嫌疑人如实供述自己罪行可以从宽处理的法律规定。虽然有学者认为不得强迫任何人证实自己有罪的表述不够科学，因为"证实有罪"应当是诉讼证明活动的结果，需要达到相对高的证明标准。任何人包括嫌疑人、被告人即使遭受强迫，也难以证实自己有罪，并主张将这一规定改为"不得强迫任何人承认自己有罪"。但瑕不掩瑜，"不得强迫自证其罪"的确立有利于嫌疑人、被告人各项诉讼权利的保护，尤其是可以避免其受到刑讯逼供等非法取证行为。然而令人不解的是，2012年《刑事诉讼法》同时保留了"犯罪嫌疑人对于侦查人员的提问，应当如实回答"的规定。对"应当如实回答"与"不得强迫自证其罪"关系的理解，全国人大法制工作委员会副主任朗胜在2012年3月8日答记者问时强调：二者并不矛盾，对侦查人员的提问，嫌疑人有回答或不回答的选择权，如果选择回答，则应"如实"回答，不得误导侦查人员。笔者对这一解释持保留态度，从文义解释的角度来分析，"应当如实回答"的重点首先是应当回答，其次才是应当如实回答。而对侦查人员的提问，"应当如实回答"的义务显然与"不得强迫任何人证实自己有罪"的规定相悖，很可能会架空2012年《刑事诉讼法》确立的旨在保障嫌疑人诉讼权利的各项规定。因此，笔者认为《刑事诉讼法》再修改时应取消"如实陈述"义务的规定。同时，为了真正贯彻"不得强迫任何人证实自己有罪"的规定，我国《刑事诉讼法》应明确确立"无罪推定"原则。

三十六、确立程序性救济和程序性制裁

法谚有曰："无救济即无权利"。刑事诉讼法对于辩护权保障的规定已经较为完备，但根据实证调研的结果来看，2012年《刑事诉讼法》实施以来，辩护律师参与刑事诉讼的不理想状况并未得到根本转变，表现为检察机关对辩护律师的会见持谨慎态度，有阻碍律师会见的现象；辩护律师申请调取证据以及申

请调查取证依然面临困难。笔者认为，造成以上问题的根本原因在于辩方权利受到侵犯时缺乏有效的救济手段。另外，对办案机关或办案人员剥夺辩护权的行为，未确立程序性制裁措施。程序性制裁是指制裁的对象不是违法办案机关或办案人员本身而是办案人员获取的诉讼利益，一旦确认程序违法行为成立，即宣布由此获得的诉讼利益无效或不发生预期的诉讼效果，即通过剥夺违法者获取的利益，达到"釜底抽薪"的效果。①

2012年《刑事诉讼法》第47条和第115条分别规定了辩护人、诉讼代理人行使诉讼权利受阻碍的救济方式以及当事人和辩护人、诉讼代理人、利害关系人认为办案机关及其人员存在违法行为的救济途径。从救济内容来看，刑事诉讼法第115条采取了列举式规定，包括五种情形："（一）采取强制措施法定期限届满，不予以释放、解除或者变更的；（二）应当退还取保候审保证金不退还的；（三）对与案件无关的财物采取查封、扣押、冻结措施的；（四）应当解除查封、扣押、冻结不解除的；（五）贪污、挪用、私分、调换、违反规定使用查封、扣押、冻结的财物的。"前两种属于对强制措施的救济，后三种属于对查封、扣押、冻结财物的救济，以上规定值得肯定。然而，如果侦查人员在第一次讯问嫌疑人或者采取强制措施之日，未对嫌疑人履行可以委托辩护人的告知义务，如何处理？嫌疑人、被告人在押期间要求委托辩护人的，公、检、法机关本应及时转达其请求，但如果上述机关对其请求不予转达如何处理？上述问题如何解决显然无法在新增的救济条款里找到答案。不可否认，2012年《刑事诉讼法》新增的救济条款对解决刑事司法实践中存在的辩护律师行使权利受阻以及被羁押的嫌疑人、被告人缺乏权利救济途径有积极作用。但以上规定最大的问题是未确立程序性制裁，即对于办案机关及人员剥夺辩护权的行为，未确立对其不利的程序性后果。另外，法律规定救济的义务主体为检察机关，而检察机关在追诉犯罪的任务上，与侦查机关具有同质性，而且有时检察机关即为违法机关，这种自我监督显然无法有效发挥作用。

2012年《刑事诉讼法》增加规定了非法证据排除规则，确立了典型的程序性制裁措施。但是，对于办案机关及办案人员剥夺嫌疑人、被告人辩护权的行为，并未确立任何程序性制裁。"对于程序性违法行为来说，程序性制裁应当是

---

① 陈瑞华：《程序性制裁理论》，中国法制出版社2005年版，第535页。

程序性救济之中的最后一道措施。"① 法律的强制性依赖于法律义务的违反必会遭受制裁，无制裁的法律义务徒具宣示性质，无任何实质意义。为了保障辩护权的充分行使，构建控辩平等的刑事诉讼结构，对于公、检、法机关剥夺嫌疑人、被告人辩护权的，应确立程序性制裁。司法实践中的违法行为主要体现为：办案机关无正当理由拒绝辩护律师会见嫌疑人、给辩护律师阅卷制造障碍或无正当理由拒绝律师申请调取证据以及拒绝律师申请调查取证等。笔者认为对办案机关的上述行为，可确立如下制裁机制：如果办案机关无正当理由拒绝辩护律师提出会见的要求，在此期间所获取的讯问笔录不得用作对嫌疑人、被告人不利的证据；办案机关向辩方隐瞒证据的，则应将此证据从控方的证据体系排除；检察机关、人民法院无正当理由拒绝嫌疑人、被告人提出的调取证据以及调查取证申请的，在该证据证明的犯罪事实或情节上，在法庭上可以直接作出对控方不利的认定。

---

① 顾永忠等著：《刑事辩护：国际标准与中国实践》，北京大学出版社 2012 年版，第 325 页。

第八章

诉讼监督：防范刑事错案的保障机制

三十七、侦查监督

（一）侦查监督的概念

侦查监督，是人民检察院对侦查机关执行法律情况的监督，即对侦查机关侦查的案件在认定事实、适用法律上是否正确、合法以及在侦查活动中有无违法行为实行的监督。狭义说认为，侦查监督是指检察机关对侦查人员违法侦查活动的监督。狭义说将侦查监督的范围限定在侦查机关违法侦查情形，审查批捕和审查起诉则是侦查监督的重要途径。广义说认为，侦查监督是检察机关对整个刑事侦查工作的监督，包括侦查活动的监督、审查批捕以及审查起诉。折中说认为，侦查监督是检察机关对刑事立案、侦查活动以及审查批捕的法律监督。[①] 最高人民检察院在 2000 年将审查批捕厅更名为侦查监督厅，并且在全国检察机关第一次侦查监督工作会议上明确了以审查逮捕、刑事立案监督、侦查活动监督三大职能为主要内容的侦查监督工作职能定位，这恰恰是对折中说的回应。

在西方国家尤其是英美法系，鲜有使用"监督"一语，无论是"superintend"还是"supervise"，皆有上对下进行控制的含义，有监督、指挥、主管、控制之意。在不同的场合中也会使用到其他词汇，如 oversee、control 等。特别是在"三权分立"的理念与制度支撑下，并不存在上位权力的监督，而习惯于使

---

① 参见陈国江：《论我国侦查监督制度的现状及完善》，西南财经大学 2012 年硕士学位论文，第 3 页。

用"checks and balance"，即制衡，认为制衡体现了分权制约的原理。① 根据域外的考察，西方法治国家对侦查活动的监督与控制形式主要包括司法审查、令状主义、人身保护令、保释制度等。

（二）域外侦查监督的比较法考察

1. 大陆法系国家的侦查监督制度②

大陆法系国家在体制上一般采用"检警一体化"模式，即检察机关是公诉权与侦查权的统一主体，检察机关对侦查活动享有广泛的指挥权与控制权，因而在客观形式上具备了监督权。警察机关尽管享有侦查权，却无论在名义上还是实质上均不是独立的侦查权主体，而只是检察机关的从属性或辅助性机关。

法国的检察机关对侦查权从许多方面进行控制和监督。其一，检察官在办理刑事案件时，有权依法直接动用公共力量，指挥司法警察侦查或自行侦查。《法国刑事诉讼法典》第 35 条规定："检察长在履行职责时，有权直接动用公共力量。"第 38 条规定："司法警官和司法警察受检察长指挥和监督。检察长可以要求这些司法警官和警察收集有利于司法审判的任何情况。"第 41 条规定："共和国检察官自己或使他人采取一切追查违法犯罪的行为。为此，他有权指挥所在法院辖区范围内的司法警官或司法警察的一切活动。共和国检察官有权决定采取拘留的措施。共和国检察官享有法律授予司法警察的一切权力和特权。"第 68 条规定："共和国检察官到达现场时，司法警察即卸去责任。"其二，《法国刑事诉讼法典》授予了检察官几乎在侦查活动各个环节的控制权。无论是案件的发现、证据的扣押、勘验、侦讯、预侦还是拘留，都在检察官的控制和监督之下。司法警察发现案情要立即向检察官报告，并及时到案发现场进行先期调查。侦查过程中，司法警察可以收集有关联的物证和书证，但前提是必须经检察官同意。对于预侦，司法警察可依职权自主进行，但要接受检察官监督，如果需要强制相关人员到场则需事先报告检察官。其三，为检察官控制和监督侦查活动建立了相关保障机制。"一是授权制度：除市（镇）长及其助理外，其他司法警官刑事侦查权必须经过授权。检察长可以根据有关法律规定撤销、中止

---

① 参见杨茜：《论侦查监督的立法完善》，山西大学 2012 年硕士学位论文，第 3 页。

② 本部分参见范松辉：《侦查监督制度研究》，中国政法大学 2009 年硕士学位论文，第 16～18 页；其中法国刑事诉讼法条部分参见罗结珍译：《法国刑事诉讼法典》，中国法制出版社 2006 年版；德国刑事诉讼法条部分参见李昌珂译：《德国刑事诉讼法典》，中国政法大学出版社 1995 年版。

授权。二是人事制度：赋予检察长指定警察署署长的权力。"①

德国检察机关的设置与法国类似，也是附设于各级普通法院内部并且隶属于司法部。警察机关则隶属于内务部。不过德国是联邦制国家，联邦和州各有自己的检察院并分别隶属于联邦和州司法部，有自己的警察机关并分别隶属于联邦和州内务部。联邦检察机关对州检察机关没有领导权，只是指导、协调和监督关系，但各州区域内的检察机关则实行上下级领导体制，并且无论联邦或州，同一检察院内部上下级检察官之间也是领导与被领导关系。联邦警察机关与州警察机关的关系与检察系统类似。1974 年，德国实行多年的预审制度被废止，侦查指挥权和起诉决定权也由预审法官转移于检察官。《德国刑事诉讼法典》未设定专门的侦查程序，有关侦查活动的事项被规定在法典第二章"公诉之准备"程序中。依该法典，检察机关是法定的侦查机关，拥有几乎对任何案件的侦查权；警察机关则被视为检察机关的辅助机构，其侦查权受到检察机关的广泛控制。警察在刚获得犯罪信息或发现犯罪情况后应当立刻进行先期侦查，在紧急情况下可以先采取必要行动。但这两种情况下，警察都需及时向检察官报告，当检察官介入时即应听从检察官指挥。除此之外，警察一般须得到检察机关指示或在检察官指挥下才能行使侦查权。《德国刑事诉讼法典》第 163 条规定："警察机构部门及官员要侦查犯罪行为，作出所有不允许延误的决定，以避免产生调查案件真相困难。警察机构部门及官员应当不迟延地将案卷材料、证据送交检察院。"第 161 条规定："检察院可以要求所有的公共部门提供情况，并且要么自行，要么通过警察机构及官员进行任何种类的侦查，警察机构部门及官员负有接受检察院请求、委托的义务。"不过，在司法实践中，由于检察机关并不具备专业的刑事侦查知识、技术与装备，也没有足够的侦查力量，大部分刑事案件是由警察独立侦查终结的。

2. 英美法系国家的侦查监督制度

英美法系国家采取对抗式的刑事诉讼模式，此模式强调犯罪嫌疑人与侦查机关地位的平等性及对抗性，注重程序的正当性，偏重对犯罪嫌疑人权利的保护。针对侦查程序，英国和美国主要是通过建立司法审查程序的方式，予以监督和制约警察的侦查行为。首先，实行"令状"制度，要求必须由法官签发逮

---

① 种松志：《检警关系论》，中国人民公安大学出版社 2007 年版，第 86 页。

捕证和搜查证，即"有证逮捕"和"搜查"，以防止侦查机关毫无约束、漫无边际的侦查。其次，实行逮捕与羁押相分离制度。对任何犯罪嫌疑人逮捕之后的羁押期限一般都不允许超过 24 小时，如果还要延长对犯罪嫌疑人的羁押期限，就必须取得法院的授权。再次，实行保释制度。在侦查期间，除极少数法定情形外，犯罪嫌疑人都有权要求保释，法院一般应予保释。最后，建立非法证据排除规则。法官如果发现被告人的有罪供述系警察采用强制、压迫或其他非法手段获取的，就必须将该证据排除，而无需考虑其他因素。非法证据排除规则已经成为法院对侦查程序实施司法审查和控制的有效途径。①

在英国，英格兰和威尔士的犯罪侦查主要由警察负责，警察具有广泛的询问权。苏格兰的犯罪侦查由地方检察官负责，日常检察工作是在检察官的一般监督下授权给警察完成的；在侦查犯罪方面，警察局长应当服从适当的检察官依法作出的指示。英国主要通过确立较为完善的针对侦查程序的司法审查程序，对司法警察的侦查行为予以监督，法官在侦查监督中起到主导作用。主要有：①设立司法令状制度，逮捕证和搜查证必须由治安法官签发，警察要逮捕、搜查嫌疑人时，应向治安法官提出书面申请，由治安法官批准。无证逮捕和搜查只在紧急情况或特定情况下才能进行。警察进行无证逮捕后，应在 24 小时内提出控告，移交治安法院。②设立人身保护制度。嫌疑人在被羁押期间，必须保证其每 24 小时内有 8 小时的休息时间；警察在对嫌疑人询问一段时间后，必须使其有一短暂的休息时间；嫌疑人如果认为羁押不合法，可向高等法院申请人身保护令。③设立保释制度，被告人从羁押时起，直到上诉阶段，都有权要求保释，除极少数法定情形外，法院一般应予以保释。但可以附加诸如不得干扰证人、不得妨碍诉讼等条件等情形。②

美国对警察的侦查行为实行较为严格的司法审查和控制，法官拥有更多的侦查监督权。主要表现为：①法官签发搜查、扣押、逮捕、窃听等令状，侦查机关实施这些侦查行为必须向法官提出申请，由法官签发令状。如果控告表明，或者根据提出控告的宣誓书获悉，有合理根据相信有犯罪行为发生并且由被告人所为，应签发逮捕令，逮捕令由法案法官签发。②签发令状的限制性规定。

---

① 参见张海龙：《论我国侦查监督制度的完善》，安徽大学 2011 年硕士学位论文，第 12 页。

② 刘彦："侦查监督制度之比较"，载《国家检察官学院学报》2006 年第 5 期，第 64~65 页。

一般情况下，申请人要提交经宣誓的请求报告，法官认为有"合理根据"时才能予以签发。所谓"合理根据"，是指作为一个正常人处在那样的一种特殊场合，以公正而不带偏见的态度，把一切现有的信息情况考虑在内，如果认为某人很可能犯了罪，那么他可以逮捕这个人。签发搜查、扣押的令状中应明确要扣押的财产或人员，明确和描述搜查人员的名字或地点名称，且只能对令状中规定的情形进行扣押、搜查。同时，美国也通过逮捕与羁押分离制度、非法证据排除规则来进一步控制侦查权。①

（三）我国侦查监督制度的现状

我国检察机关自1978年恢复重建至1997年，初步设立了刑事检察部门依法统一履行审查批捕和审查起诉的职能。1996年《刑事诉讼法》强化了检察机关履行刑事诉讼监督的职能，增设了立案监督职权。为全面履行法律监督职能，1999年最高人民检察院将刑事检察厅分为审查批捕厅和审查起诉厅，由审查批捕部门独立承担对刑事案件的审查批捕、立案监督等职能。2000年9月，最高人民检察院将审查批捕厅更名为侦查监督厅，全国各级检察机关原来的刑事检察部门也相应分设为公诉部门和侦查监督部门，检察机关侦查监督工作得以快速、全面发展。②

1. 侦查监督的主体

2000年9月，最高人民检察院机构改革明确赋予了侦查监督部门"三项职责八大任务"，明确并细化了我国侦查监督工作制度的具体内容。三项职责具体规定为：一是审查逮捕；二是刑事立案；三是侦查活动监督。八大任务具体规定为：一是全力维护社会稳定；二是开展刑事立案监督；三是适时介入侦查，参与重大案件的讨论；四是审查批准和决定逮捕，延长羁押期限；五是要求侦查机关开展补充侦查；六是要求侦查机关提供法庭审判所必需的证据材料；七是开展侦查活动监督；八是对强制措施执行情况开展监督。

根据我国宪法和法律的规定，我国侦查监督的主体只能是检察机关。2012年《刑事诉讼法》第8条明确规定："人民检察院依法对刑事诉讼实行法律监督。"2012年最高人民检察院《人民检察院刑事诉讼规则（试行）》第552条也

① 参见刘彦："侦查监督制度之比较"，载《国家检察官学院学报》2006年第5期，第64~65页。
② 参见杨振江："侦查监督工作三十年回顾与展望"，载《人民检察》2008年第23期，第20页。

明确规定："人民检察院依法对公安机关的刑事立案活动进行监督。"

2. 侦查监督的范围

(1) 刑事立案监督。刑事立案监督，是指检察机关对侦查机关的刑事立案活动是否合法所进行的刑事诉讼法律监督，既包括对侦查机关应当立案而不立案侦查的审查，也包括对不应当立案而立案侦查所进行的审查。2012 年最高人民检察院《人民检察院刑事诉讼规则（试行）》第 553 条规定："被害人及其法定代理人、近亲属或者行政执法机关，认为公安机关对其控告或者移送的案件应当立案侦查而不立案侦查，或者当事人认为公安机关不应当立案而立案，向人民检察院提出的，人民检察院应当受理并进行审查。人民检察院发现公安机关可能存在应当立案侦查而不立案侦查情形的，应当依法进行审查。"

(2) 审查逮捕。审查批准逮捕是检察机关一项重要的法律监督职能，是检察机关对侦查机关的侦查活动开展侦查监督的重要途径。2012 年最高人民检察院《人民检察院刑事诉讼规则（试行）》规定："人民检察院审查批准或者决定逮捕犯罪嫌疑人，由侦查监督部门办理。""侦查监督部门办理审查逮捕案件，应当指定办案人员进行审查。办案人员应当审阅案卷材料和证据，依法讯问犯罪嫌疑人、询问证人等诉讼参与人，听取辩护律师意见，制作审查逮捕意见书，提出批准或者决定逮捕、不批准或者不予逮捕的意见，经部门负责人审核后，报请检察长批准或者决定；重大案件应当经检察委员会讨论决定。"

(3) 侦查活动监督。侦查活动监督是检察机关对侦查机关在侦查刑事案件过程中的侦查活动是否合法所进行的专门法律监督，是宪法和法律赋予检察机关的一种法律监督权力，是确保侦查程序合法性的重要监督渠道。它与刑事立案监督、审查批准逮捕共同构成了检察机关的侦查监督体系。

3. 侦查监督的主要途径

(1) 审查批准逮捕案件。2012 年《刑事诉讼法》第 86 条规定："人民检察院审查批准逮捕，可以讯问犯罪嫌疑人；有下列情形之一的，应当讯问犯罪嫌疑人：（一）对是否符合逮捕条件有疑问的；（二）犯罪嫌疑人要求向检察人员当面陈述的；（三）侦查活动可能有重大违法行为的。人民检察院审查批准逮捕，可以询问证人等诉讼参与人，听取辩护律师的意见；辩护律师提出要求的，应当听取辩护律师的意见。"第 93 条规定："犯罪嫌疑人、被告人被逮捕后，人民检察院仍应当对羁押的必要性进行审查。对不需要继续羁押的，应当建议予以释放或者变更强制措施。有关机关应当在十日以内将处理情况通知人民检察院。"

（2）适时介入侦查机关的侦查活动。2012年最高人民检察院《人民检察院刑事诉讼规则（试行）》第567条规定："人民检察院根据需要可以派员参加公安机关对于重大案件的讨论和其他侦查活动，发现违法行为，情节较轻的可以口头纠正，情节较重的应当报请检察长批准后，向公安机关发出纠正违法通知书。"

（3）受理相关的检举、申诉或控告。2012年最高人民检察院《人民检察院刑事诉讼规则（试行）》规定："人民检察院接到控告、举报或者发现行政执法机关不移送涉嫌犯罪案件的，应当向行政执法机关提出检察意见，要求其按照管辖规定向公安机关或者人民检察院移送涉嫌犯罪案件。""人民检察院控告检察部门受理对公安机关应当立案而不立案或者不应当立案而立案的控告、申诉，应当根据事实和法律进行审查，并可以要求控告人、申诉人提供有关材料，认为需要公安机关说明不立案或者立案理由的，应当及时将案件移送侦查监督部门办理。"

（4）对侦查机关的执行情况进行同步跟踪监督。2012年《刑事诉讼法》第94条规定："人民法院、人民检察院和公安机关如果发现对犯罪嫌疑人、被告人采取强制措施不当的，应当及时撤销或者变更。公安机关释放被逮捕的人或者变更逮捕措施的，应当通知原批准的人民检察院。"

2012年最高人民检察院《人民检察院刑事诉讼规则（试行）》规定："人民检察院要求公安机关说明不立案或者立案理由，应当制作要求说明不立案理由通知书或者要求说明立案理由通知书，及时送达公安机关，并且告知公安机关在收到要求说明不立案理由通知书或者要求说明立案理由通知书后7日以内，书面说明不立案或者立案的情况、依据和理由，连同有关证据材料回复人民检察院。""人民检察院通知公安机关立案或者撤销案件，应当制作通知立案书或者通知撤销案件书，说明依据和理由，连同证据材料送达公安机关，并且告知公安机关应当在收到通知立案书后15日以内立案，对通知撤销案件书没有异议的应当立即撤销案件，并将立案决定书或者撤销案件决定书及时送达人民检察院。"

（四）我国侦查监督制度在防范刑事错案方面存在的问题

目前我国侦查监督制度存在的主要问题表现在监督乏力，柔性监督有余，刚性监督不足。具体体现为：监督主体不适格，侦查监督手段单一，监督方法滞后，被动监督、事后监督、外在监督和书面监督手段不足以具有震慑力。因此，在对刑事错案的防范方面把关不严、程序瑕疵发现不足、程序过滤功能不强，难免酿成一些刑事错案。

1. 侦查监督主体不适格

主要表现在两方面：对于检察机关的自侦案件而言，侦查监督主体容易出现同质化；对于公安机关直接受理的案件而言，检察机关与公安机关往往都有侦查起诉的共同目的，因而在侦查监督的实质效果上往往侧重"配合"，"制约"不足，监督效果不甚理想。

侦查监督制度中国模式的特点在于监督主体一元化，即只有检察机关一个监督主体。这种检察监督模式的缺陷在于，检察机关承担着侦查与公诉等追诉职能，即便名为法律监督机关，但其基本职责与监督者所应具有的异体性、外部性、独立性之间存在矛盾。在检察监督模式下，检察机关集侦查主体与侦查监督主体于一身，自侦监督沦为自我监督，其本质是同体监督。我国检察机关虽内设侦查监督部门，对侦查部门实施侦查负有监督职责，但这一监督模式在检察长负责制下存在重大缺陷，导致功能受限。[①] 具体体现在：其一，由于《刑事诉讼法》更多侧重于打击犯罪的目的需要，很少甚至不可能将侦查起诉职能让位于监督职能之上，导致监督弱化；其二，侦查监督部门内置于检察机关，日常监督事务须接受检察长的统一领导，独立办案与决策的自主性不强、独立性不够，在这种一体化的模式下，侦查部门的监督效果难以实现。正因为如此，检察机关在自侦案件监督中暴露出的诸多问题，使得"谁来监督监督者"成为理论界和实践部门一直关注而无解的问题。

检察机关对公安机关的监督侦查也相当有限。从范围来看，这种监督范围不涉及讯问犯罪嫌疑人活动，也不涉及搜查、扣押、监听的审查，对这些重大侦查行为监督的缺位导致刑讯逼供及滥用搜查、扣押等强制处分的行为无从受到同步的监督。[②] 在严禁刑讯逼供问题上，尽管全程录音录像制度有一定监督作用，但是检察机关对侦查讯问并没有建立起任何监督机制。在实践中，由于公安

---

① 参见刘计划："侦查监督制度的中国模式及其改革"，载《中国法学》2014年第1期，第250~252页。
② 参见刘计划："侦查监督制度的中国模式及其改革"，载《中国法学》2014年第1期，第255页。

机关与检察机关在大部分情况下有着共同打击犯罪的目的观，形成事实上的利益共同体，因此公安机关与检察机关的"互相配合、互相制约"原则被严重扭曲。检察机关自身所具有的法律监督职能往往被忽视，检察机关对公安机关的侦查监督往往流于形式，侦查监督的效果大打折扣。

2. 侦查监督的手段和途径单一

根据 2012 年《刑事诉讼法》第 98 条的规定："人民检察院在审查批准逮捕工作中，如果发现公安机关的侦查活动有违法情况，应当通知公安机关予以纠正，公安机关应当将纠正情况通知人民检察院。"第 111 条规定："人民检察院认为公安机关对应当立案侦查的案件而不立案侦查的，或者被害人认为公安机关对应当立案侦查的案件而不立案侦查，向人民检察院提出的，人民检察院应当要求公安机关说明不立案的理由。人民检察院认为公安机关不立案理由不能成立的，应当通知公安机关立案，公安机关接到通知后应当立案。"此处的"应当"并非是一种强制性的规定。在司法实践中，确有公安机关不纠正违法、不执行决定的现象发生。对此，我国法律并未明确规定公安机关应当承担何种责任，或者检察机关应当如何应对，这往往造成公安机关很少采纳检察机关的纠正意见，导致检察机关的侦查监督软弱无力，监督效果大打折扣。[1]

3. 侦查监督的方式滞后

在西方一些法治国家，由于普遍实行司法令状主义，司法官实行的侦查监督方式主要是同步动态监督，对侦查机关及其侦查人员的侦查行为，尤其是涉及人身自由的强制措施更是及时审查和监督，以便及时发现和纠正侦查活动中可能存在的违法侦查行为。而在我国，根据 2012 年最高人民检察院《人民检察院刑事诉讼规则（试行）》第 569 条和第 570 条的规定："人民检察院发现侦查机关或者侦查人员决定、执行、变更、撤销强制措施等活动中有违法情形的，应当及时提出纠正意见。""人民检察院发出纠正违法通知书的，应当根据公安机关的回复，监督落实情况；没有回复的，应当督促公安机关回复。"我国检察机关对公安机关和自侦案件的诸多侦查行为一般是滞后性的事后监督，一种静态的对结果的监督，主要是依赖于书面审查侦查机关报送的案卷材料及证据，很少在侦查行为开始或正在进行过程中介入监督，难免导致检察机关侦查监督

---

[1]　杨振江：《检察机关侦查监督问题研究》，中国检察出版社 2005 年版，第 219 页。

的有效性不足。①

4. 侦查监督的制裁性措施缺失

我国现行《刑事诉讼法》和相关司法解释一般赋予了检察机关侦查监督的权力，但是对于拒不纠正或者拖延纠正的侦查机关缺乏对其的刚性制裁规定措施，导致监督乏力。如我国法律规定人民检察院发现公安机关的违法侦查行为，有权通知公安机关纠正，有关的纠正情况也要及时向检察机关告知。但是如果公安机关拒不纠正，会有哪些制裁措施，则缺乏明确的法律规定。又如，我国立法虽然赋予了检察机关立案监督权，但是如果公安机关拒不接受检察机关关于应当立案的通知应如何处置，法律也没有作出相应的规定，这导致实践中检察机关的立案监督的效果并不理想。检察机关要求公安机关说明不予立案的理由时，公安机关要么迟迟不予说明，要么根本不加理会。即使表面上予以立案，实际上却立而不侦、侦而不结，消极应对。② 因此，尽管法律规定了检察机关的侦查监督权，但是如果缺乏相应的制裁性措施，则很容易架空相应的积极性规定，出现法律打白条的现象，难以发挥监督侦查的实质效果。

（五）我国侦查监督制度的改革与完善

1. 指导原则的转变与更新

长期以来，我国侦查程序往往只是强大的控诉机关针对犯罪嫌疑人的一种单方面的行政性治罪活动，由此带来的主要特点是：侦查程序打击犯罪与侦查起诉的侦查目的尤为突出，在保障犯罪嫌疑人人权、加强对强制性侦查措施的监督和审查方面重视不够。刑事诉讼中侦查监督的目的和功能，应当从单一的权力制约转向二元化的对公权力制约和对特权的保障双重目的的功能。另外，《刑事诉讼法》规定的三机关"分工负责、互相配合、互相制约"的指导原则，也因公安、检察机关追诉犯罪目标的一致性被畸形扭曲。从完善刑事诉讼目的和基本原则出发，应该将侦查程序的目的调整为打击犯罪与尊重和保障人权的有机统一，追求效率与兼顾程序正义有机统一、从过于行政化的治罪活动转向

---

① 2012年最高人民检察院《人民检察院刑事诉讼规则（试行）》第567条规定："人民检察院根据需要可以派员参加公安机关对于重大案件的讨论和其他侦查活动，发现违法行为，情节较轻的可以口头纠正，情节较重的应当报请检察长批准后，向公安机关发出纠正违法通知书。"该规定尽管包含一些事前监督的信息，但是在整个刑事诉讼法体系和刑事司法运作中影响力甚微。

② 参见王芳：《侦查监督制度研究》，山东大学2012年硕士学位论文，第15~16页。

诉讼化特征明显的司法程序，完善"分工、配合、制约"原则，克服公安、检察机关的亲缘性，突出"相互制约"原则在侦查程序中作用的发挥，加强对侦查权和起诉权的制约和监督。

2. 侦查机关应接受法院的监督制约

就侦查阶段的诉讼结构而言，我国现阶段的侦查程序的主要表征为：一方面，缺乏一个中立的裁判机构对侦查机关的侦查行为进行必要的审查；而另一方面，辩护力量过于弱小，控辩平等对抗的条件和机制基本难以形成。为完善侦查监督体制，有必要增加一个重要的监督主体，即在侦查监督制度横向结构上引入法院作为中立的裁判者，赋予犯罪嫌疑人向法院请求司法审查的权利，赋予法院对强制侦查行为和限制财产及人身自由的侦查行为进行司法审查的权力。

3. 强化辩护律师在侦查程序中的监督作用

在一定意义上也可以说，真正决定中国犯罪嫌疑人和被告人命运的程序不是审判，而是侦查。就司法实践而言，起诉和审判都在很大程度上依赖侦查的结果，99%以上的有罪判决率，事实上是靠强有力的侦查来维系的。[①] 就司法现状来看，辩护力量微弱，容易遭受公权力的侵害，犯罪嫌疑人的各项权利很难得到有效保障，诉讼主体地位岌岌可危。面对强大侦查机关的控诉，一般的犯罪嫌疑人由于不懂得法律知识、人身自由受到限制等原因，都无法有效实现自我辩护的权利，只有辩护律师在侦查阶段的介入，才可能为犯罪嫌疑人提供必要和及时的援助，才能更好地依靠法律的武器寻求对犯罪嫌疑人权益的保护。

2012年《刑事诉讼法》在辩护制度方面作出了重大修改，最主要的变化在于：辩护律师以辩护人身份介入案件时间提前，犯罪嫌疑人自被侦查机关第一次讯问或者采取强制措施之日起，有权委托辩护人。为了保证这一权利的真正落实，侦查机关在第一次讯问犯罪嫌疑人或者对犯罪嫌疑人采取强制措施的时候，就应当告知犯罪嫌疑人有权委托辩护人。辩护律师在侦查期间可以为犯罪嫌疑人提供法律帮助；代理申诉、控告；申请变更强制措施；向侦查机关了解犯罪嫌疑人涉嫌的罪名和案件有关情况，提出意见。最高人民法院、最高人民检察院和公安部2012年的司法解释也对此作出了相似规定。强化律师在侦查程

---

① 参见孙长永：《侦查程序与人权——比较法考察》，中国方正出版社2000年版，序言第1页。

序阶段的作用，无疑能在客观上加强律师对侦查行为合法性的制约，更好地保障犯罪嫌疑人的利益。

4. 保障犯罪嫌疑人的异议权和申请救济权

犯罪嫌疑人作为侦查程序的直接参与者和当事人，自身利益与侦查程序的所有活动更是密切相关。充分尊重和发挥犯罪嫌疑人在侦查程序中的主体地位和重要作用，对于加强侦查程序的监督具有重要的实践意义和可行性。

对犯罪嫌疑人而言，加强对侦查程序的制约和监督最重要的途径莫过于赋予犯罪嫌疑人充分的异议权和申请救济权，通过异议权和救济权来纠正非法侦查行为，加强对侦查行为合法性的有效监督。2012 年《刑事诉讼法》第 115 条规定，当事人和辩护人等对于司法机关及其工作人员采取某些强制措施和侦查手段不满的，有权向该机关申诉或者控告。受理申诉或者控告的机关应当及时处理。对处理不服的，可以向人民检察院申诉。该规定是 2012 年《刑事诉讼法》的新规定，对加强侦查监督具有重要的现实意义。

5. 加大对违法侦查人员的惩戒力度

目前，检察机关在侦查监督过程中即使发现侦查人员有非法侦查行为也缺乏有效的制裁措施，导致监督的刚性不足。为此，有必要严格和强化对违法侦查行为的程序性制裁措施，强化对违法侦查人员的惩戒力度。如果侦查人员在侦查中违反纪律的，只是轻微的违法行为，没有侵害犯罪嫌疑人的合法权利，检察机关可以通过口头方式提醒侦查机关对违法行为予以改正，给予侦查人员纪律处分；对于一般的违法行为，检察机关可以下达《纠正违法通知书》，责令其改正并追究违法人员的责任，法律要明确《纠正违法通知书》的强制力，侦查机关收到后要及时纠正并将处理结果报告检察机关；如果侦查人员滥用侦查权的行为构成犯罪时，应根据相关的法律规定，追究相关人员的刑事责任。立法应赋予检察机关惩戒措施权，检察机关有权停止违法侦查人员对案件的继续侦查权，有权提请侦查人员所在的上一级侦查机关给予违法侦查人员行政处分的权力，可以将侦查人员的侦查行为与年终绩效考核制度挂钩。如果侦查人员的行为给被害人造成损失的，检察机关还可以责令其对被害人进行赔偿。[①]

三十八、刑事审判监督

由于本书第九章第二节专门论述了"依法落实审判监督程序"的相关问题，

---

① 参见杨茜：《论侦查监督的立法完善》，山西大学 2012 年硕士学位论文，第 30 页。

此处仅讨论检察机关对人民法院审判活动的监督问题。

（一）检察机关对审判活动实施监督的主要内容

根据 2012 年最高人民检察院《人民检察院刑事诉讼规则（试行）》的规定，人民检察院依法对人民法院的审判活动是否合法实行监督。审判活动监督主要发现和纠正以下违法行为："（一）人民法院对刑事案件的受理违反管辖规定的；（二）人民法院审理案件违反法定审理和送达期限的；（三）法庭组成人员不符合法律规定，或者违反规定应当回避而不回避的；（四）法庭审理案件违反法定程序的；（五）侵犯当事人和其他诉讼参与人的诉讼权利和其他合法权利的；（六）法庭审理时对有关程序问题所作的决定违反法律规定的；（七）二审法院违反法律规定裁定发回重审的；（八）故意毁弃、篡改、隐匿、伪造、偷换证据或者其他诉讼材料，或者依据未经法定程序调查、质证的证据定案的；（九）依法应当调查收集相关证据而不收集的；（十）徇私枉法，故意违背事实和法律作枉法裁判的；（十一）收受、索取当事人及其近亲属或者其委托的律师等人财物或者其他利益的；（十二）违反法律规定采取强制措施或者采取强制措施法定期限届满，不予释放、解除或者变更的；（十三）应当退还取保候审保证金不退还的；（十四）对与案件无关的财物采取查封、扣押、冻结措施，或者应当解除查封、扣押、冻结不解除的；（十五）贪污、挪用、私分、调换、违反规定使用查封、扣押、冻结的财物及其孳息的；（十六）其他违反法律规定的审理程序的行为。"

在督办部门上，审判活动监督由公诉部门和刑事申诉检察部门承办，对于人民法院审理案件违反法定期限的，由监所检察部门承办。在监督方法上，人民检察院可以通过调查、审阅案卷、受理申诉、控告等活动，监督审判活动是否合法。在监督意见提出的时间上，出席法庭的检察人员发现法庭审判违反法律规定的诉讼程序，应当在休庭后及时向检察长报告。人民检察院对违反程序的庭审活动提出纠正意见，应当由人民检察院在庭审后提出。

（二）检察机关对审判活动实施监督的主要特点

1. 检察机关对审判活动的监督是诉讼监督权的正当体现

检察权是人民检察院行使的主要包括侦查权、批准逮捕权、公诉权和法律监督权等权力。关于上述权力的种种关系，主要体现于"职权一元论"与"职权二元论"之争。前者即只承认检察机关具有法律监督职能，"各种检察职能包括诉讼职能和非诉讼职能统一于法律监督，都是法律监督的实现方式和途径"，"检察机关不具有与法律监督平行或并列的其他职能。我们反对检察定位和性质的多元论，即反对把公诉职能和侦查职能与法律监督职能并列，或者把检察机关定位为公诉和法律监督机关。正是在这种意义上，我们坚持法律监督一元论。"① 笔者认为，法律监督职能具有一定的科学性，但是如果将公诉职能与监督职能合二为一不加区分，则有失科学与严谨。②

检察机关对审判活动的监督更多是以自身诉讼监督的角色来完成这一使命的，因此有必要区分检察机关在庭审上的公诉和监督这两个不同的角色，区分控诉和监督两种不同的职能，否则就会在庭审中出现诉讼角色紊乱、诉讼结构失衡，导致正常的庭审无法进行。在法庭审判过程中，检察机关一方面要充当好公诉人的角色，准确指控犯罪事实；另一方面还要实施好监督职能，对辩护方的辩护行为、对审判法官的审判行为、对庭审秩序和程序是否正当、对被告人的诉讼权利保障是否充分等进行全方位监督，充分发挥诉讼监督职能，严格防范刑事错案的萌芽与发生。

2. 检察机关对审判活动的监督内容主要是对实体内容与程序合法性的监督

根据上述，检察机关对审判活动的监督是一种全面监督，既包括对当庭展示证据是否合法、内容是否真实等实体内容方面的监督，更包括对法庭审理是否违反法定程序、法庭审理是否保障当事人和其他诉讼参与人的诉讼权利、是否徇私枉法、故意违背事实和法律作出枉法裁判等程序合法性的监督。检察机关只有对实体内容和程序性内容的全面监督，才能更加全面和充分地发现庭审过程中可能存在的错案风险和隐患，在更大程度上发现和避免刑事错案的发生。

3. 检察机关对审判活动的监督只能是一种庭下监督

从诉讼理论来说，法庭审判过程中只能存在典型的控辩审三角结构，因此检察机关尽管享有"公诉"和"监督"的双重职能，但是在庭审全程只能行使"公诉"职能。如果检察机关在庭审过程中既行使"公诉"职能，又行使"监督"职能，则很容易破坏"审判中心主义"和"法官中立"原则，造成庭审过

---

① 孙谦：《中国特色社会主义检察制度》，中国检察出版社 2009 年版，第 42 页，转引自樊崇义：《刑事诉讼法哲理思维》，中国人民公安大学出版社 2010 年版，第 349 页。

② 具体理由可参见樊崇义：《刑事诉讼法哲理思维》，中国人民公安大学出版社 2010 年版，第 349～352 页。

程诉讼角色紊乱，司法审判过程法官的自由裁量权可能被不当干预，司法权威受到一定挑战。

（三）检察机关对审判活动实施监督的处理

根据 2012 年最高人民检察院《人民检察院刑事诉讼规则（试行）》第 580 条和第 581 条的规定，"出席法庭的检察人员发现法庭审判违反法律规定的诉讼程序，应当在休庭后及时向检察长报告"；"人民检察院对人民法院审判活动中违法行为的监督，可以参照本规则有关人民检察院对公安机关侦查活动中违法行为监督的规定办理"。据此，人民检察院在审判活动监督中，如果发现人民法院或者审判人员审理案件违反法律规定的诉讼程序，应当向人民法院提出纠正意见。人民检察院发现审判人员的违法行为，对于情节较轻的，可以由检察人员以口头方式向审判人员或者审判机关负责人提出纠正意见，并及时向本部门负责人汇报；必要的时候，由部门负责人提出。对于情节较重的违法情形，应当报请检察长批准后，向审判机关发出纠正违法通知书。构成犯罪的，移送有关部门依法追究刑事责任。人民检察院发出纠正违法通知书的，应当根据审判机关的回复，监督落实情况；没有回复的，应当督促审判机关回复。

为更好地发挥检察机关的审判活动监督的效果，有必要在法院绩效考核评定细则中明确审判活动的规范性要求，将检察机关对庭审活动的监督评价实况记录引入到法官的绩效考核评价之中，增强检察机关对庭审活动监督的实效性和执行力，增强审判法官的职业责任感和使命感，准确合理认定案件事实和证据事实，正确定罪与量刑，切实防范庭审环节刑事错案的发生。

三十九、刑罚执行监督

（一）刑罚执行监督的主要内容

刑罚执行监督是指人民检察院对刑罚执行机关执行人民法院已经发生法律效力的刑事判决、裁定的活动所实行的法律监督。

我国的刑罚执行机关具有多元性和分散性的特点。根据我国法律规定，死刑立即执行、罚金、没收财产由人民法院执行；死刑缓期两年执行、无期徒刑、有期徒刑（余刑在 3 个月以上的）由监狱执行；有期徒刑余刑在 3 个月以下的，由看守所代为执行；拘役、管制、缓刑、剥夺政治权利、假释、暂予监外执行的，由公安机关执行。由此，刑罚执行监督的内容也变得更加广泛，不仅包括对刑罚交付执行、变更执行、终止执行活动的监督；而且还包括对刑罚执行中的罪犯或其亲属提出申诉、控告、检举处理的监督，以及对罪犯进行监管、教育、组织活动的监督，等等。

根据我国《刑事诉讼法》和 2012 年最高人民检察院《人民检察院刑事诉讼规则（试行）》等有关法律和司法解释的规定，我国刑罚执行监督的主要内容是：

1. 对执行死刑的监督

被判处死刑立即执行的罪犯在被执行死刑时，人民检察院应当派员临场监督；死刑执行临场监督由人民检察院监所检察部门负责；必要时，监所检察部门应当在执行前向公诉部门了解案件有关情况，公诉部门应当提供有关情况。人民检察院收到同级人民法院执行死刑临场监督通知后，应当查明同级人民法院是否收到最高人民法院核准死刑的裁定，或者作出的死刑判决、裁定和执行死刑的命令。

2. 对死刑缓期二年执行的监督

此项监督主要包括：对死缓执行期满的减刑是否依法进行；罪犯在死刑缓期执行期间故意犯罪的，监狱是否依法侦查和移送起诉；罪犯确系故意犯罪的，法院是否依法核准或者裁定执行死刑；发现法院对判处死缓的罪犯减刑不当的，依法提出纠正意见等。

3. 对交付、收押等执行活动的监督

关于对刑罚交付执行的监督主要包括：交付执行所依据的人民法院的刑事判决或裁定是否发生法律效力；有关的法律文书及手续是否完备；对死刑缓期两年执行、无期徒刑、一年以上有期徒刑的罪犯，是否依法按期交送监狱执行刑罚；对于被判处一年以下有期徒刑（含）的罪犯，是否交送看守所执行；对于被判处拘役的罪犯是否依法交送拘役所执行刑罚；对管制、剥夺政治权利、缓刑的罪犯，是否依法移送公安机关执行等等。关于收押的监督主要包括：是否存在已经发生法律效力的判决书或裁定书；收押的被执行人是否与收押凭证相符；刑罚执行机关是否存在应当收押而拒绝收押，或不应当收押而予以收押等情况。

4. 对刑罚执行变更的监督

刑罚执行变更活动主要包括减刑、假释、暂予监外执行三种。监督的内容主要涉及刑罚执行变更是否符合法律规定的条件，变更程序是否合法，等等。

在减刑、假释的监督方面，检察机关在依法履行监督职能过程中，如发现以下情形，应当提出纠正意见：将不符合减刑、假释法定条件的罪犯，提请人民法院裁定减刑、假释的；对依法应当减刑、假释的罪犯，不提请人民法院裁定减刑、假释的；提请对罪犯减刑、假释违反法定程序，或者没有完备的合法手续的；提请对罪犯减刑的减刑幅度、起始时间、间隔时间或者减刑后又假释的间隔时间不符合有关规定的；被提请减刑、假释的罪犯被减刑后实际执行的刑期或者假释考验期不符合有关法律规定的，等等。

在暂予监外执行监督方面，人民检察院发现监狱、看守所、公安机关暂予监外执行的执法活动有下列情形之一的，应当依法提出纠正意见：将不具备法定条件的罪犯提请暂予监外执行的；提请暂予监外执行的程序违反法律规定，或者没有完备的合法手续，或者对于需要保外就医的罪犯没有省级人民政府指定医院的诊断证明和开具的证明文件的；对符合暂予监外执行条件的罪犯没有依法提请暂予监外执行的；发现罪犯不符合暂予监外执行条件，或者在暂予监外执行期间严重违反暂予监外执行监督管理规定，或者暂予监外执行的条件消失且刑期未满，应当收监执行而未及时收监执行或者未提出收监执行建议等违法情形。

5. 对刑罚终止执行的监督

根据我国法律规定，对于刑期已满的，人民法院依法决定释放的，得到特赦的，刑罚执行期间被执行人死亡的，如果具有以上几种情形之一的，应当终止执行刑罚。监督的具体内容包括：终止执行的条件是否符合我国法律的规定；刑罚执行机关是否对刑期已满的罪犯及时予以释放并发释放证明；对于得到特赦或刑罚执行过程中犯罪人死亡的，对其处理的程序、方式是否符合我国法律的规定，等等。

6. 对其他执行活动的监督

包括被判处无罪、免除刑事处罚的被告人是否被立即释放；看守所、监狱等监管机关收押、监管、释放犯罪嫌疑人、被告人、罪犯的活动是否合法；对判处管制、剥夺政治权利、缓刑的罪犯的监管措施是否合法；对判处罚金、没收财产的犯罪有无依法予以执行等。

（二）刑罚执行监督在防范刑事错案方面存在的问题

1. 监督方式上的滞后性

2012 年《刑事诉讼法》第 265 条规定："人民检察院对执行机关执行刑罚

的活动是否合法进行监督。如果发现有违法的情况，应当通知执行机关纠正。"由此看出，检察机关对刑罚执行的监督一般也是事后监督，是在违法行为发生以后进行的监督，因而具有被动性和滞后性。

2. 监督的力度不够

主要表现在监督机关对于执行机关的违法行为只有建议权，没有抗诉权，对于执行机关拒不纠正的，人民检察院缺乏进一步的监督措施，导致监督的刚性不足、有效性不够。1996 年和 2012 年《刑事诉讼法》均规定，人民检察院如果发现执行机关执行刑罚的活动有违法情况的，应当通知执行机关纠正。实践中，对于执行机关的一般违法行为，检察监督部门多采用纠正违法通知书与检察建议的监督方式进行。这种方式的督促效果显然极为有限，纠正违法通知书与检察建议能否真正发挥作用，取决于执行机关对违法行为的认知程度与自觉改正的行动。如果被监督单位对纠正违法通知书不执行，根据目前的法律和相关司法解释，检察机关也无相应的强制执行措施和对执行机关的惩戒措施，从而在司法实践中很容易导致"纠正违法通知书"起不到应有的监督作用。①

3. "减假保"程序监督失范

近年来，因"假立功"等造假行为撕开司法体系减刑"黑洞"的司法腐败案件频频曝光。比如，广东省江门市原副市长林崇中因受贿罪被判处 10 年有期徒刑，在看守所羁押期间，贿赂买通相关人员，制作虚假疾病鉴定材料，以"保外就医"之名逃避入监服刑。广东健力宝集团原董事长张海服刑期间，广东省监狱、看守所有关人员收受张海亲友贿赂，利用职务便利为他在转监、虚假立功、减刑等方面提供帮助，致使其两次被裁定减刑共计 4 年 1 个月 28 天，2011 年 1 月 26 日刑满释放后潜逃国外。② 资料显示，在 2004 年最高人民检察院开展的专项检查中，1300 名不符合保外就医条件的罪犯被予以收监。2010 年，最高人民检察院开展保外就医专项检查活动，纠正不符合保外就医条件、程序或脱管、漏管 555 人。③ 2013 年，全国检察机关共监督纠正刑罚变更执行不当

---

① 参见周荣玲：《刑罚执行监督若干问题研究》，华东政法大学 2007 年硕士学位论文，第 13 页。

② 诸如此类其他案件请参见"入刑官员'提前出狱'录"，载网易 http：//zhenhua. 163. com/14/0226/09/9M0H2VSN000465EV. html；参见"张海假立功撕开司法体系减刑'黑洞'"，载腾讯网 http：//view. news. qq. com/original/intouchtoday/n2678. html. ，以上网址最后访问时间均为 2014 年 3 月 4 日。

③ 参见"入刑官员'提前出狱'录"，载网易 http：//zhenhua. 163. com/14/0226/09/9M0H2VSN000465EV. html，访问时间：2014 年 3 月 4 日。

16 708 人，其中减刑不当 13 214 人，假释不当 2181 人，暂予监外执行不当 1313 人。①

尽管这些年来我们在规范"减假保"程序的执行问题上做了大量的工作，但是"减假保"程序的违法案例仍不时出现。笔者认为，出现这种情况的最大原因在于"减假保"程序的监督制度缺失。正是因为对"减假保"程序缺乏有效的监督，才致使该程序的运作存在不少漏洞，"减假保"程序执法人员缺乏一种对司法公正、司法权威的最基本的信仰和敬畏。正如某些学者畅言："犯罪分子能通过'假立功'骗取减刑，执法人员滥用权力问题突出，主要原因是程序封闭、监督滞后"；"在检举的关键阶段，驻监所检察官的监督作用并未发挥；信息由监所掌控，再报送法院、检察院，驻监所检察官对检举情况了解不够及时，容易出现监督盲点"②。可见，如何加强"减假保"程序的有效监督，构建有震慑力和可操作性的"减假保"程序约束机制，是规范当前"减假保"程序的重点工作和迫切任务。

（三）规范刑罚执行监督，防范刑事错案

1. 加强监督的效果和力度

监督手段、监督效果和监督力度如何，将直接影响到刑罚执行监督和羁押场所监管活动监督的力度和效果。为加强检察监督的力度和效果，人民检察院司法解释除了规定开展刑罚执行监督的内容、程序和要求外，需要强调被监督机关接受检察监督的义务，更有必要特地明确违反和不配合监督行为所引发的制裁性后果，以形成震慑力和增强监督效应。在具体沟通方法上，人民检察院可以通过与刑罚执行机关开展联席会议制度、听取执行机关意见等途径，及时解决刑罚执行监督中碰到的问题，减少执行监督的阻力，及时化解执行监督过程中存在的矛盾，加强刑罚执行监督的力度。

2. 创新监督方式

随着时代的进步和社会的发展，一些传统的、简单的工作方式越来越无法满足现代社会刑罚执行多样化、复杂化的特点，无法满足刑事法治发展和司法

---

① 参见"中央政法委出台指导意见 切实防止司法腐败"，载中央政法委官网 http：//www. chinapeace. org. cn/2014 - 02/24/content_ 10493434. htm，访问时间：2014 年 3 月 4 日。

② 参见毛一竹、詹奕嘉："知法犯法的见证——健力宝集团原董事长张海违法减刑系列案件追踪"，载新华网 http：//news. xinhuanet. com/2014 - 02/25/c_ 119498034. htm，访问时间：2014 年 3 月 4 日。

文明的需要。要充分运用科技手段在加强刑罚执行监督方面的作用，发挥网络化管理和信息科学技术在检察监督过程的重要作用，调动被告人等当事人及其他监督主体在执行监督中的重要作用，确保对刑事诉讼执行全程实行动态监督、实效监督。

3. 规范"减假保"程序监督

中央政法委 2014 年初出台《关于严格规范减刑、假释、暂予监外执行（主要指保外就医），切实防止司法腐败的指导意见》，要求在《刑法》、《刑事诉讼法》规定的框架内，对减刑、假释、暂予监外执行（主要指保外就医）充分体现从严精神，从严规定实体条件，从严规范程序，从重追究违法违规办理减刑、假释、暂予监外执行的法律、纪律责任。

检察机关在"减假保"程序监督中的重要使命就是贯彻好检察机关全程同步监督原则。2014 年 1 月 21 日《中共中央政法委关于严格规范减刑、假释、暂予监外执行切实防止司法腐败的意见》第 8 条指出，健全检察机关对减刑、假释、暂予监外执行的同步监督制度。刑罚执行机关在决定提请减刑、假释、暂予监外执行前，审判机关在作出暂予监外执行决定前，应当征求检察机关意见。审判机关开庭审理减刑、假释案件，检察机关应当派员出庭并发表检察意见。刑罚执行机关、审判机关对检察机关提出的不同意见未予采纳的，应当予以回复或者在裁定书、决定书中说明理由。检察机关可以向有关单位和人员调查核实情况、调阅复制案卷材料、重新组织对病残罪犯的诊断鉴别，并依法作出处理。检察机关全程同步监督制度是中央关于司法改革在司法权力的优化配置方法所出台的一项重大举措，它是强化法律监督的一项重要内容。

就"减假保"程序的检察监督而言，笔者认为当务之急必须做到以下几点：其一，落实监所检察派驻机构，加强派驻检察人员。长期以来，无论是机构还是派驻人员都呈弱化状态，尤其是派驻人员数量少，在素质方面专业化程度不高。随着刑罚执行程序的加强，特别是执行中的诉讼变更的任务量不断增加，必须强化机构、增加人员、提高专业化程度，以适应改革的需要。其二，积极参与减刑、假释、保外就医建议的提起程序。各个执行部门关于"减假保"程序所实行的"两公示"、"三公开"、"五评审"等各个环节，有条件的可以参与其中，人力不足的要监督、检查（或抽查）是否合法，有无错误提起，有无宽严不当，有无权钱交易，更要注意在狱内接受来信来访，把矛盾和不同意见处理在狱中，把矛盾化解在狱中。其三，参加减刑、假释、保外就医庭审程序，力争做到庭审不缺位，案案有监督，人人都有检察机关发表的检察监督意见。检察监督意见要做到客观、公正、合法，确保从刑法的适用到"减假保"程序的合法，甚至对包括案件的减刑、假释、保外就医的事实、情节、证据的合法性，全面地进行论证，做出公正的评价。其四，尽力变事后监督为事中监督，对"减假保"程序中的违法行为及时提出纠正意见，实行口头与书面相结合的监督形式，发现问题及时提出、及时化解，改变传统的事后监督，避免日积月累，矛盾激化。其五，对于"减假保"程序工作中的权钱交易、大搞腐败的行为，要在管区内深入调查，发现线索，接待来信来访，收集证据，会同司法行政部门纪检机构，积极地立案、侦查，及时移送司法处理。总之，检察机关的法律监督工作，要从机构设置、人员配备、程序参与等各个环节，体现出同步进行，监督到位，建构一种新型的"减假保"程序工作模式，以体现权力的制约、制衡，彰显"减假保"程序的公正、公平和正义。①

四十、监督的效力

（一）应当坚持的基本原则

1. 公开公示原则

司法的透明、公开、公正是产生公信力的基础。因为只有公开、公正、公平，人们才会相信程序的力量，依赖司法的尊严。"正义不但要实现，而且要以看得见的方式实现。""阳光是最好的防腐剂。"所有程序的公开公示，才能彻底消除腐败滋生的土壤环境，让一切公平正义的元素自由流淌、平等竞争、有序对抗。这种境界、这种秩序，正是司法的荣光所在、程序的价值所在、公正的灵魂所在。要实现对诉讼程序的有效监管，首要的任务和原则就是要放开司法程序、封闭狭隘的利益空间，让一切可能存在的丑恶交易毫无藏身之处。

公开公示原则在一些特殊的刑事执行程序中已经得到了规定和明确。2010年《最高人民法院关于贯彻宽严相济刑事政策的若干意见》（法发〔2010〕9号）第43条指出："对减刑、假释案件，要采取开庭审理与书面审理相结合的方式。对于职务犯罪案件，尤其是原为县处级以上领导干部罪犯的减刑、假释案件，要一律开庭审理。对于故意杀人、抢劫、故意伤害等严重危害社会治安

---

① 参见樊崇义："减刑假释程序的理性思考"，载《河南社会科学》2010年第4期，第14页。

的暴力犯罪分子，有组织犯罪案件中的首要分子和其他主犯以及其他重大、有影响案件罪犯的减刑、假释，原则上也要开庭审理。书面审理的案件，拟裁定减刑、假释的，要在羁押场所公示拟减刑、假释人员名单，接受其他在押罪犯的广泛监督。"2012 年《最高人民法院关于办理减刑、假释案件具体应用法律若干问题的规定》（法释〔2012〕2 号）第 25 条规定："人民法院审理减刑、假释案件，应当一律予以公示。公示地点为罪犯服刑场所的公共区域。有条件的地方，应面向社会公示，接受社会监督。公示应当包括下列内容：（一）罪犯的姓名；（二）原判认定的罪名和刑期；（三）罪犯历次减刑情况；（四）执行机关的减刑、假释建议和依据；（五）公示期限；（六）意见反馈方式等。"第 26 条规定："人民法院审理减刑、假释案件，可以采用书面审理的方式。但下列案件，应当开庭审理：（一）因罪犯有重大立功表现提请减刑的；（二）提请减刑的起始时间、间隔时间或者减刑幅度不符合一般规定的；（三）在社会上有重大影响或社会关注度高的；（四）公示期间收到投诉意见的；（五）人民检察院有异议的；（六）人民法院认为有开庭审理必要的。"可见，最高人民法院的司法解释对于"减假保"程序的审理方式早有规定，现在的关键问题是如何贯彻落实。

2. 全程同步监督原则

全程同步监督原则是指检察机关依法对诉讼程序全过程的合法性所进行的及时性监督。从监督范围来看，全程同步监督原则包括事前监督、事中监督和事后监督。从监督内容来看，全程同步监督原则包括实体监督与程序监督两方面。以刑罚执行程序为例：实体方面，主要监督所依据的人民法院的刑事判决或裁定是否发生法律效力，刑罚执行过程中是否有违法行为，刑罚执行的变更理由是否正确、合理等；程序方面，主要监督刑事执行程序全过程是否严格依照法定程序进行，刑罚执行变更条件是否符合我国法律的规定等。通过全程同步监督原则，保证监督的触角伸及诉讼程序的方方面面，不留死角、不留隐患，尽一切最大可能来发现整个诉讼程序可能存在的任何违法行为，确保监督效果的最大化。

3. 实质性原则

实质性原则是指诉讼程序的监督必须达到实质效果，不走过场、不做样子、不流于形式等。当前，诉讼程序实施过程中，监督乏力、监督疲软、监督失灵、监督的效果大打折扣，令人失望，监督仅仅停留在学理层面，实施的效果不佳，难以取得实质性成效。

实践表明，当前诉讼监督虚化的主要特征在于检察监督难有作为，与宪法所规定的国家法律监督机关地位不大相称。集中表现在缺乏刚性监督、监督效果难以实现。具体表现在以下两个方面：一是事中监督的"检察意见"和"检察建议"不具有执行机关必须采纳的约束效力。无论是现行《刑事诉讼法》和《人民检察院组织法》等法律，还是最高人民法院、最高人民检察院的相关司法解释等，均无执行机关必须采纳检察机关"检察意见"和"检察建议"的规定。这样造成的一个尴尬局面就是，如果执行机关拒绝履行"检察意见"和"检察建议"时，这些检察文书的效力如何？是否会沦落成为"一纸空文"？二是事后监督环节滞后，"书面纠正意见"难以对法院的裁定产生实质性影响。以减刑、假释程序为例，根据 2012 年最高法《解释》第 454 条："人民法院作出减刑、假释裁定后，应当在 7 日内送达提请减刑、假释的执行机关、同级人民检察院以及罪犯本人。"换言之，减刑、假释的裁定是在及时送达执行机关以及罪犯本人的同时送达检察机关，这就决定了检察机关只有在减刑、假释裁定作出后才能以审查裁定书的方式对裁定结果进行监督，而无法对裁决过程进行监督。这样带来的问题是，人民法院一经裁定，即送达监狱执行，服刑人员得到释放，此时检察机关尚未发现违法事实；等到检察机关发现问题并提出纠正意见时，原来的服刑人员通常已不见踪影、联系不上，甚至逃到国外。前述广东健力宝集团原董事长张海就属于这种情况。

要解决以上问题，必须在解决监督的实效性上下功夫，充分发挥监督效果，确保"减假保"程序的规范化、合法化运行。要充分发挥检察监督在事前监督和事中监督的重要作用，尽力克服检察机关事后监督的滞后性的弊端；同时，要积极推动信息公开，充分发挥社会组织、媒体和网络的监督作用，壮大各方面的监督力量，形成监督合力，多主体、多方位、多环节来确保程序监督的实际效果。

正确处理和实践好以上三个原则，是加强诉讼程序监督的重要方向。就三个原则的关系而言，公开公示原则是形式，全程同步监督原则是方法，达到实质效果是最终归宿。或者说，三个原则是"一体两翼"的关系，达到实质效果是"机体"，公开公示原则和全程同步监督原则是"两翼"。三者之间缺一不可，不可偏废。

（二）充分发挥检察机关在诉讼程序中的监督作用

检察机关作为宪法和法律规定的专门监督机关，自身具有任何社会组织和个人所不可比拟的各方面优势。因此，在很大程度上来说，检察机关在诉讼程序中的监督成效如何，直接影响和决定了整个诉讼程序合法、健康、有序发展的成败，理应充分激活检察机关的监督作用和效能，确保检察机关成为诉讼程序监督的主力军和有生力量。现行《刑事诉讼法》和《人民检察院组织》及相关司法解释都对检察机关在诉讼程序中的监督方法、程序和角色定位作出了一些细致的规定。当前的重点是要强化检察监督的效果和力度，让检察机关能挺起腰杆说硬话，作出的监督文书能有震慑力，监督的制裁性措施能有执行力，突出检察机关的监督主导作用。

（三）发挥当事人刑事申诉的重要作用

当事人作为诉讼利益的直接相关人，相比其他诉讼参与人而言，更关注诉讼的结果，更清楚诉讼的过程和各项因果关系。由此，当事人具有比其他诉讼参与人更为便利和迫切的监督意愿和监督能力，在监督的效果上也更为客观和更有保障。

（四）正确处理传媒网络监督与司法的关系

近年来，随着我国社会舆论环境的开放和公民法治意识的不断觉醒，媒体舆论和公众目光不断投向司法领域，尤其是重大刑事要案的庭审环节和裁判结果更容易引发大众和传媒的关注。媒体往往成为引导社会舆论、加强诉讼监督的重要方式或渠道。著名的药家鑫案、李昌奎案、薄熙来案等案件的报道，在一定时期内无不成为媒体和公众关注的焦点和评论的主题。从一定意义上说，客观公正的媒体报道和公众的评论与叙说，无疑是对司法公正与诉讼活动的有效监督，是制约司法、监督司法活动的有效载体。在这一意义背景下，更需要妥善处理好传媒网络监督与司法的关系：一方面，传媒与大众网络要遵循司法独立和适度的公开原则，遵循司法审判的基本规律，不在不恰当的时候干预司法，确保监督的正当化和理性化；另一方面，司法机关要尊重传媒网络和大众的知情权，积极回应热点案例的敏感问题，疏导民众和媒体的热切需求，满足公众对司法需求的新期待。

（五）激发人大对诉讼监督的作用

人民代表大会监督主要是指人大及常委会对国家行政机关、审判机关和检察机关的工作，同级人大常委会、下级人大和常委会的工作，宪法和法律的实施情况，所采取的了解、审议、督促和处置的行为。人大监督是发现司法错误、回应社会关注热点、满足当事人对司法正义渴求、寻求其他救济的重要途径。

人大的监督一般是进行个案监督。进行个案监督的最早案例可以追溯到1984年，辽宁台安县三律师因履行律师职责被检察院逮捕，申诉到全国人大。在全国人大常委会领导的指示下，全国人大常委会办公厅信访局与有关部门多次督促协商，使该案在1988年得到纠正。[①] 最早对个案监督进行地方立法的是辽宁省。1987年11月《辽宁省地方各级人大常委会监督司法工作的暂行规定》率先对个案监督问题作了规定。此后，各级地方人大常委会相继制定了类似的地方性法规或规范性文件。例如，四川省和重庆市人大常委会分别制定了《四川省各级人民代表大会常务委员会司法案件法律监督书若干规定》和《重庆市各级人民代表大会常务委员会司法案件法律监督书条例》；湖北和云南两省的人大常委会分别制定了《湖北省各级人民代表大会常务委员会对司法机关办理案件实行监督的规定》、《云南省各级人民代表大会常务委员会对司法案件实施监督的规定》，如此等等地方性法规。有资料显示，目前我国各省、自治区、直辖市基本上都有了关于个案监督方面的地方性法规，甚至在市县一级人大常委会也有个案监督方面的规定。[②]

《北京青年报》也曾刊登过人大个案监督的一个成功案例，案情如下：一个横行乡里作恶多端的"土霸王"，被山西省晋城市中级人民法院判处有期徒刑30年（合并执行20年）后，山西省高级人民法院二审时，竟减判为3年，并予宣判当日释放。根据群众的举报，山西省人大常委会办公厅对此案展开调查，揭露出省高院审判法官以伪造证据等手段为"土霸王"抹掉或减轻罪行的行为，由此牵出一桩部分法官收受巨额贿赂的"案中案"。山西省人大介入调查这起由山西省高院办理的违法案件，是人大机关针对特定问题进行个案监督的一个成功案例。假如没有山西省人大的个案监督，山西省高院的二审判决就将以终审判决的名义发生法律效力，长期危害百姓、劣迹斑斑的"土霸王"，就将大摇大

---

① 参见高颖："寻求监督权与审判权之间的契合——论有序个案监督机制之构建"，载 http://clsfy.chinacourt.org/public/detail.php? id =17，访问时间：2014年7月31日。

② 唐俊："人大个案监督的'是'与'非'——乌鲁木齐人大个案监督引发的思考"，载《法制日报》2005年11月29日。

摆杀回乡里继续为非作歹。就这起案件而言，人大的个案监督对于惩治司法腐败、维护司法公正功莫大焉。[1] 尽管目前各界对人大个案监督的具体内容和程序存在不同看法，但笔者认为，人大个案监督具有一定的合理性和必要性，关键是要遵循司法的正当程序原则，突出事后监督，以代表大会或常委会集体名义行使监督，避免人大对司法独立造成不必要的干涉，防止人大监督弄巧成拙、造成负面影响。

---

[1] 参见"人大个案监督的一个成功案例"，载《北京青年报》2006 年 8 月 5 日。

第九章

救济机制：发现和纠正刑事错案的渠道与方法

四十一、畅通申诉渠道

正式意义上的申诉有两种解释。一是诉讼当事人或其他有关公民对已发生法律效力的判决或裁定不服时，依法向法院或者检察机关提出重新处理的要求；二是指国家机关工作人员或政党、社团成员对所受处分不服时，向原机关、组织或上级机关组织提出自己的意见。此处仅在第一种含义上使用申诉的概念，即仅限定为司法申诉的范围。

申诉是当事人纠正可能出现错误的生效刑事判决、裁定的主要途径，是纠正刑事错案、维护当事人合法权益、增强社会主义法制理念的主要方法。做好刑事申诉工作还是维护社会和谐稳定的必要措施。当事人通过刑事申诉合理表达诉求，并请求在合理合法范围内予以妥善处理：对申诉有理的，及时经法定程序予以再审，妥善解决申诉人提出的问题；对申诉无理的，要进行说服教育；对无理取闹和违法犯罪的，进行严肃处理。

周强同志在 2014 年最高人民法院工作报告"2013 年主要工作"中指出：依法解决涉诉信访群众诉求，坚持司法为民，强化群众观念，加强源头治理，建立长效机制，不断加强涉诉信访工作，依法维护人民群众合法权益。最高人民法院设立巡回督导合议庭，带案下访，促进问题就地解决。2013 年，各级法院共接待群众来访 53.9 万人次，同比下降 10.2%。推进涉诉信访工作机制改革，完善"诉访分离"和案件终结机制，推动律师等第三方参与化解信访案件。加强审判监督，保障当事人申诉和申请再审权利，审结申诉和申请再审案件 11.6 万件，依法提起再审 3 万件，对原判确有错误或因其他法定事由改判 7415 件，占生效裁判的 0.09%。①

（一）坚持的基本原则

1. 人本主义原则

人本主义是指"人"是法律之本，如果没有人，任何法律都无存在的必要，也无存在的可能。在西方，"人本"源于拉丁文"humanus"，意大利 14～15 世纪的世俗异端文人用它来表示与正统经院神学研究对立的世俗人文研究。而在英文中，"人本"又称"人文"，人文为"humanity"，有三个基本的含义：人道或仁慈；人性；人类。当 humanity 以复数形式出现时，它便指人文学科，即研究人类价值判断和精神追求的学科，以探求人生的价值、寻求人生的意义为研究目的，从而帮助人们树立正确的人生观、世界观、价值观，使社会人生更趋完美和和谐。②

申诉救济程序从受理到办理的全过程应该含有"尊重个人自由、权利和人格尊严"这样的一种基本理念。在整个申诉程序中、在制度设计上都应该给予申诉人应有的礼遇，在向其灌输法治精神和司法文明理念的基础上，动之以情晓之以理，充分听取、尊重和理解其正当诉求，耐心解决其实际存在的生活困难，在细节上倾注更多人文关爱，将人文思维和人本主义理念贯穿到申诉受理和办理全程，往往能起到意想不到的效果。

2. 便利原则

申诉人往往家庭经济困难、体弱多病，很多人因多年申诉弄得倾家荡产、孤苦伶仃，因此从人本主义原则出发，有必要为其申诉创造一切便利条件。要畅通申诉渠道，创新多元化、多格局的申诉方式方法，简化救济程序，加强救助工作，最大限度地满足申诉人合法合理诉求，彰显司法人文关怀。

3. 实事求是原则

申诉人在申诉过程中，基于强烈的申诉动机有可能歪曲事实，只申诉对自己有利的证据和事实，从而给受理机关和受理人员一定的误导。为了准确认定争议事实，发现案件真相，必须坚持从实际出发原则，全面审查证据，正确认定事实，准确适用法律，既维护生效司法决定和裁判的稳定性、严肃性，又依

---

① 参见新华网："最高人民法院工作报告英文版首次发布（双语全文）"，载 http：//news.xinhuanet.com/legal/2014 - 05/09/c_ 126481178.htm，访问时间：2014 年 8 月 1 日。

② 参见樊崇义：《刑事诉讼法哲理思维》，中国人民公安大学出版社 2010 年版，第 161～162 页。

法坚决纠正确有错误的司法决定和裁判，维护司法公正，保障公民合法权益。

（二）畅通申诉渠道的基本方式①

1. 创新新媒体时代诉求表达和办理方式

完善民生热线、视频接访、绿色邮政、信访代理等做法，更加重视群众来信尤其是初次来信办理，引导群众更多以书信、电话、传真、视频、电子邮件等形式表达诉求，树立通过上述形式也能有效解决问题的导向。实行网上受理信访制度，大力推行阳光信访，全面推进信访信息化建设，建立网下办理、网上流转的群众信访事项办理程序，实现办理过程和结果可查询、可跟踪、可督办、可评价，增强透明度和公正性。逐步推行信访事项办理群众满意度评价，把办理工作置于群众监督之下，提高信访公信力。

2. 充分发挥法定诉求表达渠道的作用

按照涉法涉诉信访工作机制改革的总体要求，严格实行诉讼与信访分离，把涉法涉诉信访纳入法治轨道解决，建立涉法涉诉信访依法终结制度。各级政府信访部门对涉法涉诉事项不予受理，引导信访人依照规定程序向有关政法机关提出，或者及时转同级政法机关依法办理。完善法院、检察院、公安、司法行政机关信访事项受理办理制度，落实便民利民措施，为群众提供便捷高效热情服务。完善诉讼、仲裁、行政复议等法定诉求表达方式，使合理合法诉求通过法律程序得到解决。加强司法能力建设，不断满足人民群众日益增长的司法需求，让人民群众在每一个司法案件中都感受到公平正义。

3. 规范不服人民法院生效刑事裁判申诉程序

当事人及其法定代理人、近亲属直接向上级人民检察院申诉的，上级人民检察院可以交由作出生效判决、裁定的人民法院的同级人民检察院受理；案情重大、疑难、复杂的，上级人民检察院可以直接受理。此规定区别于中办、国办《关于创新群众工作方法解决信访突出问题的意见》中"积极引导群众以理性合法方式逐级表达诉求，不支持、不受理越级上访"的要求。

当事人及其法定代理人、近亲属对人民法院已经发生法律效力的判决、裁定的申诉，经人民检察院复查决定不予抗诉后继续提出申诉的，上一级人民检

---

① 本部分主要参见中共中央办公厅、国务院办公厅 2014 年 2 月 25 日印发的《关于创新群众工作方法解决信访突出问题的意见》。

察院应当受理。

四十二、依法落实审判监督程序

审判监督程序，是指由审判机关、检察机关以及当事人对人民法院已经发生效力的判决和裁定认为确有错误，而提起再审或申请再审的程序。实践证明，刑事审判监督程序是有效发现刑事错案、充分实现当事人诉权、保障程序正义得以实现的重要手段。

（一）刑事审判监督程序的启动主体

1. 司法机关主动启动的刑事再审程序

根据 2012 年刑诉法的规定，各级人民法院院长对本院已经发生法律效力的判决和裁定，如果发现在认定事实上或者在适用法律上确有错误，必须提交审判委员会处理。最高人民法院对各级人民法院已经发生法律效力的判决和裁定，上级人民法院对下级人民法院已经发生法律效力的判决和裁定，如果发现确有错误，有权提审或者指令下级人民法院再审。最高人民检察院对各级人民法院已经发生法律效力的判决和裁定，上级人民检察院对下级人民法院已经发生法律效力的判决和裁定，如果发现确有错误，有权按照审判监督程序向同级人民法院提出抗诉。

2. 当事人提起的刑事申诉程序

根据 2012 年《刑事诉讼法》的规定，当事人及其法定代理人、近亲属，对已经发生法律效力的判决、裁定，可以向人民法院或者人民检察院提出申诉，但是不能停止判决、裁定的执行。当事人及其法定代理人、近亲属的申诉符合下列情形之一的，人民法院应当重新审判：①有新的证据证明原判决、裁定认定的事实确有错误，可能影响定罪量刑的；②据以定罪量刑的证据不确实、不充分、依法应当予以排除，或者证明案件事实的主要证据之间存在矛盾的；③原判决、裁定适用法律确有错误的；④违反法律规定的诉讼程序，可能影响公正审判的；⑤审判人员在审理该案件的时候，有贪污受贿，徇私舞弊、枉法裁判行为的。

（二）刑事审判监督存在的问题

1. 指导理念上的偏差

我国刑事审判监督程序在指导思想和理念上存在着偏差，即过于强调"实事求是，有错必纠"原则，将"实事求是，有错必纠"原则发挥到了极致，违背了诉讼认识和司法运作的基本规律和特点，具有某种程度的不合理性。

2. 启动主体的不正当性

1996 年的《刑事诉讼法》就规定，最高人民法院对各级人民法院已经发生法律效力的判决和裁定，上级人民法院对下级人民法院已经发生法律效力的判决和裁定，如果发现确有错误，有权提审或者指令下级人民法院再审。2012 年《刑事诉讼法》继续保留了这一规定。上述规定违背了司法权的被动性、消极性和中立性特点。这一特点要求司法权只有在被请求时才能启动，它不能主动行使，否则很明显地违背了"不告不理"原则。

3. 提起时效和次数的非限制性

2012 年《刑事诉讼法》对于刑事监督程序的时效和次数仍然没有限制，从其本意上说，具有积极意义，初衷是切实防范刑事错案，竭力发现案件客观真实和实体真实。但是，审判监督程序启动的理由均以发现生效裁判在认定事实或适用法律方面"确有错误"为条件，并没有区分有利被告和不利被告的不同情形。如果是多次启动有利于被告的再审程序，则无可厚非；但如果是多次发起不利于被告的刑事再审程序，就明显有悖程序正义，更容易造成司法不公，极大程度损害被告人的利益。

（三）刑事审判监督程序如何纠正刑事错案

1. 再审的理由应该明确区分有利于被告人和不利于被告人两种情况

在法国，被允许提出再审申请的只能是重罪法院和轻罪法院作出有罪判决的案件。对于上述法院所作的无罪裁判和违警罪法院所作的任何裁判，任何人都不得提起再审。而且，这种有利于被判刑人的再审申请，在提起方面不受任何时间的限制。在德国，刑事再审则被明确区分为不利于被告人的再审和有利于被告人的再审两种。提起有利于被告人的再审不受任何时效的限制，而不利于被告人的再审则受此限制。不论是被告人还是检察机构，只要是为被告人利益而提出再审的申请，法院经过重新审判，即使仍然维持其有罪的裁判结论，也不能作对被告人不利的变更。这也就是所谓的"再审不加刑"原则。①

我国现行《刑事诉讼法》对于刑事再审案件的理由一般限于"在认定事实或适用法律上确有错误"，只要符合这个条件即可启动再审程序，并没有合理区

---

① 参见陈瑞华："刑事再审程序研究"，载《政法论坛》2000 年第 6 期。

分有利被告和不利被告两种情形。因此，我国刑事监督程序的启动理由应该合理借鉴域外法治国家经验，正确区分和设置有利被告和不利被告两种申请刑事再审的理由，并构建两套相互联系的诉讼程序。

2. 针对不同情形作出是否限制再审期限的决定

根据有利于被告人和不利于被告人两种情况，应该合理限定和区分不同情形下刑事再审的期限。对于有利被告的再审理由，不宜限制再审期限；对于不利被告的刑事再审，可以限定一定的再审时限。2002 年 9 月 10 日最高人民法院印发的《关于规范人民法院再审立案的若干意见（试行）》的通知（法发〔2002〕13 号）在一定程度上贯彻了有利被告的司法理念，其中第 10 条规定，人民法院对刑事案件的申诉人在刑罚执行完毕后 2 年内提出的申诉，应当受理；超过 2 年提出申诉，具有下列情形之一的，应当受理：①可能对原审被告人宣告无罪的；②原审被告人在本条规定的期限内向人民法院提出申诉，人民法院未受理的；③属于疑难、复杂、重大案件的。不符合前款规定的，人民法院不予受理。但是该规定也没有明确什么情况下不应受理刑事再审案件的情形，因此整体上而言，该规定尚有完善和补充的空间。

3. 针对不同情形作出是否限制再审次数的决定

同理，根据有利于被告人和不利于被告人两种情况，应该合理限制和区分不同情形下再审的次数。对于有利被告的再审理由，不宜限制再审次数；对于不利被告的刑事再审，应该限定一定的再审次数。

4. 明确再审不加刑原则

我国《刑事诉讼法》没有明确规定按照刑事审判监督程序重新审判案件后能否加重被告人刑罚的问题。2001 年底，最高人民法院公布了《关于刑事审判监督案件开庭审理程序的具体规定》（试行）（法释〔2001〕31 号），第 8 条对此做了简单的规定，除人民检察院抗诉的以外，再审一般不得加重原审被告人（原审上诉人）的刑罚。根据本规定第 6 条第（二）、（三）、（四）、（五）、（六）项和第 7 条的规定，不具备开庭条件可以不开庭审理的，或者可以不出庭参加诉讼的，不得加重未出庭原审被告人（原审上诉人）、同案原审被告人（同案原审上诉人）的刑罚。由于该文件仅为一般性的司法解释，在立法条件成熟的时候应当将该精神吸纳到刑诉法典当中。

四十三、人民法院定期复查案件机制

人民法院定期复查案件机制是指对裁判已经发生法律效力的案件进行审查

的行为，包括刑事申诉复查，民事、行政申请再审复查，人民检察院抗诉案件的初步审查，以及人民法院系统内部的例行检查。具体流程包括四个环节，即案件承办人每办结一案进行自查、审判长定期对所在合议庭办结案件进行核查、庭长定期对本庭室所结案件进行复查、本级法院考评办定期对全院所结案件进行评查以及上级法院定期对下级法院所结案件进行抽查。

（一）理论基础和现实必要性

1. 认识的相对性理论

从哲学意义上说，人的认识都是有局限性的。在一定条件下，人们对事物的客观过程及其发展规律的正确认识总是有局限的、不完全的。从广度上看，人的认识所反映的对象是都有条件的、有限的。由于都会受到人类实践水平、范围以及认识能力的限制，它只能是对无限的物质世界发展的某一阶段、某一方面、某一层次的认识，因而是有限的。从深度上看，由于任何特定的认识所反映的对象在范围上是有限的，而且其正确程度也是有限的。由于条件的限制，任何认识对认识对象的反映只能是相对正确的，即在认识的深刻程度上、精确度上都是有限的，或者是近似性的。因此，认识在深度上也是有条件的、有限性的。

由上观之，任何认识都只能是主观对客观事物近似正确即相对正确的反映。由于人民法院每一个裁判的形成都是法官在一定时间范围内和一定条件下对案件事实和证据事实的认定过程，因而具有一定的局限性和相对性，这就难免会产生一些错误的裁判，存在一些错误认定案件事实或证据事实的风险。因此，有必要通过案件定期复查制度来进行复查，及时发现可能存在错误的裁判，发现和纠正可能存在的刑事错案。

2. 人民法院定期复查案件机制有利于更好地化解矛盾、发现和纠正诉讼错案

近年来，媒体曝光的刑事错案基本上都是通过人民法院的复查机制和程序得以纠正的，其中最为典型的莫过于近期报导的张氏叔侄冤案。2004年4月21日，杭州市中级人民法院以强奸罪分别判处张辉死刑、张高平无期徒刑。2004年10月19日，浙江省高级人民法院二审分别改判张辉死刑、缓期二年执行，张高平有期徒刑十五年。由于张辉之父张高发的不断申诉，2012年2月27日，浙江省高级人民法院对该案立案复查，另行组成合议庭，调阅案卷、查看审讯录

像，认真调查核实有关证据，前往新疆维吾尔族自治区库尔勒监狱、石河子监狱分别提审了张辉、张高平，并于 2013 年 1 月将张辉、张高平换押回杭州，以便进一步提审核查。经开庭审理后，同年 3 月 26 日上午，浙江省高院公开宣判，认为有新的证据证明，此案不能排除系他人作案的可能，原一审、二审判决据以认定案件事实的主要证据不能作为定案依据。据此，依照《中华人民共和国刑事诉讼法》之规定，撤销原审判决，宣告张辉、张高平无罪。在民事诉讼领域，人民法院的定期复查机制也是化解矛盾和解决纠纷的重要方法。

（二）定期复查案件的原则

1. 实事求是和以事实为根据原则

人民法院的定期复查案件机制必须坚持实事求是和遵循事实真相原则，通过复查程序，再次还原案件事实和证据事实真相，通过复查发现可能存在的瑕疵和问题，从而达到纠正错误裁判的目的。坚持实事求是和以事实为根据原则，基本的精神和理念就是对该纠正的错误要勇于依法纠正，依法该赔偿的案件要主动赔偿，给当事人一个满意的交代。

2. 以法律为准绳的原则

人民法院定期复查案件的一部分是由申诉人的申诉而引起的，因此这部分案件的申诉材料和理由难免存在歪曲事实、绑架法律的情况。由此，人民法院在定期复查案件的过程中，更应该严格遵循法律规定，把握法律条件，在法律框架内合理合法地解决申诉人的诉求。对于人民法院主动启动的复查程序，在复查过程中也应该严格遵循法律标准，依据法律准确发现和纠正案件中可能存在的错误。

3. 全面审查原则

人民法院定期复查案件要实现准确的目标，必须坚持全面审查原则。只有全面审查，才可能更为准确地发现案件材料之间的千丝万缕和细微联系，彻底实现复查的意义和目的。定期复查案件过程中，人民法院应当就判决认定的事实和适用法律进行全面审查，既审查实体事实、又审查程序事实；既审查案件事实，又审查证据事实；既审查有罪材料，还要审查无罪材料。尤其是要关注被告人的年龄，被告人有无刑事责任能力，原判认定的事实是否清楚，证据是否确实、充分；犯罪情节、后果及危害程度；原判决适用法律是否正确，量刑是否恰当；有无法定、酌定从重、从轻或者减轻处罚情节；诉讼程序是否合法等诸多情形。对于共同犯罪的案件，应该阅读该被告人以及其他相关被告人的全部案卷材料。对于拟依照审判监督程序重新审判的案件，人民法院应当重点针对申诉、抗诉和决定再审的理由进行审理。所有案件都应当对原判决、裁定认定的事实、证据和适用法律进行全面审查。

（三）定期复查案件的启动主体

人民法院定期复查案件程序的启动，主要形式是由人民法院主动进行的定期复查；除此之外，申诉人的申诉也是启动定期复查的原因之一。

就人民法院而言，各级人民法院院长对本院作出的已经发生法律效力的刑事判决、裁定，如果发现在认定事实或适用法律上有错误可能，可以交主管业务部门立案复查。最高人民法院对各级人民法院作出的已经发生法律效力的刑事判决、裁定，上级人民法院对下级人民法院作出的已经发生法律效力的刑事判决、裁定，如果发现有错误可能，可以指令下级人民法院立案复查。下级人民法院对上级人民法院交办的刑事申诉案件复查结案后，应将复查决定书或复查通知书送达申诉人，将刑事申诉复查终结报告、刑事申诉复查决定书等材料上报交办的上级人民法院。

对于因申诉人申诉而引起的复查程序，原则上也应该适用以上程序。

（四）定期复查案件的范围和条件

下列案件应当立案复查：一是刑事案件当事人及其委托代理人、近亲属对已经发生法律效力的判决、裁定，认为原判决和裁定有错误可能，向人民法院提出异议和申诉的；二是民事、行政案件当事人对已经发生法律效力的判决、裁定认为确有错误的，或对已经发生法律效力的调解书提出证据证明调解违反自愿原则或者调解协议的内容违法，向人民法院申请再审的；三是上级人民法院指令复查的；四是上级人民法院对下级人民法院的例行检查与指导性案件复查。

（五）定期复查案件的程序

1. 受理与管辖

刑事申诉案件、民事申诉案件、民商事申诉案件、行政申诉案件由立案庭负责复查，并提出复查处理意见。立案庭统一调取原审所有案卷后，应该在收到全部案卷后 3 日内立案，办理立案编号等手续，纳入局域网进行审判流程管理，这也是适应现代信息技术迅速发展的必然趋势和要求。

对于因申诉人申诉而引发的案件复查程序，具体管辖分工可以设计如下：①基层法院负责以下申诉案件立案复查：对本院裁判不服，提出申诉的案件；市中级人民法院指定复查的案件；本院院长认为应当受理的其他申诉案件。②市中级人民法院负责以下申诉案件立案复查：对本院终审裁判不服，提出申诉的案件；对基层人民法院复查驳回或者再审判决不服，提出申诉的案件；省高级人民法院指定复查的案件；本院院长认为应当受理的其他申诉案件。③省级以上人民法院（含）原则上不直接受理申诉人的申诉，只是对下级人民法院案件复查进行指导、抽查和接受申诉人对复查结果不服的申诉。

对案件复查应当组成合议庭进行，应有申诉案件审查表和承办案件指定书。原审合议庭组成人员或独任审判的审判人员不得参加同一案件的复查。

2. 定期复查案件的方法

复查案件应当认真审查申诉材料和原审案卷，针对申诉请求及其理由，审查原审认定事实与证据、适用法律与司法解释是否错误。

定期复查案件既可以是人民法院依职权主动抽查阅读案卷，与原审判法官、当事人、诉讼参与人的约谈和访谈等形式；对于某些特殊案件，还可以举行复查听证程序，由申诉人与被申诉人当场进行诉辩活动。复查听证可以由当事人申请，也可以由承办法官或审判长依职权决定。决定复查听证的应该发放书面听证通知单，并列明相关诉讼权利和义务。经复查或听证程序审查认为原案事实不清、证据不足时，可以补充调查，并做出调查计划。

复查刑事申诉案件，可以询问原案当事人、证人和其他有关人员，并制作《调查笔录》。调查笔录应当经被调查人确认无误，由其签名或盖章。经审查认为原案事实不清、证据不足或有其他需要核实的问题时，应当拟定调查提纲，经承办部门负责人同意后进行补充调查。对与案件有关的场所、物品、人身、尸体等的勘验、检查笔录和鉴定结论，认为需要复核时，可以进行复核，也可以对专门问题进行鉴定或补充鉴定。

复查案件应当制作阅卷笔录、复查报告和合议庭笔录。

为切实保障复查案件的效果，一个案件的完整复查程序应该包括以下四个流程：首先是案件承办人对办结案件的自查，其次是审判长对所在合议庭办结案件的核查，再次是庭长对本庭室所结案件进行的复查，最后是该院考评办对全院所结案件进行的评查。经过这四道程序的过滤，笔者相信案件的质量管理会更科学、案件质量的把握会更有成效。

3. 复查案件后的处理

经过人民法院系统内部的复查程序发现的错误裁判问题，应该及时通过审判监督程序进行纠正。如果是因申诉人申诉而启动的复查程序，该申诉案件经复查如果符合下列条件的就可以结案：原认定的事实、证据和适用法律等情况已经审查清楚；申诉人提出的新的事实、证据已经调查清楚；对事实不清、证据不足等问题，已经作出必要的补充调查；提出了《申诉复查终结报告》。

对于因申诉人申诉而启动的复查程序，复查案件经合议庭评议后，可以根据不同情形作出以下处理：不符合提起再审标准的，驳回申诉；符合提起再审标准的，裁定（或决定）再审；复查期间申诉人与被申诉人达成执行和解协议的，由申诉人书面说明理由，提交撤回申诉申请，终结复查程序，并要求当事人将和解协议的执行情况通知原审法院；下一级法院经复查认为符合提起再审条件，而上一级法院认为不宜提审的，可以指令基层人民法院再审。

对于因申诉人申诉而启动的复查程序，人民法院在履行完复查程序后，应制作《申诉复查终结报告》，并在10日内送交申诉人、原案被告人和有关部门。《申诉复查终结报告》应包括以下内容：申诉人基本情况及与原案的关系；案由及案件来源；原处理情况、原认定事实及适用的法律；申诉理由、依据及请求；复查简要过程、复查认定的事实及证据；复查处理意见；申诉人的权利和义务、承办人签名及年月日等。

4. 复查的期间

为了提高诉讼效率，充分发挥复查案件的救济功能，应该为案件复查程序设置一定的期限。复查案件审理期限一般为3个月。有特殊原因或案情复杂、疑难需要延长的，由同级人民法院院长决定是否批准延长；如果同意延长，可以延长3个月。

上级人民法院指定下级人民法院复查的案件，也应在3个月内审查完毕。如果上级人民法院发现在认定事实或适用法律上仍有错误可能，可以直接立案复查，也可以退回下级人民法院重新复查。

下级人民法院应在申诉案件复查结案后10日内，将复查终结报告或复查决定书、合议庭或审委会讨论案件记录的复印件报上一级人民法院备案。

四十四、国家赔偿

在此引用两个案例。

其一是浙江张氏叔侄案获国家赔偿金 221 万余元，赔偿过程简要如下：

2014 年 5 月 17 日，浙江省高级人民法院对张辉、张高平再审改判无罪作出国家赔偿决定，分别支付张辉、张高平国家赔偿金 110.57306 万元，共计 221.14612 万元。

5 月 2 日，张辉、张高平分别以再审改判无罪为由向浙江省高级人民法院申请国家赔偿，两人共申请国家赔偿金 266 万元。其中，限制人身自由赔偿金 120 万元，精神损害抚慰金 120 万元，律师费 10 万元，低价转让的解放牌大卡车赔偿 15 万元，扣押的两部三星牌手机赔偿 1 万元。浙江省高级人民法院同日立案。案件审查期间，张辉、张高平分别要求增加限制人身自由赔偿金 5 万元、精神损害抚慰金 5 万元，并增加 3 万元的医疗费赔偿请求。浙江省高级人民法院听取了张辉、张高平的意见，依法进行审查后认为，张辉、张高平自 2003 年 5 月 23 日被刑事拘留，至 2013 年 3 月 26 日经再审改判无罪释放，共被限制人身自由 3596 日。根据《中华人民共和国国家赔偿法》第 33 条"侵犯公民人身自由的，每日赔偿金按照国家上年度职工日平均工资计算"之规定，决定分别支付张辉、张高平侵犯人身自由权赔偿金 65.57306 万元。同时，根据《中华人民共和国国家赔偿法》第 35 条的规定，综合考虑张辉、张高平被错误定罪量刑、刑罚执行和工作生活受到的影响等具体情况，决定分别支付精神损害抚慰金 45 万元。至于赔偿请求人张辉、张高平提出的律师费、医疗费、车辆转卖差价损失等其他赔偿请求，依法均不属于浙江省高级人民法院国家赔偿范围。①

其二是赵作海案获国家赔偿 65 万元。2010 年 5 月 13 日上午，经河南省高级人民法院再审判决，被宣告无罪释放的河南省柘城县老王集乡赵楼村村民赵作海收到赔偿义务机关代表——商丘市中级人民法院宋海萍院长亲手交付的人民币 65 万元。至此，因"故意杀人罪"而冤狱 11 年的赵作海申请国家赔偿案终结。

5 月 11 日下午，赵作海以公安机关刑讯逼供、检察院错误批捕、法院错误判决造成其被错误羁押为由，向商丘中院提出国家赔偿申请，要求赔偿各项损失共计 120 万元。针对这一情况，宋海萍院长又同副院长栾立学及赔偿办有关

---

① 参见郭婧："浙高院向张氏叔侄各支付国家赔偿金 110 万余元"，载浙江新闻在线 http://news.zj.com/detail/2013/05/21/1457182.html，访问时间：2014 年 8 月 6 日。

同志一起，多次深入赵作海家中进行协商。赵作海表示对法院开展工作的积极和诚恳态度表示满意，同意依法请求国家赔偿，不再提出超出《国家赔偿法》范围以外的赔偿请求。5 月 11 日晚上，商丘中院连夜召开审判委员会会议，对赵作海申请国家赔偿案进行研究。会后，该院派员再度赶赴柘城县，并于凌晨两点就赔偿数额与赵作海达成一致。5 月 12 日上午，商丘中院作出赔偿决定，赔偿赵作海国家赔偿金及生活困难补助费等共计 65 万元。①

（一）新《国家赔偿法》在权利救济方面的进步之处

国家赔偿是指国家机关及其工作人员因行使职权给公民、法人及其他组织的人身权或财产权造成损害，国家应当对受害者承担的赔偿责任。国家赔偿由侵权的国家机关履行赔偿义务。相比 1995 年和 2010 年《中华人民共和国国家赔偿法》，2012 年 10 月 26 日第十一届全国人民代表大会常务委员会第二十九次会议修正通过的《中华人民共和国国家赔偿法》主要有以下修改：

1. 形成了多元归责原则

新《国家赔偿法》第 2 条规定："国家机关和国家机关工作人员行使职权，有本法规定的侵犯公民、法人和其他组织合法权益的情形，造成损害的，受害人有依照本法取得国家赔偿的权利。"该条文去掉了旧法"国家机关和国家机关工作人员违法行使职权"中的"违法"一词。新法总则不再强调违法归责，与分则确定刑事赔偿的部分条款规定适用结果归责原则相呼应，形成了违法归责与结果归责并行的多元归责原则。

2. 明确了举证责任分配规则

修改后的《国家赔偿法》新增了第 15 条和第 26 条，② 分别就双方当事人在行政赔偿案件和刑事赔偿案件当中的举证责任进行了分配。新法明确了两种国家赔偿举证责任的分配方式——以"谁主张，谁举证"为原则，特殊情况下适

---

① 参见郭俊华："河南坐 11 年冤狱农民赵作海获国家赔偿 65 万元"，载大河网 http://news.qq.com/a/20100513/001198.htm，访问时间：2014 年 8 月 6 日。

② 第 15 条规定："人民法院审理行政赔偿案件，赔偿请求人和赔偿义务机关对自己提出的主张，应当提供证据。赔偿义务机关采取行政拘留或者限制人身自由的强制措施期间，被限制人身自由的人死亡或者丧失行为能力的，赔偿义务机关的行为与被限制人身自由的人的死亡或者丧失行为能力是否存在因果关系，赔偿义务机关应当提供证据。"第 26 条规定："人民法院赔偿委员会处理赔偿请求，赔偿请求人和赔偿义务机关对自己提出的主张，应当提供证据。被羁押人在羁押期间死亡或者丧失行为能力的，赔偿义务机关的行为与被羁押人的死亡或者丧失行为能力是否存在因果关系，赔偿义务机关应当提供证据。"

用"举证责任倒置"为例外。

3. 精神损害赔偿写入法典

修订前的《国家赔偿法》中没有对"精神损害"的任何规定。2012 年《国家赔偿法》第 35 条规定："有本法第 3 条或者第 17 条规定情形之一，致人精神损害的，应当在侵权行为影响的范围内，为受害人消除影响，恢复名誉，赔礼道歉；造成严重后果的，应当支付相应的精神损害抚慰金。"

4. 国家赔偿费用支付得到更大保障

1995 年《国家赔偿法》规定了国家赔偿的费用要列入各级财政预算，但对于支付的环节规定得不明确。2012 年《国家赔偿法》第 37 条规定："赔偿费用列入各级财政预算。赔偿请求人凭生效的判决书、复议决定书、赔偿决定书或者调解书，向赔偿义务机关申请支付赔偿金。赔偿义务机关应当自收到支付赔偿金申请之日起 7 日内，依照预算管理权限向有关的财政部门提出支付申请。财政部门应当自收到支付申请之日起 15 日内支付赔偿金。"

5. 赔偿程序更为完善

2012 年《国家赔偿法》规定："赔偿义务机关决定赔偿的，应当制作赔偿决定书，并自作出决定之日起 10 日内送达赔偿请求人。赔偿义务机关决定不予赔偿的，应当自作出决定之日起 10 日内书面通知赔偿请求人，并说明不予赔偿的理由。""赔偿义务机关在规定期限内未作出是否赔偿的决定，赔偿请求人可以自期限届满之日起 3 个月内，向人民法院提起诉讼。赔偿请求人对赔偿的方式、项目、数额有异议的，或者赔偿义务机关作出不予赔偿决定的，赔偿请求人可以自赔偿义务机关作出赔偿或者不予赔偿决定之日起 3 个月内，向人民法院提起诉讼。"

6. 加强了对赔偿决定的监督与救济程序

2012 年《国家赔偿法》最新规定："赔偿请求人或者赔偿义务机关对赔偿委员会作出的决定，认为确有错误的，可以向上一级人民法院赔偿委员会提出申诉。赔偿委员会作出的赔偿决定生效后，如发现赔偿决定违反本法规定的，经本院院长决定或者上级人民法院指令，赔偿委员会应当在 2 个月内重新审查并依法作出决定，上一级人民法院赔偿委员会也可以直接审查并作出决定。"

新的《国家赔偿法》还特别强调："最高人民检察院对各级人民法院赔偿委员会作出的决定，上级人民检察院对下级人民法院赔偿委员会作出的决定，发现违反本法规定的，应当向同级人民法院赔偿委员会提出意见，同级人民法院赔偿委员会应当在两个月内重新审查并依法作出决定。"

（二）新《国家赔偿法》需要重点理解和把握的几个问题

1. 刑事赔偿的范围

2012 年《国家赔偿法》对刑事赔偿范围的规定主要集中在第 17~19 条。根据这些规定，我国刑事赔偿的范围既包括侵犯人身权的赔偿，也包括侵犯财产权的赔偿，还包括精神损害的赔偿。与此同时，《国家赔偿法》设定了一些国家不承担赔偿责任的情形。

（1）侵犯公民人身权的赔偿。即错误羁押、错判的赔偿。主要包括：①对错误拘留的赔偿。违反《刑事诉讼法》的规定对公民采取拘留措施的，或者依照《刑事诉讼法》规定的条件和程序对公民采取拘留措施，但是拘留时间超过《刑事诉讼法》规定的时限，其后决定撤销案件、不起诉或者判决宣告无罪终止追究刑事责任的，受害人有获得赔偿的权利。②对错误逮捕的赔偿。对公民采取逮捕措施后，决定撤销案件、不起诉或者判决宣告无罪终止追究刑事责任的，受害人有权获得赔偿。③对错误判决的赔偿。依照审判监督程序再审改判无罪，原判刑罚已经执行的，受害人有取得赔偿的权利。依照审判监督程序再审改判无罪，表明原判决、裁定是错误的，如果原判刑罚已经执行，相对人有权获得赔偿。需要说明的是，这里的"原判刑罚"指的是判处剥夺人身自由或者生命的刑罚，不包括被判处管制、有期徒刑或拘役缓刑以及剥夺政治权利。

（2）侵犯公民生命、健康权的赔偿。主要包括：①以刑讯逼供、殴打等行为侵犯公民生命、健康权的赔偿。刑讯逼供或者以殴打、虐待等行为或者唆使、放纵他人以殴打、虐待等行为造成公民身体伤害或者死亡的，受害人有权获得赔偿。②违法使用武器、警械等侵犯公民生命、健康权的赔偿。违法使用武器、警械，造成公民身体伤害或者死亡的，受害人有权获得赔偿。武器、警械包括枪支、警棍、手铐、警绳以及其他警械。国家有关法律、法规对武器、器械的使用条件作出了严格的规定，违反规定使用武器、器械造成伤亡的，相对人有权获得赔偿。

（3）侵犯公民财产权的赔偿。根据 2012 年《国家赔偿法》的规定，行使侦查、检察、审判、监狱管理职权的机关及其工作人员在行使职权时有下列侵犯财产权情形之一的，受害人有取得赔偿的权利：①违法对财产采取查封、扣押、冻结、追缴等措施的。这里包括查封、扣押、冻结了与案件无关的财物或存款，超出法定的范围查封、扣押财物或冻结存款，追缴的财物不是犯罪分子的违法所得，而是其合法收入，没收的财物不是违禁品，不是犯罪分子用来作案的个人物品，等等。②依照审判监督程序再审改判无罪，原判罚金、没收财产已经执行的。如果被告人依审判监督程序被改判无罪，那么表明其不应受到刑事处罚，如果原判处的罚金、没收财产已经执行，相对人理应有权获得赔偿。

（4）精神损害的赔偿。1994 年通过的《国家赔偿法》没有关于精神损害赔偿的规定，导致司法实践中赔偿请求人要求支付精神损害赔偿金的请求很少得到满足，引起了请求人的强烈不满，不利于社会和谐与稳定，也与国际刑事司法潮流不相适应。在学界和实务界的广泛关注下，2012 年《国家赔偿法》第 35 条明确规定了精神损害赔偿的立法根据：存在法定的侵权情形，"致人精神损害的，应当在侵权行为影响的范围内，为受害人消除影响，恢复名誉，赔礼道歉；造成严重后果的，应当支付相应的精神损害抚慰金"。关于精神损害赔偿的问题，笔者将在后文继续展开论述。

（5）国家不承担赔偿责任的情形。我国 2012 年《国家赔偿法》第 19 条也规定了国家不承担赔偿责任的情形，包括：①因公民自己故意作虚伪供述，或者伪造其他有罪证据被羁押或者被判处刑罚的。该款规定的立法理由是某些犯罪嫌疑人、被告人遭受的损害不是国家公职人员所造成的，而是由于自身的过错造成的，国家不应对其损害承担赔偿责任。②依照《刑法》第 17、18 条的规定不负刑事责任的人被羁押的。《刑法》第 17 条的规定是："已满 16 周岁的人犯罪，应当负刑事责任。已满 14 周岁不满 16 周岁的人，犯故意杀人、故意伤害致人重伤或者死亡、强奸、抢劫、贩卖毒品、放火、爆炸、投毒罪的，应当负刑事责任。已满 14 周岁不满 18 周岁的人犯罪，应当从轻或者减轻处罚。因不满 16 周岁不予刑事处罚的，责令他的家长或者监护人加以管教；在必要的时候，也可以由政府收容教养。"第 18 条的规定是："精神病人在不能辨认或者不能控制自己行为的时候造成危害结果，经法定程序鉴定确认的，不负刑事责任，但是应当责令他的家属或者监护人严加看管和医疗；在必要的时候，由政府强制医疗。间歇性精神病人在精神正常的时候犯罪，应当负刑事责任。尚未完全丧失辨认或者控制自己行为能力的精神病人犯罪的，应当负刑事责任，但是可以从轻或者减轻处罚。醉酒的人犯罪，应当负刑事责任。"依照上述两条规定，不负刑事责任的人被羁押的，之所以不予刑事赔偿，主要是因为他们实质上实施了犯罪行为，只是出于人道主义和刑事政策的考虑而不追究其刑事责任，在侦查犯罪过程中，对于他们采取一定的羁押措施是必需的，也是必要的。③依照《刑事诉讼法》第15条、第173条第2款、第273条第2款、第279条的规定不追究刑事责任的人被羁押的。具体而言，对于以下情形被羁押的公民遭受损失，国家不承担赔偿责任：一是因情节显著轻微、危害不大，不认为是犯罪的；犯罪已过追诉时效期限的；经特赦令免除刑罚的；依照刑法告诉才处理的犯罪，没有告诉或者撤回告诉的；犯罪嫌疑人、被告人死亡的，以及其他法律规定免予追究刑事责任的。二是对于犯罪情节轻微、依照刑法规定不需要判处刑罚或者免除刑罚的。三是被附条件不起诉的未成年犯罪嫌疑人。四是对于达成和解协议的案件。同理，这些人不被追究刑事责任还是出于形势政策的考虑，对其是更为有利的，在侦查过程中即使被羁押，也是可以忽略的。④行使国家侦查、检察、审判、监狱管理职权的机关的工作人员与行使职权无关的个人行为。以上人员行使公权力的时候才能代表国家，因此其公职行为产生的损害后果方可由国家赔偿；如果是行使职权以外的行为造成被追诉人的人身财产伤害，当然不属于国家的授权行为，是他个人名义的侵权行为，与国家无关，自然不能得到国家的赔偿。⑤因公民自伤、自残等故意行为致使损害发生的。这种损害是自己造成的，与国家的刑事追诉活动无关，而且很多人还是为了逃避刑事追责而有意自伤、自残的，这种行为自然不能得到国家赔偿。⑥法律规定的其他情形。因为认识的局限和时空条件的变化，法律不可能完全列举出国家不予赔偿的情形，该条款能够给其他情形留下适用空间，体现了立法的原则性与灵活性的统一。

2. 刑事赔偿的计算标准

如何确定国家赔偿的标准，直接关系到受害人的合法权益受保护的程度，是一个较为复杂的问题。世界各国难以形成统一标准，各国根据本国国情，确立了不同的赔偿标准。总体来说，可以将各国所确定的赔偿标准归纳为三种①：

（1）惩罚性标准。惩罚性标准是指赔偿额大于受害人所受的损失，对侵害方具有惩罚性。即侵害方除应向受害人赔偿足以弥补受害人所受损害的费用外，

---

① 参见刘嗣元、石佑启、朱最新编著：《国家赔偿法要论》，北京大学出版社2010年版，第104页。

还应支付一定的惩罚性费用。按照这一标准，国家赔偿的数额就等于损失额加上惩罚金额。这种标准下，国家赔偿的费用是比较高的，对受害人极为有利。这种标准大多是发达国家的国家赔偿法所采取的标准。

（2）补偿性标准。补偿性标准是指赔偿额以能够弥补受害人所受的实际损失为限，即侵害方按照受害人所受的实际损失进行赔偿，以示补偿。按照这一标准，国家赔偿的金额就等于受害人实际所受的损失额。

（3）抚慰性标准。抚慰性标准是指赔偿额以抚慰受害人为目的而不是赔偿受害人的全部损失，即侵害方不可能对受害人的全部损失作充分的赔偿，而只能在全部损失范围内尽可能赔偿受害人的损失，以示抚慰。按照这一标准，赔偿请求人得到的赔偿往往少于其实际受到的损失。

从我国《国家赔偿法》的规定来看，国家赔偿计算标准确立的是抚慰性标准。这在《国家赔偿法》第 36 条第 6 项中体现得尤为明显："吊销许可证和执照、责令停产停业的，赔偿停产停业期间必要的经常性费用开支。"如果要填补受害人的实际损失，除了赔偿停产停业期间必要的经常性费用支出外，还要赔偿正常生产或经营时所获得的利润。后者的赔偿金额往往比"必要的经常性费用"支出要大得多。

我国有学者认为，确立抚慰性标准的原因有：①在现阶段，中国《国家赔偿法》所解决的主要问题是通过赔偿来规范国家机关及其工作人员的行为，并使之重新走上正确的轨道，而不是对受害人作完全充分的损害赔偿；②目前中国国家机关及其工作人员的执法、司法水平从总体上说还不够高，如果现在采取惩罚性赔偿原则确立国家赔偿标准的话，国家机关及其工作人员无论在能力上还是心理上都是难以承受的，不利于国家职能的发挥，也不利于提高国家执法、司法水平；③目前，中国的经济发展水平和财政负担能力与前些年相比虽已有很大的提高，但中国仍然是一个发展中国家，财政困难仍比较多，如果采用惩罚性赔偿原则确立国家赔偿标准的话，国家财政负担必会更加沉重，不利于国家建设的进一步发展；④由于中国国家赔偿制度的发展起步较晚，又长期受到不应有的干扰，在目前情况下采用补偿性赔偿原则确立赔偿标准，无论对侵权损害的确认，还是在损害范围、损害程度的统计和计算方面，都缺乏成功的经验可作参考，尚无法采用这一原则。①

生活实践中我们发现，对于不同的刑事错案，国家赔偿数额往往差别很大。究其原因，与当事人的羁押时间、身体伤害情况、精神损害程度等因素密切相关。根据 2012 年《国家赔偿法》的相关规定，我国刑事赔偿的计算标准包括以下几种：

（1）侵犯人身自由的赔偿计算标准。2012 年《国家赔偿法》第 33 条明确规定："侵犯公民人身自由的，每日赔偿金按照国家上年度职工日平均工资计算。"据此规定，侵犯公民人身自由的，按日支付赔偿金。具体计算标准是公民应得到的赔偿金等于该公民因非法拘禁等而被限制了人身自由的天数乘以上年度职工的日平均工资。根据最高人民法院印发《关于人民法院执行〈中华人民共和国国家赔偿法〉几个问题的解释》的通知（法发〔1996〕15 号）第 6 条的规定，国家上年度职工日平均工资数额，应当以职工年平均工资除以全年法定工作日数的方法计算。年平均工资以国家统计局公布的数字为准。

最高人民法院于 2014 年 5 月 27 日下发通知，公布了 2014 年作出国家赔偿决定涉及的侵犯公民人身自由权的赔偿标准，具体数额为每日 200.69 元。该数据的得出是因为国家统计局 2014 年 5 月 27 日公布，2013 年城镇非私营单位在岗职工年平均工资（即原"全国在岗职工年平均工资"）数额为 52 379 元，比上年增加 4786 元；日平均工资为 200.69 元，比上年增加 18.34 元。②

（2）侵犯公民生命健康权的赔偿计算标准。2012 年《国家赔偿法》第 34 条规定，侵犯公民生命健康权的，按照下列标准赔偿：其一，造成身体伤害的，应当支付医疗费、护理费，以及赔偿因误工减少的收入。减少的收入每日的赔偿金按照国家上年度职工日平均工资计算，最高额为国家上年度职工年平均工资的 5 倍。其二，造成部分或者全部丧失劳动能力的，应当支付医疗费、护理费、残疾生活辅助具费、康复费等因残疾而增加的必要支出和继续治疗所必需的费用，以及残疾赔偿金。残疾赔偿金根据丧失劳动能力的程度，按照国家规定的伤残等级确定，最高不超过国家上年度职工年平均工资的 20 倍。造成全部

---

① 参见张正钊主编：《国家赔偿制度研究》，中国人民大学出版社 1996 年版，第 67～68 页，转引自刘嗣元、石佑启、朱最新编著：《国家赔偿法要论》，北京大学出版社 2010 年版，第 105 页。

② 参见孙莹："最高法公布 2014 年国家赔偿金标准：每日 200.69 元"，载 http：//ent. chinanews. com/fz/2014/05－27/6218275. shtml? f＝360，访问时间：2014 年 8 月 7 日。

丧失劳动能力的，对其扶养的无劳动能力的人，还应当支付生活费。其三，造成死亡的，应当支付死亡赔偿金、丧葬费，总额为国家上年度职工年平均工资的 20 倍。对死者生前扶养的无劳动能力的人，还应当支付生活费。

从一些国家和地区的立法情况来看，对死亡的赔偿有如下四个特点：其一，对死亡赔偿大多规定最高限额，德国不超过 7.5 万马克；韩国为受害者当时月工资的 60 倍以内；我国台湾地区最高额为 100 万～200 万新台币。其二，赔偿事项一般包括丧葬费、救治费、抚慰金、受抚养人的生活费。如德国，生命权损害赔偿标准包括三部分：丧葬费；抚养费，即死者生前依法负有抚养义务的人的抚养费，包括尚未生产的胎儿；劳务赔偿金，即死者生前依法在家务或工商业中有对第三人提供劳务的义务，如果死亡而不能提供劳务的，赔偿义务人要向该第三人赔偿因为失去劳务的损失。"有的国家还包括救治费，有证据证明因死亡造成的财产损失，胎儿赔偿请求权，感情赔偿，为死者以一定方式恢复名誉等"。其三，确定死亡的赔偿额，一般应考虑到受害人的年龄、健康状况、收入能力及其他情况。其四，如果能证明死亡给受害人带来的财产损失，国家也负责赔偿。①

（3）侵犯财产权赔偿的计算标准。第一，处罚款、罚金、追缴和没收财产或者违法征收和征用财产的，返还财产；第二，查封、扣押、冻结财产的，解除对财产的查封、扣押、冻结，造成财产损坏或者灭失的，依照本条第 3 项、第 4 项的规定赔偿；第三，应当返还的财产损坏的，能够恢复原状的恢复原状，不能恢复原状的，按照损害程度给付相应的赔偿金；第四，应当返还的财产灭失的，给付相应的赔偿金；第五，财产已经拍卖或者变卖的，给付拍卖或者变卖所得的价款；变卖的价款明显低于财产价值的，应当支付相应的赔偿金；第六，吊销许可证和执照、责令停产停业的，赔偿停产停业期间必要的经常性费用开支；第七，返还执行的罚款或者罚金、追缴或者没收的金钱，解除冻结的存款或者汇款的，应当支付银行同期存款利息；第八，对财产权造成其他损害的，按照直接损失给予赔偿。

3. 精神损害赔偿问题

（1）我国精神损害赔偿的立法现状。现代的精神损害赔偿制度则是以《德

---

① 参见陈春龙：《中国司法赔偿实务操作与理论探讨》，法律出版社 2002 年版，第 387 页；刘嗣元、石佑启、朱最新编著：《国家赔偿法要论》，北京大学出版社 2010 年版，第 108 页。

国民法典》的颁布和实施为标志，主要适用于民事法律领域中。20世纪中叶以后，部分国家才将精神损害赔偿引入国家赔偿制度中，使之成为一个重要的组成部分。精神损害赔偿制度在我国最早出现于《大清民律草案》中，后来中华民国在正式通过的《民国民法》中对该制度作了较全面的规定。

2012年我国《国家赔偿法》第35条规定："有本法第3条或者第17条规定情形之一，致人精神损害的，应当在侵权行为影响的范围内，为受害人消除影响，恢复名誉，赔礼道歉；造成严重后果的，应当支付相应的精神损害抚慰金。"

"本法第3条或者第17条规定情形之一"具体是指行政机关，行使侦查、检察、审判职权的机关，以及看守所、监狱管理机关及其工作人员在行使某些职权时侵犯人身权，受害人有权取得赔偿的具体情形。其中，行使侦查、检察、审判职权的机关以及看守所、监狱管理机关及其工作人员在行使职权时有下列侵犯人身权情形之一的，受害人有取得赔偿的权利：①违反《刑事诉讼法》的规定对公民采取拘留措施的；或者依照《刑事诉讼法》规定的条件和程序对公民采取拘留措施，但是拘留时间超过《刑事诉讼法》规定的时限，其后决定撤销案件、不起诉或者判决宣告无罪终止追究刑事责任的；②对公民采取逮捕措施后，决定撤销案件、不起诉或者判决宣告无罪终止追究刑事责任的；③依照审判监督程序再审改判无罪，原判刑罚已经执行的；④刑讯逼供或者以殴打、虐待等行为或者唆使、放纵他人以殴打、虐待等行为造成公民身体伤害或者死亡的；⑤违法使用武器、警械造成公民身体伤害或者死亡的。

河北赵艳锦再审无罪赔偿案、河南李怀亮再审无罪赔偿案与张辉、张高平再审无罪赔偿案情况相似。同样羁押了10年之久，河北赵艳锦再审无罪赔偿案中河北法院支付了10万元精神损害抚慰金，河南李怀亮再审无罪赔偿案中河南法院支付了20万元精神损害抚慰金，张辉、张高平再审无罪赔偿案中浙江高院支付了45万元精神损害抚慰金。由此产生的困惑是：如何尽可能公平、准确地界定精神损害赔偿的等级、范围与赔偿标准？这是国家赔偿操作实务中一个比较棘手的问题。

除了《国家赔偿法》对于精神损害赔偿的相关规定外，笔者梳理了现行与精神损害赔偿相关的法律及司法解释如下：

1987年1月1日起施行的《民法通则》第120条规定："公民的姓名权、肖像权、名誉权、荣誉权受到侵害的，有权要求停止侵害，恢复名誉，消除影响，赔礼道歉，并可以要求赔偿损失。法人的名称权、名誉权、荣誉权受到侵害的，适用前款规定。"该条规定没有明确提及"精神损害赔偿"，在今天看来具有一定的局限性和不足。

《最高人民法院关于确定民事侵权精神损害赔偿责任若干问题的解释》（法释〔2001〕7 号）第 1 条规定："自然人因下列人格权利遭受非法侵害，向人民法院起诉请求赔偿精神损害的，人民法院应当依法予以受理：（一）生命权、健康权、身体权；（二）姓名权、肖像权、名誉权、荣誉权；（三）人格尊严权、人身自由权。违反社会公共利益、社会公德侵害他人隐私或者其他人格利益，受害人以侵权为由向人民法院起诉请求赔偿精神损害的，人民法院应当依法予以受理。"第 8 条规定："因侵权致人精神损害，但未造成严重后果，受害人请求赔偿精神损害的，一般不予支持，人民法院可以根据情形判令侵权人停止侵害、恢复名誉、消除影响、赔礼道歉。因侵权致人精神损害，造成严重后果的，人民法院除判令侵权人承担停止侵害、恢复名誉、消除影响、赔礼道歉等民事责任外，可以根据受害人一方的请求判令其赔偿相应的精神损害抚慰金。"《最高人民法院关于审理人身损害赔偿案件适用法律若干问题的解释》（法释〔2003〕20 号）第 1 条规定："因生命、健康、身体遭受侵害，赔偿权利人起诉请求赔偿义务人赔偿财产损失和精神损害的，人民法院应予受理。"第 18 条规定："受害人或者死者近亲属遭受精神损害，赔偿权利人向人民法院请求赔偿精神损害抚慰金的，适用《最高人民法院关于确定民事侵权精神损害赔偿责任若干问题的解释》予以确定。"

比较民事精神赔偿与国家赔偿之精神损害赔偿的客体范围可以发现，前者的范围显然要大于后者。在客体范围上，民事精神损害赔偿的客体主要有自然人（包括死者）的生命权、健康权、身体权、姓名权、肖像权、荣誉权、名誉权、隐私权、人格尊严权、人身自由权。另外，监护权受到侵害，或具有人格象征意义的特定纪念物因侵权永久性灭失或者毁损，受害人请求精神损害赔偿的，也应得到支持；而国家赔偿之精神损害赔偿的客体范围较窄，仅包括生命权、健康权、身体权和人身自由权。①

---

① 参见施继英：《国家赔偿之精神损害赔偿制度研究》，昆明理工大学 2013 年硕士学位论文，第 35 页。

我国首次规定精神损害赔偿的法律是 2010 年 7 月 1 日起施行的《侵权责任法》，其中第 22 条规定："侵害他人人身权益，造成他人严重精神损害的，被侵权人可以请求精神损害赔偿。"比较《国家赔偿法》与《侵权责任法》这两部法律有关精神损害赔偿的规定可以发现，在《侵权责任法》中，精神损害赔偿的范围包括生命权、健康权、姓名权、名誉权、荣誉权、肖像权、隐私权、婚姻自主权、监护权等人身权益，财产权不被包含在内；而在《国家赔偿法》中，精神损害赔偿的范围主要限于错误羁押、错误裁判、侵犯公民生命权、健康权等情形，相比而言，其赔偿范围要小于《侵权责任法》规定的赔偿范围。

（2）精神损害"严重后果"标准的认定。《国家赔偿法》第 35 条规定："有本法第 3 条或者第 17 条规定情形之一，致人精神损害的，应当在侵权行为影响的范围内，为受害人消除影响，恢复名誉，赔礼道歉；造成严重后果的，应当支付相应的精神损害抚慰金。"在该条款中，核心要素和关键信息在于对"精神损害"和"严重后果"的理解。对于"精神损害"的解读，一般认为是指侵权行为所导致的致使受害人心理和感情遭受创伤和痛苦，是一种非财产的损害，如精神上的悲伤、失望、焦虑等负面不良情绪，影响工作、生活乃至生理健康。[①]

对于"严重后果"的解释，某些省份相继出台了相关具体评定细则。根据 2011 年 1 月 20 日广东省高级人民法院、人民检察院、省公安厅联合发布的《关于在国家赔偿工作中适用精神损害抚慰金若干问题的座谈会议纪要》（以下简称"会议纪要"）指出，精神损害后果严重，是指发生国家赔偿法第 3 条或者第 17 条规定情形之一，致受损害人有下列一种或多种后果：①死亡；②重伤或者残疾；③精神疾病或者严重精神障碍；④婚姻家庭关系破裂或者引致家庭成员严重伤害；⑤因丧失人身自由而失去重要的（就业等）机会，以及对其生产经营造成严重影响或者重大亏损等，产生重大精神损害；⑥其他重大精神损害。受损害人完全没有犯罪行为或者犯罪事实并非受损害人所为的，可以认为精神损害后果严重。另外，"会议纪要"还明确列举了三种后果特别严重的情形，在此情形下应当适当增加抚慰金的数额：①非正常死亡，而国家机关及其工作人员

[①]　参见浙江省高级人民法院赔偿委员会："国家赔偿精神损害抚慰金的确定"，载《人民司法》2013 年第 9 期。

负有重大责任；②因超期羁押造成重大人身损害；③因刑讯等造成伤残或者精神失常。①

我们认为，由于精神痛苦的主观性与复杂性，对于精神损害是否达到"严重后果"的判断，一般以客观标准为主，同时兼顾一些主观标准，否则就无法统一司法尺度，有损公平正义。具体而言，判定精神损害的存在与否及其严重程度应客观中立，从侵权行为情节恶劣程度、社会影响程度、受害人受损害程度等方面，以社会客观的一般观念为原则，同时辅之以受害人的主观因素，合理使用自由裁量权，坚持客观标准与主观标准的统一。② 前述广东省"会议纪要"具有一定的创新性和可操作性，值得各地高级法院等相关机构参照制定、解释和执行，以指导本地法院对国家赔偿案件进行公正裁判。

（3）确定国家赔偿中精神损害赔偿数额的原则。由于精神损害带有较强的主观色彩，难以用金钱衡量，因此，世界各国在计算精神损害国家赔偿的具体数额时所采用的方式也不尽相同。归纳起来，主要有以下五种方法：一是酌定赔偿的方法，即法律不制定统一的赔偿标准，而是由法官根据具体案情自由裁量。这一方法由于没有统一的计算标准，导致相似案情的精神损害赔偿数额往往相差悬殊。二是固定赔偿方法，即制定固定的抚慰金赔偿表，就不同性质的精神损害规定抚慰金的最高赔偿限额和最低赔偿标准。现在英国对精神损害赔偿金就采取标准化的固定赔偿方法，将致残赔偿及各类伤害的赔偿金额，依通常的社会标准，根据法律政策修改的价目表估算金额。三是最高限额赔偿方法，即对精神损害赔偿的数额限制最高标准。美国、瑞典、捷克等国均采此种方法。四是医疗费比例赔偿方法，即精神损害的赔偿金额根据受害人医疗费的一定比例加以确定。如《秘鲁民法典》第3条规定，法官只能在受害人所必须花费的医疗费数额的半数和两倍之间来估算受害人的抚慰金。五是日标准赔偿方法，即确定每日的赔偿标准，总额按日标准计算。如丹麦法律规定，致害人对躺在床上的病人每日给付抚慰金25丹麦克郎。③

---

① 参见"广东省高级人民法院、广东省人民检察院、广东省公安厅关于在国家赔偿工作中适用精神损害抚慰金若干问题的座谈会纪要"，载广东省高级人民法院网站 http：//www. gdcourts. gov. cn/gdcourt/front/front! content. action？ lmdm = LM116&gjid =20120307044242242147，访问时间：2014 年 8 月 11 日。

② 参见施继英：《国家赔偿之精神损害赔偿制度研究》，昆明理工大学 2013 年硕士学位论文，第 34 页。

③ 参见马怀德："论国家侵权精神损害赔偿"，载《天津行政学院学报》2005 年第 1 期。

笔者认为，我国国家赔偿中对于精神赔偿数额的确定应该坚持以下基本原则：

第一，不低于民事赔偿中的精神损害赔偿标准原则。民事赔偿既赔偿直接损失，也赔偿可以预见的损失，其精神损害赔偿纯粹系抚慰性质。实践中，有的当事人也仅仅要求具有象征意义的精神损害赔偿，如主张精神损害赔偿金1元。而国家赔偿以赔偿直接损失为主，由于之前限制人身自由赔偿标准偏低，"麻旦旦案件"① 后法学界要求给予精神损害赔偿的呼声强烈，《国家赔偿法》修正时增加"精神损害抚慰金"，其立法目的就是为了弥补限制人身自由赔偿金的不足。国家公权力机关的权力作用范围与程度往往较民事主体的影响更为宽泛、深刻，国家侵权损害的结果尤其是精神损害的结果往往比民事侵权精神损害的后果更加严重。"张氏叔侄强奸案"对张辉、张高平造成的伤害，远远超过一般的民事侵权，就是一个很好的例证。而且国家财政赔付能力远远超过民事主体的赔偿能力。以上原因决定了国家赔偿应该而且可以比民事赔偿中的精神损害赔偿标准高。②

第二，数额限制原则。精神损害是无形的，也是容易给人带来巨大伤害的，但是精神损害赔偿也是有底线的，不是无限制扩张的。近年来，媒体报道和出现的巨额、天价精神损害索赔是不现实的，也是有悖我国现阶段国情、违背法律公平合理基本精神的。由于国家赔偿中的人身自由权、生命健康权损害赔偿金是主要的赔偿方式，精神损害赔偿金应当居于辅助地位。一般意义上说，精神损害赔偿金不应当超过人身自由权、生命健康权损害赔偿金总额。

第三，法官的自由裁量原则。国外的固定赔偿方法、最高限额赔偿方法和医疗费比例赔偿方法具有一定的合理性，但是在我国国情的具体操作下具有一

① 2001年1月8日晚，陕西省泾阳县蒋路乡派出所民警与聘用司机来到该乡一家美容美发店，将正在看电视的19岁少女麻旦旦带回派出所讯问，要求麻承认有卖淫行为。麻旦旦拒绝指控后，受到威胁、恫吓、猥亵、殴打并被背铐在篮球架杆上。非法讯问23小时后，1月9日，泾阳县公安局出具了一份《治安管理处罚裁决书》，该裁决书以"嫖娼"为由决定对麻旦旦拘留15天。为证明清白，麻旦旦自己去医院做了检查，证明自己还是处女。2月9日，咸阳市公安局有关人员将麻旦旦带到医院，医院再次证明麻旦旦是处女，咸阳市公安局遂撤销了泾阳县公安局的错误裁决。5月19日，咸阳市秦都区法院一审判决赔偿74元。2001年12月11日二审法院——陕西省咸阳市中级人民法院审判庭经过审理，判令泾阳县公安局支付麻旦旦违法限制人身自由两天的赔偿金74.66元，加上医疗费、交通费、住宿费以及180天的误工费共9135元整。

② 参见江勇："从'张氏叔侄强奸赔偿案'谈国家赔偿制度完善"，载《中国审判新闻月刊》2014年第1期，第69~70页。

定的不适应性。由于个案的千差万别，整体上说，国家赔偿的具体数额包括精神损害赔偿，都应该坚持法官的自由裁量原则。法律无法规定一个具体的固化的操作细则标准，法官只能根据公平正义的司法理念、根据自己的价值判断和内心信念，作出尽可能公平合理、让人信服的赔偿决定。

（4）确定国家赔偿中精神损害赔偿数额的因素。《最高人民法院关于确定民事侵权精神损害赔偿责任若干问题的解释》（法释〔2001〕7号）第10条规定，精神损害的赔偿数额根据以下因素确定：侵权人的过错程度，法律另有规定的除外；侵害的手段、场合、行为方式等具体情节；侵权行为所造成的后果；侵权人的获利情况；侵权人承担责任的经济能力；受诉法院所在地平均生活水平。法律、行政法规对残疾赔偿金、死亡赔偿金等有明确规定的，适用法律、行政法规的规定。就国家精神损害赔偿而言，一般应当考虑以下因素：一是受害人精神损害的程度和后果，是否致受害人死亡、重伤或者残疾，精神疾病或者严重精神障碍等；二是侵权机关事后采取弥补措施的及时有效性，是否有效地预防了伤害的进一步发生，是否竭尽全力采取了预防和及时性的弥补措施；三是受害人的谅解程度，受害人是否理解和原谅侵权机关所造成的侵权行为，侵权机关与受害人双方是否就伤害事实达成谅解意见或和解协议；四是侵权人的主观过错，在主观心态上是否存在故意或过失状态；五是侵权行为的具体情节，是否存在刑讯逼供、不文明、不人道的侵害行为等；六是案件的社会影响，社会媒体与大众舆论是否广泛关注，一般情况下，对于那些明显存在错误羁押、错误裁判，以及侵犯公民生命、健康权，又在社会上造成恶劣影响和司法不公的典型案件，国家所要承担的精神损害赔偿数额自然越高。

在具体操作上，根据实务部门的实践经验，可以细化为以下四点：

第一，区分赔偿请求人是没有实施犯罪行为，也即纯无辜的案件，还是因为证据不足导致撤案、不起诉、无罪处理。

第二，赔偿请求人因被羁押而失去重要的工作、就业机会，或者对其生产经营造成严重影响及重大损失，被视为精神损害后果严重的判断标准。

第三，考虑赔偿请求人的身份、职业等因素，对于有特殊身份的，赔偿义务机关往往会给予适当的精神损害赔偿。

第四，细化严重后果的程度，区分是后果严重还是后果特别严重。后果严重应包括侵犯公民生命健康权，造成赔偿请求人死亡的；造成身体伤害达到重伤或者造成身体残疾的；造成赔偿请求人身患精神疾病或者严重精神障碍的。后果特别严重应包括因国家机关及其工作人员的责任，造成赔偿请求人非正常死亡的；因超期羁押造成赔偿请求人重大人身损害的；因刑讯逼供等造成赔偿请求人伤残或者精神失常的，对精神损害后果特别严重的，司法实践中会适当增加抚慰金的数额。①

回到前文的论述，为什么张辉、张高平再审无罪赔偿案中浙江高院支付了45万元精神损害抚慰金，远远超过河北赵艳锦再审无罪赔偿案、河南李怀亮再审无罪赔偿案？这是因为张氏叔侄案件确定他们没有实施犯罪行为（真正的凶手勾海峰已被枪决），被证明完全"清白"，故相较于运用无罪推定原则适用疑罪从无原则被判无罪的河北赵艳锦案、河南李怀亮案，国家机关在张氏叔侄被错误定罪的过程中其侵害程度要远过于赵艳锦案、李怀亮案，张氏叔侄精神痛苦更大。同时张氏叔侄被错误定罪前从事汽车运输业，收入相当可观，其经济生活状况等各方面均优于赵艳锦、李怀亮，所以在张氏叔侄案中确定的精神损害抚慰金也相对较高。②

4. 检察机关对国家赔偿程序的法律监督

第一，有必要完善检察机关在国家赔偿监督程序启动中的作用。除了检察机关在工作中自行发现错误而主动对国家赔偿案件发起监督之外，国家赔偿监督程序的启动方式还应当包括赔偿请求人或者赔偿义务机关向检察机关提起申诉，以及公民、法人或者其他组织向检察机关提出举报或者控告赔偿决定有损国家、集体或者公民合法权益的情形。③

第二，完善对国家赔偿案件的审查机制。进一步规范赔偿申诉案件的受理和立案工作，及时审查，及时将审查结果告知当事人；认真听取申诉人、被申诉人及其委托律师的意见，实现审查程序的公开、公平、公正；发现人民法院的生效裁判和决定可能有错误的，依法立案审查；对检察机关作出不立案、不抗诉或不提出重新审查意见的，做好释法说理和息诉工作。

第三，应当将检察机关的监督范围扩展至国家赔偿的各个程序，包括赔偿

---

① 参见高祥阳等："国家赔偿中精神损害抚慰金适用问题研究"，载《中国司法》2013年第3期。

② 参见江勇："从'张氏叔侄强奸赔偿案'谈国家赔偿制度完善"，载《中国审判新闻月刊》2014年第1期，第69页。

③ 参见王蕊：《论我国国家赔偿法律制度的完善》，中国海洋大学2013年硕士学位论文，第22～23页。

请求的受理、复议、人民法院赔偿委员会的决定等整个程序，检察机关都有权进行监督。对于赔偿义务机关不予受理赔偿申请的决定、因程序错误而未能进入赔偿委员会决定环节的案件，以及在赔偿决定生效后的执行过程中发生的问题等，检察机关都应当有权依法对其进行检察监督。[①] 只有加强检察机关的检察监督，才能规范赔偿义务机关和人民法院赔偿委员会在国家赔偿程序的适用程序，同时确保受害人能有机会获得合理的国家赔偿救济。

[①] 参见樊亚宁、严萍："国家赔偿法律监督的价值目标及其实现"，载《人民检察》2013年第23期。

第十章

办案责任制：防范刑事错案的组织保障

四十五、建立合理的刑事司法考评制度

（一）刑事司法考评制度的历史发展

1. 法官绩效考评制度的发展历程

我国现行法官考评制度的法律依据是《公务员法》和《法官法》的有关法律规定。《公务员法》第 2 条已明确将法官纳入了公务员的范围，该法条将公务员定义为"依法履行公职、纳入国家行政编制、由国家财政负担工资福利的工作人员"，法官也被明确认定是公务员队伍的一部分。《法官法》第八章对此作了专章规定，强调法官考核应当坚持客观公正、注重实绩、民主公开的原则。《法官法》关于法官考核的规定，与公务员考核的规定基本相似。

1999 年《人民法院五年改革纲要（1999－2003）》中提出人民法院改革的总体目标之一就是"以强化法官职责为重点，建立符合审判工作特点和规律的审判管理机制，改革审判工作的行政化管理模式，进一步深化法院人事管理制度的改革，建立一支政治强、业务精、作风好的法官队伍"。2002 年 7 月 15 日，在第十八次全国法院工作会议上，时任最高法院院长的肖扬明确提出了"建立能够形成激励机制的法官业绩评价标准体系"。2004 年《人民法院第二个五年改革纲要（2004－2008）》中比较系统地对绩效考核做了安排："建立科学统一的审判质量和效率评估体系，在确保法官依法独立判案的前提下，确立科学的评估标准，完善评估机制。改革法官考评制度和人民法院其他工作人员考核制度，根据法官职业特点和审判业务岗位的具体要求，科学设计考评题目、完善考评方法，统一法官绩效考评的标准和程序。"2008 年 7 月，最高人民法院印发

了《关于当前进一步加强人民法院队伍建设的意见》，明确提出"要建立完善司法考评体系并全面推开"，并就设立考评机构、实施岗位考评、建立业绩档案、落实案件评查等方面作出了具体规定。这表明，在全国建立统一、规范的司法考评体系已经形成。2009 年《人民法院第三个五年改革纲要（2009 - 2013）》提出要"研究制定符合审判工作规律的案件质量评查标准和适用于全国同一级法院的统一的审判流程管理办法。建立健全以审判质量和效率考核为主要内容的审判质量效率监督控制体系，以法官、法官助理、书记员和其他行政人员的绩效和分类管理为主要内容的岗位目标管理绩效考核体系。"

2002 年，最高人民法院提出建立审判质量与效率综合评估体系，在经过若干轮的调研、征求意见和专家论证、测试后，最高人民法院于 2008 年发布了《关于开展案件质量评估工作的指导意见（试行）》（简称《意见》），初步建立起人民法院案件质量评估体系，统一了全国法院案件质量的评估方法和评价标准，有利于对全国法院的案件质量进行横向和纵向的全面比较，有利于找准提高审判质量的方向。同年，最高人民法院下发《关于开展人民法院案件质量评估试行工作的通知》，决定在全国各级人民法院开展评估试行工作，并确定北京、四川、福建、吉林、内蒙古、贵州等 11 个高级人民法院为案件质量评估重点试行单位。[1] 2011 年 3 月 22 日，全国法院案件质量评估工作电视电话会议在北京召开，最高人民法院副院长张军就本次指标体系修改的主要内容作了说明。他指出，本次修订共增加新指标 10 个，取消旧指标 12 个，并对 9 个指标的计算标准做了更为科学、合理的调整。修订后，共有三级指标 31 个，其中公正指标 11 个，效率指标 10 个，效果指标 10 个。[2] 2011 年 3 月，最高人民法院下发了《印发〈关于开展案件质量评估工作的指导意见〉的通知》，决定在全国各级人民法院正式开展案件质量评估工作。

2. 检察官绩效考评制度的发展历程

最高人民检察院和地方各级检察院一直非常重视自身的绩效考核建设。最高人民检察院于 1995 年 8 月通过了《检察官考核暂行规定》，对检察官考核的基本内容作了规定：检察官考核标准以检察官的职务（岗位）规范和工作任务

---

① 参见严戈："人民法院案件质量评估工作的历程"，载《人民法院报》2011 年 10 月 23 日。

② 参见张蔚然："最高人民法院修订案件质量评估指标体系"，载中国新闻网 http://www.chinanews.com/fz/2011/03 - 22/2923567. shtml，访问时间：2014 年 11 月 12 日。

为依据。但这样的规定过于笼统，并没有对检察院的绩效考核作出任何可操作的具体规范。

1999 年，我国与欧盟开展绩效管理合作研究项目，最高人民检察院将铁路检察机关作为试点，其中哈尔滨铁路检察分院在这一方面的探索成绩显著。2001 年修订的《中华人民共和国检察官法》对检察官的考核作出了规定："对检察官的考核，由所在人民检察院组织实施。对检察官的考核，应当客观公正，实行领导和群众相结合，平时考核和年度考核相结合。""考核内容包括：检察工作实绩，思想品德，检察业务和法学理论水平，工作态度和工作作风。重点考核检察工作实绩。"这些规定为检察官考核机制确立了基本原则、方向和内容，也是日后制定各项检察院考核条例的法律基础。

2002 年初，最高人民检察院与瑞典罗尔沃伦堡法学院、瑞典国际行政管理局合作开展中瑞检察院绩效管理项目试点，选取上海市黄浦区检察院为试点单位。实行全方位的绩效考评，运用自我评估、领导评估、干警评估、相关方评估等多种途径，对部门和干警工作进行科学评估。注重考评结果的运用，依据从考评结果中了解到的干警的强项弱项，开展有针对性的培训，使广大干警能准确把握各自的岗位要求，不断提升自身业务水平和执法能力。同时，把考评结果作为检察业务专门人才培养的重要依据之一。

2002 年 3 月 1 日最高人民检察院颁布的《人民检察院基层建设纲要》明确指出：以考核干警的能力、绩效为核心，探索建立能级管理机制。在明确内设机构和工作岗位职责的基础上，分类分级明确工作目标，以动态考核为主、定性与定量相结合，实行全员能力和绩效考核，奖优罚劣。改革完善业务工作考核办法，注重对办案质量、效率和综合效果的考核评价。这些都为实施绩效考核提供了现实可能性。

2005 年《检察机关办理公诉案件考评办法（试行）》，明确将起诉率作为考核的一项标准，最高人民检察院已经开始制定详细的考核办法和标准。最高人民检察院 2009 年 2 月 27 日印发了《2009－2012 年基层人民检察院建设规划》规定：基层检察院的考核，坚持客观公正、公开透明、注重绩效、社会公认的原则，内容科学合理，形式简便易行，对基层检察院进行全面考核。考核工作由省级检察院统一领导，市级检察院组织实施。市级检察院每年都应当对所属基层检察院进行一次全面考核。省级检察院可以根据本地区经济社会和基层检察院发展的差异性和不平衡性等实际情况，制定分类标准，实行分类考核。省级检察院应当将基层检察院的考核结果与对市级检察院的考核挂钩，把基层检察院建设工作的情况作为考核评价市级检察院工作的一项重要内容。

2010 年，最高人民检察院印发《最高人民检察院考核评价各省、自治区、直辖市检察业务工作实施意见（试行）》（以下简称《考评实施意见》）和《最高人民检察院考核评价各省、自治区、直辖市检察业务工作项目及计分细则》（以下简称《考评计分细则》），自 2010 年起对各省、自治区、直辖市检察业务工作进行统一考评。《考评实施意见》和《考评计分细则》明确了考评工作的指导思想、基本原则、考评内容、考评方法以及考评结果运用、组织实施等方面的要求，设置了具体考评项目及其分值。[①] 至此，检察系统绩效考核的相关文件已经日趋成熟和完备，已经成为最高人民检察院对各级人民检察院，上级检察院对下级检察院实施业务管理与评价的重要手段。

（二）刑事司法考评制度存在的主要问题

1. 考评指标设计不科学

目前，不同刑事司法机关的绩效考评指标虽然表述不同，但设计思路大同小异，即尽可能地将刑事司法的工作内容以一种可量化的数据显现出来。主要考评指标包括"量"（如立案数、破案数、逮捕数、结案数）、"率"（如有罪判决率、不起诉率、撤回起诉率、上诉率、二审改判率）、"错"（如错误逮捕、错误起诉、错误定罪）等。客观而言，这种用原始数据、比率等形式描述司法人员绩效的做法确实实现了考评的可度量化与客观化，也能在相当程度上反映司法人员的工作表现，还能在一定程度上监督与控制其案件处理行为。但也不得不看到，这些指标的设计没有充分考虑刑事司法工作的特殊性。首先，刑事司法并不是一项完全以"产出"为最终导向的活动，而是一项包含了广泛政策目标与更多价值实现的工作，它们很难用数据指标予以量化。其次，为了实现证据判断的灵活性与法律适用的可操作性，司法人员享有一定的自由裁量权。最后，由于法律运行的不确定性，不同程序阶段的案件处理结果与先前判断不一致甚或出现一定程度的"错误"，都在所难免。[②] 以上设计指标的缺陷导致了

---

① 参见张静：《论绩效考核对检察权行使的影响》，南京大学 2012 年硕士学位论文，第 5~7 页。

② 参见郭松："组织理性、程序理性与刑事司法绩效考评制度"，载《政法论坛》2013 年第 4 期。

刑事司法考评制度在司法实践中的扭曲，违背了制度设计的初衷。

2. 违背程序正义

具体体现在：其一，对当事人诉权的侵犯。基层法院为了提高绩效考核成绩，在实际运行中变本加厉地限制立案，为了更好地服务其他绩效考核指标，立案先与上级法院立案部门沟通，先与本院审判部门、执行部门协调，已经常态化。这种沟通协调已经超出提高工作效率、明确责任划分的目的。当事人为维护自己的诉权，让法院出具予以立案裁定非常难，对于征地补偿和房屋拆迁甚至是不可能的事情。表面上看，立案正确率连年升高，很多基层法院已经达到；而实际上，当事人的合理诉权已经被剥夺。其二，影响了审判独立。审判管理办公室通过月通报、季通报，采取检查、约谈、下达办案任务等主动管理手段，对审判业务部门进行管理和约束，这样就导致审判执行部门在整个绩效考核过程中处于被动和观望地位，从而影响了案件的审理，变相地剥夺了法官的独立性。基层法院为了让考核成绩提高，在案件判决时，首先和上级法院沟通并达成共识后才能作出判决。上级法院在遇到上诉案件时，审判庭室必须和审判管理办公室协调处理，而最终判决很大程度上受到审判管理办公室的干扰。[①] 以上乱象集中反映了司法考评制度中存在的问题，是对程序正义的违背和伤害。

3. 考评内容的差异性和针对性不足

目前，检察系统和法院系统的考核方案很少能针对本岗位特点而设置不同类别的考核指标，未将业务人员和其他综合类工作人员的考核指标进行区别对待，未进行有效的分类管理和考核。从考评的内容上来说，检察官和法官现行的"德、能、勤、绩、廉"五个方面的考评内容，完全是照搬了《公务员法》中关于国家行政机关的考评标准，其错误就在于：把检察机关和人民法院等同于一般的国家机关，把检察官和法官等同于一般的党政机关干部，把检察权和审判权的运行粗泛地等同于一般的行政权，把检察权和审判权的运行等同于其他国家权力的运行，忽略了检察权和审判权的司法特征，忽略了检察官和法官的职业特殊性要求，也忽略了检察权和司法权运行的应有规律。这种做法，显

然不利于检察人员和审判人员队伍的专业化建设，扭曲了检察人员和审判人员的职业发展方向，不符合十八届四中全会提出的"推进法治专门队伍正规化、专业化、职业化，提高职业素养和专业水平"的新要求。

（三）刑事司法考评制度的完善

1. 科学设置考评指标

关于考评指标，笔者认为当前的首要任务就是取消无罪判决率、上诉率、改判率、发回重审率等单项考核指标。司法实践直观地告诉我们，应当冷静、客观和理性看待以上考评指标。依据无罪推定原则，任何一个案件在证据不确实、不充分的前提下，是应该宣告无罪的，这也是现代司法文明理念进步的必然结果。从证据理论的层次性要求出发，侦查机关、审查起诉机关、审判机关在刑事诉讼活动相应的诉讼阶段中对证明标准的要求也是不同的，呈现一个逐步递进的阶梯格式。从拘留、逮捕到起诉，再到审判，这个过程中审查证据、立案、定罪的标准也是由低到高的。因此，随着诉讼进程的推进，法院因为前述阶段的证据标准达不到"排除合理怀疑"而作出无罪判决就应该是一种必然，公安司法机关、案件当事人和社会大众都要予以充分理解并支持，遵循司法判决的权威。

《中央政法委关于切实防止冤假错案的规定》第 14 条明确要求，要"建立健全科学合理、符合司法规律的办案绩效考评制度，不能片面追求破案率、批捕率、起诉率、定罪率等指标"。最高人民法院《关于建立健全防范刑事冤假错案工作机制的意见》也明确提出："建立科学的办案绩效考核指标体系，不得以上诉率、改判率、发回重审率等单项考核指标评价办案质量和效果。"

此外，要合理确定考评指标的权重，增加对检察官和法官业务绩效考评的权重，减少与检察业务、审判业务无关的指标权重，以便突出检察业务能力、审判业务能力的地位，符合检察官、法官精英化、职业化、专业化的要求。要淡化片面追求数字化考评所带来的不利后果，坚持定性与定量考评指标相结合的方法，并视不同的考核项目性质而有所侧重。要结合检察权审判权的规律制定科学的考评制度和办法，要尽可能地细化、全面和具体，做到既要具有可操作性，又要有一定的弹性和张力，避免标准僵化、片面化和简单化。

2. 推行分层、分类考核制度

在当前司法改革如火如荼开展的今天，如何建立符合检察业务和审判业务工作运行规律，适合司法人员工作特点的检察人员、审判人员分类管理模式，已成为我国司法体制改革的攻坚区和深水区。

《中共中央关于进一步加强人民法院、人民检察院工作的决定》明确了推进司法体制改革、加强队伍专业化建设的要求，提出探索建立法官、检察官与其他工作人员分类管理的总体规划，对检察机关绩效考核机制建设是一次难得的机遇和挑战。我们应当以此为契机，加快检察人员分类管理改革的步伐，推行分层、分类的考核体系。分层考核主要是按照"分级授权、逐级管理"的原则，将行政职级分为院领导、中层干部、一般干警三个层面。分类考核主要包括：对本单位内部人员的管理考核应分类进行，主要依据工作性质分为综合、业务、技术等类别，实现检察业务与司法行政事务相分离。①

最高人民检察院公布的《2014—2018 年全国检察人才队伍建设规划》指出："争取到 2016 年底前，在全国各级检察机关全面推行检察人员分类管理。按照检察机关的职能需要和各类人员的岗位特点，将检察人员分为检察官、检察事务官（检察官助理）和检察行政人员。要依据工作职能、职责权限，合理设置和划分各类人员职位和职务层次，实行规范化管理。"② 据此，以现行的《检察官法》以及 2006 年 1 月 1 日实施的《公务员法》为根据，按照检察工作的性质和业务特点，以及检察职业化、专业化的要求重新划分职位体系。检察官职位分为两类，即检察业务类和检察综合类。

就法院系统而言，也必须将从事审判工作的法官从现有的法官工作人员中分离出来，即把法院的行政人员、书记员、法警、其他辅助性人员作为辅助法官审判的人员。对法官进行单独管理，建立符合审判工作规律和法官职业特点的法官职务序列，理顺法院内部审判人员与其他各类非审判人员的关系，改变目前非审判人员多于审判人员的倒三角关系，尽力确保法官专司审判的人事管理制度，使法官成为法院的中心。根据不同岗位的工作性质与特点，积极研究科学的分类考评指标体系，建立相应的定性、定量考评标准，改进和规范考评

① 参见景南南：《检察机关绩效量化考核研究——以包头市昆区人民检察院为例》，中央民族大学 2010 年硕士学位论文，第 34 页。

② 参见李养志："检察机关当前人员管理存在的问题及改革设想"，载中国经济网 http://fz.ce.cn/sy/bl/201409/09/t20140909_1908587.shtml，访问时间：2014 年 11 月 12 日。

方式和考评手段，以全面考评法院各类人员的业绩。①

十八届三中全会通过的《中共中央关于全面深化改革若干重大问题的决定》明确指出："建立符合职业特点的司法人员管理制度，健全法官、检察官、人民警察统一招录、有序交流、逐级遴选机制，完善司法人员分类管理制度，健全法官、检察官、人民警察职业保障制度。"

3. 加快信息技术与制度建设相结合的步伐

刑事司法考评制度的关键是要实现程序的公平、公正、公开和透明，唯有如此，才能确保考评程序的正当性、考评结果的可接受性。在信息技术和网络时代迅速发展的今天，更应该加快信息技术与制度建设相结合的步伐。要加快信息化建设，重点是要开发四级检察院、法院联网的案件信息综合管理系统和全国检察院、法院案件信息数据库的建设。形成以案件信息为基础，以基层检察院、法院绩效考核为手段，结合人事管理、案件质量管理等系统，实现信息共享、数据挖掘、数据上报与反馈更便捷，基层检察院、法院绩效考核成绩更真实的目标。

信息技术发展的同时，也应该加强制度建设，用制度保障信息技术不折不扣地运行：一是要用制度确保司法统计数据的真实性、准确性，为科学决策和司法引导保驾护航。要严格数据电子信息源头录入、指标数据统计上报、指标数据管理的技术保障、指标数据的监督检查、责任追究等各个环节，用制度还原数据的真实性，用制度防止利用信息技术弄虚作假，用制度保障基层检察院、法院绩效考核制度的进一步完善和稳定，让考核的结果修正考核指标的设置，不断实现基层检察院、法院绩效考核的科学化和民主化。二是要完善审查起诉和审判流程管理制度，在法律允许的范围内让案件流程信息公开，利用信息技术将案件起诉和审理的各个环节及时通知案件当事人，提高案件审理的透明度，把司法公开渗透到基层检察院和法院的绩效考核中。三是要建立检察官和法官激励制度，结合案件质量评查管理办法和审查起诉及审判流程管理制度，实现基层检察院与法院绩效考核制度的制度支撑与恰当配套。②

通过以上信息平台的搭建和制度设计，促进形成一个以案件质量评估体系

---

① 参见锁秀秀：《我国法官绩效考评制度研究》，海南大学 2013 年硕士学位论文，第 32 页。

② 参见仇剑科：《基层法院绩效考核制度的局限与完善》，内蒙古大学 2014 年硕士学位论文，第 20～23 页。

为导向，以检察官和法官审判业绩考评、案件质量监督为手段的，全面的、立体的、科技化的综合性基层检察院、法院绩效考核格局，让司法机关及社会公众尤其是案件当事人充分地参与到绩效考核工作中来，实现看得见的正义。

四十六、建立责权利一致的办案责任制

（一）冤假错案的产生与现行审判权运行机制的关系

铸成冤假错案的原因无疑是多方面的。关于西方国家刑事错案的成因，一些教授或学术团体运用娴熟的实证技巧做了阐释。例如，美国安耶·莱特勒教授的1988年报告，谢客、钮菲德与德维尔教授的2000年报告，罗伯·瓦登教授的2005年报告，以及加拿大预防错案工作组2005年报告。这些具有一定代表性和权威性的报告，调查的对象和方法可能存在着一定的差异，但所得出的结论则是大同小异。前三份报告均表明，刑事错案的形成与司法制度的缺陷有着密切的关系，这些"缺陷"大体上包括错误的辨认、不可靠的证人证言（含告密者与共犯等的伪证）、被告人的虚假供述、"垃圾"鉴定科学、检控方的不当行为以及辩护律师的失职行为等；后一份报告指出，导致错案的关键因素包括公诉人和警察的"确证偏见"等。[①]

关于我国冤假错案的原因，最高人民法院常务副院长、一级大法官沈德咏认为原因很多，故意陷人入罪者有之，认识错误者有之，能力不强者有之，技术落后者有之。在当今中国政治清明、能力增强、技术进步的社会条件下，因上述原因导致的冤假错案概率越来越小。纵观已发现和披露的案件，冤假错案的形成主要与司法作风不正、工作马虎、责任心不强，以及追求不正确的政绩观包括破案率、批捕率、起诉率、定罪率等有很大关系。[②]笔者认为，在我国，除了上述原因外，与"以侦查为中心"的司法体制和"多主体、科层化、复合式"审判权力运行机制也有很大关系。

在前文，笔者已较为全面地论述了"以侦查为中心"的司法体制对刑事诉讼所造成的危害，以下不妨再剖析一下目前"多主体、科层化、复合式"审判权力运行机制的弊端。

所谓"多主体"，现在法院审判组织的正式层级和非正式层级加起来大致有

---

① 参见刘品新主编：《刑事错案的原因与对策》，中国法制出版社2009年版，第6~7页。

② 参见沈德咏："我们应当如何防范冤假错案"，载《人民法院报》2014年5月6日。

8 个层级，即承办法官、审判长、主管庭长、庭长、审判长联席会议（或庭务会）、主管院长、院长、审判委员会，各主体都享有相应的审判权；"科层化"，即在案件的实体裁判过程之中，承办法官、审判长、主管庭长、庭长、主管院长、院长以及审判委员会之间构成类似于行政科层的层级化设置，各层级具有明确的从属关系，下级必须服从上级；"复合式"，即同一案件往往需要经历多个主体和多个层级的复合评价，才能形成最终的裁判结果。

"多主体、科层化、复合式"审判权力运行机制，实际上是与我国现有的法律规定，特别是宪法的规定相契合的。首先，在审判权的授予方面，《宪法》第126 条规定："人民法院依照法律规定独立行使审判权，不受行政机关、社会团体和个人的干涉。"据此，独立审判的主体是人民法院，而非法官；其次，《宪法》第 3 条规定："中华人民共和国的国家机构实行民主集中制的原则。"据此，人民法院作为国家的审判机构，其决策机制也要遵循民主集中制的原则，体现为少数服从多数、下级服从上级、个人服从集体，非法官个人自行决定。

"多主体、层级化、复合式"的裁判体系，初衷是依照民主集中制的原则，发挥"集体智慧"，发挥院庭长作为资深法官的传帮带作用，使裁判意见相对统一，同时加大审判管理和监督制约的力度，避免裁判差错和暗箱操作。但是，在实际运行中，却暴露出以下严重问题：一是法院内部层级过多。现有九层级的体系，堪称世界上司法权运行最繁琐、最严密、最复杂的体系。层级过多所导致的"审判分离"，不仅影响公正效率，而且一旦出现错案，因各主体职责不明，责任难以划分落实。依据"权责统一"的原则，有权力必然有责任，审判责任制度原则是"谁审判、谁负责"，"审判分离"，造成"权责分离"。审判长联席会（或庭务会）、审判委员会变异成为法官规避风险、分担责任的工具，不利于错案责任制的落实。案件层层汇报、请示，经过多人定夺，一旦发生错案，就成为"集体负责，集体无责"的局面，审判委员会等成为法官推卸责任的借口，错案追究难以落实到具体个人。二是审理和裁判严重脱节，案件层层把关、审批，与行政机关毫无二致。院、庭长不仅对行政事务享有管理权，对案件审理也具有决定权，其意见极大地影响着法官、合议庭的裁判，这种影响不仅有无形的潜在的压力，而且有显性的规则支持。如法院内部规定庭长、院长可以要求合议庭复议，可以提交审判长联席会研究，而且一旦庭长、院长要求复议或上审判长联席会议或提交审判委员会，一般会改变合议庭意见。个别庭长甚至会私下打招呼以影响审判长联席会的意见，还有一些审判庭存在不成文的规定，那就是审判长联席会议形成一致意见，合议庭必须按联席会议意见办。在这样的层级之下，法官、合议庭几乎丧失了对案件的决定权，导致审者不判、判者不审，严重背离了司法规律。[①] 三是审判权运行的行政化，导致审判活动在部分环节空转，大大降低了司法的效率。因此，审判权运行的去行政化儿乎成为学界和社会各界近乎一致的呐喊。

审判独立的核心是法官独立，没有法官依法独立办案的审判独立是没有意义的。司法职能的独特价值在于提供独立、公正、个案化和终局化的争议解决方式。在这个过程中，法官仅能依据法律的规定、自身的良知以及经过长期训练而获得的司法技艺作出判断，而不应受制于任何权威或"上级"的压力。正如柯克（Edward Coke）法官在反对英王干涉司法时所言："的确，上帝赋予国王陛下以丰富的知识和非凡的天资；但是陛下对王国的法律并不精通。涉及陛下臣民的生命、继承、动产或不动产的诉讼并不是依自然理性来决断的，而是依人为理性和法律的判断来决断的；法律乃是一门艺术，一个人只有经过长期的学习和实践，才能获得对它的认识。法律是解决臣民诉讼的金质魔杖和尺度，它保障陛下永享安康太平。"[②] 有学者认为，法官独立实乃是一种专门的法律理性与技艺的自足与独立，没有这种独立的地位，则法官所作的判断既不公正、也不终局。[③] 1987 年通过的《世界司法独立宣言》第 3 条规定："在作出裁决的过程中，法官应对其司法界的同行和上级保持独立。司法系统的任何等级组织，以及等级和级别方面的任何差异，都不应影响法官自由地宣布其判决的权力。"据对世界 142 部成文宪法的统计，有 105 部宪法规定了司法独立或法官独立，占 73.9％。[④]

为了破解审判实践中因层层审批制所导致的"判者不审、审者不判"、裁判错误的责任不清、审判效率不高、上下级法院的内部请示代替不同审级的独立裁判等日趋严重的司法行政化问题，十八届三中全会《决定》依照司法规律，

---

① 参见王韶华：《前行中的思考——司法热点问题探究》，法律出版社 2014 年版，第 55 页。

② ［美］爱德华·S. 考文：《美国宪法的"高级法"背景》，强世功译，生活·读书·新知三联书店 1996年版，第 35 页。

③ 参见韩大元："论审判独立原则的宪法功能"，载《苏州大学学报（法学版）》2014 年第 1 期。

④ 转引自王德志："以保障法官独立为核心推进司法改革"，载《法商研究》1999 年第 1 期。

把"改革审判委员会制度，完善主审法官、合议庭办案责任制，让审理者裁判、由裁判者负责"，作为健全司法权力运行机制的重要举措。最高人民法院根据三中全会《决定》要求，及时发布了《人民法院四五改革纲要》，强调人民法院深化司法改革，应当严格遵循审判权作为判断权和裁决权的权力运行规律，充分体现审判权的独立性、中立性、程序性和终局性特征。健全完善权责明晰、权责一致、监督有序、配套齐全的审判权力运行机制，措施主要有三项：一是完善主审法官、合议庭办案责任制。选拔政治素质好、办案能力强、专业水平高、司法经验丰富的审判人员担任主审法官，作为独任法官或合议庭中的审判长。独任制审判模式以主审法官为中心，配备必要数量的审判辅助人员。合议制审判模式由主审法官担任审判长，配备与合议庭工作量相适应的审判辅助人员。主审法官作为审判长参与合议时，与其他合议庭成员权力平等，但负有主持庭审活动、控制审判流程、组织案件合议、避免程序瑕疵等岗位责任。完善合议庭成员在阅卷、庭审、合议等环节中的共同参与和制约监督机制。科学界定合议庭成员的责任，既要确保其独立发表意见，也要明确其个人意见、履职行为在案件处理结果中的责任。二是完善审判委员会工作机制。合理定位审判委员会职能，强化审判委员会总结审判经验、讨论决定审判工作重大事项的宏观指导职能。健全审判委员会讨论事项的先行过滤机制，规范审判委员会讨论案件的范围。除法律规定的情形外，审判委员会主要讨论案件的法律适用问题。完善审判委员会议事规则，建立审判委员会的会议资料、会议记录的签名确认制度。建立审判委员会会议事项的督办、回复和公示制度。建立审判委员会委员履职考评和内部公示机制。三是规范院、庭长的审判管理权和审判监督权。一方面，明确院、庭长与其职务相适应的审判监督职责；另一方面，健全院、庭长对重大、疑难、复杂案件的监督机制，建立院、庭长在监督活动中形成的全部文书入卷存档制度。建立主审法官、合议庭行使审判权与院、庭长行使监督权的全程留痕、相互监督、相互制约机制，确保监督不缺位、监督不越位、监督必留痕、失职必担责。

（二）完善主审法官、合议庭办案机制

1. 让审理者裁判，要求裁判者亲历裁判的全过程

让审理者裁判，就是要求作出裁判的法官坚守亲历性原则，必须亲历案件的"庭审"，通过对庭审质证、辩论过程的直接和全程参与，进行综合观察，形

成对证据效力、争议事实的自由心证和理性判断。所谓亲历性，也就是裁判者要亲自经历裁判的全过程。亲历性原则有两个基本要求：一是直接审理。要求裁判者在裁判过程中必须亲自在场，接触那些距离原始事实最近的证据材料。即使是单纯的程序性裁判活动或仅仅涉及法律适用问题的裁判活动，裁判者也必须亲自接触控辩双方，了解各自的证据、主张和意见。二是以口头方式进行审理。要求裁判者必须以口头方式进行裁判活动，听取控辩双方以言词方式提交的各类证据。如果允许院、庭长审批决定案件，或审判委员会讨论决定案件，其结果必然是导致没有参加庭审活动和没有直接聆听当事人诉求的人直接裁判案件，这种机制显然是违反了亲历性原则，有悖让审理者裁判的司法规律。十八届三中全会《决定》提出让审理者裁判，就是要将审判权归还于主审法官或合议庭。

2. 让审理者裁判，必须排除其他权力对审判权的干扰

让审理者裁判，首先要确保人民法院依法独立行使审判权，防范外部各种权力的干扰。《宪法》第 126 条规定："人民法院依照法律规定独立行使审判权，不受行政机关、社会团体和个人的干涉。"为了实现国家治理体系和治理能力现代化，促进社会公平正义，十八届三中全会以《决定》的形式明确，要确保人民法院依法独立公正行使审判权。习近平总书记在对《决定》的说明中特别指出，要"确保司法机关依法独立行使审判权和检察权"，政法机关要"信仰法治、坚守法治——只服从事实，只服从法律"，强调了"审判独立"在法治国家建设和国家治理中的重要地位，是为落实审判独立的宪法原则提出的具体举措。十八届四中全会专门对全面推进依法治国若干重大问题作出《决定》，要求完善确保依法独立公正行使审判权和检察权的制度。首先，各级党政机关和领导干部要支持法院、检察院依法独立公正行使职权。建立领导干部干预司法活动、插手具体案件处理的记录、通报和责任追究制度。任何党政机关和领导干部都不得让司法机关做违反法定职责、有碍司法公正的事情，任何司法机关都不得执行党政机关和领导干部违法干预司法活动的要求。对干预司法机关办案的，给予党纪政纪处分；造成冤假错案或者其他严重后果的，依法追究刑事责任。在现行宪法和法律尚未修改的情况下，以上内容为人民法院依法独立公正行使审判权，"只服从事实，只服从法律"奠定了政策依据。其次，让审理者裁判，要严格划分审判权、审判管理权的边界，防范法院内部各种因素的干扰。一是

理顺法院内部审判权和行政管理权的关系，案件审理去行政化。由主审法官或合议庭自行裁判案件，在具体审理程序上，院、庭长不再通过"行政审批"的方式决定或影响案件裁判结果，审判委员会也不再讨论决定案件的事实认定问题，二是明确司法机关内部各层级权限，健全内部监督制约机制。司法机关内部人员不得违反规定干预其他人员正在办理的案件，建立司法机关内部人员过问案件的记录制度和责任追究制度。

3. 主审法官的审判职责及选任

主审法官的审判职责体现在独立行使审判权，即基于正义和良知，运用自身的法律知识和素养，结合审判实务经验，审慎地判断证据，认定事实，精准地理解和适用法律，对案件争议作出判断和裁量。依据《人民法院组织法》第9条规定："人民法院审判案件，实行合议制。人民法院审判第一审案件，由审判员组成合议庭或者由审判员和人民陪审员组成合议庭进行；简单的民事案件、轻微的刑事案件和法律另有规定的案件，可以由审判员一人独任审判。"因此，主审法官行使审判职责的途径是依法独任审判或参加合议庭进行审判。

为了确保主审法官独立行使审判权，本轮司法改革的重要举措就是改革裁判文书的签署制度。根据最高人民法院出台的相关改革意见，审判员独任审理的案件，裁判文书由独任审判员直接签署。助理审判员独任审理的案件，裁判文书应由其所在合议庭的审判长审核后签署。合议庭审理案件的裁判文书，由案件承办法官、合议庭其他法官、审判长依次签署。院长、庭长不得对未参加合议审理的案件的裁判文书进行签发。其中，规定助理审判员独任审理的案件裁判文书由其所在合议庭的审判长审核后签署，主要原因是助理审判员尚不属于享有完整审判权的法官，裁判文书由审判长审核后签署是审判权完整行使的需要。改革裁判文书的签署制度是审判权去行政化的直接体现，也是法官独立审判的根本保障。

司法改革的目的是确保实现公平正义，赋予主审法官独立行使审判权是实现公平正义的必要条件，但并非是充分条件，高质量的裁判结果还需要依赖于高素质的人才。现行法官按照公务员管理，导致法官入职门槛较低、行政化加剧、人员结构失衡、成长空间有限。在实践中，大量占据法官资格的人员并不从事审判工作，而审判一线的法官为了解决行政级别又希望到行政管理部门任职。加之法院的行政职数有限，导致法官成长进步的空间全被挤在庭长、院长一条通道上，进一步加剧了法院内部的行政化，影响了法官依法独立公正行使审判权。此外，由于没有建立科学的法院人员分类管理制度，加之被法官身份和审判津贴所吸引，导致法院内部辅助人员、行政工作人员大都向法官身份聚集，形成起点较低、内部循环、对外封闭的"蜂窝状"式的法官培养模式，法官逐级遴选的通道被堵死，最终使法官人数日渐庞大而辅助人员愈加稀少，大量与行使判断权无关的辅助事务也需要法官去亲理，造成司法效率低下，最终形成案多人少与忙闲不均现象并存的结构性矛盾。

针对上述问题，《人民法院四五改革纲要》明确了以下改革路径：一是建立法官员额制度。根据法院辖区经济社会发展状况、人口数量、案件数量等基础数据确定法官员额，提高法官任职年龄和入职门槛，对各级法院法官统一实行员额管理，原则上只能在法官员额空缺的情况下，方可启动补充选任法官的程序。二是推进法院人员分类管理改革。以法官为中心，健全法官、司法辅助人员、司法行政人员各自单独的职务序列，适当增加司法辅助人员的比例，让法官从繁琐的、与行使判断权与裁量权无关的事务中解脱出来。[①] 其中，人员分类管理改革的一大亮点就是按照十八届三中全会《决定》的要求，设立主审法官序列，选拔政治素质好、办案能力强、专业水平高、司法经验丰富的法官担任主审法官。

4. 合议庭的组成及权力行使

（1）院、庭长直接编入合议庭。根据最高人民法院的相关改革意见，一个审判庭内设有多个合议庭的，将副院长、审判委员会委员、庭长、副庭长直接编入合议庭并担任审判长。其他合议庭的审判长应当从优秀资深法官中选任。条件成熟的试点法院也可以探索建立一个合议庭即一个审判庭的模式。在实践中，院、庭长一般都是从优秀的资深法官中提拔产生，虽然《人民法院组织法》对院、庭长直接担任审判长审理案件有明确规定，但当优秀法官成为院长、庭长后便不再直接审理案件，而是坐居程序的关键环节或者出口处，以首长式的"审核"或"审批"方式帮助其他办案法官"把关"或者充任其他行政管理工作。这种体制一方面导致优质审判资源的严重浪费，另一方面违反了法官独立

---

① 参见贺小荣："人民法院四五改革纲要的理论基点、逻辑结构和实现路径"，载《人民法院报》2014年7月16日。

审判的原则。通过改革就是要把重要的审判资源"位移"至关键的审判岗位——审判长，使其以直接行权的方式发挥其司法智慧。同时，为了确保审判长和其他法官有效履行审判职责，可以为其配备一定数量的法官助理、书记员等协助其工作。

（2）审判委员会委员组成的合议庭。被任命为审判委员会委员的法官一般都是业务精良的法官。根据最高人民法院的相关改革意见，这些优秀法官除了参加审判委员会审理案件、作为审判长主持合议庭的案件审理、参加法官会议和审判长联席会议讨论法律问题外，还可以与其他审判委员会委员组成3~7人的"委员合议庭"，审理重大、疑难、复杂的案件。审判委员会委员组成合议庭审理案件，按照合议庭审理案件的程序办理。

5. 完善审判委员会工作机制

（1）严格限缩审判委员会讨论案件范围。根据法律规定，审判委员会讨论重大、疑难、复杂案件，但所谓重大、疑难、复杂都是相对而言的。实践中，有的地方出于种种考虑，将大量案件提交审判委员会讨论，既影响了司法效率，也影响了审判责任制的落实。因此，《人民法院四五改革纲要》要求健全审判委员会讨论事项的先行过滤机制，规范审判委员会讨论案件的范围，除法律规定的情形外，审判委员会主要讨论案件的法律适用问题。因此，提交审判委员会讨论决定的案件，院长应当指定2~3名审判委员会委员或者其他资深法官先行审查是否属于审判委员会讨论决定案件的范围，并提出意见，报请院长决定。合议庭向审判委员会提交案件，由合议庭集体决定，而非审判长（或庭长）个人决定，防止出现因庭长、审判长个人不同意合议庭的多数意见时，意图通过审判委员会改变合议庭意见的做法。

（2）审判委员会决定案件应体现"审理制"特点。为了确保办案程序的司法化，合议庭认为案件需要提交审判委员会讨论决定的，应当归纳关于案件法律适用的不同意见，并阐述相应的理由，同时将审判委员会委员名单、召开审判委员会的时间以及拟讨论决定的事项等提前告知当事人。当事人有权申请审判委员会委员回避。当事人对审判委员会拟讨论决定的案件法律适用问题提交新的辩论意见的，应当附卷。审判委员会委员应当事先阅读审理报告，了解合议庭对案件事实问题的认定和对法律适用问题的意见，并根据需要调阅庭审视频或者查阅案卷。必要时，也可以准许当事人或其代理人到审判委员会口头发表辩论意见。

（3）规范审判委员会委员发言和表决程序。审判委员会讨论案件时，委员的发言与表决顺序往往会影响到其他委员的独立性，最终对案件的裁判结果产生较大影响。《人民法院四五改革纲要》要求，要落实审判委员会议事规则，建立审判委员会会议材料、会议记录的签名确认制度。因此，审判委员会讨论案件时，应当给予每个委员充分发表意见的机会，表决时按照资历由低到高的顺序进行，主持人最后发表意见和表决。要加强监督，对审委会会议实行全程录音录像，所有参加讨论和表决的委员应当在审判委员会会议记录上署名。为全面接受社会监督，审判委员会作出决定的理由应当反映在以合议庭名义制作的裁判文书中。

（4）有效发挥审判长联席会议与专业法官会议的指导和咨询作用。主审法官或合议庭在审理疑难复杂案件时，可以提请院长、庭长召集专业法官会议或者审判长联席会议讨论具体法律问题，发挥法官集体智慧，运用组织化的手段研究讨论疑难法律适用问题、寻求解决办法，供主审法官或合议庭参考。

（三）完善主审法官、合议庭办案责任制，让裁判者负责

审视十八届三中全会提出的"让审理者裁判、由裁判者负责"的改革路径，"审者裁判"与"判者负责"共同构成"司法责任制"的一体两翼。前者以"审判权归位"为改革重点，后者则以"违法追责"为机制保障。其主要功能在于预防法官枉法裁判和司法腐败，同时也通过法官惩戒的法制化，防止法外干涉，确保程序自治，维护司法的独立性。

1. 建立司法责任制的必要性

（1）实现对审判权的有效制约。权力容易被滥用，"权力会一直到遇到界限的地方才休止"①。司法是社会公正的维护机制，法官是公正的维护者，扮演着定纷止争、裁断是非曲直的社会角色。一旦法官滥用审判权，造成的不仅仅是某一起案件当事人的权益受损，还会对整个社会的公平正义理念造成破坏，摧毁公众对司法的信任。英国哲学家培根曾说："一次不公正的审判，其恶果甚至超过十次犯罪。因为犯罪虽是无视法律——好比污染了水流，而不公正的审判则毁坏法律——好比污染了水源。"这其中的道理是深刻的。如果司法这道防线

---

① ［法］孟德斯鸠：《论法的精神》，张雁深译，商务印书馆1961年版，第154页。

缺乏公信力，社会公正就会受到普遍质疑，社会和谐稳定就难以保障。① 因此，需要建立责任界定明晰、责任划分合理、追责程序科学的一整套司法责任制度，对审判权予以全面的制约和监督。通过对违反职业准则、违法乱纪的法官进行追责，实现惩前毖后、以儆效尤、维护清廉的正向激励效果。

（2）司法独立公正的外在保障。合理的追责制度，通过限定严格的责任标准来保障法官行使审判权的独立性，确保司法程序的自治性不受干扰，从程序上防止他人滥用追责或以追责威胁非法干预审判活动，从而有助于司法独立的坚持。十八届四中全会《决定》，一方面要求建立领导干部干预司法活动、插手具体案件处理的记录、通报和责任追究制度。任何党政机关和领导干部都不得让司法机关做违反法定职责、有碍司法公正的事情。对干预司法机关办案的，给予党纪政纪处分；造成冤假错案或者其他严重后果的，依法追究刑事责任。另一方面也要求任何司法机关都不得执行党政机关和领导干部违法干预司法活动的要求。坚决破除各种潜规则，绝不允许法外开恩，绝不允许办关系案、人情案、金钱案。对司法领域的腐败零容忍，坚决清除害群之马。

2. 科学确定司法责任的认定标准

目前的法官责任制度基本上是一种以结果正确与否为标准的归责方式，即错案责任追究制就是以裁判结果的对与错作为承担责任的依据，属于"结果主义"。结果主义的责任模式不但违背了司法规律，而且不具有可操作性。借鉴国际上通行的做法，法官责任追究应当以司法行为判断对象的正确与否，亦即"绝对主义"。也就是说，应当通过新的制度设计，将法官责任追究的路径选择从传统的"结果主义"转向现代的"绝对主义"。

第一，严格错案标准。目前认定错案的前提是"每一个案件只有唯一正确的裁判结论"。但是，由于认识不同，很多案件可以有多个不同的裁判选项。一个案件被二审、再审改判并不等于就是错案，特别是一些涉及民意、信访等因素的案件，改判可能是司法向维稳大局妥协的结果。因此，以裁判结果来认定错案违背了司法规律。事实上，无论大陆法系国家，还是英美法系国家，都不存在错案的概念。由于传统文化、价值观念以及司法权威等诸多方面的差异，在我国完全改变传统的错案认定方式并不现实。但是应当正本清源，借鉴域外

---

① 参见习近平："关于《中共中央关于全面推进依法治国若干重大问题的决定》的说明"。

法治的经验，依照司法规律，不断严格错案认定标准，即法官无需对案件的一般性实体裁判结果存在的错误承担责任，但是必须对故意或者重大过失而导致的认定事实错误或者适用法律不当承担相应的错案责任。

第二，确立行为失范追责机制。如果一个法官在职务范为内做出违反法律规定或道德要求的不端行为，即使其不偏私，公众也会对其公正性产生合理怀疑。此种情况下，可以借鉴域外经验，完善法官行为规范，不管法官作出什么样的裁判结果，不管法官是否从事职务行为，只要法官违反了行为规范的要求，均应视其情节予以惩戒。进行这样的规范不但具有较强的可操作性，而且让法官在公众面前保持一个优良的、公正的形象，确保司法公信力。

3. 司法责任的内容及承担

目前，从法官责任的依据来看，我国关于法官责任的规定主要散见于《刑法》、《民法通则》、《国家赔偿法》、《法官法》，以及最高人民法院颁布的《人民法院违法审判责任追究办法》和地方各级人民法院制定的内部管理办法等规范性文件；从法官责任的种类来看，主要有刑事责任、民事责任、党纪政纪责任、内部的行政性经济处罚责任（各种扣发岗位津贴等经济责任）。但是实施的效果并不十分明显，远远未达到制度设置的目标，必须遵循司法规律，重构法官责任体系，做到罚当其责。

（1）职业道德责任。法官违反职业道德基本准则的，视情节后果予以诫勉谈话、批评通报；情节严重构成违纪违法的，依照相关纪律和法律规定予以严肃处理。由于职业道德又经常被解释为司法良知，所以这种责任形式中又包括了法官对个人良知的责任。

（2）纪律责任。最高人民法院曾制定了关于违法审判责任追究的具体办法。法官因违法审判应当承担纪律责任的，按照最高人民法院的有关规定予以追究。

（3）行政责任。严格说来，法官并不对自己的上级法院或法院的行政首长负责，因为法官行使审判权应当保持内部独立，不受同事或上级的影响。但是，由于法院作为一个组织而存在，法官作为一个群体而存在，这样就不可避免地将法官置于某种形式的行政管理之下。由于这种管理不得对独立审判形成不当影响，所以应当采取"业绩评估"的责任形式。法院建立法官考评档案，依照《法官法》规定，法官考评委员会负责指导法官的考核、评议工作，并将考评结果纳入法官考评档案，作为确定法官任职、确定年度考核等级、评先评优、晋级、晋职的重要依据。同时，法院建立合议庭成员之间的互评机制。建立符合司法规律的案件评查机制。案件评查结果应当在一定范围内公开。建立上级法院对下级法院法官的评价机制。审理上诉案件或再审案件的法院除对案件的事实和法律问题进行审理、作出裁判外，根据需要可以对原审独任法官或合议庭在行为规范、职业道德等方面的情况作出评价。建立法院以外的第三方评价机制。吸收当事人、代理律师和公众代表对法官的工作作风、职业道德进行评价。

（4）刑事责任。法官有贪污受贿、徇私舞弊、枉法裁判行为，构成犯罪的，依法追究刑事责任。

（5）公众责任。法官的所有活动都是公开的，因此他的行为都应当接受社会公众的检验，承受公众对法官行为的品头论足。媒体亦可以监督法官的行为。虽然法官不是公众选举产生（院长除外），但他仍然可能因公众的不满而受到惩戒甚至免职。①

4. 完善追责主体与程序

（1）设立专门的惩戒委员会。长期以来，除刑事责任外，对法官违法违纪的责任追究都由人民法院内部的纪检监察部门进行。这种自身调查、内部处理的规则既不公开也欠公允，缺乏程序正义。司法的自治性和专业性也应当体现在追责制度中。《人民法院四五改革纲要》借鉴法治发达国家经验和部分地区的改革探索，提出在省一级成立吸收法官代表和包括社会有关人员参加的法官惩戒委员，将追责和惩戒法官的权力交由法官惩戒委员会统一行使。为了确保法官惩戒委员会的公正性、中立性、权威性，各省法官惩戒委员会直接受省级党委领导，在人员构成上应当吸纳一定数量的检察官、律师、法学专家这样的外部群体，保证法官追责权力的高度权威性。

（2）司法化的程序构造。依照最高人民法院发布的《人民法院监察部门调查处理案件暂行办法》的规定，目前的追责程序是人民法院监察部门受理——立案——调查——处理这一简单化的流程设置。这种程序设立的出发点基本上是惩戒，缺乏必要的中立与独立，更谈不上平等对抗，法官只能被动屈服、接受上级处理。"这与一个行政机关对违法者直接进行行政处罚基本没有区别"。建议在专门的法官惩戒委员会设立后，对法官惩戒的程序作出专门规定。可以

① 参见蒋惠岭："建立符合司法规律的新型审判权运行机制"，载《法制资讯》2014年第4期。

考虑中央层面的法官惩戒委员会受理对最高人民法院以及各省高级人民法院法官的投诉案，省级法官惩戒委员会受理对中、基层法院法官的投诉案。惩戒委员会对投诉案件进行调查时，听取投诉人陈述以及被投诉法官的申辩意见，然后根据调查的情况，分别作出以下处理：符合弹劾条件的，法官惩戒委员会向相应的人大及其常委会提出弹劾案；不符合弹劾条件，但是存在行为失范情形的，由省级以上法官惩戒委员会调查核实以后作出惩戒决定。对于达不到惩戒条件而又有必须改进的行为的，由法官惩戒委员会交由被投诉法官所在法院的院长对其进行警告性教育。除此之外，其他任何组织、部门、个人均不得对法官的司法内外的一切行为展开调查。

（3）充分保障法官享有辩解、举证、申请复议和申诉等项救济权利。完善审判责任制，不仅要严格错案标准，明晰法官的行为规范，实现责任追究规范化；同时还需要制定公开、公正的法官惩戒程序，明确免责的条件，实现责任追究透明化。既确保法官的违法违纪行为及时得到应有的惩戒，又保障被惩戒者享有充分的辩解、举证、申请复议和申诉等项救济权利。

5. 司法责任的豁免

为确保法官依法独立公正行使审判权，除了严格的责任追究、司法监督外，还必须加强对法官履行职责行为的保障，明确非因实施违法违纪和违反职业道德的行为，法官在案件审理的各个阶段依法履行职责不受追究；审判委员会委员在讨论或者表决案件时发表意见，不受追究。这也就是通常所说的法官享有的责任豁免权。要积极探索创设程序性刑事豁免权。我国法官一直对刑事犯罪不具有豁免权，在域外一些国家曾经赋予了法官刑事豁免权，但是近现代以来也取消了刑事豁免权。也就是说，法官只要涉嫌刑事犯罪，不管与职务行为是否相关，均没有实体性刑事豁免权。但是，为了避免某些部门借助刑事案件的侦查权而影响法官独立审判，我国法律应当借鉴美国的做法，赋予法官程序性刑事豁免权。也就是说，法官涉嫌犯罪的，其他机关无权对其直接采取侦查措施，必须由法官惩戒委员会受理，启动调查程序。如果调查事实属实，启动法官弹劾程序，法官受到免职以后按照《刑事诉讼法》的规定进行追诉；在法官职务没有免除或者被弹劾之前，任何机关都不得对法官展开刑事追究。

（四）强化法官职业保障

现行法律关于法官职业保障的规定主要集中于《法官法》。该法第4条明确规定"法官依法履行职责，受法律保护"的同时，又具体规定了法官所享有的 8 项职业保障权利。但是，由于种种原因，《法官法》赋予法官的职业权利，缺乏相应的配套及保障机制，至今有些职业权利尚未落实或没有完全落实。落实审判责任制，除了满足让审理者裁判这一先决条件外，还必须建立和完善法官的职业保障机制，全面落实法律赋予法官的职业权利和应享受的职业待遇，维护法官职业应有的尊荣，确保法官依法履职，以解决法官的后顾之忧。

1. 完善法官职务和晋升机制

法官是专业性很强且明显有别于一般公务员的职业。《公务员法》第 3 条第 2 款已经明确法官、检察官的义务、权利和管理另有规定的，从其规定，为法官采用单独序列进行管理提供了法律依据。《人民法院四五改革纲要》明确提出，建立中国特色社会主义审判权力运行体系，必须坚持以法官为中心，全面加强法院人员正规化、专业化、职业化建设，配合中央有关部门务实有序地推进法院人事管理改革。法院人事管理改革的核心应当是建立法官单独职务序列，把法官等级作为确定法官职级待遇的基础。参考党政机关干部职级比例，从优设定法官等级员额，提升法官的职业尊荣感；同时完善法官等级定期晋升机制。确保一线办案法官即使不担任领导职务，也可以正常晋升至较高的法官等级，解决法官的政治、经济待遇。

2. 建立法官单独薪酬制度

《法官法》第 36 条规定："法官的工资制度和工资标准，根据审判工作特点，由国家规定。"但相关国家规定至今没有出台，法官工资始终与普通公务员工资一致。《法官法》第 37 条还规定"法官实行定期增资制度"，至今也未落实。2007 年之后，法官虽然有了审判津贴，但人均月收入仅有 214 元，基本只具备象征意义。而且，我国法官人数多，职数少，晋升空间有限，占全国法官总额 85% 以上的基层法院法官，多数只能拿到副科级以下公务员的工资，与他们承担的繁重办案任务极不对等。[①]

法官作为一种特殊的职业，其入职门槛相对于一般公务员要高，除了需要通过公务员资格考试外，还需通过专门的司法资格考试。在进入法院之后，若想成为主审法官，也必须经过多年严格的培养和训练。下级法院法官若想被遴

---

① 参见何帆："法官高薪的前提是什么"，载《人民法院报》2013 年 5 月 24 日。

选到上级法院，必须经过严格考核。同时，由于职业的独特属性，法官还必须与商业性质的活动保持距离，受到严格的职业伦理限制。随着办案责任制的进一步落实和加强，法官的收入与其所承担的责任明显不相适应。应当比照域外经验建立单独的薪酬制度。一是提高法官工资标准。参照法院所在地区一般公务员岗位的平均薪酬，对法官工资有一定比例的增加。对于退休法官，可参照人民警察退休工资计算基数，将法官津贴计入退休工资基数，提高退休法官待遇。二是设置办案津贴。根据案件增长态势，设置较高标准的办案津贴，鼓励法官多办案、办好案。针对法官加班较为普遍的现象，提高加班补贴标准，据实发放。三是缩小法官收入地区差。合理核定经济落后地区法官的工资，为中西部农村地区人民法庭法官提供专项补贴。

3. 延长法官退休年龄

法官法律知识、审判经验和社会经验的积累，需要一个漫长的过程。随着法官入职门槛和入职年龄的提高，客观上需要延迟退休年龄。法官延迟退休，需要合理设置延迟退休的条件和程序，以健康为前提，以自愿为原则，以能力为标准，延迟退休由法官遴选委员会审核确认。

4. 健全法官任职保障

在国外，法官的奖惩、任免、培训、待遇等均有明确的规定。可以借鉴国外的做法，修订《法官法》，明确法官被任命后，除因受贿等犯罪法定事由，不被免职。另外，通过立法、建章立制、舆论引导等多种方式提高法官地位和任职安全保障。近年来，由于司法公信力不高，法官地位低下，经常受到当事人或当事人亲属的指责、辱骂，有的地方还出现了法官被殴打和伤害的恶性事件，法官人身安全受到严重威胁。河南省郑州市二七区人民法院院长王焰斌提出，应修改和完善《刑法》关于"扰乱法庭秩序罪"的规定，增加"威胁、侮辱、诽谤"等行为作为本罪的客观表现方式。同时，增设"藐视法庭罪"的法律规定，将当事人或诉讼参与人拒不交纳法庭罚款，负有举证责任的单位和个人无正当理由拒不出庭作证，负有协助执行义务的人拒不履行协助义务，对法官进行言语攻击和无理纠缠、媒体违法报道在审案件等妨碍司法公正和秩序等情节严重的行为，作为本罪的客观表现方式。①

（五）健全院、庭长审判管理及审判监督机制，实现审判权、审判管理权、审判监督权科学运行

完善审判权运行机制，强化审判责任制，让审理者裁判，让裁判者负责，并非是取消院、庭长的审判管理权和审判监督权，而是理顺审判权、审判管理权、审判监督权的关系，使审判权运行符合司法规律。改变院、庭长的审判管理职责与行政管理职责、审判职责与审判监督职责界线不清的状况。一是完善主审法官、合议庭办案机制，让审理者裁判，由裁判者负责。院、庭长不能依据职权改变主审法官和合议庭的意见。二是院、庭长分别依照《人民法院组织法》和有关诉讼法的规定，在其职权范围内履行以下审判管理职责：①院长依法对生效案件进行监督；②依照法律规定的权限和程序对案件审理中遇到的回避、保全等程序事项作出决定；③主持审判委员会、专业法官会议、审判长联席会议，处理相关事项；④从宏观上指导全面的或专项的审判工作；⑤院长依照《法官法》的规定主持法官考评委员会对法官进行考评；⑥根据所掌握的审判管理信息，负责组织研究制定有助于提高公正、效率和公信的司法政策；⑦根据审判执行工作态势，采取优化内部流转程序的措施；⑧管理与审判工作直接相关的其他事务。为提高管理效率，法院探索实行人事管理、经费管理、政务管理等行政事务的集中管理，必要时可以设立院长助理、庭长助理协助院长、庭长处理行政事务。院长、庭长履行行政管理职责，不得影响审判组织依法独立审判案件。三是健全院、庭长审判监督机制，确保监督不缺位、监督不越位。可以通过以下机制，规范院、庭长对重大、疑难、复杂案件的监督，防止审判权行使的偏差和滥用：①完善审判长联席会议（主审法官会议）、专业法官会议机制；②建立院、庭长在监督活动中形成的全部文书入卷存档制度。依托现代信息化手段，建立主审法官、合议庭行使审判权与院、庭长行使监督权的全程留痕、相互监督、相互制约机制，确保监督必留痕、失职必担责。

四十七、建立错案责任追究机制

近年来，一系列刑事错案的曝光，再次将错案追究制度推向台前，接受舆

---

① 李娜、袁定波："业内人士建议：法官职业保障应优于一般公务员"，载《法制日报》2013 年 7 月 29 日。

论的检验和大众的评说。从佘祥林案中警察潘余均自杀[①]到最近的内蒙古"呼格吉勒图冤杀案"，每一件刑事错案的纠正都不得不启动错案追究机制，这无疑是司法机关不得不面对的一个沉重的话题。

1996 年 4 月 9 日，内蒙古自治区呼和浩特市毛纺厂年仅 18 岁的职工呼格吉勒图和工友闫峰夜班休息时，听到女厕内有女子呼救，便急忙赶往女厕内施救。而当他赶到时，呼救女子已经遭强奸后扼颈身亡。随后，呼格吉勒图跑到附近警亭报案，不想却被时任呼和浩特市公安局新城分局局长冯志明认定为杀人凶手。仅仅 61 天后，法院在没有充足证据支持的情况下，便判决呼格吉勒图死刑，并予以立即执行，该案经相关媒体报道曾轰动全国。

2014 年 10 月 30 日，北京《法制晚报》记者从内蒙古自治区政法委、内蒙古自治区公安厅和内蒙古自治区高院等多个信源处获得独家消息：轰动全国的内蒙古"呼格吉勒图冤杀案"即将启动重审程序，被以"故意杀人罪"枪决 18 年后，当年的杀人犯呼格吉勒图面临无罪判决的可能。此消息一出，再次引起全国关注。

事实上，认为儿子遭到错杀的呼格吉勒图父母，十多年来一直奔波于上访申诉之路，之所以直到现在才启动再审程序，更见证错案追究机制启动之难和不易。新华社内蒙古分社政文采访部主任、高级记者汤计说：通过多年来对案件的持续追踪，也更加清楚地认识到在"呼格案"重审问题上，有人一直在推动，但更有一股力量使得"呼格案"久拖不决。"北京《法制晚报》深度部主任朱顺忠也认为："当年办理'呼格案'的办案人，后来几乎都得到了提拔，在公检法各条战线上成为把关人，这个案件一旦被翻转过来，问责机制产生的影响将是巨大的。"[②]

透过这个案件的思考，我们拟在下文对错案责任追究制度作一些探讨。

（一）错案追究制度的发展源流

错案追究制最先开始适用于法院系统，是中国国家机关追究公务人员违法

---

① 佘祥林案件被纠错后，相关方面启动调查追责程序。潘余均在死前因涉嫌佘祥林案被湖北省纪委叫去调查后不久自杀。潘的妻兄张金义根据潘死亡现场的细节推测了潘的死亡过程。他说：潘当时着便装来到了黄陂的那片墓地，他先用一枚易拉罐的拉环割破了左手动脉，这致使他在死后手上仍流满了血。随后，潘用一根电线自缢于一棵树上。在自缢前，他用血在一块墓碑上写下了"我冤枉"三个字。参见凤凰网 http://news. ifeng. com/history/zhongguoxiandaishi/detail_ 2013_ 06/27/26875125_ 0. shtml，访问时间：2014 年 11 月 3 日。

② 李季："冤案重审背后：谁在推动、谁在久拖"，载《新文化报》2014 年 11 月 3 日。

行政、追究司法责任的内部监督惩戒制度。1990 年 1 月 1 日秦皇岛市海港区人民法院在全国率先确立错案责任追究制，1993 年春最高人民法院牵头推广。1997 年 9 月 12 日党的十五大报告明确提出："推进司法改革，从制度上保证司法机关依法独立公正地行使审判权和检察权，建立冤案、错案责任追究制度。"遵循这一指导思想，最高人民法院、最高人民检察院相继出台了相关条例和办法，主要有：1998 年 9 月 3 日最高人民法院公布施行《人民法院审判人员违法审判责任追究办法（试行）》（以下简称《追究办法》）；9 月 7 日公布施行《人民法院审判纪律处分办法（试行）》（以下简称《处分办法》）。北京市第一中级人民法院于 2005 年在全国率先取消了错案追究制度，代之以"法官不规范行为认定"制度。依据该制度的相关规定，即使裁判结果没有错误，如果法官在审案过程中有不当、违法的行为，也会被惩戒。① 2007 年 9 月 26 日，最高人民检察院印发《检察人员执法过错责任追究条例》（以下简称《追究条例》）。② 2013 年《中央政法委关于切实防止冤假错案的规定》（中政委〔2013〕27 号）第 13 条规定："明确冤假错案的标准、纠错启动主体和程序，建立健全冤假错案的责任追究机制。对于刑讯逼供、暴力取证、隐匿伪造证据等行为，依法严肃查处。"随后，最高人民法院印发的《关于建立健全防范刑事冤假错案工作机制的意见》、最高人民检察院《关于切实履行检察职能防止和纠正冤假错案的若干意见》、公安部《关于进一步加强和改进刑事执法办案工作切实防止发生冤假错案的通知》都作出了类似的规定。2013 年 11 月 12 日《中共中央关于全面深化改革若干重大问题的决定》强调："健全错案防止、纠正、责任追究机制。"2014 年 10 月 23 日《中共中央关于全面推进依法治国若干重大问题的决定》再次明确："对干预司法机关办案、造成冤假错案或者其他严重后果的党政机关和领导干部要依法追究刑事责任。"

除上述司法解释和中央文件外，各省市人民检察院、人民法院甚至相应级别的人大常委会都制定了冤错案件的责任追究办法。比如《河南省高级人民法院错案责任终身追究办法》、《河北省错案和执法过错责任追究条例》、《广东省

---

① 参见丁文生："'错案追究制'司法效应考——兼论我国的法官惩戒制度"，载《湖北警官学院学报》2013 年第 1 期。

② 1998 年 6 月 26 日，最高人民检察院公布施行了《人民检察院错案责任追究条例（试行）》，该条例于 2007 年 9 月 26 日被废止。

高级人民法院关于违法审判责任追究的操作细则》、《湖北省检察机关办案过错责任追究办法（试行）》、《江西省司法机关错案责任追究条例》、《内蒙古自治区司法工作人员违法办案责任追究条例》、《山东省司法工作人员违法办案责任追究条例》、《济南市执法违法责任追究办法》、《杭州市冤案错案责任追究监督办法》、《彭州市人民法院错案责任追究办法》、《本溪市中级人民法院错案责任追究办法（试行）》等。① 这些规范性文件内容五花八门，在具体程序设置和认定标准上有一定差异，但有两点是相同的：一是对错案的发现和启动程序很少规定；二是处理错案的主体一般是检察院或法院系统的内部机构，大多是由原作出错案判决的检察院或法院内部监察机构负责。整体而言，错案追究制尽管一直以来争议不断，但在客观上它已经成为我国司法系统内部监督惩戒机制的重要组成部分，成为广大公安司法人员增强职业责任感与危机感的重要制度，成为确保案件质量、确保案件经得起实践和历史检验的重要方法。

（二）"错案"的认定标准和追责范围

错案追究机制的建立，最关键的无疑是对"错案"标准和追责范围的认定。换言之，"错案"标准的认定，直接关系到是否追究办案人员的法律责任，以及在哪些人范围内、在多大责任范围内追究法律责任的问题，因此至关重要。

最高人民法院1998年8月26日颁布实施的《人民法院审判人员违法审判责任追究办法（试行）》第2条规定："人民法院审判人员在审判、执行工作中，故意违反与审判工作有关的法律、法规，或者因过失违反与审判工作有关的法律、法规造成严重后果的，应当承担违法审判责任。"在具体追究范围上，主要包括：违反法律规定，擅自对应当受理的案件不予受理，或者对不应当受理的案件违法受理，或者私自受理案件的；因过失致使依法应当受理的案件未予受理，或者对不应当受理的案件违法受理，造成严重后果的；明知具有法定回避情形，故意不依法自行回避，或者对符合法定回避条件的申请，故意不作出回避决定，影响案件公正审理的；审判人员擅自干涉下级人民法院审判工作的；当事人及其诉讼代理人因客观原因不能自行收集影响案件主要事实认定的证据，请求人民法院调查收集，有关审判人员故意不予收集，导致裁判错误的；依职权应当对影响案件主要事实认定的证据进行鉴定、勘验、查询、核对，或者应

---

① 参见北大法宝数据库，查询时间：2014年11月。

当采取证据保全措施而故意不进行，导致裁判错误的；涂改、隐匿、伪造、偷换或者故意损毁证据材料，或者指使、支持、授意他人作伪证，或者以威胁、利诱方式收集证据的；丢失或者因过失损毁证据材料，造成严重后果的；篡改、伪造或者故意损毁庭审笔录、合议庭评议记录、审判委员会讨论记录的；向合议庭、审判委员会报告案情故意隐瞒主要证据、重要情节，或者提供虚假材料的；遗漏主要证据、重要情节，导致裁判错误，造成严重后果的；拒不执行审判委员会决定，或者拒不执行上级人民法院裁判的；故意违背事实和法律，作出错误裁判的；因过失导致裁判错误，造成严重后果的；故意违反法律规定采取或者解除财产保全措施，造成当事人财产损失的；采取财产保全措施时有过失行为，造成严重后果的；先予执行错误，造成当事人或者案外人财产损失的；私自制作诉讼文书，或者在制作诉讼文书时，故意违背合议庭评议结果、审判委员会决定的；因过失导致制作、送达诉讼文书错误，造成严重后果的；故意违反法律规定采取强制措施的；采取强制措施有过失行为，致人重伤或者死亡的；故意拖延办案，或者因过失延误办案，造成严重后果的；故意违反法律规定，对不符合减刑、假释条件的罪犯裁定减刑、假释的。执行工作中有下列行为之一的，造成当事人或者案外人财产损失的：故意违法执行第三人或者案外人财产；故意重复查封、扣押、冻结被执行财产；故意超标的查封、冻结、扣押、变卖被执行财产；鉴定、评估、变卖被执行财产时，指使有关部门压低或者抬高价格；故意违反法律规定，暂缓执行、中止执行、终结执行等。第22条还规定，有下列情形之一的，审判人员不承担责任："（一）因对法律、法规理解和认识上的偏差而导致裁判错误的；（二）因对案件事实和证据认识上的偏差而导致裁判错误的；（三）因出现新的证据而改变裁判的；（四）因国家法律的修订或者政策调整而改变裁判的；（五）其他不应当承担责任的情形。"

最高人民检察院2007年9月26日修改并颁布实施的《检察人员执法过错责任追究条例》第2条规定："本条例所称执法过错，是指检察人员在执法办案活动中故意违反法律和有关规定，或者工作严重不负责任，导致案件实体错误、程序违法以及其他严重后果或者恶劣影响的行为。对具有执法过错的检察人员，应当依照本条例和有关法律、纪律规定追究执法过错责任。"在责任追究范围上，检察人员在执法办案活动中，故意实施下列行为之一的，应当追究执法过错责任：包庇、放纵被举报人、犯罪嫌疑人、被告人，或者使无罪的人受到刑事追究的；刑讯逼供、暴力取证或者以其他非法方法获取证据的；违法违规剥夺、限制当事人、证人人身自由的；违法违规限制诉讼参与人的诉讼权利，造成严重后果或者恶劣影响的；超越刑事案件管辖初查、立案的；非法搜查或者损毁当事人财物的；违法违规查封、扣押、冻结款物，或者违法违规处理查封、扣押、冻结款物及其孳息的；对已经决定给予刑事赔偿的案件拒不赔偿或者拖延赔偿的；违法违规使用武器、警械的；其他违反诉讼程序或者执法办案规定，造成严重后果或者恶劣影响的。检察人员在执法办案活动中不履行、不正确履行或放弃履行职责，造成下列后果之一的，应当追究执法过错责任：认定事实、适用法律错误，或者案件被错误处理的；重要犯罪嫌疑人或者重大罪行遗漏的；错误或者超期羁押犯罪嫌疑人、被告人的；涉案人员自杀、自伤、行凶的；犯罪嫌疑人、被告人串供、毁证、逃跑的；举报控告材料或者其他案件材料、扣押款物遗失、损毁的；举报控告材料内容或者其他案件秘密泄露的；矛盾激化，引起涉检信访人多次上访、越级上访的；其他严重后果或者恶劣影响的。第13条规定："执法办案活动中虽有错误发生，但具有下列情形之一的，不追究检察人员的执法过错责任：（一）检察人员没有故意或者过失的；（二）有关法律、纪律规定免予追究或者不予追究的。"

《河北省错案和执法过错责任追究条例》规定："错案和执法过错，是指司法、行政执法机关的执法人员，由于故意或者过失，在执法活动中违反法律、法规，做出错误的裁判或者处理决定。"该条例还对法官、检察官和人民警察在执法过程中需要追究责任的情形分别作出了规定，具体为，法官在执法活动中有下列情形之一的，应当追究责任：对公民、法人或者其他组织提起的诉讼和申诉，应当受理而不受理的；办理的刑事案件，定罪量刑错误的；办理的民事、经济纠纷案件，裁判结果全部错误或者部分错误的；对行政机关作出的错误处罚和处理决定予以维持，或者对行政机关作出的正确处罚和处理决定予以否定的；滥用强制措施，非法限制公民人身自由的；弄虚作假，隐瞒、歪曲事实，涂改、隐匿、销毁证据或者出具错误鉴定的；超审限，越权办案的；拒不执行上级人民法院判决、裁定的；滥用职权，徇私枉法、贪赃枉法的；其他违法行为。检察官在执法活动中有下列情形之一的，应当追究责任；应当立案侦查的案件而不予立案侦查，或者不应当立案而立案侦查的；应当逮捕的犯罪嫌疑人，不批准逮捕、不决定逮捕，或者应当起诉而不予起诉的；对不应当逮捕的人决定逮捕、批准逮捕，或者不应当提起公诉而提起公诉的；对人民法院确有错误的判决、裁定，不依法提起抗诉的；对于侦查、审判、监管、看守工作中的违法行为不予监督纠正的；滥用强制措施，非法限制公民人身自由或者刑讯逼供的；弄虚作假，隐瞒、歪曲事实，涂改、隐匿、销毁证据或者出具错误鉴定、勘验结论的；超期限，越权办案的；滥用职权，徇私枉法、贪赃枉法的；其他违法行为。人民警察在执法活动中有下列情形之一的，应当追究责任：应当立案侦查的案件而不予立案侦查，或者不应当立案而立案侦查的；应当逮捕的犯罪嫌疑人不提请批捕，或者提请批捕明显不当的；侦查终结后应当移送起诉而不移送起诉，或者不应当移送起诉而移送起诉的；弄虚作假，隐瞒、歪曲事实，涂改、隐匿、销毁证据或者出具错误鉴定、勘验结论的；错误决定刑事拘留、取保候审、监视居住、劳动教养和治安处罚的；违法使用警械、武器，实施暴力行为或者唆使他人实施暴力，刑讯逼供，侵犯公民人身权利的；非法搜查、没收、扣押、查封、冻结公私财物的；超期限，越权办案的；伪造事实或者不按法定条件提请批准在押罪犯保外就医或者提请减刑、假释的；错误提请或者决定劳动教养人员所外就医、所外执行、减期或者提前解教的；滥用职权，徇私枉法、贪赃枉法的；其他违法行为。司法、行政执法人员在执法活动中有下列情形之一，尚未造成严重后果的，不予追究责任：司法实践中难以认定的疑难案件；定案后出现新的证据，使原认定事实和案件性质发生变化的；错误的裁判或者处理决定，于执行前自行发现并积极纠正的。

《河南省高级人民法院错案责任终身追究办法（试行）》规定，本办法所称的错案一般是指人民法院工作人员在办案过程中故意违反与审判执行工作有关的法律法规致使裁判、执行结果错误，或者因重大过失违反与审判执行工作有关的法律法规致使裁判、执行结果错误，造成严重后果的案件。对存在下列情形之一的各类案件，需要追究相关人员错案责任：违反规定私自办理案件或内外勾结制造假案的；毁弃、篡改、隐匿、伪造证据或指使、帮助他人作伪证，导致裁判错误的；私自制作诉讼、执行文书的，或者制作诉讼文书时，违背合议庭评议结果、审判委员会决定，或者因重大工作过失导致诉讼文书主文错误，造成严重后果的；向合议庭、审判委员会报告案情时故意隐瞒主要证据、重要情节，或者提供虚假材料，导致裁判错误的；故意违反法律规定，对不符合减刑、假释条件的罪犯裁定减刑、假释的；故意违反法律规定采取财产保全措施、执行措施或其他强制措施的，以及因在采取上述措施中有重大工作过失而造成案件当事人、案外人或第三人人身伤害、财产损失等严重后果的；其他故意违背事实和法律致使裁判、执行结果错误或因重大过失致使裁判、执行结果错误并造成严重后果，被审判委员会确认为错案的。在免责范围上，该《办法》规定：具有下列情形之一的，不承担错案责任：因法律法规规定不明确或对法律法规、事实证据理解和认识上存在偏差的；在二审或审判监督程序中，当事人提供新证据致使案件事实发生变化的；因国家法律的修订或者政策调整而改变裁判的；其他经审判委员会依法确认不构成错案的情形。

《湖北省检察机关办案过错责任追究办法（试行）》第3条规定：有下列违法行使职权情形之一的，应当责令责任人作出检查并给予通报批评；情节严重的，按照《人民检察院错案责任追究条例（试行）》和《检察人员纪律处分条例（试行）》，追究主要责任者和其他直接责任人员的责任，同时对所属检察院通报批评，并取消当年评先资格：刑讯逼供或者体罚、侮辱犯罪嫌疑人的；非法拘禁的；暴力取证的；隐瞒事实真相，伪造、隐匿、毁灭证据或者妨害作证、帮助当事人毁灭、伪造证据的；违法对犯罪嫌疑人或者涉案单位的财产采取查封、扣押、冻结、追缴等措施的；不依法返还扣押、冻结款物，或者侵吞、挪用、私分、私存、调换、外借、压价收购或者擅自处理扣押、冻结款物及其孳息的；泄露国家秘密、检察工作秘密，或者为案件当事人及其代理人和亲友打探案情、通风报信的；私自会见案件当事人或其辩护人、代理人、申诉人、亲友，或者接受上述人员提供的宴请、财物、娱乐活动的；在办案过程中，找案件当事人或其辩护人、代理人、申诉人、亲友吃、拿、卡、要的。其他违反检察工作纪律的行为，依照相关规定处理。第4条规定：有下列违反法定诉讼程序情形之一，造成严重后果的，应当责令责任人作出检查并给予通报批评；情节严重的，按照《人民检察院错案责任追究条例（试行）》和《检察人员纪律处分条例（试行）》给予处分，同时对所属检察院通报批评，并取消当年评先资格：立案前对被调查对象采取强制措施的；立案前扣押、冻结、追缴有关人员、单位款物的；对证人采取强制措施的；传唤、拘传犯罪嫌疑人超过法律规定的时限，或者以连续传唤、拘传的方式变相拘禁犯罪嫌疑人的；严重不负责任超期羁押犯罪嫌疑人的；违法使用警械、警具，造成公民人身伤亡的；未经批准进行搜查，或者在搜查中毁损公私财物造成较大损失的；其他违反法定程序造成严重后果的。第5条规定：有下列违反检察工作纪律情形之一的，应当对责任人进行诫勉谈话，或者责令其作出检查、给予通报批评；情节严重的，按照《检察人员纪律处分条例（试行）》给予处分：执法不文明，作风粗暴，造成一定后果的；超越检察机关案件管辖范围办理案件、以罚代刑或者插手经济纠纷的；违反规定拉赞助以及不正当使用发案单位交通、通信工具的；在讯问室羁押或者变相羁押犯罪嫌疑人的；在办案区监视居住犯罪嫌疑人的；在办案区内违规设置床铺的；不经分管检察长或者部门负责人批准，擅自使用办案区的；其他违反检察工作纪律的行为。第6条规定：违反办案安全规定，造成下列安全事故之一的，应当对责任人进行诫勉谈话，或者责令其作出检查、给予通报批评；情节严重的，按照《检察人员纪律处分条例（试行）》给予处分，同时对所属检察院通报批评，并取消当年评先资格：在看护被调查对象或者押解、看守、审讯犯罪嫌疑人过程中，因过失发生办案安全事故的；应当移交财务部门保管的赃款赃物未及时移交，导致赃款赃物毁损、灭失的；办案人员未能妥善保管随身携带的警械、警具，导致警械、警具遗失的；侦查部门负责人、分管具体案件的负责人，对具体案件的安全问题不作安排，或者对办案人员汇报的安全问题，采取防范措施不力，或者对办案场所未进行安全检查，因而发生办案安全事故的；分管检察长在布置具体办案工作时，未强调办案安全工作，或者未配置适当警力确保办案安全，或者对重大案件办案场所的安全未进行检查，因而发生办案安全事故的；检察长不注重安全教育，部署侦查工作不注重办案安全，对有关违反办案安全规定的倾向性问题，未及时发现或者有效纠正，因而发生办案安全事故的；未按法律规定办理有关报告审批手续，或者违法批准违反办案纪律的侦查行为，因而发生办案安全事故的；其他违反办案安全规定造成一般安全事故的。第7条规定：违反办案安全规定，造成下列重大安全事故之一的，按照《检察人员纪律处分条例（试行）》给予处分，同时对所属检察院通报批评，并取消当年评先资格：违法违规办案致人重伤、死亡的；在押解、看守、审讯犯罪嫌疑人过程中，因过失未能有效防止犯罪嫌疑人自残、自杀、逃跑的；在调查涉案人员过程中，因过失未能有效防止涉案人员自残、自杀的；故意或者过失泄露办案秘密，导致被调查对象或者犯罪嫌疑人自残、自杀、逃跑的；丢失警械、警具不及时报告，造成严重后果的；在执法办案中造成其他重大安全事故的。

　　《江西省司法机关错案责任追究条例》第3条规定："本条例所称错案，是指司法机关办结的，认定事实错误，或者适用法律错误，或者违反法定程序的案件。"该条例针对不同的办案主体对错案的范围作出了详细规定，具体内容包括：审判机关所办案件，有下列情形之一的，属于错案：原审人民法院判决错误，被二审人民法院改判，或者按照审判监督程序改判的；原审人民法院裁定错误，被二审人民法院撤销，或者按照审判监督程序撤销的；原审人民法院违法调解，按照审判监督程序撤销的。检察机关所办案件，有下列情形之一的，属于错案：对没有犯罪事实或者没有证据证明有犯罪嫌疑的人予以拘留的；逮捕决定或者批准逮捕决定错误，被撤销的；不逮捕决定、不批准逮捕决定或者不起诉决定错误，被撤销的；不起诉决定作出后，被害人向审判机关起诉，审判机关对被告人判处刑罚并已发生法律效力的。公安、国家安全和司法行政机关所办案件，有下列情形之一的，属于错案：实施行政处罚或者采取行政强制措施，经行政复议或者行政诉讼被撤销的；采取的刑事强制措施被撤销的；被撤销或者改作行政处罚、行政强制措施等处理的刑事案件，或者解除刑事强制措施，犯罪嫌疑人因同一事实被起诉并受到刑事处罚的；违反劳动教养规定，延长教养期限或者缩短教养期限的；提供虚假证据，致使服刑罪犯减刑、假释或者保外就医的。各级司法机关及其工作人员在办案过程中有下列行为之一的，视为错案：违反法定管辖权办案的；为犯罪嫌疑人提供串供、假供机会或者泄露案情的；隐匿、销毁证据或者作虚假笔录、鉴定或者出具错证、假证的；检验报告、鉴定结论错误的；逼供、诱供、非法拘禁的；非法制作法律文书的。

　　《内蒙古自治区司法工作人员违法办案责任追究条例》规定：司法工作人员在履行职责、办理案件中，故意违反有关法律、法规，致使认定事实、适用法律错误，或者过失违反有关法律、法规规定造成严重后果的，应当承担相应的责任。该条例也系统规定了各类办案主体责任追究的范围。审判机关在审理各类案件中，有下列情形之一的，应当追究有关人员的责任：违反法律规定，擅自对应当受理的案件不予受理，或者对不应当受理的案件违法受理，或者私自受理案件的；违反法律规定，对不应当逮捕的人决定逮捕，或者对应当逮捕的人不决定逮捕的；擅自干涉下级法院审判工作的；向合议庭、审判委员会报告案情故障隐瞒主要证据、重要情节，或者提供虚假材料的以及遗漏主要证据、重要情节，导致裁判错误，造成严重后果的；故意违背事实和法律，作出错误裁判的，或者因过失导致裁判错误，造成严重后果的；违反法律规定，对不符合减刑、假释条件的罪犯裁定减刑、假释的；违法采取或者解除财产保全措施的；先予执行错误，造成当事人或者案外人财产损失的；对判决、裁定以及其他生效的法律文书拒不执行或者执行错误的；故意拖延办案，或者因过失延误办案，造成严重后果的；其他依法应当受到追究的行为。检察机关在办理案件过程中，有下列情形之一的，应当追究有关人员的责任：违反法律规定立案或者不立案的；违反法律规定，对应当逮捕的人不批准逮捕，不决定逮捕，或者对不应当逮捕的人批准逮捕、决定逮捕的；徇私枉法、徇情枉法，对明知是无罪的人而使他受追诉或者对明知是有罪的人而故意包庇不使他受追诉的；审查批捕、审查起诉中漏捕、漏诉的；作出不起诉决定或者撤销案件决定后，犯罪嫌疑人因同一事实被起诉并受到刑事处罚的；对人民法院确有错误的判决、裁定，不依法提起抗诉的；违反法律规定，延长办案期限或者批准延长办案期限的；复查申诉案件故意作出错误决定或者因过失决定错误，造成严重后果的；对于侦查、审判、监管、看守工作中的违法行为不履行法律监督职责的；其他依法应当受到追究的行为。公安机关、国家安全机关在办理刑事案件过程中，有下列情形之一的，应当追究有关人员的责任：违反法律规定立案或者不立案的；违反法律规定，对应当提请逮捕的人不提请逮捕或者对不应当提请逮捕的人提请逮捕的；违反法律规定，对应当移送起诉的人不移送起诉或者对不应当移送起诉的人移送起诉的；在移送起诉中，遗漏重要犯罪事实的；混淆违法与犯罪的界限，作出错误处理的；对应当追究刑事责任的案件，无故不处理，或者不履行、不正确履行法定职责，致使案件无法正确处理的；侮辱犯罪嫌疑人人格，殴打、虐待或者纵容他人殴打、虐待犯罪嫌疑人的；不按法定条件批准保外就医或者错误决定劳动教养的；对暂予监外执行、被判处缓刑、管制、剥夺政治权利和裁定假释的罪犯，不履行监督职责，造成后果的；其他依法应当受到追究的行为。司法工作人员有下列行为之一的，应当追究责任：违法使用武器，警械造成人身伤害或者死亡的；违法进行搜查，毁损公私财物的；非法没收、扣押、查封、冻结财物或者对查封、扣押、没收、追缴的财物贪污、挪用以及造成该财物严重受损、灭失、流失的；截留、挪用和私分罚没款、保证金、赃款赃物的；非法限制人身自由、刑事拘留错误或者对犯罪嫌疑人、被告人、罪犯、劳动教养人员刑讯逼供的；私自将已被逮捕、刑事拘留、司法拘留的人员放出的；利用职务之便伪造、涂改、隐匿、销毁证据或者指使他人作伪证的；私自制作司法文书的；泄露司法工作秘密的；丢失或者因过失损毁证据材料，造成严重后果的；鉴定人、翻译人作伪证的；玩忽职守致使被关押人员行凶、脱逃、自杀的；借办案之机索要、收受、侵占犯罪嫌疑人、罪犯、劳动教养人员以及其他有关人员财物的。

《山东省司法工作人员违法办案责任追究条例》第3条规定：司法工作人员在办理案件、执行职务中故意违反有关法律、法规，或者过失违反有关法律、法规造成严重后果的，应当承担法律责任。追究范围具体规定如下：法官在审判活动中有下列情形之一的，应当追究责任：违反法律规定，对应当受理的案件不予受理，对不应当受理的案件决定受理，或者不经法定程序立案，私自受理和审判案件的；当事人及其诉讼代理人因客观原因不能自行收集影响案件主要事实认定的证据，请求人民法院调查收集，有关审判人员故意不予收集，导致判决、裁定错误的，或者故意对案件的主要事实和证据不进行鉴定、勘验、查询、核对，不采取证据保全措施，导致判决、裁定错误的；弄虚作假，隐瞒、歪曲或者伪造事实，涂改、隐匿、偷换、销毁、伪造证据，指使、支持、授意他人作伪证或者以威胁、引诱等方式收集证据的；丢失或者因过去损毁证据材料，造成严重后果的；向合议庭、审判委员会报告案情隐瞒主要证据、重要情节或者提供虚假材料的；篡改、伪造或者故意损毁庭审笔录、合议庭评议记录、审判委员会讨论记录，或者私自制作及篡改法律文书的；非法干涉办案人员及下级人民法院依法审理或者执行案件的；违反法定程序，影响案件正确及时审理，造成严重后果的；故意重复查封、冻结或者扣押已被其他执法机关依法查封、冻结、扣押的财产的；辱骂、体罚当事人及其他诉讼参与人的；拒不执行审判委员会决定或者上级人民法院判决、裁定的；办理刑事案件，违反法律规定，混淆罪与非罪、此罪与彼罪的界限、量型畸轻畸重或者适用缓刑、减刑、假释不当的；办理民事、经济及海事纠纷案件，违反法律规定，错列或者错误追加当事人、漏列共同诉讼当事人的；将有效合同认定为无效合同或者将无效合同认定为有效合同，致使案件处理结果显失公正的；违背当事人意愿强行调解的；在案件审理中发现刑事犯罪未按规定及时移送公安、检察机关的，在采取、解除诉讼保全、强制措施中故意违反法律规定，造成当事人财产损失，或者采取诉讼保全、强制措施有过失行为，造成严重后果的；超过规定标准收取诉讼费或者擅自收取其他费用的；违反地域、级别、专属管辖的规定，越权受理案件的；故意违背事实和法律，作出错误裁判或者因过失导致裁判错误，造成严重后果的；办理行政诉讼案件，违反法律规定，维持行政机关错误的处罚和处理决定，或者撤销行政机关正确的处罚和处理决定的；办理执行案件，违反法律规定，执行措施不当，致使国家利益，公民、法人和其他组织的合法权益受到严重损害的；执行对象错误，造成执行回转的；鉴定、评估、变卖被执行财产时，指使有关部门压低或者抬高价格的；超标的额执行或者超出执行标的范围执行，造成严重后果的；依法应予执行而无正当理由故意采取暂缓、中止、终结执行或者不应执行而执行，造成严重后果的。检察官在办理案件中有下列情形之一的，应当追究责任：对应当立案侦查的案件不予立案侦查或者对不应当立案侦查的案件而立案侦查，造成严重后果的；案件侦查超过法定时限的；对不应当逮捕的犯罪嫌疑人决定逮捕、批准逮捕，或者对应当逮捕的犯罪嫌疑人不决定逮捕、不批准逮捕的；违反使用强制措施导致犯罪嫌疑人逃跑、自杀、串供、毁灭证据的；滥用强制措施，非法限制公民人身自由或者诱供、骗供、刑讯逼供的；应当提起公诉而不提起公诉或者不应当提起公诉而提起公诉的；对人民法院确有错误的判决、裁定，不依法提出抗诉的；对立案、侦查、审判、监管工作中明显的违法行为不予监督纠正的；弄虚作假，隐瞒、歪曲事实，涂改、隐匿、偷换、销毁、伪造或者非法收集证据的；越权干预经济、民事纠纷的；非法搜查或者非法没收、扣押、查封、冻结公私财物的。公安、国家安全机关的人民警察在办理案件、执行职务中，有下列情形之一的，应当追究责任：违反法律规定采取强制措施的；被撤销或者改作行政处理的刑事案件中犯罪嫌疑人因同一事实受到刑事处罚的；应当立案侦查而不立案侦查或者不应当立案侦查而立案侦查，造成严重后果的；对应当拘留的犯罪嫌疑人不予拘留、应当逮捕的犯罪嫌疑人不提请逮捕的；侦查终结后应当移送起诉而不移送起诉的；弄虚作假，隐瞒、歪曲事实，涂改、隐匿、偷换、销毁、伪造证据或者故意出具错误鉴定、勘验结论的；刑讯逼供及实施其他非法暴力行为或者唆使他人实施非法暴力行为，侵犯公民人身权利的；滥用职权或者越权办案的；拒不执行行政复议决定或者人民法院已经发生法律效力的判决、裁定的；指使、怂恿、参与体罚、侮辱、虐待被监管人或者玩忽职守，造成被监管人逃跑、自杀及其他严重后果的；不履行或者拖延履行法定职责，致使公民、法人和其他组织的合法权益受到损害的；应当予以劳动教养而不予劳动教养的；应当予以行政处罚而决定不予行政处罚的；对被判处刑罚的罪犯，依照刑事诉讼法规定，应当移交监狱执行刑罚而不移交执行的。监狱、劳动教养管理机关的人民警察在办理案件、执行职务中有下列情形之一的，应当追究责任：对符合收监、收教条件的罪犯和劳动教养人员拒绝收监、收教的；对在押罪犯在监狱内的违法犯罪行为，应当立案侦查而不予立案侦查或者侦查终结应当移送起诉而不移送起诉的；发现在押罪犯和劳教人员尚有余罪、漏罪，不及时予以转报或者为其隐瞒不报，阻碍有关案件查办工作的；私放罪犯、劳教人员或者玩忽职守造成罪犯、劳教人员脱逃的；刑讯逼供或者体罚、虐待、侮辱罪犯、劳教人员的；殴打或者纵容、唆使他人殴打罪犯、劳教人员的；为谋取私利，利用罪犯、劳教人员提供劳务的；违反规定，将监管罪犯的职权交予他人行使的；弄虚作假或者未按法定条件提请批准在押罪犯暂予监外执行、减刑、假释的；错误提请或者决定劳动教养人员所外就医、所外执行、减期或者提前解教的。司法工作人员有下列行为之一的，应当追究责任：借办理案件、执行职务之机索要、收受、侵占单位或者犯罪嫌疑人、被告人、罪犯、劳动教养人员以及其他有关人员财物的；截留、挪用、私分罚没款、保证金、赃款赃物或者其他财物的；明知依法应当回避而不申请回避或者对符合法定回避条件的申请，不依法作出回避决定，从而影响案件公正处理的；违法使用警械、武器或者其他手段，侵犯公民人身权利的；违法干涉、限制律师行使诉讼权利的；泄露司法工作秘密的；其他违法办案应当受到追究的行为。

《济南市执法违法责任追究办法》对于公检法机关执法主体的违法行为进行了非常细致和全面的规定，具体内容如下：公安机关的执法人员在行使刑事侦查权中有下列情形之一的，应当追究责任：违反法律规定，对应当立案的不予立案或者对不应当立案的而立案的；违反法律规定采取或者解除强制措施的；非法限制人身自由的；刑讯逼供或者以殴打等暴力行为或者唆使他人以殴打等暴力行为造成公民身体伤害或者死亡的；违法使用武器、警械造成公民身体伤害或者死亡的；违法对财产采取查封、扣押、冻结、追缴等措施的；违反规定收取取保候审保证金或者应当退还的保证金不予退还的；违反规定不告知或者剥夺当事人诉讼权利的；故意伪造、涂改、隐匿、销毁证据或者作虚假鉴定的；在提请逮捕或者移送起诉的案件中，故意遗漏犯罪嫌疑人或者罪行的；故意对犯罪嫌疑人或者违法行为人作出不恰当处理的；对没有犯罪事实或者没有事实证明有犯罪重大嫌疑的人实施刑事追究的；侦查结束后，对应当追究刑事责任的犯罪嫌疑人，无正当理由，逾期一个月不呈报处理意见的。在立案、审理、裁判、执行中需要追究人民法院审判人员和其他人员违法责任范围分别为：

（一）立案环节中的追责范围包括：对应当受理的案件不予受理的；未经法定立案程序，私自决定受理案件的；重复受理案件的；越权受理案件的；未及时受理案件的；受理案件后，未依法向当事人送达相关法律文书的；对当事人在法定期限内提出的管辖权异议不予答复即开庭审理的；两个以上人民法院对管辖权有争议，在争议未解决前，对案件进行实体审理或者抢先作出判决的；采取或者解除诉讼保全措施的；采取或者拒不采取先予执行措施的；未按法律规定收取诉讼费用的。（二）审理环节中的追责范围包括：应当回避而不回避的或者对符合法定回避条件的申请不作出回避决定的；应当负责调查收集证据而不予调查收集的；涂改、隐匿、伪造、偷换或者故意损毁证据材料的；采用刑讯逼供或者以威胁、引诱、欺骗等非法的方法调查收集证据的；丢失或者因过失损毁证据材料，造成严重后果的；违反法定程序调查收集证据的；采取或者解除诉讼保全措施的；限制当事人及其他诉讼参与人行使诉讼权利的；对当事人及其他诉讼参与人采取强制措施的，或者辱骂体罚当事人及其他诉讼参与人的；故意错列或者错误追加当事人、漏列共同诉讼当事人的；自审自记的；以未经当事人质证的证据，作为定案依据的；涂改、伪造或者故意损毁庭审笔录、合议庭评议记录、审判委员会讨论记录的；违反法定程序，影响案件及时正确审理的。（三）裁判环节中的追责范围包括：向审判委员会报告案情隐瞒或者遗漏主要证据、重要情节，或者提供虚假材料的；篡改、伪造或者拒不执行审判委员会决定的；违背事实和法律，作出错误裁判的；私自制作或者篡改法律文书的。（四）执行环节中的追责范围包括：未按法律规定收取执行费用的；违反法律规定，重复查封、扣押、冻结财产或者擅自解除查封、扣押、冻结财产的；未依照法律程序采取强制执行措施的；故意超标的查封、扣押、冻结、变卖被执行财产的；因执行员过错，造成被执行财产损毁的；鉴定、评估、拍卖被执行财产时，指使有关单位压低或者抬高价格的；违法执行第三人或者案外人财产的；故意超出担保范围，执行担保人财产的；对应当由人民法院执行的判决、裁决等法律文书，无正当理由拒不受理、执行的；违反法律规定暂缓执行、中止执行、终结执行的。上级人民法院审判人员和其他人员不得违法干涉下级人民法院审判、执行工作。人民法院审判人员和其他人员违法审判、执行案件应当追究责任的其他行为。在刑事诉讼中违反法律规定，有下列情形之一的，应当追究人民检察院检察人员和其他人员的责任：越权立案、侦查的；对应当立案、侦查的不予立案、侦查或者对不应当立案、侦查的而立案、侦查的；应当回避而不回避的或者对符合法定回避条件的申请，不作出回避决定的；违法采取强制措施，非法限制公民人身自由的；采用强制措施不当，致使犯罪嫌疑人逃跑、自杀、串供、毁灭证据的；案件侦查超过法定时限的；不许可受委托的律师会见犯罪嫌疑人的；采用刑讯逼供或者以威胁、引诱、欺骗以及其他非法的方法获取犯罪嫌疑人供述的；采用羁押、刑讯、威胁、引诱、欺骗以及其他非法的方法获取证人、被害人证言的；泄露案情的；采用足以造成危险、侮辱人格或者有伤风化侦查实施行为的；涂改、隐匿、偷换、销毁、伪造证据或者勘验、检查笔录、鉴定结论的；违法使用武器、警械造成公民身体伤害或者死亡的；不依法进行搜查或者在搜查中故意损毁公私财物的；违法对犯罪嫌疑人财产采取查封、扣押、冻结、追缴等措施或者私自挪用、处理犯罪嫌疑人财产的；侦查终结后应当移送起诉而不移送起诉的，或者不应当移送起诉而移送起诉的；未按法律规定作出批准逮捕或者不批准逮捕决定的；公安机关移送起诉的案件，应当提起公诉而不提起公诉的；违法对诉讼参与人采取强制措施，侵犯诉讼参与人诉讼权利的。人民检察院检察人员及其他人员违法干预经济、民事纠纷的，应当追究责任。在免责事由上，具有下列情形之一，致使案件认定发生变化的，执法人员不承担责任：法律、法规、政策发生变化的；法律规定不明确或者有关司法解释不一致的；因当事人过错或者客观原因使案件事实认定出现偏差的；法律法规规定其他不予追究责任的。

　　上述规范性文件对公检法机关的追责范围作出了明确的规定，个别省市还对诉讼程序的具体环节作出了细致规定。可以看出，大多数规范性文件都将因故意或重大过失违法行为、认定事实错误或者适用法律错误、造成错误的裁判、酿成严重后果等条件作为追责的主要标准。在免责范围上，一般都将司法实践中难以认定的疑难案件、因法律法规规定不明确或发生变化或对法律法规、事实证据理解和认识上存在偏差的案件、定案后出现新的证据使原认定事实和案件性质发生变化的案件、错误的裁判或者处理决定于执行前自行发现并积极纠正的案件、因国家法律的修订或者政策调整而改变裁判的案件、因当事人过错或者客观原因使案件事实认定出现偏差的案件，以及其他法律法规规定等不予追究责任的案件，作为免除追究公安司法机关工作人员责任的条件。

（三）我国错案追究制度存在的主要问题

1. 缺乏统一明确的"错案"标准和制度规范

如前所述，除了最高人民法院和最高人民检察院的相关司法解释外，各地都制定了相应的错案责任追究办法和认定细则，由此难免存在司法标准适用不统一的问题。在司法实践中，实务部门基本上缺乏对错案概念的准确界分和科学认定。有学者考证，目前错案追究中主要存在以下三种形而上学错误：其一，把司法机关履行刑事赔偿义务作为刑事错案的标志，作为办案人员负错案责任的充分条件。只要司法机关履行了赔偿义务，就认定司法机关办了错案。至于司法机关向有关的当事人履行赔偿义务是否与办案人员的错误有因果关系，不被认真考虑。其二，把不批准逮捕、不起诉或判决无罪的刑事案件一律视为错案，不问具体原因，一律追究有关办案人员的错案责任。其三，凡是被上级法院改判或发回重审的各类案件一律作为错案，追究办案人员的错案责任。[①] 如此种种错案的认定办法，容易扭曲错案制度设计本身的价值和功能，造成新的司法错误，损害司法权威，会在错案的认定标准和适用上造成新的混乱。

2. 责任追究都是在本系统内部进行

《人民法院审判人员违法审判责任追究办法（试行）》规定："人民法院的裁决、裁定、决定是否错误，应当由人民法院审判组织确认。""各级人民法院监察部门是违法审判责任追究工作的职能部门，负责违法审判线索的收集、对违法审判责任进行调查以及对责任人员依照有关规定进行处理。"《检察人员执法过错责任追究条例》规定："检察人员执法过错线索由人民检察院监察部门统一管理。没有设置监察部门的基层人民检察院，由政工部门统一管理。""执法过错责任调查结束后，调查部门应当制作执法过错责任调查报告，并提请检察长办公会审议。"根据以上规定可以看出，现行的错案追究制度基本上都将收集、调查、判定是否为"错案"的权力赋予本院的监察部门；而对于调查结果的认定，则分别赋予本院的审判委员会和检察长办公会。由此带来的疑问便是，

---

① 李建明："错案追究中的形而上学错误"，载《法学研究》2000 年第 3 期。

这种自查自纠的制度设计是否真的能有效认定错案、是否真的能追究相关违法办案的审判人员和检察人员的责任，其公正性和有效性难免令人担忧，错案追究结果的可靠性也不得不令人怀疑，其设计理念完全违背了"裁判者不得自断其案"、"任何人不得做自己案件的法官"的自然正义原则。

3. 责任追究难以落到实处

在我国现行的司法体制下，检察院、法院内部实际上实行的是行政化管理模式和领导把关制。对于比较重大或复杂的案件，有权力做出裁决的不仅仅是承办人本人，还有"各级领导和集体"，比如部门负责人、检察长、庭长、院长及审判委员会等，而后者往往掌握实质上的决策权。从理论上来说，这种集体决策与"审而不判，判而不审"的现象极易导致错案的发生，有些错案的造成也并不能完全归咎于承办案件的办案人员。如果错案酿成并启动追究程序后，如果仅仅对检察人员或审判人员追究责任，显然有失公平，也起不到错案追究制度设计的本源意义。2007 年 9 月 26 日颁布实施的《检察人员执法过错责任追究条例》对于案件的承办人员、主管人员、上下级检察机关、集体讨论的主持人及参加人员的责任划分作出了一些原则性的规定。1998 年 8 月 26 日颁布实施的《人民法院审判人员违法审判责任追究办法（试行）》对于上述人员的责任界分没有明确规定。某些地方权力机关和司法机关对于案件全程参与人员、请示人员、会议参与人员、上下级司法机关的责任区分却作出了比较全面的规定。

4. 一定程度上违背了司法规律和司法独立原则

错案追究制度迫使办案人员与案件的裁判结局发生直接的利益牵连，由此也造成了正当诉讼结构的扭曲，造成了公检法三家关系过于亲密、上下级司法机关关系过于亲近的司法窘境。这样一种违背司法规律的司法氛围和司法文化，在无形中侵蚀了司法正义的基石，亵渎了司法权威的基础。具体表现在：其一，"错案追究制"迫使办案人员和案件产生利益牵连，办案人员为求得自己的所有案卷材料和主张裁判被维持，不得不迁就于同级甚至上级司法机关的指示或者暗示，案件承办人员对案件作出独立判断的权力被架空了；更为严重的是，案件承办人员为了避免出现"错案"，不得不在案件没有进入下一程序之前，开展各种各样的"公关"工作。其二，"错案追究制"导致案件出现错误时无法得到纠正。由于案件的结局涉及法官的利益，同级或上级司法机关为了照顾"兄弟单位"的同事，经常会迁就他们的主张和判决，这就导致很多错误判决无法得到纠正，或者说不敢轻易得到纠正。其三，"错案追究制"导致"两审终审制"名存实亡。下级法院的法官为了使自己的判决不被推翻，在作出判决之前会与上级法院的法官沟通，其判决往往体现着上级法院法官的意志；而上级法院的法官为了顾及下级法院法官的"面子"和"错案指标"，对大多数案件只能维持。这就导致上诉制度没有意义，"两审终审制"名存实亡。① 其四，责任追究制度在客观上也容易挫伤办案人员的积极性。以审判人员为例，有的办案人员为了规避风险，将一些本来可以按简易程序处理的案件，要求采用普通程序处理；对那些稍稍存在疑难问题的案件，想方设法提交庭长或审判委员会，将责任和矛盾转移。长此以往，不但抑制了法官工作的积极性、主动性和创造性，同时还严重浪费司法资源，降低司法效率。以上种种怪象都严重违背了司法规律、违背了司法独立原则，是对司法公正的极大伤害。

（四）错案追究制度的域外考察——以法官惩戒制度为例

历史告诉我们，错案追究在人类司法文明的历史进程中，经历了一个从有到无的过程。如秦代"治狱不直者筑长城"；在罗马帝政以后，设立上诉制度，一经败诉，原审法官要受到刑事处分。后来，随着法官素质与社会威望的提高，错案追究制度在西方国家逐渐消失②，取而代之的且最有影响的当属西方国家的法官惩戒制度。③

以美国为例，除了对有叛国罪、贿赂罪或其他重罪和轻罪的法官适用与总统弹劾相同的程序进行罢免以外，对有其他失职行为的法官，各州还采用各种措施进行惩戒。各州成立了法官行为委员会。一些州的法官行为委员会直接对法官进行惩戒，然后由州最高法院复查；一些州的法官行为委员会则向专门法院或州最高法院建议对法官作出惩戒决定。惩戒的理由包括：法官故意不履行或者长期不履行自己的职责、在任职期间故意从事不法行为、有酗酒恶习、因自己的行为给所在机构的声誉造成不良影响、道德败坏等。惩戒的方式有：免职、强制退休、中止职务。

在德国，对于法官违法失职行为的纪律处分措施有：警告、罚款、降薪、降级和开除公职。顶头上司只能对其采取警告措施，其他措施都由纪律法院采

① 参见蒋安杰："说说错案追究制"，载《法制日报》2005年7月9日。
② 参见蒋安杰："说说错案追究制"，载《法制日报》2005年7月9日。
③ 以下资料主要参见熊秋红：《转变中的刑事诉讼法》，北京大学出版社2004年版，第153~154页。

取。纪律法院的法官不是专职的，他们的主要职务是在其他法院担任法官，而且五年一选。

在日本，关于法官的惩戒，《裁判所法》规定：裁判官如有违反职务上的义务或疏忽职守，或有品德不端正的行为时，根据法律另行规定送交裁判，予以惩戒。如根据法官资格委员会的建议或最高法院的动议，由最高法院对严重不称职的法官予以提出训诫、停职、退休或免职的处分；由地方首长根据立法机关两院的"劝退书"，将法官免职；由立法机关 2/3 多数决议将失职法官撤换，等等。

在法国，上诉法院起诉审查庭享有纪律惩戒权，依庭长或检察长的提议可裁定司法警察、警官或预审法官暂时或永久性地不得在上诉法院辖区或全国范围内履行职责，预审法官还可依其任命程序被撤销职务，检察官对其错误职业行为要承担纪律责任；书记员、司法警察、预审法官和检察官不按规定办案还可以引起民事赔偿责任，更为严重时还可以引起刑事责任或刑事附带民事责任；审判法院的职业法官终身任职，不受罢免，但如遇专断拘押当事人等情况，对不谨慎或草率从事的法官可提起刑事追诉。[①]

从以上的规定来看，各国对法官进行追究的主要是法官行使司法审判职务以外的非裁判行为，这才是对法官进行监督和追究的核心所在。而对于作为法官职务核心的"裁判行为"，由于是法官根据当事人在法庭上的举证来认定案件事实，并以此来选择适用法律的过程，所以一般情况下，各国法律规定是不进行追究的，也就不会出现诸如我国旨在保证案件审判质量而出台的错案责任追究制度了。[②] 这也恰恰说明，"错案责任追究制度"是一个具有中国特色的概念，中西方法律文化对于什么是"错案"的界定标准存在明显的差异，从法治发展未来的趋势上来说，如何科学界定诱发"错案"的各种因素尤其是职务因素，就成为争议和关注的焦点。

（五）错案责任追究制度的科学化

一段时间以来，学界和实务界均对于错案追究制度的存废存在诸多争议，反对与支持者均有之。从正面意义来说，坚持错案责任追究制度，无疑有利于

---

① 转引自张善燚、潘庆娜："司法善后：合理化刑事错案追究制度及其展望"，载《学理论》2010 年第 22 期。

② 马铁军：《法官错案责任追究制度反思与重构之浅析》，四川大学 2006 年硕士学位论文，第 28 页。

促进公安司法机关严格办案标准，提高办案质量、更好地接受历史和事实的考验，实现"让人民群众在每一个案件中都感受到公平正义"的目标。随着中央政法委《关于切实防止冤假错案的规定》和十八届三中全会《中共中央关于全面深化改革若干重大问题的决定》、四中全会《中共中央关于全面推进依法治国若干重大问题的决定》等系列重要文件的出台，坚持和完善错案责任追究制度的主张得到进一步的坚定和强化，当务之急更是如何贯彻党中央的上述文件精神，继续完善和发展错案责任追究制度的问题。

1. 正确界分"错案"的概念和认定标准

从一定意义上说，当前错案责任追究制度运行中存在的种种问题归结到一点就是，对于什么案件才算"错案"、什么类型和标准的"错案"才能够追究办案人员的责任等一系列核心和关键问题还没有完全厘清。因此，正确界分"错案"的概念和统一"错案"的认定标准是正确适用错案追究的基本前提，也是顺利推进错案责任追究制度的重要基础。根据最高人民法院《人民法院审判人员违法审判责任追究办法（试行）》规定，错案追究要划清以下三个界限：一是改判、发回重审的案件不一定都是错案，改判、发回重审案件只是发现错案的线索，否则就存在错案界定范围过宽，挫伤法官积极性的问题；二是认识的不确定性导致的案件不能算错案，案件的发生和裁判受当时的政策、法律、人文环境的影响，法律、政策出现了变化，新的证据出现了，对于这些案件，不能界定为错案；三是错案认定应区分法律事实和客观真实，裁判依据的是经过一系列取证、质证和认证的法律事实，和客观真实是有区别的，因此不能依据客观真实而将这类案件界定为错案。[①]当前，相关部门要尽快统一"错案"的认定标准，杜绝盲目将那些因媒体报道、家属上访、适用疑罪从无原则等案件划入错案范围，要确保科学、合理、规范、大胆运用侦查权、检察权和审判权，切实维护好打击犯罪与保障人权的双重目的。

2. 吃透司法改革精神、切实遵循司法规律

"司法"具有不同于"立法、执法和守法"的鲜明特征。司法的特征集中表现为司法的"被动性"和"透明性"。司法的"被动性"要求司法应该保持一种不同于"立法"和"执法"的消极性，在处理事务和情感对待上务必采取理

---

① 蒋安杰："说说错案追究制"，载《法制日报》2005年7月9日。

性克制的办法，从而确保司法的中立性；而司法的"透明性"，主要是指司法的裁判过程一般应向公众公开、允许媒体采访报道、允许社会公众旁听，裁判所依据的法律和理由也应当说理充分，并尽可能公开透明。在司法规律方面，笔者认为，"司法"区别于"行政"的最大特点就是其独具的"诉讼性"，而非行政的"直线性"。"司法"的鲜明特点在于"两造具备，师听五辞"，即典型的"三角诉讼结构"，如果任何司法活动不具备这一典型样态，"司法"则只会沦落为"行政"强制和"行政"强权的悲惨命运。

中共十八大以来，以遵循司法规律，确保司法独立为目的的重大司法改革举措频现，司法改革的远景逐渐迈入我国建国以来的最好时期。十八届三中全会通过的《中共中央关于全面深化改革若干重大问题的决定》明确指出：确保依法独立公正行使审判权、检察权。改革司法管理体制，推动省以下地方法院、检察院人财物统一管理，探索建立与行政区划适当分离的司法管辖制度，保证国家法律统一正确实施。改革审判委员会制度，完善主审法官、合议庭办案责任制，让审理者裁判、由裁判者负责。明确各级法院职能定位，规范上下级法院审级监督关系。十八届四中全会通过的《中共中央关于全面推进依法治国若干重大问题的决定》规定：任何党政机关和领导干部都不得让司法机关做违反法定职责、有碍司法公正的事情，任何司法机关都不得执行党政机关和领导干部违法干预司法活动的要求。建立健全司法人员履行法定职责保护机制。非因法定事由，非经法定程序，不得将法官、检察官调离、辞退或者作出免职、降级等处分。根据上述文件精神，当前落实好错案追究制度的关键还需要切实保障独立公正行使审判权和检察权，减少上级领导干扰，减少一切案外人情因素的干扰，切实尊重法官的自由裁量权，切实贯彻"让审理者裁判、由裁判者负责"的办案机制。只有如此，"错案责任追究机制"才更能具有生命力，才更能发挥警示、鞭策和惩戒的实效作用。

2014年6月，中央确定将上海、广东、吉林、湖北、海南、青海6个省市作为首批改革先行试点。7月12日上午，我国司法改革的序幕在上海率先拉开。中央全面深化改革领导小组第三次会议审议通过的《关于司法体制改革试点若干问题的框架意见》（以下简称《改革框架意见》）和《上海市司法改革试点工作方案》（以下简称《上海改革方案》），对若干重点难点问题确定了政策导向。《改革框架意见》主要针对下列问题提出了政策导向：一是对法官、检察官实行有别于普通公务员的管理制度；二是建立法官、检察官员额制，把高素质人才充实到办案一线；三是完善法官、检察官选任条件和程序，坚持党管干部原则，尊重司法规律，确保队伍政治素质和专业能力；四是完善办案责任制，加大司法公开力度，强化监督制约机制；五是健全与法官、检察官司法责任相适应的职业保障制度；六是推动省以下地方法院、检察院人财物统一管理；七是完善人民警察警官、警员、警务技术人员分类管理制度。《改革框架意见》和《上海改革方案》将司法责任制作为改革试点的重点内容之一，以完善主审法官责任制、合议庭办案责任制和检察官办案责任制为抓手，突出法官、检察官办案的主体地位，明确法官、检察官办案的权力和责任，对所办案件终身负责，严格错案责任追究，形成权责明晰、权责统一、管理有序的司法权力运行机制。① 2014 年 12 月 13 日上午，全国首个省级法官、检察官遴选（惩戒）委员会在上海市成立，中共中央政治局委员、上海市委书记韩正出席会议并向 15 位委员颁发聘书。在同时召开的第一次会议上，审议通过了《上海市法官、检察官遴选（惩戒）委员会章程》，推选产生了上海市法官、检察官遴选（惩戒）委员会主任、副主任，批准通过法官遴选（惩戒）工作办公室、检察官遴选（惩戒）工作办公室主任人选。《章程》明确规定了遴选（惩戒）委员会的制度定位、组织机构、工作职责、工作制度、工作纪律。《章程》规定，遴选（惩戒）委员会坚持党对司法工作的领导，坚持法官、检察官专业化、职业化发展方向，按照"统一提名、党委审批、分级任免"的制度安排，统一提出法官、检察官遴选、惩戒意见，由上海市高级法院、上海市检察院党组按规定程序审批办理。② 在错案追究制度方面，最高法党组 2014 年 12 月 23 日研究决定：取消对全国各高级人民法院的考核排名；除依照法律规定保留审限内结案率等若干必要的约束性指标外，其他设定的评估指标一律作为统计分析的参考性指标，作为分析审判运行态势的参考数据；坚决杜绝以保证结案率为由，年底不受理案件的做法；各高级人民法院要按照最高法要求，取消本地区不合理的考核指标。③ 2015 年 1

---

① 参见杨维汉："中央司改办负责人就司法体制改革试点工作答记者问"，载新华网 http：//news. xinhua-net. com/2014－06/15/c_ 1111149887. htm，访问时间：2014 年 11 月 9 日。

② 参见林中明："全国首个省级法官、检察官遴选（惩戒）委员会在沪成立"，载长安网 http：//www. chinapeace. gov. cn/2014－12/15/content_ 11159507. htm，访问时间：2014 年 12 月 25 日。

③ 参见袁定波："最高法决定取消对各高院考核排名"，载法制网 http：//www. legaldaily. cn/index_ article/content/2014－12/27/content_ 5904610. htm？node＝5955，访问时间：2014 年 12 月 28 日。

月 20 日召开的中央政法工作会议要求，中央政法各单位和各地政法机关今年对各类执法司法考核指标进行全面清理，坚决取消刑事拘留数、批捕率、起诉率、有罪判决率、结案率等不合理的考核项目。[①] 这些新的变化，无疑都是一个个遵循司法规律的生动实践，顺应了人民群众多年来对司法改革的期待，也让人民群众看到了司法改革真刀真枪的真实面容，使大家更近距离地看到了司法改革的成果，令人欢欣和鼓舞。

在具体制度建构上，我们认为，应当根据司法的规律，重新设定检察官、法官的责任追究制度，检察官、法官只有实施了违反法律、职业道德和职业纪律的行为，才应当受到追究，他们对案件的判断和认识不应当成为其受追究的理由；另外，我们应当进一步完善诉讼程序和证据规则，以此约束法官的自由裁量权，减少法官滥用权力、产生问题的机会，做到防患于未然。在诉讼的推进中，后一阶段做出不同于前一阶段的行为被视为正常的，绝不能用"后位思考"来查究被否决公诉的前位序列检察官的责任。[②] 对认定错案和追究错案责任有意义的，应当是明显的过失，而且是比较严重的过失，并非轻微的过失，或者仅仅是对某个复杂问题的判断发生了轻微的偏差。倘若办案人员既不存在违法办案的故意，也不存在明显的过失，而仅仅是由于办案人员对某一事实问题或法律问题有不同的理解，导致了司法决定被改变的结果，而且这种理解上的分歧看不出前一诉讼阶段中办案人员的理解存在明显错误，那么，对这种情形就不应该作为错案来追究。我们的错案追究制应当惩戒的是那些违反法律、违反司法人员职业道德准则的错误行为，而不是那些几乎很难完全避免的细微错误。因此，我们在决定是否追究某一司法人员的错案责任时，一定要看他有无过错，并且还要看过错的大小。对没有过错或仅有很难完全避免的轻微过失的人追究错案责任，不仅是不公正的，而且是弊多利少的。[③] 上述司改动态与价值取向的直接目的还是从确保独立公正行使审判权、检察权这一目的出发，避免冤枉无辜，确保错案责任追究制度能够准确适用，见到实效。

① 参见中央政法委："坚决取消有罪判决率、结案率等执法司法考核指标"，载新华视点微博 http://www.thepaper.cn/newsDetail_forward_1296304，访问时间：2015 年 1 月 21 日。

② 参见蒋安杰："说说错案追究制"，载《法制日报》2005 年 7 月 9 日。

③ 参见李建明："错案追究中的形而上学错误"，载《法学研究》2000 年第 3 期。

3. 加强对错案责任追究制度的监督

如前所述，当前错案责任追究程序的启动与推进基本上都是在检察或法院系统内部进行，这难免有伤害程序正义之虞。在对法官的错案责任追究问题上，有学者主张，应委托县级以上各级人民代表大会常务委员会中的内务司法委员会专门负责对法官的惩戒。也有人主张在法官因涉嫌犯罪应受弹劾时，由人民代表大会常务委员会负责审理、决定；对法官的违法违纪行为，则由法院内部专门的惩戒委员会处理。[1] 还有学者建议，目前我国的惩戒机构应由各级法院分散的错案追究组织转向全国统一的法官惩戒委员会。这一组织应设在最高人民法院，由资深、公正的法官组成，统一负责对法官的惩戒。[2] 参照以上思路，笔者认为，为统一受理公检法机关的错案责任追究程序，应该在省级以上人民代表大会的常设机构中设定专门的错案责任认定机构。该机构可细分为两个部门，一个部门负责错案的受理，另一个部门负责错案的认定和审理。错案责任认定机构应该有固定的工作人员从事一些行政性事务工作，同时建立一个由法官、检察官、警察以及律师、专家学者或其他法律工作者组成的专家库。每次的错案认定程序由相关工作人员从专家库各个群体名单中抽取代表组成 5 人审理小组，人员抽取后的名单，在正式审理错案前对外保密，但对申请人公开。被抽取的专家如与相关国家工作人员有利害关系，应当自动申请回避，申请人也可以主动提出回避申请。审理程序遵循公开原则，邀请控辩双方参加，可以进行辩论和质证，从而在事实认定和法律适用上确认是否存在错案。通过这样一个第三方机构的认定和审理，既能确保对错案审理程序的公正与独立，避免出现"自断其案"的现象，又能增强诉讼双方对错案认定结果的可接受性[3]。另外，由于有人大常委的指导和监督，一方面能充分体现权力的制衡制约关系，另一方面也更能确保错案追究程序的顺利推进和进行，减少各方阻力。

---

① 黄宏生："论错案责任追究制"，载《中共福建省委党校学报》2007 年第 10 期，转引自朱崇坤：《法官错案责任追究的法理分析》，中共中央党校 2014 年博士学位论文，第 128 页。

② 周永坤："错案追究制与法治国家建设——一个法社会学的思考"，载《法学》1997 年第 9 期，转引自朱崇坤：《法官错案责任追究的法理分析》，中共中央党校 2014 年博士学位论文，第 128 页。

③ 参见朱崇坤：《法官错案责任追究的法理分析》，中共中央党校 2014 年博士学位论文，第 128 页。